PSAT · LEET

고난도 지문
20일 완성

과학·경영·경제 편

독해

SD에듀
(주)시대고시기획

PSAT · LEET 대비

고난도 지문 독해

20일 완성

과학 · 경영 · 경제 편

Always with you

사람의 인연은 길에서 우연하게 만나거나 함께 살아가는 것만을 의미하지는 않습니다.
책을 펴내는 출판사와 그 책을 읽는 독자의 만남도 소중한 인연입니다.
SD에듀는 항상 독자의 마음을 헤아리기 위해 노력하고 있습니다. 늘 독자와 함께하겠습니다.

머리말

PSAT · LEET 등의 관문을 통과하기 위해서는 언어능력을 필수로 갖춰야 합니다. 그 중 언어영역의 독해를 어려워하는 수험생들이 많습니다.

언어영역은 PSAT · LEET 및 여러 시험을 준비하는 수험생들이 겪어야 할 과목이며, 따로 공부하자니 시간이 없고, 그렇다고 그냥 시험을 보면 항상 시간에 쫓겨 아는 문제도 풀지 못하고 지문만 읽다 끝나는 영역입니다. 또한 잠깐 문제집으로 공부한다고 해서 실력이 크게 향상되지 않습니다. 특히 장문으로 되어 있는 문제는 시간도 오래 걸리고 어렵기만 합니다. 언어영역은 시간싸움이기 때문에 빠듯한 시간 속에서 유형을 익히고, 상세한 해설을 봐가며 문제를 풀어야만 합니다.

이에 SD에듀는 기간을 정해두고 체계적으로 학습하여 고난도의 지문들을 술술 읽고 풀어나갈 수 있길 바라는 마음으로 다음과 같은 특징을 지닌 도서를 출간하게 되었습니다.

도서의 특징

❶ PSAT, LEET, 대학수학능력시험 등에서 실제 출제됐던 문제들로 구성하였습니다.
❷ DAY별 구성으로 20일간 체계적으로 학습할 수 있도록 하였습니다.
❸ 상세한 지문 분석과 명쾌한 해설로 문제를 완전히 습득할 수 있도록 하였습니다.

마지막으로 SD에듀는 본서를 통해 PSAT · LEET 및 여러 시험을 준비하는 모든 수험생들에게 합격의 기쁨이 있기를 진심으로 기원합니다.

SD공무원시험연구소 씀

도서 200% 활용하기

DAY로 나눠진 학습으로 20일 완성!

하루에 서너 지문씩 총 20일 구성으로 체계적인 학습을 할 수 있도록 하였습니다.

실제 기출로 PSAT·LEET에 대비!

PSAT, LEET, 대학수학능력시험 등 실제 나왔던 장문 독해 문제들로 구성하여 시험에 대비할 수 있도록 하였습니다.

지문 분석 + 풀이 포인트 + 배경지식으로 이뤄진 상세한 해설!

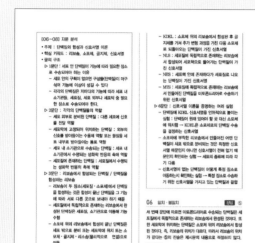

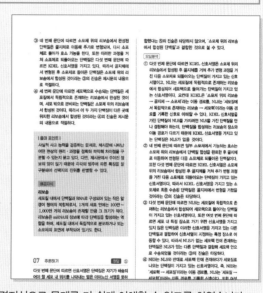

문제마다 제공되는 상세한 지문 분석과 풀이 포인트, 배경지식으로 문제를 더 쉽게 이해할 수 있도록 하였습니다.

경제·경영·금융 핵심 키워드 부록으로 마무리!

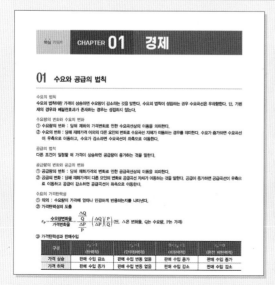

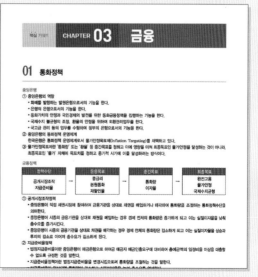

경제·경영·금융 지문에서 알아두면 가독성이 좋아지는 개념들을 정리하여 따로 학습하지 않아도
편하게 읽어보면서 지식을 쌓을 수 있도록 하였습니다.

20일 완성 학습플랜

본서의 20일 구성을 따라가며 확인할 수 있는 학습플랜입니다. 하루에 1DAY씩 확인 체크를 하며 공부할 수 있도록 하였습니다. 만약 학습기간을 더 줄이고 싶다면 하루에 2DAY씩 풀고 체크해나가면 10일 완성도 할 수 있습니다.

PART 1 과학	DAY	확인
	DAY 01	☐
	DAY 02	☐
	DAY 03	☐
	DAY 04	☐
	DAY 05	☐
	DAY 06	☐
	DAY 07	☐
	DAY 08	☐
	DAY 09	☐
	DAY 10	☐

PART 2 경영·경제	DAY	확인
	DAY 01	☐
	DAY 02	☐
	DAY 03	☐
	DAY 04	☐
	DAY 05	☐
	DAY 06	☐
	DAY 07	☐
	DAY 08	☐
	DAY 09	☐
	DAY 10	☐

나만의 **학습플랜**

필기시험을 처음 준비하는 수험생이나 장기간에 걸쳐 꾸준히 학습하기 원하는 수험생, 그리고 자신의 일정에 따라 준비하고자 하는 분들은 나만의 학습 플랜을 구성하여 목표한 만큼은 꼭 공부하세요! 이 책의 목차를 바탕으로 자신의 시간과 능력에 맞게 계획을 제대로 세웠다면, 합격으로 반 이상 간 것이나 다름없습니다.

☑ **1주 차**

SUN	MON	TUE	WED	THU	FRI	SAT

☐ **2주 차**

SUN	MON	TUE	WED	THU	FRI	SAT

☐ **3주 차**

SUN	MON	TUE	WED	THU	FRI	SAT

☐ **4주 차**

SUN	MON	TUE	WED	THU	FRI	SAT

이 책의 차례

1

과학 편

| 2023년 대학수학능력시험 국어 영역

※ 다음 글을 읽고 물음에 답하시오. [1~4]

하루에 필요한 에너지의 양은 하루 동안의 총 열량 소모량인 대사량으로 구한다. 그중 기초 대사량은 생존에 필수적인 에너지로, 쾌적한 온도에서 편히 쉬는 동물이 공복 상태에서 생성하는 열량으로 정의된다. 이때 체내에서 생성한 열량은 일정한 체온에서 체외로 발산되는 열량과 같다. 기초 대사량은 개체에 따라 대사량의 $60 \sim 75\%$를 차지하고, 근육량이 많을수록 증가한다.

기초 대사량은 직접법 또는 간접법으로 구한다. ㉠ 직접법은 온도가 일정하게 유지되고 공기의 출입량을 알고 있는 호흡실에서 동물이 발산하는 열량을 열량계를 이용해 측정하는 방법이다. ㉡ 간접법은 호흡 측정 장치를 이용해 동물의 산소 소비량과 이산화탄소 배출량을 측정하고, 이를 기준으로 체내에서 생성된 열량을 추정하는 방법이다.

19세기의 초기 연구는 체외로 발산되는 열량이 체표 면적에 비례한다고 보았다. 즉 그 둘이 항상 일정한 비(比)를 갖는다는 것이다. 체표 면적은 $(체중)^{0.67}$에 비례하므로, 기초 대사량은 체중이 아닌 $(체중)^{0.67}$에 비례한다고 하였다. 어떤 변수의 증가율은 증가 후 값을 증가 전 값으로 나눈 값이므로, 체중이 W에서 2W로 커지면 체중의 증가율은 $(2W)/(W)=2$이다. 이 경우에 기초 대사량의 증가율은 $(2W)^{0.67}/(W)^{0.67}=2^{0.67}$, 즉 약 1.60이 된다.

1930년대에 클라이버는 생쥐부터 코끼리까지 다양한 크기의 동물의 기초 대사량 측정 결과를 분석했다. 그래프의 가로축 변수로 동물의 체중을, 세로축 변수로 기초 대사량을 두고, 동물별 체중과 기초 대사량의 순서쌍을 점으로 나타냈다.

가로축과 세로축 두 변수의 증가율이 서로 다를 경우, 그 둘의 증가율이 같을 때와 달리, '일반적인 그래프'에서 이 점들은 직선이 아닌 어떤 곡선의 주변에 분포한다. 그런데 순서쌍의 값에 상용로그를 취해 새로운 순서쌍을 만들어서 이를 〈그림〉과 같이 그래프에 표시하면, 어떤 직선의 주변에 점들이 분포하는 것으로 나타난다. 그러면 그 직선의 기울기를 이용해 두 변수의 증가율을 비교할 수 있다. 〈그림〉에서 X와 Y는 각각 체중과 기초 대사량에 상용로그를 취한 값이다. 이런 방식으로 표현한 그래프를 'L-그래프'라 하자.

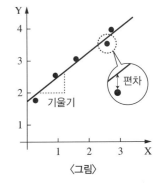

〈그림〉

체중의 증가율에 비해 기초 대사량의 증가율이 작다면 L-그래프에서 직선의 기울기는 1보다 작으며 기초 대사량의 증가율이 작을수록 기울기도 작아진다. 만약 체중의 증가율과 기초 대사량의 증가율이 같다면 L-그래프에서 직선의 기울기는 1이 된다. 이렇듯 L-그래프와 같은 방식으로 표현할 때, 생물의 어떤 형질이 체중 또는 몸 크기와 직선의 관계를 보이며 함께 증가하는 경우 그 형질은 '상대 성장'을 한다고 한다. 동일 종에서의 심장, 두뇌와 같은 신체 기관의 크기도 상대 성장을 따른다.

한편, 그래프에서 가로축과 세로축 두 변수의 관계를 대변하는 최적의 직선의 기울기와 절편은 최소 제곱법으로 구할 수 있다. 우선, 그래프에 두 변수의 순서쌍을 나타낸 점들 사이를 지나는 임의의 직선을 그린다. 각 점에서 가로축에 수직 방향으로 직선까지의 거리인 편차의 절댓값을 구하고 이들을 각각 제곱하여 모두 합한 것이 '편차 제곱 합'이며, 편차 제곱 합이 가장 작은 직선을 구하는 것이 최소 제곱법이다.

클라이버는 이런 방법에 근거하여 L-그래프에 나타난 최적의 직선의 기울기로 0.75를 얻었고, 이에 따라 동물의 (체중)$^{0.75}$에 기초 대사량이 비례한다고 결론지었다. 이것을 '클라이버의 법칙'이라 하며, (체중)$^{0.75}$을 대사 체중이라 부른다. 대사 체중은 치료제 허용량의 결정에도 이용되는데, 이때 그 양은 대사 체중에 비례하여 정한다. 이는 치료제 허용량이 체내 대사와 밀접한 관련이 있기 때문이다.

01 윗글의 내용으로 적절하지 않은 것은?

① 클라이버의 법칙은 동물의 기초 대사량이 대사 체중에 비례한다고 본다.
② 어떤 개체가 체중이 늘 때 다른 변화 없이 근육량이 늘면 기초 대사량이 증가한다.
③ 'L-그래프'에서 직선의 기울기는 가로축과 세로축 두 변수의 증가율의 차이와 동일하다.
④ 최소 제곱법은 두 변수 간의 관계를 나타내는 최적의 직선의 기울기와 절편을 알게 해 준다.
⑤ 동물의 신체 기관인 심장과 두뇌의 크기는 몸무게나 몸의 크기에 상대 성장을 하며 발달한다.

02 윗글을 읽고 추론한 내용으로 적절하지 않은 것은?

① 일반적인 경우 기초 대사량은 하루에 소모되는 총 열량 중에 가장 큰 비중을 차지하겠군.
② 클라이버의 결론에 따르면, 기초 대사량이 동물의 체표 면적에 비례한다고 볼 수 없겠군.
③ 19세기의 초기 연구자들은 체중의 증가율보다 기초 대사량의 증가율이 작다고 생각했겠군.
④ 코끼리에게 적용하는 치료제 허용량을 기준으로, 체중에 비례하여 생쥐에게 적용할 허용량을 정한 후 먹이면 과다 복용이 될 수 있겠군.
⑤ 클라이버의 법칙에 따르면, 동물의 체중이 증가함에 따라 함께 늘어나는 에너지의 필요량이 이전 초기 연구에서 생각했던 양보다 많겠군.

03 ㉠, ㉡에 대한 이해로 가장 적절한 것은?

① ㉠은 체온을 환경 온도에 따라 조정하는 변온 동물이 체외로 발산하는 열량을 측정할 수 없다.
② ㉡은 동물이 호흡에 이용한 산소의 양을 알 필요가 없다.
③ ㉠은 ㉡과 달리 격한 움직임이 제한된 편하게 쉬는 상태에서 기초 대사량을 구한다.
④ ㉠과 ㉡은 모두 일정한 체온에서 동물이 체외로 발산하는 열량을 구할 수 있다.
⑤ ㉠과 ㉡은 모두 생존에 필수적인 최소한의 에너지를 공급하면서 기초 대사량을 구한다.

PART 1

DAY 01
DAY 02
DAY 03
DAY 04
DAY 05
DAY 06
DAY 07
DAY 08
DAY 09
DAY 10

04 윗글을 바탕으로 〈보기〉를 탐구한 내용으로 가장 적절한 것은?

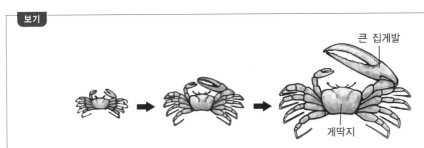

농게의 수컷은 집게발 하나가 매우 큰데, 큰 집게발의 길이는 게딱지의 폭에 '상대 성장'을 한다. 농게의 ⓐ <u>게딱지 폭</u>을 이용해 ⓑ <u>큰 집게발의 길이</u>를 추정하기 위해, 다양한 크기의 농게의 게딱지 폭과 큰 집게발의 길이를 측정하여 다수의 순서쌍을 확보했다. 그리고 'L-그래프'와 같은 방식으로, 그래프의 가로축과 세로축에 각각 게딱지 폭과 큰 집게발의 길이에 해당하는 값을 놓고 분석을 실시했다.

① 최적의 직선을 구한다고 할 때, 최적의 직선의 기울기가 1보다 작다면 ⓐ에 ⓑ가 비례한다고 할 수 없겠군.

② 최적의 직선을 구하여 ⓐ와 ⓑ의 증가율을 비교하려고 할 때, 점들이 최적의 직선으로부터 가로축에 수직 방향으로 멀리 떨어질수록 편차 제곱 합은 더 작겠군.

③ ⓐ의 증가율보다 ⓑ의 증가율이 크다면, 점들의 분포가 직선이 아닌 어떤 곡선의 주변에 분포하겠군.

④ ⓐ의 증가율보다 ⓑ의 증가율이 작다면, 점들 사이를 지나는 최적의 직선의 기울기는 1보다 크겠군.

⑤ ⓐ의 증가율과 ⓑ의 증가율이 같고 '일반적인 그래프'에서 순서쌍을 점으로 표시한다면, 점들은 직선이 아닌 어떤 곡선의 주변에 분포하겠군.

05 다음 글에서 알 수 없는 것은?

> 1982년에 오스트레일리아의 워렌과 마셜 연구팀은 사람의 위장에서 서식하는 세균을 배양하려 시도하였지만 실패를 거듭했다. 그들은 '캠필로박터' 세균을 배양할 때처럼 산소와 이산화탄소를 저농도로 유지하면서 까다로운 조건으로 영양분을 공급하는 특수한 배양법을 채택하고 있었다. 마셜의 조수는 휴가를 보내느라 보통 이틀 정도로 끝내던 배양을 5일 동안 지속하게 되었다. 휴가가 끝났을 때 연구팀은 배양지에 세균의 군집이 형성된 것을 발견하게 되었다. 1987년에 연구팀은 광학 현미경으로 관찰된 형태와 대기 중 산소 농도보다 낮은 산소 농도에서 자라는 특성을 근거로 이 균을 캠필로박터 속에 속한다고 판단하여 이 균을 '캠필로박터 파일로리'라고 명명하였다. 그러나 그 후, 전자현미경에 의해 이 균의 미세 구조가 캠필로박터와 차이가 있음이 관찰되었고, 1989년에는 유전자 분석에 따라 이 균이 캠필로박터와 다른 집단임이 판명되었다. 이에 따라 헬리코박터 속이 신설되고 균의 명칭이 '헬리코박터 파일로리'로 변경되었다.
>
> 마셜은 강한 산성 환경인 인간의 위장 속에서 살 수 있는 이 세균에 의해 대부분의 위장 질환이 발생한다는 내용의 가설을 담은 논문을 발표했다. 하지만, "어떤 세균도 위산을 오래 견뎌내지 못한다."라는 학설과 "스트레스나 자극적인 식품을 자주 섭취하는 식습관이 위궤양과 위염을 일으킨다."라는 학설 때문에 이 가설은 쉽게 받아들여지지 않았다. 결국 마셜은 시험관에 배양한 균을 스스로 마셔서 위궤양을 만들어냈고, 그 위궤양을 항생제로 치료하는 데 성공했다. 그제야 학계는 마셜의 가설을 받아들였고, 미국의 국립 보건원은 위궤양의 대부분이 헬리코박터 파일로리에 의한 것이므로 항생제를 처방할 것을 권고하는 의견서를 발표하였다. 오늘날 헬리코박터 파일로리는 세계에서 가장 흔한 만성적인 감염의 원인균으로 알려지게 되었고, 위암의 원인균으로도 인정받았다. 2005년 워렌과 마셜은 이 발견으로 노벨 생리의학상을 수상했다.

① 마셜의 실험은 위궤양과 위염이 스트레스나 자극적인 식품을 자주 섭취하는 식습관에 의해 생길 수 없음을 보여주었다.

② 마셜의 연구팀은 어떤 세균도 위산을 오래 견뎌내지 못한다는 학설이 틀렸음을 증명하였다.

③ 헬리코박터 파일로리는 캠필로박터처럼 저농도의 산소에서 자라는 특성을 갖는다.

④ 헬리코박터 파일로리의 감염은 위암을 일으킬 수 있다는 것이 인정되었다.

⑤ 헬리코박터 파일로리는 캠필로박터와 다른 별개의 속에 속한다.

PART 1 / DAY 01 / DAY 02 / DAY 03 / DAY 04 / DAY 05 / DAY 06 / DAY 07 / DAY 08 / DAY 09 / DAY 10

※ 다음 글을 읽고 물음에 답하시오. [6~8]

세포는 현미경으로 관찰하면 작은 물방울처럼 보이지만 세포 내부는 기름 성분으로 이루어진 칸막이에 의해 여러 구획으로 나누어져 있다. 서랍 속의 칸막이가 없으면 물건이 뒤섞여 원하는 것을 찾기 힘들어지듯이 세포 안의 구획이 없으면 세포 안의 구성물, 특히 단백질이 마구 섞이게 되어 세포의 기능에 이상이 생길 수 있다. 그러므로 각각의 단백질은 저마다의 기능에 따라 세포 내 소기관들, 세포질, 세포 외부나 세포막 중 필요한 장소로 수송되어야 한다.

세포 외부로 분비된 단백질은 호르몬처럼 다른 세포에 신호를 전달하는 역할을 하고, 세포막에 고정되어 위치하는 단백질은 외부의 신호를 안테나처럼 받아들이는 수용체 역할을 하거나 물질을 세포 내부로 받아들이는 통로 역할을 수행한다. 반면 세포 내 소기관으로 수송되는 단백질이나 세포질에 존재하는 단백질은 각각 세포 내 소기관 또는 세포질에서 수행되는 생화학 반응을 빠르게 진행하도록 하는 촉매 역할을 주로 수행한다.

단백질은 mRNA의 정보에 의해 리보솜에서 합성된다. 리보솜은 세포 내부를 채우고 있는 세포질에 독립적으로 존재하다가 mRNA와 결합하여 단백질 합성이 개시되면 세포질에 머물면서 계속 단백질 합성을 진행하거나 세포 내부의 소기관인 소포체로 이동하여 소포체 위에 부착하여 단백질 합성을 계속한다. 리보솜이 이렇게 서로 다른 세포 내 두 장소에서 단백질 합성을 수행하는 이유는 합성이 끝난 단백질을 그 기능에 따라 서로 다른 곳으로 보내야 하기 때문이다. 세포질에서 독립적으로 존재하는 리보솜에서 완성된 단백질은 주로 세포질, 세포핵·미토콘드리아와 같은 세포 내 소기관으로 이동하여 기능을 수행한다. 반면 소포체 위의 리보솜에서 합성이 끝난 단백질은 세포 밖으로 분비되든지, 세포막에 위치하든지, 또는 세포 내 소기관들인 소포체나 골지체나 리소솜으로 이동하기도 한다. 소포체·골지체·리소솜은 모두 물리적으로 연결되어 있으므로 소포체 위의 리보솜에서 만들어진 단백질의 이동이 용이하다. 또한 세포막에 고정되어 위치하거나 세포막을 뚫고 분비되는 단백질은 소포체와 골지체를 거쳐 소낭에 싸여 세포막 쪽으로 이동한다.

소포체 위의 리보솜에서 완성된 단백질은 소포체와 근접한 거리에 있는 또 다른 세포 내 소기관인 골지체로 이동하여 골지체에서 추가로 변형된 후 최종 목적지로 향하기도 한다. 이 단백질 합성 후 추가 변형 과정은 아미노산이 연결되어서 만들어진 단백질에 탄수화물이나 지질 분자를 붙이는 과정으로서 아미노산만으로는 이루기 힘든 단백질의 독특한 기능을 부여해준다. 일부 소포체에서 기능하는 효소는 소포체 위의 리보솜에서 단백질 합성을 완료한 후 골지체로 이동하여 변형된 다음 소포체로 되돌아온 단백질이다.

과연 단백질은 어떻게 자기가 있어야 할 세포 내 위치를 찾아갈 수 있을까? 그것을 설명하는 것이 '신호서열 이론'이다. 어떤 단백질은 자기가 배송되어야 할 세포 내 위치를 나타내는 짧은 아미노산 서열로 이루어진 신호서열을 가지고 있다. 예를 들어 KDEL 신호서열은 소포체 위의 리보솜에서 합성된 후 골지체를 거쳐 추가 변형 과정을 거친 다음 소포체로 되돌아오는 단백질이 가지고 있는 신호서열이다. 또한 NLS는 세포질에 독립적으로 존재하는 리보솜에서 합성되어 세포핵으로 들어가는 단백질이 가지고 있는 신호서열이고 NES는 반대로 세포핵 안에 존재하다가 세포질로 나오는 단백질이 가지고 있는 신호서열이다. 그리고 세포질에 독립적으로 존재하는 리보솜에서 만들어진 단백질을 미토콘드리아로 수송하기 위한 신호서열인 MTS도 있다.

이러한 신호서열 이론을 증명하는 여러 실험이 수행되었다. ㉠ KDEL 신호서열을 인위적으로 붙여준 단백질은 원래 있어야 할 곳 대신 소포체에 위치하는 것으로 관찰되어 KDEL이 소포체로의 단백질 수송을 결정하는 신호서열이라는 결론이 내려졌다. ㉡ 소포체에 부착한 리보솜에서 만들어진 어떤 단백질이 특정한 신호서열이 있어서 세포 밖으로 분비되는 것인지, 아니면 그 단백질이 신호서열을 전혀 가지고 있지 않아서 세포 밖으로 분비되는 것인지 확인하는 실험도 수행되었는데 세포의 종류에 따라 각기 다르다는 결론이 내려졌다. ㉢ 세포 내 특정 장소로 가기 위한 신호서열을 가지고 있지 않은 단백질이 어떻게 특정 장소로 이동하는지를 확인하는 실험을 한 결과 특정 장소로 수송하기 위한 신호서열을 가지고 있는 단백질과의 결합을 통해 신호서열이 지정하는 특정 장소로 이동할 수 있다는 결론을 얻었다.

06 윗글의 내용으로 적절하지 않은 것은?

① 세포막에서 수용체 역할을 하는 단백질은 소포체 위의 리보솜에서 합성된 것이다.

② 세포질 안에서 사용되는 단백질은 세포질에 독립적으로 존재하는 리보솜에서 합성된 것이다.

③ 골지체에서 변형된 후 소포체로 돌아온 단백질은 소포체 위의 리보솜에서 합성된 것이다.

④ 세포핵으로 수송되는 단백질은 세포 밖으로 분비되는 단백질과 다른 곳에 위치한 리보솜에서 합성된 것이다.

⑤ 미토콘드리아로 수송되는 단백질과 세포막에 위치하는 단백질은 같은 곳에 위치한 리보솜에서 합성된 것이다.

07 윗글을 바탕으로 추론한 것으로 적절하지 않은 것은?

① KDEL 신호서열을 가지고 있는 단백질은 NLS가 없을 것이다.

② KDEL 신호서열을 가지고 있는 소포체로 최종 수송된 단백질은 골지체에서 변형을 거쳤을 것이다.

③ NLS가 없는 세포핵 안에 존재하는 단백질은 NLS가 있는 다른 단백질과 결합하여 세포핵 안으로 수송되었을 것이다.

④ NLS가 있으나 NES가 없는 단백질은 합성 후 세포핵에 위치한 다음 NES가 있는 단백질과 결합하면 다시 세포핵 밖으로 나갈 수 있을 것이다.

⑤ NLS와 NES를 모두 가졌으나 세포 외부에서 발견되는 단백질은 세포질에 독립적으로 존재하는 리보솜에서 합성된 단백질과 결합하여 세포 외부로 이동하였을 것이다.

08 ㉠ ~ ㉢에 대한 평가로 적절한 것만을 〈보기〉에서 있는 대로 고르면?

> **보기**
>
> ㉮ KDEL 신호서열이 있는 어떤 단백질의 KDEL 신호서열을 인위적으로 제거하면 소포체로 이동하지 않는다는 실험 결과는 ㉠의 결론을 강화한다.
>
> ㉯ NLS를 가진 어떤 단백질의 NLS를 인위적으로 제거하면 세포 밖으로 분비된다는 실험 결과는 ㉡의 결론을 강화한다.
>
> ㉰ MTS가 없는 어떤 단백질이 MTS가 있는 단백질과 결합하여 미토콘드리아에서 발견된다는 실험 결과는 ㉢의 결론을 강화한다.

① ㉮

② ㉯

③ ㉮, ㉰

④ ㉯, ㉰

⑤ ㉮, ㉯, ㉰

09 다음 글에서 추론할 수 있는 것만을 〈보기〉에서 모두 고르면?

동물은 에너지원으로 탄수화물과 지방을 주로 사용한다. 탄수화물을 에너지원으로 많이 사용하면 혈중 젖산 농도가 증가하고, 지방을 에너지원으로 많이 사용하면 혈중 트리글리세리드(TG) 농도가 증가한다.

곰이 계절에 따라 주로 사용하는 에너지원이 무엇인지 알아보기 위해, 곰의 혈액과 배설물을 사용하여 두 건의 연구를 수행했다. 장내 미생물군은 배설물 안에 보존되어 있고, 장내 미생물군의 구성 비율은 미생물군이 에너지원으로 사용할 수 있는 물질이 얼마나 있는지에 따라 변할 수 있다. 장내 미생물군 중 어떤 것은 에너지원으로 탄수화물을 주로 사용하고, 다른 어떤 것은 에너지원으로 지방을 주로 사용한다. 체내 환경에서 탄수화물이 많아지면 그것을 주로 사용하는 미생물군의 비율이 증가하고 지방의 경우도 마찬가지다. 이 미생물군들의 작용으로 젖산 또는 TG가 개체의 혈액에 추가로 제공된다.

첫 번째 연구에서 총 10마리의 곰 각각으로부터 여름과 겨울에 혈액을 채취하여 혈중 물질의 농도를 분석하였다. 이 연구로부터 혈중 평균 TG 농도는 겨울이 여름보다 높고, 혈중 평균 젖산 농도는 여름이 겨울보다 높다는 결과를 얻었다. 이로부터 곰이 에너지원으로 주로 사용하는 물질의 종류는 여름과 겨울에 다르다는 것을 알 수 있었다.

두 번째 연구에서 장내 미생물이 없는 무균 쥐를 이용한 실험을 수행하였다. 무균 쥐는 고지방 음식을 섭취하더라도 혈중 TG 농도가 변하지 않고 $50\mu M$로 유지된다. 20마리의 무균 쥐를 10마리씩 두 그룹으로 나누어, 그룹 1의 쥐에는 여름에 곰으로부터 채취한 배설물을, 그룹 2의 쥐에는 겨울에 곰으로부터 채취한 배설물을 같은 양만큼 이식하였다. 이후 같은 양의 고지방 음식을 먹였다. 2주 후 쥐의 혈중 TG 농도를 분석하였고, 그룹 1과 그룹 2에서 쥐의 혈중 평균 TG 농도는 각각 $70\mu M$과 $110\mu M$이었다. 이로부터 곰의 배설물에 있는 장내 미생물이 쥐의 혈중 TG 농도를 높였다는 것을 알 수 있었다.

보기

㉠ 곰은 에너지원으로 여름보다 겨울에는 탄수화물을, 겨울보다 여름에는 지방을 더 많이 사용한다.
㉡ 여름에 곰으로부터 채취한 배설물을 이식한 무균 쥐는 탄수화물을 충분히 섭취해도 혈중 젖산 농도가 증가하지 않는다.
㉢ 곰의 경우 전체 장내 미생물군 중 에너지원으로 지방을 주로 사용하는 미생물군이 차지하는 비율은 여름보다 겨울에 더 높다.

① ㉠
② ㉢
③ ㉠, ㉡
④ ㉡, ㉢
⑤ ㉠, ㉡, ㉢

01   다음 글의 실험 결과를 가장 잘 설명하는 것은?

> 최근 A지역은 과도한 사냥으로 대형 포유류가 감소하였다. 이러한 대형 포유류의 감소는 식물과 동물 간의 상호작용 감소로 이어져 식물 생태계에 부정적인 영향을 줄 수 있다는 주장이 제기되었다. 식물 생태계 유지에 중요한 상호작용 중 하나는 식물 이외의 생물에 의한 씨앗 포식이다. 여기서 '포식'은 동물이 씨앗을 먹는 행위뿐만 아니라 곤충과 같이 작은 동물이 일부를 갉아먹는 행위, 진균류 등에 의한 감염까지 포함한다. 포식된 씨앗은 외피의 일부가 손상되는 효과 등으로 인해 발아할 가능성이 높아진다. 이렇게 씨앗 포식은 발아율을 결정하는 주된 원인이므로 발아율은 씨앗 포식의 정도를 알려주는 지표이다.
>
> 한 과학자는 대형 포유류, 소형 포유류, 곤충, 진균류 등 총 네 종류의 씨앗 포식자가 서식하는 A지역에서 같은 종류의 씨앗을 1 ~ 6그룹으로 나눈 뒤 일정한 넓이를 가진, 서로 인접한 6개의 구역에 뿌렸다. 이때 1그룹은 아무 울타리도 하지 않은 구역에 뿌려 모든 생물이 접근 가능하도록 하였다. 2그룹은 성긴 울타리만 친 구역에 뿌려 대형 포유류의 접근이 불가능하도록 하였다. 3 ~ 6그룹은 소형 포유류와 대형 포유류의 접근이 불가능하도록 촘촘한 울타리를 친 구역에 뿌리되, 4와 6그룹에는 살충제 처리를 하여 곤충이 접근하지 못하게 하였으며, 5와 6그룹에는 항진균제 처리를 하여 진균류의 접근을 차단하였다. 살충제와 항진균제는 씨앗 발아에 영향을 미치지 않는 것만을 사용하였다. 일정 시간 후에 각 그룹에 대해 조사하였다. 포유류에 의한 씨앗 포식량은 1그룹과 그룹에서 각각 전체 씨앗 포식량의 25%와 7%였고, 발아율은 1 ~ 5그룹 사이에서 차이가 없었으며 6그룹에서는 다른 그룹에 비해 현저히 낮았다.

① 한 종류의 씨앗 포식자가 사라지면 남은 씨앗 포식자의 씨앗 포식량이 증가하여 전체 씨앗 포식량은 변화하지 않는다.

② 한 종류의 씨앗 포식자가 사라지더라도 남은 씨앗 포식자의 씨앗 포식량은 변화하지 않는다.

③ 씨앗 포식자 중 포유류가 사라지면 남은 씨앗 포식자의 씨앗 포식량이 변화한다.

④ 씨앗 포식자의 종류가 늘어나면 기존 포식자의 씨앗 포식량이 변화한다.

⑤ 포식자의 유무와 관계없이 씨앗 발아율은 변화하지 않는다.

※ 다음 글을 읽고 물음에 답하시오. **[2~4]**

주차하거나 좁은 길을 지날 때 운전자를 돕는 장치들이 있다. 이 중 차량 전후좌우에 장착된 카메라로 촬영한 영상을 이용하여 차량 주위 360°의 상황을 위에서 내려다본 것 같은 영상을 만들어 차 안의 모니터를 통해 운전자에게 제공하는 장치가 있다. 운전자에게 제공되는 영상이 어떻게 만들어지는지 알아보자.

먼저 차량 주위 바닥에 바둑판 모양의 격자판을 펴 놓고 카메라로 촬영한다. 이 장치에서 사용하는 광각 카메라는 큰 시야각을 갖고 있어 사각지대가 줄지만 빛이 렌즈를 지날 때 렌즈 고유의 곡률로 인해 영상이 중심부는 볼록하고 중심부에서 멀수록 더 휘어지는 현상, 즉 렌즈에 의한 상의 왜곡이 발생한다. 이 왜곡에 영향을 주는 카메라 자체의 특징을 내부 변수라고 하며 왜곡 계수로 나타낸다. 이를 알 수 있다면 왜곡 모델을 설정하여 왜곡을 보정할 수 있다. 한편 차량에 장착된 카메라의 기울어짐 등으로 인해 발생하는 왜곡의 원인을 외부 변수라고 한다. ⊙ 촬영된 영상과 실세계 격자판을 비교하면 영상에서 격자판이 회전한 각도나 격자판의 위치 변화를 통해 카메라의 기울어진 각도 등을 알 수 있으므로 왜곡을 보정할 수 있다.

왜곡 보정이 끝나면 영상의 점들에 대응하는 3차원 실세계의 점들을 추정하여 이로부터 원근 효과가 제거된 영상을 얻는 시점 변환이 필요하다. 카메라가 3차원 실세계를 2차원 영상으로 투영하면 크기가 동일한 물체라도 카메라로부터 멀리 있을수록 더 작게 나타나는데, 위에서 내려다보는 시점의 영상에서는 거리에 따른 물체의 크기 변화가 없어야 하기 때문이다.

⊙ 왜곡이 보정된 영상에서의 몇 개의 점과 그에 대응하는 실세계 격자판의 점들의 위치를 알고 있다면, 영상의 모든 점들과 격자판의 점들 간의 대응 관계를 가상의 좌표계를 이용하여 기술할 수 있다. 이 대응 관계를 이용해서 영상의 점들을 격자의 모양과 격자 간의 상대적인 크기가 실세계에서와 동일하게 유지되도록 한 평면에 놓으면 2차원 영상으로 나타난다. 이때 얻은 영상이 ⊙ 위에서 내려다보는 시점의 영상이 된다. 이와 같은 방법으로 구한 각 방향의 영상을 합성하면 차량 주위를 위에서 내려다본 것 같은 영상이 만들어진다.

02 윗글의 내용과 일치하는 것은?

① 차량 주위를 위에서 내려다본 것 같은 영상은 360°를 촬영하는 카메라 하나를 이용하여 만들어진다.

② 외부 변수로 인한 왜곡은 카메라 자체의 특징을 알 수 있으면 쉽게 해결할 수 있다.

③ 차량의 전후좌우 카메라에서 촬영된 영상을 하나의 영상으로 합성한 후 왜곡을 보정한다.

④ 영상이 중심부로부터 멀수록 크게 휘는 것은 왜곡 모델을 설정하여 보정할 수 있다.

⑤ 위에서 내려다보는 시점의 영상에 있는 점들은 카메라 시점의 영상과는 달리 3차원 좌표로 표시된다.

03 ㉠ ~ ㉢을 이해한 내용으로 가장 적절한 것은?

① ㉠에서 광각 카메라를 이용하여 확보한 시야각은 ㉡에서는 작아지겠군.

② ㉡에서는 ㉠과 마찬가지로 렌즈와 격자판 사이의 거리가 멀어질수록 격자판이 작아 보이겠군.

③ ㉡에서는 ㉠에서 렌즈와 격자판 사이의 거리에 따른 렌즈의 곡률 변화로 생긴 휘어짐이 보정되었겠군.

④ ㉡과 실세계 격자판을 비교하여 격자판의 위치 변화를 보정한 ㉢은 카메라의 기울어짐에 의한 왜곡을 바로잡은 것이겠군.

⑤ ㉡에서 렌즈에 의한 상의 왜곡 때문에 격자판의 윗부분으로 갈수록 격자 크기가 더 작아 보이던 것이 ㉢에서 보정되었겠군.

04 윗글을 바탕으로 〈보기〉를 탐구한 내용으로 가장 적절한 것은?

> **보기**
>
> 그림은 │장치│가 장착된 차량의 운전자에게 제공된 영상에서 전방 부분만 보여 준 것이다. 차량 전방의 바닥에 그려진 네 개의 도형이 영상에서 각각 A, B, C, D로 나타나 있고, C와 D는 직사각형이고 크기는 같다. p와 q는 각각 영상 속 임의의 한 점이다.

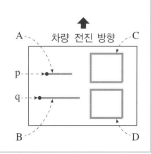

① 원근 효과가 제거되기 전의 영상에서 C는 윗변이 아랫변보다 긴 사다리꼴 모양이다.

② 시점 변환 전의 영상에서 D는 C보다 더 작은 크기로 영상의 더 아래쪽에 위치한다.

③ A와 B는 p와 q 간의 대응 관계를 이용하여 바닥에 그려진 도형을 크기가 유지되도록 한 평면에 놓은 것이다.

④ B에 대한 A의 상대적 크기는 가상의 좌표계를 이용하여 시점을 변환하기 전의 영상에서보다 더 커진 것이다.

⑤ p가 A 위의 한 점이라면 A는 p에 대응하는 실세계의 점이 시점 변환을 통해 선으로 나타난 것이다.

PART 1

DAY 01

DAY 02

DAY 03

DAY 04

DAY 05

DAY 06

DAY 07

DAY 08

DAY 09

DAY 10

05 다음 글의 ㉠ ~ ㉢에 대한 평가로 적절한 것만을 〈보기〉에서 모두 고르면?

오줌을 생산하는 포유류 신장의 능력은 신장의 수질에 있는 헨리 고리와 관련 있다. 헨리 고리의 오줌 농축 방식을 탐구한 과학자들은 헨리 고리의 길이가 길수록 더 농축된 오줌을 생산한다는 ㉠ 가설을 세웠다. 동물은 몸의 크기가 클수록 체중이 무겁고 신장의 크기가 더 커서 헨리 고리가 더 길다. 그래서 코끼리와 같이 큰 포유류는 뾰족뒤쥐와 같은 작은 포유류에 비해 훨씬 더 농축된 오줌을 생산할 수 있어야 한다는 것이다. 그렇지만 지구에서 가장 건조한 환경에 사는 일부 포유류는 몸집이 매우 작은데도 몸집이 큰 포유류보다 더 농축된 오줌을 생산한다.

이런 문제점을 해결하기 위해, 과학자들은 몸의 크기와 비교한 헨리 고리의 상대적인 길이가 길수록 오줌의 농도가 높다는 ㉡ 가설을 제시하였다. 헨리 고리의 길이와 수질의 두께는 비례하므로 과학자들은 크기가 다른 포유류로부터 얻은 자료를 비교하기 위해 새로운 측정값으로 수질의 두께를 몸의 크기로 나눈 값을 '상대적인 수질의 두께(RMT)'로 제시하였다.

추가 연구를 통해 여러 종들에서 헨리 고리는 유형 A와 유형 B 두 종류로 구성되어 있고, 유형 A가 유형 B보다 오줌 농축 능력이 뛰어나다는 것이 밝혀졌다. 이러한 연구 결과를 토대로 과학자들은 헨리 고리 중 유형 B가 차지하는 비중이 작을수록 더 농축된 오줌을 만들어낸다는 ㉢ 가설을 제시했다.

과학자들은 다른 환경에 사는 다양한 크기의 동물들에 대해 측정을 수행했다. 오줌은 농축될수록 어는점이 더 낮아진다. 과학자들은 측정 대상 동물의 체중(W), RMT, 헨리 고리 중 유형 B가 차지하는 비중(R), 오줌의 어는점(FP)을 각각 측정하였고 다음은 그 결과의 일부이다.

종	W(kg)	RMT	R(%)	FP(℃)
돼지	120	1.6	97	−2
개	30	4.3	0	−4.85
캥거루쥐	0.3	8.5	73	−10.4

보기

㉮ 돼지와 개의 측정 결과는 ㉠을 약화한다.
㉯ 개와 캥거루쥐의 측정 결과는 ㉡을 약화하지 않는다.
㉰ 돼지와 캥거루쥐의 측정 결과는 ㉢을 약화한다.

① ㉮
② ㉰
③ ㉮, ㉯
④ ㉯, ㉰
⑤ ㉮, ㉯, ㉰

※ 다음 글을 읽고 물음에 답하시오. [6~8]

대규모 데이터를 분석하여 데이터 속에 숨어 있는 유용한 패턴을 찾아내기 위해 다양한 기계학습 기법이 활용되고 있다 기계학습을 위한 입력 자료를 데이터 세트라고 하며, 이를 분석하여 유용하고 가치 있는 정보를 추출할 수 있다. 데이터 세트의 각 행에는 개체에 대한 구체적인 정보가 저장되며, 각 열에는 개체의 특성이 기록된다. 개체의 특성은 범주형과 수치형으로 구분되는데, 예를 들어 '성별'은 범주형이며, '체중'은 수치형이다.

기계학습 기법의 하나인 클러스터링은 데이터의 특성에 따라 유사한 개체들을 묶는 기법이다. 클러스터링은 분할법과 계층법으로 나뉘는데, 이 둘은 모두 거리 개념에 기초하고 있다. 가장 많이 사용되는 거리 개념은 기하학적 거리이며, 두 개체 사이의 거리는 n차원으로 표현된 공간에서 두 개체를 점으로 표시할 때 두 점 사이의 직선거리이다. 거리를 계산할 때 특성들의 단위가 서로 다른 경우가 많은데, 이런 경우 특성 값을 정규화할 필요가 있다. 예를 들어 특정 과목의 학점과 출석 횟수를 기준으로 학생들을 묶을 경우 두 특성의 단위가 다르므로 두 특성 값을 모두 0과 1 사이의 값으로 정규화하여 클러스터링을 수행한다. 또한 범주형 특성에 거리 개념을 적용하려면 이를 수치형 특성으로 변환해야 한다.

분할법은 전체 데이터 개체를 사전에 정한 개수의 클러스터로 구분하는 기법으로, 모든 개체는 생성된 클러스터 가운데 어느 하나에 속한다. 〈그림 1〉에서 ⓑ는 ⓐ에 제시된 개체들을 분할법을 통해 세 개의 클러스터로 묶은 예이다. 분할법에서는 클러스터에 속한 개체들의 좌표 평균을 계산하여 클러스터 중심점을 구한다. 고전적인 분할법인 K-민즈 클러스터링(K-means Clustering)에서는 거리 개념과 중심점에 기반하여 다음과 같은 과정으로 알고리즘이 진행된다.

1) 사전에 K개로 정한 클러스터 중심점을 임의의 위치에 배치하여 초기화한다.
2) 각 개체에 대해 K개의 중심점과의 거리를 계산한 후 가장 가까운 중심점에 해당 개체를 배정하여 클러스터를 구성한다.
3) 클러스터별로 그에 속한 개체들의 좌표 평균을 계산하여 클러스터의 중심점을 다시 구한다.
4) 2)와 3)의 과정을 반복해서 수행하여 더 이상 변화가 없는 상태에 도달하면 알고리즘이 종료된다.

분할법에서는 이와 같이 개체와 중심점과의 거리를 계산하여 클러스터에 개체를 배정하므로 두 개체가 인접해 있더라도 가장 가까운 중심점이 서로 다르면 두 개체는 상이한 클러스터에 배정된다.

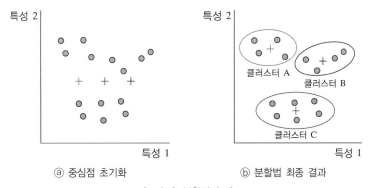

〈그림 1〉 분할법의 예

클러스터링이 잘 수행되었는지 확인하려면 클러스터링 결과를 평가하는 품질 지표가 필요하다. K-민즈 클러스터링의 경우 품질 지표는 개체와 그 개체가 해당하는 클러스터의 중심점 간 거리의 평균이다. K-민즈 클러스터링에서 K가 정해졌을 때 개체와 해당 중심점 간 거리의 평균을 최소화하는 '전체 최적해'는 확정적으로 보장되지 않는다. 알고리즘의 첫 번째 단계인 초기화를 어떻게 하느냐에 따라 클러스터링 결과가 달라질 수 있으며, 경우에 따라 좋은 결과를 찾는 데 실패할 수도 있다. 따라서 전체 최적해를 얻을 확률을 높이기 위해, 서로 다른 초기화를 시작으로 클러스터링 알고리즘을 여러 번 수행하여 나온 결과 중에 좋은 해를 찾는 방법이 흔히 사용된다. 그런데 K-민즈 클러스터링 알고리즘의 한 가지 문제는 클러스터의 개수인 K를 미리 정해야 한다는 것이다. K가 커질수록 각 개체와 해당 중심점 간 거리의 평균은 감소한다. 극단적으로 모든 개체를 클러스터로 구분할 경우 개체가 곧 중심점이므로 이들 사이의 거리의 평균값은 0으로 최소화되지만, 클러스터링의 목적에 부합하는 유용한 결과라고 보기 어렵다. 따라서 작은 수의 K로 알고리즘을 시작하여 클러스터링 결과를 구한 다음 K를 점차 증가시키면서 유의미한 품질 향상이 있는지 확인하는 방법이 자주 사용된다.

한편, 계층법은 클러스터 개수를 사전에 정하지 않아도 되는 장점이 있다. 〈그림 2〉와 같이 개체들을 거리가 가까운 것들부터 차근차근 집단으로 묶어서 모든 개체가 하나로 묶일 때까지 추상화 수준을 높여가는 상향식으로 알고리즘이 진행되어 계통도를 산출한다. 따라서 계층법은 개체들 간에 위계 관계가 있는 경우에 효과적으로 적용될 수 있다. 계통도에서 점선으로 표시된 수평선을 아래위로 이동해 가면서 클러스터링의 추상화 수준을 변경할 수 있다.

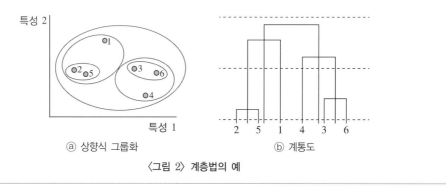

@ 상향식 그룹화   ⓑ 계통도

〈그림 2〉 계층법의 예

06   윗글의 내용으로 적절한 것은?

① 클러스터링은 개체들을 묶어서 한 개의 클러스터로 생성하는 기법이다.
② 분할법에서는 클러스터링 수행자가 정확한 계산을 통해 초기 중심점을 찾아낸다.
③ 분할법은 하향식 클러스터링 기법이므로 한 개체가 여러 클러스터에 속할 수 있다.
④ 계층법으로 계통도를 산출할 때 클러스터 개수는 미리 정하지 않는다.
⑤ 계층법의 계통도에서 수평선을 아래로 내릴 경우 추상화 수준이 높아진다.

07 K-민즈 클러스터링에 대해 추론한 것으로 적절하지 않은 것은?

① 특성이 유사한 두 개체가 서로 다른 클러스터에 배치될 수 있다.

② 초기 중심점의 배치 위치에 따라 클러스터링의 품질이 달라질 수 있다.

③ 클러스터 개수를 감소시키면 클러스터링 결과의 품질 지표 값은 증가한다.

④ 초기화를 다르게 하면서 알고리즘을 여러 번 수행하면 전체 최적해가 결정된다.

⑤ K를 정하여 알고리즘을 진행하면 각 클러스터의 중심점은 결국 고정된 점에 도달한다.

08 〈보기〉의 사례에 클러스터링을 적용할 때 적절하지 않은 것은?

> **보기**
>
> ○○기업에서는 표적 시장을 선정하여 마케팅을 실행하기 위해 전체 시장을 세분화하고자 한다. 시장 세분화를 위해 특성이 유사한 고객을 묶는 기계학습 기법 도입을 검토 중이다. 이 기업에서는 고객의 거주지, 성별, 나이, 소득 수준 등 인구통계학적인 정보와 라이프 스타일에 관한 정보 등을 보유하고 있다.

① 고객 정보에는 수치형이 아닌 것도 있어 특성의 유형 변환이 요구된다.

② 고객 특성은 세분화 과정을 통해 계통도로 표현 가능하므로 계층법이 효과적이다.

③ K-민즈 클러스터링 알고리즘을 실행하려면 세분화할 시장의 개수를 먼저 정해야 한다.

④ 나이와 소득 수준과 같이 단위가 다른 특성을 기준으로 시장을 세분화할 경우 정규화가 필요하다.

⑤ 모든 고객을 별도의 세분화된 시장들로 구분하여 1:1 마케팅을 할 경우 K-민즈 클러스터링의 품질 지표 값은 0이다.

│ 2021학년 대학수학능력시험 국어 영역

※ 다음 글을 읽고 물음에 답하시오. [1~4]

최근의 3D 애니메이션은 섬세한 입체 영상을 구현하여 실물을 촬영한 것 같은 느낌을 준다. 실물을 촬영하여 얻은 자연 영상을 그대로 화면에 표시할 때와 달리 3D 합성 영상을 생성, 출력하기 위해서는 모델링과 렌더링을 거쳐야 한다.

모델링 은 3차원 가상 공간에서 물체의 모양과 크기, 공간적인 위치, 표면 특성 등과 관련된 고유의 값을 설정하거나 수정하는 단계이다. 모양과 크기를 설정할 때 주로 3개의 정점으로 형성되는 삼각형을 활용한다. 작은 삼각형의 조합으로 이루어진 그물과 같은 형태로 물체 표면을 표현하는 방식이다. 이 방법으로 복잡한 굴곡이 있는 표면도 정밀하게 표현할 수 있다. 이때 삼각형의 꼭짓점들은 물체의 모양과 크기를 결정하는 정점이 되는데, 이 정점들의 개수는 물체가 변형되어도 변하지 않으며, 정점들의 상대적 위치는 물체 고유의 모양이 변하지 않는 한 달라지지 않는다. 물체가 커지거나 작아지는 경우에는 정점 사이의 간격이 넓어지거나 좁아지고, 물체가 회전하거나 이동하는 경우에는 정점들이 간격을 유지하면서 회전축을 중심으로 회전하거나 동일 방향으로 동일 거리만큼 이동한다. 물체 표면을 구성하는 각 삼각형 면에는 고유의 색과 질감 등을 나타내는 표면 특성이 하나씩 지정된다.

공간에서의 입체에 대한 정보인 이 데이터를 활용하여, 물체를 어디에서 바라보는가를 나타내는 관찰 시점을 기준으로 2차원의 화면을 생성하는 것이 렌더링이다. 전체 화면을 잘게 나눈 점이 화소인데, 정해진 개수의 화소로 화면을 표시하고 각 화소별로 밝기나 색상 등을 나타내는 화솟값이 부여된다. 렌더링 단계에서는 화면 안에서 동일 물체라도 멀리 있는 경우는 작게, 가까이 있는 경우는 크게 보이는 원리를 활용하여 화솟값을 지정함으로써 물체의 원근감을 구현한다. 표면 특성을 나타내는 값을 바탕으로, 다른 물체에 가려짐이나 조명에 의해 물체 표면에 생기는 명암, 그림자 등을 고려하여 화솟값을 정해 줌으로써 물체의 입체감을 구현한다. 화면을 구성하는 모든 화소의 화솟값이 결정되면 하나의 프레임이 생성된다. 이를 화면출력장치를 통해 모니터에 표시하면 정지 영상이 완성된다.

모델링과 렌더링을 반복하여 생성된 프레임들을 순서대로 표시하면 동영상이 된다. 프레임을 생성할 때, 모델링과 관련된 계산을 완료한 후 그 결과를 이용하여 렌더링을 위한 계산을 한다. 이때 정점의 개수가 많을수록, 해상도가 높아 출력 화소의 수가 많을수록 연산 양이 많아져 연산 시간이 길어진다. 컴퓨터의 중앙처리장치(CPU)는 데이터 연산을 하나씩 순서대로 수행하기 때문에 과도한 양의 데이터가 집중되면 미처 연산되지 못한 데이터가 차례를 기다리는 병목 현상이 생겨 프레임이 완성되는 데 오랜 시간이 걸린다. CPU의 그래픽 처리 능력을 보완하기 위해 개발된 ⊙ 그래픽처리장치(GPU)는 연산을 비롯한 데이터 처리를 독립적으로 수행할 수 있는 장치인 코어를 수백에서 수천 개씩 탑재하고 있다. GPU의 각 코어는 그래픽 연산에 특화된 연산만을 할 수 있고 CPU의 코어에 비해서 저속으로 연산한다. 하지만 GPU는 동일한 연산을 여러 번 수행해야 하는 경우, 고속으로 출력 영상을 생성할 수 있다. 왜냐하면 GPU는 한 번의 연산에 쓰이는 데이터들을 순차적으로 각 코어에 전송한 후, 전체 코어에 하나의 연산 명령어를 전달하면, 각 코어는 모든 데이터를 동시에 연산하여 연산 시간이 짧아지기 때문이다.

01 윗글에 대한 이해로 적절하지 않은 것은?

① 자연 영상은 모델링과 렌더링 단계를 거치지 않고 생성된다.
② 렌더링에서 사용되는 물체 고유의 표면 특성은 화솟값에 의해 결정된다.
③ 물체의 원근감과 입체감은 화솟값을 지정함으로써 구현한다.
④ 3D 영상을 재현하는 화면의 해상도가 높을수록 연산 양이 많아진다.
⑤ 병목 현상은 연산할 데이터의 양이 처리 능력을 초과할 때 발생한다.

02 모델링 에 대한 설명으로 가장 적절한 것은?

① 다양하게 변할 수 있는 관찰 시점을 순차적으로 저장한다.
② 공간상에 위치한 정점들을 2차원 평면에 존재하도록 배치한다.
③ 하나의 작은 삼각형에 다양한 색상의 표면 특성들을 함께 부여한다.
④ 삼각형들을 조합함으로써 물체의 복잡한 곡면을 정교하게 표현할 수 있다.
⑤ 다른 물체에 가려져 보이지 않는 부분에 있는 삼각형의 정점들의 위치는 계산하지 않는다.

03 ㉠에 대한 추론으로 적절한 것은?

① 정점 위치를 구하기 위해 연산해야 할 10개의 데이터를 10개의 코어에서 처리할 경우, 모든 데이터를 모든 코어에 전송하는 시간은 1개의 데이터를 1개의 코어에 전송하는 시간과 같다.
② 정점 위치를 구하기 위한 각 데이터의 연산을 하나씩 순서대로 처리해야 한다면, 다수의 코어가 작동하는 경우 총 연산 시간은 1개의 코어만 작동하는 경우의 총 연산 시간과 같다.
③ 1개의 코어만 작동할 때, 정점의 위치를 구하기 위한 연산 시간은 1개의 코어를 가진 CPU의 연산 시간과 같다.
④ 정점의 위치를 구하기 위한 10개의 연산을 10개의 코어에서 동시에 진행하려면, 10개의 연산 명령어가 필요하다.
⑤ 동일한 개수의 정점 위치를 연산할 때, 동시에 연산을 수행하는 코어의 개수가 많아지면 총 연산 시간이 길어진다.

PART 1

DAY 01
DAY 02
DAY 03
DAY 04
DAY 05
DAY 06
DAY 07
DAY 08
DAY 09
DAY 10

04 다음은 3D 애니메이션 제작을 위한 계획의 일부이다. 윗글을 바탕으로 할 때 적절하지 않은 것은?

	장면 구상	장면 스케치
장면 1	주인공 '네모'가 얼굴을 정면으로 향한 채 입에 아직 불지 않은 풍선을 물고 있다.	
장면 2	'네모'가 바람을 불어넣어 풍선이 점점 커진다.	
장면 3	풍선이 더 이상 커지지 않고 모양을 유지한 채, '네모'는 풍선과 함께 하늘로 날아올라 점점 멀어지는 모습이 보인다.	

① 장면 1의 렌더링 단계에서 풍선에 가려 보이지 않는 입 부분의 삼각형들의 표면 특성은 화솟값을 구하는 데 사용되지 않겠군.

② 장면 2의 모델링 단계에서 풍선에 있는 정점의 개수는 유지되겠군.

③ 장면 2의 모델링 단계에서 풍선에 있는 정점 사이의 거리가 멀어지겠군.

④ 장면 3의 모델링 단계에서 풍선에 있는 정점들이 이루는 삼각형들이 작아지겠군.

⑤ 장면 3의 렌더링 단계에서 전체 화면에서 화솟값이 부여되는 화소의 개수는 변하지 않겠군.

┃ 2020년 5급 PSAT(공직적격성평가) 언어논리 영역

※ 다음 글을 읽고 물음에 답하시오. [5~6]

"강한 인공지능과 약한 인공지능 가운데 어느 편이 더 강한가?" 하는 물음은 이상해 보인다. 마치 "초록색 물고기와 주황색 물고기 중 어느 것이 초록색에 가까운가?" 하는 싱거운 물음과 비슷하기 때문이다. 그러나 앞의 물음은 뒤의 물음과 성격이 다르다. 앞의 물음에서 '인공지능'이라는 명사를 수식하는 '강한'이라는 표현의 의미가 우리가 일반적으로 '강하다'는 말을 사용할 때의 그것과 다르기 때문이다. '강한 인공지능'이라는 표현은 철학자 썰이 인공지능을 논하며 제안했던 전문용어로, 인공지능이 말의 의미를 이해하는 능력이라는 특정한 속성을 지녔음을 의미한다. 반면에 '약한 인공지능'은 그런 속성을 지니지 못한 경우를 가리킨다. 이런 기준에 따르면 말의 의미를 이해하는 인공지능은 해낼 줄 아는 일이 별로 없더라도 '강한 인공지능'인 반면, 그런 능력이 없는 인공지능은 아무리 다양한 종류의 과업을 훌륭하게 해낼 수 있더라도 '약한 인공지능'이다.

일상적으로 가령 '어느 편이 강한가?'라고 묻는 상황에서 우리는 서로 겨루면 누가 이길 것인지를 궁금해한다. 문제를 빠르게 해결하는 것이 중요한 상황에서 사람들은 다른 인공지능 프로그램보다 한층 더 빠르게

문제를 푸는 인공지능 프로그램을 강하다고 평가할 것이다. 단일한 인공지능 프로그램이 더 다양한 문제를 해결할 수 있을 때 더 강한 인공지능이라고 평가될 수도 있을 것이다. 그러나 인공지능에 관한 전문적인 논의에서는 이 개념을 학문적 토론의 세계에 처음 소개한 썰의 용어 사용을 존중할 필요가 있다. 썰이 주장한 것처럼 ㉠ 아무리 뛰어난 성능의 인공지능이라고 해도 자극의 외형적 구조를 다룰 뿐 말의 의미를 파악하지는 못한다. 다시 말해 강한 인공지능이 실현될 가능성은 거의 없다. 이런 견해는 많은 비판을 받기도 했지만, 상당한 설득력을 지닌다. 인공지능 스피커에 탑재된 프로그램이 "오늘 날씨는 어제보다 차갑습니다. 외출할 때는 옷을 따뜻하게 입으세요."라고 말한다고 해서 그것이 '외출'이나 '차갑다'는 말의 의미를 이해하고 있으리라고 생각되지는 않는다. 인공지능으로 작동하는 번역기가 순식간에 한국어 문장을 번듯한 영어 문장으로 번역하는 것은 감탄스럽지만, 그것이 문장의 의미를 이해한다고 볼 이유를 제공하지는 않는다.

강한 인공지능과 비슷해 보이지만 구별해야 할 개념이 인공일반지능이다. 우리는 비록 아주 뛰어나게 잘 하지는 못해도 본 것을 식별하고, 기억하고, 기억을 활용하여 판단을 내리고, 말로 생각을 표현하고, 상대방의 표정에서 감정을 읽고 또 자기 감정을 표현하는 등 온갖 능력을 발휘한다. 이처럼 하나의 인지 체계가 온갖 종류의 지적 능력을 발휘할 때 일반지능이라고 하는데, 인공지능 연구의 한 가지 목표는 인간처럼 일반지능의 성격을 실현하는 인공지능을 만드는 일이다. 일반지능을 갖춘 것처럼 보이는 인공지능을 우리는 '인공일반지능'이라고 부른다. ㉡ 일부 사람들은 이러한 지능이 강한 인공지능이라고 생각하지만 그것은 잘못된 생각이다. 왜냐하면 일반지능을 갖춘 것처럼 보인다는 것과 일반지능을 갖춘 것과는 서로 다르기 때문에 전자로부터 후자는 따라나오지 않으며, 마찬가지 이유로 말의 의미를 이해하는 것처럼 보인다는 것으로부터 말의 의미를 이해한다는 것이 따라나오지 않기 때문이다.

05 윗글의 내용과 부합하지 않는 것은?

① 인공지능 번역기에 탑재된 인공지능은 약한 인공지능이다.
② 가장 많은 종류의 문제를 해결하는 인공지능이 강한 인공지능이다.
③ 인간의 온갖 지적 능력을 발휘하는 것처럼 보이는 인공지능은 인공일반지능이다.
④ 약한 인공지능은 특정한 과업에서 강한 인공지능을 능가하는 역량을 발휘할 수 있다.
⑤ 강한 인공지능에서 '강한'이란 표현의 의미는 우리가 일반적으로 사용하는 '강한'의 의미와 다르다.

06 윗글의 ㉠과 ㉡에 대한 평가로 적절한 것을 〈보기〉에서 모두 고르면?

> **보기**
>
> ⓐ 최근 단일한 인공지능 프로그램의 활용 범위를 넓혀 말의 인지적, 감성적 이해 기능을 갖춘 인공지능을 만드는 일이 현실화되고 있다는 사실은 ㉠을 강화한다.
> ⓑ 인간의 개입 없이 바둑의 온갖 기법을 터득해 인간의 실력을 능가한 알파고 제로가 '바둑'이라는 말의 의미를 이해하지 못한다고 보는 것은 인간중심적 편견에 불과하다는 사실은 ㉠을 약화한다.
> ⓒ 말의 의미를 이해하는 것과 이해하는 것처럼 보이는 것은 전혀 구별될 수 없다는 사실은 ㉡을 약화한다.

① ⓐ   ② ⓑ
③ ⓐ, ⓒ   ④ ⓑ, ⓒ
⑤ ⓐ, ⓑ, ⓒ

※ 다음 글을 읽고 물음에 답하시오. **[7~9]**

암세포의 대사 과정은 정상 세포와 다른 것으로 알려져 있다. 오토 바르부르크가 발표한 '바르부르크 효과'에 따르면 암세포는 '해당작용'을 주된 에너지 획득 기전으로 수행하고 또 다른 에너지 획득 방법인 '산화적 인산화'는 억제한다.

세포는 영양분으로 섭취한 큰 분자를 작은 분자로 쪼개는 과정을 통해 ATP를 생성하는데 이 과정을 '이화작용'이라고 한다. 또한 ATP와 같은 고에너지 분자의 에너지를 이용하여 세포의 성장과 분열을 위해 작은 분자로부터 단백질, 핵산과 같은 거대 분자를 합성하는 과정을 '동화작용'이라고 한다. 이화작용을 통해 ATP를 생산하기 위해 세포는 영양 물질을 내부로 수송하는데, 가장 대표적인 영양 물질인 포도당은 세포 내부로 이동하여 해당작용과 산화적 인산화를 통해 작은 분자로 분해된다. 이론적으로 포도당 1개가 가지고 있는 에너지가 전부 ATP로 전환될 경우 36개 또는 38개의 ATP가 만들어진다. 이 중 2개의 ATP는 세포질에서 일어나는 해당작용을 통해, 나머지는 미토콘드리아에서 대부분 산화적 인산화를 통해 만들어진다.

해당작용과 산화적 인산화는 수행되는 장소도 다르지만 요구 조건도 다르다. 해당작용에는 산소가 필요하지 않지만, 산화적 인산화에는 필수적이다. 세포 내부에 산소가 부족하면 산화적 인산화는 일어나지 못하고 해당작용만 진행되며, 이 경우에는 해당작용의 최종 산물인 피루브산이 젖산으로 바뀌는 젖산 발효가 일어난다. 심폐 기능에 비해 과격한 운동을 하였을 때 근육 세포에서 생성된 젖산이 근육에 축적된다. 젖산 발효 과정은 해당작용에 필요한 조효소 NAD$^+$의 재생산을 위해 필수적이다. NAD$^+$로부터 해당작용의 또 다른 생성물인 조효소 NADH가 생성되기 때문이다. 해당작용에서 포도당 1개가 2개의 피루브산으로 분해될 때 NADH가 2개 만들어지고, NADH 1개당 3개의 ATP를 산화적 인산화를 통해 만들 수 있는데, 젖산 발효를 하는 세포는 NADH를 에너지가 낮은 상태인 NAD$^+$로 전환하는 손해를 감수한다.

바르부르크 효과는 산소가 있어도 해당작용을 산화적 인산화에 비해 선호하는 암세포 특이적 대사 과정인 '유산소 해당작용'을 뜻한다. 암세포가 더 빨리 분열하는 악성 암세포로 변하면 산화적 인산화에 대한 의존을 줄이고 해당작용에 대한 의존이 증가한다. 약물 처리 등으로 그 반대의 경우가 되면, 해당작용에 대한 의존이 줄고 산화적 인산화에 대한 의존이 증가한다. 유산소 해당작용을 수행하는 암세포는 포도당 1개당 ATP 2개만을 생산하는 효율이 떨어지는 해당작용에 에너지 생산을 대부분 의존하므로 정상 세포에 비해 포도당을 더 많이 세포 내부로 수송하고 젖산을 생산한다.

바르부르크 효과의 원인에 대해 다음 세 가지 설명이 있다. 첫 번째는 암세포의 빠른 성장 때문에 세포의 성장에 필요한 거대 분자를 동화작용을 통해 만들기 위해 해당작용의 중간 생성 물질을 동화작용의 재료로 사용하려고 해당작용에 집중한다는 것이다. 두 번째는 체내에서 암세포의 분열로 암 조직의 부피가 커져서 산소가 그 내부까지 충분히 공급되지 못하기 때문에 암세포가 산소가 없는 환경에 적응하도록 진화했다는 것이다. 세 번째는 미토콘드리아의 기능을 암세포가 억제하여 미토콘드리아에 의해 유발되는 세포 자살 프로그램의 실행을 방해함으로써 스스로의 사멸을 막으려 한다는 이론이다. 바르부르크는 이러한 암세포 특이적 대사과정의 변이를 발암의 원인으로 설명하였다. 그러나 최근의 연구에서는 발암 유전자의 활성화와 암 억제 유전자에 생기는 돌연변이가 주된 발암 원인이고, 바르부르크 효과는 암의 원인이라기보다는 그러한 돌연변이에 의한 결과로 발생하는 것으로 밝혀졌다.

07 윗글과 일치하는 것은?

① 해당작용의 산물 중 NADH는 미토콘드리아에서 ATP를 추가로 생산하는 데 사용되지 않는다.

② 해당과정 중 소비되는 NADH의 재생산은 해당작용의 지속적 수행에 필수적이다.

③ 심폐기능에 비해 과격한 운동을 하면 근육에서 젖산은 늘어나고 NAD^+는 줄어든다.

④ 동화작용에서 거대 분자를 만들 때 해당작용의 중간 생성물이 사용된다.

⑤ 바르부르크 효과에 의해 암 억제 유전자의 돌연변이가 유발된다.

08 윗글에서 추론한 것으로 적절하지 않은 것은?

① 미토콘드리아의 기능이 상실되면 NADH로부터 ATP를 만들지 못한다.

② 유산소 해당작용을 수행하는 암세포는 산소가 충분히 존재할 때에도 해당과정의 산물을 NAD^+와 젖산으로 전환시킨다.

③ 포도당 1개가 가지고 있는 에너지가 전부 ATP로 전환될 때 미토콘드리아에서 34개 또는 36개의 ATP가 만들어진다.

④ 포도당 1개가 피루브산 2개로 분해되었고 이때 생성된 조효소의 에너지도 모두 미토콘드리아에서 ATP로 전환되었다면, 이 과정에서 생성된 ATP는 모두 8개이다.

⑤ 암세포의 유산소 해당작용 과정 중 포도당 1개당 생산되는 ATP의 개수는 정상 세포의 산소가 있을 때 수행되는 해당작용의 과정 중 포도당 1개당 생산되는 NADH의 개수보다 많다.

09 윗글과 〈보기〉를 바탕으로 한 설명으로 가장 적절한 것은?

> **보기**
>
> 암을 진단하기 위해 사용되는 PET(양전자 방출 단층촬영)는 방사성 포도당 유도체를 이용하는 핵의학 검사법이다. 방사성 포도당 유도체는 포도당과 구조적으로 유사하여 암 조직과 같은 포도당의 흡수가 많은 신체 부위에 수송되어 축적되므로 단층 촬영을 통해 체내에서 양전자를 방출하는 방사성 포도당 유도체의 분포를 추적할 수 있다.

① 피루브산이 젖산으로 전환되는 양이 증가하면 방사성 포도당 유도체의 축적이 줄어들 것이다.

② 포도당이 피루브산으로 전환되는 양이 감소하면 방사성 포도당 유도체의 축적이 늘어날 것이다.

③ 세포 내부의 산소가 줄어들어도 동일한 양의 ATP를 생성하려면 방사성 포도당 유도체의 축적이 늘어날 것이다.

④ ATP의 생성을 해당작용에 좀 더 의존하도록 대사 과정의 변화가 일어난다면 방사성 포도당 유도체의 축적이 줄어들 것이다.

⑤ ATP의 생성을 산화적 인산화에 좀 더 의존하도록 대사 과정의 변화가 일어난다면 방사성 포도당 유도체의 축적이 늘어날 것이다.

┃2020학년 대학수학능력시험 국어 영역

※ 다음 글을 읽고 물음에 답하시오. [1~4]

신체의 세포, 조직, 장기가 손상되어 더 이상 제 기능을 하지 못할 때에 이를 대체하기 위해 이식을 실시한다. 이때 이식으로 옮겨 붙이는 세포, 조직, 장기를 이식편이라 한다. 자신이나 일란성 쌍둥이의 이식편을 이용할 수 없다면 다른 사람의 이식편으로 '동종 이식'을 실시한다. 그런데 우리의 몸은 자신의 것이 아닌 물질이 체내로 유입될 경우 면역 반응을 일으키므로, 유전적으로 동일하지 않은 이식편에 대해 항상 거부 반응을 일으킨다. 면역적 거부 반응은 면역 세포가 표면에 발현하는 주조직적합복합체(MHC) 분자의 차이에 의해 유발된다. 개체마다 MHC에 차이가 있는데 서로 간의 유전적 거리가 멀수록 MHC에 차이가 커져 거부 반응이 강해진다. 이를 막기 위해 면역 억제제를 사용하는데, 이는 면역 반응을 억제하여 질병 감염의 위험성을 높인다.

이식에는 많은 비용이 소요될 뿐만 아니라 이식이 가능한 동종 이식편의 수가 매우 부족하기 때문에 이를 대체하는 방법이 개발되고 있다. 우선 인공 심장과 같은 '전자 기기 인공 장기'를 이용하는 방법이 있다. 하지만 이는 장기의 기능을 일시적으로 대체하는 데 사용되며, 추가 전력 공급 및 정기적 부품 교체 등이 요구되는 단점이 있고, 아직 인간의 장기를 완전히 대체할 만큼 정교한 단계에 이르지는 못했다.

다음으로는 사람의 조직 및 장기와 유사한 다른 동물의 이식편을 인간에게 이식하는 '이종 이식'이 있다. 그런데 이종 이식은 동종 이식보다 거부 반응이 훨씬 심하게 일어난다. 특히 사람이 가진 자연항체는 다른 종의 세포에서 발현되는 항원에 반응하는데, 이로 인해 이종 이식편에 대해서 초급성 거부 반응 및 급성 혈관성 거부 반응이 일어난다. 이런 거부 반응을 일으키는 유전자를 제거한 형질 전환 미니돼지에서 얻은 이식편을 이식하는 실험이 성공한 바 있다. 미니돼지는 장기의 크기가 사람의 것과 유사하고 번식력이 높아 단시간에 많은 개체를 생산할 수 있다는 장점이 있어, 이를 이용한 이종 이식편을 개발하기 위한 연구가 진행되고 있다.

이종 이식의 또 다른 문제는 ㉠ 내인성 레트로바이러스이다. 내인성 레트로바이러스는 생명체의 DNA의 일부분으로, 레트로바이러스로부터 유래된 것으로 여겨지는 부위들이다. 이는 바이러스의 활성을 가지지 않으며 사람을 포함한 모든 포유류에 존재한다. ㉡ 레트로바이러스는 자신의 유전 정보를 RNA에 담고 있고 역전사 효소를 갖고 있는 바이러스로서, 특정한 종류의 세포를 감염시킨다. 유전 정보가 담긴 DNA로부터 RNA가 생성되는 전사 과정만 일어날 수 있는 다른 생명체와는 달리, 레트로바이러스는 다른 생명체의 세포에 들어간 후 역전사 과정을 통해 자신의 RNA를 DNA로 바꾸고 그 세포의 DNA에 끼어들어 감염시킨다. 이후에는 다른 바이러스와 마찬가지로 자신이 속해 있는 생명체를 숙주로 삼아 숙주 세포의 시스템을 이용하여 복제, 증식하고 일정한 조건이 되면 숙주 세포를 파괴한다.

그런데 정자, 난자와 같은 생식 세포가 레트로바이러스에 감염되고도 살아남는 경우가 있었다. 이런 세포로부터 유래된 자손의 모든 세포가 갖게 된 것이 내인성 레트로바이러스이다. 내인성 레트로바이러스는 세대가 지나면서 돌연변이로 인해 염기 서열의 변화가 일어나며 해당 세포 안에서는 바이러스로 활동하지 않는다. 그러나 내인성 레트로바이러스를 떼어 내어 다른 종의 세포 속에 주입하면 이는 레트로바이러스로 변환되어 그 세포를 감염시키기도 한다. 따라서 미니돼지의 DNA에 포함된 내인성 레트로바이러스를 효과적으로 제거하는 기술이 개발 중에 있다.

그동안의 대체 기술과 관련된 연구 성과를 토대로 ⓐ 이상적인 이식편을 개발하기 위해 많은 연구가 수행되고 있다.

01 윗글에서 알 수 있는 내용으로 적절하지 않은 것은?

① 동종 간보다 이종 간이 MHC 분자의 차이가 더 크다.

② 면역 세포의 작용으로 인해 장기 이식의 거부 반응이 일어난다.

③ 이종 이식을 하는 것만으로도 바이러스 감염의 원인이 될 수 있다.

④ 포유동물은 과거에 어느 조상이 레트로바이러스에 의해 감염된 적이 있다.

⑤ 레트로바이러스는 숙주 세포의 역전사 효소를 이용하여 RNA를 DNA로 바꾼다.

02 ⓐ가 갖추어야 할 조건으로 적절하지 않은 것은?

① 이식편의 비용을 낮추어서 정기 교체가 용이해야 한다.

② 이식편은 대체를 하려는 장기와 크기가 유사해야 한다.

③ 이식편과 수혜자 사이의 유전적 거리를 극복해야 한다.

④ 이식편은 짧은 시간에 대량으로 생산이 가능해야 한다.

⑤ 이식편이 체내에서 거부 반응을 유발하지 않아야 한다.

03 다음은 신문 기사의 일부이다. 윗글을 참고할 때, 기사의 ㉮에 대한 반응으로 적절하지 않은 것은?

> **○○신문**
>
> – ○○○○년 ○○월 ○○일
>
> 최근에 줄기 세포 연구와 3D 프린팅 기술이 급속도로 발전하고 있다. 줄기 세포는 인체의 모든 세포나 조직으로 분화할 수 있다. 그러므로 수혜자 자신의 줄기 세포만을 이용하여 3D 바이오 프린팅 기술로 제작한 ㉮ 세포 기반 인공 이식편을 만들 수 있을 것으로 전망된다. 이미 미니 폐, 미니 심장 등의 개발 성공 사례가 보고되었다.

① 전자 기기 인공 장기와 달리 전기 공급 없이도 기능을 유지할 수 있겠군.

② 동종 이식편과 달리 이식 후 면역 억제제를 사용할 필요가 없겠군.

③ 동종 이식편과 달리 내인성 레트로바이러스를 제거할 필요가 없겠군.

④ 이종 이식편과 달리 유전자를 조작하는 과정이 필요하지는 않겠군.

⑤ 이종 이식편과 달리 자연항체에 의한 초급성 거부 반응이 일어나지 않겠군.

04 ㉠과 ㉡에 대한 설명으로 가장 적절한 것은?

① ㉠은 ㉡과 달리 자신이 속해 있는 생명체의 모든 세포의 DNA에 존재한다.

② ㉡은 ㉠과 달리 자신의 유전 정보를 DNA에 담을 수 없다.

③ ㉡은 ㉠과 달리 자신이 속해 있는 생명체에 면역 반응을 일으키지 않는다.

④ ㉠과 ㉡은 둘 다 자신이 속해 있는 생명체의 유전 정보를 가지고 있다.

⑤ ㉠과 ㉡은 둘 다 자신이 속해 있는 생명체의 세포를 감염시켜 파괴한다.

❙ 2020년 5급 PSAT(공직적격성평가) 언어논리 영역

※ 다음 글을 읽고 물음에 답하시오. [5~6]

갑상선은 목의 아래쪽에 있는 분비샘으로, 'T4'로 불리는 티록신과 'T3'으로 불리는 트리요드타이로닌을 합성하고 분비하는 기능을 한다. 이렇게 갑상선이 분비하는 호르몬은 우리 몸의 성장과 활동에 필요한 체내 대사를 조절한다. 갑상선의 이런 활동은 뇌의 제어를 받는다. 뇌하수체는 갑상선자극호르몬(TSH)을 분비하여 갑상선을 자극함으로써 갑상선호르몬 T4와 T3이 합성, 분비되도록 한다. 분비된 호르몬은 혈액을 통해 다시 뇌하수체에 도달하여 음성 되먹임 작용을 통해 TSH의 분비를 조절하고, 그럼으로써 체내 갑상선호르몬의 양이 일정하게 유지되도록 한다.

갑상선 질환은 병리적 검사로 간단히 진단할 수 있다. 일반적으로 혈중 TSH나 T4, T3의 수치 중 어느 것이든 낮으면 갑상선기능저하증으로 진단한다. 갑상선 질환 진단에 사용되는 가장 기본적인 검사는 혈중 TSH와 T4의 측정이다. 갑상선에서 분비되는 시점에 갑상선호르몬의 93 %는 T4이고 나머지가 T3이다. 이후 T4의 일부는 기분이 좋아지게 만드는 활력 호르몬으로 알려진 T3으로, 또는 T3의 작용을 방해하여 조직이나 세포 안에서 제 역할을 하지 못하게 하는 rT3으로 변환된다. 체내에 rT3이 많아지면 T3의 작용이 저하되기 때문에 TSH 수치가 정상이면서도 갑상선기능저하증에 해당하는 증상이 나타날 수 있다. 따라서 갑상선의 호르몬 분비량 수준을 알려주는 TSH 수치의 측정만으로는 갑상선기능저하증을 놓치지 않고 찾아내기 어렵다. _____㉠_____ 때문이다.

갑상선기능저하증은 뇌하수체의 이상으로 발생하기도 하지만 유해한 화학물질의 유입이나 과도한 스트레스 때문에 갑상선호르몬 생산이 줄어들면서 발생하기도 한다. 이런 요인으로 인해 T3 수치가 낮아지는 것은 전형적인 경우다. 이런 경우에는 셀레늄 섭취를 늘림으로써 rT3의 수치를 낮춰 T3의 생산과 기능을 진작할 수 있다. 술, 담배, 패스트푸드를 멀리하는 것도 도움이 된다. 갑상선기능저하증 환자들이 복용하는 약으로 LT4가 있는데, 체내에서 만들어지는 T4와 같은 작용을 하도록 투입되는 호르몬 공급제다. 호르몬 공급제를 복용할 때 흡수 장애가 발생하면 투약 효과가 저하되므로 알맞은 복용법에 따라 복용하는 것이 중요하다.

05 윗글에서 알 수 없는 것은?

① TSH 수치를 측정하면 갑상선에서 분비되는 호르몬 양의 수준을 추정할 수 있다.

② 갑상선기능저하증 환자의 경우 체내의 T3 양은 전체 갑상선호르몬의 7% 미만이다.

③ 셀레늄 섭취를 늘리면 T3 수치가 저하됨으로 인해 발생하는 증상을 완화할 수 있다.

④ 뇌하수체의 TSH 분비가 적정 수준으로 유지되더라도 갑상선기능저하증이 나타날 수 있다.

⑤ 특정 호르몬의 기능을 하는 약물을 복용함으로써 해당 호르몬 이상으로 인한 증상을 완화할 수 있다.

06 윗글의 ㉠에 들어갈 말로 가장 적절한 것은?

① TSH 수치만으로는 rT3의 양이나 효과를 가늠할 수 없기

② rT3의 작용으로 T3의 생성이 억제되면서 T4의 상대적 비중이 왜곡될 수 있기

③ TSH 수치가 정상이 아니어도 rT3의 작용으로 T3과 T4의 농도가 정상 범위일 수 있기

④ TSH 수치를 토대로 음성 되먹임 원리를 응용하여 갑상선호르몬의 분비량을 알 수 있기

⑤ 외부에서 유입되는 유해물질의 농도 등 갑상선 기능에 영향을 미치는 요소를 TSH 측정만으로는 파악할 수 없기

| 2020학년 LEET(법학적성시험) 언어이해 영역

※ 다음 글을 읽고 물음에 답하시오. [7~9]

현대 생명과학의 핵심적인 키워드들 중 하나는 오믹스(Omics)이다. 단일 유전자, 단일 단백질의 기능과 구조 분석에 집중하였던 과거의 생명과학과 달리, 오믹스는 거시적인 관점에서 한 개체, 혹은 하나의 세포가 가지고 있는 유전자 전체의 집합인 '유전체'를 연구하는 유전학, RNA 전체 즉 '전사체'에 대한 연구인 전사체학, 단백질 전체의 집합인 '단백질체'를 연구하는 단백질체학 등의 연구를 통칭한다.

분자생물학 이론에 따르면 DNA가 가지고 있는 유전자 정보의 일부만이 전사 과정을 통해 RNA로 옮겨진다. 그리고 RNA 중의 일부만이 번역 과정을 통해 단백질로 만들어진다. 어떠한 생물 개체나 어떠한 세포와 같은 특정 생명 시스템의 유전체는 그 시스템이 수행 가능한 모든 기능에 대한 유전 정보를 총괄하여 가지고 있다. 한 인간이라는 시스템과 그 인간의 간(肝)세포라는 또 다른 시스템의 유전체는 동일한 정보를 가지고 있지만, 인간의 간세포와 생쥐의 간세포의 유전체는 각각 서로 다른 정보를 가지고 있다. 한편 전사체는 유전체 정보의 일부분 즉 유전체 정보들 중 현재 수행 중일 가능성이 큰 기능에 대한 정보를 가지고 있고, 단백질체는 전사체의 일부분 즉 실제로 수행 중인 기능에 대한 정보를 담고 있다. ㉠ 생명체에서 생화학 반응의 촉매 작용과 같은 필수적인 '일'을 직접 수행하는 물질은 단백질체를 이루는 단백질들이다.

인간에게는 2만 종 이상의 단백질이 있고, 인체의 세포들은 종류에 따라 전체 단백질 중 일부를 서로 다른 조합으로 가지고 있다. 즉 피부 세포, 신경 세포, 근육 세포 등에서 공통으로 발견되는 단백질도 있고, 한 종류의 세포에서만 발견되는 단백질도 있다. 세포는 외부의 자극이나 내재된 프로그램에 의해 한 종류에서 다른 종류의 세포로 변화하는 과정을 겪는데, 이러한 현상을 '분화'라고 한다. 분화를 통해 다른 세포로 변하게 되면 가지고 있는 단백질의 조합도 달라진다. 세포의 분화는 개체 발생 과정에서 주로 관찰되지만, 정상 세포가 암세포로 바뀌는 과정도 분화 과정이라 할 수 있다.

어떤 환자의 암세포와 정상 세포를 대상으로 단백질체학 응용 연구를 수행하는 경우를 생각해 보자. 암세포의 단백질체와 정상 세포의 단백질체를 서로 비교해 보면, 정상 세포에 비하여 암세포에서 양이 변화되어 있는 단백질을 발견할 수 있다. 과학자들은 이러한 단백질을 새로운 암 치료 표적 단백질 후보로 찾아내어 연구를 진행한다. ㉡ 암세포에서 정상 세포보다 양이 늘어나 있는 단백질은 발암 단백질의 후보가 될 수 있고, 암세포에서 정상 세포보다 양이 줄어든 단백질은 암 억제 단백질의 후보가 될 수 있다.

PART 1

DAY 01
DAY 02
DAY 03
DAY 04
DAY 05
DAY 06
DAY 07
DAY 08
DAY 09
DAY 10

그렇다면 이렇게 찾아낸 단백질이 2만 종 이상의 단백질 중 어느 것인지 알아내는 과정은 어떻게 진행될까? 단백질은 20종류의 아미노산이 일렬로 연결된 형태를 가지며, 단백질 하나의 아미노산 개수는 평균 500개 정도이다. 서로 다른 단백질은 서로 다른 아미노산 서열을 가지기 때문에 특정 단백질의 아미노산 서열을 알면 그 단백질이 어떤 단백질인지 알아낼 수 있다.

단백질의 아미노산 서열을 알기 위한 실험 방법은 여러 가지가 있는데, 그중의 하나가 펩타이드의 분자량 분석이다. 미지의 단백질에 트립신을 가하여 평균 10개 정도의 아미노산으로 이루어진 조각인 펩타이드로 자른 후 분자량을 측정한다. 트립신은 특정 아미노산을 인지하여 자르므로 어떤 아미노산과 아미노산 사이가 잘릴 것인지 예측할 수 있다. 실제로 단백질체를 분석한 데이터는 펩타이드의 분자량 값과 펩타이드들 간의 상대적인 양을 숫자로 표현한 값으로 나타난다. 모든 인간 단백질의 아미노산 서열, 아미노산의 분자량이 이미 알려져 있으므로, 암세포 단백질체와 정상 세포 단백질체에 트립신을 가하여 얻은 ⓒ 펩타이드의 분자량 분석을 통해 치료용 표적 후보 단백질을 알아낼 수 있다.

07 윗글의 내용과 일치하는 것은?

① 신경 세포의 모든 RNA는 단백질로 번역된다.
② 인간 간세포의 유전체 정보는 인간 간세포의 단백질체 정보의 일부이다.
③ 인간 간세포의 단백질체 정보는 생쥐 간세포의 단백질체 정보와 동일하다.
④ 암세포는 피부나 근육의 세포와 달리 정상 세포에서 분화한 것이 아니다.
⑤ 암세포의 단백질체 정보는 정상 세포의 단백질체 정보와 동일하지 않다.

08 윗글에서 추론한 내용으로 적절하지 않은 것은?

① 세포의 분화 과정 동안 세포의 유전체 정보는 변화하지 않는다.
② 어떤 단백질에 트립신을 첨가한 후에 생성되는 펩타이드들의 아미노산 서열은 동일하다.
③ 인간의 신경 세포와 근육 세포의 기능이 서로 다른 이유는 단백질체 정보가 서로 다르기 때문이다.
④ 어떤 단백질의 아미노산 서열을 알면 트립신 처리 후 그 단백질에서 생성될 펩타이드들의 분자량을 예측할 수 있다.
⑤ 어떤 단백질에서 유래한 특정 펩타이드의 양이 정상 세포에서보다 암세포에서 더 많다면 그 단백질은 발암 단백질의 후보이다.

09 ㉠~㉢에 대한 〈보기〉의 설명 중 적절한 것을 모두 고르면?

ⓐ 최초의 생명체가 DNA나 단백질은 가지고 있지 않고 RNA만 가지고 있었다면, ㉠의 설득력은 약화된다.

ⓑ 양이 많아지면 덩어리를 이루어 오히려 기능이 비활성화되는 단백질이 있다면, ㉡의 설득력은 약화된다.

ⓒ 트립신을 첨가한 서로 다른 단백질에서 같은 분자량을 지닌 펩타이드가 생성된다면, ㉢의 설득력은 강화된다.

① ⓐ

② ⓒ

③ ⓐ, ⓑ

④ ⓑ, ⓒ

⑤ ⓐ, ⓑ, ⓒ

| 2019학년 대학수학능력시험 국어 영역

※ 다음 글을 읽고 물음에 답하시오. **[1~4]**

16세기 전반에 서양에서 태양 중심설을 지구 중심설의 대안으로 제시하며 시작된 천문학 분야의 개혁은 경험주의의 확산과 수리 과학의 발전을 통해 형이상학을 뒤바꾸는 변혁으로 이어졌다. 서양의 우주론이 전파되자 중국에서는 중국과 서양의 우주론을 회통하려는 시도가 전개되었고, 이 과정에서 자신의 지적 유산에 대한 관심이 제고되었다.

복잡한 문제를 단순화하여 푸는 수학적 전통을 이어받은 코페르니쿠스는 천체의 운행을 단순하게 기술할 방법을 찾고자 하였고, 그것이 ⓐ 일으킬 형이상학적 문제에는 별 관심이 없었다. 고대의 아리스토텔레스와 프톨레마이오스는 우주의 중심에 고정되어 움직이지 않는 지구의 주위를 달, 태양, 다른 행성들의 천구들과, 항성들이 붙어 있는 항성 천구가 회전한다는 지구 중심설을 내세웠다. 그와 달리 코페르니쿠스는 태양을 우주의 중심에 고정하고 그 주위를 지구를 비롯한 행성들이 공전하며 지구가 자전하는 우주 모형을 ⓑ 만들었다. 그러자 프톨레마이오스보다 훨씬 적은 수의 원으로 행성들의 가시적인 운동을 설명할 수 있었고 행성이 태양에서 멀수록 공전 주기가 길어진다는 점에서 단순성이 충족되었다. 그러나 아리스토텔레스의 형이상학을 고수하는 다수 지식인과 종교 지도자들은 그의 이론을 받아들이려 하지 않았다. 왜냐하면 그것은 지상계와 천상계를 대립시키는 아리스토텔레스의 이분법적 구도를 무너뜨리고, 신의 형상을 ⓒ 지닌 인간을 한갓 행성의 거주자로 전락시키는 것으로 여겨졌기 때문이다.

16세기 후반에 브라헤는 코페르니쿠스 천문학의 장점은 인정하면서도 아리스토텔레스 형이상학과의 상충을 피하고자 우주의 중심에 지구가 고정되어 있고, 달과 태양과 항성들은 지구 주위를 공전하며, 지구 외의 행성들은 태양 주위를 공전하는 모형을 제안하였다. 그러나 케플러는 우주의 수적 질서를 신봉하는 형이상학인 신플라톤주의에 매료되었기 때문에, 태양을 우주 중심에 배치하여 단순성을 추구한 코페르니쿠스의 천문학을 받아들였다. 하지만 그는 경험주의자였기에 브라헤의 천체 관측치를 활용하여 태양 주위를 공전하는 행성의 운동 법칙들을 수립할 수 있었다. 우주의 단순성을 새롭게 보여 주는 이 법칙들은 아리스토텔레스 형이상학을 더 이상 온존할 수 없게 만들었다.

17세기 후반에 뉴턴은 태양 중심설을 역학적으로 정당화하였다. 그는 만유인력 가설로부터 케플러의 행성 운동 법칙들을 성공적으로 연역했다. 이때 가정된 만유인력은 두 질점*이 서로 당기는 힘으로, 그 크기는 두 질점의 질량의 곱에 비례하고 거리의 제곱에 반비례한다. 지구를 포함하는 천체들이 밀도가 균질하거나 구 대칭*을 이루는 구라면 천체가 그 천체 밖 어떤 질점을 당기는 만유인력은, 그 천체를 잘게 나눈 부피 요소들 각각이 그 천체 밖 어떤 질점을 당기는 만유인력을 모두 더하여 구할 수 있다. 또한 여기에서 지구보다 질량이 큰 태양과 지구가 서로 당기는 만유인력이 서로 같음을 증명할 수 있다. 뉴턴은 이 원리를 적용하여 달의 공전 궤도와 사과의 낙하 운동 등에 관한 실측값을 연역함으로써 만유인력의 실재를 입증하였다.

16세기 말부터 중국에 본격 유입된 서양 과학은, 청 왕조가 1644년 중국의 역법(曆法)을 기반으로 서양 천문학 모델과 계산법을 수용한 시헌력을 공식 채택함에 따라 그 위상이 구체화되었다. 브라헤와 케플러의 천문 이론을 차례대로 수용하여 정확도를 높인 시헌력이 생활 리듬으로 자리 잡았지만, 중국 지식인들은 서양 과학이 중국의 지적 유산에 적절히 연결되지 않으면 아무리 효율적이더라도 불온한 요소로 ⓓ 여겼다. 이에 따라 서양 과학에 매료된 학자들도 어떤 방식으로든 ㉠ 서양 과학과 중국 전통 사이의 적절한 관계 맺음을 통해 이 문제를 해결하고자 하였다.

17세기 웅명우와 방이지 등은 중국 고대 문헌에 수록된 우주론에 대해서는 부정적 태도를 견지하면서 성리학적 기론(氣論)에 입각하여 실증적인 서양 과학을 재해석한 독창적 이론을 제시하였다. 수성과 금성이 태양 주위를 회전한다는 그들의 태양계 학설은 브라헤의 영향이었지만, 태양의 크기에 대한 서양 천문학 이론에 의문을 제기하고 기(氣)와 빛을 결부하여 제시한 광학 이론은 그들이 창안한 것이었다.

17세기 후반 왕석천과 매문정은 서양 과학의 영향을 받아 경험적 추론과 수학적 계산을 통해 우주의 원리를 파악하고자 하였다. 그러면서 서양 과학의 우수한 면은 모두 중국 고전에 이미 ⓔ 갖추어져 있던 것인데 웅명우 등이 이를 깨닫지 못한 채 성리학 같은 형이상학에 몰두했다고 비판했다. 매문정은 고대 문헌에 언급된, 하늘이 땅의 네 모퉁이를 가릴 수 없을 것이라는 증자의 말을 땅이 둥글다는 서양 이론과 연결하는 등 서양 과학의 중국 기원론을 뒷받침하였다.

중국 천문학을 중심으로 서양 천문학을 회통하려는 매문정의 입장은 18세기 초를 기점으로 중국의 공식 입장으로 채택되었으며, 이 입장은 중국의 역대 지식 성과물을 망라한 총서인 『사고전서』에 그대로 반영되었다. 이 총서의 편집자들은 고대부터 당시까지 쏟아진 천문 관련 문헌들을 정리하여 수록하였다. 이와 같이 고대 문헌에 담긴 우주론을 재해석하고 확인하려는 경향은 19세기 중엽까지 주를 이루었다.

* 질점 : 크기가 없고 질량이 모여 있다고 보는 이론상의 물체
* 구 대칭 : 어떤 물체가 중심으로부터 모든 방향으로 같은 거리에서 같은 특성을 갖는 상태

01 윗글에 대한 이해로 적절하지 않은 것은?

① 서양과 중국에서는 모두 우주론을 정립하는 과정에서 형이상학적 사고에 대한 재검토가 이루어졌다.

② 서양 천문학의 전래는 중국에서 자국의 우주론 전통을 재인식하는 계기가 되었다.

③ 중국에 서양의 천문학적 성과가 자리 잡게 된 데에는 국가의 역할이 작용하였다.

④ 중국에서는 18세기에 자국의 고대 우주론을 긍정하는 입장이 주류가 되었다.

⑤ 서양에서는 중국과 달리 경험적 추론에 기초한 우주론이 제기되었다.

02 윗글에 나타난 서양의 우주론 에 대한 설명으로 가장 적절한 것은?

① 항성 천구가 고정되어 있다고 보는 아리스토텔레스의 우주론은 천상계와 지상계를 대립시킨 형이상학을 토대로 한 것이었다.

② 많은 수의 원을 써서 행성의 가시적 운동을 설명한 프톨레마이오스의 우주론은 행성이 태양에서 멀수록 공전 주기가 길어진다는 점에서 단순성을 갖는 것이었다.

③ 지구와 행성이 태양 주위를 공전한다는 코페르니쿠스의 우주론은 이전의 지구 중심설보다 단순할 뿐 아니라 아리스토텔레스의 형이상학과 양립이 가능한 것이었다.

④ 지구가 우주 중심에 고정되어 있고 다른 행성을 거느린 태양이 지구 주위를 돈다는 브라헤의 우주론은 아리스토텔레스의 형이상학에서 자유롭지 못한 것이었다.

⑤ 태양 주위를 공전하는 행성의 운동 법칙들을 관측치로부터 수립한 케플러의 우주론은 신플라톤주의에서 경험주의적 근거를 찾은 것이었다.

DAY 01
DAY 02
DAY 03
DAY 04
DAY 05
DAY 06
DAY 07
DAY 08
DAY 09
DAY 10

03 ㉠에 대한 이해로 적절하지 않은 것은?

① 중국에서 서양 과학을 수용한 학자들은 자국의 지적 유산에 서양 과학을 접목하려 하였다.

② 서양 천문학과 관련된 내용이 중국의 역대 지식 성과를 집대성한 〈사고전서〉에 수록되었다.

③ 방이지는 서양 우주론의 영향을 받았지만 서양의 이론과 구별되는 새 이론의 수립을 시도하였다.

④ 매문정은 중국 고대 문헌에 나타나는 천문학적 전통과 서양 과학의 수학적 방법론을 모두 활용하였다.

⑤ 성리학적 기론을 긍정한 학자들은 중국 고대 문헌의 우주론을 근거로 서양 우주론을 받아들여 새 이론을 창안하였다.

04 문맥상 ⓐ ~ ⓔ와 바꿔 쓴 것으로 가장 적절한 것은?

① ⓐ : 진작(振作)할

② ⓑ : 고안(考案)했다

③ ⓒ : 소지(所持)한

④ ⓓ : 설정(設定)했다

⑤ ⓔ : 시사(示唆)되어

┃ 2019년 5급 PSAT(공직적격성평가) 언어논리 영역

※ 다음 글을 읽고 물음에 답하시오. [5~6]

곤충이 유충에서 성체로 발생하는 과정에서 단단한 외골격은 더 큰 것으로 주기적으로 대체된다. 곤충이 유충, 번데기, 성체로 변화하는 동안, 이러한 외골격의 주기적 대체는 몸 크기를 증가시키는 것과 같은 신체 형태 변화에 필수적이다. 이러한 외골격의 대체를 '탈피'라고 한다. 성체가 된 이후에 탈피하지 않는 곤충들의 경우, 그것들의 최종 탈피는 성체의 특성이 발현되고 유충의 특성이 완전히 상실될 때 일어난다. 이런 유충에서 성체로의 변태 과정을 조절하는 호르몬에는 탈피호르몬과 유충호르몬이 있다.

탈피호르몬은 초기 유충기에 형성된 유충의 전흉선에서 분비된다. 탈피 시기가 되면, 먹이 섭취 활동과 관련된 자극이 유충의 뇌에 전달된다. 이 자극은 이미 뇌의 신경분비세포에서 합성되어 있던 전흉선자극호르몬의 분비를 촉진하여 이 호르몬이 순환계로 방출될 수 있게끔 만든다. 분비된 전흉선자극호르몬은 순환계를 통해 전흉선으로 이동하여, 전흉선에서 허물벗기를 촉진하는 탈피호르몬이 분비되도록 한다. 그리고 탈피호르몬이 분비되면 탈피의 첫 단계인 허물벗기가 시작된다. ㉠ 성체가 된 이후에 탈피하지 않는 곤충들의 경우, 성체로의 마지막 탈피가 끝난 다음에 탈피호르몬은 없어진다.

유충호르몬은 유충 속에 있는 알라타체라는 기관에서 분비된다. 이 유충호르몬은 탈피 촉진과 무관하며, 유충의 특성이 남아 있게 하는 역할만을 수행한다. 따라서 각각의 탈피 과정에서 분비되는 유충호르몬의 양에 의해서, 탈피 이후 유충으로 남아 있을지, 유충의 특성이 없는 성체로 변태할지가 결정된다. 유충호르몬의

방출량은 유충호르몬의 분비를 억제하는 알로스테틴과 분비를 촉진하는 알로트로핀에 의해 조절된다. 이 알로스테틴과 알로트로핀은 곤충의 뇌에서 분비된다. 한편, 유충호르몬의 방출량이 정해져 있을 때 그 호르몬의 혈중 농도는 유충호르몬에스터라제와 같은 유충호르몬 분해 효소와 유충호르몬결합단백질에 의해 조절된다. 유충호르몬결합단백질은 유충호르몬에스터라제 등의 유충호르몬 분해 효소에 의해서 유충호르몬이 분해되어 혈중 유충호르몬의 농도가 낮아지는 것을 막으며, 유충호르몬을 유충호르몬 작용 조직으로 안전하게 수송한다.

05 윗글에서 추론할 수 있는 것을 〈보기〉에서 모두 고르면?

> **보기**
>
> ⓐ 유충의 전흉선을 제거하면 먹이 섭취 활동과 관련된 자극이 유충의 뇌에 전달될 수 없다.
> ⓑ 변태 과정 중에 있는 곤충에게 유충기부터 알로트로핀을 주입하면, 그것은 성체로 발생하지 않을 수 있다.
> ⓒ 유충호르몬이 없더라도 변태 과정 중 탈피호르몬이 분비되면 탈피가 시작될 수 있다.

① ⓐ 　　　　　　　　　② ⓑ

③ ⓐ, ⓒ 　　　　　　　④ ⓑ, ⓒ

⑤ ⓐ, ⓑ, ⓒ

06 윗글을 토대로 할 때, 다음 실험 결과에 대한 분석으로 적절한 것을 〈보기〉에서 모두 고르면?

> 〈실험 결과〉
>
> 성체가 된 이후에 탈피하지 않는 곤충의 유충기부터 성체로 이어지는 발생 단계별 유충호르몬과 탈피호르몬의 혈중 농도 변화를 관찰하였더니 다음과 같았다.
> 결과1 : 유충호르몬 혈중 농도는 유충기에 가장 높으며 이후 성체가 될 때까지 점점 감소한다.
> 결과2 : 유충에서 성체로의 최종 탈피가 일어날 때까지 탈피호르몬은 존재하였고, 그 구간 탈피호르몬 혈중 농도에는 변화가 없었다.

> **보기**
>
> ⓐ 결과 1은 "혈중 유충호르몬에스터라제의 양은 유충기에 가장 많으며 성체기에서 가장 적다."는 가설에 의해서 설명된다.
> ⓑ "성체가 된 이후에 탈피하지 않는 곤충들의 경우, 최종 탈피가 끝난 다음에 전흉선은 파괴되어 사라진다."는 것은 결과 2와 ㉠이 동시에 성립하는 이유를 제시한다.
> ⓒ 결과 1과 결과 2는 함께 "변태 과정에 있는 곤충의 탈피호르몬 대비 유충호르몬의 비율이 작아질수록 그 곤충은 성체의 특성이 두드러진다."는 가설을 지지한다.

① ⓐ 　　　　　　　　　② ⓒ

③ ⓐ, ⓑ 　　　　　　　④ ⓑ, ⓒ

⑤ ⓐ, ⓑ, ⓒ

PART 1

DAY 01
DAY 02
DAY 03
DAY 04
DAY 05
DAY 06
DAY 07
DAY 08
DAY 09
DAY 10

※ 다음 글을 읽고 물음에 답하시오. [7~9]

과학 기술이 발달하고 일상의 삶에 미치는 영향이 점점 커짐에 따라 법정에서 과학 기술 전문가의 지식을 필요로 하는 사례도 늘고 있다. 유전자 감식에 의한 친자 확인, 디지털 포렌식을 통한 범죄 수사 등은 이미 낯설지 않고, 최근에는 연륜연대학에 기초한 과학적 증거의 활용도 새롭게 관심을 끌고 있다.

연륜연대학이란, 나이테를 분석하여 나무의 역사를 재구성하는 과학이다. 온대림에서 자라는 대부분의 수목은 매년 나이테를 하나씩 만들어 내는데, 그것의 폭, 형태, 화학적 성질 등은 수목이 노출되어 있는 환경의 영향을 받는다. 예를 들어 나이테의 폭은 강수량이 많았던 해에는 넓게, 가물었던 해에는 좁게 형성된다. 따라서 연속된 나이테가 보여 주는 지문과도 같은 패턴은 나무의 생육 연대를 정확히 추산하기 위한 단서가 된다.

Ⓐ 2005년에 400개의 나이테를 가진 400년 된 수목을 베어 냈는데, 그 단면에서 1643년부터 거슬러 1628년까지 16년 동안 넓은 나이테 5개, 좁은 나이테 5개, 넓은 나이테 6개 순으로 연속된 특이 패턴이 보였다고 하자. 한편 인근의 역사 유적에 대들보로 사용된 오래된 목재는 나무의 중심부와 그것을 둘러싼 332개의 나이테를 보여 주지만 베어진 시기를 알 수 없었는데, 만일 그 가장자리 나이테에서 7개째부터 앞서의 수목과 동일한 패턴이 발견된다면 그 목재로 사용된 나무는 1650년경에 베어졌고 1318년경부터 자란 것이라는 결론을 내릴 수 있다. 나아가 그 목재를 유적의 기둥 목재와 비슷한 방식으로 비교하여, 나이테 기록을 보다 먼 과거까지 소급할 수 있다.

이와 같이 나이테를 통한 비교 연대 측정은 예술 작품이나 문화재 등의 제작·건립 시기를 추정하는 과학적 기법을 제공하기도 하지만, 종종 법률적 사안의 해결에 도움을 주기도 한다. 수목으로 소유지 경계를 표시하던 과거에는 수목의 나이를 확인하는 것이 분쟁 해결에 중요한 역할을 담당하였다. 형사 사건에서도 나이테 분석을 활용한 적이 있다. 1932년 린드버그의 아기를 납치·살해한 범인을 수목 과학자인 콜러가 밝혀낸 일화는 잘 알려져 있다. 그는 범행 현장에 남겨진 수제 사다리의 목재를 분석함으로써, 그것이 언제 어느 제재소에서 가공되어 범행 지역 인근의 목재 저장소로 운반되었는지를 추적하는 한편, 용의자의 다락방 마루와 수제 사다리의 일부가 본래 하나의 목재였다는 사실도 입증해 냈다.

나이테 분석의 활용 잠재성이 가장 큰 영역은 아마도 환경 소송 분야일 것이다. 과학자들은 나이테에 담긴 환경 정보의 종단 연구를 통해 기후 변동의 역사를 고증하고, 미래의 기후 변화를 예측하는 데 주로 관심을 기울여 왔다. 하지만 나이테에 담긴 환경 정보에는 비단 강수량이나 수목 질병만이 아니라 중금속이나 방사성 오염 물질, 기타 유해 화학 물질에 대한 노출 여부도 포함되므로 이를 분석하면 특정 유해 물질이 어느 지역에 언제부터 배출되었는지를 확인할 수 있을 것이다. 넓은 의미의 연륜연대학 중에서 이처럼 수목의 화학적 성질에 초점을 맞춘 연구만을 따로 연륜화학이라 부르기도 한다.

Ⓑ 한편 과학 기술 전문가의 견해가 법정에서 실제로 유의미하게 활용되기 위해서는 일정한 기준을 충족해야 하는데, 이 점은 나이테 분석도 마찬가지다. 법원으로서는 전문가의 편견 및 오류 가능성이나 특정 이론의 사이비 과학 여부 등에도 신경을 쓸 수밖에 없기 때문이다. 나이테 분석을 통한 환경오염의 해석은 분명 물리적 환경 변화의 해석에서보다 고려해야 할 변수도 많고, 아직 그 역사도 상당히 짧다. 하지만 이 같은 해석 기법이 환경 소송을 주재할 법원의 요구에 부응할 수 있는 과학 기술적 토대를 갖추었다고 평가하는 견해가 점차 늘어나고 있다.

07 윗글로 보아 적절하지 않은 것은?

① 나이테 분석이 이미 생성된 나이테만을 대상으로 할 수밖에 없다면, 아직 발생하지 않은 변동을 예측하는 데는 사용되지 못할 것이다.

② 특정 수목이 소유지 경계 획정 시 성목(成木)으로 심은 것이라면, 그 나이테의 개수가 경계 획정 시기까지 소급한 햇수보다 적지 않을 것이다.

③ 발생 연도가 확실한 사건에 대한 지식이 추가되면, 비교할 다른 나무가 없어도 특정 수목의 생육 연대를 비교적 정확하게 추산하는 것이 가능하다.

④ 배후지의 나무와 달리 차로변의 가로수만 특정 나이테 층에서 납 성분이 발견되었다면, 그 시기에는 납을 함유한 자동차 연료가 사용되었다고 추정하는 것이 가능하다.

⑤ 가장자리 나이테 층뿐 아니라 심부로도 수분과 양분이 공급되는 종류의 나무라면, 나이테 분석을 통해 유해 화학 물질의 배출 시기를 추산할 때 오차가 발생할 것이다.

08 Ⓐ에 대해 추론한 내용으로 옳지 않은 것은?

① 2005년에 베어 낸 수목은 1605년경부터 자랐을 것이다.

② 대들보로 사용된 목재의 가장자리에서 10번째 나이테는 폭이 넓을 것이다.

③ 대들보로 사용된 목재의 가장자리에서 20번째 나이테는 폭이 좁을 것이다.

④ 대들보로 사용된 목재의 가장자리에서 15번째 나이테는 1635년경에 생겼을 것이다.

⑤ 대들보로 사용된 목재와 기둥 목재의 나이테 패턴 비교 구간은 1318년경에서 1650년경 사이에 있을 것이다.

09 Ⓑ를 참조하여 〈보기〉의 입장들을 설명할 때, 적절하지 않은 것은?

> **보기**
>
> X국에는 과학적 연구 자료를 법적으로 활용하는 기준에 대하여 다음과 같은 입장들이 있다. 각각의 입장에서 전문가의 '나이테 분석에 근거한 연구 결과'가 어떻게 이용될지 생각해 보자.
> A : 관련 분야 전문가들의 일반적 승인을 얻은 것만을 증거로 활용한다.
> B : 사안에 대한 관련성이 인정되는 한 모두 증거로 활용하되, 전문가의 편견 개입 가능성이나 쟁점 혼란 또는 소송 지연 등의 사유가 있을 경우에는 활용하지 않는다.
> C : 사안에 대한 관련성이 인정되고, 일정한 신뢰성 요건(검증 가능성, 적정 범위 내의 오차율 등)을 갖춘 것은 모두 증거로 활용한다.

① A를 따르는 법원이 수목의 병충해 피해 보상을 판단할 때 해당 연구 결과를 유의미하게 활용한다면, 나이테를 통한 비교 연대 측정 방법은 대체로 인정된다고 추정할 수 있군.

② A를 따르는 법원이 공장의 유해 물질 배출로 인한 피해의 배상을 판단할 때 해당 연구 결과를 유의미하게 활용한다면, 연륜화학의 방법은 대체로 인정된다고 추정할 수 있군.

③ B를 따르는 법원이 방사능 피해 보상 문제에서 해당 연구 결과를 유의미하게 활용한다면, 그 연구의 수행자가 피해 당사자의 입장을 적극 대변하는 인물이라고 추정할 수 있군.

④ C를 따르는 법원이 장기간의 가뭄으로 인한 농가 피해의 보상을 판단할 때 해당 연구 결과를 유의미하게 활용한다면, 나이테 분석은 사이비 과학이 아니라고 추정할 수 있군.

⑤ C를 따르는 법원이 홍수로 인한 농가 피해의 보상을 판단할 때 해당 연구 결과를 유의미하게 활용하지 않는다면, 연륜연대학의 방법이 일정한 신뢰성의 요건을 충족하지 못한다고 추정할 수 있군.

PART 1

DAY 01
DAY 02
DAY 03
DAY 04
DAY 05
DAY 06
DAY 07
DAY 08
DAY 09
DAY 10

※ 다음 글을 읽고 물음에 답하시오. [1~4]

디지털 통신 시스템은 송신기, 채널, 수신기로 구성되며, 전송할 데이터를 빠르고 정확하게 전달하기 위해 부호화 과정을 거쳐 전송한다. 영상, 문자 등인 데이터는 기호 집합에 있는 기호들의 조합이다. 예를 들어 기호 집합 {a, b, c, d, e, f}에서 기호들을 조합한 add, cab, beef 등이 데이터이다. 정보량은 어떤 기호가 발생했다는 것을 알았을 때 얻는 정보의 크기이다. 어떤 기호 집합에서 특정 기호의 발생 확률이 높으면 그 기호의 정보량은 적고, 발생 확률이 낮으면 그 기호의 정보량은 많다. 기호 집합의 평균 정보량*을 기호 집합의 엔트로피라고 하는데 모든 기호들이 동일한 발생 확률을 가질 때 그 기호 집합의 엔트로피는 최댓값을 갖는다.

송신기에서는 소스 부호화, 채널 부호화, 선 부호화를 거쳐 기호를 부호로 변환한다. 소스 부호화는 데이터를 압축하기 위해 기호를 0과 1로 이루어진 부호로 변환하는 과정이다. 어떤 기호가 110과 같은 부호로 변환되었을 때 0 또는 1을 비트라고 하며 이 부호의 비트 수는 3이다. 이때 기호 집합의 엔트로피는 기호 집합에 있는 기호를 부호로 표현하는 데 필요한 평균 비트 수의 최솟값이다. 전송된 부호를 수신기에서 원래의 기호로 복원하려면 부호들의 평균 비트 수가 기호 집합의 엔트로피보다 크거나 같아야 한다. 기호 집합을 엔트로피에 최대한 가까운 평균 비트 수를 갖는 부호들로 변환하는 것을 엔트로피 부호화라 한다. 그중 하나인 '허프만 부호화'에서는 발생 확률이 높은 기호에는 비트 수가 적은 부호를, 발생 확률이 낮은 기호에는 비트 수가 많은 부호를 할당한다.

채널 부호화는 오류를 검출하고 정정하기 위하여 부호에 잉여 정보를 추가하는 과정이다. 송신기에서 부호를 전송하면 채널의 잡음으로 인해 오류가 발생하는데 이 문제를 해결하기 위해 잉여 정보를 덧붙여 전송한다. 채널 부호화 중 하나인 '삼중 반복 부호화'는 0과 1을 각각 000과 111로 부호화한다. 이때 수신기에서는 수신한 부호에 0이 과반수인 경우에는 0으로 판단하고 1이 과반수인 경우에는 1로 판단한다. 즉 수신기에서 수신된 부호가 000, 001, 010, 100 중 하나라면 0으로 판단하고, 그 이외에는 1로 판단한다. 이렇게 하면 000을 전송했을 때 하나의 비트에서 오류가 생겨 001을 수신해도 0으로 판단하므로 오류는 정정된다. 채널 부호화를 하기 전 부호의 비트 수를, 채널 부호화를 한 후 부호의 비트 수로 나눈 것을 부호율이라 한다. 삼중 반복 부호화의 부호율은 약 0.33이다.

채널 부호화를 거친 부호들을 채널을 통해 전송하려면 부호들을 전기 신호로 변환해야 한다. 0 또는 1에 해당하는 전기 신호의 전압을 결정하는 과정이 선 부호화이다. 전압의 결정 방법은 선 부호화 방식에 따라 다르다. 선 부호화 중 하나인 '차동 부호화'는 부호의 비트가 0이면 전압을 유지하고 1이면 전압을 변화시킨다. 차동 부호화를 시작할 때는 기준 신호가 필요하다. 예를 들어 차동 부호화 직전의 기준 신호가 양(+)의 전압이라면 부호 0110은 '양, 음, 양, 양'의 전압을 갖는 전기 신호로 변환된다. 수신기에서는 송신기와 동일한 기준 신호를 사용하여, 전압의 변화가 있으면 1로 판단하고 변화가 없으면 0으로 판단한다.

* 평균 정보량 : 각 기호의 발생 확률과 정보량을 서로 곱하여 모두 더한 것

01 윗글에서 알 수 있는 내용으로 적절한 것은?

① 영상 데이터는 채널 부호화 과정에서 압축된다.

② 수신기에는 부호를 기호로 복원하는 기능이 있다.

③ 잉여 정보는 데이터를 압축하기 위해 추가한 정보이다.

④ 영상을 전송할 때는 잡음으로 인한 오류가 발생하지 않는다.

⑤ 소스 부호화는 전송할 기호에 정보를 추가하여 오류에 대비하는 과정이다.

02 윗글을 바탕으로, 2가지 기호로 이루어진 기호 집합에 대해 이해한 내용으로 적절하지 않은 것은?

① 기호들의 발생 확률이 모두 1/2인 경우, 각 기호의 정보량은 동일하다.

② 기호들의 발생 확률이 각각 1/4, 3/4인 경우의 평균 정보량이 최댓값이다.

③ 기호들의 발생 확률이 각각 1/4, 3/4인 경우, 기호의 정보량이 더 많은 것은 발생 확률이 1/4인 기호이다.

④ 기호들의 발생 확률이 모두 1/2인 경우, 기호를 부호화하는 데 필요한 평균 비트 수의 최솟값이 최대가 된다.

⑤ 기호들의 발생 확률이 각각 1/4, 3/4인 기호 집합의 엔트로피는 발생 확률이 각각 3/4, 1/4인 기호 집합의 엔트로피와 같다.

03 윗글의 '부호화'에 대한 내용으로 적절한 것은?

① 선 부호화에서는 수신기에서 부호를 전기 신호로 변환한다.

② 허프만 부호화에서는 정보량이 많은 기호에 상대적으로 비트 수가 적은 부호를 할당한다.

③ 채널 부호화를 거친 부호들은 채널로 전송하기 전에 잉여 정보를 제거한 후 선 부호화한다.

④ 채널 부호화 과정에서 부호에 일정 수준 이상의 잉여 정보를 추가하면 부호율은 1보다 커진다.

⑤ 삼중 반복 부호화를 이용하여 0을 부호화한 경우, 수신된 부호에서 두 개의 비트에 오류가 있으면 오류는 정정되지 않는다.

04 윗글을 바탕으로 〈보기〉를 이해한 내용으로 적절한 것은?

> **보기**
>
> 날씨 데이터를 전송하려고 한다. 날씨는 '맑음', '흐림', '비', '눈'으로만 분류하며, 각 날씨의 발생 확률은 모두 같다. 엔트로피 부호화를 통해 '맑음', '흐림', '비', '눈'을 각각 00, 01, 10, 11의 부호로 바꾼다.

① 기호 집합 {맑음, 흐림, 비, 눈}의 엔트로피는 2보다 크겠군.

② 엔트로피 부호화를 통해 4일 동안의 날씨 데이터 '흐림비맑음흐림'은 '01001001'로 바뀌겠군.

③ 삼중 반복 부호화를 이용하여 전송한 특정 날씨의 부호를 '110001'과 '101100'으로 각각 수신하였다면 서로 다른 날씨로 판단하겠군.

④ 날씨 '비'를 삼중 반복 부호화와 차동 부호화를 이용하여 부호화하는 경우, 기준 신호가 양(+)의 전압이면 '음, 양, 음, 음, 음, 음'의 전압을 갖는 전기 신호로 변환되겠군.

⑤ 삼중 반복 부호화와 차동 부호화를 이용하여 특정 날씨의 부호를 전송할 경우, 수신기에서 '음, 음, 음, 양, 양, 양'을 수신했다면 기준 신호가 양(+)의 전압일 때 '흐림'으로 판단하겠군.

┃ 2017년 5급 PSAT(공직적격성평가) 언어논리 영역

※ 다음 글을 읽고 물음에 답하시오. **[5~6]**

오늘날 인류가 왼손보다 오른손을 선호하는 경향은 어디서 비롯되었을까? 무기를 들고 싸우는 결투에서 오른손잡이는 왼손잡이 상대를 만나 곤혹을 치르곤 한다. 왼손잡이 적수가 무기를 든 왼손은 뒤로 감춘 채 오른손을 내밀어 화해의 몸짓을 보이다가 방심한 틈에 공격을 할 수도 있다. 그러나 이런 상황이 왼손에 대한 폭넓고 뿌리 깊은 반감을 다 설명해 준다고는 생각되지 않는다. 예컨대 그런 종류의 겨루기와 거의 무관했던 여성들의 오른손 선호는 어떻게 설명할 것인가?

오른손을 귀하게 여기고 왼손을 천대하는 현상은 어쩌면 산업화 이전 사회에서 배변 후 사용할 휴지가 없었다는 사실과 관련이 있을 법하다. 인류 역사에서 대부분의 기간 동안 배변 후 뒤처리를 담당한 것은 맨손이었다. 맨손으로 배변 뒤처리를 하는 것은 불쾌할 뿐더러 병균을 옮길 위험을 수반하는 일이었다. 이런 위험의 가능성을 낮추는 간단한 방법은 음식을 먹거나 인사할 때 다른 손을 사용하는 것이었다. 기술 발달 이전의 사회에서는 대개 왼손을 배변 뒤처리에, 오른손을 먹고 인사하는 일에 사용했다. 이런 전통에서 벗어난 행동을 보면 사람들은 기겁하지 않을 수 없었다. 오른손과 왼손의 역할 분담에 관한 관습을 따르지 않는 어린아이는 벌을 받았을 것이다.

나는 이런 배경이 인간 사회에서 널리 나타나는 '오른쪽'에 대한 긍정과 '왼쪽'에 대한 반감을 어느 정도 설명해 줄 수 있으리라고 생각한다. 그러나 이 설명은 왜 애초에 오른손이 먹는 일에, 그리고 왼손이 배변 처리에 사용되었는지 설명해주지 못한다. 확률로 말하자면 왼손이 배변 처리를 담당하게 될 확률은 1/2이다. 그렇다면 인간 사회 가운데 절반 정도는 왼손잡이 사회였어야 할 것이다. 그러나 동서양을 막론하고, 왼손잡이 사회는 확인된 바 없다. 세상에는 왜 온통 오른손잡이 사회들뿐인지에 대한 근본적인 설명은 다른 곳에서 찾아야 할 것 같다.

한쪽 손을 주로 쓰는 경향은 뇌의 좌우반구의 기능 분화와 관련되어 있는 것으로 보인다. 보고된 증거에 따르면, 왼손잡이는 읽기와 쓰기, 개념적·논리적 사고 같은 좌반구 기능에서 오른손잡이보다 상대적으로 미약한 대신 상상력, 패턴 인식, 창의력 등 전형적인 우반구 기능에서는 상대적으로 기민한 경우가 많다.

비비원숭이의 두개골 화석을 연구함으로써 오스트랄로피테쿠스가 어느 손을 즐겨 썼는지를 추정할 수 있다. 이들이 비비원숭이를 몽둥이로 때려서 입힌 상처의 흔적이 남아 있기 때문이다. 연구에 따르면 오스트랄로피테쿠스는 약 80%가 오른손잡이였다. 이는 현대인과 거의 일치한다. 사람이 오른손을 즐겨 쓰듯 다른 동물들도 앞발 중에 더 선호하는 쪽이 있는데, 포유류에 속하는 동물들은 대개 왼발을 즐겨 쓰는 것으로 나타났다. 이들 동물에서도 뇌의 좌반구 기능은 인간과 본질적으로 다르지 않으며, 좌우반구의 신체 제어에서 좌우 교차가 일어난다는 점도 인간과 다르지 않다.

왼쪽과 오른쪽의 대결은 인간이라는 종의 먼 과거까지 거슬러 올라간다. 나는 이성 대 직관의 힘겨루기, 뇌의 두 반구 사이의 힘겨루기가 오른손과 왼손의 힘겨루기로 표면화된 것이 아닐까 생각한다. 즉 오른손이 원래 왼손보다 더 능숙했기 때문이 아니라 뇌의 좌반구가 인간의 행동을 지배하는 권력을 갖게 되었기 때문에 오른손 선호에 이르렀다는 생각이다. 그리고 이것이 사실이라면 직관적 사고에 대한 논리적 비판은 거시적 관점에서 그 타당성을 의심해볼 만하다. 어쩌면 뇌의 우반구 역시 좌반구의 권력을 못마땅하게 여기고 있는지도 모른다. 다만 논리적인 언어로 반론을 펴지 못할 뿐.

PART 1

DAY 01
DAY 02
DAY 03
DAY 04
DAY 05
DAY 06
DAY 07
DAY 08
DAY 09
DAY 10

05 윗글에서 알 수 없는 것은?

① 위생에 관한 관습은 명문화된 규범 없이도 형성될 수 있다.

② 직관적 사고보다 논리적 사고가 인간의 행위를 더 강하게 지배해 왔다고 볼 수 있다.

③ 인류를 제외한 대부분의 포유류의 경우에는 뇌의 우반구가 좌반구와의 힘겨루기에서 우세하다고 볼 수 있다.

④ 먹는 손과 배변을 처리하는 손이 다르게 된 이유는 먹는 행위와 배변 처리 행위에 요구되는 뇌 기능이 다르기 때문이다.

⑤ 왼손을 천대하는 관습이 가져다주는 이익이 있다고 해서 오른손잡이가 왼손잡이보다 압도적으로 많은 이유가 설명되는 것은 아니다.

06 윗글의 논지를 약화하는 진술로 가장 적절한 것은?

① 오스트랄로피테쿠스의 지능은 현생 인류에 비하여 현저하게 뒤떨어지는 수준이었다.

② '왼쪽'에 대한 반감의 정도가 서로 다른 여러 사회에서 왼손잡이의 비율은 거의 일정함이 밝혀졌다.

③ 오른손잡이와 왼손잡이가 뇌의 해부학적 구조에서 유의미한 차이를 보이지 않는다는 사실이 입증되었다.

④ 진화 연구를 통해 인류 조상들의 행동의 성패를 좌우한 것이 언어·개념과 무관한 시각 패턴 인식 능력이었음이 밝혀졌다.

⑤ 태평양의 어느 섬에서 외부와 교류 없이 수백 년 동안 존속해 온 원시 부족 사회는 왼손에 대한 반감을 전혀 갖고 있지 않았다.

※ 다음 글을 읽고 물음에 답하시오. [7~9]

첨단 소재 분야의 연구에서는 마이크로미터 이하의 미세한 구조를 관찰할 수 있는 전자 현미경이 필요하다. 전자 현미경과 광학 현미경의 기본적인 원리는 같다. 다만 광학 현미경은 관찰의 매체로 가시광선을 사용하고 유리 렌즈로 빛을 집속하는 반면, 전자 현미경은 전자빔을 사용하고 전류가 흐르는 코일에서 발생하는 자기장을 이용하여 전자빔을 집속한다는 차이가 있다.

광학 현미경은 시료에 가시광선을 비추고 시료의 각 점에서 산란된 빛을 렌즈로 집속하여 상(像)을 만드는데, 다음과 같은 이유로 미세한 구조를 관찰하는 데 한계가 있다. 크기가 매우 작은 점광원에서 나온 빛은 렌즈를 통과하면서 회절 현상에 의해 광원보다 더 큰 크기를 가지는 원형의 간섭무늬를 형성하는데 이를 '에어리 원반'이라고 부른다. 만약 시료 위의 일정한 거리에 있는 두 점에서 출발한 빛이 렌즈를 통과할 경우 스크린 위에 두 개의 에어리 원반이 만들어지게 되며, 이 두 점의 거리가 너무 가까워져 두 에어리 원반 중심 사이의 거리가 원반의 크기에 비해 너무 작아지면 관찰자는 더 이상 두 점을 구분하지 못하고 하나의 점으로 인식하게 된다. 이 한계점에서 시료 위의 두 점 사이의 거리를 '해상도'라 부른다. 일반적으로 현미경에서 얻을 수 있는 최소의 해상도는 사용하는 파동의 파장, 렌즈의 초점 거리에 비례하며 렌즈의 직경에 반비례한다. 따라서 사용하는 파장이 짧을수록 최소 해상도가 작아지며, 더 또렷한 상을 얻을 수 있다. 광학 현미경의 경우 파장이 가장 짧은 가시광선을 사용하더라도 그 해상도는 파장의 약 절반인 200nm보다 작아질 수가 없다. 반면 전자 현미경에 사용되는 전자빔의 전자도 양자역학에서 말하는 '입자−파동 이중성'에 따라 파동처럼 행동하는데 이 파동을 '드브로이 물질파'라고 한다. 물질파의 파장은 입자의 질량과 속도의 곱인 운동량에 반비례하는데 전자 현미경에서 가속 전압이 클수록 전자의 속도가 크고 수십 kV의 전압으로 가속된 전자의 물질파 파장은 대략 0.01nm 정도이다. 하지만 전자 현미경의 렌즈의 성능이 좋지 않아 해상도는 보통 수 nm이다.

전자 현미경의 렌즈는 전류가 흐르는 코일에서 발생하는 자기장을 사용하여 전자의 이동 경로를 휘게 하여 전자를 모아 준다. 전하를 띤 입자가 자기장 영역을 통과할 때 속도와 자기장의 세기에 비례하는 힘을 받는데 그 방향은 자기장에 대해 수직이다. 전자 렌즈는 코일을 적절히 배치하여 특별한 형태의 자기장을 발생시켜 렌즈를 통과하는 전자가 렌즈의 중심 방향으로 힘을 받도록 만든다. 코일에 흐르는 전류를 증가시키면 코일에서 발생하는 자기장의 세기가 커지고 전자가 받는 힘이 커져 전자빔이 더 많이 휘어지면서 초점 거리가 줄어드는 효과를 얻을 수 있다. 대물렌즈의 초점 거리가 작아지면 현미경의 배율은 커진다. 따라서 광학 현미경에서는 배율을 바꿀 때 대물렌즈를 교체하지만 전자 현미경에서는 코일에 흐르는 전류를 조절하여 일정 범위 안에서 배율을 마음대로 조정할 수 있다. 하지만 렌즈의 중심과 가장자리를 통과하는 전자가 받는 힘을 적절히 조절하여 한 점에 모이도록 하는 것이 어려우므로 광학 현미경에 비해 초점의 위치가 명확하지 않다.

전자 현미경은 고전압으로 가속된 전자빔을 사용하므로 현미경의 내부는 기압이 대기압의 $\frac{1}{10^{10}}$ 이하인 진공 상태여야 한다. 전자는 공기와 충돌하면 에너지가 소실되거나 굴절되는 등 원하는 대로 제어하기 어렵기 때문이다. 또한 절연체 시료를 관찰할 때 전자빔의 전자가 시료에 축적되어 전자빔을 밀어내는 역할을 하게 되므로 이미지가 왜곡될 수 있다. 이 때문에 보통 절연체 시료의 표면을 금 또는 백금 등의 도체로 얇게 코팅하여 사용한다.

광학 현미경에서는 실제의 상을 눈으로 볼 수 있지만, 전자 현미경에서는 시료에서 산란된 전자의 물질파를 검출기에 집속하여 상이 맺힌 지점에서 전자의 분포를 측정함으로써 시료 표면의 형태를 디지털 영상으로 나타낸다. 이러한 전자 현미경의 특성을 활용하면 다양한 검출기 및 주변 기기를 장착하여 전자 현미경의 응용 분야를 확장할 수 있다.

07 윗글의 내용과 일치하는 것은?

① 광학 현미경의 해상도는 시료에 비추는 빛의 파장에 의존하지 않는다.

② 전자 현미경에서 진공 장치 내부의 기압이 높을수록 선명한 상을 얻을 수 있다.

③ 전자 현미경에서 렌즈의 중심과 가장자리를 통과한 전자는 같은 점에 도달한다.

④ 전자 현미경에서 시료의 표면에 축적되는 전자가 많을수록 상의 왜곡이 줄어든다.

⑤ 광학 현미경과 전자 현미경은 모두 시료에서 산란된 파동을 관찰하여 상을 얻는다.

08 윗글에서 이끌어 낼 수 있는 전자 현미경의 특성만을 〈보기〉에서 있는 대로 고른 것은?

> **보기**
>
> ㉠ 전자의 물질파 파장이 길수록 전자가 전자 렌즈를 지날 때 더 큰 힘을 받는다.
>
> ㉡ 전자의 가속 전압을 증가시키면 상에서 에어리 원반의 크기를 더 작게 할 수 있다.
>
> ㉢ 전자 렌즈의 코일에 흐르는 전류를 감소시키면 상의 해상도를 더 작게 할 수 있다.

① ㉠   ② ㉡

③ ㉢   ④ ㉠, ㉡

⑤ ㉠, ㉡, ㉢

09 〈보기〉에 대한 설명으로 가장 적절한 것은?

> **보기**
>
> ㉮와 ㉯는 크기가 일정한 미세 물체가 일정한 간격으로 배치된 구조를 전자 현미경으로 각각 찍은 사진이며 ㉯는 ㉮에서 사각형 부분에 해당한다.
>
>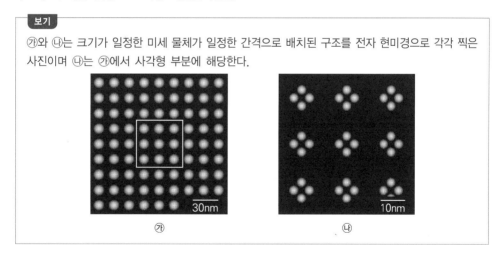
>
> ㉮   ㉯

① ㉮의 해상도는 30nm보다 크다.

② ㉮에서 전자 현미경 내부의 기압은 대기압보다 크다.

③ ㉯에서 사용된 전자의 물질파 파장은 20nm보다 크다.

④ ㉯에서 렌즈의 코일에 흐르는 전류는 ㉮의 경우보다 크다.

⑤ ㉯에서 사용된 전자의 속력은 ㉮에서 사용된 전자의 속력보다 3배 작다.

※ 다음 글을 읽고 물음에 답하시오. [1~4]

탄수화물은 사람을 비롯한 동물이 생존하는 데 필수적인 에너지원이다. 탄수화물은 섬유소와 비섬유소로 구분된다. 사람은 체내에서 합성한 효소를 이용하여 곡류의 녹말과 같은 비섬유소를 포도당으로 분해하고 이를 소장에서 흡수하여 에너지원으로 이용한다. 반면, 사람은 풀이나 채소의 주성분인 셀룰로스와 같은 섬유소를 포도당으로 분해하는 효소를 합성하지 못하므로 섬유소를 소장에서 이용하지 못한다. ㉠ 소, 양, 사슴과 같은 반추 동물도 섬유소를 분해하는 효소를 합성하지 못하는 것은 마찬가지이지만, 비섬유소와 섬유소를 모두 에너지원으로 이용하며 살아간다.

위(胃)가 넷으로 나누어진 반추 동물의 첫째 위인 반추위에는 여러 종류의 미생물이 서식하고 있다. 반추 동물의 반추위에는 산소가 없는데, 이 환경에서 왕성하게 생장하는 반추위 미생물들은 다양한 생리적 특성을 가지고 있다. 그중 ⓐ 피브로박터 숙시노젠(F)은 섬유소를 분해하는 대표적인 미생물이다. 식물체에서 셀룰로스는 그것을 둘러싼 다른 물질과 복잡하게 얽혀 있는데, F가 가진 효소 복합체는 이 구조를 끊어 셀룰로스를 노출시킨 후 이를 포도당으로 분해한다. F는 이 포도당을 자신의 세포 내에서 대사 과정을 거쳐 에너지원으로 이용하여 생존을 유지하고 개체 수를 늘림으로써 생장한다. 이런 대사 과정에서 아세트산, 숙신산 등이 대사산물로 발생하고 이를 자신의 세포 외부로 배출한다. 반추위에서 미생물들이 생성한 아세트산은 반추 동물의 세포로 직접 흡수되어 생존에 필요한 에너지를 생성하는 데 주로 이용되고 체지방을 합성하는 데에도 쓰인다. 한편 반추위에서 숙신산 은 프로피온산을 대사산물로 생성하는 다른 미생물의 에너지원으로 빠르게 소진된다. 이 과정에서 생성된 프로피온산은 반추 동물이 간(肝)에서 포도당을 합성하는 대사 과정에서 주요 재료로 이용된다.

반추위에는 비섬유소인 녹말을 분해하는 ⓑ 스트렙토코쿠스 보비스(S)도 서식한다. 이 미생물은 반추 동물이 섭취한 녹말을 포도당으로 분해하고, 이 포도당을 자신의 세포 내에서 대사 과정을 통해 자신에게 필요한 에너지원으로 이용한다. 이때 S는 자신의 세포 내의 산성도에 따라 세포 외부로 배출하는 대사산물이 달라진다. 산성도를 알려 주는 수소 이온 농도 지수(pH)가 7.0 정도로 중성이고 생장 속도가 느린 경우에는 아세트산, 에탄올 등이 대사산물로 배출된다. 반면 산성도가 높아져 pH가 6.0 이하로 떨어지거나 녹말의 양이 충분하여 생장 속도가 빠를 때는 젖산 이 대사산물로 배출된다. 반추위에서 젖산은 반추 동물의 세포로 직접 흡수되어 반추 동물에게 필요한 에너지를 생성하는 데 이용되거나 아세트산 또는 프로피온산을 대사산물로 배출하는 다른 미생물의 에너지원으로 이용된다.

그런데 S의 과도한 생장이 반추 동물에게 악영향을 끼치는 경우가 있다. 반추 동물이 짧은 시간에 과도한 양의 비섬유소를 섭취하면 S의 개체 수가 급격히 늘고 과도한 양의 젖산이 배출되어 반추위의 산성도가 높아진다. 이에 따라 산성의 환경에서 왕성히 생장하며 항상 젖산을 대사산물로 배출하는 ⓒ 락토바실러스 루미니스(L)와 같은 젖산 생성 미생물들의 생장이 증가하며 다량의 젖산을 배출하기 시작한다. F를 비롯한 섬유소 분해 미생물들은 자신의 세포 내부의 pH를 중성으로 일정하게 유지하려는 특성이 있는데, 젖산 농도의 증가로 자신의 세포 외부의 pH가 낮아지면 자신의 세포 내의 항상성을 유지하기 위해 에너지를 사용하므로 생장이 감소한다. 만일 자신의 세포 외부의 pH가 5.8 이하로 떨어지면 에너지가 소진되어 생장을 멈추고 사멸하는 단계로 접어든다. 이와 달리 S와 L은 상대적으로 산성에 견디는 정도가 강해 자신의 세포 외부의 pH가 5.5 정도까지 떨어지더라도 이에 맞춰 자신의 세포 내부의 pH를 낮출 수 있어 자신의 에너지를 세포 내부의 pH를 유지하는 데 거의 사용하지 않고 생장을 지속하는 데 사용한다. 그러나 S도 자신의 세포 외부의 pH가 그 이하로 더 떨어지면 생장을 멈추고 사멸하는 단계로 접어들고, 산성에 더 강한 L을 비롯한 젖산 생성 미생물들이 반추위 미생물의 많은 부분을 차지하게 된다. 그렇게 되면 반추위의 pH가 5.0 이하가 되는 급성 반추위 산성증이 발병한다.

PART 1

DAY 01
DAY 02
DAY 03
DAY 04
DAY 05
DAY 06
DAY 07
DAY 08
DAY 09
DAY 10

01　윗글을 읽고 알 수 있는 내용으로 가장 적절한 것은?

① 섬유소는 사람의 소장에서 포도당의 공급원으로 사용된다.

② 반추 동물의 세포에서 합성한 효소는 셀룰로스를 분해한다.

③ 반추위 미생물은 산소가 없는 환경에서 생장을 멈추고 사멸한다.

④ 반추 동물의 과도한 섬유소 섭취는 급성 반추위 산성증을 유발한다.

⑤ 피브로박터 숙시노젠(F)은 자신의 세포 내에서 포도당을 에너지원으로 이용하여 생장한다.

02　윗글로 볼 때, ⓐ～ⓒ에 대한 이해로 적절하지 않은 것은?

① ⓐ와 ⓑ는 모두 급성 반추위 산성증에 걸린 반추 동물의 반추위에서는 생장하지 못하겠군.

② ⓐ와 ⓑ는 모두 반추위에서 반추 동물의 체지방을 합성하는 물질을 생성할 수 있겠군.

③ 반추위의 pH가 6.0일 때, ⓐ는 ⓒ보다 자신의 세포 내의 산성도를 유지하는 데 더 많은 에너지를 쓰겠군.

④ ⓑ와 ⓒ는 모두 반추위의 산성도에 따라 다양한 종류의 대사산물을 배출하겠군.

⑤ 반추위에서 녹말의 양과 ⓑ의 생장이 증가할수록, ⓐ의 생장은 감소하고 ⓒ의 생장은 증가하겠군.

03 윗글을 바탕으로 ㉠이 가능한 이유를 진술한다고 할 때, 〈보기〉의 ㉮, ㉯에 들어갈 말로 가장 적절한 것은?

> **보기**
>
> 반추 동물이 섭취한 섬유소와 비섬유소는 반추위에서 (㉮), 이를 이용하여 생장하는 (㉯)은 반추 동물의 에너지원으로 이용되기 때문이다.

① ㉮ : 반추위 미생물의 에너지원이 되고
　㉯ : 반추위 미생물이 대사 과정을 통해 생성한 대사산물
② ㉮ : 반추위 미생물의 에너지원이 되고
　㉯ : 반추위 미생물이 대사 과정을 통해 생성한 포도당
③ ㉮ : 반추위 미생물에 의해 합성된 포도당이 되고
　㉯ : 반추 동물이 대사 과정을 통해 생성한 포도당
④ ㉮ : 반추위 미생물에 의해 합성된 포도당이 되고
　㉯ : 반추위 미생물이 대사 과정을 통해 생성한 대사산물
⑤ ㉮ : 반추위 미생물에 의해 합성된 포도당이 되고
　㉯ : 반추위 미생물이 대사 과정을 통해 생성한 포도당

04 윗글로 볼 때, 반추위 미생물에서 배출되는 숙신산과 젖산에 대한 설명으로 적절하지 않은 것은?

① 숙신산이 많이 배출될수록 반추 동물의 간에서 합성되는 포도당의 양도 늘어난다.
② 젖산은 반추 동물의 세포로 직접 흡수되어 반추 동물의 에너지원으로 이용될 수 있다.
③ 숙신산과 젖산은 반추위가 산성일 때보다 중성일 때 더 많이 배출된다.
④ 숙신산과 젖산은 반추위 미생물의 세포 내에서 대사 과정을 거쳐 생성된다.
⑤ 숙신산과 젖산은 프로피온산을 대사산물로 배출하는 다른 미생물의 에너지원으로 이용되기도 한다.

05 다음 글의 논지를 강화하는 것을 〈보기〉에서 모두 고르면?

인간의 복잡하고 정교한 면역계는 세균이나 바이러스 같은 병원체의 침입에 맞서서 우리를 지켜 주지만, 병원체가 몸 안으로 들어오고 난 다음에야 비로소 침입한 병원체를 제거하는 과정을 시작한다. 이 과정은 염증이나 발열 같은 적잖은 생물학적 비용과 위험을 동반한다. 인류의 진화 과정은 개체군의 번영을 훼방하는 이런 비용을 치러야 할 상황을 미리 제거하거나 줄이는 방향으로 진행되었다. 이 과정은 인류에게 병원체를 옮길 만한 사람과 어울리지 않고 거리를 두려는 자연적인 성향을 만들어냈다. 그 결과 누런 콧물이나 변색된 피부처럼 병원체에 감염되었음을 암시하는 단서를 보이는 대상에 대해 혐오나 기피의 정서가 작동하여 감염 위험이 줄어들게 된다.

그러나 이와 비슷한 위험은 병에 걸린 것으로 보이지 않는 대상에도 있다. 기생체와 숙주 사이에 진행된 공진화의 과정은 지역에 따라 상이한 병원체들과 그것들에 대한 면역력을 지닌 거주민들을 만들어냈다. 처음에는 광범위한 지역에 동일한 기생체와 숙주들이 분포했더라도 지역에 따라 상이한 기생체가 숙주의 방어를 깨고 침입하는 데 성공하고 숙주는 해당 기생체에 대한 면역을 갖게 되면서 지역에 따라 기생체의 성쇠와 분포가 달라지고 숙주의 면역계도 다르게 진화한다. 결과적으로 그 지역의 토착 병원균들을 다스리는 면역 능력을 비슷하게 가진 사람들이 한 곳에 모여 살게 되었다. 그러므로 다른 지역의 토착 병원균에 적응하여 살아온 외지인과 접촉했다가는 자신의 면역계로 감당할 수 없는 낯선 병원균에 무방비로 노출될 수 있고, 이런 위험은 피하는 것이 상책이다. 그래서 앞서 언급한 질병의 외형적 단서들에 대해서 뿐만이 아니라 단지 어떤 사람이 우리 집단에 속하지 않는 외지인임을 알려주는 단서, 예컨대 이곳 사람들과 다른 문화나 가치관을 가졌다고 보이는 경우 그런 사람을 배척하거나 꺼리는 기제가 작동한다. 외지인을 배척하고 같은 지역 사람들끼리 결속하는 성향은 전염성 질병으로부터 스스로를 보호하는 효율적인 장치였다.

보기

㉠ 문화와 가치체계의 동질성을 기준으로 한 지역 간 경계가 토착성 전염성 병원균의 지리적 분포의 경계와 일치하였다.

㉡ 병원체의 분포 밀도가 낮아 생태적으로 질병의 감염 위험이 미미한 지역일수록 배타적인 집단주의 성향이 더 강하게 나타났다.

㉢ 특정 지역의 거주민들을 대상으로 한 심리 실험에서 사람들은 원전사고나 기상이변으로 인한 위험에 보편적으로 민감하게 반응한 반면, 전염병의 감염으로 인한 위험을 평가할 때는 뚜렷한 개인차를 보였다.

① ㉠
② ㉡
③ ㉠, ㉢
④ ㉡, ㉢
⑤ ㉠, ㉡, ㉢

※ 다음 글을 읽고 물음에 답하시오. [6~8]

한 가닥의 DNA는 아데닌(A), 구아닌(G), 시토신(C), 티민(T)의 네 종류의 염기를 가지고 있는 뉴클레오티드가 선형적으로 이어진 사슬로 볼 수 있다. 보통의 경우 〈그림 1〉과 같이 두 가닥의 DNA가 염기들 간 수소 결합으로 서로 붙어 있는 상태로 존재하는데, 이를 '이중나선 구조'라 부른다. 이때 A는 T와, G는 C와 상보적으로 결합한다. 온도를 높이면 두 가닥 사이의 결합이 끊어져서 각각 한 가닥으로 된다.

G G A A G G C C
| | | | | | | |
C C T T C C G G

〈그림 1〉 염기들 간 상보적 결합의 예

정보과학의 관점에서는 DNA도 정보를 표현하는 수단으로 볼 수 있다. 한 가닥의 DNA 염기서열을 4진 코드로 이루어진 특정 정보로 해석할 수 있기 때문이다. 즉, 'A', 'G', 'C', 'T'만을 써서 순서가 정해진 연속된 n개의 빈칸을 채울 때, 총 4n개의 정보를 표현할 수 있고 이 중 특정 연속체를 한 가지 정보로 해석할 수 있다.

DNA로 정보를 표현한 후, DNA 분자들 간 화학 반응을 이용하면 연산도 가능하다. 1994년 미국의 정보과학자 에이들먼은 『사이언스』에 DNA를 이용한 연산에 대한 논문을 발표했고, 이로써 'DNA 컴퓨팅'이라는 분야가 열리게 되었다. 이 논문에서 에이들먼이 해결한 것은 정점(예 도시)과 간선(예 도시 간 도로)으로 이루어진 그래프에서 시작 정점과 도착 정점이 주어졌을 때 모든 정점을 한 번씩만 지나는 경로를 찾는 문제, 즉 '해밀턴 경로 문제(HPP)'였다. HPP는 정점의 수가 많아질수록 가능한 경로의 수가 급격하게 증가하기 때문에 소위 '어려운 문제'에 속한다.

DNA 컴퓨팅의 기본 전략은, 주어진 문제를 DNA를 써서 나타내고 이를 이용한 화학 반응을 수행하여 답의 가능성이 있는 모든 후보를 생성한 후, 생화학적인 실험 기법을 사용하여 문제 조건을 만족하는 답을 찾아내는 것이다. 에이들먼이 HPP를 해결한 방법을 〈그림 2〉의 그래프를 통해 단순화하여 설명하면 다음과 같다. 〈그림 2〉는 V0이 시작 정점, V4가 도착 정점이고 화살표로 간선의 방향을 표시한 그래프를 보여 준다. 즉, V0에서 V1로는 갈 수 있으나 역방향으로는 갈 수 없다. 먼저 그래프의 각 정점을 8개의 염기로 이루어진 한 가닥 DNA 염기서열로 표현한다. 그리고 각 간선을 그 간선이 연결하는 정점의 염기서열로부터 취하여 표현한다. 즉, V0(〈CCTTGGAA〉)에서 출발하여 V1(〈GGCCAATT〉)에 도달하는 간선의 경우는 V0의 뒤쪽 절반과 V1의 앞쪽 절반을 이어 붙인 염기서열 〈GGAAGGCC〉의 상보적 코드 〈CCTTCCGG〉로 나타낸다. 이렇게 6개의 간선 각각을 DNA 코드로 표현한다.

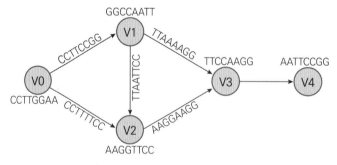

〈그림 2〉 정점 5개로 구성된 그래프

이제 DNA 합성 기술을 사용하여 이들 코드를 종류별로 다량 합성한다. 이들을 하나의 시험관에 넣고 서로 반응을 시키면 DNA 가닥의 상보적 결합에 의한 이중나선이 형성되는데, 이것을 '혼성화 반응(Hybridization)'이라 한다. 혼성화 반응의 결과로 경로, 즉 정점들의 연속체가 생성된다. 시험관 안에는 코드별로 막대한 수의 DNA 분자들이 있기 때문에, 이들 사이의 이러한 상호 작용은 대규모로 일어난다. ㉠ 이상적인 실험을 가정한다면, 혼성화 반응을 통해 〈그림 2〉 그래프의 가능한 모든 경로에 대응하는 DNA 분자들이 생성된다. 경로의 예로 (V0, V1), (V1, V2), (V0, V1, V2) 등이 있다. 이와 같이 생성된 경로들로부터 해밀턴 경로를 찾아 나가는 절차는 다음과 같다.

[1단계] V0에서 시작하고 V4에서 끝나는지 검사한 후, 그렇지 않은 경로는 제거한다.

[2단계] 경로에 포함된 정점의 개수가 5인지 검사한 후, 그렇지 않은 경로는 제거한다.

[3단계] 경로에 모든 정점이 포함되었는지 검사한다.

[4단계] 지금까지의 과정을 통해 취한 경로들이 문제에 대한 답이라고 결정한다.

에이들먼은 각 단계를 적절한 분자생물학 기법으로 구현했다. 그런데 DNA 분자들 간 화학 반응은 시험관 내에서 한꺼번에 순간적으로 일어난다는 특성을 갖고 있다. 요컨대 에이들먼은 기존 컴퓨터의 순차적 연산 방식과는 달리, 대규모 병렬 처리 방식을 통해 HPP의 해결 방법을 제시한 것이다. 이로써 DNA 컴퓨팅은 기존의 소프트웨어 알고리즘이나 하드웨어 기술로는 불가능했던 문제들의 해결에 대한 잠재적인 가능성을 보여 주었다.

06 DNA 컴퓨팅에 대한 설명으로 적절하지 않은 것은?

① 창시자는 미국의 정보과학자 에이들먼이다.

② DNA로 정보를 표현하고 이를 이용하여 연산을 하는 것이다.

③ 기본적인 해법은 가능한 모든 경우를 생성한 후, 여기서 답이 되는 것만을 찾아내는 것이다.

④ 기존 컴퓨터 기술의 발상을 전환하여 분자생물학적인 방법으로 접근함으로써 정보 처리 방식의 개선을 모색했다.

⑤ DNA 컴퓨팅을 이용하여 HPP를 풀 때, 간선을 나타내는 DNA의 염기 개수는 정점을 나타내는 DNA의 염기 개수의 두 배다.

07 ㉠에 대한 설명으로 적절하지 않은 것은?

① (V1, V2, V3, V4)는 정점이 네 개이지만, 에이들먼의 해법 [1단계]에서 걸러진다.

② V3에서 V4로 가는 간선으로 한 가닥의 DNA 〈TTCCTTAA〉가 필요하다.

③ 정점을 두 개 이상 포함하고 있는 경로는 두 가닥 DNA로 나타내어진다.

④ 정점을 세 개 포함하고 있는 경로는 모두 네 개이다.

⑤ 해밀턴 경로는 (V0, V1, V2, V3, V4)뿐이다.

08 〈보기〉의 ⓐ에 대한 설명으로 적절한 것을 있는 대로 고르면?

DNA 컴퓨팅의 실용화를 위해서는 여러 기술적인 문제점들을 해결해야 한다. 그중 하나는 정보 처리의 정확도다. DNA 컴퓨팅은 화학 반응에 기반을 두는데, ⓐ 반응 과정상 오류가 발생할 경우 그릇된 연산을 수행하게 된다.

㉠ ⓐ가 발생하지 않는다면, 〈그림 2〉 그래프에서는 에이들먼의 [3단계]가 불필요하다.

㉡ 혼성화 반응에서 엉뚱한 분자들이 서로 붙는 것을 방지할 수 있도록 DNA 코드를 설계하는 것은 ⓐ를 최소화하기 위한 방법이다.

㉢ DNA 컴퓨팅의 원리를 적용한 소프트웨어를 개발하면, ⓐ를 방지하면서도 대규모 병렬 처리를 통한 문제 해결이 기존 컴퓨터에서 가능하다.

① ㉠   ② ㉡

③ ㉠, ㉡   ④ ㉠, ㉢

⑤ ㉡, ㉢

과학과 관련한 **지문 독해** 연습하기 DAY **08** 해설편 p.051

시작 시간	종료 시간
시 분	시 분

PART 1

DAY 01
DAY 02
DAY 03
DAY 04
DAY 05
DAY 06
DAY 07
DAY 08
DAY 09
DAY 10

┃ 2015년 5급 PSAT(공직적격성평가) 언어논리 영역

01 다음 글에서 추론할 수 있는 것을 〈보기〉에서 모두 고르면?

모든 구조물은 두 가지 종류의 하중을 지탱해야 한다. 정적 하중은 구조물 자체에 작용하는 중력과 함께 구조물에 늘 작용하는 모든 추가적인 힘을 말한다. 동적 하중은 교통, 바람, 지진 등 구조물에 일시적으로 작용하거나 순간순간 변하는 다양한 힘을 일컫는다. 예를 들어 댐은 평상시 가두어진 물의 압력에 의한 정적 하중을 주로 지탱하지만, 홍수가 나면 급류에 의한 동적 하중을 추가로 지탱해야 한다.

일시적으로 가해진 하중은 진동의 원인이다. 스프링을 예로 들어보자. 추가 매달린 스프링을 살짝 당기면 진동하는데, 이때 스프링 내부에서 변형에 저항하기 위해 생기는 저항력인 응력이 작용한다. 만약 스프링이 감당할 수 없을 만큼 세게 당기면 스프링은 다시 진동하지만 원래 상태로 돌아올 수 없게 된다. 구조물의 경우도 마찬가지로, 일시적으로 가한 동적 하중이 예상하지 못한 정도로 크게 작용하면 구조물에 매우 큰 진동이 발생하여 구조물이 응력의 한계를 벗어나 약해진 상태로 변형된다. 이때 구조물이 변형에 저항하는 한계를 '응력한계'라 한다.

구조물의 안전성을 확보하기 위해서는 한 가지 문제가 더 있다. 구조물의 공명 현상을 고려해야 하는 것이다. 공명 현상은 진동주기가 같은 진동끼리 에너지를 주고받는 현상이다. 하나의 구조물은 여러 개의 진동주기를 지니는데, 이는 구조물의 기하학적 구조, 구성 재료의 특성 등에 의해 결정된다. 따라서 같은 크기의 동적 하중이 작용하는 경우에도 공명 현상 발생 여부에 따라 구조물이 진동하는 정도가 달라진다.

지진이 일어나면 지진파가 생겨나고 지진파가 지표면에 도착하면 땅의 흔들림을 유발해 구조물에 동적 하중을 가하여 건물에 진동을 일으킨다. 이때 이 진동 자체만으로는 구조물에 별다른 영향을 미치지 못할 수 있다. 그러나 구조물의 진동주기와 지진파의 진동주기가 일치하면 공명 현상이 발생하여 지진파의 진동에너지가 구조물에 주입되어 구조물에 더 큰 진동을 유발하고 결국 변형을 발생시킬 수 있다. 지진 이외에 강한 바람도 공명 현상을 일으킬 수 있다. 건물 내진 설계나 내풍 설계 같은 것은 바로 이런 공명 현상으로 인한 피해를 막기 위한 예방 조치이다.

> **보기**
>
> ㉠ 구조물에 작용하는 일시적으로 가해지는 힘과 상시적으로 가해지는 힘은 모두 진동을 유발한다.
> ㉡ 지진이 일어났을 때, 구조물에 동적 하중이 가해지고 있으면 지진파가 공명 현상을 만들 수 없다.
> ㉢ 약한 지진파가 발생해도 구조물과 그 진동주기가 서로 일치하면 응력한계를 초과하는 진동을 유발할 수 있다.

① ㉠   ② ㉢
③ ㉠, ㉡   ④ ㉡, ㉢
⑤ ㉠, ㉡, ㉢

※ 다음 글을 읽고 물음에 답하시오. [2~4]

지레는 받침과 지렛대를 이용하여 물체를 쉽게 움직일 수 있는 도구이다. 지레에서 힘을 주는 곳을 힘점, 지렛대를 받치는 곳을 받침점, 물체에 힘이 작용하는 곳을 작용점이라 한다. 받침점에서 힘점까지의 거리가 받침점에서 작용점까지의 거리에 비해 멀수록 힘점에 작은 힘을 주어 작용점에서 물체에 큰 힘을 가할 수 있다. 이러한 지레의 원리에는 돌림힘의 개념이 숨어 있다.

물체의 회전 상태에 변화를 일으키는 힘의 효과를 돌림힘이라고 한다. 물체에 회전 운동을 일으키거나 물체의 회전 속도를 변화시키려면 물체에 힘을 가해야 한다. 같은 힘이라도 회전축으로부터 얼마나 멀리 떨어진 곳에 가해 주느냐에 따라 회전 상태의 변화 양상이 달라진다. 물체에 속한 점 X와 회전축을 최단 거리로 잇는 직선과 직각을 이루는 동시에 회전축과 직각을 이루도록 힘을 X에 가한다고 하자. 이때 물체에 작용하는 돌림힘의 크기는 회전축에서 X까지의 거리와 가해 준 힘의 크기의 곱으로 표현되고 그 단위는 N·m(뉴턴미터)이다.

동일한 물체에 작용하는 두 돌림힘의 합을 알짜 돌림힘이라 한다. 두 돌림힘의 방향이 같으면 알짜 돌림힘의 크기는 두 돌림힘의 크기의 합이 되고 그 방향은 두 돌림힘의 방향과 같다. 두 돌림힘의 방향이 서로 반대이면 알짜 돌림힘의 크기는 두 돌림힘의 크기의 차가 되고 그 방향은 더 큰 돌림힘의 방향과 같다. 지레의 힘점에 힘을 주지만 물체가 지레의 회전을 방해하는 힘을 작용점에 주어 지레가 움직이지 않는 상황처럼, 두 돌림힘의 크기가 같고 방향이 반대이면 알짜 돌림힘은 0이 되고 이때를 돌림힘의 평형이라고 한다.

회전 속도의 변화는 물체에 알짜 돌림힘이 일을 해 주었을 때에만 일어난다. 돌고 있는 팽이에 마찰력이 일으키는 돌림힘을 포함하여 어떤 돌림힘도 작용하지 않으면 팽이는 영원히 돈다. 일정한 형태의 물체에 일정한 크기와 방향의 알짜 돌림힘을 가하여 물체를 회전시키면, 알짜 돌림힘이 한 일은 알짜 돌림힘의 크기와 회전 각도의 곱이고 그 단위는 J(줄)이다.

⎡⠀가령, 마찰이 없는 여닫이문이 정지해 있다고 하자. 갑은 지면에 대하여 수직으로 서 있는 문의 회전축
⎜⠀에서 1m 떨어진 지점을 문의 표면과 직각으로 300N의 힘으로 밀고, 을은 문을 사이에 두고 갑의 반대
㉮⠀쪽에서 회전축에서 2m 만큼 떨어진 지점을 문의 표면과 직각으로 200N의 힘으로 미는 상태에서 문이
⎣⠀90° 즉, 0.5π 라디안을 돌면, 알짜 돌림힘이 문에 해 준 일은 50πJ이다.

알짜 돌림힘이 물체를 돌리려는 방향과 물체의 회전 방향이 일치하면 알짜 돌림힘이 양(+)의 일을 하고 그 방향이 서로 반대이면 음(−)의 일을 한다. 어떤 물체에 알짜 돌림힘이 양의 일을 하면 그만큼 물체의 회전 운동 에너지는 증가하고 음의 일을 하면 그만큼 회전 운동 에너지는 감소한다. 형태가 일정한 물체의 회전 운동 에너지는 회전 속도의 제곱에 정비례한다. 그러므로 형태가 일정한 물체에 알짜 돌림힘이 양의 일을 하면 회전 속도가 증가하고, 음의 일을 하면 회전 속도가 감소한다.

02 윗글의 내용과 일치하지 않는 것은?

① 물체에 힘이 가해지지 않으면 돌림힘은 작용하지 않는다.
② 물체에 가해진 알짜 돌림힘이 0이 아니면 물체의 회전 상태가 변화한다.
③ 회전 속도가 감소하고 있는, 형태가 일정한 물체에는 돌림힘이 작용한다.
④ 힘점에 힘을 받는 지렛대가 움직이지 않으면 돌림힘의 평형이 이루어져 있다.
⑤ 형태가 일정한 물체의 회전 속도가 2배가 되면 회전 운동 에너지는 2배가 된다.

03 ㉮에서 문이 90° 회전하는 동안의 상황에 대한 이해로 적절한 것은?

① 알짜 돌림힘의 크기는 점점 증가한다.

② 문의 회전 운동 에너지는 점점 증가한다.

③ 문에는 돌림힘의 평형이 유지되고 있다.

④ 알짜 돌림힘과 갑의 돌림힘은 방향이 같다.

⑤ 갑의 돌림힘의 크기는 을의 돌림힘의 크기보다 크다.

04 윗글을 바탕으로 할 때, 〈보기〉의 '원판'의 회전 운동에 대한 이해로 적절하지 않은 것은?

> **보기**
>
> 돌고 있는 원판 위의 두 점 A, B는 그 원판의 중심 O를 수직으로 통과하는 회전축에서 각각 0.5R, R만큼 떨어져 O, A, B의 순서로 한 직선 위에 있다. A, B에는 각각 $\overline{OA}$, $\overline{OB}$와 직각 방향으로 표면과 평행하게 같은 크기의 힘이 작용하여 원판을 각각 시계 방향과 시계 반대 방향으로 밀어 준다. 현재 이 원판은 시계 반대 방향으로 회전하고 있다. 단, 원판에는 다른 힘이 작용하지 않고 회전축은 고정되어 있다.

① 두 힘을 계속 가해 주는 상태에서 원판의 회전 속도는 증가한다.

② A, B에 가해 주는 힘을 모두 제거하면 원판은 일정한 회전 속도를 유지한다.

③ A에 가해 주는 힘만을 제거하면 원판의 회전 속도는 증가한다.

④ A에 가해 주는 힘만을 제거한 상태에서 원판이 두 바퀴 회전하는 동안 알짜 돌림힘이 한 일은 한 바퀴 회전하는 동안 알짜 돌림힘이 한 일의 4배이다.

⑤ B에 가해 주는 힘만을 제거하면 원판의 회전 운동 에너지는 점차 감소하여 0이 되었다가 다시 증가한다.

※ 다음 글을 읽고 물음에 답하시오. [5~7]

사람의 성염색체에는 X와 Y 염색체가 있다. 여성의 난자는 X 염색체만을 갖지만, 남성의 정자는 X나 Y 염색체 중 하나를 갖는다. 인간의 성은 여성의 난자에 X 염색체의 정자가 수정되는지, 아니면 Y 염색체의 정자가 수정되는지에 따라 결정된다. 전자의 경우는 XX 염색체의 여성으로, 후자의 경우는 XY 염색체의 남성으로 발달할 수 있게 된다.

인간과 같이 두 개의 성을 갖는 동물의 경우, 하나의 성이 성 결정의 기본 모델이 된다. 동물은 종류에 따라 기본 모델이 되는 성이 다르다. 조류의 경우 대개 수컷이 기본 모델이지만, 인간을 포함한 포유류의 경우 암컷이 기본 모델이다. ⊙ 기본 모델이 아닌 성은 성염색체 유전자의 지령에 의해 조절되는 일련의 단계를 거쳐, 개체 발생 과정 중에 기본 모델로부터 파생된다. 따라서 남성의 형성에는 여성 형성을 위한 기본 프로그램 외에도 Y 염색체에 의해 조절되는 추가적인 과정이 필요하다. Y 염색체의 지령에 의해 생성된 남성 호르몬의 작용이 없다면 태아는 여성이 된다.

정자가 난자와 수정된 초기에는 성 결정 과정이 억제되어 일어나지 않는다. 약 6주가 지나면, 고환 또는 난소가 될 단일성선(單一性腺) 한 쌍, 남성 생식 기관인 부고환·정관·정낭으로 발달할 볼프관, 여성 생식 기관인 난관과 자궁으로 발달할 뮐러관이 모두 생겨난다. 볼프관과 뮐러관은 각기 남성과 여성 생식 기관 일부의 발생에만 관련이 있으며, 두 성을 구분하는 외형적인 기관들은 남성과 여성 태아의 특정 공통 조직으로부터 발달한다. 이러한 공통 조직이 남성의 음경과 음낭이 될지, 아니면 여성의 음핵과 음순이 될지는 태아의 발생 과정에서 추가적인 남성 호르몬 신호를 받느냐 받지 못하느냐에 달려 있다.

임신 7주쯤에 Y 염색체에 있는 성 결정 유전자가 단일성선에 남성의 고환 생성을 명령하는 신호를 보내면서 남성 발달 과정의 첫 단계가 시작된다. 단일성선이 고환으로 발달하고 나면, 이후의 남성 발달 과정은 새로 형성된 고환에서 생산되는 호르몬에 의해 조절된다. 적절한 시기에 맞춰 고환에서 분비되는 호르몬 신호가 없다면 태아는 남성의 몸을 발달시키지 못하며, 심지어 정자를 여성에게 전달하는 데 필요한 음경조차 만들어내지 못한다.

고환이 형성되고 나면 고환은 먼저 항뮐러관형성인자를 분비하여 뮐러관을 없애라는 신호를 보낸다. 이 신호에 반응하여 뮐러관이 제거될 수 있는 때는 발생 중 매우 짧은 시기에 국한되기 때문에 이 신호의 전달 시점은 매우 정교하게 조절된다. 그 다음에 고환은 남성 생식기의 발달을 촉진하기 위해 볼프관에 또 다른 신호를 보낸다. 주로 대표적인 남성 호르몬인 테스토스테론이 이 역할을 담당하는데 이 호르몬이 수용체에 결합하면 볼프관은 부고환·정관·정낭으로 발달한다. 이들은 모두 고환에서 음경으로 정자를 내보내는 데 관여하는 기관이다. 만약 적절한 시기에 고환으로부터 이와 같은 호르몬 신호가 볼프관에 전달되지 않으면 볼프관은 임신 후 14주 이내에 저절로 사라진다. 이외에도 테스토스테론이 효소의 작용에 의하여 변화되어 생긴 호르몬인 디하이드로테스토스테론은 전립선, 요도, 음경, 음낭 등과 같은 남성의 생식 기관을 형성하도록 지시한다. 형성된 음낭은 임신 후기에 고환이 복강에서 아래로 내려오면 이를 감싼다.

여성 태아에서 단일성선을 난소로 만드는 변화는 남성 태아보다 늦은 임신 3~4개월쯤에 시작한다. 이 시기에 남성의 생식 기관을 만드는 데 필요한 볼프관은 호르몬 신호 없이도 퇴화되어 사라진다. 여성 신체의 발달은 남성에서처럼 호르몬 신호에 전적으로 의존하지는 않지만, 여성 호르몬인 에스트로겐이 난소의 적절한 발달과 정상적인 기능 수행에 필수적인 요소로 작용한다고 알려져 있다.

05 윗글의 내용과 일치하는 것은?

① 포유류는 X 염색체가 없으면 수컷이 된다.
② 사람의 고환과 난소는 각기 다른 기관으로부터 발달한다.
③ 항뮐러관형성인자의 분비는 테스토스테론에 의해 촉진된다.
④ Y 염색체에 있는 성 결정 유전자가 없으면 볼프관은 퇴화된다.
⑤ 뮐러관이 먼저 퇴화되고 난 후 Y 염색체의 성 결정 유전자에 의해 고환이 생성된다.

06 윗글을 바탕으로 〈보기〉의 '사람'에 대해 추론한 것으로 가장 적절한 것은?

> **보기**
>
> '남성 호르몬 불감성 증후군'을 가진 사람은 XY 염색체를 가지고 있어 항뮐러관형성인자와 테스토스테론을 만들 수 있다. 하지만 이 사람은 남성 호르몬인 테스토스테론과 디하이드로테스토스테론이 결합하는 수용체에 돌연변이가 일어나 남성 호르몬에 반응하지 못하여 음경과 음낭을 만들지 못한다. 그리고 부신에서 생성되는 에스트로젠의 영향을 받아 음핵과 음순이 만들어져 외부 성징은 여성으로 나타난다.

① 몸의 내부에 고환을 가지고 있다.
② 부고환과 정관, 정낭을 가지고 있다.
③ 난소가 생성되어 발달한 후에 배란이 진행된다.
④ Y 염색체의 성 결정 유전자가 발현하지 않는다.
⑤ 뮐러관에서 발달한 여성 내부 생식기관을 가지고 있다.

07 ㉠의 이론을 강화하는 내용으로 볼 수 있는 것은?

① 한 마리의 수컷과 여러 마리의 암컷으로 이루어진 물고기 집단에서 수컷을 제거하면 암컷 중 하나가 테스토스테론을 에스트로젠으로 전환하는 효소인 아로마테이즈 유전자의 발현을 줄여 수컷으로 성을 전환한다.
② 붉은귀거북의 경우 28℃ 이하의 온도에서는 수컷만, 31℃ 이상의 온도에서는 암컷만 태어나고 그 중간 온도에서는 암컷과 수컷이 50 : 50의 비율로 태어난다.
③ 제초제 아트라진에 노출된 수컷 개구리는 테스토스테론이 에스트로젠으로 전환되어 암컷 개구리로 성을 전환한다.
④ 생쥐의 수컷 성 결정 유전자를 암컷 수정란에 인위적으로 삽입하면 고환과 음경을 가진 수컷 생쥐로 발달한다.
⑤ 피리새 암컷에 테스토스테론을 인위적으로 투여하면 수컷처럼 노래한다.

PART 1

DAY 01
DAY 02
DAY 03
DAY 04
DAY 05
DAY 06
DAY 07
DAY 08
DAY 09
DAY 10

▌2016학년 대학수학능력시험 국어 영역 A형

※ 다음 글을 읽고 물음에 답하시오. [1~3]

광통신은 빛을 이용하기 때문에 정보의 전달은 매우 빠를 수 있지만, 광통신 케이블의 길이가 증가함에 따라 빛의 세기가 감소하기 때문에 원거리 통신의 경우 수신되는 광신호는 매우 약해질 수 있다. 빛은 광자의 흐름이므로 빛의 세기가 약하다는 것은 단위 시간당 수신기에 도달하는 광자의 수가 적다는 뜻이다. 따라서 광통신에서는 적어진 수의 광자를 검출하는 장치가 필수적이며, 약한 광신호를 측정이 가능한 크기의 전기 신호로 변환해 주는 반도체 소자로서 애벌랜치 광다이오드가 널리 사용되고 있다.

애벌랜치 광다이오드는 크게 흡수층, ㉠ 애벌랜치 영역, 전극으로 구성되어 있다. 흡수층에 충분한 에너지를 가진 광자가 입사되면 전자(−)와 양공(+) 쌍이 생성될 수 있다. 이때 입사되는 광자 수 대비 생성되는 전자−양공 쌍의 개수를 양자 효율이라 부른다. 소자의 특성과 입사광의 파장에 따라 결정되는 양자 효율은 애벌랜치 광다이오드의 성능에 영향을 미치는 중요한 요소 중 하나이다.

흡수층에서 생성된 전자와 양공은 각각 양의 전극과 음의 전극으로 이동하며, 이 과정에서 전자는 애벌랜치 영역을 지나게 된다. 이곳에는 소자의 전극에 걸린 역방향 전압으로 인해 강한 전기장이 존재하는데, 이 전기장은 역방향 전압이 클수록 커진다. 이 영역에서 전자는 강한 전기장 때문에 급격히 가속되어 큰 속도를 갖게 된다. 이후 충분한 속도를 얻게 된 전자는 애벌랜치 영역의 반도체 물질을 구성하는 원자들과 충돌하여 속도가 줄어들며 새로운 전자−양공 쌍을 만드는데, 이 현상을 충돌 이온화라 부른다. 새롭게 생성된 전자와 기존의 전자가 같은 원리로 전극에 도달할 때까지 애벌랜치 영역에서 다시 가속되어 충돌 이온화를 반복적으로 일으킨다. 그 결과 전자의 수가 크게 늘어나는 것을 '애벌랜치 증배'라고 부르며 전자의 수가 늘어나는 정도, 즉 애벌랜치 영역으로 유입된 전자당 전극으로 방출되는 전자의 수를 증배 계수라고 한다. 증배 계수는 애벌랜치 영역의 전기장의 크기가 클수록, 작동 온도가 낮을수록 커진다. 전류의 크기는 단위 시간당 흐르는 전자의 수에 비례한다. 이러한 일련의 과정을 거쳐 광신호의 세기는 전류의 크기로 변환된다.

한편 애벌랜치 광다이오드는 흡수층과 애벌랜치 영역을 구성하는 반도체 물질에 따라 검출이 가능한 빛의 파장 대역이 다르다. 예를 들어 실리콘은 $300 \sim 1{,}100\,nm$※, 저마늄은 $800 \sim 1{,}600\,nm$ 파장 대역의 빛을 검출하는 것이 가능하다. 현재 다양한 사용자의 요구와 필요를 만족시키기 위해 여러 종류의 애벌랜치 광다이오드가 제작되어 사용되고 있다.

※nm : 나노미터. 10억 분의 1미터

01 윗글의 내용과 일치하는 것은?

① 애벌랜치 광다이오드는 전기 신호를 광신호로 변환해 준다.
② 애벌랜치 광다이오드의 흡수층에서 전자−양공 쌍이 발생하려면 광자가 입사되어야 한다.
③ 입사된 광자의 수가 크게 늘어나는 과정은 애벌랜치 광다이오드의 작동에 필수적이다.
④ 저마늄을 사용하여 만든 애벌랜치 광다이오드는 100nm 파장의 빛을 검출할 때 사용 가능하다.
⑤ 애벌랜치 광다이오드의 흡수층에서 생성된 양공은 애벌랜치 영역을 통과하여 양의 전극으로 이동한다.

02 ㉠에 대한 이해로 적절하지 않은 것은?

① ㉠에서 전자는 역방향 전압의 작용으로 속도가 증가한다.

② ㉠에 형성된 강한 전기장은 충돌 이온화가 일어나는 데 필수적이다.

③ ㉠에 유입된 전자가 생성하는 전자-양공 쌍의 수는 양자 효율을 결정한다.

④ ㉠에서 충돌 이온화가 많이 일어날수록 전극에서 측정되는 전류가 증가한다.

⑤ 흡수층에서 ㉠으로 들어오는 전자의 수가 늘어나면 충돌 이온화의 발생 횟수가 증가한다.

PART 1

DAY 01

DAY 02

DAY 03

DAY 04

DAY 05

DAY 06

DAY 07

DAY 08

DAY 09

DAY 10

03 윗글을 바탕으로 〈보기〉의 '본 실험' 결과를 예측한 것으로 적절하지 않은 것은?

> **보기**
>
> • 예비 실험 : 일정한 세기를 가지는 800nm 파장의 빛을 길이가 1m인 광통신 케이블의 한쪽 끝에 입사시키고, 다른 쪽 끝에 실리콘으로 만든 애벌랜치 광다이오드를 설치하여 전류를 측정하였다. 이때 100nA의 전류가 측정되었고 증배 계수는 40이었다. 작동 온도는 0℃, 역방향 전압은 110V 였다. 제품 설명서에 따르면 750 ~ 1,000nm 파장 대역에서는 파장이 커짐에 따라 양자 효율이 작아진다.
>
> • 본 실험 : 동일한 애벌랜치 광다이오드를 가지고 작동 조건을 하나씩 달리하며 성능을 시험한다. 이때 나머지 작동 조건은 예비 실험과 동일하게 유지한다.

① 역방향 전압을 100V로 바꾼다면 증배 계수는 40보다 작아지겠군.

② 역방향 전압을 120V로 바꾼다면 더 약한 빛을 검출하는 데 유리하겠군.

③ 작동 온도를 20℃로 바꾼다면 단위 시간당 전극으로 방출되는 전자의 수가 늘어나겠군.

④ 광통신 케이블의 길이를 100m로 바꾼다면, 측정되는 전류는 100nA보다 작아지겠군.

⑤ 동일한 세기를 가지는 900nm 파장의 빛이 입사된다면 측정되는 전류는 100nA보다 작아지겠군.

※ 다음 글을 읽고 물음에 답하시오. [4~6]

우주의 크기는 인류의 오랜 관심사였다. 천문학자들은 이를 알아내기 위하여 먼 별들의 거리를 측정하려고 하였다. 18세기 후반에 허셜은 별의 '고유 밝기'가 같다고 가정한 뒤, 지구에서 관측되는 '겉보기 밝기'가 거리의 제곱에 비례하여 어두워진다는 사실을 이용하여 별들의 거리를 대략적으로 측정하였다. 그 결과 별들이 우주 공간에 균질하게 분포하는 것이 아니라, 전체적으로 납작한 원반 모양이지만 가운데가 위아래로 볼록한 형태를 이루며 모여 있음을 알게 되었다. 이 경우, 원반의 내부에 위치한 지구에서 사방을 바라본다면 원반의 납작한 면과 나란한 방향으로는 별이 많이 관찰되고 납작한 면과 수직인 방향으로는 별이 적게 관찰될 것인데, 이는 밤하늘에 보이는 '은하수'의 특징과 일치한다. 이에 착안하여 천문학자들은 지구가 포함된 천체들의 집합을 '은하'라고 부르게 되었다. 별들이 모여 있음을 알게 된 이후에는 그 너머가 빈 공간인지 아니면 또 다른 천체가 존재하는 공간인지 의문을 갖게 되었으며, '성운'에 대한 관심도 커졌다.

성운은 망원경으로 보았을 때, 뚜렷한 작은 점으로 보이는 별과는 다르게 얼룩처럼 번져 보인다. 성운이 우리 은하 내에 존재하는 먼지와 기체들이고 별과 그 주위의 행성이 생성되는 초기 모습인지, 아니면 우리 은하처럼 수많은 별들이 모인 또 다른 은하인지는 오랜 논쟁거리였다. 앞의 가설을 주장한 학자들은 성운이 은하의 납작한 면 바깥에서는 많이 관찰되지만 정작 그 면의 안에서는 거의 관찰되지 않는다는 사실을 근거로 내세웠다. 그들에 따르면, 성운이란 별이 형성되는 초기의 모습이므로 이미 별들의 형성이 완료되어 많은 별들이 존재하는 은하의 납작한 면 안에서는 성운이 거의 관찰되지 않는다. 반면에 이들과 반대되는 가설을 주장한 학자들은 원반 모양의 우리 은하를 멀리서 비스듬한 방향으로 보면 타원형이 되는데, 많은 성운들도 타원 모양을 띠고 있으므로 우리 은하처럼 독립적인 은하일 것이라고 생각하였다. 그들에 따르면, 성운이 우주 전체에 고루 퍼져 있음에도 우리 은하의 납작한 면 안에서 거의 관찰되지 않는 이유는 납작한 면 안의 수많은 별과 먼지, 기체들에 의해 약한 성운의 빛이 가려지기 때문이다.

두 가설 중 어느 것이 맞는지는 지구와 성운 사이의 거리를 측정하면 알 수 있다. 이 거리를 측정하는 방법은 밝기가 변하는 별인 변광성의 연구로부터 나왔다. 주기적으로 밝기가 변하는 변광성 중에는 쌍성이 있는데, 밝기가 다른 두 별이 서로의 주위를 도는 쌍성은 지구에서 볼 때 두 별이 서로를 가리지 않는 시기, 밝은 별이 어두운 별 뒤로 가는 시기, 어두운 별이 밝은 별 뒤로 가는 시기마다 각각 관측되는 밝기에 차이가 생긴다. 이 경우에 별의 밝기는 시간에 따라 대칭적으로 변화한다. 한편, 또 다른 특성을 지닌 변광성도 존재하는데, 이 변광성의 밝기는 시간에 따라 비대칭적으로 변화한다. 이와 같은 비대칭적 밝기 변화는 두 별이 서로를 가리는 경우와 다른 것으로, 별의 중력과 복사압 사이의 불균형으로 인하여 별이 팽창과 수축을 반복할 때 방출되는 에너지가 주기적으로 변화하며 발생한다. 이러한 변광성을 세페이드 변광성이라고 부른다.

1910년대에 마젤란 성운에서 25개의 세페이드 변광성이 발견되었다. 이들은 최대 밝기가 밝을수록 밝기의 변화 주기가 더 길고, 둘 사이에는 수학적 관계가 있음이 알려졌다. 이러한 관계가 모든 세페이드 변광성에 대해 유효하다면, 하나의 세페이드 변광성의 거리를 알 때 다른 세페이드 변광성의 거리는 그 밝기 변화 주기로부터 고유 밝기를 밝혀내어 이를 겉보기 밝기와 비교함으로써 알 수 있다. 이를 바탕으로 ㉠ 어떤 성운에 속한 변광성을 찾아 거리를 알아냄으로써 그 성운의 거리도 알 수 있게 되었는데, 1920년대에 허블은 안드로메다 성운에 속한 세페이드 변광성을 찾아내어 그 거리를 계산한 결과 지구와 안드로메다 성운 사이의 거리가 우리 은하 지름의 열 배에 이른다고 밝혔다. 이로부터 성운이 우리 은하 바깥에 존재하는 독립된 은하임이 분명해지고, 우주의 범위가 우리 은하 밖으로 확장되었다.

04 윗글에서 알 수 있는 사실로 적절하지 않은 것은?

① 성운은 우주 전체에 고루 퍼져 분포한다.

② 안드로메다 성운은 별 주위에 행성이 생성되는 초기의 모습이다.

③ 밤하늘을 관찰할 때 은하수 안보다 밖에서 성운이 더 많이 관찰된다.

④ 밤하늘에 은하수가 관찰되는 이유는 우리 은하가 원반 모양이기 때문이다.

⑤ 타원 모양의 성운은 성운이 독립된 은하라는 가설을 뒷받침하는 증거이다.

05 ⓷과 같이 우리 은하 밖의 어떤 성운과 지구 사이의 거리를 알아내는 데 이용되는 사실만을 〈보기〉에서 있는 대로 고르면?

> **보기**
>
> ⓐ 성운의 모양이 원반 형태이다.
> ⓑ 별의 겉보기 밝기는 거리가 멀수록 어둡다.
> ⓒ 밝기가 시간에 따라 대칭적으로 변하는 변광성이 성운 안에 존재한다.

① ⓐ   ② ⓑ

③ ⓒ   ④ ⓐ, ⓑ

⑤ ⓑ, ⓒ

06 두 변광성 Ⓐ와 Ⓑ의 시간에 따른 밝기 변화를 관측하여 〈보기〉와 같은 결과를 얻었다. 이에 대한 설명으로 가장 적절한 것은?

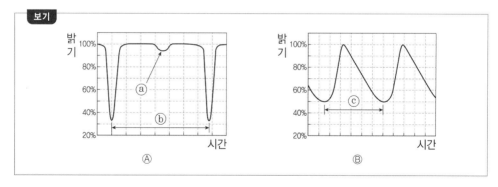

① Ⓐ는 세페이드 변광성이다.

② Ⓑ는 크기와 밝기가 비슷한 두 별로 이루어져 있다.

③ ⓐ는 밝은 별이 어두운 별을 가리고 있는 시기이다.

④ ⓑ를 측정하여 Ⓐ의 거리를 알 수 있다.

⑤ ⓒ를 알아야만 Ⓑ의 최대 겉보기 밝기를 알 수 있다.

07 다음 글에서 추론할 수 있는 것을 〈보기〉에서 모두 고르면?

> 물질을 구성하는 작은 입자들의 배열 상태는 어떻게 생겼을까? 이것은 '부피를 최소화시키려면 입자들을 어떻게 배열해야 하는가?'의 문제와 관련이 있다. 모든 입자들이 구형이라고 가정한다면 어떻게 쌓는다고 해도 사이에는 빈틈이 생긴다. 문제는 이 빈틈을 최소한으로 줄여서 쌓인 공이 차지하는 부피를 최소화시키는 것이다.
>
> 이 문제를 해결하기 위해 케플러는 여러 가지 다양한 배열 방식에 대하여 그 효율성을 계산하는 방식으로 연구를 진행하였다. 그가 제안했던 첫 번째 방법은 인접입방격자 방식이었다. 이것은 수평면(제1층) 상에서 하나의 공이 여섯 개의 공과 접하도록 깔아 놓은 후, 움푹 들어간 곳마다 공을 얹어 제1층과 평행한 면 상에 제2층을 쌓는 방식이다. 이 경우 제2층의 배열 상태는 제1층과 동일하지만 단지 전체적인 위치만 약간 이동하게 된다. 이러한 방식의 효율성은 74%이다.
>
> 다른 방법으로는 단순입방격자 방식이 있다. 이것은 공을 바둑판의 격자 모양대로 쌓아가는 방식으로, 이 배열에서는 수평면 상에서 하나의 공이 네 개의 공과 접하도록 배치된다. 그리고 제2층의 배열 상태를 제1층과 동일한 상태로 공의 중심이 같은 수직선 상에 놓이도록 배치한다. 이 방식의 효율성은 53%이다. 이 밖에 6각형격자 방식이 있는데, 이것은 각각의 층을 인접입방격자 방식에 따라 배열한 뒤에 층을 쌓을 때는 단순입방격자 방식으로 쌓는 것이다. 이 방식의 효율성은 60%이다.
>
> 이러한 규칙적인 배열 방식에 대한 검토를 통해, 케플러는 인접입방격자 방식이 알려진 규칙적인 배열 중 가장 효율이 높은 방식임을 주장했다.

보기

ㄱ. 배열 방식 중에서 제1층만을 따지면 인접입방격자 방식의 효율성이 단순입방격자 방식보다 크다.
ㄴ. 단순입방격자 방식에서 하나의 공에 접하는 공은 최대 6개이다.
ㄷ. 어느 층을 비교하더라도 단순입방격자 방식이 6각형격자 방식보다 효율성이 크다.

---

① ㄱ   ② ㄷ

③ ㄱ, ㄴ   ④ ㄴ, ㄷ

⑤ ㄱ, ㄴ, ㄷ

과학과 관련한 **지문 독해** 연습하기 　**DAY 10**　 해설편 p.063

시작 시간　종료 시간

시　분 ｜　시　분

PART 1

DAY 01

DAY 02

DAY 03

DAY 04

DAY 05

DAY 06

DAY 07

DAY 08

DAY 09

DAY 10

❘ 2021년 5급 PSAT(공직적격성평가) 언어논리 영역

01 다음 글에서 추론할 수 있는 것을 〈보기〉에서 모두 고르면?

신경계는 우리 몸 안팎에서 일어나는 여러 자극을 전달하여 이에 대한 반응을 유발하는 기관계이며, 그 기본 구성단위는 뉴런이다. 신경계 중 소화와 호흡처럼 뇌의 직접적인 제어를 받지 않는 자율신경계는 교감신경과 부교감신경으로 구성되어 있다. 교감신경과 부교감신경은 눈의 홍채와 같은 다양한 표적기관의 기능을 조절한다.

교감신경과 부교감신경 모두 일렬로 배열된 절전뉴런과 절후뉴런으로 구성되어 있다. 이 두 뉴런이 서로 인접해 있는 곳이 신경절이며, 절전뉴런은 신경절의 앞쪽에, 절후뉴런은 신경절의 뒤쪽에 있다. 절후뉴런의 끝은 표적기관과 연결된다. 교감신경이 활성화되면 교감신경의 절전뉴런 끝에서 신호물질인 아세틸콜린이 분비된다. 분비된 아세틸콜린은 교감신경의 절후뉴런을 활성화시키고, 절전뉴런으로부터 받은 신호를 표적기관에 전달하게 한다. 부교감신경 역시 활성화되면 부교감신경의 절전뉴런 끝에서 아세틸콜린이 분비된다. 아세틸콜린은 부교감신경의 절후뉴런을 활성화시킨다. 교감신경의 절후뉴런 끝에서는 노르아드레날린이, 부교감신경의 절후뉴런 끝에서는 아세틸콜린이 표적기관의 기능을 조절하기 위해 분비된다.

눈에 있는 동공의 크기 조절은 자율신경계가 표적기관의 기능을 조절하는 좋은 사례이다. 동공은 수정체의 앞쪽에 위치해 있는 홍채의 가운데에 있는 구멍이다. 홍채는 동공의 직경을 조절함으로써 눈의 망막에 도달하는 빛의 양을 조절한다. 동공 크기 변화는 홍채에 있는 두 종류의 근육인 '돌림근'과 '부챗살근'의 수축에 의해 일어난다. 이 두 근육은 각각 근육층을 이루는데, 홍채의 안쪽에는 돌림근층이, 바깥쪽에는 부챗살근층이 있다. 어두운 곳에서 밝은 곳으로 이동하면 부교감신경이 활성화되고, 부교감신경의 절후뉴런 끝에 있는 표적기관인 홍채의 돌림근이 수축한다. 돌림근은 동공 둘레에 돌림 고리를 형성하고 있어서, 돌림근이 수축하면 두꺼워지면서 동공의 크기가 줄어든다. 반대로 밝은 곳에서 어두운 곳으로 이동하면 교감신경이 활성화되고, 교감신경의 절후뉴런 끝에 있는 표적기관인 홍채의 부챗살근이 수축한다. 부챗살근은 자전거 바퀴의 살처럼 배열되어 있어서 수축할 때 부챗살근의 길이가 짧아지고 동공의 직경이 커진다. 이렇게 변화된 동공의 크기는 빛의 양에 변화가 일어날 때까지 일정하게 유지된다.

보기

㉠ 밝은 곳에서 어두운 곳으로 이동하면 교감신경의 절전뉴런 끝에서 아세틸콜린이 분비된다.

㉡ 어두운 곳에서 밝은 곳으로 이동하면 부교감신경의 절후뉴런 끝에서 아세틸콜린이 분비되고 돌림근이 두꺼워진다.

㉢ 노르아드레날린은 돌림근의 수축을 일으키는 반면 아세틸콜린은 부챗살근의 수축을 일으킨다.

① ㉡

② ㉢

③ ㉠, ㉡

④ ㉠, ㉢

⑤ ㉠, ㉡, ㉢

※ 다음 글을 읽고 물음에 답하시오. [2~4]

우리 몸은 단백질의 합성과 분해를 끊임없이 반복한다. 단백질 합성은 아미노산을 연결하여 긴 사슬을 만드는 과정인데, 20여 가지의 아미노산이 체내 단백질 합성에 이용된다. 단백질 합성에서 아미노산들은 DNA 염기 서열에 담긴 정보에 따라 정해진 순서대로 결합된다. 단백질 분해는 아미노산 간의 결합을 끊어 개별 아미노산으로 분리하는 과정이다. 체내 단백질 분해를 통해 오래되거나 손상된 단백질이 축적되는 것을 막고, 우리 몸에 부족한 에너지 및 포도당을 보충할 수 있다.

단백질 분해 과정의 하나인, 프로테아솜이라는 효소 복합체에 의한 단백질 분해는 세포 내에서 이루어진다. 프로테아솜은 유비퀴틴이라는 물질이 일정량 이상 결합되어 있는 단백질을 아미노산으로 분해한다. 단백질 분해를 통해 생성된 아미노산의 약 75%는 다른 단백질을 합성하는 데 이용되며, 나머지 아미노산은 분해된다. 아미노산이 분해될 때는 아미노기가 아미노산으로부터 분리되어 암모니아로 바뀐 다음, 요소(尿素)로 합성되어 체외로 배출된다. 그리고 아미노기가 떨어지고 남은 부분은 에너지나 포도당이 부족할 때는 이들을 생성하는 데 이용되고, 그렇지 않으면 지방산으로 합성되거나 체외로 배출된다.

단백질이 지속적으로 분해됨에도 불구하고 체내 단백질의 총량이 유지되거나 증가할 수 있는 것은 세포 내에서 단백질 합성이 끊임없이 일어나기 때문이다. 단백질 합성에 필요한 아미노산은 세포 내에서 합성되거나, 음식으로 섭취한 단백질로부터 얻거나, 체내 단백질을 분해하는 과정에서 생성된다. 단백질 합성에 필요한 아미노산 중 체내에서 합성할 수 없어 필요량을 스스로 충족할 수 없는 것을 필수아미노산이라고 한다. 어떤 단백질 합성에 필요한 각 필수아미노산의 비율은 정해져 있다. 체내 단백질 분해를 통해 생성되는 필수아미노산도 다시 단백질 합성에 이용되기도 하지만, 부족한 양이 외부로부터 공급되지 않으면 전체의 체내 단백질 합성량이 줄어들게 된다. 그러므로 필수아미노산은 반드시 음식물을 통해 섭취되어야 한다. 다만 성인과 달리 성장기 어린이의 경우, 체내에서 합성할 수는 있으나 그 양이 너무 적어서 음식물로 보충해야 하는 아미노산도 필수아미노산에 포함된다.

각 식품마다 포함된 필수아미노산의 양은 다르며, 필수아미노산이 균형을 이룰수록 공급된 필수아미노산의 총량 중 단백질 합성에 이용되는 양의 비율, 즉 필수아미노산의 이용 효율이 높다. 일반적으로 육류, 계란 등 동물성 단백질은 필수아미노산을 균형 있게 함유하고 있어 필수아미노산의 이용 효율이 높은 반면, 쌀이나 콩류 등에 포함된 식물성 단백질은 제한아미노산을 가지며 필수아미노산의 이용 효율이 상대적으로 낮다.

제한아미노산은 단백질 합성에 필요한 각각의 필수아미노산의 양에 비해 공급된 어떤 식품에 포함된 해당 필수아미노산의 양의 비율이 가장 낮은 필수아미노산을 말한다. 가령, 가상의 P 단백질 1몰[*]을 합성하기 위해서는 필수아미노산 A와 B가 각각 2몰과 1몰이 필요하다고 하자. P를 2몰 합성하려고 할 때, A와 B가 각각 2몰씩 공급되었다면 A는 필요량에 비해 2몰이 부족하게 되어 P는 결국 1몰만 합성된다. 이때 A가 부족하여 합성할 수 있는 단백질의 양이 제한되기 때문에 A가 제한아미노산이 된다.

* 몰 : 물질의 양을 나타내는 단위

02 윗글의 내용과 일치하지 않는 것은?

① 체내 단백질의 분해를 통해 오래되거나 손상된 단백질의 축적을 막는다.

② 유비퀴틴이 결합된 단백질을 아미노산으로 분해하는 것은 프로테아솜이다.

③ 아미노산에서 분리되어 요소로 합성되는 것은 아미노산에서 아미노기를 제외한 부분이다.

④ 세포 내에서 합성되는 단백질의 아미노산 결합 순서는 DNA 염기 서열에 담긴 정보에 따른다.

⑤ 성장기의 어린이에게 필요한 필수아미노산 중에는 체내에서 합성할 수 있는 것도 포함되어 있다.

03 윗글을 읽고 이해한 내용으로 적절하지 않은 것은?

① 필수아미노산을 제외한 다른 아미노산도 제한아미노산이 될 수 있겠군.

② 체내 단백질을 분해하여 얻어진 필수아미노산의 일부는 단백질 합성에 다시 이용되겠군.

③ 체내 단백질 합성에 필요한 필수아미노산은 음식물의 섭취나 체내 단백질 분해로부터 공급되겠군.

④ 제한아미노산이 없는 식품은 단백질 합성에 필요한 필수아미노산이 균형 있게 골고루 함유되어 있겠군.

⑤ 체내 단백질 합성과 분해의 반복 과정에서, 외부로부터 필수아미노산의 공급이 줄어들면 체내 단백질 총량은 감소하겠군.

04 윗글을 바탕으로 할 때, 〈보기〉의 실험에 대한 이해로 적절하지 않은 것은?

> **보기**
>
> 가상의 단백질 Q를 1몰 합성하는 데 필수아미노산 A, B, C가 각각 2몰, 3몰, 1몰이 필요하다고 가정하자. 단백질 Q를 2몰 합성하려고 할 때 ㉮, ㉯, ㉰에서와 같이 A, B, C의 공급량을 달리하고, 다른 조건은 모두 동일한 상황에서 최대한 단백질을 합성하는 실험을 하였다.
> ㉮ : A 4몰, B 6몰, C 2몰
> ㉯ : A 6몰, B 3몰, C 3몰
> ㉰ : A 4몰, B 3몰, C 3몰
> (단, 단백질과 아미노산의 분해는 없다고 가정한다.)

① ㉮에서는 단백질 합성을 제한하는 필수아미노산이 없겠군.

② ㉮에서는 ㉰에 비해 단백질 합성에 이용된 필수아미노산의 총량이 많겠군.

③ ㉯에서는 ㉰에 비해 합성된 단백질의 양이 많겠군.

④ ㉯와 ㉰ 모두에서는 단백질 합성을 제한하는 필수아미노산이 B가 되겠군.

⑤ ㉯에서는 ㉰에 비해 단백질 합성에 이용되지 않고 남은 필수아미노산의 총량이 많겠군.

PART 1
DAY 01
DAY 02
DAY 03
DAY 04
DAY 05
DAY 06
DAY 07
DAY 08
DAY 09
DAY 10

※ 다음 글을 읽고 물음에 답하시오. [5~7]

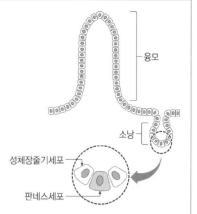

양분을 흡수하는 창자의 벽은 작은 크기의 수많은 융모로 구성되어 있다. 융모는 창자 내부의 표면적을 넓혀 영양분의 효율적인 흡수를 돕는다. 융모는 아래의 그림에서 볼 수 있듯이, 한 층으로 연결된 상피세포로 이루어져 있다. 이 상피세포들은 융모의 말단 부위에서 지속적으로 떨어져 나가고, 이 공간은 융모의 양쪽 아래에서 새롭게 만들어져 밀고 올라오는 세포로 채워진다. 새로운 세포를 만드는 역할은 융모와 융모 사이에 움푹 들어간 모양으로 존재하는 소낭의 성체장줄기세포가 담당한다. 소낭의 성체장줄기세포는 판네스세포를 비롯한 주변 세포로부터 자극을 받아 지속적으로 자신과 동일한 성체장줄기세포를 복제하거나, ㉠ 새로운 상피세포로 분화하는 과정을 거친다.

세포의 복제나 분화 과정에서 세포는 주변으로부터 다양한 신호를 받아서 처리하는 신호전달 과정을 거쳐 그 운명이 결정된다. 세포가 외부로부터 받는 신호의 종류와 신호전달 과정은 초파리에서 인간에 이르기까지 대부분의 동물에서 동일하다. 세포 내 신호전달의 일종인 'Wnt 신호전달'은 배아 발생 과정과 성체 세포의 항상성 유지에 중요한 역할을 한다. 이 신호전달의 특이한 점은 세포에서 분비되는 단백질의 하나인 Wnt를 분비하는 세포와 그 단백질에 반응하는 세포가 서로 다르다는 것이다. Wnt 분비 세포 주변의 세포들 중 Wnt와 결합하는 'Wnt 수용체'를 가진 세포는 Wnt 신호전달을 통해 여러 유전자를 발현시켜 자신의 분열과 분화를 조절한다. 그런데 Wnt 신호전달에 관여하는 유전자에 돌연변이가 생길 경우 다양한 종류의 질병이 발생할 가능성이 있다. 만약 Wnt 신호전달이 비정상적으로 활성화되면 세포 증식을 촉진하여 암을 유발하며, 이와 달리 지나치게 불활성화될 경우 뼈의 형성을 저해하여 골다공증을 유발한다.

Wnt 분비 세포의 주변 세포가 Wnt의 자극을 받지 않을 때, APC 단백질이 들어 있는 단백질 복합체 안에서 $GSK3\beta$가 β-카테닌에 인산기를 붙여 주는 인산화 과정이 그 주변 세포 내에서 수행된다. 이렇게 인산화된 β-카테닌은 분해되어 세포 내의 β-카테닌의 농도를 낮게 유지하는 기능을 한다. 이와는 달리, Wnt 분비 세포의 주변에 있는 세포 표면의 Wnt 수용체에 Wnt가 결합하게 되면 $GSK3\beta$의 활성이 억제되어 β-카테닌의 인산화가 더 이상 일어나지 않는다. 인산화되지 않은 β-카테닌은 자신을 분해하는 단백질과 결합할 수 없으므로 β-카테닌이 분해되지 않아 세포 내의 β-카테닌의 농도가 높게 유지된다. 이렇게 세포 내에 축적된 β-카테닌은 핵 안으로 이동하여 여러 유전자의 발현을 촉진하게 된다. 이런 식으로 유전자 발현이 촉진되면 암이 발생할 수도 있는데, 예를 들어 대장암 환자들은 APC 단백질을 만드는 유전자에 돌연변이가 생긴 경우가 많다. β-카테닌을 인산화하는 복합체가 형성되지 않아 β-카테닌이 많아지고, 그에 따라 세포 증식이 과도하게 일어나기 때문에 암이 생기는 것이다.

한편, 창자의 융모와 융모 사이에 존재하는 소낭에서도 Wnt 신호전달이 일어난다. 판네스세포는 Wnt를 분비하고 그 주변에 있는 성체장줄기세포는 Wnt 수용체를 가진다. 판네스세포에 가장 인접한 성체장줄기세포가 Wnt를 인식하면, 세포 내 β-카테닌의 농도가 높아져 이 단백질에 의존하는 유전자가 발현됨으로써 자신과 똑같은 세포를 지속적으로 복제하도록 한다. 반면에 성체장줄기세포가 분열하면서 생긴 세포가 나중에 생긴 세포에 밀려 판네스세포에서 멀어지면, 상대적으로 Wnt 자극을 덜 받아서 낮은 농도의 β-카테닌을 갖게 된다. 그 결과 자신과 똑같은 세포를 지속적으로 복제하는 데 관여하는 유전자는 더 이상 발현하지 않게 되어 성체장줄기세포가 분열하면서 생긴 세포는 상피세포로 분화한다.

05 윗글의 내용과 일치하는 것은?

① 창자 내부의 표면적은 융모의 개수와 반비례한다.

② 성체장줄기세포의 위치는 소낭에서 융모로 바뀐다.

③ 성체장줄기세포는 Wnt를 분비하여 상피세포로 분화한다.

④ 융모를 이루는 세포는 소낭의 성체장줄기세포가 분화하여 만들어진다.

⑤ 융모에서 만들어지는 세포는 소낭 쪽으로 이동하여 성체장줄기세포로 전환된다.

06 ㉠을 유도하는 현상이 아닌 것은?

① 판네스세포에 돌연변이가 생겨 Wnt 분비가 중단된다.

② 판네스세포와 성체장줄기세포의 물리적 거리가 멀어진다.

③ 성체장줄기세포에서 β-카테닌의 인산화가 활발하게 일어난다.

④ 성체장줄기세포에 GSK3β의 활성을 억제하는 물질을 첨가한다.

⑤ 성체장줄기세포의 Wnt 수용체에 돌연변이가 생겨 Wnt와 결합하지 못한다.

07 윗글에서 추론한 내용으로 가장 적절한 것은?

① 성체장줄기세포의 수가 감소하면 창자에서 양분의 흡수가 증가하게 될 것이다.

② Wnt 신호전달을 조절하여 골다공증을 치료하는 약물은 β-카테닌의 양을 증가시킬 것이다.

③ GSK3β의 활성을 위해 필요한 APC 단백질은 인산화된 β-카테닌 단백질의 분해를 막을 것이다.

④ APC에 돌연변이가 일어난 대장암 세포에 Wnt를 처리하면 β-카테닌 단백질의 양이 줄어들 것이다.

⑤ β-카테닌 유전자에 돌연변이가 일어나서 β-카테닌 단백질에 GSK3β에 의한 인산화가 일어나지 않으면 성체장줄기세포의 수가 감소하게 될 것이다.

얼마나 많은 사람들이 책 한 권을 읽음으로써
인생에 새로운 전기를 맞이했던가.

- 헨리 데이비드 소로 -

2

경영 · 경제 편

❙ 2023년 대학수학능력시험 국어 영역

※ 다음은 교지에 싣기 위해 학생이 작성한 초고이다. 물음에 답하시오. **[1~3]**

우리나라의 연간 1인당 커피 소비량은 세계 평균의 2배 이상일 정도로 우리나라 사람들은 커피를 마시는 일에 관심이 많다. 이러한 관심이 커피 사랑에만 머물지 않고, 일회용 컵 회수 방안처럼 커피로 인한 사회적 문제에 대한 관심으로 이어지는 현상은 바람직하다. 하지만 커피로 인한 사회적 문제를 논할 때, 상대적으로 관심을 받지 못하고 있는 것이 있다. 커피를 만든 후 남는 커피 찌꺼기, 바로 '커피박(Coffee 粕)'이다. 여러 면에서 커피박에 대한 우리 사회의 관심은 낮은 편이다.

우선, 커피박을 잘못 처리하고 있는 사람이 많다. 추출 직후의 커피박을 싱크대 배수구에 버리거나 흙에 버리기도 하는데, 이는 잘못된 처리 방법이다. 배수구에 버린 커피박에서 나온 카페인은 하수 처리 과정에서 완벽히 걸러지지 않은 채 강물에 흘러 들어가 부정적으로 작용할 수 있다. 그리고 흙에 버린 커피박은 토양과 식물에 악영향을 줄 수 있다.

또한, 커피박이 다양한 분야에서 재활용될 수 있다는 사실을 모르는 사람도 많다. 커피박은 일상에서 탈취제나 방향제로 이용된다. 그뿐만 아니라 건축 분야에서 합성 목재를 대신하는 재료로 쓰이거나 농업 분야에서 혼합 및 발효 과정을 거쳐 비료로 사용되기도 한다. 최근에는 바이오에너지의 원료로 활용될 수 있다는 점도 부각되고 있다.

끝으로, 커피박 수거 시설이 매우 부족하다는 점도 아쉬운 부분이다. 커피박을 그냥 버리지 않고 분리배출해야 한다는 것을 알게 되더라도 수거 시설이 있어야 실천으로 이어질 수 있다. 커피박 수거 시설을 곳곳에 마련한다면, 커피박 분리배출에 대한 시민들의 관심이 높아지는 효과가 있을 것이다.

Ⓐ

---

01 다음은 초고를 작성하기 전에 학생이 떠올린 생각이다. ㉠~㉤ 중, 학생의 초고에 반영되지 않은 것은?

- 커피박이 무엇을 지칭하는 단어인지 밝혀야겠어. … ㉠
- 커피박이 잘못 버려지고 있는 예를 제시해야겠어. … ㉡
- 커피박이 무엇으로 재활용될 수 있는지 언급해야겠어. … ㉢
- 우리나라의 연간 1인당 커피 소비량이 세계 평균 대비 어느 정도인지 밝혀야겠어. … ㉣
- 커피로 인해 발생하는 사회적 문제가 해마다 증가하고 있는 실태를 제시해야겠어. … ㉤

① ㉠ 　　　　　　　　　　　　② ㉡

③ ㉢ 　　　　　　　　　　　　④ ㉣

⑤ ㉤

02 다음은 초고를 읽은 교지 편집부 학생의 조언이다. 이를 반영하여 Ⓐ를 작성한다고 할 때, 가장 적절한 것은?

> "초고 2 ~ 4문단에서 문단별로 문제 삼고 있는 점을 해결할 수 있는 방안을 각각 언급하고, 우리 사회가 지녀야 할 태도를 커피에 대한 사랑과 관련지으며 마무리하는 게 좋겠어."

① 커피에 대한 사랑은 커피박에 관심을 갖는 태도로 이어질 필요가 있다. 다양한 재활용 분야와 수거 시설 확충의 중요성을 아는 것이 진정한 커피 사랑의 시작이다.

② 커피박의 올바른 처리 방법과 재활용 분야를 홍보하고, 수거 시설 확충을 제도화할 필요가 있다. 커피박에도 관심을 갖는 책임감 있는 태도가 커피 사랑의 참된 자세이다.

③ 커피를 마시지 않는 사람들은 왜 커피박에 관심을 가져야 하는지 의아해할 수 있다. 하지만 공동체의 문제 해결을 위해 가치관이 다르더라도 포용하는 태도가 필요하다.

④ 우리나라의 커피 소비량은 앞으로도 늘어날 것으로 보인다. 따라서 커피박의 바람직한 처리 방법과 재활용 분야를 알리고, 커피박 수거 시설을 확충하는 것이 필요하다.

⑤ 커피박 수거 시설의 설치는 시민들에게 커피박의 쓰임새를 알리는 효과가 있다. 사랑할수록 관심을 표현하듯이, 커피에 대한 사랑을 커피박에 대한 관심으로 표현해야 할 것이다.

PART 2

DAY 01

DAY 02

DAY 03

DAY 04

DAY 05

DAY 06

DAY 07

DAY 08

DAY 09

DAY 10

03 〈보기〉는 초고를 보완하기 위해 추가로 수집한 자료이다. 자료 활용 방안으로 적절하지 않은 것은?

> **보기**
>
> (가) 전문가 인터뷰
>
> "커피박으로 인한 탄소 배출이 문제가 되고 있습니다. 커피박 소각 시 탄소 배출량은 1톤당 338kg이나 됩니다. 또한 추출 직후의 커피박은 카페인 함유량이 높고, 수분이 많습니다. 이를 흙에 버리면 카페인과 토양 속 물질이 결합한 상태로 쌓여 식물의 생장을 저해할 수 있고, 수분이 많은 커피박이 부패하여 토양을 오염시킬 수 있습니다."
>
> (나) 연구 보고서 자료
>
>
>
> 〈커피박의 바이오에너지 연료화〉
>
> 커피박
>
> 바이오디젤   바이오에탄올
>
> 바이오압축연료
>
> 현재 우리나라는 커피박의 바이오에너지 원료화를 추진하고 있다. 바이오압축연료는 상품화되었으며, 바이오디젤, 바이오에탄올을 생산하는 기술도 개발되고 있다.
>
> (다) 신문 기사
>
> 스위스는 우체국 등 2,600여 곳의 수거 거점을 마련해 커피박을 효과적으로 수거하고 있다. 반면에 우리나라는 일부 지방 자치 단체에서만 커피박 수거를 시도 중이다. ○○구는 "수거 시설이 시민들의 커피박 분리배출에 대한 관심을 높이고 커피박 수거나 운반 등과 관련한 일자리를 창출할 수 있을 것"이라고 밝혔다.

① (가) : 커피박을 소각할 때 발생하는 탄소 배출량 수치를, 커피박이 우리 사회에서 관심을 받지 못하고 있는 배경을 보여 주는 자료로 1문단에 추가한다.

② (가) : 추출 직후 커피박에 남은 카페인과 수분이 많은 커피박이 유발하는 문제를, 커피박이 식물과 토양에 미치는 악영향을 구체화하는 자료로 2문단에 추가한다.

③ (나) : 커피박으로 만들 수 있는 바이오에너지의 종류를, 커피박이 바이오에너지의 원료로 활용될수 있다는 내용을 뒷받침하는 자료로 3문단에 추가한다.

④ (다) : 효과적으로 커피박을 수거하고 있는 해외 사례를, 커피박 수거 시설이 부족한 우리나라의 문제 상황을 부각하는 자료로 4문단에 추가한다.

⑤ (다) : 커피박 수거가 일자리 창출로 이어질 수 있음을, 커피박 수거 시설이 곳곳에 마련되었을 때 예상되는 또 다른 효과를 보여 주는 자료로 4문단에 추가한다.

04 다음 글의 ㉠에 대한 판단으로 가장 적절한 것은?

> 기본소득이란 "자산 심사나 노동에 대한 요구 없이 모두에게 지급되는 개별적이고 무조건적이며 정기적으로 지급되는 현금"으로 정의된다. 그리고 이 정의에는 기본소득의 지급과 관련한 ㉠ 다섯 가지 원칙이 담겨 있다.
>
> 기본소득의 지급에는 본래 세 가지 원칙이 있었다. 첫째, 기본소득의 가장 핵심이 되는 '보편성' 원칙이다. 기본소득은 누구에게나 실질적 자유를 주고자 하는 이념에 따라 소득이나 자산 수준에 관계없이 국민 모두에게 지급해야 한다. 둘째, '무조건성' 원칙이다. 기본소득은 수급의 대가로 노동이나 구직활동 등을 요구하지 않아야 한다. 왜냐하면 자유를 보장하기 위해서는 어떠한 강제나 요구사항도 있어서는 안 되기 때문이다. 셋째, '개별성' 원칙이다. 기본소득의 이념에서 자유는 개인의 자유를 의미하기 때문에 가구 단위가 아닌 개인 단위로 지급해야 한다.
>
> 그런데 2016년 서울에서 열린 기본소득 총회에서 다음의 두 가지 원칙이 추가되었다. 넷째, '정기성' 원칙이다. 기본소득은 일회성으로 끝나는 것이 아니라 정기적인 시간 간격을 두고 지속적으로 지급해야 한다. 다섯째, '현금 지급' 원칙이다. 기본소득은 무엇을 할지에 대한 선택권을 최대한 보장할 수 있도록, 특정 재화 및 서비스 이용을 명시하는 이용권이나 현물이 아니라 현금으로 지급해야 한다.

① 복지 효율성을 높이기 위하여 기본소득을 경제적 취약 계층에만 지급하더라도 보편성 원칙에 어긋나지 않는다.

② 기본소득을 주식에 투자하여 탕진한 실업자에게도 기본소득을 지급한다면 무조건성 원칙에 어긋난다.

③ 미성년자에게는 성인의 80%를 기본소득으로 지급하면 개별성 원칙에 어긋나지 않는다.

④ 매달 지급하는 방식이 아니라 1년에 한 번씩 기본소득을 지급한다면 정기성 원칙에 어긋난다.

⑤ 기본소득을 입출금이 자유로운 예금 계좌에 입금하는 방식으로 지급하면 현금 지급 원칙에 어긋난다.

05 다음 글에서 알 수 있는 것은?

누군가의 행동이 제삼자에게 의도하지 않은 혜택이나 손해를 끼침에도 불구하고 이에 대한 정당한 대가를 받지도 지불하지도 않는 상태를 '외부효과'라고 부른다. 예를 들어, 생산자가 아무런 제재를 받지 않은 채 생산 과정에서 오염 물질을 배출하고 있으며, 그 생산자는 재료비, 인건비, 시설비만 부담할 뿐 오염 물질을 정화하기 위한 비용을 부담하지 않는다고 하자. 이 경우 생산자는 자신이 부담해야 할 오염 물질 정화 비용을 사회에 떠넘겨 더 많은 이익을 취하는 것이다. 이처럼 어떤 제품이 생산될 때 그 생산자가 부담하는 비용의 합과 이것을 포함해 사회 전체가 부담하는 비용 간에 괴리가 발생하는 상태가 외부효과에 해당한다. 이 외부효과로 인해 오염을 유발하는 제품이 사회적인 최적 생산량에 비해 더 많이 생산되는 왜곡이 발생한다.

이와 같은 왜곡은 어떻게 해소할 수 있을까? 시장 외부에서 부담해야 하는 사회적 비용을 개별 생산자가 부담하도록 내부화하면 되는데, 그 수단으로는 환경부담금이나 배출권 거래제 등이 있다. 생산자의 비용이 올라가면 생산자가 제품 판매로 벌어들일 수 있는 이윤이 감소하여 제품 생산량 또한 감소하게 된다.

이와 같이 외부효과를 내부화하는 방안이 세금과 같은 재정적 조치인지에 대하여는 이견이 존재한다. 1999년 스웨덴에서는 화석연료 사용량에 비례하여 정부가 부과한 환경부담금이 세금의 성격을 가진다는 판결이 나온 바 있다. 이와 다른 예로는 EU가 도입한 온실가스 배출권 제도가 있다. 유럽사법재판소는 항공사들이 부담해야 하는 배출권 구입 비용은 세금이 아니라고 판단하였다. 왜냐하면 그 비용은 행정청이 부과하는 것이 아니라 시장에서 결정되기 때문이다. 유럽사법재판소의 이 판결은 배출권 관련 조치가 관세, 세금, 수수료, 공과금이 아니라 시장 기반 조치라는 사실을 명확히 했다.

① 오염을 유발하는 제품의 생산 수량 상한을 정부에서 정해주면 외부효과는 없다.
② 생산 과정에서 타인에게 혜택을 주어 외부효과를 발생시키는 제품은 사회적으로 초과 생산된다.
③ 외부효과의 내부화를 위해 세금을 부과하는 대신 시장에 맡기면 더 효과적으로 오염 물질을 줄일 수 있다.
④ 항공사가 구매해야 하는 온실가스 배출권 가격이 높아질수록 항공사로 인해 발생하는 외부효과는 커진다.
⑤ 스웨덴에서 부과하는 환경부담금은 EU가 도입한 온실가스 배출권 제도와 달리 그 금액이 시장에서 결정되지 않는다.

※ 다음 글을 읽고 물음에 답하시오. [6~8]

제도의 선택에 대한 설명에는, 합리적인 주체인 사회 구성원들이 사회 전체적으로 가장 이익이 되는 제도를 채택한다고 보는 효율성 시각과 이데올로기·경로의존성·정치적 과정 등으로 인해 효율적 제도의 선택이 일반적이지 않다고 보는 시각이 있다. 효율성 시각은 어떤 제도가 채택되고 지속될 때는 그만한 이유가 있을 것이라는 직관적 호소력을 갖지만, 전통적으로는 특정한 제도가 한 사회에 가장 이익이 되는 이유를 제시하는 설명에 그치고 체계적인 모델을 제시하지는 못했다고 할 수 있다. 이런 난점들을 극복하려는 제도가능곡선 모델 은, 해결하려는 문제에 따라 동일한 사회에서 다른 제도가 채택되거나 또는 동일한 문제를 해결하기 위해 사회에 따라 다른 제도가 선택되는 이유를 효율성 시각에서도 설명할 수 있게 해준다. 바람직한 제도에 대한 전통적인 생각은 시장과 정부 가운데 어느 것을 선택해야 할 것인가를 중심으로 이루어졌다. 그러나 제도가능곡선 모델은 자유방임에 따른 무질서의 비용과 국가 개입에 따른 독재의 비용을 통제하는 데에는 기본적으로 상충관계가 존재한다는 점에 착안한다. 힘세고 교활한 이웃이 개인의 안전과 재산권을 침해할 가능성을 줄이려면 국가 개입에 의한 개인의 자유 침해 가능성이 증가하는 것이 일반적이라는 것이다. 이런 상충관계에 주목하여 이 모델은 무질서로 인한 사회적 비용(무질서 비용)과 독재로 인한 사회적 비용(독재 비용)을 합한 총비용을 최소화하는 제도를 효율적 제도라고 본다.

가로축과 세로축이 각각 독재 비용과 무질서 비용을 나타내는 평면에서 특정한 하나의 문제를 해결하기 위한 여러 제도들을 국가 개입 정도 순으로 배열한 곡선을 생각해 보자. 이 곡선의 한 점은 어떤 제도를 국가 개입의 증가 없이 도달할 수 있는 최소한의 무질서 비용으로 나타낸 것이다. 이 곡선은 한 사회의 제도적 가능성, 즉 국가 개입을 점진적으로 증가시키는 제도의 변화를 통해 얼마나 많은 무질서를 감소시킬 수 있는지를 나타내므로 ㉠ 제도가능곡선이라 부를 수 있다. 이때 무질서 비용과 독재 비용을 합한 총비용의 일정한 수준을 나타내는 기울기 −1의 직선과 제도가능곡선의 접점에 해당하는 제도가 선택되는 것이 효율적 제도의 선택이다. 이 모델은 기본적으로 이 곡선이 원점 방향으로 볼록한 모양이라고 가정한다.

제도가능곡선 위의 점들 가운데 대표적인 제도들을 공적인 통제의 정도에 따라 순서대로 나열하자면 1) 각자의 이익을 추구하는 경제주체들의 동기, 즉 시장의 규율에 맡기는 사적 질서, 2) 피해자가 가해자에게 소(訴)를 제기하여 일반적인 민법 원칙에 따라 법원에서 문제를 해결하는 민사소송, 3) 경제주체들이 해서는 안 될 것과 해야 할 것, 위반 시 처벌을 구체적으로 명기한 규제법을 규제당국이 집행하는 정부 규제, 4) 민간 경제주체의 특정 행위를 금지하고 국가가 그 행위를 담당하는 국유화 등을 들 수 있다. 이 네 가지는 대표적인 제도들이고 현실적으로는 이들이 혼합된 제도도 가능하다.

무질서와 독재로 인한 사회적 총비용의 수준은 곡선의 모양보다 위치에 의해 더 크게 영향을 받는데, 그 위치를 결정하는 것은 구성원들 사이에 갈등을 해결하고 협력을 달성할 수 있는 한 사회의 능력, 즉 시민적 자본이다. 따라서 불평등이 강화되거나 갈등 해결 능력이 약화되는 역사적 변화를 경험하면 이 곡선이 원점에서 멀어지는 방향으로 이동한다. 이러한 능력이 일종의 제약 조건이라면, 어떤 제도가 효율적일 것인지는 제도가능곡선의 모양에 의해 결정된다. 그런데 동일한 문제를 해결하기 위한 제도가능곡선이라 하더라도 그 모양은 국가나 산업마다 다르기 때문에 같은 문제를 해결하기 위한 제도가 국가와 산업에 따라 다를 수 있다. 예컨대 국가 개입이 동일한 정도로 증가했을 때, 개입의 효과가 큰 정부를 가진 국가(A)는 그렇지 않은 국가(B)에 비해 무질서 비용이 더 많이 감소한다. 그러므로 전자가 후자에 비해 곡선의 모양이 더 가파르고 곡선상의 더 오른쪽에서 접점이 형성된다.

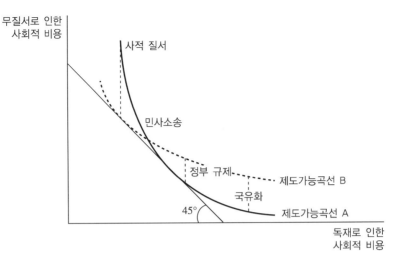

제도가능곡선 모델의 제안자들은 효율적 제도가 선택되지 않는 경우도 많다는 것을 인정한다. 그러나 자생적인 제도 변화의 이해를 위해서는 효율성의 개념을 재정립한 제도가능곡선 모델을 통해 효율성 시각에서 제도의 선택에 대해 체계적인 설명을 제시하는 것이 중요하다고 본다.

06 윗글의 내용과 일치하는 것은?

① 제도가능곡선 모델은 시장과 정부를 이분법적으로 파악하는 전통에서 탈피하여 제도의 선택을 이해한다.

② 제도가능곡선 모델에 따르면 어떤 제도가 효율적인지는 문제의 특성이 아니라 사회의 특성에 의해 결정된다.

③ 제도가능곡선 모델 제안자들은 항상 효율적 제도가 선택된다고 보아 효율적 제도의 선택에 대한 설명에 집중한다.

④ 제도가능곡선 모델은 특정한 제도가 선택되는 이유를 설명하지만, 제도가 채택되는 일반적인 체계에 대한 설명을 제시하지는 않는다.

⑤ 제도가능곡선 모델은 효율성 시각에 속하지만, 사회 전체적으로 가장 이익이 되는 제도가 선택된다고 설명하지는 않는다는 점에서 효율성 개념을 재정립한다.

07 ㉠에 대한 설명을 바탕으로 추론한 것으로 적절하지 않은 것은?

① 민사소송과 정부 규제가 혼합된 제도가 효율적 제도라면, 민사소송이나 정부 규제는 이 제도보다 무질서 비용과 독재 비용을 합한 값이 더 클 수밖에 없다.

② 시민적 자본이 풍부한 사회에서 비효율적인 제도보다 시민적 자본의 수준이 낮은 사회에서 효율적인 제도가 무질서와 독재로 인한 사회적 총비용이 더 클 수 있다.

③ 정부에 대한 언론의 감시 및 비판 기능이 잘 작동하여 개인의 자유에 대한 침해 가능성이 낮은 사회는 그렇지 않은 사회보다 곡선상의 더 왼쪽에 위치한 제도가 효율적이다.

④ 교도소 운영을 국가가 아니라 민간이 맡았을 때 재소자의 권리가 유린되거나 처우가 불공평해질 위험이 너무 커진다면 곡선이 가팔라서 접점이 곡선의 오른쪽에서 형성되기 쉽다.

⑤ 경제주체들이 교활하게 사적 이익을 추구함으로써 평판이 나빠져 장기적인 이익이 줄어들 것을 염려해 스스로 바람직한 행위를 선택할 가능성이 큰 산업의 경우에는 접점이 곡선의 왼쪽에서 형성되기 쉽다.

08 제도가능곡선 모델 을 바탕으로 〈보기〉에 대해 반응한 것으로 적절하지 않은 것은?

> **보기**
>
> 19세기 후반에 미국에서는 새롭게 발달한 철도회사와 대기업들이 고객과 노동자들에게 피해를 주고 경쟁자들의 진입을 막으며 소송이 일어나면 값비싼 변호사를 고용하거나 판사를 매수하는 일이 다반사로 일어났다. 이에 대한 대응으로 19세기 말 ~ 20세기 초에 진행된 진보주의 운동으로 인해 규제국가가 탄생하였다. 소송 당사자들 사이에 불평등이 심하지 않았던 때에는 민사소송이 담당했던 독과점, 철도 요금 책정, 작업장 안전, 식품 및 의약품의 안전성 등과 같은 많은 문제들에 대한 사회적 통제를, 연방정부와 주정부의 규제당국들이 담당하게 된 것이다.

① 철도회사와 대기업이 발달하면서 제도가능곡선이 원점에 더 가까워지는 방향으로 이동했군.

② 철도회사와 대기업이 발달하기 전에는 많은 문제의 해결을 민사소송에 의존하는 것이 효율적이었군.

③ 규제국가의 탄생으로 인해 무질서 비용과 독재 비용을 합한 사회적 총비용이 19세기 후반보다 줄었군.

④ 규제국가는 많은 문제에서 제도가능곡선의 모양과 위치가 변화한 것에 대응하여 효율적 제도를 선택한 결과였군.

⑤ 철도회사와 대기업이 발달한 이후에 소송 당사자들 사이의 불평등과 사법부의 부패가 심해짐에 따라 제도가능곡선의 모양이 더욱 가팔라졌군.

PART 2

DAY 01
DAY 02
DAY 03
DAY 04
DAY 05
DAY 06
DAY 07
DAY 08
DAY 09
DAY 10

┃ 2012년 대학수학능력시험 국어 영역

※ 다음 글을 읽고 물음에 답하시오. [1~4]

어떤 경제 주체의 행위가 자신과 거래하지 않는 제3자에게 의도하지 않게 이익이나 손해를 주는 것을 '외부성'이라 한다. 과수원의 과일 생산이 인접한 양봉업자에게 벌꿀 생산과 관련한 이익을 준다든지, ㉠ 공장의 제품 생산이 강물을 오염시켜 주민들에게 피해를 주는 것 등이 대표적인 사례이다.

외부성은 사회 전체로 보면 이익이 극대화되지 않는 비효율성을 초래할 수 있다. 개별 경제 주체가 제3자의 이익이나 손해까지 고려하여 행동하지는 않을 것이기 때문이다. 예를 들어

Ⓐ ┌ 과수원의 이윤을 극대화하는 생산량이 Q_a 라고 할 때, 생산량을 Q_a 보다 늘리면 과수원의 이윤은 줄어 든다. 하지만 이로 인한 과수원의 이윤 감소보다 양봉업자의 이윤 증가가 더 크다면, 생산량을 Q_a 보다 늘리는 것이 사회적으로 바람직하다. 하지만 과수원이 자발적으로 양봉업자의 이익까지 고려하여 생산 └ 량을 Q_a 보다 늘릴 이유는 없다.

전통적인 경제학은 이러한 비효율성의 해결책이 보조금이나 벌금과 같은 정부의 개입이라고 생각한다. 보조금을 받거나 벌금을 내게 되면 제3자에게 주는 이익이나 손해가 더 이상 자신의 이익과 무관하지 않게 되므로, 자신의 이익에 충실한 선택이 사회적으로 바람직한 결과로 이어진다는 것이다.

그러나 전통적인 경제학은 모든 시장 거래와 정부 개입에 시간과 노력, 즉 비용이 든다는 점을 간과하고 있다. 외부성은 이익이나 손해에 관한 협상이 너무 어려워 거래가 일어나지 못하는 경우이므로, 보조금이나 벌금뿐만 아니라 협상을 쉽게 해 주는 법과 규제도 해결책이 될 수 있다. 어떤 방식이든, 정부 개입은 비효율성을 줄이는 측면도 있지만 개입에 드는 비용으로 인해 비효율성을 늘리는 측면도 있다.

01 윗글의 내용에 대한 이해로 적절하지 않은 것은?

① 개별 경제 주체는 사회 전체가 아니라 자신의 이익을 기준으로 행동한다.

② 제3자에게 이익을 주는 외부성은 사회 전체적으로 비효율성을 초래하지 않는다.

③ 전통적인 경제학은 보조금을 지급하거나 벌금을 부과하는 데 따르는 비용을 고려하지 않는다.

④ 사회 전체적으로 보아 이익을 더 늘릴 여지가 있다면 그 사회는 사회적 효율성이 충족된 것이 아니다.

⑤ 이익이나 손해를 주고받는 당사자들 사이에 그 손익에 관한 거래가 이루어지는 경우는 외부성에 해당되지 않는다.

02 ㉠의 사례를 Ⓐ처럼 설명할 때, 〈보기〉의 ㉮~㉰에 들어갈 말로 옳은 것은?

> **보기**
>
> 공장의 이윤을 극대화하는 생산량이 Q_b라고 할 때, 생산량을 Q_b보다 ___㉮___ 공장의 이윤은 줄어든다. 하지만 이로 인한 공장의 이윤 감소보다 주민들의 피해 감소가 더 ___㉯___, 생산량을 Q_b보다 ___㉰___ 것이 사회적으로 바람직하다.

	㉮	㉯	㉰			㉮	㉯	㉰
①	줄이면	크다면	줄이는		②	줄이면	크다면	늘리는
③	줄이면	작다면	줄이는		④	늘리면	작다면	줄이는
⑤	늘리면	작다면	늘리는					

❙ 2022년 5급 PSAT(공직적격성평가) 언어논리 영역

03 다음 글의 ㉠~㉢에 들어갈 말을 적절하게 나열한 것은?

> "미래에 받기로 되어 있는 100만 원을 앞당겨 현재에 받는다면 얼마 이상이어야 수용할까?" 만일 누군가 미래 100만 원의 가치가 현재 100만 원의 가치보다 작다고 평가하면, 현재에 받아야 되는 금액은 100만 원보다 적어도 된다. 이때 현재가치는 미래가치를 할인하여 계산된다. 반대로 미래 100만 원이 현재 100만 원보다 가치가 크다고 판단하면 현재에 받는 금액은 100만 원보다 많아야 하고, 현재가치는 미래가치를 할증하여 계산된다.
>
> 이와 같이 현재가치를 계산하기 위한 미래가치의 할인 혹은 할증의 개념은 시간선호와 밀접하게 관련되어 있다. 시간선호는 선호하는 시점에 따라 현재선호가 될 수도 있고 미래선호가 될 수도 있다. 만일 누군가가 미래보다 현재를 선호한다면 그는 현재선호 성향을 가진 사람이고, 이들은 현재가치를 계산할 때 미래가치를 할인한다. 반대로 현재보다 미래를 선호한다면 미래선호 성향이라고 하고, 이 경우 현재가치를 계산할 때 미래가치를 할증한다.
>
> 그러나 시간 자체에 대한 선호 여부와 상관없이 가치를 할인하거나 할증할 수도 있다. 예컨대 현재보다 미래를 선호하는 성향을 가졌음에도 예상치 못한 사고가 발생하여 큰돈이 필요하다면 미래가치의 ___㉠___ 을 선택할 수밖에 없다. 요컨대 현재선호는 할인의 ___㉡___ 이 아닌 것이다.
>
> 이제 누군가가 1년 뒤의 100만 원과 현재의 90만 원을 동일하게 평가한다고 가정해 보자. 이와 같은 선택의 결과만 보았을 때는 그 사람은 할인을 하고 있는 것이 분명하지만, 이 선택의 결과가 현재선호 때문이라고 확언할 수는 없다. 그 사람이 1년 뒤의 물가가 변동할 것으로 예상한다면, 물가와 반대 방향으로 움직이는 화폐가치의 변동이 그 사람의 의사결정에 영향을 미칠 수도 있다. 물가가 큰 폭으로 ___㉢___ 것으로 예상하면서도 1년 뒤보다 낮은 수준의 현재 금액을 1년 뒤와 동일하게 평가한다면, 이는 현재선호 때문일 가능성이 크다. 반면 그 사람이 물가가 크게 ___㉣___ 것으로 확신하여 1년 뒤보다 낮은 수준의 현재 금액을 1년 뒤와 동일하게 평가한다면, 현재선호 때문일 가능성은 위의 상황보다 상대적으로 작아진다.

	㉠	㉡	㉢	㉣			㉠	㉡	㉢	㉣
①	할인	필요조건	내릴	오를		②	할인	필요조건	오를	내릴
③	할인	충분조건	내릴	오를		④	할증	필요조건	내릴	오를
⑤	할증	충분조건	오를	내릴						

04 다음 글에 대한 분석으로 적절한 것만을 〈보기〉에서 모두 고르면?

> ⊙ 힘센 국가나 조직이 지구의 기상을 마음대로 조작하고 있다는 음모론은 수십 년 전부터 사람들의 입에 오르내려 왔다. 이에 따르면 수십 년 전부터 강대국들은 군사적 목적으로 기류의 흐름을 조종하고 폭풍우를 임의로 만들어내고, 적국에 한파나 폭염을 불러일으키는 등의 날씨를 조작하는 환경전(環境戰)을 펼쳐 왔다. 이들 중 특히 C 단체에 따르면 ⓒ 산업 현장 등에서 배출하는 과다한 온실기체 때문에 지구온난화 현상이 일어나는 것이 아니다. 이들은 ⓒ 강대국 정부가 군사적 목적에서 행하는 비밀스러운 기상조작 활동 때문에 지구온난화 현상이 일어난다고 주장한다.
>
> C 단체가 이렇게 주장하는 근거는 무엇인가? 이와 관련하여 이들은 ⓔ 기상조작 기술을 군사적 혹은 상업적으로 이용 및 수출하는 것을 금지하는 국제 통상 조항이 있다는 사실에 주목한다. 바로 이것이 ⓜ 기상조작 기술을 실제로 군사적 혹은 상업적으로 이용하고 있다는 증거라는 것이다. 그리고 C 단체는 재해 예방을 위한 인공강우 활용 사례들이 보여주는 것처럼 기상조작 기술은 이미 실용화된 기술이라는 점도 지적한다. 이 때문에 이들은 ⓗ 기상조작 기술이 손쉽게 군사적으로 전용될 수 있다고 여긴다. 이에 더해 ⓢ 강대국 정부들은 자국의 기업들이 지구온난화의 책임으로 납부하는 거액의 세금을 환영한다는 사실 역시 정부가 실제로 기상조작 행위를 수행하고 있음을 보여준다고 C 단체는 말한다.
>
> 그러나 지구온난화 현상이 일으키는 국가적 비용은 음모론자들이 말하는 환경전을 통해 얻을 수 있는 재정상의 이익을 압도한다. 그렇기에 정부가 그런 비용을 치르면서까지 기상조작을 수행할 이유가 없다. 따라서 기상조작 음모론은 터무니없다.

보기

ⓐ ⊙에 동의해도 ⓒ에 동의할 필요는 없다.

ⓑ ⓜ, ⓗ, ⓢ에 모두 동의한다면 ⓒ에 동의해야 한다.

ⓒ 무언가가 실제로 행해지고 있을 때만 그것을 금지하는 규정이 존재한다고 전제하면 ⓔ로부터 ⓜ이 도출된다.

① ⓐ   ② ⓑ

③ ⓐ, ⓒ   ④ ⓑ, ⓒ

⑤ ⓐ, ⓑ, ⓒ

※ 다음 글을 읽고 물음에 답하시오. [5~7]

오늘날 교과서적 견해에서 '소유와 지배의 분리'라는 개념은 전문 경영인 체제의 확립을 가리키지만 그로 인한 주주와 경영자 사이의 이해 상충을 내포한다. 다시 말해 주식 소유의 분산으로 인해 창업자 가족이나 대주주의 영향력이 약해져 경영자들이 회사 이윤에 대한 유일한 청구권자인 주주의 이익보다 자신들의 이익을 앞세우는 문제의 심각성을 강조하는 개념이다. 그러나 ⑤ 벌리가 이 개념을 처음 만들었을 때 그 의미는 달랐다. 그는 '회사체제'라는 현대 사회의 재산권적 특징을 포착하고자 이 개념을 고안했다. 그에게 있어서 '소유', [지배], '경영'은 각각 (1) 사업체에 대한 이익을 갖는 기능, (2) 사업체에 대한 권력을 갖는 기능, (3) 사업체에 대한 행위를 하는 기능을 지칭하는 개념이지 각 기능의 담당 주체를 지칭하는 것이 아니다. 벌리에 따르면 산업혁명 이전에는 이 세 기능이 통합된 경우가 일반적이었는데 19세기에 많은 사업체들에서 소유자가 (1)과 (2)를 수행하고 고용된 경영자들이 (3)을 수행하는 방식으로 분리가 일어났다. 20세기 회사 체제에서는 많은 사업체들에서 (2)가 (1)에서 분리되었다. 이제 (1)은 사업체의 소유권을 나타내는 증표인 주식을 소유하는 것, 즉 비활동적 재산의 점유가 되었고, (2)는 물적 자산과 사람들로 조직된 살아 움직이는 사업체를 어떻게 사용할지를 결정하는 것, 즉 활동적 재산의 점유가 되었다. 주식 소유가 다수에게 분산된 회사에서 (2)는 창업자나 그 후손, 대주주, 경영자, 혹은 모회사나 지주회사의 지배자 등 이사를 선출할 힘을 가진 다양한 주체에 의해 수행될 수 있다. 사기업에서는 통합되어 있던 위험 부담 기능과 회사 지배 기능이 분리되어 주주와 지배자에게 각각 배치됨으로써 회사라는 생산 도구는 전통적인 사유재산으로서의 의미를 잃게 되었다. 이런 의미에서 벌리는 소유와 지배가 분리된 현대 회사를 준공공회사라고 불렀다.

소유와 지배가 분리된 회사는 누구를 위해 운영되어야 하는가? 벌리는 이 질문에 대해 가능한 세 가지 답을 검토한다. 첫째, 재산권을 불가침의 권리로 간주하는 전통적인 법학의 논리에 입각한다면 회사가 오로지 주주의 이익을 위해서만 운영되어야 한다는 견해가 도출될 수밖에 없다. 그러나 자신의 재산에 대한 지배를 수행하는 소유자가 그 재산으로부터 나오는 이익을 전적으로 수취하는 것이 보호되어야 한다고 해서, 자신의 재산에 대한 지배를 포기한 소유자도 마찬가지로 이익의 유일한 청구권자가 되어야 한다는 결론을 도출하는 것은 잘못이다.

둘째, 전통적인 경제학의 논리에 입각하면 회사는 지배자를 위해 운영되어야 한다는 견해가 도출될 수밖에 없다. 왜냐하면 경제학은 전통적인 법학과 달리 재산권의 보호 자체를 목적으로 보는 것이 아니라 재산권의 보호를 사회적으로 바람직한 목적을 위한 수단으로 보기 때문이다. 재산권을 보호하는 이유가 재산의 보장 자체가 아니라 부를 얻으려는 노력을 유발하는 사회적 기능 때문이라면, 회사가 유용하게 사용되도록 하기 위해서는 회사를 어떻게 사용할지를 결정하는 지배자의 이익을 위해 회사가 운영되어야 한다. 그러나 위험을 부담하지 않는 지배자를 위해 회사가 운영되는 것은 최악의 결과를 낳는다.

셋째, 이처럼 법학과 경제학의 전통적인 논리를 소유와 지배가 분리된 회사체제에 그대로 적용했을 때 서로 다른 그릇된 결론들이 도출된다는 것은 두 학문의 전통적인 논리들이 전제하고 있는 19세기의 자유방임 질서가 회사체제에 더 이상 타당하지 않음을 보여준다. 자유방임 질서가 기초하고 있던 사회가 회사체제 사회로 변화된 상황에서는, 회사가 '지배자를 위해 운영되어야 한다'는 견해는 최악의 대안이고 '주주를 위해 운영되어야 한다'는 견해는 차악의 현실적인 대안일 뿐이다. 결국 회사체제에서 회사는 공동체의 이익을 위해 운영되어야 한다는 것이 벌리의 결론이다.

하지만 이를 뒷받침할 법적 근거가 마련되지 않거나, 이를 실현할 합리적인 계획들을 공동체가 받아들일 준비가 안 된 상황에서는, 회사법 영역에서 경영자의 신인의무의 대상, 즉 회사를 자신에게 믿고 맡긴 사람의 이익을 자신의 이익보다 우선해야 하는 의무의 대상을 주주가 아닌 다른 이해 관계자들로 확장해서는 안 된다고 벌리는 주장했다. 이 때문에 그는 회사가 주주를 위해 운영되어야 한다는 견해를 지지했던 것으로 흔히 오해된다. 그러나 회사법에서 주주 이외에 주인을 인정하지 않아야 한다고 그가 주장한 이유는 주인이 여럿이면 경영자들이 누구도 섬기지 않게 되고 회사가 경제적 내전에 빠지게 될 것이며 경제력이 집중된 회사 지배자들의 사회적 권력을 키워주는 결과를 낳을 것이라고 보았기 때문이다. 그는 회사법 영역에서 주주에 대한 신인의무를 경영자뿐 아니라 지배자에게도 부과하여 지배에 의한 회사의 약탈로부터 비활동적 재산권을 보호하는 것이 회사가 공동체의 이익을 위해 운영되도록 하기 위한 출발점이라고 보았다. 그리고 소득세법이나 노동법, 소비자보호법, 환경법 등과 같은 회사법 바깥의 영역에서 공동체에 대한 회사의 의무를 이행하도록 하는 현실적인 시스템을 마련하고 정착시킴으로써 사회의 이익에 비활동적 재산권이 자리를 양보하도록 만들 수 있다고 보았다.

05 윗글의 내용에 비추어 볼 때 적절하지 않은 것은?

① 소유와 지배의 분리에 대한 오늘날 교과서적 견해는 전통적인 법학 논리에 입각한 견해를 받아들이고 있다.

② 벌리는 회사법에서 회사의 사회적 책임을 강조할 경우 회사 지배자들의 권력을 키워주는 결과를 낳는다고 보았다.

③ 전통적인 경제학의 논리에 따르면 사회적으로 가장 좋은 결과를 낳을 수 있도록 재산권이 인정되는 것이 바람직하다.

④ 벌리에 따르면 주주가 회사 이윤에 대한 유일한 청구권자가 아니기 때문에 경영자의 신인의무 대상을 주주로 한정해서는 안 된다.

⑤ 벌리와 달리 오늘날 교과서적 견해에 따르면 대주주의 영향력이 강해지는 것이 소유와 지배의 분리에 따른 문제를 해결하는 데 도움이 될 수 있다.

06 지배에 대한 ㉠의 생각으로 적절하지 않은 것은?

① 준공공회사에서는 공동체의 이익을 위해 수행되는 기능이다.

② 전통적인 의미의 사유재산에서는 소유자가 수행하는 기능이다.

③ 회사체제의 회사에서 이 기능의 담당자는 위험을 부담하지 않는다.

④ 회사체제의 회사에서는 활동적 재산을 점유한 자가 수행하는 기능이다.

⑤ '경영'의 담당자에 의해 수행될 수도 있다고 인정하지만 '경영'과 동일시하지 않는다.

07 〈보기〉의 '뉴딜'에 대해 ㉠이 보일 반응으로 적절하지 않은 것은?

> **보기**
>
> 금융개혁에 초점을 맞춘 1차 뉴딜은 경영자들과 지배자들에게 주주에 대한 신인의무를 부과함으로써 주주의 재산권을 엄격하게 보호하는 원칙을 확립했다. 노사관계와 사회보장 등의 분야로 개혁을 확장했던 2차 뉴딜은 노동조합을 통한 노동자들의 제반 권리를 합법화했고 실업수당의 보장 수준과 기간을 강화했으며 사회보장제도를 확립했다. 이러한 1차 뉴딜과 2차 뉴딜의 차이점 때문에 뉴딜은 흔히 체계적인 청사진 없이 임기응변식으로 마련된 일관성 없는 정책들의 연속이었다고 평가받는다.

① 1차 뉴딜은 지배에 의해 회사가 약탈되는 것을 막기 위한 회사법 영역의 개혁이라고 볼 수 있다.

② 1차 뉴딜은 주주의 이익을 위해 회사가 운영되도록 하는 원칙을 확립한 개혁이라고 볼 수 있다.

③ 2차 뉴딜은 주주의 재산권이 사회의 이익에 자리를 양보하도록 만드는 개혁이라고 볼 수 있다.

④ 2차 뉴딜은 회사가 공동체의 이익을 위해 운영되도록 하기 위한 회사법 바깥 영역의 개혁이라고 볼 수 있다.

⑤ 1차 뉴딜과 2차 뉴딜은 준공공회사로의 변화를 추구한다는 점에서 일관성이 있다고 볼 수 있다.

PART 2

DAY 01
DAY 02
DAY 03
DAY 04
DAY 05
DAY 06
DAY 07
DAY 08
DAY 09
DAY 10

| 2021학년 대학수학능력시험 국어 영역

※ 다음 글을 읽고 물음에 답하시오. [1~4]

채권은 어떤 사람이 다른 사람에게 특정 행위를 요구할 수 있는 권리이다. 이 특정 행위를 급부라 하고, 특정 행위를 해 주어야 할 의무를 채무라 한다. 채무자가 채권을 가진 이에게 급부를 이행하면 채권에 대응하는 채무는 소멸한다. 급부는 재화나 서비스 제공인 경우가 많지만 그 외의 내용일 수도 있다.

민법상의 권리는 여러 가지가 있는데 계약 없이 법률로 정해진 요건의 충족으로 발생하기도 하지만 대개 계약의 효력으로 발생한다. 계약이란 권리 발생 등에 관한 당사자의 합의로서, 계약이 성립하면 합의 내용대로 권리 발생 등의 효력이 인정되는 것이 원칙이다. 당장 필요한 재화나 서비스는 그 제공을 급부로 하는 계약을 성립시켜 확보하면 되지만 미래에 필요할 수도 있는 재화나 서비스라면 계약을 성립시킬 수 있는 권리를 확보하는 것이 유리하다. 이를 위해 '예약'이 활용된다. 일상에서 예약이라고 할 때와 법적인 관점에서의 예약은 구별된다. ㉠ 기차 탑승을 위해 미리 돈을 지불하고 승차권을 구입하는 것을 '기차 승차권을 예약했다'고도 하지만 이 경우는 예약에 해당하지 않는 계약이다. 법적으로 예약은 당사자들이 합의한 내용대로 권리가 발생하는 계약의 일종으로, 재화나 서비스 제공을 급부 내용으로 하는 다른 계약인 '본계약'을 성립시킬 수 있는 권리 발생을 목적으로 한다.

Ⓐ ┌ 예약은 예약상 권리자가 가지는 권리의 법적 성질에 따라 두 가지 유형으로 나뉜다. 첫째는 채권을 발생시키는 예약이다. 이 채권의 급부 내용은 '예약상 권리자의 본계약 성립 요구에 대해 상대방이 승낙하는 것'이다. 회사의 급식 업체 공모에 따라 여러 업체가 신청한 경우 그중 한 업체가 선정되었다고 회사에서 통지하면 예약이 성립한다. 이에 따라 선정된 업체가 급식을 제공하고 대금을 받기로 하는 본계약 체결을 요청하면 회사는 이에 응할 의무를 진다. 둘째는 예약 완결권을 발생시키는 예약이다. 이 경우 예약상 권리자가 본계약을 성립시키겠다는 의사를 표시하는 것만으로 본계약이 성립한다. 가족 행사를 위해 식당을 예약한 사람이 식당에 도착하여 예약 완결권을 행사하면 곧바로 본계약이 성립하므로 식사 제공이라는 급부에 대한 계약상의 채권이 발생한다.

예약에서 예약상의 급부나 본계약상의 급부가 이행되지 않는 문제가 생길 수 있는데, 예약의 유형에 따라 발생 문제의 양상이 다르다. 일반적으로 급부가 이행되지 않아 채권자에게 손해가 발생한 경우 채무자는 자신의 고의나 과실에서 비롯된 것이 아님을 증명하지 못하는 한 채무 불이행 책임을 진다. 이로 인해 채무의 내용이 바뀌는데 원래의 급부 내용이 무엇이든 채권자의 손해를 돈으로 물어야 하는 손해 배상 채무로 바뀐다.

만약 타인이 고의나 과실로 예약상 권리자가 가진 권리 실현을 방해했다면 예약상 권리자는 그에게도 책임을 물을 수 있다. 법률에 의하면 누구든 고의나 과실에 의해 타인에게 피해를 끼치는 행위를 하고 그 행위의 위법성이 인정되면 불법행위 책임이 성립하여, 가해자는 피해자에게 손해를 돈으로 배상할 채무를 지기 때문이다. 다만 예약상 권리자에게 예약 상대방이나 방해자 중 누구라도 손해 배상을 하면 다른 한쪽의 배상 의무도 사라진다. 급부 내용이 동일하기 때문이다.

01 윗글에 대한 이해로 적절하지 않은 것은?

① 계약상의 채권은 계약이 성립하면 추가 합의가 없어도 발생하는 것이 원칙이다.

② 재화나 서비스 제공을 대상으로 하는 권리 외에 다른 형태의 권리도 존재한다.

③ 예약상 권리자는 본계약상 권리의 발생 여부를 결정할 수 있다.

④ 급부가 이행되면 채무자의 채권자에 대한 채무가 소멸된다.

⑤ 불법행위 책임은 계약의 당사자 사이에 국한된다.

02 ㉠에 대한 이해로 가장 적절한 것은?

① 기차 탑승은 채권에 해당하고 돈을 지불하는 행위는 그 채권의 대상인 급부에 해당한다.

② 기차를 탑승하지 않는 것은 승차권 구입으로 발생한 채권에 대응하는 의무를 포기하는 것이다.

③ 기차 승차권을 미리 구입하는 것은 계약을 성립시키면서 채권의 행사 시점을 미래로 정해 두는 것이다.

④ 승차권 구입은 계약 없이 법률로 정해진 요건을 충족하여 서비스를 제공받을 권리를 발생시키는 행위이다.

⑤ 미리 돈을 지불하는 것은 미래에 필요한 기차 탑승 서비스 이용이라는 계약을 성립시킬 수 있는 권리를 확보한 것이다.

03 다음은 Ⓐ에 제시된 예를 활용하여, 예약의 유형에 따라 예약상 권리자가 요구할 수 있는 급부에 대해 정리한 것이다. ⓐ ~ ⓒ에 들어갈 내용을 올바르게 짝지은 것은?

구분	채권을 발생시키는 예약	예약 완결권을 발생시키는 예약
예약상 급부	ⓐ	ⓑ
본계약상 급부	ⓒ	식사 제공

	ⓐ	ⓑ	ⓒ
①	급식 계약 승낙	없음	급식 대금 지급
②	급식 계약 승낙	없음	급식 제공
③	급식 계약 승낙	식사 제공 계약 체결	급식 제공
④	없음	식사 제공 계약 체결	급식 제공
⑤	없음	식사 제공 계약 체결	급식 대금 지급

PART 2

DAY 01
DAY 02
DAY 03
DAY 04
DAY 05
DAY 06
DAY 07
DAY 08
DAY 09
DAY 10

04 윗글을 참고할 때, 〈보기〉의 ㉮에 대한 이해로 적절하지 않은 것은?

> **보기**
>
> 특별한 행사를 앞두고 있는 갑은 미용실을 운영하는 을과 예약을 하여 행사 당일 오전 10시에 머리 손질을 받기로 했다. 갑이 시간에 맞춰 미용실을 방문하여 머리 손질을 요구했을 때 병이 이미 을에게 머리 손질을 받고 있었다. 갑이 예약해 둔 시간에 병이 고의로 끼어들어 위법성이 있는 행위를 하여 ㉮ 갑은 오전 10시에 머리 손질을 받을 수 없는 손해를 입었다.

① ㉮가 발생하는 과정에서 을의 과실이 있는 경우, 을은 갑에 대해 채무 불이행 책임이 있고 병은 갑에 대해 손해 배상 채무가 있다.

② ㉮가 발생하는 과정에서 을의 고의가 있는 경우, 을과 병은 모두 갑에게 손해 배상 채무를 지고 을이 배상을 하면 병은 갑에 대한 채무가 사라진다.

③ ㉮가 발생하는 과정에서 을에게 고의나 과실이 있는지 없는지 증명되지 않은 경우, 을과 병은 모두 갑에게 채무를 지고 그에 따른 급부의 내용은 동일하다.

④ ㉮가 발생하는 과정에서 을에게 고의나 과실이 있는지 없는지 증명되지 않은 경우, 을과 병은 모두 채무 불이행 책임을 지므로 갑에게 손해 배상 채무를 진다.

⑤ ㉮가 발생하는 과정에서 을에게 고의나 과실이 없음이 증명된 경우, 을과 달리 병에게는 갑이 입은 손해에 대해 금전으로 배상할 책임이 있다.

05 다음 글에서 알 수 있는 것은?

주식회사의 이사는 주주총회에서 선임된다. 1주 1의결권 원칙이 적용되는 주주총회에서 주주는 본인이 보유하고 있는 주식 비율에 따라 의결권을 갖는다. 예를 들어 5%의 주식을 가진 주주는 전체 의결권 중에서 5%의 의결권을 갖는다.

주주총회에서 이사를 선임할 때에는 각 이사 후보자별 의결이 별도로 이루어진다. 예를 들어 2인의 이사를 선임하는 주주총회에서 3인의 이사 후보가 있다면, 각 후보를 이사로 선임하는 세 건의 안건을 올려 각각 의결한다. 즉, 총 세 번의 의결 후 찬성 수를 가장 많이 얻은 2인을 이사로 선임하는 것이다. 이를 단순투표제라 한다. 단순투표제에서 발행주식 총수의 50%를 초과하는 지분을 가진 주주는 모든 이사를 자신이 원하는 사람으로 선임할 수 있게 되고, 그럴 경우 50% 미만을 보유하고 있는 주주는 자신이 원하는 사람을 한 명도 이사로 선임하지 못하게 된다.

집중투표제는 이러한 문제를 해결하기 위해 고안된 방안이다. 이는 복수의 이사를 한 건의 의결로 선임하는 방법으로 단순투표제와 달리 행사할 수 있는 의결권이 각 후보별로 제한되지 않는다. 예를 들어 회사의 발행주식이 100주이고 선임할 이사는 5인, 후보는 8인이라고 가정해 보자. 집중투표제를 시행한다면 25주를 가진 주주는 선임할 이사가 5인이기 때문에 총 125개의 의결권을 가지며 75주를 가진 지배주주는 총 375개의 의결권을 가진다. 각 주주는 자신의 의결권을 자신이 원하는 후보에게 집중하여 배분할 수 있다. 125개의 의결권을 가진 주주는 자신이 원하는 이사 후보 1인에게 125표를 집중 투표하여 이사로 선임될 가능성을 높일 수 있다. 최종적으로 5인의 이사는 찬성 수를 많이 얻은 순서에 따라 선임된다.

주주가 집중투표를 청구하기 위해서는 주식회사의 정관에 집중투표를 배제하는 규정이 없어야 한다. 이러한 방식을 옵트아웃 방식이라고 한다. 정관에서 명문으로 규정해야 제도를 시행할 수 있는 옵트인 방식과는 반대되는 것이다. 하지만 현재 우리나라 전체 상장회사의 90% 이상은 집중투표를 배제하는 정관을 가지고 있어 집중투표제의 활용이 미미한 상황이다.

① 한 안건에 대해 단순투표제와 집중투표제 모두 1주당 의결권의 수는 그 의결로 선임할 이사의 수와 동일하다.
② 집중투표제에서 대주주는 한 건의 의결로 선임될 이사의 수가 가능한 한 많아지기를 원할 것이다.
③ 집중투표제로 이사를 선임하는 경우 소액주주는 본인이 원하는 최소 1인의 이사를 선임할 수 있다.
④ 정관에 집중투표제에 관한 규정이 없다면 주주는 이사를 선임할 때 집중투표를 청구할 수 없다.
⑤ 단순투표제에서는 전체 의결권의 과반수를 얻어야만 이사로 선임된다.

※ 다음 글을 읽고 물음에 답하시오. [6~8]

빈곤 퇴치와 경제성장에 관해 다양한 견해가 제시되고 있다. 빈곤의 원인으로 지리적 요인을 강조하는 삭스는 가난한 나라의 사람들이 '빈곤의 덫'에서 빠져나오기 위해 외국의 원조에 기초한 초기 지원과 투자가 필요하다고 주장한다. 그가 보기에 대부분의 가난한 나라들은 열대 지역에 위치하고 말라리아가 극심하여 사람들의 건강과 노동성과가 나쁘다. 이들은 소득 수준이 너무 낮아 영양 섭취나 위생, 의료, 교육에 쓸 돈이 부족하고 개량종자나 비료를 살 수 없어서 소득을 늘릴 수 없다. 이런 상황에서는, 초기 지원과 투자로 가난한 사람들이 빈곤의 덫에서 벗어나도록 해주어야만 생산성 향상이나 저축과 투자의 증대가 가능해져 소득이 늘 수 있다. 그런데 가난한 나라는 초기 지원과 투자를 위한 자금을 조달할 능력이 없기 때문에 외국의 원조가 필요하다는 것이다.

제도의 역할을 강조하는 경제학자들의 견해는 삭스와 다르다. 이스털리는 정부의 지원과 외국의 원조가 성장에 도움이 되지 않는다고 본다. 그는 '빈곤의 덫' 같은 것은 없으며, 빈곤을 해결하기 위해 경제가 성장하려면 자유로운 시장이 잘 작동해야 한다고 본다. 가난한 사람들이 필요를 느끼지 않는 상태에서 교육이나 의료에 정부가 지원한다고 해서 결과가 달라지지 않으며 개인들이 스스로 필요한 것을 선택하도록 해야 한다고 보기 때문이다. 마찬가지 이유로 이스털리는 외국의 원조에 대해서도 회의적인데, 특히 정부가 부패할 경우에 원조는 가난한 사람들의 처지를 개선하지는 못하고 부패를 더욱 악화시키는 결과만 초래한다고 본다. 이에 대해 삭스는 가난한 나라 사람들의 소득을 지원해 빈곤의 덫에서 빠져나오도록 해야 생활수준이 높아져 시민사회가 강화되고 법치주의가 확립될 수 있다고 주장한다.

빈곤의 원인이 나쁜 제도라고 생각하는 애쓰모글루도 외국의 원조에 대해 회의적이지만, 자유로운 시장에 맡겨 둔다고 나쁜 제도가 저절로 사라지는 것도 아니라고 본다. 그는 가난한 나라에서 경제성장에 적합한 좋은 경제제도가 채택되지 않는 이유가 정치제도 때문이라고 본다. 어떤 제도든 이득을 얻는 자와 손실을 보는 자를 낳으므로 제도의 채택 여부는 사회 전체의 이득이 아니라 정치권력을 가진 세력의 이득에 따라 결정된다는 것이다. 따라서 그는 지속적인 성장을 위해서는 사회 전체의 이익에 부합하는 경제제도가 채택될 수 있도록 정치제도가 먼저 변화해야 한다고 주장한다.

제도의 중요성을 강조한 나머지 외국의 역할과 관련해 극단적인 견해를 내놓는 경제학자들도 있다. 로머는 외부에서 변화를 수입해 나쁜 제도의 악순환을 끊는 하나의 방법으로 불모지를 외국인들에게 내주고 좋은 제도를 갖춘 새로운 도시로 개발하도록 하는 프로젝트를 제안한다. 콜리어는 경제 마비 상태에 이른 빈곤국들이 나쁜 경제제도와 정치제도의 악순환에 갇혀 있으므로 좋은 제도를 가진 외국이 군사 개입을 해서라도 그 악순환을 해소해야 한다고 주장한다.

배너지와 뒤플로 는 일반적인 해답의 모색 대신 "모든 문제에는 저마다 고유의 해답이 있다."는 관점에서 빈곤 문제에 접근해야 한다고 주장하고 구체적인 현실에 대한 올바른 이해에 기초한 정책을 강조한다. 두 사람은 나쁜 제도가 존재하는 상황에서도 제도와 정책을 개선할 여지는 많다고 본다. 이들은 현재 소득과 미래 소득 사이의 관계를 나타내는 곡선의 모양으로 빈곤의 덫에 대한 견해들을 설명한다. 덫이 없다는 견해는 이 곡선이 가파르게 올라가다가 완만해지는 '뒤집어진 L자 모양'이라고 생각함에 비해, 덫이 있다는 견해는 완만하다가 가파르게 오른 다음 다시 완만해지는 'S자 모양'이라고 생각한다는 것이다. 현실 세계가 뒤집어진 L자 모양의 곡선에 해당한다면 아무리 가난한 사람이라도 시간이 갈수록 점점 부유해진다. 이들을 지원하면 도달에 걸리는 시간을 조금 줄일 수 있을지 몰라도 결국 도달점은 지원하지 않는 경우와 같기 때문에 도움이 필요하다고 보기 어렵다. 그러나 S자 곡선의 경우, 소득 수준이 낮은 영역에 속하는 사람은 시간이 갈수록 소득 수준이 '낮은 균형'으로 수렴하므로 지원이 필요하다. 배너지와 뒤플로는 가난한 사람들이 빈곤의 덫에 갇혀 있는 경우도 있고 아닌 경우도 있으며, 덫에 갇히는 이유도 다양하다고 본다. 따라서 빈곤의 덫이 있는지 없는지 단정하지 말고, 특정 처방 이외에는 특성들이 동일한 복수의 표본집단을 구성함으로써 처방의 효과에 대한 엄격한 비교 분석을 수행하고, 지역과 처방을 달리하여 분석을 반복함으로써 이들이 어떻게 살아가는지, 도움이 필요한지, 처방에 대한 이들의 수요는 어떠한지 등을 파악해야 빈곤 퇴치에 도움이 되는 지식을 얻을 수 있다고 본다. 빈곤을 퇴치하지 못하는 원인이 빈곤에 대한 경제학 지식의 빈곤이라고 생각하는 것이다.

06 윗글과 일치하지 않는 것은?

① 지리적 요인의 역할을 강조하는 경제학자라면 외국의 원조에 대해 긍정적이다.

② 제도의 역할을 강조하는 경제학자라 하더라도 자유로운 시장의 역할을 중시하는 경우도 있다.

③ 제도의 역할을 강조하는 경제학자라면 정치제도 변화가 경제성장을 위한 전제조건이라고 생각한다.

④ 제도의 역할을 강조하는 경제학자라 하더라도 외국이 성장에 미치는 역할을 중시하지 않는 경우도 있다.

⑤ 지리적 요인의 역할을 강조하는 경제학자만이 빈곤의 덫에서 빠져나오려면 초기 지원이 필요하다고 생각하는 것은 아니다.

07 배너지와 뒤플로 의 입장을 설명한 것으로 가장 적절한 것은?

① 제도보다 정책을 중시한다는 점에서 애쓰모글루에 동의한다.

② 가난한 사람들의 수요를 중시한다는 점에서 이스털리에 동의한다.

③ 거대한 문제를 우선해서는 안 된다고 보는 점에서 콜리어에 동의한다.

④ 정부가 부패해도 정책이 성과를 낼 수 있다고 보는 점에서 삭스에 반대한다.

⑤ 빈곤 문제를 해결하는 일반적인 해답이 있다고 보는 점에서 로머에 동의한다.

PART 2

DAY 01
DAY 02
DAY 03
DAY 04
DAY 05
DAY 06
DAY 07
DAY 08
DAY 09
DAY 10

08 윗글을 바탕으로 〈보기〉를 이해한 것으로 적절하지 않은 것은?

보기

아래 그래프에서 S자 곡선은 현재 소득과 미래 소득의 관계를 표시한 것이다(45°선은 현재 소득과 미래 소득이 같은 상태를 나타낸다). 특정 시기 t의 소득이 a1이라면 t+1 시기의 소득은 a2이고, t+2 시기의 소득은 a3임을 알 수 있다. S자 곡선에서는 복수의 균형이 존재한다. 여기서 '균형'이란 한 번 도달하면 거기서 벗어나지 않을 상태를 말한다. 물론 외부적 힘이 가해질 경우에는 균형에서 벗어날 수도 있다.

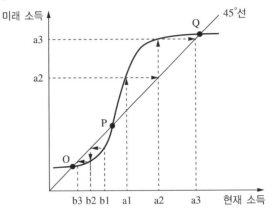

① 배너지와 뒤플로는 점 O를 '낮은 균형'이라고 보겠군.

② 삭스라면 지원으로 소득을 b3에서 b1으로 이동하도록 해야 한다고 보겠군.

③ 삭스라면 지원이 없을 경우에는 b3에서는 생산성이 향상되지 않는다고 보겠군.

④ 이스털리라면 점 P의 왼쪽 영역이 없는 세계를 상정하므로 점 P가 원점이라고 보겠군.

⑤ 이스털리라면 a1에서 지원이 이루어진다 해도 균형 상태의 소득 수준은 변하지 않는다고 보겠군.

※ 다음 글을 읽고 물음에 답하시오. [1~4]

국제법에서 일반적으로 조약은 국가나 국제기구들이 그들 사이에 지켜야 할 구체적인 권리와 의무를 명시적으로 합의하여 창출하는 규범이며, 국제 관습법은 조약 체결과 관계없이 국제 사회 일반이 받아들여 지키고 있는 보편적인 규범이다. 반면에 경제 관련 국제기구에서 어떤 결정을 하였을 경우, 이 결정 사항 자체는 권고적 효력만 있을 뿐 법적 구속력은 없는 것이 일반적이다. 그런데 국제결제은행 산하의 바젤위원회가 결정한 BIS 비율 규제와 같은 것들이 비회원의 국가에서도 엄격히 준수되는 모습을 종종 보게 된다. 이처럼 일종의 규범적 성격이 나타나는 현실을 어떻게 이해할지에 대한 논의가 있다. 이는 위반에 대한 제재를 통해 국제법의 효력을 확보하는 데 주안점을 두는 일반적 경향을 되돌아보게 한다. 곧 신뢰가 형성하는 구속력에 주목하는 것이다.

[BIS 비율]은 은행의 재무 건전성을 유지하는 데 필요한 최소한의 자기자본 비율을 설정하여 궁극적으로 예금자와 금융 시스템을 보호하기 위해 바젤위원회에서 도입한 것이다. 바젤위원회에서는 BIS 비율이 적어도 규제 비율인 8%는 되어야 한다는 기준을 제시하였다. 이에 대한 식은 다음과 같다.

$$\text{BIS 비율(\%)} = \frac{\text{자기자본}}{\text{위험가중자산}} \times 100 \geq 8(\%)$$

여기서 자기자본은 은행의 기본자본, 보완자본 및 단기후순위 채무의 합으로, 위험가중자산은 보유 자산에 각 자산의 신용 위험에 대한 위험 가중치를 곱한 값들의 합으로 구하였다. 위험 가중치는 자산 유형별 신용 위험을 반영하는 것인데, OECD 국가의 국채는 0%, 회사채는 100%가 획일적으로 부여되었다. 이후 금융 자산의 가격 변동에 따른 시장 위험도 반영해야 한다는 요구가 커지자, 바젤위원회는 위험가중자산을 신용 위험에 따른 부분과 시장 위험에 따른 부분의 합으로 새로 정의하여 BIS 비율을 산출하도록 하였다. 신용 위험의 경우와 달리 시장 위험의 측정 방식은 감독 기관의 승인하에 은행의 선택에 따라 사용할 수 있게 하여 '바젤 Ⅰ' 협약이 1996년에 완성되었다.

금융 혁신의 진전으로 '바젤 Ⅰ' 협약의 한계가 드러나자 2004년에 '바젤 Ⅱ' 협약이 도입되었다. 여기에서 BIS 비율의 위험가중자산은 신용 위험에 대한 위험 가중치에 자산의 유형과 신용도를 모두 고려하도록 수정되었다. 신용 위험의 측정 방식은 표준 모형이나 내부 모형 가운데 하나를 은행이 이용할 수 있게 되었다. 표준 모형에서는 OECD 국가의 국채는 0%에서 150%까지, 회사채는 20%에서 150%까지 위험 가중치를 구분하여 신용도가 높을수록 낮게 부과한다. 예를 들어 실제 보유한 회사채가 100억 원인데 신용 위험 가중치가 20%라면 위험가중자산에서 그 회사채는 20억 원으로 계산된다. 내부 모형은 은행이 선택한 위험 측정 방식을 감독 기관의 승인하에 그 은행이 사용할 수 있도록 하는 것이다. 또한 감독 기관은 필요시 위험가중자산에 대한 자기자본의 최저 비율이 규제 비율을 초과하도록 자국 은행에 요구할 수 있게 함으로써 자기자본의 경직된 기준을 보완하고자 했다.

최근에는 '바젤 Ⅲ' 협약이 발표되면서 자기자본에서 단기후순위 채무가 제외되었다. 또한 위험가중자산에 대한 기본자본의 비율이 최소 6%가 되게 보완하여 자기자본의 손실 복원력을 강화하였다. 이처럼 새롭게 발표되는 바젤 협약은 이전 협약에 들어 있는 관련 기준을 개정하는 효과가 있다.

바젤 협약은 우리나라를 비롯한 수많은 국가에서 채택하여 제도화하고 있다. 현재 바젤위원회에는 28개국의 금융 당국들이 회원으로 가입되어 있으며, 우리 금융 당국은 2009년에 가입하였다. 하지만 우리나라는 가입하기 훨씬 전부터 BIS 비율을 도입하여 시행하였으며, 현행 법제에도 이것이 반영되어 있다. 바젤 기준을 따름으로써 은행이 믿을 만하다는 징표를 국제 금융 시장에 보여 주어야 했던 것이다. 재무 건전성을 의심받는 은행은 국제 금융 시장에 자리를 잡지 못하거나, 심하면 아예 발을 들이지 못할 수도 있다.

바젤위원회에서는 은행 감독 기준을 협의하여 제정한다. 그 헌장에서는 회원들에게 바젤 기준을 자국에 도입할 의무를 부과한다. 하지만 바젤위원회가 초국가적 감독 권한이 없으며 그의 결정도 법적 구속력이 없다는 것 또한 밝히고 있다. 바젤 기준은 100개가 넘는 국가가 채택하여 따른다. 이는 국제기구의 결정에 형식적으로 구속을 받지 않는 국가에서까지 자발적으로 받아들여 시행하고 있다는 것인데, 이런 현실을 ㉠ 말랑말랑한 법(Soft Law)의 모습이라 설명하기도 한다. 이때 조약이나 국제 관습법은 그에 대비하여 딱딱한 법(Hard Law)이라 부르게 된다. 바젤 기준도 장래에 딱딱하게 응고될지 모른다.

01 윗글에서 알 수 있는 내용으로 적절하지 않은 것은?

① 조약은 체결한 국가들에 대하여 권리와 의무를 부과하는 것이 원칙이다.

② 새로운 바젤 협약이 발표되면 기존 바젤 협약에서의 기준이 변경되는 경우가 있다.

③ 딱딱한 법에서는 일반적으로 제재보다는 신뢰로써 법적 구속력을 확보하는 데 주안점이 있다.

④ 국제기구의 결정을 지키지 않을 때 입게 될 불이익은 그 결정이 준수되도록 하는 역할을 한다.

⑤ 세계 각국에서 바젤 기준을 법제화하는 것은 자국 은행의 재무 건전성을 대외적으로 인정받기 위해서이다.

02 [BIS 비율]에 대한 이해로 가장 적절한 것은?

① 바젤 Ⅰ 협약에 따르면, 보유하고 있는 회사채의 신용도가 낮아질 경우 BIS 비율은 낮아지는 경향이 있다.

② 바젤 Ⅱ 협약에 따르면, 각국의 은행들이 준수해야 하는 위험가중자산 대비 자기자본의 최저 비율은 동일하다.

③ 바젤 Ⅱ 협약에 따르면, 보유하고 있는 OECD 국가의 국채를 매각한 뒤 이를 회사채에 투자한다면 BIS 비율은 항상 높아진다.

④ 바젤 Ⅱ 협약에 따르면, 시장 위험의 경우와 마찬가지로 감독 기관의 승인하에 은행이 선택하여 사용할 수 있는 신용 위험의 측정 방식이 있다.

⑤ 바젤 Ⅲ 협약에 따르면, 위험가중자산 대비 보완자본이 최소 2%는 되어야 보완된 BIS 비율 규제를 은행이 준수할 수 있다.

03 윗글을 참고할 때, 〈보기〉에 대한 반응으로 적절하지 않은 것은?

보기

갑 은행이 어느 해 말에 발표한 자기자본 및 위험가중자산은 아래 표와 같다. 갑 은행은 OECD 국가의 국채와 회사채만을 자산으로 보유했으며, 바젤 II 협약의 표준 모형에 따라 BIS 비율을 산출하여 공시하였다. 이때 회사채에 반영된 위험 가중치는 50%이다. 그 이외의 자본 및 자산은 모두 무시한다.

항목	자기자본		
	기본자본	보완자본	단기후순위 채무
금액	50억 원	20억 원	40억 원

항목	위험 가중치를 반영하여 산출한 위험가중자산		
	신용 위험에 따른 위험가중자산		시장 위험에 따른 위험가중자산
	국채	회사채	
금액	300억 원	300억 원	400억 원

① 갑 은행이 공시한 BIS 비율은 바젤위원회가 제시한 규제 비율을 상회하겠군.

② 갑 은행이 보유 중인 회사채의 위험 가중치가 20%였다면 BIS 비율은 공시된 비율보다 높았겠군.

③ 갑 은행이 보유 중인 국채의 실제 규모가 회사채의 실제 규모보다 컸다면 위험 가중치는 국채가 회사채보다 낮았겠군.

④ 갑 은행이 바젤 I 협약의 기준으로 신용 위험에 따른 위험가중자산을 산출한다면 회사채는 600억 원이 되겠군.

⑤ 갑 은행이 위험가중자산의 변동 없이 보완자본을 10억 원 증액한다면 바젤 III 협약에서 보완된 기준을 충족할 수 있겠군.

04 ㉠에 해당하는 사례로 가장 적절한 것은?

① 바젤위원회가 국제 금융 현실에 맞지 않게 된 바젤 기준을 개정한다.

② 바젤위원회가 가입 회원이 없는 국가에 바젤 기준을 준수하도록 요청한다.

③ 바젤위원회 회원의 국가가 준수 의무가 있는 바젤 기준을 실제로는 지키지 않는다.

④ 바젤위원회 회원의 국가가 강제성이 없는 바젤 기준에 대하여 준수 의무를 이행한다.

⑤ 바젤위원회 회원이 없는 국가에서 바젤 기준을 제도화하여 국내에서 효력이 발생하도록 한다.

PART 2
DAY 01
DAY 02
DAY 03
DAY 04
DAY 05
DAY 06
DAY 07
DAY 08
DAY 09
DAY 10

05 다음 글에서 알 수 있는 것은?

> 국제노동기구(ILO)의 노동기준에 관한 협약들은 그 중요성과 특성을 기준으로 하여 핵심협약, 거버 넌스협약, 일반협약으로 나뉜다.
>
> 핵심협약은 1998년의 '노동에 있어서 기본적 원칙들과 권리에 관한 선언'에서 열거한 4개 원칙인 결사·자유원칙, 강제노동 금지원칙, 아동노동 금지원칙, 차별 금지원칙과 관련된 협약들을 말한 다. ILO는 각국이 비준한 핵심협약 이행 현황에 대한 감시·감독 체계를 갖추고 있으며, 핵심협약 을 비준하지 않고 있는 회원국에게는 미비준 이유와 비준 전망에 관한 연례 보고서 제출 의무를 부 과하고 있다.
>
> 거버넌스협약은 노동정책 결정과 노동기준 집행 등 거버넌스와 관련된 협약으로 2008년의 '공정한 세계화를 위한 사회적 정의에 관한 선언'에서 열거한 근로감독 협약, 고용정책 협약, 노사정 협의 협약 등이 있다. ILO는 미비준한 거버넌스협약에 대해 회원국에 별도의 보고 의무를 부과하지 않는 대신, 회원국들과 외교적 협의를 통해 거버넌스협약 비준 확대에 노력하고 있다.
>
> 일반협약은 핵심협약과 거버넌스협약을 제외한 ILO의 노동기준에 관한 모든 협약을 가리키는데, 일반협약은 핵심협약과 거버넌스협약의 세부 주제별 기준들을 구체적으로 규정한다. 예를 들어 핵 심협약에서 차별 금지원칙을 선언하거나 그 대강을 규정하면 일반협약에서는 각 산업별, 직역별에 서의 근로시간 관련 구체적 차별 금지 및 그 예외를 규정하는 방식이다. 다만 일반협약은 ILO 내 다른 협약에 대해 우선 적용되지 않는다는 특성을 지닌다.
>
> 우리나라는 1991년 12월 ILO에 가입한 이후 순차적으로 ILO 노동기준에 관한 협약들을 비준하고 있다. 최근까지 아동노동 금지원칙 및 차별 금지원칙 관련 협약을 비준하였고 2021년 2월에는 결사· 자유원칙 관련 협약에 대한 비준 절차가 진행 중이다. 거버넌스협약은 근로감독 협약을 제외하고는 모두 비준되었고, 비준된 핵심협약과 관련된 일반협약은 대부분 비준되었다.

① 우리나라는 고용정책 협약 및 그 세부 주제에 관한 일반협약을 모두 비준하였다.

② 우리나라는 매년 ILO에 강제노동 금지원칙에 관한 협약의 미비준 이유와 비준 전망에 대하여 보고서를 제출하여야 한다.

③ 우리나라에서 2021년 2월에 비준 절차가 진행 중인 협약은 공정한 세계화를 위한 사회적 정의에 관한 선언에 열거되어 있다.

④ ILO의 2008년 선언문에 포함된 근로감독 협약은 ILO의 다른 협약에 대해 우선 적용되지 않는다.

⑤ ILO는 노사정 협의 협약을 비준하지 않은 국가들에 대해 미비준 이유와 비준 전망에 대한 연례 보고서를 제출하도록 요구한다.

※ 다음 글을 읽고 물음에 답하시오. [6~8]

'좋은 세금'의 기준과 관련하여 조세 이론은 공정성과 효율성을 거론하고 있다. 경제주체들이 경제적 능력 혹은 자신이 받는 편익에 따라 세금을 부담하는 경우 공정한 세금이라는 것이다. 또한 조세는 경제주체들의 의사 결정을 왜곡하여 조세 외에 추가로 부담해야 하는 각종 손실 또는 비용, 즉 초과 부담이라는 비효율을 초래할 수 있는데 이러한 왜곡을 최소화하는 세금이 효율적이라는 것이다.

19세기 말 ㉠ 헨리 조지가 제안했던 토지가치세는 이러한 기준에 잘 부합하는 세금으로 평가되고 있다. 그는 토지 소유자의 임대소득 중에 자신의 노력이나 기여와는 무관한 불로소득이 많다면, 토지가치세를 통해 이를 환수하는 것이 바람직하다고 주장했다. 토지에 대한 소유권은 사용권과 처분권 그리고 수익권으로 구성되는데, 사용권과 처분권은 개인의 자유로운 의사에 맡기고 수익권 중 토지 개량의 수익을 제외한 나머지는 정부가 환수하여 사회 전체를 위해 사용하자는 것이 토지가치세의 기본 취지이다. 조지는 토지가치세가 시행되면 다른 세금들을 없애도 될 정도로 충분한 세수를 올려줄 것이라고 기대했다. 토지가치세가 토지단일세라고도 지칭된 것은 이 때문이다. 그는 토지단일세가 다른 세금들을 대체하여 초과 부담을 제거함으로써 경제 활성화에 크게 기여할 것으로 보았다. 토지단일세는 토지를 제외한 나머지 경제 영역에서는 자유 시장을 옹호했던 조지의 신념에 잘 부합하는 발상이었다.

토지가치세는 불로소득에 대한 과세라는 점에서 공정성에 부합하는 세금이다. 조세 이론은 수요자와 공급자 중 탄력도가 낮은 쪽에서 많은 납세 부담을 지게 된다고 설명한다. 토지는 세금이 부과되지 않는 곳으로 옮길 수 없다는 점에서 비탄력적이며 따라서 납세 부담은 임차인에게 전가되지 않고 토지 소유자가 고스란히 떠안게 된다는 점에서 토지가치세는 공정한 세금이 된다. 한편 토지가치세는 초과 부담을 최소화한다는 점에서 효율적이기도 하다. 통상 어떤 재화나 생산요소에 대한 과세는 거래량 감소, 가격 상승과 함께 초과 부담을 유발한다. 예를 들어 자동차에 과세하면 자동차 거래가 감소하고 부동산에 과세하면 지역 개발과 건축업을 위축시켜, 초과 부담이 발생하게 된다. 그러나 토지가치세는 토지 공급을 줄이지 않아 초과 부담을 발생시키지 않는다. 토지가치세 도입에 따른 여타 세금의 축소가 초과 부담을 줄여 경제를 활성화한다는 G7 대상 연구에 따르면, 이러한 세제 개편으로 인한 초과 부담의 감소 정도가 GDP의 14 ~ 50%에 이른다.

하지만 토지가치세는 일부 국가를 제외하고는 현실화되지 못했는데, 여기에는 몇 가지 이유가 있다. 토지가치세는 이론적인 면에서 호소력이 있으나 현실에서는 복잡한 문제가 발생한다. 토지에 대한 세금이 가공되지 않은 자연 그대로의 토지에 대한 세금이어야 하나 이러한 토지는 현실적으로 찾기 어렵다. 토지 가치 상승분과 건물 가치 상승분의 구분이 쉽지 않다는 것도 어려움을 가중한다. 토지를 건물까지 포함하는 부동산으로 취급하여 그에 과세하는 국가에서는 부동산 거래에서 건물을 제외한 토지의 가격이 별도로 인지되는 것이 아니므로, 건물을 제외한 토지의 가치 평가가 어렵다. 조세 저항도 문제가 된다. 재산권 침해라는 비판이 거세지면 토지가치세를 도입하더라도 세율을 낮게 유지할 수밖에 없어, 충분한 세수가 확보되지 않을 수 있다. 토지가치세는 빈곤과 불평등 문제에 대한 조지의 이상을 실현하는 데에도 적절한 해법이 되지 못한다는 비판에 직면하고 있다. 백 년 전에는 부의 불평등이 토지에서 비롯되는 부분이 컸지만, 오늘날 전체 부에서 토지가 차지하는 비중이 19세기 말에 비해 크게 감소했다. 토지 소유의 집중도 또한 조지의 시대에 비해 낮다. 따라서 토지가치세의 소득 불평등 해소 능력에도 의문이 제기된다.

오늘날 토지가치세는 새롭게 주목받고 있는데, 이는 '외부 효과'와 관련이 깊다. 첨단산업 분야의 대기업들이 자리를 잡은 지역 주변에는 인구가 유입되고 일자리가 늘어난다. 하지만 임대료가 급등하고 혼잡도 또한 커진다. 이 과정에서 해당 지역의 부동산 소유자들은 막대한 이익을 사유화하는 반면, 임대료 상승이나 혼잡 비용 같은 손실은 지역민 전체에게 전가된다. 이러한 상황에서 높은 세율의 토지가치세가 본격적으로 실행에 옮겨질 수 있다면 불로소득에 대한 과세를 통해 외부 효과로 인한 피해를 보상하는 방안이 될 수 있다.

06 ⊙에 대한 설명으로 가장 적절한 것은?

① 개량되지 않은 토지에서 나오는 임대료 수입은 불로소득으로 여겼다.

② 토지가치세로는 재정에 필요한 조세 수입을 확보할 수 없다고 보았다.

③ 토지의 처분권은 보장하되 사용권과 수익권에는 제약을 두자고 주장하였다.

④ 토지가치세는 경제적 효율성 제고를 통하여 공정성을 높이는 방안이라고 보았다.

⑤ 모든 경제 영역에서 시장 원리를 사회적 가치에 부합하게 규제해야 한다고 주장하였다.

07 윗글에서 추론한 내용으로 적절하지 않은 것은?

① 정부가 높은 세율의 토지가치세를 도입한다면, 외부 효과로 발생한 이익의 사유화를 완화할 수 있을 것이다.

② 자동차세의 인상이 자동차 소비자들의 의사 결정에 영향을 미치지 않는다면, 자동차세는 세수 증대에 효과적일 것이다.

③ 토지가치세가 단일세가 되어 누진세인 근로소득세가 폐지된다면, 고임금 근로자가 저임금 근로자보다 더 많은 혜택을 얻게 될 것이다.

④ 조지의 이론을 계승하는 학자라면, 부가가치 생산에 기여한 부분에 대해서는 세금을 부과하지 않는 것이 바람직하다고 보았을 것이다.

⑤ 부동산에 대해 토지와 건물을 구분하여 과세할 수 있다면, 토지가치세의 도입으로 토지의 공급 감소와 가격 상승 문제가 해소되어 조세 저항이 줄어들 것이다.

08 윗글을 바탕으로 〈보기〉의 사례를 평가할 때, 적절하지 않은 것은?

> **보기**
>
> • X국은 요트 구매자에게 높은 세금을 부과하는 사치세를 도입하여 부유층의 납세 부담을 늘리려고 하였다. 그러나 부자들은 요트 구매를 줄이고 지출의 대상을 바꾸었다. 반면 요트 생산 시설은 다른 시설로 바꾸기 어려웠고 요트 공장에서 일하던 근로자들은 대량 해고되었다. 아울러 X국은 근로소득세를 인상해서 부족한 세수를 보충하였다.
>
> • Y국은 국민의 건강 증진을 위해 담배 소비를 줄이려는 목표로 담배세를 인상하였다. 그러나 담배세 인상으로 인한 담배 가격 상승에도 불구하고 담배 소비는 거의 감소하지 않았다. 정부의 조세 수입은 크게 증가하였지만 소비자들의 불만이 고조되었다.

① 공급자에게 부과되는 토지가치세와 달리, X국의 '사치세' 및 Y국의 '담배세'는 소비자에게 부과되고 있군.

② 초과 부담을 발생시키는 X국의 '사치세'와는 달리, Y국의 '담배세' 및 토지가치세는 초과 부담을 거의 발생시키지 않는군.

③ 과세 대상자 이외의 타인에게 납세 부담이 추가되는 X국의 '사치세'와 달리, Y국의 '담배세'와 토지가치세에서는 납세 부담이 과세 대상자에게 집중되는군.

④ 탄력도가 낮은 쪽에서 납세 부담을 지게 만들 수 있는 토지가치세와 달리, X국의 '사치세' 및 Y국의 '담배세'는 탄력도가 높은 쪽에서 납세 부담을 지게 하는군.

⑤ 조세 개편의 정책 목표를 달성하지 못한 X국의 '사치세' 및 Y국의 '담배세'와 달리, 토지가치세는 도입할 때 거둘 수 있는 경제 활성화 효과가 최근 연구에서 확인되고 있군.

※ 다음 글을 읽고 물음에 답하시오. **[1~5]**

정부는 국민 생활에 영향을 미치는 활동의 총체인 정책의 목표를 효과적으로 달성하기 위해 정책 수단의 특성을 고려하여 정책을 수행한다. 정책 수단은 강제성, 직접성, 자동성, 가시성의 ㉮ 네 가지 측면에서 다양한 특성을 갖는다. 강제성은 정부가 개인이나 집단의 행위를 제한하는 정도로서, 유해 식품 판매 규제는 강제성이 높다. 직접성은 정부가 공공 활동의 수행과 재원 조달에 직접 관여하는 정도를 의미한다. 정부가 정책을 직접 수행하지 않고 민간에 위탁하여 수행하게 하는 것은 직접성이 낮다. 자동성은 정책을 수행하기 위해 별도의 행정 기구를 설립하지 않고 기존의 조직을 활용하는 정도를 말한다. 전기 자동차 보조금 제도를 기존의 시청 환경과에서 시행하는 것은 자동성이 높다. 가시성은 예산 수립 과정에서 정책을 수행하기 위한 재원이 명시적으로 드러나는 정도이다. 일반적으로 사회 규제의 정도를 조절하는 것은 예산 지출을 수반하지 않으므로 가시성이 낮다.

정책 수단 선택의 사례로 환율과 관련된 경제 현상을 살펴보자. 외국 통화에 대한 자국 통화의 교환 비율을 의미하는 환율은 장기적으로 한 국가의 생산성과 물가 등 기초 경제 여건을 반영하는 수준으로 수렴된다. 그러나 단기적으로 환율은 이와 괴리되어 움직이는 경우가 있다. 만약 환율이 예상과는 다른 방향으로 움직이거나 또는 비록 예상과 같은 방향으로 움직이더라도 변동 폭이 예상보다 크게 나타날 경우 경제 주체들은 과도한 위험에 노출될 수 있다. 환율이나 주가 등 경제 변수가 단기에 지나치게 상승 또는 하락하는 현상을 오버슈팅(Overshooting)이라고 한다. 이러한 오버슈팅은 물가 경직성 또는 금융 시장 변동에 따른 불안 심리 등에 의해 촉발되는 것으로 알려져 있다. 여기서 물가 경직성은 시장에서 가격이 조정되기 어려운 정도를 의미한다.

물가 경직성에 따른 환율의 오버슈팅을 이해하기 위해 통화를 금융 자산의 일종으로 보고 경제 충격에 대해 장기와 단기에 환율이 어떻게 조정되는지 알아보자. 경제에 충격이 발생할 때 물가나 환율은 충격을 흡수하는 조정 과정을 거치게 된다. 물가는 단기에는 장기 계약 및 공공요금 규제 등으로 인해 경직적이지만 장기에는 신축적으로 조정된다. 반면 환율은 단기에서도 신축적인 조정이 가능하다. 이러한 물가와 환율의 조정 속도 차이가 오버슈팅을 초래한다. 물가와 환율이 모두 신축적으로 조정되는 장기에서의 환율은 구매력 평가설에 의해 설명되는데, 이에 의하면 장기의 환율은 자국 물가 수준을 외국 물가 수준으로 나눈 비율로 나타나며, 이를 균형 환율로 본다. 가령 국내 통화량이 증가하여 유지될 경우 장기에서는 자국 물가도 높아져 장기의 환율은 상승한다. 이때 통화량을 물가로 나눈 실질 통화량은 변하지 않는다.

㉯ [그런데 단기에는 물가의 경직성으로 인해 구매력 평가설에 기초한 환율과는 다른 움직임이 나타나면서 오버슈팅이 발생할 수 있다. 가령 국내 통화량이 증가하여 유지될 경우, 물가가 경직적이어서 ㉠ 실질 통화량은 증가하고 이에 따라 시장 금리는 하락한다. 국가 간 자본 이동이 자유로운 상황에서, ㉡ 시장 금리 하락은 투자의 기대 수익률 하락으로 이어져, 단기성 외국인 투자 자금이 해외로 빠져나가거나 신규 해외 투자 자금 유입을 위축시키는 결과를 초래한다. 이 과정에서 자국 통화의 가치는 하락하고 ㉢ 환율은 상승한다. 통화량의 증가로 인한 효과는 물가가 신축적인 경우에 예상되는 환율 상승에, 금리 하락에 따른 자금의 해외 유출이 유발하는 추가적인 환율 상승이 더해진 것으로 나타난다. 이러한 추가적인 상승 현상이 환율의 오버슈팅인데, 오버슈팅의 정도 및 지속성은 물가 경직성이 클수록 더 크게 나타난다. 시간이 경과함에 따라 물가가 상승하여 실질 통화량이 원래 수준으로 돌아오고 해외로 유출되었던 자금이 시장 금리의 반등으로 국내로 복귀하면서, 단기에 과도하게 상승했던 환율은 장기에는 구매력 평가설에 기초한 환율로 수렴된다.

단기의 환율이 기초 경제 여건과 괴리되어 과도하게 급등락하거나 균형 환율 수준으로부터 장기간 이탈하는 등의 문제가 심화되는 경우를 예방하고 이에 대처하기 위해 정부는 다양한 정책 수단을 동원한다. 오버슈팅의 원인인 물가 경직성을 완화하기 위한 정책 수단 중 강제성이 낮은 사례로는 외환의 수급 불균형 해소를 위해 관련 정보를 신속하고 정확하게 공개하거나, 불필요한 가격 규제를 축소하는 것을 들 수 있다. 한편 오버슈팅에 따른 부정적 파급 효과를 완화하기 위해 정부는 환율 변동으로 가격이 급등한 수입 필수 품목에 대한 세금을 조절함으로써 내수가 급격히 위축되는 것을 방지하려고 하기도 한다. 또한 환율 급등락으로 인한 피해에 대비하여 수출입 기업에 환율 변동 보험을 제공하거나, 외화 차입 시 지급 보증을 제공하기도 한다. 이러한 정책 수단은 직접성이 높은 특성을 가진다. 이와 같이 정부는 기초 경제 여건을 반영한 환율의 추세는 용인하되, 사전적 또는 사후적인 미세 조정 정책 수단 을 활용하여 환율의 단기 급등락에 따른 위험으로부터 실물 경제와 금융 시장의 안정을 도모하는 정책을 수행한다.

01 윗글에 대한 이해로 적절하지 않은 것은?

① 국내 통화량이 증가하여 유지될 경우 장기에는 실질 통화량이 변하지 않으므로 장기의 환율도 변함이 없을 것이다.

② 물가가 신축적인 경우가 경직적인 경우에 비해 국내 통화량 증가에 따른 국내 시장 금리 하락 폭이 작을 것이다.

③ 물가 경직성에 따른 환율의 오버슈팅은 물가의 조정 속도보다 환율의 조정 속도가 빠르기 때문에 발생하는 것이다.

④ 환율의 오버슈팅이 발생한 상황에서 외국인 투자 자금이 국내 시장 금리에 민감하게 반응할수록 오버슈팅 정도는 커질 것이다.

⑤ 환율의 오버슈팅이 발생한 상황에서 물가 경직성이 클수록 구매력 평가설에 기초한 환율로 수렴되는 데 걸리는 기간이 길어질 것이다.

02 ㉮를 바탕으로 정책 수단의 특성을 이해한 것으로 가장 적절한 것은?

① 다자녀 가정에 출산 장려금을 지급하는 것은, 불법 주차 차량에 과태료를 부과하는 것보다 강제성이 높다.

② 전기 제품 안전 규제를 강화하는 것은, 학교 급식을 제공하기 위한 재원을 정부 예산에 편성하는 것보다 가시성이 높다.

③ 문화재를 발견하여 신고할 경우 포상금을 주는 것은, 자연 보존 지역에서 개발 행위를 금지하는 것보다 강제성이 높다.

④ 쓰레기 처리를 민간 업체에 맡겨서 수행하게 하는 것은, 정부 기관에서 주민등록 관련 행정 업무를 수행하는 것보다 직접성이 높다.

⑤ 담당 부서에서 문화 소외 계층에 제공하던 복지 카드의 혜택을 늘리는 것은, 전담 부처를 신설하여 상수원 보호 구역을 감독하는 것보다 자동성이 높다.

03 윗글을 바탕으로 할 때, 〈보기〉의 'A국' 경제 상황에 대한 '경제학자 갑'의 견해를 추론한 것으로 적절하지 않은 것은?

> **보기**
>
> A국 경제학자 갑은 자국의 최근 경제 상황을 다음과 같이 진단했다.
>
> 금융 시장 불안의 여파로 A국의 주식, 채권 등 금융 자산의 가격 하락에 대한 우려가 확산되면서 안전 자산으로 인식되는 B국의 채권에 대한 수요가 증가하고 있다. 이로 인해 외환 시장에서는 A국에 투자되고 있던 단기성 외국인 자금이 B국으로 유출되면서 A국의 환율이 급등하고 있다.
>
> B국에서는 해외 자금 유입에 따른 통화량 증가로 B국의 시장 금리가 변동할 것으로 예상된다. 이에 따라 A국의 환율 급등은 향후 다소 진정될 것이다. 또한 양국 간 교역 및 금융 의존도가 높은 현실을 감안할 때, A국의 환율 상승은 수입품의 가격 상승 등에 따른 부작용을 초래할 것으로 예상되지만 한편으로는 수출이 증대되는 효과도 있다. 그러므로 정부는 시장 개입을 가능한 한 자제하고 환율이 시장 원리에 따라 자율적으로 균형 환율 수준으로 수렴되도록 두어야 한다.

① A국에 환율의 오버슈팅이 발생한 상황에서 B국의 시장 금리가 하락한다면 오버슈팅의 정도는 커질 것이다.

② A국에 환율의 오버슈팅이 발생하였다면 이는 금융 시장 변동에 따른 불안 심리에 의해 촉발된 것으로 볼 수 있다.

③ A국에 환율의 오버슈팅이 발생할지라도 시장의 조정을 통해 환율이 장기에는 균형 환율 수준에 도달할 수 있을 것이다.

④ A국의 환율 상승이 수출을 증대시키는 긍정적인 효과도 동반하므로 A국의 정책 당국은 외환 시장 개입에 신중해야 한다.

⑤ A국의 환율 상승은 B국으로부터 수입하는 상품의 가격을 인상시킴으로써 A국의 내수를 위축시키는 결과를 초래할 수 있다.

04 〈보기〉에 제시된 그래프의 세로축 ⓐ, ⓑ, ⓒ는 ㉯의 ㉠ ~ ㉢과 하나씩 대응된다. 이를 바르게 짝지은 것은?

> **보기**
>
> 다음 그래프들은 ㉯에서 국내 통화량이 t 시점에서 증가하여 유지된 경우 예상되는 ㉠ ~ ㉢의 시간에 따른 변화를 순서 없이 나열한 것이다.
>
>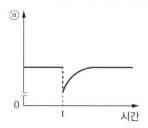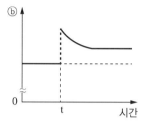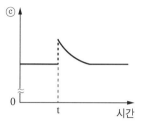
>
> (단, t 시점 근처에서 그래프의 형태는 개략적으로 표현하였으며, t 시점 이전에는 모든 경제 변수들의 값이 일정한 수준에서 유지되어 왔다고 가정한다. 장기 균형으로 수렴되는 기간은 변수마다 상이하다.)

	㉠	㉡	㉢
①	ⓐ	ⓒ	ⓑ
②	ⓑ	ⓐ	ⓒ
③	ⓑ	ⓒ	ⓐ
④	ⓒ	ⓐ	ⓑ
⑤	ⓒ	ⓑ	ⓐ

05 　미세 조정 정책 수단　의 사례로 적절하지 않은 것은?

① 예기치 못한 외환 손실에 대비한 환율 변동 보험을 수출 주력 중소기업에 제공한다.

② 원유와 같이 수입 의존도가 높은 상품의 경우 해당 상품에 적용하는 세율을 환율 변동에 따라 조정한다.

③ 환율의 급등락으로 금융 시장이 불안정할 경우 해외 자금 유출과 유입을 통제하여 환율의 추세를 바꾼다.

④ 환율 급등으로 수입 물가가 가파르게 상승했을 때, 수입 대금 지급을 위해 외화를 빌리는 수입 업체에 지급 보증을 제공한다.

⑤ 수출입 기업을 대상으로 국내외 금리 변동, 해외 투자 자금 동향 등 환율 변동에 영향을 주는 요인들에 대한 정보를 제공한다.

PART 2

DAY 01
DAY 02
DAY 03
DAY 04
DAY 05
DAY 06
DAY 07
DAY 08
DAY 09
DAY 10

06 다음 글의 A와 B에 대한 분석으로 가장 적절한 것은?

> A는 근대화란 곧 산업화이고, 산업화는 농촌을 벗어난 농민들이 도시의 임금노동자가 되어가는 과정이라고 생각했다. 토지에 얽매이지 않으며 노동력 말고는 팔 것이 없는 이들을 '자유로운 노동자'라고 불렀다. 이들 중에서 한 사람의 임금으로 가족 전부를 부양할 수 있을 만큼의 급여를 확보한 특권적인 노동자가 나타난다. 이 노동자가 한 집안의 가장 혹은 '빵을 벌어오는 사람'이다. 이렇게 자신과 가족의 생활을 유지할 만큼 급여를 받는 피고용자를 정규직이라 불러왔다. 그 급여 수준이 어느 정도인지, 일주일에 몇 시간을 노동해야 하는지에 대해서는 역사적으로 각 사회의 '건강하고 문화적인' 생활수준과 노사협의를 통해서 결정된다. A는 산업화가 지속적으로 진전되면 세상의 모든 사람은 정규직 임금노동자가 된다고 예측했다.
>
> 이에 이의를 제기한 B는 산업화가 진전됨에 따라 노동자들이 크게 핵심부, 반주변부, 주변부로 나뉜다고 주장했다. 핵심부에 속하는 노동자들은 혼자 벌어 가정을 유지할 만큼의 급여를 확보하는 정규직 노동자들인데, 이들의 일자리는 사회적 희소재로서 앞으로는 늘어나지 않을 것으로 예측되었다. 그 대신에 반주변부에는 정규직보다 급여가 낮은 비정규직을 포함하는 일반 노동자들이, 그리고 시장 바깥의 주변부에는 실업자를 포함해서 반주변부보다 열악한 상황에 놓인 노동자들이 계속해서 남아돌게 될 것이라고 했다. 그의 예측은 적중했다.
>
> 산업화가 진전된 선진국에서는 고용의 파이가 더 이상 확대되지 않거나 축소되었다. 일반적으로 노조가 발달한 선진국에는 노동자에게 '선임자 특권'이라는 것이 있다. 이로 인해 이미 고용된 나이 많은 노동자를 해고하는 것이 어려워져 신규 채용을 회피하게 된다. 그 결과 국제적으로 정규직의 파이는 거의 모든 사회에서 축소되는 경향을 낳았다. 그러한 바탕 위에 노동시장에서 고용의 비정규직화는 지속적으로 강화되었으며 청년 실업률 또한 높아졌다.

① A는 정규직 노동자의 실질 급여 수준이 산업화가 진전됨에 따라 지속적으로 하락할 것으로 보았다.

② B는 산업화가 진전됨에 따라 기존의 주변부 노동자들과는 다른 새로운 형태의 주변부 노동자들이 계속해서 생성될 것이라고 보았다.

③ A와 B는 모두 선임자 특권이 청년 실업률을 높이는 데 기여한다고 보았다.

④ A와 B는 모두 산업화가 진전되면 궁극적으로 한 사회의 노동자들의 급여가 다양한 수준에서 결정된다고 보았다.

⑤ A는 정규직 노동자가, B는 핵심부 노동자가 한 사람의 노동자 급여로 가족을 부양할 수 있다고 보았다.

※ 다음 글을 읽고 물음에 답하시오. [7~9]

경제 이론은 경제 주체들의 행동에 관한 예측을 시도하는데, 현실에서 관찰되는 사람들의 행동이 이론에서의 예측과 다르게 나타나는 경우도 적지 않다. 경제학은 이들 '이상 현상'을 분석하고 토론하는 과정에서 발전했는데, 최근 이 흐름은 사람들의 행동에 관한 ⊙ 전통적 경제학의 가정을 문제 삼는 ⓒ 행동경제학에 의해 주도되었다.

전통적 경제학과 행동경제학의 차이가 본격적으로 확인되는 대표적 영역이 저축과 소비에 관련한 분야이다. 전통적 경제학에서는 사람들이 자신에게 무엇이 최선인지를 잘 알면서 전 생애 차원에서 최적의 소비 계획을 세우고 불굴의 의지로 실행한다고 가정한다. 이들은 또한 돈에는 사용 범위를 제한하는 꼬리표 같은 것이 붙어 있지 않아 전용(轉用)이 가능하다고 가정하며, 이러한 '전용 가능성'이 자유롭고 유연한 선택을 촉진함으로써 후생을 높여 준다고도 믿는다. 전통적 경제학은 이러한 인식을 근거로 사람들이 일생 동안 소비 수준을 비교적 고르게 유지할 것이며 소득의 경우 나이가 들면서 점점 증가하다가 퇴직 후 급속히 감소하는 패턴을 보인다는 점에 착안해, 연령에 따른 소비 패턴은 연령에 따른 소득 패턴과 독립적으로 유지될 것이라고 예측했다. 그러나 사람들의 연령에 따른 실제 소비 패턴은 연령에 따른 소득 패턴과 상당히 유사하게 나타났다. 전통적 경제학에서는 이러한 이상 현상을 '유동성 제약' 개념을 통해 해명했다. 즉 금융 시장이 완전치 않아 미래 소득이나 보유 자산 등을 담보로 현재 소비에 충분한 유동성을 조달하는 데 제약이 존재하므로, 소비 수준이 이론의 예측에 비해 낮다는 것이다.

행동경제학에서는 청년 시절과 노년 시절의 소비가 예측보다 적은 것은 외부 환경의 제약에 따른 어쩔 수 없는 행동이 아니라 자발적 선택의 결과물이라며, 이를 '심적 회계'에 의해 설명한다. 사람들은 현금, 보통 예금, 저축 예금, 주택 등 각종 자산을 마음속 별개의 계정에 배치하고 그 사용에도 상이한 원리를 적용한다는 것이다. 자산의 피라미드 중 맨 아래층에는 지출이 가장 용이한 형태인 현금이 있는데, 이는 대부분 지출에 사용된다. 많은 이들은 급전이 필요할 경우 저축 예금이 있는데도 연리 20%가 넘는 신용카드 현금 대출 서비스를 받아 해결한다. 금융적으로 바람직한 방법은 예금을 인출해 지출을 하는 것임에도, 높은 금리로 돈을 빌리고 낮은 금리로 저축을 하는 비합리적 행동을 하는 것이다. 마음속 가장 신성한 계정에는 퇴직 연금이나 주택과 같이 노후 대비용 자산들이 놓여 있는데, 이들은 최악의 사태가 발생하지 않는 한 마지막까지 인출이 유보되는 자산들이다. 심적 회계가 이런 방식으로 작동하는 경우 자산의 전용 가능성은 현저히 떨어지며, 특정 연도에 행하는 소비는 일생 동안의 소득 총액뿐 아니라 그 소득을 낳는 자산들이 마음속 어느 계정에 있는가에 따라서도 달라진다.

행동경제학에 따르면, 사람들은 자신에게 무엇이 최선인지 잘 알고 전 생애에 걸친 최적의 소비 계획을 세우지만, 미래보다 현재를 더 선호하고 유혹에 빠지기 쉽다. 사람들은 자신과 가족의 장기적 안전을 지키기 위해 행동을 제약하기 위한 속박 장치를 마음속에 만들어 내는데, 이러한 자기 통제 기제가 바로 심적 회계이다. 심적 회계의 측면에서 본다면, 전통적 경제학이 주목했던 유동성 제약은 장기적으로 자신에게 불리한 지출 행위를 사전에 차단하기 위한 자발적 선택의 결과로 이해될 수 있다. 심적 회계가 당장의 유혹을 억누르고 현재의 지출을 미래로 미루는 행위, 곧 저축을 스스로 강제하는 기제라면, 퇴직 연금이나 국민 연금 제도는 이런 기제가 사회적 차원에서 구현된 것이다.

07 윗글의 내용과 일치하지 않는 것은?

① 이상 현상에 대한 분석은 경제학을 발전시키는 자양분으로 작용했다.

② 퇴직 연금 제도는 개인의 심적 회계가 사회적 차원으로 확장된 것이다.

③ 저축은 현재의 소비를 미룸으로써 미래의 지출 능력을 높이려는 행위이다.

④ 심적 회계는 미래보다 현재를 중시하는 본능을 억제하려는 자기 통제 기제이다.

⑤ 자산 피라미드의 하층부에 있는 자산일수록 인출을 하지 않으려는 계정에 배치된다.

PART 2 / DAY 01 / DAY 02 / DAY 03 / DAY 04 / DAY 05 / DAY 06 / DAY 07 / DAY 08 / DAY 09 / DAY 10

08 ㉠과 ㉡을 비교한 내용으로 가장 적절한 것은?

① ㉠과 ㉡에서는 사람들이 유혹에 취약한 존재라고 여긴다는 점에서 의견을 같이할 것이다.

② ㉠에서는 연령대별 소비의 특성을 자발적 선택으로 이해하고, ㉡에서는 그 특성을 외부적 제약 요인에서 찾을 것이다.

③ ㉠에서는 유동성 제약의 원인을 금융 시장의 불완전성에서 찾고, ㉡에서는 그 원인을 개인의 심리 적 요인에서 찾을 것이다.

④ ㉠에서는 ㉡에서와 달리 유동성 제약이 심화되면 소비가 자유롭고 원활하게 행해진다고 볼 것 이다.

⑤ ㉠과 ㉡에서는 모두 급전이 필요한 상황에서 신용카드 현금 대출 서비스를 받는 대신 저축 예금을 인출하는 선택이 금융적으로 바람직한 방법이라는 것을 부정적으로 판단할 것이다.

09 윗글을 바탕으로 〈보기〉를 설명한 내용으로 적절하지 않은 것은?

> **보기**
>
> A국가에서는 1980년대 후반에 세법을 개정하여, 세금 공제 대상을 줄였다. 자동차·카드·주택 등 여러 영역에서 허용되던 공제 대상을 주택 담보 대출로 제한함으로써 주택 소유의 확대를 유도했다. 은행들은 주택가액과 기존 담보 대출액의 차액을 담보로 한 2차 대출 상품을 내놓는 방식으로 이에 대응하였다. 그 결과 다양한 대출 상품들이 생겨나고 주택 가격 거품이 부풀어 오름에 따라 주택을 최후의 보루로 삼던 사회적 규범이 결국 붕괴했고 노인 가구들도 2차 주택 담보 대출을 받는 상황이 초래되었다. 또한 주택 가격 상승에 따른 미실현이익을 향유하며 지출을 늘리는 가구가 늘어나면서 경제의 불안정성은 커졌고 마침내 20여 년 후 금융 위기 사태가 발발했다. 그 결과 가계의 소득 감소와 소비 위축 등으로 경기 침체가 나타났다.

① 1980년대 후반의 새로운 조세 정책이 촉진한 새로운 대출 상품에 대한 A국가 국민들의 대응으로 볼 때, 주택 자산이 전통적으로 지니던 '마음속 가장 신성한 계정'으로서의 성격이 약화되었겠군.

② 정부 정책과 금융 관행의 변화가 야기한 위기로 볼 때, 금융 위기 이후의 A국가는 주택 소유자들이 '유동성 제약'을 완화하게끔 '심적 회계'의 작동 방식을 바꾸도록 유도하는 정책을 필요로 했겠군.

③ '자산의 전용 가능성' 제고가 경제의 불안정성 심화로 이어졌던 것으로 볼 때, A국가에서 '자발적 선택 가능성'의 확대는 장기적으로 경제 활동을 위축시키는 부정적 결과를 낳았다고 평가할 수 있겠군.

④ 부동산 거품 현상으로 초래된 '사회적 규범'의 변화로 볼 때, 금융 위기 이전의 은행들은 주택을 저축이 아닌 소비 확대의 수단으로 바꾸도록 유도함으로써 A국가 국민들이 장래를 대비할 여력을 약화시켰겠군.

⑤ 현재 소득이 없는 경제 주체들도 2차 주택 담보 대출 상품을 통해 추가적인 지출을 했던 것으로 볼 때, 전통적 경제학에서는 '소비 패턴은 연령에 따른 소득 패턴과 독립적으로 유지'되리라는 예측이 실현되었다고 여겼겠군.

▎2017학년 대학수학능력시험 국어 영역

※ 다음 글을 읽고 물음에 답하시오. **[1~4]**

보험은 같은 위험을 보유한 다수인이 위험 공동체를 형성하여 보험료를 납부하고 보험 사고가 발생하면 보험금을 지급받는 제도이다. 보험 상품을 구입한 사람은 장래의 우연한 사고로 인한 경제적 손실에 대비할 수 있다. 보험금 지급은 사고 발생이라는 우연적 조건에 따라 결정되는데, 이처럼 보험은 조건의 실현 여부에 따라 받을 수 있는 재화나 서비스가 달라지는 조건부 상품이다.

㉮ 위험 공동체의 구성원이 납부하는 보험료와 지급받는 보험금은 그 위험 공동체의 사고 발생 확률을 근거로 산정된다. 특정 사고가 발생할 확률은 정확히 알 수 없지만 그동안 발생된 사고를 바탕으로 그 확률을 예측한다면 관찰 대상이 많아짐에 따라 실제 사고 발생 확률에 근접하게 된다. 본래 보험 가입의 목적은 금전적 이득을 취하는 데 있는 것이 아니라 장래의 경제적 손실을 보상받는 데 있으므로 위험 공동체의 구성원은 자신이 속한 위험 공동체의 위험에 상응하는 보험료를 납부하는 것이 공정할 것이다. 따라서 공정한 보험에서는 구성원 각자가 납부하는 보험료와 그가 지급받을 보험금에 대한 기댓값이 일치해야 하며 구성원 전체의 보험료 총액과 보험금 총액이 일치해야 한다. 이때 보험금에 대한 기댓값은 사고가 발생할 확률에 사고 발생 시 수령할 보험금을 곱한 값이다. 보험금에 대한 보험료의 비율(보험료 / 보험금)을 보험료율이라 하는데, 보험료율이 사고 발생 확률보다 높으면 구성원 전체의 보험료 총액이 보험금 총액보다 더 많고, 그 반대의 경우에는 구성원 전체의 보험료 총액이 보험금 총액보다 더 적게 된다. 따라서 공정한 보험에서는 보험료율과 사고 발생 확률이 같아야 한다.

물론 현실에서 보험사는 영업 활동에 소요되는 비용 등을 보험료에 반영하기 때문에 공정한 보험이 적용되기 어렵지만 기본적으로 위와 같은 원리를 바탕으로 보험료와 보험금을 산정한다. 그런데 보험 가입자들이 자신이 가진 위험의 정도에 대해 진실한 정보를 알려 주지 않는 한, 보험사는 보험 가입자 개개인이 가진 위험의 정도를 정확히 파악하여 거기에 상응하는 보험료를 책정하기 어렵다. 이러한 이유로 사고 발생 확률이 비슷하다고 예상되는 사람들로 구성된 어떤 위험 공동체에 사고 발생 확률이 더 높은 사람들이 동일한 보험료를 납부하고 진입하게 되면, 그 위험 공동체의 사고 발생 빈도가 높아져 보험사가 지급하는 보험금의 총액이 증가한다. 보험사는 이를 보전하기 위해 구성원이 납부해야 할 보험료를 인상할 수밖에 없다. 결국 자신의 위험 정도에 상응하는 보험료보다 더 높은 보험료를 납부하는 사람이 생기게 되는 것이다. 이러한 문제는 정보의 비대칭성에서 비롯되는데 보험 가입자의 위험 정도에 대한 정보는 보험 가입자가 보험사보다 더 많이 갖고 있기 때문이다. 이를 해결하기 위해 보험사는 보험 가입자의 감춰진 특성을 파악할 수 있는 수단이 필요하다.

우리 상법에 규정되어 있는 고지 의무는 이러한 수단이 법적으로 구현된 제도이다. 보험 계약은 보험 가입자의 청약과 보험사의 승낙으로 성립된다. 보험 가입자는 반드시 계약을 체결하기 전에 '중요한 사항'을 알려야 하고, 이를 사실과 다르게 진술해서는 안 된다. 여기서 '중요한 사항'은 보험사가 보험 가입자의 청약에 대한 승낙을 결정하거나 차등적인 보험료를 책정하는 근거가 된다. 따라서 고지 의무는 결과적으로 다수의 사람들이 자신의 위험 정도에 상응하는 보험료보다 더 높은 보험료를 납부해야 하거나, 이를 이유로 아예 보험에 가입할 동기를 상실하게 되는 것을 방지한다.

보험 계약 체결 전 보험 가입자가 고의나 중대한 과실로 '중요한 사항'을 보험사에 알리지 않거나 사실과 다르게 알리면 고지 의무를 위반하게 된다. 이러한 경우에 우리 상법은 보험사에 계약 해지권을 부여한다. 보험사는 보험 사고가 발생하기 이전이나 이후에 상관없이 고지 의무 위반을 이유로 계약을 해지할 수 있고,

PART 2 / DAY 01 / DAY 02 / DAY 03 / DAY 04 / DAY 05 / DAY 06 / DAY 07 / DAY 08 / DAY 09 / DAY 10

해지권 행사는 보험사의 일방적인 의사 표시로 가능하다. 해지를 하면 보험사는 보험금을 지급할 책임이 없게 되며, 이미 보험금을 지급했다면 그에 대한 반환을 청구할 수 있다. 일반적으로 법에서 의무를 위반하게 되면 위반한 자에게 그 의무를 이행하도록 강제하거나 손해 배상을 청구할 수 있는 것과 달리, 보험 가입자가 고지 의무를 위반했을 때에는 보험사가 해지권만 행사할 수 있다. 그런데 보험사의 계약 해지권이 제한되는 경우도 있다. 계약 당시에 보험사가 고지 의무 위반에 대한 사실을 알았거나 중대한 과실로 인해 알지 못한 경우에는 보험 가입자가 고지 의무를 위반했어도 보험사의 해지권은 배제된다. 이는 보험 가입자의 잘못보다 보험사의 잘못에 더 책임을 둔 것이라 할 수 있다. 또 보험사가 해지권을 행사할 수 있는 기간에도 일정한 제한을 두고 있는데, 이는 양자의 법률관계를 신속히 확정함으로써 보험 가입자가 불안정한 법적 상태에 장기간 놓여 있는 것을 방지하려는 것이다. 그러나 고지해야 할 '중요한 사항' 중 고지 의무 위반에 해당되는 사항이 보험 사고와 인과 관계가 없을 때에는 보험사는 보험금을 지급할 책임이 있다. 그렇지만 이때에도 해지권은 행사할 수 있다.

보험에서 고지 의무는 보험에 가입하려는 사람의 특성을 검증함으로써 다른 가입자에게 보험료가 부당하게 전가되는 것을 막는 기능을 한다. 이로써 사고의 위험에 따른 경제적 손실에 대비하고자 하는 보험 본연의 목적이 달성될 수 있다.

01 윗글을 이해한 내용으로 가장 적절한 것은?

① 보험사가 청약을 하고 보험 가입자가 승낙해야 보험 계약이 해지된다.

② 구성원 전체의 보험료 총액보다 보험금 총액이 더 많아야 공정한 보험이 된다.

③ 보험 사고 발생 여부와 관계없이 같은 보험료를 납부한 사람들은 동일한 보험금을 지급받는다.

④ 보험에 가입하고자 하는 사람이 알린 중요한 사항을 근거로 보험사는 보험 가입을 거절할 수 있다.

⑤ 우리 상법은 보험 가입자보다 보험사의 잘못을 더 중시하기 때문에 보험사에 계약 해지권을 부여하고 있다.

02 ㉮를 바탕으로 〈보기〉의 상황을 이해한 내용으로 적절한 것은?

> **보기**
>
> 사고 발생 확률이 각각 0.1과 0.2로 고정되어 있는 위험 공동체 A와 B가 있다고 가정한다. A와 B에 모두 공정한 보험이 항상 적용된다고 할 때, 각 구성원이 납부할 보험료와 사고 발생 시 지급받을 보험금을 산정하려고 한다.
> 단, 동일한 위험 공동체의 구성원끼리는 납부하는 보험료가 같고, 지급받는 보험금이 같다. 보험료는 한꺼번에 모두 납부한다.

① A에서 보험료를 두 배로 높이면 보험금은 두 배가 되지만 보험금에 대한 기댓값은 변하지 않는다.

② B에서 보험금을 두 배로 높이면 보험료는 변하지 않지만 보험금에 대한 기댓값은 두 배가 된다.

③ A에 적용되는 보험료율과 B에 적용되는 보험료율은 서로 같다.

④ A와 B에서의 보험금이 서로 같다면 A에서의 보험료는 B에서의 보험료의 두 배이다.

⑤ A와 B에서의 보험료가 서로 같다면 A와 B에서의 보험금에 대한 기댓값은 서로 같다.

03 윗글의 고지 의무에 대한 설명으로 적절하지 않은 것은?

① 고지 의무를 위반한 보험 가입자가 보험사에 손해 배상을 해야 하는 근거가 된다.

② 보험사가 보험 가입자의 위험 정도에 따라 차등적인 보험료를 책정하는 데 도움이 된다.

③ 보험 계약 과정에서 보험사가 가입자들의 특성을 파악하는 데 드는 어려움을 줄여 준다.

④ 보험사와 보험 가입자 간의 정보 비대칭성에서 기인하는 문제를 줄일 수 있는 법적 장치이다.

⑤ 자신의 위험 정도에 상응하는 보험료보다 높은 보험료를 내야 한다는 이유로 보험 가입을 포기하는 사람들이 생기는 것을 방지하는 효과가 있다.

04 윗글을 바탕으로 〈보기〉의 사례를 검토한 내용으로 가장 적절한 것은?

> **보기**
>
> 보험사 A는 보험 가입자 B에게 보험 사고로 인한 보험금을 지급한 후, B가 중요한 사항을 고지하지 않았다는 사실을 뒤늦게 알고 해지권을 행사할 수 있는 기간 내에 보험금 반환을 청구했다.

① 계약 체결 당시 A에게 중대한 과실이 있었다면 A는 계약을 해지할 수 없으나 보험금은 돌려받을 수 있다.

② 계약 체결 당시 A에게 중대한 과실이 없다 하더라도 A는 보험금을 이미 지급했으므로 계약을 해지할 수 없다.

③ 계약 체결 당시 A에게 중대한 과실이 있고 B 또한 중대한 과실로 고지 의무를 위반했다면 A는 보험금을 돌려받을 수 있다.

④ B가 고지하지 않은 중요한 사항이 보험 사고와 인과 관계가 없다면 A는 보험금을 돌려받을 수 없다.

⑤ B가 자신의 고지 의무 위반 사실을 보험 사고가 발생한 후 A에게 즉시 알렸다면 고지 의무를 위반한 것이 아니다.

05 다음 글에서 알 수 없는 것은?

> WTO 설립협정은 GATT 체제에서 관행으로 유지되었던 의사결정 방식인 총의 제도를 명문화하였다. 동 협정은 의사결정 회의에 참석한 회원국 중 어느 회원국도 공식적으로 반대하지 않는 한, 검토를 위해 제출된 사항은 총의에 의해 결정되었다고 규정하고 있다. 또한 이에 따르면 회원국이 의사결정 회의에 불참하더라도 그 불참은 반대가 아닌 찬성으로 간주된다.
>
> 총의 제도는 회원국 간 정치·경제적 영향력의 차이를 보완하기 위하여 도입되었다. 그러나 회원국 수가 확대되고 이해관계가 첨예화되면서 현실적으로 총의가 이루어지기 쉽지 않았다. 이로 인해 WTO 체제 내에서 모든 회원국이 참여하는 새로운 무역협정이 체결되는 것이 어려웠고 결과적으로 무역자유화 촉진 및 확산이 저해되고 있다. 이러한 문제의 해결 방안으로 '부속서 4 복수국간 무역협정 방식'과 '임계질량 복수국간 무역협정 방식'이 모색되었다.
>
> '부속서 4 복수국간 무역협정 방식'은 WTO 체제 밖에서 복수국간 무역협정을 체결하고 이를 WTO 설립협정 부속서 4에 포함하여 WTO 체제로 편입하는 방식이다. 복수국간 무역협정이 부속서 4에 포함되기 위해서는 모든 WTO 회원국 대표로 구성되는 각료회의의 승인이 있어야 한다. 현재 부속서 4에의 포함 여부가 논의 중인 전자상거래협정은 협정 당사국에게만 전자상거래시장을 개방하고 기술이전을 허용한다. '부속서 4 복수국간 무역협정 방식'은 협정상 혜택을 비당사국에 허용하지 않음으로써 해당 무역협정의 혜택을 누리고자 하는 회원국들의 협정 참여를 촉진하여 결과적으로 자유무역을 확산하는 기능을 한다.
>
> '임계질량 복수국간 무역협정 방식'은 WTO 체제 밖에서 일부 회원국 간 무역협정을 채택하되 해당 협정의 혜택을 보편적으로 적용하여 무역자유화를 촉진하는 방식이다. 즉, 채택된 협정의 혜택은 최혜국대우원칙에 따라 협정 당사국뿐 아니라 모든 WTO 회원국에 적용되는 반면, 협정의 의무는 협정 당사국에만 부여된다. 다만, 해당 협정이 발효되기 위해서는 협정 당사국들의 협정 적용대상 품목의 무역량이 해당 품목의 전 세계 무역량의 90% 이상을 차지하여야 한다. '임계질량 복수국간 무역협정 방식'의 대표적인 사례는 정보통신기술(ICT)제품의 국제무역 활성화를 위해 1996년 채택되어 1997년 발효된 정보기술협정이다.

① '임계질량 복수국간 무역협정 방식'에 따라 채택된 협정의 혜택을 받는 국가는 해당 협정의 의무를 부담하는 국가보다 적을 수 없다.

② WTO의 의사결정 회의에 제안된 특정 안건을 지지하는 경우, 총의 제도에 따르면 그 회의에 불참하더라도 해당 안건에 대한 찬성의 뜻을 유지할 수 있다.

③ WTO 회원국은 전자상거래협정에 가입하지 않는다면 동 협정의 법적 지위에 영향을 미칠 수 없다.

④ WTO 각료회의가 총의 제도를 유지한다면 '부속서 4 복수국간 무역협정 방식'의 도입 목적은 충분히 달성하기 어렵다.

⑤ 1997년 발효 당시 정보기술협정 당사국의 ICT제품 무역량의 총합은 해당 제품의 전 세계 무역량의 90% 이상일 것으로 추정할 수 있다.

※ 다음 글을 읽고 물음에 답하시오. [6~9]

주어진 조건에서 자신의 이익을 최대화하는 합리적인 경제 주체들의 선택에서 출발하여 경제 현상을 설명하는 신고전파 경제학의 방법론은 오랫동안 경제학에서 주류의 위치를 지켜 왔다. 신고전파 기업 이론은 이 방법론에 기초하여 생산의 주체인 기업이 주어진 생산 비용과 기술, 수요 조건에서 이윤을 극대화하는 생산량을 선택한다고 가정하여 기업의 행동과 그 결과를 분석한다. 그런데 이런 분석은 한 사람의 농부의 행동과, 생산을 위해 다양한 역할을 담당하는 사람들이 참여하는 기업의 행동을 동일한 것으로 다룬다. 이에 대해 여러 의문들이 제기되었고 이를 해결하기 위해 다양한 기업 이론이 제시되었다.

㉠ 코즈는 가격에 기초하여 분업과 교환이 이루어지는 시장 시스템과 권위에 기초하여 계획과 명령이 이루어지는 기업 시스템은 본질적으로 다르다고 보았다. 이 때문에 그는 모든 활동이 시장에 의해 조정되지 않고 기업이라는 위계 조직을 필요로 하는 이유를 설명해야 한다고 생각했다. 예를 들어 기업이 생산에 필요한 어떤 부품을 직접 만들어 조달할 것인지 아니면 외부에서 구매할 것인지 결정한다고 생각해 보자. 생산 비용 개념만 고려하는 신고전파 기업 이론에 따르면, 분업에 따른 전문화나 규모의 경제를 생각할 때 자체 생산보다 외부 구매가 더 합리적인 선택이다. 생산에 필요한 모든 활동에 이런 논리가 적용된다면 기업이 존재해야 할 이유를 찾기 어렵다. 따라서 기업이 존재하는 이유는 생산 비용이 아닌 ㉡ 거래 비용에서 찾아야 한다는 것이 코즈의 논리이다.

코즈는 거래 비용을 시장 거래에 수반되는 어려움으로 정의했다. 그리고 수요자와 공급자가 거래할 의사와 능력이 있는 상대방을 만나기 위해 탐색하거나, 서로 가격을 흥정하거나, 교환 조건을 협상하고 합의하여 계약을 맺거나, 계약의 이행을 확인하고 강제하는 모든 과정에서 겪게 되는 어려움을 그 내용으로 들었다. 거래 비용이 너무 커서 분업에 따른 이득을 능가하는 경우에는 외부에서 구매하지 않고 기업 내부에서 자체 조달한다. 다시 말해 시장의 가격이 아니라 기업이라는 위계 조직의 권위에 의해 조정이 이루어진다는 것이다. 코즈가 제시한 거래 비용 개념은 시장 시스템으로만 경제 현상을 이해하지 않는 새로운 방법론의 가능성을 제공했다. 그러나 코즈의 설명은 거래 비용의 발생 원리를 명확하게 제시하지 않았고, 주류적인 경제학 방법론도 '권위'와 같은 개념을 수용할 준비가 되어 있지 않았다.

윌리엄슨은 거래 비용 개념에 입각한 기업 이론을 발전시키기 위해 몇 가지 새로운 개념들을 제시했다. 먼저 '합리성'이라는 가정을 '기회주의'와 '제한적 합리성'이라는 가정으로 대체했다. 경제 주체들은 교활하게 자기 이익을 최대화하고자 하지만, 정보의 양이나 정보 처리 능력 등의 이유로 항상 그렇게 할 수 있는 것은 아니라는 것이다. 그리고 코즈가 시장 거래라고 뭉뚱그려 생각한 것을 윌리엄슨은 현물거래와 계약으로 나누어 설명하면서 계약의 불완전성이란 개념을 제시했다. 계약은 현물거래와 달리 거래의 합의와 이행 사이에 상당한 시간이 걸린다. 그런데 제한적 합리성으로 인해 사람들은 미래에 발생할 수 있는 모든 상황을 예측할 수 없고, 예측한 상황에 대해 모든 대비책을 계산할 수도 없으며, 언어는 원래 모호할 수밖에 없다. 따라서 계약의 이행 정도를 제3자에게 입증할 수 있는 방식으로 사전에 계약을 맺기 어렵기 때문에 통상적으로 계약에는 빈구석이 있을 수밖에 없다.

상대방이 계약을 이행하지 않을 경우에는, 그가 계약을 이행할 것이라고 신뢰하고 행했던 준비, 즉 관계특수적 투자의 가치는 떨어질 것이다. 이 때문에 윌리엄슨은 계약 이후에는 계약 당사자들 사이의 관계에 근본적인 전환이 일어난다고 말했다. 그 가치가 많이 떨어질수록, 즉 관계특수성이 클수록 계약 후에 상대방이 변화된 상황을 기회주의적으로 활용할 가능성에 대한 우려가 커져 안전장치가 마련되지 않을 경우 관계특수적 투자가 이루어지기 어렵다. 윌리엄슨은 이를 '관계특수적 투자에 따른 속박 문제'라고 부르고, 계약의 불완전성으로 인해 통상적인 수준의 단순한 계약을 통해서는 사전에 이 문제를 방지하기 어렵다고 보았다. 따라서 이 문제가 심각한 결과를 초래하는 경우에는 단순한 계약과는 다른 복잡한 계약을 통해 안전장치를 강구할 것이고, 그런 방식으로도 해결할 수 없다면 아예 자체 조달을 선택할 것이라고 보았다.

이렇게 본다면 안전장치가 필요 없는 거래만 존재하는 상황이 신고전파 경제학이 상정하는 세계이고, 다양한 안전장치를 고려하지 않고 기업의 자체 생산만 대안으로 존재하는 상황이 코즈가 상정하는 세계라고 할 수 있다. 윌리엄슨의 기업 이론이 거둔 성과 덕분에 거래 비용 경제학이 서서히 경제학 방법론의 주류적 위치를 넘볼 수 있게 되었다.

06 ㉠이 신고전파 기업 이론의 비판을 통해 해결하려고 한 의문으로 가장 적절한 것은?

① 누가 기업의 의사 결정을 담당하는 것이 바람직한가?
② 분석해야 할 기업의 행동에는 생산량의 선택밖에 없는가?
③ 기업에 참여하는 모든 사람들이 기업의 이윤 극대화를 추구하는가?
④ 왜 어떤 활동은 기업 내부에서 일어나고 어떤 활동은 외부에서 일어나는가?
⑤ 다수가 참여하는 기업과 한 사람의 생산자 사이에 생산량의 차이는 없는가?

07 ㉡에 대한 진술로 가장 적절한 것은?

① 거래량과 반비례 관계이다.
② 현물거래의 경우에는 발생하지 않는다.
③ 계약 제도의 발달을 통해 줄일 수 있다.
④ 기업 내부에서 권위의 행사에 수반되는 비용이다.
⑤ 거래되는 재화의 시장 가치가 확실할수록 더 커진다.

08 윌리엄슨의 기업 이론에 대한 평가로 적절하지 않은 것은?

① 권위의 원천에 대한 설명을 제시하는 데까지 나아가지는 못했다.
② 경제 주체의 합리성을 대체하는 새로운 가정을 제시하는 수준으로 나아갔다.
③ 현물거래와 자체 생산 이외에도 다양한 계약들이 존재하는 현실을 이해하게 해주었다.
④ 관계특수성이나 계약의 불완전성이 큰 거래일수록 거래 비용이 적어진다는 것을 알게 해주었다.
⑤ 시장 거래를 현물거래와 계약으로 구분하여 새로운 측면에서 거래 비용의 속성을 이해하게 해주었다.

09 윗글을 바탕으로 〈보기〉의 조사 결과를 해석할 때, 적절하지 않은 것은?

> **보기**
>
> 화력 발전소의 설비는 특정 종류의 석탄에 맞춰 설계되며, 여러 종류의 석탄을 사용하려면 추가적인 건설 비용이 많이 소요된다. 한편 탄전(炭田) 근처에 발전소를 건설한 전력 회사는 송전 비용을 많이 부담해야 하고, 소비지 근처에 발전소를 세운 전력 회사는 석탄 운반 비용을 많이 부담해야 한다. 다음은 1980년대 초에 미국에서 화력 발전 전력 회사들의 석탄 조달 방법을 조사한 결과이다.
>
> [조사 결과]
>
> ⓐ 미국 화력 발전에 쓰인 석탄 가운데 15% 정도는 전력 회사가 자체 조달한 것이었다.
> ⓑ 전체 계약 건수 가운데 1년 미만의 초단기 계약은 10%에 못 미쳤고, 1년 이상의 계약 건수 가운데 6년 이상의 장기 계약이 83%였고, 21년 이상의 계약도 34%였다.
> ⓒ 특정 탄광에 접한 곳에 발전소를 건설한 경우에는 예외 없이 자체 조달 또는 복잡한 장기 계약을 통한 조달이었는데, 이 경우 평균 계약 기간은 35년, 최대 계약 기간은 50년이었다.
> ⓓ ⓒ에서 복잡한 장기 계약의 경우, 품질과 가격에 관한 조건은 매우 복잡하게 설정하면서도 최소 공급 물량은 단순하게 명시했다.

① ⓐ는 탄광의 직접 경영에 따르는 문제보다 복잡한 장기 계약으로도 대처하기 어려운 문제에 대한 우려가 더 커서 거래 비용을 줄이는 방안을 모색한 결과이겠군.

② ⓑ에서 1년 미만의 초단기 계약은, 거래 당사자들 간의 신뢰가 형성되지 않아서 관계특수적 투자에 따른 속박이 심각한 문제를 초래할 가능성이 가장 높은 경우에 맺은 것이겠군.

③ ⓒ는 특정 탄광으로부터 석탄을 공급받을 것을 전제하고 행한 투자의 가치가 떨어질 가능성을 우려하여 특정 탄광과의 계속적인 거래를 보장받고자 한 것이겠군.

④ ⓓ에서 품질과 가격의 계약 조건이 복잡한 것은, 공급되는 석탄의 품질과 가격에 관련된 기회주의적 행동을 제3자가 판단하기 어렵다고 우려했기 때문이겠군.

⑤ ⓓ에서 최소 공급 물량의 계약 조건이 단순한 것은, 공급 물량의 경우에는 예측 가능성이나 언어의 모호성에 따른 문제가 크지 않아서 계약을 이행하지 않았을 때 법원과 같은 제3자에게 쉽게 입증할 수 있다고 생각했기 때문이겠군.

PART 2

DAY 01
DAY 02
DAY 03
DAY 04
DAY 05
DAY 06
DAY 07
DAY 08
DAY 09
DAY 10

| 2016학년 대학수학능력시험 국어 영역 B형

※ 다음 글을 읽고 물음에 답하시오. [1~3]

현대 사회에서 지식의 중요성이 커지면서 기업에서도 지식 경영을 강조하는 목소리가 높다. 지식 경영은 기업 경쟁력의 원천이 조직적인 학습과 혁신 능력, 즉 기업의 지적 역량에 있다고 보아 지식의 활용과 창조를 강조하는 경영 전략이다.

지식 경영론 중에는 마이클 폴라니의 '암묵지' 개념을 활용하는 경우가 많다. 폴라니는 명확하게 표현되지 않고 주체에게 체화된 암묵지 개념을 통해 모든 지식이 지적 활동의 주체인 인간과 분리될 수 없다는 것을 강조했다. 그에 따르면 우리의 일상적 지각뿐만 아니라 고도의 과학적 지식도 지적 활동의 주체가 몸담고 있는 구체적인 현실로부터 유리된 것이 아니다. 어떤 지각 활동이나 관찰, 추론 활동에도 우리의 몸이나 관찰 도구, 지적 수단이 항상 수반되고 그에 의해 이러한 활동이 암묵적으로 영향을 받기 때문이다. 요컨대 모든 지식에는 암묵적 요소들과 이들을 하나로 통합하는 '인간적 행위'가 전제되어 있다는 것이다. "우리는 우리가 말할 수 있는 것보다 훨씬 더 많이 알고 있다."라는 폴라니의 말은 모든 지식이 암묵지에 기초하고 있음을 강조한다.

노나카 이쿠지로는 지식에 대한 폴라니의 탐구를 실용적으로 응용하여 지식 경영론을 펼쳤다. 그는 폴라니의 '암묵지'를 신체 감각, 상상 속 이미지, 지적 관심 등과 같이 객관적으로 표현하기 어려운 주관적 지식으로 파악했다. 또한 '명시지'를 문서나 데이터베이스 등에 담긴 지식과 같이 객관적이고 논리적으로 형식화된 지식으로 파악하고, 이것이 암묵지에 비해 상대적으로 지식의 공유 가능성이 높다고 보았다.

암묵지와 명시지의 분류에 기초하여, 노나카는 개인, 집단, 조직 수준에서 이루어지는 지식 변환 과정을 네 가지로 유형화하였다. 암묵지가 전달되어 타자의 암묵지로 변환되는 것은 대면 접촉을 통한 모방과 개인의 숙련 노력에 의해 이루어지는 것으로서 '공동화'라 한다. 암묵지에서 명시지로의 변환은 암묵적 요소 중 일부가 형식화되어 객관화되는 것으로서 '표출화'라 한다. 또 명시지들을 결합하여 새로운 명시지를 형성하는 것은 '연결화'라 하고, 명시지가 숙련 노력에 의해 암묵지로 전환되는 것은 '내면화'라 한다. 노나카는 이러한 변환 과정이 원활하게 일어나 기업의 지적 역량이 강화되도록 기업의 조직 구조도 혁신되어야 한다고 주장하였다.

이러한 주장대로 지식 경영이 실현되기 위해서는 지식 공유 과정에 대한 구성원들의 참여가 전제되어야 한다. 하지만 인간에게 체화된 무형의 지식을 공유하는 것은 쉬운 일이 아니다. 단순한 정보와 유용한 지식을 구분하기도 쉽지 않고, 이를 계량화하여 평가하는 것도 어렵다. 따라서 지식 경영의 성패는 지식의 성격에 대한 정확한 이해에 기초하여 구성원들이 지식 공유와 확산 과정에 자발적으로 참여하도록 하는 방안을 마련하는 것에 달려 있다고 할 수 있다.

01   윗글을 통해 알 수 있는 내용으로 적절하지 않은 것은?

① 폴라니는 고도로 형식화된 과학 지식도 암묵지를 기초로 하여 형성된다고 본다.

② 폴라니는 지적 활동의 주체와 분리되어 독립된 객체로서 존재하는 지식은 없다고 본다.

③ 노나카는 암묵지가 그 속성 때문에 지식의 공유 가능성이 명시지에 비해 상대적으로 높다고 본다.

④ 노나카의 지식 경영론은 지식이 원활하게 변환되도록 기업의 조직 구조가 재설계되어야 한다고 본다.

⑤ 폴라니는 지식에서 암묵지의 중요성을 강조하고, 노나카는 지식들 간의 변환 과정에 주목한다.

02 │ 지식 변환 │의 사례에 대한 설명으로 가장 적절한 것은?

① A사의 직원이 자사 오토바이 동호회 회원들과 계속 접촉하여 소비자들의 느낌을 포착해 낸 것은 '연결화'의 사례이다.

② B사가 자동차 부품 관련 특허 기술들을 부문별로 재분류하고 이를 결합하여 신기술을 개발한 것은 '표출화'의 사례이다.

③ C사의 직원이 경쟁 기업의 터치스크린 매뉴얼들을 보고 제품을 실제로 반복 사용하여 감각적 지식을 획득한 것은 '내면화'의 사례이다.

④ D사가 교재로 항공기 조종 교육을 실시하고 직원들이 반복적인 시뮬레이션 학습을 통해 조종술에 능숙하게 된 것은 '연결화'의 사례이다.

⑤ E사의 직원이 성공적인 제품 디자인들에 동물 형상이 반영되었음을 감지하고 장수하늘소의 몸체가 연상되는 청소기 디자인을 완성한 것은 '공동화'의 사례이다.

03 윗글을 바탕으로 〈보기〉에 나타난 F사의 문제를 해결하기 위해 제시할 만한 방안으로 적절하지 않은 것은?

> **보기**
>
> F사는 회사에 도움이 되는 지식의 산출을 독려하고 이를 체계적인 지식 데이터베이스에 축적하였다. 보고서와 제안서 등의 가시적인 지식의 산출에 대해서는 보상했지만, 경험적 지식이나 창의적 아이디어 같은 무형의 지식에 대한 평가 및 보상 제도는 갖추지 않았다. 그 결과, 유용성이 낮은 제안서가 양산되었고, 가시적인 지식을 산출하지 못하는 직원들의 회사에 대한 애착과 헌신은 감소했으며, 경험 많은 직원들이 퇴직할 때마다 해당 부서의 업무 공백이 발생했다.

① 창의적 아이디어가 문서 형태로 표현되기 어려울 수 있음을 감안하여 다양한 의견 제안 방식을 마련할 필요가 있다.

② 직원들이 회사에서 사용할 논리적이고 형식화된 지식을 제안하도록 권장하고 이를 데이터베이스에 축적할 필요가 있다.

③ 숙련된 직원들의 노하우를 공유할 수 있도록 면대면 훈련 프로그램을 도입하여 집단적 업무 역량을 키울 필요가 있다.

④ 직원들의 체화된 무형의 지식이 보상받을 수 있도록 평가 제도를 개선하여 회사에 대한 직원들의 헌신성을 높일 필요가 있다.

⑤ 직원들 각자가 지닌 업무 경험과 기능을 존중하고 유·무형의 노력과 능력을 평가하기 위한 조직 문화와 동기 부여 시스템을 발전시킬 필요가 있다.

DAY 01
DAY 02
DAY 03
DAY 04
DAY 05
DAY 06
DAY 07
DAY 08
DAY 09
DAY 10

04 다음 글의 내용과 부합하지 않는 것은?

연방준비제도(이하 연준)가 고용 증대에 주안점을 둔 정책을 입안한다 해도 정책이 분배에 미치는 영향을 고려하지 않는다면, 그 정책은 거품과 불평등만 부풀릴 것이다. 기술 산업의 거품 붕괴로 인한 경기 침체에 대응하여 2000년대 초에 연준이 시행한 저금리 정책이 이를 잘 보여준다.

특정한 상황에서는 금리 변동이 투자와 소비의 변화를 통해 경기와 고용에 영향을 줄 수 있다. 하지만 다른 수단이 훨씬 더 효과적인 상황도 많다. 가령 부동산 거품에 대한 대응책으로는 금리 인상보다 주택 담보 대출에 대한 규제가 더 합리적이다. 생산적 투자를 위축시키지 않으면서 부동산 거품을 가라앉힐 수 있기 때문이다.

경기 침체기라 하더라도, 금리 인하는 은행의 비용을 줄여주는 것 말고는 경기 회복에 별다른 도움이 되지 않을 수 있다. 대부분의 부문에서 설비 가동률이 낮은 상황이라면, 대출 금리가 낮아져도 생산적인 투자가 별로 증대하지 않는다. 2000년대 초가 바로 그런 상황이었기 때문에, 당시의 저금리 정책은 생산적인 투자 증가 대신에 주택 시장의 거품만 초래한 것이다.

금리 인하는 국공채에 투자했던 퇴직자들의 소득을 감소시켰다. 노년층에서 정부로, 정부에서 금융업으로 부의 대규모 이동이 이루어져 불평등이 심화되었다. 이에 따라 금리 인하는 다양한 경로로 소비를 위축시켰다. 은퇴 후의 소득을 확보하기 위해, 혹은 자녀의 학자금을 확보하기 위해 사람들은 저축을 늘렸다. 연준은 금리 인하가 주가 상승으로 이어질 것이므로 소비가 늘어날 것이라고 주장했다. 하지만 2000년대 초 연준의 금리 인하 이후 주가 상승에 따라 발생한 이득은 대체로 부유층에 집중되었으므로 대대적인 소비 증가로 이어지지 않았다.

2000년대 초 고용 증대를 기대하고 시행한 연준의 저금리 정책은 노동을 자본으로 대체하는 투자를 증대시켰다. 인위적인 저금리로 자본 비용이 낮아지자 이런 기회를 이용하려는 유인이 생겨났다. 노동력이 풍부한 상황인데도 노동을 절약하는 방향의 혁신이 강화되었고, 미숙련 노동자들의 실업률이 높은 상황인데도 가게들은 계산원을 해고하고 자동화 기계를 들여놓았다. 경기가 회복되더라도 실업률이 떨어지지 않는 구조가 만들어진 것이다.

① 2000년대 초 연준의 금리 인하로 국공채에 투자한 퇴직자의 소득이 줄어들어 금융업으로부터 정부로 부가 이동하였다.

② 2000년대 초 연준은 고용 증대를 기대하고 금리를 인하했지만 결과적으로 고용 증대가 더 어려워지도록 만들었다.

③ 2000년대 초 기술 산업 거품의 붕괴로 인한 경기 침체기에 설비 가동률은 대부분의 부문에서 낮은 상태였다.

④ 2000년대 초 연준이 금리 인하 정책을 시행한 후 주택 가격과 주식 가격은 상승하였다.

⑤ 금리 인상은 부동산 거품 대응 정책 가운데 가장 효과적인 정책이 아닐 수 있다.

※ 다음 글을 읽고 물음에 답하시오. [5~8]

과거에 일어난 금융위기에 대해 많은 연구가 진행되었어도 그 원인에 대해 의견이 모아지지 않는 경우가 대부분이다. 이것은 금융위기가 여러 차원의 현상이 복잡하게 얽혀 발생하는 문제이기 때문이기도 하지만, 사람들의 행동이나 금융 시스템의 작동 방식을 이해하는 시각이 다양하기 때문이기도 하다. 은행위기를 중심으로 금융위기에 관한 주요 시각을 다음과 같은 네 가지로 분류할 수 있다. 이들이 서로 배타적인 것은 아니지만 주로 어떤 시각에 기초해서 금융위기를 이해하는가에 따라 그 원인과 대책에 대한 의견이 달라진다고 할 수 있다.

우선, 은행의 지불능력이 취약하다고 많은 예금주들이 예상하게 되면 실제로 은행의 지불능력이 취약해지는 현상, 즉 ㉠ '자기 실현적 예상'이라 불리는 현상을 강조하는 시각이 있다. 예금주들이 예금을 인출하려는 요구에 대응하기 위해 은행이 예금의 일부만을 지급준비금으로 보유하는 부분준비제도는 현대 은행 시스템의 본질적 측면이다. 이 제도에서는 은행의 지불능력이 변화하지 않더라도 예금주들의 예상이 바뀌면 예금 인출이 쇄도하는 사태가 일어날 수 있다. 예금은 만기가 없고 선착순으로 지급하는 독특한 성격의 채무이기 때문에, 지불능력이 취약해져서 은행이 예금을 지급하지 못할 것이라고 예상하게 된 사람이라면 남보다 먼저 예금을 인출하는 것이 합리적이기 때문이다. 이처럼 예금 인출이 쇄도하는 상황에서 예금 인출 요구를 충족시키려면 은행들은 현금 보유량을 늘려야 한다. 이를 위해 은행들이 앞다투어 채권이나 주식, 부동산과 같은 자산을 매각하려고 하면 자산 가격이 하락하게 되므로 은행들의 지불능력이 실제로 낮아진다.

둘째, ㉡ 은행의 과도한 위험 추구를 강조하는 시각이 있다. 주식회사에서 주주들은 회사의 모든 부채를 상환하고 남은 자산의 가치에 대한 청구권을 갖는 존재이고 통상적으로 유한책임을 진다. 따라서 회사의 자산 가치가 부채액보다 더 커질수록 주주에게 돌아올 이익도 커지지만, 회사가 파산할 경우에 주주의 손실은 그 회사의 주식에 투자한 금액으로 제한된다. 이러한 ⓐ 비대칭적인 이익 구조로 인해 수익에 대해서는 민감하지만 위험에 대해서는 둔감하게 된 주주들은 고위험 고수익 사업을 선호하게 된다. 결과적으로 주주들이 더 높은 수익을 얻기 위해 감수해야 하는 위험을 채권자에게 전가하는 것인데, 자기자본비율이 낮을수록 이러한 동기는 더욱 강해진다. 은행과 같은 금융 중개 기관들은 대부분 부채비율이 매우 높은 주식회사 형태를 띤다.

셋째, ㉢ 은행가의 은행 약탈을 강조하는 시각이 있다. 전통적인 경제 이론에서는 은행의 부실을 과도한 위험 추구의 결과로 이해해왔다. 하지만 최근에는 은행가들에 의한 은행 약탈의 결과로 은행이 부실해진다는 인식도 강해지고 있다. 과도한 위험 추구는 은행의 수익률을 높이려는 목적으로 은행의 재무 상태를 악화시킬 위험이 큰 행위를 은행가가 선택하는 것이다. 이에 비해 은행 약탈은 은행가가 자신에게 돌아올 이익을 추구하여 은행에 손실을 초래하는 행위를 선택하는 것이다. 예를 들어 은행가들이 자신이 지배하는 은행으로부터 남보다 유리한 조건으로 대출을 받는다거나, 장기적으로 은행에 손실을 초래할 것을 알면서도 자신의 성과급을 높이기 위해 단기적인 성과만을 추구하는 행위 등은, 지배 주주나 고위 경영자의 지위를 가진 은행가가 은행에 대한 지배력을 사적인 이익을 위해 사용한다는 의미에서 약탈이라고 할 수 있다.

넷째, ㉣ 이상 과열을 강조하는 시각이 있다. 위의 세 가지 시각과 달리 이 시각은 경제 주체의 행동이 항상 합리적으로 이루어지는 것은 아니라는 관찰에 기초하고 있다. 예컨대 많은 사람들이 자산 가격이 일정 기간 상승하면 앞으로도 계속 상승할 것이라 예상하고, 일정 기간 하락하면 앞으로도 계속 하락할 것이라 예상하는 경향을 보인다. 이 경우 자산 가격 상승은 부채의 증가를 낳고 이는 다시 자산 가격의 더 큰 상승을 낳는다. 이러한 상승작용으로 인해 거품이 커지는 과정은 경제 주체들의 부채가 과도하게 늘어나 금융 시스템을 취약하게 만들게 되므로, 거품이 터져 금융 시스템이 붕괴하고 금융위기가 일어날 현실적 조건을 강화시킨다.

05 ㉠ ~ ㉣에 대한 설명으로 적절하지 않은 것은?

① ㉠은 은행 시스템의 제도적 취약성을 바탕으로 나타나는 예금주들의 행동에 주목하여 금융위기를 설명한다.

② ㉡은 경영자들이 예금주들의 이익보다 주주들의 이익을 우선한다는 전제 하에 금융위기를 설명한다.

③ ㉢은 은행의 일부 구성원들의 이익 추구가 은행을 부실하게 만들 가능성에 기초하여 금융위기를 이해한다.

④ ㉣은 경제 주체의 행동에 대한 귀납적 접근에 기초하여 금융위기를 이해한다.

⑤ ㉠과 ㉣은 모두 경제 주체들의 예상이 그대로 실현된 결과가 금융위기라고 본다.

06 ⓐ와 관련한 설명으로 적절하지 않은 것은?

① 파산한 회사의 자산 가치가 부채액에 못 미칠 경우에 주주들이 져야 할 책임은 한정되어 있다.

② 회사의 자산 가치에서 부채액을 뺀 값이 0보다 클 경우에, 그 값은 원칙적으로 주주의 몫이 된다.

③ 회사가 자산을 다 팔아도 부채를 다 갚지 못할 경우에, 얼마나 많이 못 갚는지는 주주들의 이해와 무관하다.

④ 주주들이 선호하는 고위험 고수익 사업은 성공한다면 회사가 큰 수익을 얻지만, 실패한다면 회사가 큰 손실을 입을 가능성이 높다.

⑤ 주주들이 고위험 고수익 사업을 선호하는 것은, 이런 사업이 회사의 자산 가치와 부채액 사이의 차이가 줄어들 가능성을 높이기 때문이다.

07 윗글에 제시된 네 가지 시각으로 〈보기〉의 사례를 평가할 때 가장 적절한 것은?

> **보기**
>
> 1980년대 후반에 A국에서 장기 주택담보 대출에 전문화한 은행인 저축대부조합들이 대량 파산하였다. 이 사태와 관련하여 다음과 같은 사실들이 주목받았다.
> - 1970년대 이후 석유 가격 상승으로 인해 부동산 가격이 많이 오른 지역에서 저축대부조합들의 파산이 가장 많았다.
> - 부동산 가격의 상승을 보고 앞으로도 자산 가격의 상승이 지속될 것을 예상하고 빚을 얻어 자산을 구입하는 경제 주체들이 늘어났다.
> - A국의 정부는 투자 상황을 낙관하여 저축대부조합이 고위험채권에 투자할 수 있도록 규제를 완화하였다.
> - 예금주들이 주인이 되는 상호회사 형태였던 저축대부조합들 중 다수가 1980년대에 주식회사 형태로 전환하였다.
> - 파산 전에 저축대부조합의 대주주와 경영자들에 대한 보상이 대폭 확대되었다.

① ㉠은 위험을 감수하고 고위험채권에 투자한 정도와 고위 경영자들에게 성과급 형태로 보상을 지급한 정도가 비례했다는 점을 들어, 은행의 고위 경영자들을 비판할 것이다.

② ㉡은 부동산 가격 상승에 대한 기대 때문에 예금주들이 책임질 수 없을 정도로 빚을 늘려 은행이 위기에 빠진 점을 들어, 예금주의 과도한 위험 추구 행태를 비판할 것이다.

③ ㉢은 저축대부조합들이 주식회사로 전환한 점을 들어, 고위험채권 투자를 감행한 결정이 궁극적으로 예금주의 이익을 더욱 증가시켰다고 은행을 옹호할 것이다.

④ ㉢은 저축대부조합이 정부의 규제 완화를 틈타 고위험채권에 투자하는 공격적인 경영을 한 점을 들어, 저축대부조합들의 행태를 용인한 예금주들을 비판할 것이다.

⑤ ㉣은 차입을 늘린 투자자들, 고위험채권에 투자한 저축대부조합들, 규제를 완화한 정부 모두 낙관적인 투자 상황이 지속될 것이라고 예상한 점을 들어, 그 경제 주체 모두를 비판할 것이다.

08 ㉠ ~ ㉣에 따른 금융위기 대책에 대한 설명으로 적절하지 않은 것은?

① 은행이 파산하는 경우에도 예금 지급을 보장하는 예금 보험 제도는 ㉠에 따른 대책이다.

② 일정 금액 이상의 고액 예금은 예금 보험 제도의 보장 대상에서 제외하는 정책은 ㉠에 따른 대책이다.

③ 은행들로 하여금 자기자본비율을 일정 수준 이상으로 유지하도록 하는 건전성 규제는 ㉡에 따른 대책이다.

④ 금융 감독 기관이 은행 대주주의 특수 관계인들의 금융 거래에 대해 공시 의무를 강조하는 정책은 ㉢에 따른 대책이다.

⑤ 주택 가격이 상승하여 서민들의 주택 구입이 어려워질 때 담보 가치 대비 대출 한도 비율을 줄이는 정책은 ㉣에 따른 대책이다.

PART 2

DAY 01
DAY 02
DAY 03
DAY 04
DAY 05
DAY 06
DAY 07
DAY 08
DAY 09
DAY 10

┃ 2015학년 대학수학능력시험 국어 영역 A형

※ 다음 글을 읽고 물음에 답하시오. [1~3]

Ⓐ 정부는 공공의 이익을 위해 정책을 기획, 수행하여 유형 또는 무형의 생산물인 공공 서비스를 공급한다. 공공 서비스의 특성은 배제성과 경합성의 개념으로 설명할 수 있다. 배제성은 대가를 지불하여야 사용이 가능한 성질을 말하며, 경합성은 한 사람이 서비스를 사용하면 다른 사람은 사용할 수 없는 성질을 말한다. 이러한 배제성과 경합성의 정도에 따라 공공 서비스의 특성이 결정된다. 예를 들어 국방이나 치안은 사용자가 비용을 직접 지불하지 않고 여러 사람이 한꺼번에 사용할 수 있으므로 배제성과 경합성이 모두 없다. 이에 비해 배제성은 없지만, 많은 사람이 한꺼번에 사용하는 것이 불편하여 경합성이 나타나는 경우도 있다. 무료로 이용하는 공공 도서관에서 이용자가 많아 도서 ⓐ 열람이나 대출이 제한될 경우가 이에 해당한다.

과거에는 공공 서비스가 경합성과 배제성이 모두 약한 사회 기반 시설 공급을 중심으로 제공되었다. 이런 경우 서비스 제공에 드는 비용은 주로 세금을 비롯한 공적 재원으로 ⓑ 충당을 한다. 하지만 복지와 같은 개인 단위 공공 서비스에 대한 사회적 요구가 증가함에 따라 관련 공공 서비스의 다양화와 양적 확대가 이루어지고 있다. 이로 인해 정부의 관련 조직이 늘어나고 행정 업무의 전문성 및 효율성이 떨어지는 문제점이 나타나기도 한다. 이 경우 정부는 정부 조직의 규모를 확대하지 않으면서 서비스의 전문성을 강화할 수 있는 민간 위탁 제도를 도입할 수 있다. 민간 위탁이란 공익성을 유지하기 위해 서비스의 대상이나 범위에 대한 결정권과 서비스 관리의 책임을 정부가 갖되, 서비스 생산은 민간 업체에게 맡기는 것이다.

민간 위탁은 주로 다음과 같은 몇 가지 방식으로 운용되고 있다. 가장 일반적인 것은 '경쟁 입찰 방식'이다. 이는 일정한 기준을 충족하는 민간 업체 간 경쟁 입찰을 거쳐 서비스 생산자를 선정, 계약하는 방식이다. 공원과 같은 공공 시설물 관리 서비스가 이에 해당한다. 이 경우 정부가 직접 공공 서비스를 제공할 때보다 서비스의 생산 비용이 절감될 수 있고 정부의 재정 부담도 ⓒ 경감될 수 있다. 다음으로는 '면허 발급 방식'이 있다. 이는 서비스 제공을 위한 기술과 시설이 기준을 충족하는 민간 업체에게 정부가 면허를 발급하는 방식이다. 자동차 운전면허 시험, 산업 폐기물 처리 서비스 등이 이에 해당한다. 이 경우 공공 서비스가 갖춰야 할 최소한의 수준은 유지하면서도 공급을 민간의 자율에 맡겨 공공 서비스의 수요와 공급이 탄력적으로 조절되는 효과를 얻을 수 있다. 또한 '보조금 지급 방식'이 있는데, 이는 민간이 운영하는 종합 복지관과 같이 안정적인 공공 서비스 제공이 필요한 기관에 보조금을 주어 재정적으로 지원하는 것이다.

하지만 민간 위탁 업체는 수익성을 중심으로 공공 서비스를 제공하기 때문에, 수익이 나지 않을 경우에는 민간 위탁 업체가 제공하는 공공 서비스가 기대 수준에 미치지 못할 수 있다. 또한 민간 위탁 제도에 의한 공공 서비스 제공의 성과는 정확히 측정하기 어려운 경우가 많아서 평가와 ⓓ 개선이 지속적으로 이루어지지 않을 때에는 오히려 민간 위탁 제도가 공익을 ⓔ 저해할 수 있다. 따라서 ㉠ 민간 위탁 제도의 도입을 결정할 때에는 서비스의 성격과 정부의 관리 능력 등을 면밀히 검토하여 신중하게 결정해야 한다.

01 윗글에서 언급한 내용이 아닌 것은?

① 공공 서비스의 제공 목적
② 공공 서비스 공급의 주체
③ 공공 서비스 범위의 확대 배경
④ 공공 서비스의 수익 산정 방식
⑤ 공공 서비스의 민간 위탁 방식

02 윗글의 내용상 ⊙의 이유로 가장 적절한 것은?

① 민간 업체에 위탁하는 공공 서비스가 사회 기반 시설의 공급에 집중되어 공공 서비스의 수익이 제한되기 때문
② 민간 위탁 제도에 의한 공공 서비스 제공에는 공공 서비스의 공익성을 불안정하게 만들 수 있는 위험 요인이 존재하기 때문
③ 민간 위탁은 대부분 면허 발급 방식에 의해 이루어지므로 정부의 관리 비용과 공공 서비스의 생산 비용이 증가하기 때문
④ 민간 위탁에 의해 공공 서비스가 제공되면 정부의 보조금 지급이 필수적으로 요청되어 수요자의 비용 부담이 증가할 수 있기 때문
⑤ 공공 서비스 공급을 확대하기 위한 정부의 민간 위탁 방식이 단일화되어 있어서 공공 서비스의 생산과 수요를 탄력적으로 조절할 수 없기 때문

03 ⓐ ~ ⓔ를 사용하여 만든 문장으로 적절하지 않은 것은?

① ⓐ : 그는 행사 관련 서류의 열람을 집행부에 요구했다.
② ⓑ : 그는 회사의 자금 충당 방안을 마련하느라 동분서주했다.
③ ⓒ : 직원들의 노력에도 회사의 손익이 계속 경감될 뿐이다.
④ ⓓ : 정부는 무역 수지 개선에 온 힘을 기울이고 있다.
⑤ ⓔ : 집단 이기심은 사회 발전을 저해할 요인으로 작용한다.

DAY 01
DAY 02
DAY 03
DAY 04
DAY 05
DAY 06
DAY 07
DAY 08
DAY 09
DAY 10

04 다음 글에서 알 수 없는 것은?

연금 제도의 금융 논리와 관련하여 결정적으로 중요한 원리는 중세에서 비롯된 신탁 원리다. 12세기 영국에서는 미성년 유족(遺族)에게 토지에 대한 권리를 합법적으로 이전할 수 없었다. 그럼에도 불구하고 영국인들은 유언을 통해 자식에게 토지 재산을 물려주고 싶어 했다. 이런 상황에서 귀족들이 자신의 재산을 미성년 유족이 아닌, 친구나 지인 등 제3자에게 맡기기 시작하면서 신탁 제도가 형성되기 시작했다. 여기서 재산을 맡긴 성인 귀족, 재산을 물려받은 미성년 유족, 그리고 미성년 유족을 대신해 그 재산을 관리·운용하는 제3자로 구성되는 관계, 즉 위탁자, 수익자, 그리고 수탁자로 구성되는 관계가 등장했다. 이 관계에서 주목해야 할 것은 미성년 유족은 성인이 될 때까지 재산권을 온전히 인정받지는 못 했다는 점이다. 즉 신탁 원리 하에서 수익자는 재산에 대한 운용 권리를 모두 수탁자인 제3자에게 맡기도록 되어 있었기 때문에 수익자의 지위는 불안정했다.

연금 제도가 이 신탁 원리에 기초해 있는 이상, 연금 가입자는 연기금 재산의 운용에 대해 영향력을 행사하기 어렵게 된다. 왜냐하면 신탁의 본질상 공·사 연금을 막론하고 신탁 원리에 기반을 둔 연금 제도에서는 수익자인 연금 가입자의 적극적인 권리 행사가 허용되지 않기 때문이다. 결국 신탁 원리는 수익자의 연금 운용 권리를 현저히 약화시키는 것을 기본으로 한다. 그 대신 연금 운용을 수탁자에게 맡기면서 '수탁자 책임'이라는, 논란이 분분하고 불분명한 책임이 부과된다. 수탁자 책임 이행의 적절성을 어떻게 판단할 수 있는가에 대해 많은 논의가 있었지만, 수탁자 책임의 내용에 대해서 실질적인 합의가 이루어지지는 못했다.

중세에서 기원한 신탁 원리가 연금 제도와 연금 산업에 미치는 효과는 현재까지도 여전히 유효하고 강력하다. 신탁 원리의 영향으로 인해 연금 가입자의 자율적이고 적극적인 권리 행가가 철저하게 제한되어 왔다. 그 결과 연금 가입자는 자본 시장의 최고 원리인 유동성을 마음껏 누릴 수 없었으며, 결국 연기금 운용자인 수탁자의 재량에 종속되는 존재가 되고 말았다.

① 사적 연금 제도의 가입자는 자본 시장의 유동성을 충분히 누릴 수 없었다.

② 위탁자 또는 수익자와 직접적인 혈연 관계에 있지 않아도 수탁자로 지정될 수 있었다.

③ 연금 수익자의 지위가 불안정하기 때문에 연기금 재산에 대한 적극적인 권리 행사가 제한되었다.

④ 신탁 제도는 미성년 유족에게 토지 재산권이 합법적으로 이전될 수 없었던 중세 영국의 상황 속에서 생겨났다.

⑤ 연금 제도가 신탁 원리에 기반을 두었기 때문에 수탁자가 수익자보다 재산 운용에 대해 더 많은 재량권을 갖게 되었다.

※ 다음 글을 읽고 물음에 답하시오. [5~7]

지난 세기 미국 경제는 확연히 다른 시기들로 나뉠 수 있다. 1930년대 이후 1970년대 말까지는 소득 불평등이 완화되었다. 특히 제2차 세계 대전 직후 30년 가까이는 성장과 분배 문제가 동시에 해결된 황금기로 기록되었다. 그러나 1980년 이후로는 소득 불평등이 급속히 심화되었고, 경제 성장률도 하락했다. 이러한 변화와 관련해 많은 경제학자들은 기술 진보에 주목했다. 기술 진보는 성장과 분배의 두 마리 토끼를 한꺼번에 잡을 수 있는 만병통치약으로 칭송되기도 하지만, 소득 분배를 악화시키고 사회적 안정성을 저해하는 위협 요인으로 비난받기도 한다. 그러나 어느 쪽을 선택한 연구든 20세기 미국 경제의 역사적 현실을 통합적으로 해명하는 데는 한계가 있다.

기술 진보의 중요성을 놓치지 않으면서도 기존 연구의 한계를 뛰어넘는 대표적인 연구로는 골딘과 카츠가 제시한 '교육과 기술의 경주 이론'이 있다. 이들에 따르면, 기술이 중요한 것은 맞지만 교육은 더 중요하며, 불평등의 추이를 볼 때는 더욱 그렇다. 이들은 우선 신기술 도입이 생산성 상승과 경제 성장으로 이어지려면 노동자들에게 새로운 기계를 익숙하게 다룰 능력이 있어야 하는데, 이를 가능케 하는 것이 바로 정규 교육기관 곧 학교에서 보낸 수년간의 교육 시간들이라는 점을 강조한다. 이때 학교를 졸업한 노동자는 그렇지 않은 노동자에 비해 생산성이 더 높으며 그로 인해 상대적으로 더 높은 임금, 곧 숙련 프리미엄을 얻게 된다. 그런데 학교가 제공하는 숙련의 내용은 신기술의 종류에 따라 다르다. 20세기 초반에는 기본적인 계산을 할 줄 알고 기계 설명서와 도면을 읽어내는 능력이 요구되었고, 이를 위한 교육은 주로 중·고등학교에서 제공되었다. 기계가 한층 복잡해지고 IT 기술의 응용이 중요해진 20세기 후반부터는 추상적으로 판단하고 분석할 수 있는 능력의 함양과 함께, 과학, 공학, 수학 등의 분야에 대한 학위 취득이 요구되고 있다.

골딘과 카츠는 기술을 숙련 노동자에 대한 수요로, 교육을 숙련 노동자의 공급으로 규정하고, 기술의 진보에 따른 숙련 노동자에 대한 수요의 증가 속도와 교육의 대응에 따른 숙련 노동자 공급의 증가 속도를 '경주'라는 비유로 비교함으로써, 소득 불평등과 경제 성장의 역사적 추이를 해명한다. 이들에 따르면, 기술은 숙련 노동자들에 대한 상대적 수요를 늘리는 방향으로 변화했고, 숙련 노동자에 대한 수요의 증가율 곧 증가 속도는 20세기 내내 대체로 일정하게 유지된 반면, 숙련 노동자의 공급 측면은 부침을 보였다. 숙련 노동자의 공급은 전반부에는 크게 늘어나 그 증가율이 수요 증가율을 상회했지만, 1980년부터는 증가 속도가 크게 둔화됨으로써 대졸 노동자의 공급 증가율이 숙련 노동자에 대한 수요 증가율을 하회하게 되었다. 이들은 기술과 교육, 양쪽의 증가 속도를 비교함으로써 1915년부터 1980년까지 진행되었던 숙련 프리미엄의 축소는 숙련 노동자들의 공급이 더 빠르게 늘어난 결과, 곧 교육이 기술을 앞선 결과임을 밝혔다. 이에 비해 1980년 이후에 나타난 숙련 프리미엄의 확대, 곧 교육에 따른 임금 격차의 확대는 대졸 노동자의 공급 증가율 하락에 의한 것으로 보았다. 이러한 분석 결과에 소득 불평등의 많은 부분이 교육에 따른 임금 격차에 의해 설명되었다는 역사적 연구가 결합됨으로써, 미국의 경제 성장과 소득 불평등은 교육과 기술의 '경주'에 의해 설명될 수 있었다.

그렇다면 교육을 결정하는 힘은 어디에서 나왔을까? 특히 양질의 숙련 노동력이 생산 현장의 수요에 부응해 빠른 속도로 늘어나도록 한 힘은 어디에서 나왔을까? 골딘과 카츠는 이와 관련해 1910년대를 기점으로 본격화되었던 중·고등학교 교육 대중화 운동에 주목한다. 19세기 말 경쟁의 사다리 하단에 머물러 있던 많은 사람들은 교육이 자식들에게 새로운 기회를 제공해 주기를 희망했다. 이러한 염원이 '풀뿌리 운동'으로 확산되고 마침내 정책으로 반영되면서 변화가 시작되었다. 지방 정부가 독자적으로 재산세를 거둬 공립 중등 교육기관을 신설하고 교사를 채용해 양질의 일자리를 얻는 데 필요한 교육을 무상으로 제공하게 된 것이다. 이들의 논의는 새로운 대중 교육 시스템의 확립에 힘입어 신생 국가인 미국이 부자 나라로 성장하고, 수많은 빈곤층 젊은이들이 경제 성장의 열매를 향유했던 과정을 잘 보여 준다.

교육과 기술의 경주 이론은 신기술의 출현과 노동 수요의 변화, 생산 현장의 필요에 부응하는 교육기관의 숙련 노동력 양성, 이를 뒷받침하는 제도와 정책의 대응, 더 새로운 신기술의 출현이라는 동태적 상호 작용 속에서 성장과 분배의 양상이 어떻게 달라질 수 있는가에 관한 중요한 이론적 준거를 제공해 준다. 그러나 이 이론은 ⊙ 한계도 적지 않아 성장과 분배에 대한 다양한 논쟁을 촉발하고 있다.

05 윗글에 제시된 미국 경제에 대한 이해로 적절하지 않은 것은?

① 20세기 초에는 강화된 공교육이 경제 성장에 기여했다.
② 20세기 초에는 숙련에 대한 요구가 계산 및 독해 능력에 맞춰졌다.
③ 20세기 초에는 미숙련 노동자가, 말에는 숙련 노동자가 선호되었다.
④ 20세기 말에는 숙련 노동자의 공급이 대학 이상의 고등교육에 의해 주도되었다.
⑤ 20세기 말에는 소득 분배의 악화 및 경제 성장의 둔화 현상이 동시에 발생했다.

06 '교육과 기술의 경주 이론'에 대한 진술로 적절하지 않은 것은?

① 숙련 프리미엄은 숙련 노동자가 미숙련 노동자에 비해 더 기여한 생산성 부분에 대한 보상의 성격을 지닌다.
② 기술 진보가 경제 성장에 미치는 효과를 높이기 위해서는 신기술에 적합한 숙련 노동자의 공급이 필요하다.
③ 숙련은 장비를 능숙하게 다룸으로써 생산성을 높일 수 있도록 연마된 능력을 뜻한다.
④ 숙련 프리미엄의 변화는 소득 불평등 변화의 주요 지표가 된다.
⑤ 교육의 속도가 기술의 속도를 앞서면 소득 불평등은 심화된다.

07 ⊙을 보여주는 사례로 적절하지 않은 것은?

① 숙련이 직장 내에서 이루어지는 경우
② 임금이 생산성 이외의 요인에 의해서도 결정되는 경우
③ 대학 졸업자의 증가로 노동자 간의 임금 격차가 줄어든 경우
④ 직종과 연령대가 유사한 대학 졸업자 간에 임금 격차가 큰 경우
⑤ 신기술에 의한 자동화로 숙련 노동력에 대한 수요가 줄어든 경우

※ 다음 글을 읽고 물음에 답하시오. [1~3]

요즘 시청자들은 자신도 모르는 사이에 간접 광고에 수시로 노출되어 광고와 더불어 살아가는 환경에 놓이게 됐다. 방송 프로그램의 앞과 뒤에 붙어 방송되는 직접 광고와 달리 PPL(Product Placement)이라고도 하는 간접 광고는 프로그램 내에 상품을 배치해 광고 효과를 거두려 하는 광고 형태이다. 간접 광고는 직접 광고에 비해 시청자가 리모컨을 이용해 광고를 회피하기가 상대적으로 어려워 시청자에게 노출될 확률이 더 높다.

광고주들은 광고를 통해 상품의 인지도를 높이고 상품에 대한 호의적 태도를 확산시키려 한다. 간접 광고에서는 이러한 광고 효과를 거두기 위해 주류적 배치와 주변적 배치를 활용한다. 주류적 배치는 출연자가 상품을 사용·착용하거나 대사를 통해 상품을 언급하는 것이고, 주변적 배치는 화면 속의 배경을 통해 상품을 노출하는 것인데, 시청자들은 주변적 배치보다 주류적 배치에 더 주목하게 된다. 또 간접 광고를 통해 배치되는 상품이 자연스럽게 활용되어 프로그램의 맥락에 잘 부합하면 해당 상품에 대한 광고 효과가 커지는데 이를 맥락 효과라 한다.

우리나라는 1990년대 중반부터 극히 제한된 형태의 간접 광고만을 허용하는 ⊙ 협찬 제도를 운영해 왔다. 이 제도는 프로그램 제작자가 협찬 업체로부터 경비, 물품, 인력, 장소 등을 제공받아 활용하고 프로그램이 종료될 때 협찬 업체를 알리는 협찬 고지를 허용했다. 그러나 프로그램의 내용이 전개될 때 상품명이나 상호를 보여 주거나 출연자가 이를 언급해 광고 효과를 주는 것은 법으로 금지했다. 협찬 받은 의상의 상표를 보이지 않게 가리는 것은 그 때문이다.

우리나라는 협찬 제도를 그대로 유지하면서 광고주와 방송사 등의 요구에 따라 방송법에 '간접 광고'라는 조항을 신설하여 2010년부터 시행하였다. ⓒ 간접 광고 제도가 도입된 취지는 프로그램 내에서 광고를 하는 행위에 대해 법적인 규제를 완화하여 방송 광고 산업을 활성화하겠다는 것이었다. 이로써 프로그램 내에서 상품명이나 상호를 보여 주는 것이 허용되었다. 다만 시청권의 보호를 위해 상품명이나 상호를 언급하거나 구매와 이용을 권유하는 것은 금지되었다. 또 방송이 대중에게 미치는 영향력이 크기 때문에 객관성과 공정성이 요구되는 보도, 시사, 토론 등의 프로그램에서는 간접 광고가 금지되었다. 그럼에도 불구하고 간접 광고 제도를 비판하는 사람들은 간접 광고로 인해 광고 노출 시간이 길어지고 프로그램의 맥락과 동떨어진 억지스러운 상품 배치가 빈번해 프로그램의 질이 떨어지고 있다고 주장한다.

이처럼 시청자의 인식 속에 은연중 파고드는 간접 광고에 적절히 대응하기 위해서는 시청자들에게 간접 광고에 대한 주체적 해석이 요구된다. 미디어 이론가들에 따르면, 사람들은 외부의 정보를 주체적으로 해석할 수 있는 자기 나름의 프레임을 갖고 있어서 미디어의 콘텐츠를 수동적으로만 받아들이는 것은 아니다. 이것이 간접 광고를 분석하고 그것을 비판적으로 수용하는 미디어 교육이 필요한 이유이다.

PART 2

DAY 01
DAY 02
DAY 03
DAY 04
DAY 05
DAY 06
DAY 07
DAY 08
DAY 09
DAY 10

01 윗글을 통해 알 수 있는 내용으로 적절한 것은?

① 간접 광고에서 주변적 배치가 주류적 배치보다 더 시청자의 주목을 받는다.

② 간접 광고는 직접 광고에 비해 시청자가 즉각적으로 광고를 회피하기가 더 쉽다.

③ 간접 광고가 삽입된 프로그램을 시청할 때에는 수용자 개인의 프레임이 작동하지 않는다.

④ 직접 광고와 달리 간접 광고는 광고가 시청자들에게 주는 효과의 정도에 따라 구분한 것이다.

⑤ 간접 광고가 광고인 것을 시청자가 알아차리지 못하는 동안에도 광고 효과는 발생할 수 있다.

02 ㉠과 ㉡에 대하여 추론한 내용으로 적절하지 않은 것은?

① ㉠이 시행되면서, 프로그램 내용이 전개될 때 상표를 노출할 수 있게 되어 방송 광고업계는 이 제도를 환영했겠군.

② ㉠에 따라 경비를 제공한 협찬 업체는 프로그램이 종료될 때의 협찬 고지를 통해서 광고 효과를 거둘 수 있겠군.

③ ㉡이 도입된 이후에는 프로그램 내용이 전개될 때 작위적으로 상품을 노출시키는 장면이 많아졌겠군.

④ ㉡을 도입할 때 보도와 토론 프로그램에서 간접 광고를 허용하지 않은 것은 방송의 공적 특성을 고려한 것이겠군.

⑤ ㉠에 따른 광고와 ㉡에 따른 광고 모두 맥락 효과를 얻을 수 있겠군.

03 윗글을 바탕으로 〈보기〉를 이해한 내용으로 적절하지 않은 것은?

> **보기**
>
> 다음은 최근 인기 절정의 남녀 출연자가 등장한, 우리나라 방송 프로그램의 한 장면에 대한 설명이다. 연인 관계로 설정된 두 남녀가 세련되고 낭만적인 분위기의 커피 전문점에 앉아 있다. 남자가 사용하고 있는 휴대 전화는 상표가 선명하게 보인다. 여자가 입고 있는 의상의 상표가 가려져서 시청자들은 상표를 알아볼 수 없다. 남자는 창밖에 보이는 승용차의 상품명을 언급하며 소음이 없는 좋은 차라고 칭찬한다.
> 커피 전문점, 휴대 전화, 의상, 승용차는 이를 제공한 측과 방송사 측의 사전 계약에 의해 활용된 것이다. 커피 전문점의 의상과 의상을 제공한 업체의 이름은 이 프로그램이 종료될 때 고지되었다.

① 남자가 사용하는 휴대 전화의 제조 회사는 간접 광고의 주류적 배치를 활용하고 있군.

② 여자가 입고 있는 의상을 제공한 의류 회사는 간접 광고의 주변적 배치를 활용하고 있군.

③ 이 프로그램에는 협찬 제도에 따른 광고와 간접 광고 제도에 따른 광고가 모두 활용되고 있군.

④ 남자가 승용차에 대해 말하는 내용으로 보아 이 방송 프로그램은 현행 국내법을 위반하고 있군.

⑤ 방송 후 화면 속의 배경이 된 커피 전문점에 가려고 그 위치를 문의하는 전화가 방송사에 쇄도했다면 간접 광고의 맥락 효과가 발생한 것이군.

04 다음 글의 내용과 부합하지 않는 것은?

1890년 독점 및 거래제한 행위에 대한 규제를 명시한 셔먼법이 제정됐다. 셔먼은 반독점법 제정이 소비자의 이익 보호와 함께 소생산자들의 탈집중화된 경제 보호라는 목적이 있다는 점을 강조했다. 그는 독점적 기업결합 집단인 트러스트가 독점을 통한 인위적인 가격 상승으로 소비자를 기만한다고 보았다. 더 나아가 트러스트가 사적 권력을 강화해 민주주의에 위협이 된다고 비판했다. 이런 비판의 사상적 배경이 된 것은 시민 자치를 중시하는 공화주의 전통이었다.

이후 반독점 운동에서 브랜다이스가 영향력 있는 인물로 부상했다. 그는 독점 규제를 통해 소비자의 이익이 아니라 독립적 소생산자의 경제를 보호하고자 했다. 반독점법의 취지는 거대한 경제 권력의 영향으로부터 독립적 소생산자들을 보호함으로써 자치를 지켜내는 데 있다는 것이다. 이런 생각에는 공화주의 전통이 반영되어 있었다. 브랜다이스는 거대한 트러스트에 집중된 부와 권력이 시민 자치를 위협한다고 보았다. 이 점에서 그는 반독점법이 소생산자의 이익 자체를 도모하는 것보다는 경제와 권력의 집중을 막는 데 초점을 맞추어야 한다고 주장했다.

반독점법이 강력하게 집행된 것은 1930년대 후반에 이르러서였다. 1938년 아놀드가 법무부 반독점국의 책임자로 임명되었다. 아놀드는 소생산자의 자치와 탈집중화된 경제의 보호가 대량 생산 시대에 맞지 않는 감상적인 생각이라고 치부하고, 시민 자치권을 근거로 하는 반독점 주장을 거부했다. 그는 독점 규제의 목적이 권력 집중에 대한 싸움이 아니라 경제적 효율성의 향상에 맞춰져야 한다고 주장했다. 독점 규제를 통해 생산과 분배의 효율성을 증가시키고 그 혜택을 소비자에게 돌려주는 것이 핵심 문제라는 것이다. 이 점에서 반독점법의 목적이 소비자 가격을 낮춰 소비자 복지를 증진시키는 데 있다고 본 것이다. 그는 사람들이 반독점법을 지지하는 이유도 대기업에 대한 반감이나 분노 때문이 아니라, '돼지갈비, 빵, 안경, 약, 배관공사 등의 가격'에 대한 관심 때문이라고 강조했다. 이 시기 아놀드의 견해가 널리 받아들여진 것도 소비자 복지에 대한 당시 사람들의 관심사를 반영했기 때문으로 볼 수 있다. 이런 점에서 소비자 복지에 근거한 반독점 정책은 안정된 법적, 정치적 제도로서의 지위를 갖게 되었다.

① 셔먼과 브랜다이스의 견해는 공화주의 전통에 기반을 두고 있었다.
② 아놀드는 독점 규제의 목적에 대한 브랜다이스의 견해에 비판적이었다.
③ 셔먼과 아놀드는 소비자 이익을 보호한다는 점에서 반독점법을 지지했다.
④ 반독점 주장의 주된 근거는 1930년대 후반 시민 자치권에서 소비자 복지로 옮겨 갔다.
⑤ 브랜다이스는 독립적 소생산자와 소비자의 이익을 보호하여 시민 자치를 지키고자 했다.

※ 다음 글을 읽고 물음에 답하시오. [5~7]

가장 효율적인 자원배분 상태, 즉 '파레토 최적' 상태를 달성하려면 모든 최적 조건들이 동시에 충족되어야 한다. 파레토 최적 상태를 달성하기 위해 n개의 조건이 충족되어야 하는데, 어떤 이유로 인하여 어떤 하나의 조건이 충족되지 않고 $n-1$개의 조건이 충족되는 상황이 발생한다면 이 상황이 $n-2$개의 조건이 충족되는 상황보다 낫다고 생각하기 쉽다. 그러나 립시와 랭커스터는 이러한 통념이 반드시 들어맞는 것은 아님을 보였다. 즉 하나 이상의 효율성 조건이 이미 파괴되어 있는 상태에서는 충족되는 효율성 조건의 수가 많아진다고 해서 경제 전체의 효율성이 더 향상된다는 보장이 없다는 것이다. 현실에서는 최적 조건의 일부는 충족되지만 나머지는 충족되지 않고 있는 경우가 일반적이다. 이 경우 경제 전체 차원에서 제기되는 문제는 현재 충족되고 있는 일부의 최적 조건들을 계속 유지하는 것이 과연 바람직한가 하는 것이다. 하나의 왜곡을 시정하는 과정에서 새로운 왜곡이 초래되는 것이 일반적 현실이기 때문에, 모든 최적 조건들을 충족시키려고 노력하는 것보다 오히려 최적 조건의 일부가 항상 충족되지 못함을 전제로 하여 그러한 상황에서 가장 바람직한 자원배분을 위한 새로운 조건을 찾아야 한다는 과제가 제시된다. 경제학에서는 이러한 문제를 차선(次善)의 문제 라고 부른다.

차선의 문제는 경제학 여러 분야의 논의에서 등장한다. 관세동맹 논의는 차선의 문제에 대한 중요한 사례를 제공하고 있다. 관세동맹이란 동맹국 사이에 모든 관세를 폐지하고 비동맹국의 상품에 대해서만 관세를 부과하기로 하는 협정이다. 자유무역을 주장하는 이들은 모든 국가에서 관세가 제거된 자유무역을 최적의 상황으로 보았고, 일부 국가들끼리 관세동맹을 맺을 경우는 관세동맹을 맺기 이전에 비해 자유무역의 상황에 근접하는 것이므로, 관세동맹은 항상 세계 경제의 효율성을 증대시킬 것이라고 주장해왔다. 그러나 ⓐ 바이너는 관세동맹이 세계 경제의 효율성을 떨어뜨릴 수 있음을 지적하였다. 그는 관세동맹의 효과를 무역창출과 무역전환으로 구분하고 있다. 전자는 동맹국 사이에 새롭게 교역이 창출되는 것을 말하고 후자는 비동맹국들과의 교역이 동맹국과의 교역으로 전환되는 것을 의미한다. 무역창출은 상품의 공급원을 생산비용이 높은 국가에서 생산비용이 낮은 국가로 바꾸는 것이기 때문에 효율이 증대되지만, 무역전환은 공급원을 생산비용이 낮은 국가에서 생산비용이 높은 국가로 바꾸는 것이므로 효율이 감소한다. 관세동맹이 세계 경제의 효율성을 증가시키는가의 여부는 무역창출 효과와 무역전환 효과 중 어느 것이 더 큰가에 달려 있다. 무역전환 효과가 더 크다면 일부 국가들 사이의 관세동맹은 세계 경제의 효율성을 떨어뜨리게 된다.

차선의 문제는 소득에 부과되는 직접세와 상품 소비에 부과되는 간접세의 상대적 장점에 대한 오랜 논쟁에서도 등장한다. 경제학에서는 세금이 시장의 교란을 야기하여 자원배분의 효율성을 떨어뜨린다는 생각이 일반적이다. 아무런 세금도 부과되지 않는 것이 파레토 최적 상태이지만, 세금 부과는 불가피하므로 세금을 부과하면서도 시장의 왜곡을 줄일 수 있는 방법을 찾고자 했다. 이와 관련해, 한 가지 상품에 간접세가 부과되었을 경우 그 상품과 다른 상품들 사이의 상대적 가격에 왜곡이 발생하므로, 이 상대적 가격에 영향을 미치지 않는 직접세가 더 나을 것이라고 주장하는 ㉠ 핸더슨과 같은 학자들이 있었다. 그러나 이는 직접세가 노동 시간과 여가에 영향을 미치지 않는다는 가정 아래서만 성립하는 것이라고 ㉡ 리틀은 주장하였다. 한 상품에 부과된 간접세는 그 상품과 다른 상품들 사이의 파레토 최적 조건의 달성을 방해하게 되지만, 직접세는 여가와 다른 상품들 사이의 파레토 최적 조건의 달성을 방해하게 되므로, 직접세가 더 효율적인지 간접세가 더 효율적인지를 판단할 수 없다는 것이다. 나아가 리틀은 여러 상품에 차등적 세율을 부과할 경우, 직접세만 부과하는 경우나 한 상품에만 간접세를 부과하는 경우보다 효율성을 더 높일 수 있는 가능성이 있음을 언급했지만 정확한 방법을 제시하지는 못했다. ㉢ 콜레트와 헤이그는 직접세를 동일한 액수의 간접세로 대체하면서도 개인들의 노동 시간과 소득을 늘릴 수 있는 조건을 찾아냈다. 그것은 여가와 보완관계가 높은 상품에 높은 세율을 부과하고 경쟁관계에 있는 상품에 낮은 세율을 부과하는 것이었다. 레저 용품처럼 여가와 보완관계에 있는 상품에 상대적으로 더 높은 세율을 부과하여 그 상품의 소비를 억제시킴으로써 여가의 소비도 줄이는 것이 가능해진다.

05 차선(次善)의 문제에 대한 이해로 적절하지 않은 것은?

① 파레토 최적 조건들 중 하나가 충족되지 않을 때라면, 나머지 조건들이 충족된다고 하더라도 차선의 효율성이 보장되지 못한다.

② 전체 파레토 조건 중 일부가 충족되지 않은 상황에서 차선의 상황을 찾으려면 나머지 조건들의 재구성을 고려해야 한다.

③ 주어진 전체 경제상황을 개선하는 과정에서 기존에 최적 상태를 달성했던 부문의 효율성이 저하되기도 한다.

④ 차선의 문제가 제기되는 이유는 여러 경제부문들이 독립적이지 않고 서로 긴밀히 연결되어 있기 때문이다.

⑤ 경제개혁을 추진할 때 비합리적인 측면들이 많이 제거될수록 이에 비례하여 경제의 효율성도 제고된다.

06 A, B, C 세 국가만 있는 세계에서 A국과 B국 사이에 관세동맹이 체결되었다고 할 때, ⓐ의 입장을 지지하는 사례로 활용하기에 적절한 것은?

① 관세동맹 이전 A, B국은 X재를 생산하지 않고 C국에서 수입하고 있었다. 관세동맹 이후에도 A, B국은 X재를 C국에서 수입하고 있다.

② 관세동맹 이전 B국은 X재를 생산하고 있었고 A국은 최저비용 생산국인 C국에서 수입하고 있었다. 관세동맹 이후 A국은 B국에서 X재를 수입하게 되었다.

③ 관세동맹 이전 A, B국은 모두 X재를 생산하고 있었고 C국에 비해 생산비가 높았다. 관세동맹 이후 A국은 생산을 중단하고 B국에서 X재를 수입하게 되었다.

④ 관세동맹 이전 B국이 세 국가 중 최저비용으로 X재를 생산하고 있었고 A국은 X재를 B국에서 수입하고 있었다. 관세동맹 이후에도 A국은 B국에서 X재를 수입하고 있다.

⑤ 관세동맹 이전 A, B국 모두 X재를 생산하고 있었고 A국이 세 국가 중 최저비용으로 X재를 생산하는 국가이다. 관세동맹 이후 B국은 생산을 중단하고 A국에서 X재를 수입하게 되었다.

PART 2

DAY 01
DAY 02
DAY 03
DAY 04
DAY 05
DAY 06
DAY 07
DAY 08
DAY 09
DAY 10

07 〈보기〉의 상황에 대한 ⊙~ⓒ의 대응을 추론한 것으로 적절하지 않은 것은?

> **보기**
>
> 일반 상품을 X와 Y, 여가를 L이라고 하고, 두 항목 사이에 파레토 최적 조건이 성립한 경우를 '⇔',
> 성립하지 않은 경우를 '⇎'라는 기호로 표시하기로 하자.
>
> | ㉮ | ㉯ | ㉰ | ㉱ |
> |---|---|---|---|
> | 세금이 부과되지
않은 상황 | X에만 간접세가
부과된 상황 | 직접세가
부과된 상황 | X, Y에 차등세율의
간접세가 부과된 상황 |
> | X⇔Y | X⇎Y | X⇔Y | X⇎Y |
> | X⇔L | X⇎L | X⇎L | X⇎L |
> | Y⇔L | Y⇔L | Y⇎L | Y⇎L |

① ⊙은 직접세가 여가에 미치는 효과를 고려하지 않고 ㉰가 ㉯보다 효율적이라고 본다.

② ⓒ은 ㉮와 ㉰의 효율성 차이를 보임으로써 립시와 랭커스터의 주장을 뒷받침한다.

③ ⓒ은 ㉯와 ㉰의 효율성을 비교할 수 없다는 점을 보임으로써 ⊙을 비판한다.

④ ⓒ은 ㉱가 ㉰보다 효율적일 수 있다는 것을 보임으로써 립시와 랭커스터의 주장을 뒷받침한다.

⑤ ⓒ은 ㉱가 ㉯보다 효율적일 수 있다는 것을 보임으로써 이를 간접세가 직접세보다 효율적인 사례
로 제시한다.

경제와 관련한 **지문 독해** 연습하기　**DAY 10**　해설편 p.135　시작 시간　종료 시간　시　분 ｜ 시　분

PART 2

DAY 01
DAY 02
DAY 03
DAY 04
DAY 05
DAY 06
DAY 07
DAY 08
DAY 09
DAY 10

| 2013학년 대학수학능력시험 언어 영역

※ 다음 글을 읽고 물음에 답하시오. [1~4]

연금 제도의 목적은 나이가 많아 경제 활동을 못하게 되었을 때 일정 소득을 보장하여 경제적 안정을 ⓐ 도모하는 것이다. 이를 위해서는 보험 회사의 사적 연금이나 국가가 세금으로 운영하는 공공 부조*를 활용할 수 있다. 그럼에도 국가가 이 제도들과 함께 공적 연금 제도를 실시하는 까닭은 무엇일까?

그것은 사적 연금이나 공공 부조가 낳는 부작용 때문이다. 사적 연금에는 역선택 현상이 발생한다. 안정된 노후 생활을 기대하기 어려운 사람들이 주로 가입하고 그렇지 않은 사람들은 피하므로, 납입되는 보험료 총액에 비해 지급해야 할 연금 총액이 자꾸 커지는 것이다. 이렇게 되면 보험 회사는 계속 보험료를 인상하지 않는 한 사적 연금을 유지할 수 없다. 한편 공공 부조는 도덕적 해이를 ⓑ 야기할 수 있다. 무상으로 부조가 이루어지므로, 젊은 시절에는 소득을 모두 써 버리고 노년에는 공공 부조에 의존하려는 ⓒ 경향이 생길 수 있기 때문이다. 이와 같은 부작용에 대응하기 위해 공적 연금 제도는 소득이 있는 국민들을 강제 가입시켜 보험료를 징수한 뒤, 적립된 연금 기금을 국가의 책임으로 운용하다가, 가입자가 은퇴한 후 연금으로 지급하는 방식을 취하고 있다.

우리나라에서 공적 연금 제도를 운영하는 과정에는 ㉠ 사회적 연대를 중시하는 입장과 ㉡ 경제적 성과를 중시하는 입장이 부딪치고 있다. 구체적으로 전자는 이 제도를 계층 간, 세대 간 소득 재분배의 수단으로 이용해야 한다고 주장한다. 소득이 적어 보험료를 적게 낸 사람에게 보험료를 많이 낸 사람과 비슷한 연금을 지급하고, 자녀 세대의 보험료로 부모 세대의 연금을 충당하는 것은 그러한 관점에서 이해될 수 있다. 하지만 후자는 이처럼 사회 구성원 일부에게 희생을 강요하는 소득 재분배는 물가 상승을 반영하여 연금의 실질 가치를 보장할 수 있을 때만 허용되어야 한다고 비판한다. 사회 내의 소득 격차가 커질수록, 자녀 세대의 보험료 부담이 커질수록, 이 비판은 더욱 강해질 수밖에 없다.

이 두 입장은 요사이 연금 기금의 투자 방향에 관해서도 대립하고 있다. 이에 대해서는 원래 후자의 입장에서 연금 기금을 가입자들이 노후의 소득 보장을 위해 맡긴 신탁 기금으로 보고, 안정된 금융 시장을 통해 대기업에 투자함으로써 수익률을 극대화하려는 태도가 지배적이었다. 그러나 최근에는 전자의 입장에서 연금 기금을 국민 전체가 사회 발전을 위해 ⓓ 조성한 투자 자금으로 보고, 이를 일자리 창출에 연계된 사회 경제적 분야에 투자해야 한다는 주장이 힘을 얻고 있다. 이는 지금까지 연금 기금을 일종의 신탁 기금으로 규정해 온 관련 법률을 개정하여, 보험료를 낼 소득자 집단을 ⓔ 확충하는 데 이 막대한 돈을 직접 활용하자는 주장이기도 하다.

* 공공 부조 : 생활 능력이 없는 국민에게 사회적 최저 수준의 생활이 가능하도록 국가가 현금 또는 물품을 지원하거나 무료 혜택을 주는 제도

01　윗글을 통해 알 수 있는 내용으로 적절하지 않은 것은?

① 연금 제도의 목적을 달성하는 수단은 다양하다.

② 공적 연금 제도가 시행된다고 하여 사적 연금이 금지되는 것은 아니다.

③ 공적 연금 제도를 시행한 뒤에는 공공 부조를 폐지해야 한다.

④ 공공 부조가 낳는 도덕적 해이는 국민들의 납세 부담을 증가시킨다.

⑤ 공적 연금 제도는 소득 재분배의 수단이 될 수 있다.

02 ㉠과 ㉡에 대한 이해로 적절한 것은?

① ㉠에서는 연금 기금을 국민 전체가 사회 발전을 위해 조성한 투자 자금으로 본다.

② ㉠에서는 연금 기금을 안정된 금융 시장을 통해 수익률이 높은 대기업에 투자하려고 한다.

③ ㉠에서는 관련 법률을 개정하여 연금 기금의 법적 성격을 바꾸는 데 반대한다.

④ ㉡에서는 사회 내의 소득 격차가 커질수록 공적 연금 제도를 통한 소득 재분배를 더욱 강하게 요구한다.

⑤ ㉡에서는 보험료를 낼 소득자 집단을 확충하는 데 연금 기금을 직접 활용하자고 주장한다.

03 윗글을 바탕으로 〈보기〉에 대해 분석한 내용으로 적절하지 않은 것은?

> **보기**
> ㉮ 공적 연금 보험료를 체납하는 사람들이 날로 늘어나는 가운데, 그중 상당수가 고용이 불안정한 30 ~ 40대인 것으로 밝혀졌다.
> ㉯ 공적 연금 보험료를 체납한 고소득자도 상당히 많아 누적 체납액이 2,000억 원을 넘어섰다.

① ㉮를 보니, 공적 연금 기금을 일자리 창출에 연계된 사회 경제적 분야에 투자해야 한다는 주장이 제기될 수 있겠군.

② ㉯를 보니, 공적 연금 제도에서는 국가가 보험료를 징수하는 업무를 철저히 집행해야 하겠군.

③ ㉯를 보니, 고의 체납으로 인해 공적 연금 제도에도 역선택과 유사한 현상이 발생할 수 있겠군.

④ ㉮와 ㉯를 보니, 적립될 공적 연금 기금이 고갈되는 경우에 대비할 필요가 있겠군.

⑤ ㉮와 ㉯를 보니, 소득이 있는 국민들을 공적 연금에 강제 가입시키는 제도를 완화해야 하겠군.

04 ⓐ ~ ⓔ의 사전적 뜻풀이로 바르지 않은 것은?

① ⓐ : 어떤 시기나 기회가 닥쳐옴

② ⓑ : 일이나 사건 따위를 끌어 일으킴

③ ⓒ : 현상이나 사상, 행동 따위가 어떤 방향으로 기울어짐

④ ⓓ : 무엇을 만들어서 이룸

⑤ ⓔ : 늘리고 넓혀 충실하게 함

05 다음 글의 논지로 가장 적절한 것은?

베블런에 의하면 사치품 사용 금기는 전근대적 계급에 기원을 두고 있다. 즉, 사치품 소비는 상류층의 지위를 드러내는 과시소비이기 때문에 피지배계층이 사치품을 소비하는 것은 상류층의 안락감이나 쾌감을 손상한다는 것이다. 따라서 상류층은 사치품을 사회적 지위 및 위계질서를 나타내는 기호(記號)로 간주하여 피지배계층의 사치품 소비를 금지했다. 또한 베블런은 사치품의 가격 상승에도 그 수요가 줄지 않고 오히려 증가하는 이유가 사치품의 소비를 통하여 사회적 지위를 과시하려는 상류층의 소비행태 때문이라고 보았다.

그러나 소득 수준이 높아지고 대량 생산에 의해 물자가 넘쳐흐르는 풍요로운 현대 대중사회에서 서민들은 과거 왕족들이 쓰던 물건들을 일상생활 속에서 쓰고 있고 유명한 배우가 쓰는 사치품도 쓸 수 있다. 모든 사람들이 명품을 살 수 있는 돈을 갖고 있을 때 명품의 사용은 더 이상 상류층을 표시하는 기호가 될 수 없다. 따라서 새로운 사회의 도래는 베블런의 과시소비이론으로 설명하기 어려운 소비행태를 가져왔다. 이 때 상류층이 서민들과 구별될 수 있는 방법은 오히려 아래로 내려가는 것이다. 현대의 상류층에게는 차이가 중요한 것이지 사물 그 자체가 중요한 것이 아니기 때문이다. 월급쟁이 직원이 고급 외제차를 타면 사장은 소형 국산차를 타는 것이 그 예이다.

이와 같이 현대의 상류층은 고급, 화려함, 낭비를 과시하기보다 서민들처럼 소박한 생활을 한다는 것을 과시한다. 이것은 두 가지 효과가 있다. 사치품을 소비하는 서민들과 구별된다는 점이 하나이고, 돈 많은 사람이 소박하고 겸손하기까지 하여 서민들에게 친근감을 준다는 점이 다른 하나이다. 그러나 그것은 극단적인 위세의 형태일 뿐이다. 뽐냄이 아니라 남의 눈에 띄지 않는 겸손한 태도와 검소함으로 자신을 한층 더 드러내는 것이다. 이런 행동들은 결국 한층 더 심한 과시이다. 소비하기를 거부하는 것이 소비 중에서도 최고의 소비가 된다. 다만 그들이 언제나 소형차를 타는 것은 아니다. 차별화해야 할 아래 계층이 없거나 경쟁 상대인 다른 상류층 사이에 있을 때 그들은 마음 놓고 경쟁적으로 고가품을 소비하며 자신을 마음껏 과시한다. 현대사회에서 소비하지 않기는 고도의 교묘한 소비이며, 그것은 상류층의 표시가 되었다. 그런 점에서 상류층을 따라 사치품을 소비하는 서민층은 순진하다고 하지 않을 수 없다.

① 현대의 상류층은 낭비를 지양하고 소박한 생활을 지향함으로써 서민들에게 친근감을 준다.
② 현대의 서민들은 상류층을 따라 겸손한 태도로 자신을 한층 더 드러내는 소비행태를 보인다.
③ 현대의 상류층은 그들이 접하는 계층과는 무관하게 절제를 통해 자신의 사회적 지위를 과시한다.
④ 현대에 들어와 위계질서를 드러내는 명품을 소비하면서 과시적으로 소비하는 새로운 행태가 나타났다.
⑤ 현대의 상류층은 사치품을 소비하는 것뿐만 아니라 소비하지 않기를 통해서도 자신의 사회적 지위를 과시한다.

※ 다음 글을 읽고 물음에 답하시오. **[6~8]**

경업(競業)금지약정은 계약의 일방 당사자가 상대방과 경쟁관계에 있는 영업을 하지 못하게 하는 내용의 약정을 말한다. 그 전형적인 예는 근로관계에서의 경업금지약정이다. 근로자가 퇴사 후 사용자와 경쟁관계인 업체에 취업하거나 스스로 경쟁업체를 설립, 운영하는 등의 경쟁행위를 하지 않기로 약정하는 것이다.

경업금지약정의 효력은 지속적으로 논란이 되어온 문제였다. 산업화 초기에는 봉건적인 경쟁제한을 철폐하고 영업의 자유 등 근대적인 경제적 자유를 확립하기 위해 경업금지약정을 일반적으로 무효로 보았다. 그러나 산업화가 본격적으로 진행되고 영업비밀과 같은 기업의 지식 재산 보호, 연구개발 촉진, 공정한 경쟁 등이 중요한 과제로 대두되면서 경업금지약정의 효력을 바라보는 관점도 변화하였다. 예를 들어 영업양도나 가맹계약(Franchise)에서 경업금지의 필요성이 인정되었다. 영업의 가치를 이전하는 거래인 영업양도에서 양도인의 경업을 허용하는 것은 계약의 목적에 반할 수 있기 때문에, 심지어 당사자가 따로 약정을 하지 않아도 경업금지 의무가 있는 것으로 보게 되었다. 그리고 가맹계약에서도 권역별로 한 가맹점만 영업하는 내용의 경업금지약정이 필요한 것으로 인정되었다. 브랜드 내 경쟁을 제한함으로써 브랜드 간 경쟁을 촉진하고 가맹점주의 이익을 보호해야 했기 때문이다.

근로관계에 있어서도 경업금지약정의 효력이 인정되었다. 기업이 투자를 통해 확보한 영업비밀의 보호 등을 위해서는 근로자의 퇴사 후 일정 기간 경업을 금지할 필요가 있었던 것이다. 그러나 근로관계에서 경업금지약정이 직업선택의 자유 및 근로권을 제한하거나 자유로운 경쟁을 저해할 수 있다는 점도 꾸준히 지적되어 왔다. 나아가 첨단기술 분야에서는 경업금지약정의 효력을 제한하는 것이 오히려 노동의 자유로운 이동을 통해 지식의 생산과 혁신을 촉진하고 산업 발전과 소비자 이익에 기여할 수 있다는 주장도 활발히 제기되고 있다. 그리고 대부분의 국가에서 경업금지약정의 유효성을 판단할 때에는 경업금지의 합리적인 이유가 있어야 한다는 조건 외에 경업금지의 기간과 범위 등도 필요한 한도 내에 있어야 유효하다는 인식이 확산되었다.

우리나라의 판례도 직업선택의 자유와 근로권, 자유경쟁을 한쪽에, 영업비밀 등 정당한 기업이익을 다른 한쪽에 놓고 ⓐ 양자를 저울질하여 경업금지약정의 유효성 여부를 판단하고 있다. 구체적으로는 경업금지약정의 유효성에 대해 판단할 때 보호할 가치가 있는 사용자의 이익, 근로자의 퇴직 전 지위, 경업 제한의 기간·지역·대상 직종, 근로자에 대한 보상조치의 유무, 근로자의 퇴직 경위, 공공의 이익 및 기타 사정 등을 종합적으로 고려한다.

그런데 근로자에 대한 보상조치가 경업금지약정에 반드시 포함되어야 그 약정이 유효한가에 대해서는 논란이 있다. 이와 관련해서는 두 견해가 있다. ㉠ 첫 번째 견해는 경업금지의 문제에서는 직업의 자유 등 근로자의 권리와 기업의 재산권이 충돌하는데, 이 두 권리가 조화될 수 있도록 하려면 대가 제공 같은 보상 조치가 반드시 필요하다고 본다. 이 견해는 대가가 경업하지 않는 것에 대한 반대급부의 성격을 띤다고 간주하여, 대가액은 쌍무관계를 인정하는 정도의 균형을 고려하여 산정되어야 한다고 하였다.

반면에 ㉡ 두 번째 견해는 대가가 주어지지 않는다 하더라도 기간과 장소가 비합리적으로 과도하지 않은 이상, 근로자가 경업금지의 제한을 감수할 수도 있다고 본다. 자신의 희생에 대하여 어느 정도의 대가를 받는 것이 적절한지는 근로자 자신의 결정에 맡겨져 있으므로 경업금지약정의 내용이 객관적으로 균형을 갖추지 못했다는 이유만으로는 무효로 볼 수 없다는 것이다. 그러면서도 이 견해는 당사자 간의 교섭력 차이나 기타 자기 결정 능력의 제약이라는 요건도 함께 고려해야 비로소 경업금지약정을 무효로 볼 수 있다고 주장한다. 곧 경제적 약자의 지위에 있는 근로자는 사용자에 비해 교섭력에 차이가 있기 때문에 근로자의 자기 결정이 실제로는 진정 원했던 바가 아닐 가능성이 있고, 나아가 퇴직 이후에 효력이 발생할 경업금지약정에 관하여 계약 당시에는 신중하고도 합리적으로 판단하기가 쉽지 않다는 점들이 고려되어야 한다는 것이다.

06 윗글의 내용에 부합하지 않는 것은?

① 계약의 내용에 따라 경업금지약정의 효력에 대한 해석이 달라질 수 있다.

② 경업을 합법적으로 제한하기 위해서는 계약당사자 간의 경업금지약정이 있어야 한다.

③ 오늘날 경업금지약정은 지식 재산의 창출을 촉진하는 데 장애가 된다는 견해가 있다.

④ 경업금지약정의 효력은 기업의 정당한 이익을 보호할 필요성이 있다면 인정될 수 있다.

⑤ 산업화 초기에는 경제적 자유를 우선시함에 따라 경업금지약정의 효력을 인정하지 않았다

07 ⓐ를 수행할 때, 경업금지약정의 효력에 부정적인 영향을 주는 경우로 가장 적절한 것은?

① 근로자가 회사의 일방적인 구조조정으로 인해 부득이하게 퇴직한 경우

② 경업금지의 기간이 경쟁 회사의 기술 개발에 소요되는 시간보다 짧게 설정된 경우

③ 근로자가 업무에 필요한 기술 정보를 습득하는 데에 회사가 많은 비용과 노력을 투입한 경우

④ 새로 취업한 경쟁 회사에서 근로자가 수행하게 된 업무가 퇴직 전에 근무하던 회사에서의 업무와 상당히 유사한 경우

⑤ 해당 분야에서 별다른 실적이 없던 경쟁 회사가 퇴직 근로자의 전직을 계기로 그 근로자가 근무했던 회사와 유사한 수준의 기술적 성과를 단기간에 이룬 경우

08 ㉠과 ㉡에 관련된 설명으로 옳지 않은 것은?

① ㉠은 계약 자유의 원칙에 따라 근로자와 회사가 체결한 경업금지약정은 존중되어야 한다고 본다.

② ㉠은 회사의 이익을 위해 퇴사 후 근로자의 취업을 제한하려면 회사는 그에 상응하는 대가를 제공해야 한다고 본다.

③ ㉡은 경업금지약정 체결에서 근로자의 자기 결정 능력이 제한되지 않으면 그 유효성이 인정될 가능성이 높아진다고 본다.

④ ㉡에 따르면, 경업금지약정이 체결된 시점이 퇴직 시인지 아니면 입사 시나 재직 중인지에 따라 그 효력 여부가 달라질 수 있다.

⑤ ㉡에 따르면, 근로자가 경업금지약정의 체결을 거부하였는데도 회사 측이 강하게 주장하여 체결하게 된 경우에는 경업금지약정의 효력이 부정될 수 있다.

성공한 사람은 대개 지난번 성취한 것 보다 다소 높게,
그러나 과하지 않게 다음 목표를 세운다.
이렇게 꾸준히 자신의 포부를 키워간다.

－커트 르윈－

부록

경제 · 경영 · 금융
핵심 키워드

01 수요와 공급의 법칙

수요의 법칙
수요의 법칙이란 가격이 상승하면 수요량이 감소하는 것을 말한다. 수요의 법칙이 성립하는 경우 수요곡선은 우하향한다. 단, 기펜재의 경우와 베블런효과가 존재하는 경우는 성립하지 않는다.

수요량의 변화와 수요의 변화
① 수요량의 변화 : 당해 재화의 가격변화로 인한 수요곡선상의 이동을 의미한다.
② 수요의 변화 : 당해 재화가격 이외의 다른 요인의 변화로 수요곡선 자체가 이동하는 경우를 의미한다. 수요가 증가하면 수요곡선이 우측으로 이동하고, 수요가 감소하면 수요곡선이 좌측으로 이동한다.

공급의 법칙
다른 조건이 일정할 때 가격이 상승하면 공급량이 증가하는 것을 말한다.

공급량의 변화와 공급의 변화
① 공급량의 변화 : 당해 재화가격의 변화로 인한 공급곡선상의 이동을 의미한다.
② 공급의 변화 : 당해 재화가격이 다른 요인의 변화로 공급곡선 자체가 이동하는 것을 말한다. 공급이 증가하면 공급곡선이 우측으로 이동하고 공급이 감소하면 공급곡선이 좌측으로 이동한다.

수요의 가격탄력성
① 의의 : 수요량이 가격에 얼마나 민감하게 반응하는지를 나타낸다.
② 가격탄력성의 도출

$$\varepsilon_P = \frac{수요량변화율}{가격변화율} = \frac{\dfrac{\triangle Q}{Q}}{\dfrac{\triangle P}{P}} = \left(\frac{\triangle Q}{\triangle P}\right)\left(\frac{P}{Q}\right) \text{ (단, } \triangle \text{은 변화율, Q는 수요량, P는 가격)}$$

③ 가격탄력성과 판매수입

구분	$\varepsilon_P > 1$ (탄력적)	$\varepsilon_P = 1$ (단위탄력적)	$0 < \varepsilon_P < 1$ (비탄력적)	$\varepsilon_P = 0$ (완전 비탄력적)
가격 상승	판매 수입 감소	판매 수입 변동 없음	판매 수입 증가	판매 수입 증가
가격 하락	판매 수입 증가	판매 수입 변동 없음	판매 수입 감소	판매 수입 감소

공급의 가격탄력성
① 의의 : 공급량이 가격에 얼마나 민감하게 반응하는지를 나타낸다.
② 가격탄력성의 도출

$$\varepsilon_P = \frac{공급량의 변화율}{가격의 변화율} = \frac{\dfrac{\triangle Q}{Q}}{\dfrac{\triangle P}{P}} = \left(\frac{\triangle Q}{\triangle P}\right)\left(\frac{P}{Q}\right) \text{ (단, } \triangle \text{은 변화율, Q는 공급량, P는 가격)}$$

③ 공급의 가격탄력성 결정요인 : 생산량 증가에 따른 한계비용 상승이 완만할수록, 기술수준 향상이 빠를수록, 유휴설비가 많을수록, 측정시간이 길어질수록 공급의 가격탄력성은 커진다.

02 기회비용

경제재와 자유재

경제재(Economic Goods)	자유재(Free Goods)
• 경제재란 희소성을 가지고 있는 자원으로 합리적인 의사결정으로 선택을 해야 하는 재화를 말한다. • 우리가 일상생활에서 돈을 지불하고 구입하는 일련의 재화 또는 서비스를 모두 포함한다.	• 자유재란 희소성을 가지고 있지 않아 값을 지불하지 않고도 누구나 마음대로 쓸 수 있는 물건을 말한다. • 공기나 햇빛같이 우리의 욕구에 비해 자원의 양이 풍부해서 경제적 판단을 요구하지 않는 재화를 모두 포함한다.

기회비용(Opportunity Cost)

① 개념
- 여러 선택 대안들 중 한 가지를 선택함으로써 포기해야 하는 다른 선택 대안 중에서 가장 가치가 큰 것을 의미한다.
- 경제학에서 사용하는 비용은 전부 기회비용 개념이며, 합리적인 선택을 위해서는 항상 기회비용의 관점에서 의사결정을 내려야 한다.
- 기회비용은 객관적으로 나타난 비용(명시적 비용) 외에 포기한 대안 중 가장 큰 순이익(암묵적 비용)까지 포함한다.
- 편익(매출액)에서 기회비용을 차감한 이윤을 경제적 이윤이라고 하는데, 이는 기업 회계에서 일반적으로 말하는 회계적 이윤과 다르다. 즉, 회계적 이윤은 매출액에서 명시적 비용(회계적 비용)만 차감하고 암묵적 비용(잠재적 비용)은 차감하지 않는다.

경제적 비용 (기회비용)	명시적 비용 (회계적 비용)	기업이 생산을 위해 타인에게 실제적으로 지불한 비용 예 임금, 이자, 지대
	암묵적 비용 (잠재적 비용)	기업 자신의 생산 요소에 대한 기회비용 예 귀속 임금, 귀속 이자, 귀속 지대

② 경제적 이윤과 회계적 이윤

경제적 이윤	회계적 이윤
• 매출액에서 기회비용을 차감한 이윤을 말한다. • 사업주가 자원배분이 합리적인지 판단하기 위한 지표이다. • 경제적 이윤은 경제적 부가가치(EVA)로 나타내기도 한다. • 경제학에서 장기적으로 기업의 퇴출 여부 판단의 기준이 된다.	• 매출액에서 명시적 비용만 차감한 이윤을 말한다. • 사업주가 외부 이해관계자(채권자, 주주, 금융기관 등)에게 사업성과를 보여주기 위한 지표이다. • 즉, 회계적 이윤에는 객관적으로 측정 가능한 명시적 비용만을 반영한다.

매몰비용(Sunk Cost)

이미 투입된 비용으로서 사업을 중단하더라도 회수할 수 없는 비용으로, 매몰비용은 사업을 중단하더라도 회수할 수 없기 때문에 사업 중단에 따른 기회비용은 0이다. 그러므로 합리적인 선택을 위해서는 이미 지출되었으나 회수가 불가능한 매몰비용은 고려해서는 안 된다.

03 최고가격제 · 최저가격제

최고가격제(가격상한제)

① 개념 : 물가를 안정시키고, 소비자를 보호하기 위해 시장가격보다 낮은 수준에서 최고가격을 설정하는 규제이다(예 아파트 분양가격, 금리, 공공요금).

② 특징

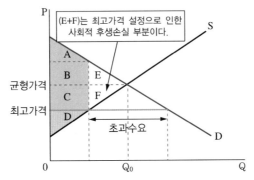

- 소비자들은 시장가격보다 낮은 가격으로 재화를 구입할 수 있다.
- 초과수요가 발생하기 때문에 암시장이 형성되어 균형가격보다 높은 가격으로 거래될 위험이 있다.
- 재화의 품질이 저하될 수 있다.
- 그래프에서 소비자 잉여는 A+B+C, 생산자 잉여는 D, 사회적 후생손실은 E+F만큼 발생한다.
- 공급의 가격탄력성이 탄력적일수록 사회적 후생손실이 커진다.

최저가격제(최저임금제)

① 개념 : 최저가격제란 공급자를 보호하기 위하여 시장가격보다 높은 수준에서 최저가격을 설정하는 규제를 말한다(예 최저임금제).

② 특징

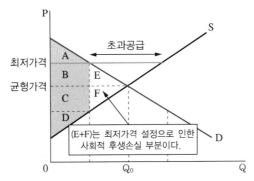

- 최저가격제를 실시하면 생산자는 균형가격보다 높은 가격을 받을 수 있다.
- 소비자의 지불가격이 높아져 소비자의 소비량을 감소시키기 때문에 초과공급이 발생하고, 실업, 재고 누적 등의 부작용이 발생한다.
- 그래프에서 소비자 잉여는 A, 생산자 잉여는 B+C+D, 사회적 후생손실은 E+F만큼 발생한다.
- 수요의 가격탄력성이 탄력적일수록 사회적 후생손실이 커진다.

04 무차별곡선

효용함수(Utility Function)
재화소비량과 효용간의 관계를 함수형태로 나타낸 것을 의미한다.

무차별곡선(Indifference Curve)
① 개념 : 동일한 수준의 효용을 가져다주는 모든 상품의 묶음을 연결한 궤적을 말한다.

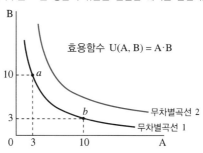

효용함수 $U(A, B) = A \cdot B$

무차별곡선 2
무차별곡선 1

② 무차별곡선의 성질
  • A재와 B재 모두 재화라면 무차별곡선은 우하향하는 모양을 갖는다(대체가능성).
  • 원점에서 멀어질수록 높은 효용수준을 나타낸다(강단조성).
  • 두 무차별곡선은 서로 교차하지 않는다(이행성).
  • 모든 점은 그 점을 지나는 하나의 무차별곡선을 갖는다(완비성).
  • 원점에 대하여 볼록하다(볼록성).

③ 예외적인 무차별곡선

구분	두 재화가 완전 대체재인 경우	두 재화가 완전 보완재인 경우	두 재화가 모두 비재화인 경우
그래프	효용의 크기	효용의 크기	효용의 크기
효용함수	$U(X, Y) = aX + bY$	$U(X, Y) = \min\left(\dfrac{X}{a}, \dfrac{Y}{b}\right)$	$U(X, Y) = \dfrac{1}{X^2 + Y^2}$
특징	한계대체율(MRS)이 일정하다.	두 재화의 소비비율이 $\dfrac{b}{a}$로 일정하다.	X재와 Y재 모두 한계효용이 0보다 작다. $(MU_X < 0, MU_Y < 0)$
사례	(X, Y)=(10원짜리 동전, 50원짜리 동전)	(X, Y)=(왼쪽 양말, 오른쪽 양말)	(X, Y)=(매연, 소음)

소비자균형

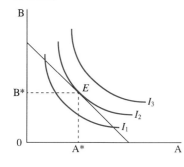

무차별곡선 기울기의 절댓값인 MRS_{AB}, 즉 소비자의 A재와 B재의 주관적인 교환비율과 시장에서 결정된 A재와 B재의 객관적인 교환비율인 상대가격 $\dfrac{P_A}{P_B}$가 일치하는 점에서 소비자균형이 달성된다(E).

05 역선택과 도덕적 해이

역선택(Adverse Selection)
① 개념 : 시장에서 거래를 할 때 경제주체 간 정보 비대칭으로 인하여 부족한 정보를 가지고 있는 쪽이 불리한 선택을 하게 되어 경제적 비효율이 발생하는 상황을 의미한다.
② 사례
  - 중고차를 판매하는 사람은 그 차량의 결점에 대해 알지만 구매자는 잘 모르기 때문에 성능이 나쁜 중고차만 거래된다. 즉, 정보의 비대칭성으로 인해 비효율적인 자원 배분 현상이 나타나며, 이로 인해 사회적인 후생손실이 발생한다.
  - 보험사에서 평균적인 사고확률을 근거로 보험료를 산정하면 사고 발생 확률이 높은 사람이 보험에 가입할 가능성이 큰 것을 의미한다. 이로 인해 평균적인 위험을 기초로 보험금과 보험료를 산정하는 보험회사는 손실을 보게 된다.
③ 해결방안
  - 선별(Screening) : 정보를 갖지 못한 사람이 상대방의 정보를 알기 위해 노력하는 것이다.
  - 신호 보내기(Signaling) : 정보를 가진 측에서 정보가 없는 상대방에게 자신을 알림으로써 정보의 비대칭을 해결하는 것이다.
  - 정부의 역할 : 모든 당사자가 의무적으로 수행하게 하는 강제집행과 정보흐름을 촉진할 수 있는 정보정책 수립 등이 있다.

도덕적 해이(Moral Hazard)
① 개념 : 어떤 계약 거래 이후에 대리인의 감추어진 행동으로 인해 정보격차가 존재하여 상대방의 향후 행동을 예측할 수 없거나 본인이 최선을 다한다 해도 자신에게 돌아오는 혜택이 별로 없는 경우에 발생한다.
② 사례
  - 화재보험에 가입하고 나면 화재예방노력에 따른 편익이 감소하므로 노력을 소홀히 하는 현상이 발생한다.
  - 의료보험에 가입하면 병원 이용에 따른 한계비용이 낮아지므로 그 전보다 병원을 더 자주 찾는 현상이 발생한다.
  - 금융기관에서 자금을 차입한 이후에 보다 위험이 높은 투자 상품에 투자하는 현상이 발생한다.
③ 해결방안
  - 보험회사가 보험자 손실의 일부만을 보상해주는 공동보험제도를 채택한다.
  - 금융기관이 기업의 행동을 주기적으로 감시한다(사회이사제도, 감사제도).
  - 금융기관은 대출시 담보를 설정하여 위험이 높은 투자를 자제하도록 한다.

역선택과 도덕적 해이 비교

구분	역선택	도덕적 해이
정보의 비대칭 발생시점	계약 이전	계약 이후
정보의 비대칭 유형	숨겨진 특성	숨겨진 행동
해결 방안	선별, 신호발송, 신용할당, 효율성임금, 평판, 표준화, 정보정책, 강제집행 등	유인설계(공동보험, 기초동제제도, 성과급지급 등), 효율성 임금, 평판, 담보설정 등

06 공공재

재화의 종류

구분	배재성	비배재성
경합성	**사유재** 음식, 옷, 자동차	**공유자원** 산에서 나는 나물, 바닷속의 물고기
비경합성	**클럽재(자연 독점 재화)** 케이블 TV방송, 전력, 수도	**공공재** 국방, 치안

공공재
① 개념 : 모든 사람들이 공동으로 이용할 수 있는 재화 또는 서비스로 비경쟁성과 비배제성이라는 특징을 갖는다.
② 성격
  • 비경합성 : 소비하는 사람의 수에 관계없이 모든 사람이 동일한 양을 소비한다. 비경합성에 기인하여 1인 추가 소비에 따른 한계비용은 0이다. 공공재의 경우 양의 가격을 매기는 것은 바람직하지 않음을 의미한다.
  • 배제불가능성 : 재화 생산에 대한 기여 여부에 관계없이 소비가 가능한 특성을 의미한다.
③ 종류
  • 순수 공공재 : 국방 치안서비스 등
  • 비순수 공공재 : 불완전한 비경합성을 가진 클럽재(혼합재), 지방공공재

무임승차자 문제
① 공공재는 배재성이 없으므로 효율적인 자원 분배가 이루어지지 않는 현상이 발생할 수 있다. 이로 인해 시장실패가 발생하게 되는데 구체적으로 두 가지 문제를 발생시킨다.
  • 무임승차자의 소비로 인한 공공재나 공공 서비스의 공급부족 현상
  • 공유자원의 남용으로 인한 사회문제 발생으로 공공시설물 파괴, 환경 오염
② 기부금을 통해 공공재를 구입하거나, 공공재를 이용하는 사람에게 일정의 요금을 부담시키는 방법, 국가가 강제로 조세를 거두어 무상으로 공급하는 방법 등으로 해결 가능하다.

공유자원
① 개념 : 소유권이 어느 개인에게 있지 않고, 사회 전체에 속하는 자원이다.
② 종류
  • 자연자본 : 공기, 하천, 국가 소유의 땅
  • 사회간접자본 : 공공의 목적으로 축조된 항만, 도로

공유지의 비극(Tragedy of Commons)
경합성은 있지만 비배제성은 없는 공유자원의 경우, 공동체 구성원이 자신의 이익에만 따라 행동하여 결국 공동체 전체가 파국을 맞이하게 된다는 이론이다.

07 GDP, GNP, GNI

GDP(국내총생산)

① 정의 : GDP(국내총생산)란 일정기간 한 나라의 국경 안에서 생산된 모든 최종 재화와 서비스의 시장가치를 시장가격으로 평가하여 합산한 것이다.

② GDP의 계산 : 가계소비(C)＋기업투자(I)＋정부지출(G)＋순수출(NX)

※ 순수출(NX) : 수출－수입

③ 명목GDP와 실질GDP

명목GDP	• 당해의 생산량에 당해연도 가격을 곱하여 계산한 GDP이다. • 명목GDP는 물가가 상승하면 상승한다. • 당해 연도의 경제활동 규모와 산업구조를 파악하는 데 유용하다.
실질GDP	• 당해의 생산량에 기준연도 가격을 곱하여 계산한 GDP이다. • 실질GDP는 물가의 영향을 받지 않는다. • 경제성장과 경기변동 등을 파악하는 데 유용하다.

④ GDP디플레이터 : $\dfrac{명목GDP}{실질GDP} \times 100$

⑤ 실재GDP와 잠재GDP

실재GDP	한 나라의 국경 안에서 실제로 생산된 모든 최종 생산물의 시장가치를 의미한다.
잠재GDP	• 한 나라에 존재하는 노동과 자본 등 모든 생산요소를 정상적으로 사용할 경우 달성할 수 있는 최대 GDP를 의미한다. • 잠재GDP＝자연산출량＝완전고용산출량

GNP(국민총생산)

① 개념 : GNP(국민총생산)란 일정기간 동안 한 나라의 국민이 소유하는 노동과 자본으로 생산된 모든 최종생산물의 시장가치를 의미한다.

② GNP의 계산 : GDP＋대외순수취요소소득＝GDP＋(대외수취요소소득－대외지급요소소득)

※ 대외수취요소소득 : 우리나라 기업이나 근로자가 외국에서 일한 대가

※ 대외지급요소소득 : 외국의 기업이나 근로자가 우리나라에서 일한 대가

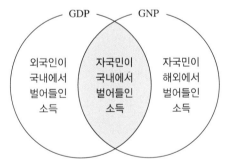

GNI(국민총소득)

① 개념 : 한나라의 국민이 국내외 생산 활동에 참가하거나 생산에 필요한 자산을 제공한 대가로 받은 소득의 합계이다.

② GNI의 계산 : GDP＋교역조건변화에 따른 실질무역손익＋대외순수취요소소득

＝GDP＋교역조건변화에 따른 실질무역손익＋(대외수취요소소득－대외지급요소소득)

08 비교우위

애덤스미스의 절대우위론
절대우위론이란 각국이 절대적으로 생산비가 낮은 재화생산에 특화하여 그 일부를 교환함으로써 상호이익을 얻을 수 있다는 이론이다.

리카도의 비교우위론
① 개념
- 비교우위란 교역 상대국보다 낮은 기회비용으로 생산할 수 있는 능력으로 정의된다.
- 비교우위론이란 한 나라가 두 재화생산에 있어서 모두 절대우위에 있더라도 양국이 상대적으로 생산비가 낮은 재화생산에 특화하여 무역을 할 경우 양국 모두 무역으로부터 이익을 얻을 수 있다는 이론을 말한다.
- 비교우위론은 절대우위론의 내용을 포함하고 있는 이론이다.
② 비교우위론의 사례

구분	A국	B국
X재	4명	5명
Y재	2명	5명

- A국이 X재와 Y재 생산에서 모두 절대우위를 갖는다.
- A국은 Y재에, B국은 X재에 비교우위가 있다.

구분	A국	B국
X재 1단위 생산의 기회비용	Y재 2단위	Y재 1단위
Y재 1단위의 기회비용	X재 $\frac{1}{2}$ 단위	X재 1단위

헥셔 – 오린 정리모형(Heckscher–Ohlin Model, H–O Model)
① 개념
- 각국의 생산함수가 동일하더라도 각 국가에서 상품 생산에 투입된 자본과 노동의 비율이 차이가 있으면 생산비의 차이가 발생하게 되고, 각국은 생산비가 적은 재화에 비교우위를 갖게 된다는 정리이다.
- 각국은 노동풍부국은 노동집약재, 자본풍부국은 자본집약재 생산에 비교우위가 있다.
② 내용
- A국은 B국에 비해 노동풍부국이고, X재는 Y재에 비해 노동집약재라고 가정할 때 A국과 B국의 생산가능곡선은 아래와 같이 도출된다.

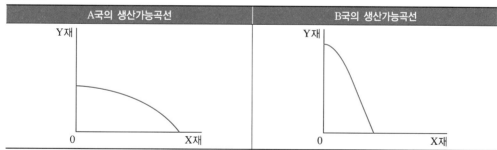

- 헥셔 – 오린 정리에 따르면 A국은 노동이 B국에 비해 상대적으로 풍부하기 때문에 노동집약재인 X재에 비교우위를 가지고 X재를 생산하여 B국에 수출하고 Y재를 수입한다.
- 마찬가지로 B국은 자본이 A국에 비해 상대적으로 풍부하기 때문에 자본집약재인 Y재에 비교우위를 가지고 Y재를 생산하여 A국에 수출하고 X재를 수입한다.

09 로렌츠 곡선과 지니계수

로렌츠 곡선(Lorenz Curve)
① 개념 및 측정방법
- 인구의 누적점유율과 소득의 누적점유율 간의 관계를 나타내는 곡선이다.
- 로렌츠 곡선은 소득분배가 균등할수록 대각선에 가까워진다. 즉, 로렌츠 곡선이 대각선에 가까울수록 평등한 분배 상태이며, 직각에 가까울수록 불평등 분배 상태이다.
- 로렌츠 곡선과 대각선 사이의 면적의 크기가 불평등도를 나타내는 지표가 된다.

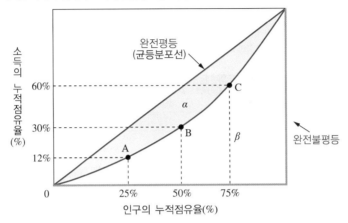

- 로렌츠 곡선상의 점 A는 소득액 하위 25% 인구가 전체 소득의 12%를, 점 B는 소득액 하위 50% 인구가 전체 소득의 30%를, 점 C는 소득액 하위 75% 인구가 전체 소득의 60%를 점유하고 있음을 의미한다.
② 평가
- 로렌츠 곡선이 서로 교차하는 경우에는 소득분배상태를 비교할 수 없다.
- 소득별 분배상태를 한눈에 볼 수 있으나, 비교하고자 하는 수만큼 그려야 하는 단점이 있다.

지니계수
① 개념 및 측정방법
- 지니계수란 로렌츠 곡선이 나타내는 소득분배상태를 하나의 숫자로 나타낸 것을 말한다.
- 지니계수는 완전균등분포선과 로렌츠 곡선 사이에 해당하는 면적(α)을 완전균등분포선 아래의 삼각형 면적($\alpha + \beta$)으로 나눈 값이다.
- 지니계수는 0 ~ 1 사이의 값을 나타내며, 그 값이 작을수록 소득분배가 균등함을 의미한다.
- 즉, 소득분배가 완전히 균등하면 $\alpha = 0$이므로 지니계수는 0이 되고, 소득분배가 완전히 불균등하면 $\beta = 0$이므로 지니계수는 1이 된다.
② 평가
- 지니계수는 전 계층의 소득분배를 하나의 숫자로 나타내므로 특정 소득계층의 소득분배상태를 나타내지 못한다는 한계가 있다.
- 또한 특정 두 국가의 지니계수가 동일하더라도 각 소득구간별 소득격차의 차이가 모두 동일한 것은 아니며, 전반적인 소득분배의 상황만을 짐작하게 하는 한계가 있다.

10 파레토 효율성

파레토 효율성

파레토 효율(=파레토 최적)이란 하나의 자원배분상태에서 다른 어떤 사람에게 손해가 가도록 하지 않고서는 어떤 한 사람에게 이득이 되는 변화를 만들어 내는 것이 불가능한 상태, 즉 더 이상의 파레토 개선이 불가능한 자원배분 상태를 말한다.

소비에서의 파레토 효율성

① 생산물시장이 완전경쟁시장이면 개별소비자들은 가격수용자이므로 두 소비자가 직면하는 예산선의 기울기($-\dfrac{P_X}{P_Y}$)는 동일하다.

② 예산선의 기울기가 동일하므로 두 개인의 무차별곡선 기울기도 동일하다.

$$\mathrm{MRS}^A_{XY} = \mathrm{MRS}^B_{XY}$$

③ 그러므로 생산물시장이 완전경쟁이면 소비에서의 파레토 효율성 조건이 충족된다.

④ 계약곡선상의 모든 점에서 파레토 효율이 성립하고, 효용곡선상의 모든 점에서 파레토 효율이 성립한다.

생산에서의 파레토 효율성

① 생산요소시장이 완전경쟁이면 개별생산자는 가격수용자이므로 두 재화가 직면하는 등비용선의 기울기($-\dfrac{w}{r}$)가 동일하다.

② 등비용선의 기울기가 동일하므로 두 재화의 등량곡선의 기울기도 동일하다.

$$\mathrm{MRS}^X_{LK} = \mathrm{MRS}^Y_{LK}$$

③ 그러므로 생산요소시장이 완전경쟁이면 생산에서의 파레토 효율성 조건이 충족된다.

④ 생산가능곡선이란 계약곡선을 재화공간으로 옮겨 놓은 것으로 생산가능곡선상의 모든 점에서 파레토효율이 이루어진다.

⑤ 한계변환율은 X재의 생산량을 1단위 증가시키기 위하여 감소시켜야 하는 Y재의 수량으로 생산가능곡선 접선의 기울기이다.

종합적인 파레토 효율성

시장구조가 완전경쟁이면 소비자의 효용극대화와 생산자의 이윤극대화 원리에 의해 종합적인 파레토 효율성 조건이 성립한다.

$$\mathrm{MRS}_{xy} = \frac{M_X}{M_Y} = \frac{P_X}{P_Y} = \frac{MC_X}{MC_Y} = \mathrm{MRT}_{xy}$$

파레토 효율성의 한계

① 파레토 효율성 조건을 충족하는 점은 무수히 존재하기 때문에 그 중 어떤 점이 사회적으로 가장 바람직한지 판단하기 어렵다.

② 파레토 효율성은 소득분배의 공평성에 대한 기준을 제시하지 못한다.

11 실업

실업
① 실업이란 일할 의사와 능력을 가진 사람이 일자리를 갖지 못한 상태를 의미한다.
② 실업은 자발적 실업과 비자발적 실업으로 구분된다.
③ 자발적 실업에는 마찰적 실업이 포함되고, 비자발적 실업에는 구조적, 경기적 실업이 포함된다.

마찰적 실업(Frictional Unemployment)
① 노동시장의 정보불완전성으로 노동자들이 구직하는 과정에서 발생하는 자발적 실업을 말한다.
② 마찰적 실업의 기간은 대체로 단기이므로 실업에 따르는 고통은 크지 않다.
③ 마찰적 실업을 감소시키기 위해서는 구인 및 구직 정보를 적은 비용으로 찾을 수 있는 제도적 장치를 마련하여 경제적·시간적 비용을 줄여주어야 한다.

구조적 실업(Structural Unemployment)
① 경제가 발전하면서 산업구조가 변화하고 이에 따라 노동수요 구조가 변함에 따라 발생하는 실업을 말한다.
② 기술발전과 지식정보화 사회 등에 의한 산업구조 재편이 수반되면서 넓은 지역에서 동시에 발생하는 실업이다.
③ 구조적 실업을 감소시키기 위해서는 직업훈련, 재취업교육 등 인력정책이 필요하다.

경기적 실업(Cyclical Unemployment)
① 경기침체로 인한 총수요의 부족으로 발생하는 실업이다.
② 경기적 실업을 감소시키기 위해서는 총수요를 확장시켜 경기를 활성화시키는 경제안정화정책이 필요하다.
③ 한편, 실업보험제도나 고용보험제도도 경기적 실업을 해소하기 위한 좋은 대책이다.

실업관련지표
① 경제활동참가율
- 생산가능인구 중에서 경제활동인구가 차지하는 비율을 나타낸다.
- $경제활동참가율 = \dfrac{경제활동인구}{생산가능인구} \times 100 = \dfrac{경제활동인구}{경제활동인구 + 비경제활동인구} \times 100$

② 실업률
- 경제활동인구 중에서 실업자가 차지하는 비율을 나타낸다.
- $실업률 = \dfrac{실업자\ 수}{경제활동인구} \times 100 = \dfrac{실업자\ 수}{취업자\ 수 + 실업자\ 수} \times 100$
- 정규직의 구분 없이 모두 취업자로 간주하므로 고용의 질을 반영하지 못한다.

③ 고용률
- 생산가능인구 중에서 취업자가 차지하는 비율로 한 경제의 실질적인 고용창출능력을 나타낸다.
- $고용률 = \dfrac{취업자\ 수}{생산가능인구} \times 100 = \dfrac{취업자\ 수}{경제활동인구 + 비경제활동인구} \times 100$

12 인플레이션

물가지수
① 개념 : 물가의 움직임을 구체적으로 측정한 지표로서 일정 시점을 기준으로 그 이후의 물가변동을 백분율(%)로 표시한다.

② 물가지수의 계산 : $\dfrac{\text{비교시의 물가수준}}{\text{기준시의 물가수준}} \times 100$

③ 물가지수의 종류
  - 소비자물가지수(CPI) : 가계의 소비생활에 필요한 재화와 서비스의 소매가격을 기준으로 환산한 물가지수로서 라스파이레스 방식으로 통계청에서 작성한다.
  - 생산자물가지수(PPI) : 국내시장의 제1차 거래단계에서 기업 상호 간에 거래되는 모든 재화와 서비스의 평균적인 가격변동을 측정한 물가지수로서 라스파이레스 방식으로 한국은행에서 작성한다.
  - GDP디플레이터 : 명목GNP를 실질가치로 환산할 때 사용하는 물가지수로서 GNP를 추계하는 과정에서 산출된다. 가장 포괄적인 물가지수로서 사후적으로 계산되며 파셰방식으로 한국은행에서 작성한다.

인플레이션
① 개념 : 물가수준이 지속적으로 상승하여 화폐가치가 하락하는 현상을 말한다.
② 인플레이션의 발생원인

학파	수요견인 인플레이션	비용인상 인플레이션
고전학파	통화공급(M)의 증가	통화주의는 물가수준에 대한 적응적 기대를 하는 과정에서 생긴 현상으로 파악
통화주의학파		
케인즈학파	정부지출 증가, 투자증가 등 유효수요증가와 통화량증가	임금인상 등의 부정적 공급충격

③ 인플레이션의 경제적 효과
  - 예상치 못한 인플레이션은 채권자에서 채무자에게로 소득을 재분배하며, 고정소득자와 금융자산을 많이 보유한 사람에게 불리하게 작용한다.
  - 인플레이션은 물가수준의 상승을 의미하므로 수출재의 가격이 상승하여 경상수지를 악화시킨다.
  - 인플레이션은 실물자산에 대한 선호를 증가시켜 저축이 감소하여 자본축적을 저해해 경제의 장기적인 성장가능성을 저하시킨다.

④ 인플레이션의 종류
  - 하이퍼인플레이션 : 인플레이션의 범위를 초과하여 경제학적 통제를 벗어난 인플레이션이다.
  - 스태그플레이션 : 경기침체기에서의 인플레이션으로, 저성장 고물가의 상태이다.
  - 애그플레이션 : 농산물 상품의 가격 급등으로 일반 물가도 덩달아 상승하는 현상이다.
  - 보틀넥인플레이션 : 생산요소의 일부가 부족하여, 생산의 증가속도가 수요의 증가속도를 따르지 못해 발생하는 물가상승 현상이다.
  - 디맨드풀인플레이션 : 초과수요로 인하여 일어나는 인플레이션이다.
  - 디스인플레이션 : 인플레이션을 극복하기 위해 통화증발을 억제하고 재정·금융긴축을 주축으로 하는 경제조정정책이다.

13 게임이론

게임이론
한 사람이 어떤 행동을 취하기 위해서 상대방이 그 행동에 어떻게 대응할지 미리 생각해야 하는 전략적인 상황(Strategic Situation) 하에서 자기의 이익을 효과적으로 달성하는 의사결정과정을 분석하는 이론을 말한다.

우월전략균형
① 개념
  • 우월전략이란 상대방의 전략에 상관없이 자신의 전략 중 자신의 보수를 극대화하는 전략이다.
  • 우월전략균형은 경기자들의 우월전략의 배합을 말한다.
   예 A의 우월전략(자백), B의 우월전략(자백) → 우월전략균형(자백, 자백)
② 평가
  • 각 경기자의 우월전략은 비협조전략이다.
  • 각 경기자의 우월전략배합이 열위전략의 배합보다 파레토 열위상태이다.
  • 자신만이 비협조전략(이기적인 전략)을 선택하는 경우 보수가 증가한다.
  • 효율적 자원배분은 협조전략하에 나타난다.
  • 각 경기자가 자신의 이익을 극대화하는 행동이 사회적으로 바람직한 자원배분을 실현하는 것은 아니다(개인적 합리성이 집단적 합리성을 보장하지 못한다).

내쉬균형(Nash Equilibrium)
① 개념 및 특징
  • 내쉬균형이란 상대방의 전략을 주어진 것으로 보고 자신의 이익을 극대화하는 전략을 선택할 때 이 최적전략의 짝을 내쉬균형이라 한다. 내쉬균형은 존재하지 않을 수도, 복수로 존재할 수도 있다.
  • '유한한 경기자'와 '유한한 전략'의 틀을 가진 게임에서 혼합전략을 허용할 때 최소한 하나 이상의 내쉬균형이 존재한다.
  • 우월전략균형은 반드시 내쉬균형이나, 내쉬균형은 우월전략균형이 아닐 수 있다.
② 사례
  • 내쉬균형이 존재하지 않는 경우

A \ B	T	H
T	3, 2	1, 3
H	1, 1	3, −1

  • 내쉬균형이 1개 존재하는 경우(자백, 자백)

A \ B	자백	부인
자백	−5, −5	−1, −10
부인	−10, −1	−2, −2

  • 내쉬균형이 2개 존재하는 경우(야구, 야구) (영화, 영화)

A \ B	야구	영화
야구	3, 2	1, 1
영화	1, 1	2, 3

③ 한계점
  • 경기자 모두 소극적 추종자로 행동. 적극적으로 행동할 때의 균형을 설명하지 못한다.
  • 순차게임을 설명하지 못한다.
  • 협력의 가능성이 없으며 협력의 가능성 있는 게임을 설명하지 못한다.

01 기업의 형태

기업의 형태

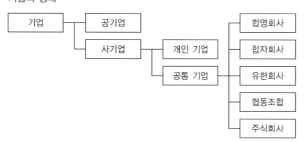

① 개인기업
- 가장 간단의 기업 형태로서 개인이 출자하고 직접 경영하며 이를 무한 책임지는 형태이다.
- 장점 : 설립 및 폐쇄가 쉽고 의사결정이 신속하며, 비밀유지에 용이하다.
- 단점 : 자본규모가 약소하며, 개인의 지배관리능력에 쉽게 영향을 받는다.

② 합명회사
- 2인 이상의 사원이 공동으로 출자해서 회사의 경영에 대해 무한책임을 지며, 직접 경영에 참여하는 방식이다.
- 무한책임 형태로 구성되어 있어서 출자자를 폭넓게 모집할 수 없다.
- 가족 내에서 친척 간, 또는 이해관계가 깊은 사람의 회사 설립이 많다.
- 지분 양도 시에는 사원총회의 승인을 받아야 한다.

③ 합자회사
- 무한책임사원 및 유한책임사원으로 구성되어 있다.
- 합명회사의 단점을 보완한 형태이다.
- 지분 양도 시에는 무한책임사원 전원의 동의를 필요로 한다.
- 무한책임사원의 경우에는 회사의 경영 및 채무에 대해서 무한책임을 지고, 유한책임사원의 경우에는 출자한 금액에 대해서만 책임을 지며 경영에는 참여하지 않는다.

④ 유한회사
- 유한책임사원들이 회사를 차려 경영하는 회사의 형태이다.
- 자본결합이 상당히 폐쇄적인 관계로 중소규모의 기업형태로 적절하다.
- 기관으로는 이사, 사원총회, 감사로 이루어져 있지만, 분리가 잘 되어있지 않고, 모든 사항을 공개해야 하는 의무도 지지 않는다.
- 유한회사는 인적 회사 및 물적 회사의 중간 형태를 지니는 회사이다.
- 사원의 수가 제한되어 있으며, 지분의 증권화가 불가능하다.

⑤ 주식회사
- 주주가 회사의 주인인 현대사회의 가장 대표적인 기업형태이다.
- 지분의 양도와 매입이 자유로우며 주주총회를 통해 의결권을 행사할 수 있다.
- 주식회사의 기관

주주총회	• 주식회사의 최고의사결정기관으로 주주로 이루어짐 • 회사 기업에서 영업활동의 신속성 및 업무내용의 복잡성으로 인해 그 결의사항을 법령 및 정관에서 정하는 사항만으로 제한하고 있음 • 주주의 결의권은 1주 1결의권을 원칙으로 하고 의결은 다수결에 의함 • 주주총회의 주요 결의사항으로는 자본의 증감, 정관의 변경, 이사·감사인 및 청산인 등의 선임·해임에 관한 사항, 영업의 양도·양수 및 합병 등에 관한 사항, 주식배당, 신주인수권 및 계산 서류의 승인에 관한 사항 등이 있음
감사	• 이사의 업무집행을 감시하게 되는 필요 상설기관 • 주주총회에서 선임되고, 이러한 선임결의는 보통 결의의 방법에 따름 • 이사회는 이사 전원으로 구성되는 합의체로 회사의 업무진행상의 의사결정 기관 • 이사는 주주총회에서 선임되고, 그 수는 3인 이상이어야 하며, 임기는 3년을 초과할 수 없음 • 대표이사는 이사회의 결의사항을 집행하고 통상적인 업무에 대한 결정 및 집행을 맡음과 동시에 회사를 대표함 • 이사와 회사 간 거래의 승인, 채권의 발행 등이 있음
검사인	• 회사의 계산의 정부, 업무의 적법여부 등을 조사하는 권한을 지니는 임시기관임 • 법원에서 선임하는 경우, 주주총회 및 창립총회에서 선임하기도 함 • 법정 검사인의 경우 임시로 선임됨

02 경영전략

SWOT 분석
기업의 내부환경과 외부환경을 분석하여 강점(Strength), 약점(Weakness), 기회(Opportunity), 위협(Threat) 요인을 규정하고 이를 토대로 경영전략을 수립하는 기법으로, 미국의 경영컨설턴트인 알버트 험프리(Albert Humphrey)에 의해 고안되었다.

Strength 강점 기업 내부환경에서의 강점	S	W	Weakness 약점 기업 내부환경에서의 약점
Opportunity 기회 기업 외부환경으로부터의 기회	O	T	Threat 위협 기업 외부환경으로부터의 위협

VRIO 분석
기업이 보유한 유·무형자산에 대해 네 가지 기준으로 평가하여 기업의 경쟁력을 분석하는 도구이다. 기업이 자원을 잘 활용할 수 있는가를 보여주는 것이 목적이다.
- 가치 있는(Valuable) : 경제적 가치가 있는가?
- 희소성 있는(Rarity) : 가지고 있는 자원이 희소성 있는가?
- 모방 가능성이 있는(Inimitability) : 모방의 가능성이 있는가?
- 조직이 있는(Organization) : 관련 조직이 있는가?

마이클 포터의 경쟁전략

① 경쟁세력모형 – 5 Force Model 분석

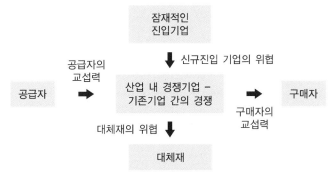

- 기존기업 간의 경쟁 : 해당 시장에서 기존 기업 간의 경쟁이 얼마나 치열한가를 나타낸다.
- 공급자의 시장 권력 : 공급자의 규모 및 숫자와 공급자 제품의 희소성을 나타낸다.
- 대체제의 위협 : 대체가 가능한 상품의 수와 구매자의 대체하려는 성향, 대체상품의 상대적 가격 등이 있다.
- 구매자의 교섭력 : 고객의 수, 각 고객의 주문수량, 가격의 민감도, 구매자의 정보 능력이 있다.
- 신규진입의 위험 : 진입장벽, 규모의 경제, 브랜드의 충성도 등이 있다.

② 경쟁우위 전략

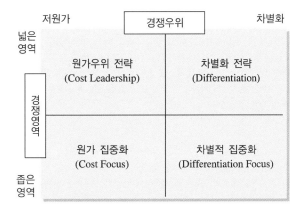

- 원가우위 전략 : 비용요소를 철저하게 통제하고, 기업조직의 가치사슬을 최대한 효율적으로 구사하는 전략
- 차별화 전략 : 소비자들이 가치가 있다고 판단하는 요소를 제품 및 서비스 등에 반영해서 경쟁사의 제품과 차별화한 후 소비자들의 충성도를 확보하고 이를 통해 매출증대를 꾀하는 전략
- 집중화 전략 : 메인 시작과는 다른 특성을 지니는 틈새시장을 대상으로 소비자들의 니즈를 원가우위 또는 차별화 전략을 통해 충족시켜 나가는 전략

BCG 매트릭스 모형

① 별(Star) 사업부
- 시장성장률도 높고 상대적 시장점유율도 높은 경우에 해당하는 사업이다.
- 이 사업부의 제품들은 제품수명주기상에서 성장기에 속한다.
- 선도기업의 지위를 유지하고 성장해가는 시장의 수용에 대처하고, 여러 경쟁기업들의 도전에 극복하기 위해 역시 자금의 투하가 필요하다.
- 별 사업부에 속한 기업들이 효율적으로 잘 운영된다면 이들은 향후 Cash Cow가 된다.
② 젖소(Cash Cow) 사업부
- 시장성장률은 낮지만 높은 상대적 시장점유율을 유지하고 있다. 이 사업부는 제품수명주기상에서 성숙기에 속하는 사업부이다.
- 이에 속한 사업은 많은 이익을 시장으로부터 창출해낸다. 그 이유는 시장의 성장률이 둔화되었기 때문에 그만큼 새로운 설비투자 등과 같은 신규 자금의 투입이 필요 없고, 시장 내에 선도 기업에 해당되므로 규모의 경제와 높은 생산성을 누리기 때문이다.
- Cash Cow에서 산출되는 이익은 전체 기업의 차원에서 상대적으로 많은 현금을 필요로 하는 Star나 Question Mark, Dog의 영역에 속한 사업으로 자원이 배분된다.
③ 물음표(Question Mark) 사업부
- '문제아'라고도 한다.
- 시장성장률은 높으나 상대적 시장점유율이 낮은 사업이다.
- 이 사업에 속한 제품들은 제품수명주기상에서 도입기에 속하는 사업부이다.
- 시장에 처음으로 제품을 출시한 기업 이외의 대부분의 사업부들이 출발하는 지점이 물음표이며, 신규로 시작하는 사업이기 때문에 기존의 선도 기업을 비롯한 여러 경쟁기업에 대항하기 위해 새로운 자금의 투하를 상당량 필요로 한다.
- 기업이 자금을 투입할 것인가 또는 사업부를 철수해야 할 것인가를 결정해야 하기 때문에 Question Mark라고 불리고 있다.
- 한 기업에게 물음표에 해당하는 사업부가 여러 개이면, 그에 해당되는 모든 사업부에 자금을 지원하는 것보다 전략적으로 소수의 사업부에 집중적 투자하는 것이 효과적이라 할 수 있다.
④ 개(Dog) 사업부
- 시장성장률도 낮고 시장점유율도 낮은 사업부이다.
- 제품수명주기상에서 쇠퇴기에 속하는 사업이다.
- 낮은 시장성장률 때문에 그다지 많은 자금의 소요를 필요로 하지는 않지만, 사업활동에 있어서 얻는 이익도 매우 적은 사업이다.
- 이 사업에 속한 시장의 성장률이 향후 다시 고성장을 할 가능성이 있는지 또는 시장내에서 자사의 지위나 점유율이 높아질 가능성은 없는지 검토해보고 이 영역에 속한 사업들을 계속 유지할 것인가 아니면 축소 내지 철수할 것인가를 결정해야 한다.

03 동기부여

매슬로우(Maslow)의 욕구단계이론

```
        ▲
       ╱ ╲
      ╱자아╲
     ╱실현의 ╲
    ╱ 욕구  ╲
   ╱─────────╲
  ╱  존중의   ╲
 ╱   욕구     ╲
╱───────────────╲
 애정과 소속감의 욕구
╱─────────────────╲
    안전의 욕구
╱───────────────────╲
    생리적 욕구
```

① 개념 : 인간의 요구는 위계적으로 조직되어 있으며 하위 단계의 욕구 충족이 상위 계층의 욕구 발현의 조건이라고 설명한 이론이다.
② 특징
 • 생리적 욕구 : 가장 기본적이면서도 강력한 욕구로 음식, 물, 수면 등의 인간의 생존에 가장 필요한 본능적인 욕구이다.
 • 안전의 욕구 : 두려움이나 혼란스러움이 아닌 평상심과 질서를 유지하고자 하는 욕구이다.
 • 애정과 소속의 욕구 : 사회적으로 조직을 이루고 그곳에 소속되려는 성향이다.
 • 존중의 욕구 : 타인으로부터 수용되고, 가치 있는 존재가 되고자 하는 욕구이다.
 • 자아실현의 욕구 : 각 개인의 타고난 능력 혹은 성장 잠재력을 실행하려는 욕구이다.

맥그리거(McGreger)의 X-Y이론

① 개념 : 인간본성에 대한 가정을 X, Y 2가지로 구분하여 특성에 따른 관리전략을 정리한 이론으로 X이론은 인간에 대한 부정적인 면을 설명하고, Y이론은 긍정적인 면을 설명한다.
② 특징

X이론 (전통적이고 전체적인 경영자의 인간관)	Y이론 (진취적이고 협동적인 인간관)
• 인간은 철저하게 이기적이고 자기중심적이다. • 인간은 천성적으로 게으르고 일을 싫어하기 때문에 엄격한 통제와 감독이 필요하다. • 조직 구성원이 원하는 수준의 임금체계가 확립되어야 하고, 엄격한 통제와 처벌이 필요하다.	• 인간의 행위는 경제적 욕구보다 사회·심리에 더 영향을 받는다. • 인간은 사회적인 존재이다. • 노동에서 휴식과 복지는 자연스러운 것이다. • 민주적 리더십의 확립과 분권과, 권한의 위임이 중요하다.

허즈버그(Herzberg)의 동기 - 위생이론

① 개념 : 허즈버그가 2개의 요인(동기요인, 위생요인)으로 나눠 동기유발에 대해 정리한 이론으로 동기요인과 위생요인은 반대의 개념이 아닌 별개의 개념이다.
② 특징

동기요인(만족요인)	위생요인(불만족요인)
• 직무에 만족을 느끼게 하는 요인 • 충족되면 만족감을 느끼게 되지만, 비충족되는 경우에도 불만이 발생하지는 않음 • 동기요인 충족 → 높은 직무성과	• 직무에 대해 불만족을 느끼게 하는 요인 • 불충족 시에는 불만이 증가 • 충족 시에도 만족감이 증가하는 것은 아님

01 통화정책

중앙은행

① 중앙은행의 역할
- 화폐를 발행하는 발권은행으로서의 기능을 한다.
- 은행의 은행으로서의 기능을 한다.
- 통화가치의 안정과 국민경제의 발전을 위한 통화금융정책을 집행하는 기능을 한다.
- 국제수지 불균형의 조정, 환율의 안정을 위하여 외환관리업무를 한다.
- 국고금 관리 등의 업무를 수행하며 정부의 은행으로서의 기능을 한다.

② 중앙은행의 통화정책 운영체계
한국은행은 통화정책 운영체계로서 물가안정목표제(Inflation Targeting)를 채택하고 있다.

③ 물가안정목표제란 '통화량' 또는 '환율' 등 중간목표를 정하고 이에 영향을 미쳐 최종목표인 물가안정을 달성하는 것이 아니라, 최종목표인 '물가' 자체에 목표치를 정하고 중기적 시기에 이를 달성하려는 방식이다.

금융정책

정책수단		운용목표		중간목표		최종목표
공개시장조작 지급준비율	→	콜금리 본원통화 재할인율	→	통화량 이자율	→	완전고용 물가안정 국제수지균형

① 공개시장조작정책
- 중앙은행이 직접 채권시장에 참여하여 금융기관을 상대로 채권을 매입하거나 매각하여 통화량을 조절하는 통화정책수단을 의미한다.
- 중앙은행이 시중의 금융기관을 상대로 채권을 매입하는 경우 경제 전체의 통화량은 증가하게 되고 이는 실질이자율을 낮춰 총수요를 증가시킨다.
- 중앙은행이 시중의 금융기관을 상대로 채권을 매각하는 경우 경제 전체의 통화량은 감소하게 되고 이는 실질이자율을 상승과 투자의 감소로 이어져 총수요가 감소하게 된다.

② 지급준비율정책
- 법정지급준비율이란 중앙은행이 예금은행으로 하여금 예금자 예금인출요구에 대비하여 총예금액의 일정비율 이상을 대출할 수 없도록 규정한 것을 말한다.
- 지급준비율정책이란 법정지급준비율을 변경시킴으로써 통화량을 조절하는 것을 말한다.
- 지급준비율이 인상되면 통화량이 감소하고 실질이자율을 높여 총수요를 억제한다.

③ 재할인율정책
- 재할인율정책이란 일반은행이 중앙은행으로부터 자금을 차입할 때 차입규모를 조절하여 통화량을 조절하는 통화정책수단을 말한다.
- 재할인율 상승은 실질이자율을 높여 경제 전체의 통화량을 줄이고자 할 때 사용하는 통화정책의 수단이다.
- 재할인율 인하는 실질이자율을 낮춰 경제 전체의 통화량을 늘리고자 할 때 사용하는 통화정책의 수단이다.

02 금융지표

금리
① 개념 : 원금에 지급되는 이자를 비율로 나타낸 것으로 '이자율'이라는 표현을 사용하기도 한다.
② 특징
- 자금에 대한 수요와 공급이 변하면 금리가 변동한다. 즉, 자금의 수요가 증가하면 금리가 올라가고, 자금의 공급이 증가하면 금리는 하락한다.
- 중앙은행이 금리를 낮추겠다는 정책목표를 설정하면 금융시장의 국채를 매입하게 되고 금리의 영향을 준다.
- 가계 : 금리가 상승하면 소비보다는 저축이 증가하고, 금리가 하락하면 저축보다는 소비가 증가한다.
- 기업 : 금리가 상승하면 투자비용이 증가하므로 투자가 줄어들고, 금리가 하락하면 투자가 증가한다.
- 국가 간 자본의 이동 : 본국과 외국의 금리 차이를 보고 상대적으로 외국의 금리가 높다고 판단되면 자금은 해외로 이동하고, 그 반대의 경우 국내로 이동한다.
③ 금리의 종류
- 기준금리 : 중앙은행이 경제활동 상황을 판단하여 정책적으로 결정하는 금리로, 경제가 과열되거나 물가상승이 예상되면 기준 금리를 올리고, 경제가 침체되고 있다고 판단되면 기준금리를 하락시킨다.
- 시장금리 : 개인의 신용도나 기간에 따라 달라지는 금리이다.

1년 미만 단기 금리	콜금리	영업활동 과정에서 남거나 모자라는 초단기자금(콜)에 대한 금리이다.
	환매조건부채권(RP)	일정 기간이 지난 후에 다시 매입하는 조건으로 채권을 매도함으로써 수요자가 단기자금을 조달하는 금융거래방식의 하나이다.
	양도성예금증서(CD)	은행이 발행하고 금융시장에서 자유로운 매매가 가능한 무기명의 정기예금증서이다.
1년 이상 장기 금리		국채, 회사채, 금융채

환율
국가 간 화폐의 교환비율로, 우리나라에서 환율을 표시할 때에는 외국돈 1단위당 원화의 금액으로 나타낸다(예 1,193.80원/$, 170.76원/¥).

주식과 주가
① 주식 : 주식회사의 자본을 이루는 단위로서 금액 및 이를 전제한 주주의 권리와 의무단위이다.
② 주가 : 주식의 시장가격으로, 주식시장의 수요와 공급에 의해 결정된다.

03 환율

환율

① 개념 : 국내화폐와 외국화폐가 교환되는 시장을 외환시장(Foreign Exchange Market)이라고 한다. 그리고 여기서 결정되는 두 나라 화폐의 교환비율을 환율이라고 한다. 즉, 환율이란 자국화폐단위로 표시한 외국화폐 1단위의 가격을 말한다.

② 환율의 변화

환율의 상승을 환율 인상(Depreciation), 환율의 하락을 환율 인하(Appreciation)라고 한다. 환율이 인상되는 경우 자국화폐의 가치가 하락하는 것을 의미하며 환율이 인하되는 경우는 자국화폐가치가 상승함을 의미한다.

평가절상(=환율 인하, 자국화폐가치 상승)	평가절하(=환율 인상, 자국화폐가치 하락)
• 수출 감소	• 수출 증가
• 수입 증가	• 수입 감소
• 경상수지 악화	• 경상수지 개선
• 외채부담 감소	• 외채부담 증가

③ 환율제도

구분	고정환율제도	변동환율제도
국제수지불균형의 조정	정부개입에 의한 해결(평가절하, 평가절상)과 역외국에 대해서는 독자관세유지	시장에서 환율의 변화에 따라 자동적으로 조정
환위험	적음	환율의 변동성에 기인하여 환위험에 크게 노출되어 있다.
환투기의 위험	적음	높음(이에 대해 프리드먼은 환투기는 환율을 오히려 안정시키는 효과가 존재한다고 주장)
해외교란요인의 파급 여부	국내로 쉽게 전파됨	환율의 변화가 해외교란요인의 전파를 차단(차단효과)
금융정책의 자율성 여부	자율성 상실(불가능성 정리)	자율성 유지
정책의 유효성	금융정책 무력	재정정책 무력

04 주식과 주가지수

주가지수

① 개념 : 주식가격의 상승과 하락을 판단하기 위한 지표(Index)가 필요하므로 특정 종목의 주식을 대상으로 평균적으로 가격이 상승했는지 하락했는지를 판단한다. 때문에 주가지수의 변동은 경제상황을 판단하게 해주는 지표가 될 수 있다.

② 주가지수 계산 : $\dfrac{\text{비교시점의 시가총액}}{\text{기준시점의 시가총액}} \times 100$

③ 주요국의 종합주가지수

국가	지수명	기준시점	기준지수
한국	코스피	1980년	100
	코스닥	1996년	1,000
미국	다우존스 산업평균지수	1896년	100
	나스닥	1971년	100
	S&P 500	1941년	10
일본	니케이 225	1949년	50
중국	상하이종합	1990년	100
홍콩	항셍지수	1964년	100
영국	FTSE 100지수	1984년	1,000
프랑스	CAC 40지수	1987년	1,000

주가와 경기 변동

① 주식의 가격은 장기적으로 기업의 가치에 따라 변동한다.

② 주가는 경제성장률이나 이자율, 통화량과 같은 경제변수에 영향을 받는다.

③ 통화공급의 증가와 이자율이 하락하면 소비와 투자가 늘어나서 기업의 이익이 커지므로 주가는 상승한다.

주식관련 용어

① 서킷브레이커(CB) : 주식시장에서 주가가 급등 또는 급락하는 경우 주식매매를 일시 정지하는 제도이다.

② 사이드카 : 선물가격이 전일 종가 대비 5%(코스피), 6%(코스닥) 이상 급등 혹은 급락상태가 1분간 지속될 경우 주식시장의 프로그램 매매 호가를 5분간 정지시키는 것을 의미한다.

③ 네 마녀의 날 : 주가지수 선물과 옵션,개별 주식 선물과 옵션 등 네 가지 파생상품만기일이 겹치는 날이다. '쿼드러플워칭데이'라고도 한다.

④ 레드칩 : 중국 정부와 국영기업이 최대주주로 참여해 홍콩에 설립한 우량 중국 기업들의 주식을 일컫는 말이다.

⑤ 블루칩 : 오랜 시간동안 안정적인 이익을 창출하고 배당을 지급해온 수익성과 재무구조가 건전한 기업의 주식으로 대형 우량주를 의미한다.

⑥ 숏커버링 : 외국인 등이 공매도한 주식을 되갚기 위해 시장에서 주식을 다시 사들이는 것으로, 주가 상승 요인으로 작용한다.

⑦ 공매도 : 주식을 가지고 있지 않은 상태에서 매도 주문을 내는 것이다. 3일 안에 해당 주식이나 채권을 구해 매입자에게 돌려주면 되기 때문에, 약세장이 예상되는 경우 시세차익을 노리는 투자자가 주로 활용한다.

05 채권

채권

정부, 공공기관, 특수법인과 주식회사 형태를 갖춘 사기업이 일반 대중 투자자들로부터 비교적 장기의 자금을 조달하기 위해 발행하는 일종의 차용증서로, 채권을 발행한 기관은 채무자, 채권의 소유자는 채권자가 된다.

발행주체에 따른 채권의 분류

국채	• 국가가 발행하는 채권으로 세금과 함께 국가의 중요한 재원 중 하나이다. • 국고채, 국민주택채권, 국채관리기금채권, 외국환평형기금채권 등이 있다.
지방채	• 지방자치단체가 지방재정의 건전한 운영과 공공의 목적을 위해 재정상의 필요에 따라 발행하는 채권이다. • 지하철공채, 상수도공채, 도로공채 등이 있다.
특수채	• 공사와 같이 특별법에 따라 설립된 법인이 자금조달을 목적으로 발행하는 채권으로 공채와 사채의 성격을 모두 가지고 있다. • 예금보험공사 채권, 한국전력공사 채권, 리스회사의 무보증 리스채, 신용카드회사의 카드채 등이 있다.
금융채	• 금융회사가 발행하는 채권으로 발생은 특정한 금융회사의 중요한 자금조달수단 중 하나이다. • 산업금융채, 장기신용채, 중소기업금융채 등이 있다.
회사채	• 상법상의 주식회사가 발행하는 채권으로 채권자는 주주들의 배당에 우선하여 이자를 지급받게 되며 기업이 도산하는 경우에도 주주들을 우선하여 기업자산에 대한 청구권을 갖는다. • 전환사채(CB), 신주인수권부사채(BW), 교환사채(EB) 등이 있다.

이자지급방법에 따른 채권의 분류

이표채	액면가로 채권을 발행하고, 이자지급일이 되면 발행할 때 약정한 대로 이자를 지급하는 채권이다.
할인채	이자가 붙지는 않지만, 이자 상당액을 미리 액면가격에서 차감하여 발행가격이 상환가격보다 낮은 채권이다.
복리채(단리채)	정기적으로 이자가 지급되는 대신에 복리(단리) 이자로 재투자되어 만기상환 시에 원금과 이자를 지급하는 채권이다.
거치채	이자가 발생한 이후에 일정기간이 지난 후부터 지급되는 채권이다.

상환기간에 따른 채권의 분류

단기채	통상적으로 상환기간이 1년 미만인 채권으로, 통화안정증권, 양곡기금증권 등이 있다.
중기채	상환기간이 1~5년인 채권으로 우리나라의 대부분의 회사채 및 금융채가 만기 3년으로 발행된다.
장기채	상환기간이 5년 초과인 채권으로 국채가 이에 해당한다.

특수한 형태의 채권

일반사채와 달리 계약 조건이 다양하게 변형된 특수한 형태의 채권으로 다양한 목적에 따라 발행된 채권이다.

전환사채 (CB: Convertible Bond)	발행을 할 때에는 순수한 회사채로 발행되지만, 일정기간이 경과한 후에는 보유자의 청구에 의해 발행회사의 주식으로 전환될 수 있는 사채이다.
신주인수권부사채 (BW: Bond with Warrant)	발행 이후에 일정기간 내에 미리 약정된 가격으로 발행회사에 일정한 금액에 해당하는 주식을 매입할 수 있는 권리가 부여된 사채이다.
교환사채 (EB: Exchangeable Bond)	투자자가 보유한 채권을 일정 기간이 지난 후 발행회사가 보유 중인 다른 회사 유가증권으로 교환할 수 있는 권리가 있는 사채이다.
옵션부사채	• 콜옵션과 풋옵션이 부여되는 사채이다. • 콜옵션은 발행회사가 만기 전 조기상환을 할 수 있는 권리이고, 풋옵션은 사채권자가 만기중도상환을 청구할 수 있는 권리이다.
변동금리부채권 (FRN: Floating Rate Note)	• 채권 지급 이자율이 변동되는 금리에 따라 달라지는 채권이다. • 변동금리부채권의 지급이자율은 기준금리에 가산금리를 합하여 산정한다.
자산유동화증권 (ABS: Asset Backed Security)	유동성이 없는 자산을 증권으로 전환하여 자본시장에서 현금화하는 일련의 행위를 자산유동화라고 하는데, 기업 등이 보유하고 있는 대출채권이나 매출채권, 부동산 자산을 담보로 발행하여 제3자에게 매각하는 증권이다.

앞선 정보 제공! 도서 업데이트

언제, 왜 업데이트될까?

도서의 학습 효율을 높이기 위해 자료를 추가로 제공할 때!
공기업 · 대기업 필기시험에 변동사항 발생 시 정보 공유를 위해!
공기업 · 대기업 채용 및 시험 관련 중요 이슈가 생겼을 때!

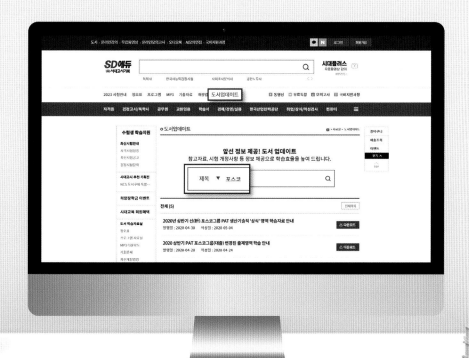

01 SD에듀 도서
www.sdedu.co.kr/book
홈페이지 접속

02 상단 카테고리
「도서업데이트」
클릭

03 해당
기업명으로
검색

참고자료, 시험 개정사항 등 정보 제공으로 학습효율을 높여 드립니다.

PSAT · LEET

고난도 지문
20일 완성

고난도
과학 · 경영 · 경제
지문 독해 완벽대비

합격의 모든 것!

과학·경영·경제 편

SD공무원시험연구소 편저

정답 및 해설

SD에듀
(주)시대고시기획

정답 및 해설

01	02	03	04	05	06	07	08	09	
③	④	④	①	①	⑤	⑤	③	②	

[01~04] 지문 분석

• 주제 : 기초 대사량의 측정 방법과 의미
• 핵심 키워드 : 기초 대사량, 직접법, 간접법, 상대 성장, 최소 제곱법, 대사 체중
• 글의 구조
  ▷ 1문단 : 대사량과 기초 대사량의 개념
    – 대사량 : 하루에 필요한 에너지의 양(=하루 동안의 총 열량 소모량)
    – 기초 대사량 : 생존에 필수적인 에너지로, 쾌적한 온도에서 편히 쉬는 동물이 공복 상태에서 생성하는 열량(대사량의 60 ~ 75%, 근육량 많을수록 기초 대사량 증가)
  ▷ 2문단 : 기초 대사량(생존에 필수적인 에너지)의 측정 방법
    – 직접법 : 호흡실(온도가 일정하며 공기의 출입량을 알고 있는 환경)에서 동물이 발산하는 열량을 열량계로 측정
    – 간접법 : 측정된 동물의 산소 소비량과 이산화탄소 배출량을 기준으로 체내에서 생성된 열량을 추정
  ▷ 3문단 : 19세기의 초기 연구
    – 체표 면적이 (체중)$^{0.67}$에 비례하므로 기초 대사량은 (체중)$^{0.67}$에 비례
    – 체중이 W에서 2W로 커지면 기초 대사량의 증가율=$(2W)^{0.67}/(W)^{0.67}=2^{0.67}≒1.6$
  ▷ 4문단 : 1930년대 클라이버의 기초 대사량 측정 결과 분석
    – 동물별 체중과 기초 대사량의 순서쌍을 점으로 표현(가로축=체중, 세로축=기초 대사량)
  ▷ 5문단 : 클라이버의 L-그래프
    – 순서쌍의 값에 상용로그를 취해 새로운 순서쌍을 만듦 → 어떤 직선의 주변에 점들이 분포 → 기울기를 이용해 두 변수의 증가율의 비교 가능
    – L-그래프 : X(체중)와 Y(기초 대사량)에 상용로그를 취한 값의 그래프
  ▷ 6문단 : 체중 및 기초 대사량의 증가율의 관계를 직선의 기울기로 표현한 L-그래프
    – '체중의 증가율>기초 대사량 증가율'인 경우 : L-그래프 직선의 기울기<1, 기초 대사량의 증가율이 작을수록 기울기 작아짐
    – '체중의 증가율=기초 대사량 증가율'인 경우 : L-그래프 직선의 기울기=1
  ▷ 7문단 : 생물 형질의 상대 성장
    – 생물의 어떤 형질이 체중 또는 몸 크기와 직선의 관계를 보이며 함께 증가하는 경우 그 형질은 '상대 성장'을 한다.
  ▷ 8문단 : 최적의 직선의 기울기와 절편을 구하는 최소 제곱법
    – 편차 제곱 합 : 편차의 절댓값을 구하고 이들을 각각 제곱하여 모두 합한 것
    – 최소 제곱법 : 편차 제곱 합이 가장 작은 직선을 구하는 것
  ▷ 9문단 : 최소 제곱법에 근거한 클라이버의 법칙과 대사 체중
    – 클라이버의 법칙 : 기초 대사량은 (체중)$^{0.75}$, 즉 대사 체중에 비례한다는 결론
    – 대사 체중은 치료제의 허용량 결정에도 이용된다.

01 일치 · 불일치 정답 ③

여섯 번째 문단에 따르면 체중의 증가율에 비해 기초 대사량의 증가율이 작은 경우에는 L-그래프의 직선의 기울기는 1보다 작으며 기초 대사량의 증가율이 작을수록 기울기도 작아지고, 체중의 증가율과 기초 대사량의 증가율이 같은 경우에는 직선의 기울기는 1이 된다. 즉, L-그래프의 직선의 기울기는 체중의 증가율에 대한 기초 대사량의 증가율을 나타내는 것이다. 따라서 직선의 기울기는 가로축과 세로축 두 변수의 증가율의 차이와 동일하다는 ③의 진술은 내용으로 적절하지 않다.

[오답분석]

① 아홉 번째 문단에 따르면 기초 대사량이 동물의 (체중)$^{0.75}$에 비례한다는 클라이버의 결론을 '클라이버의 법칙'이라고 한다.
② 첫 번째 문단에 따르면 근육량이 많을수록 기초 대사량은 증가한다.
④ 여덟 번째 문단에 따르면 그래프에서 가로축과 세로축 두 변수의 관계를 대변하는 최적의 직선의 기울기와 절편은 최소 제곱법으로 구할 수 있다.
⑤ 일곱 번째 문단에 따르면 생물의 어떤 형질이 체중 또는 몸 크기와 직선의 관계를 보이며 함께 증가하는 경우 그 형질은 '상대 성장'을 한다고 한다. 또한 동일 종에서의 심장, 두뇌와 같은 신체 기관의 크기는 상대 성장을 따른다.

PART 1

DAY 01

DAY 02

DAY 03

DAY 04

DAY 05

DAY 06

DAY 07

DAY 08

DAY 09

DAY 10

| 풀이 포인트 |

사실적 사고 능력을 검증하는 문제로, 주어진 내용의 정보를 정확하게 이해하는지를 묻고 있다. 따라서 선택지와 관련한 내용과 대조해 선택지의 진위 여부를 판별할수 있어야 한다. 이때 판별의 근거가 될 수 있는 L-그래프의 직선의 기울기, 클라이버의 법칙 등 제시문에 나타난 주요 개념의 특징을 파악한다.

배경지식

상대 성장

생물체의 전체 또는 어떤 부분(기관)의 크기를 기준으로 하여, 다른 부분(기관)이 어떤 양적 관계에 있는가를 나타내는 성장을 뜻한다. 예컨대 인체의 경우 머리는 몸전체의 성장 속도에 비해 느리게 성장하지만 다리는 상대적으로 빠르게 자란다. 상대 성장 방정식은 $y = bx^a$로 표현되며, 이때 y는 어느 부분의 크기, x는 몸 전체또는 다른 부분의 크기, b는 평형상수, a는 초생장지수 (初生長指數) 등을 뜻한다. 이 수식의 양변에 로그를취하면 $\log y = \log b + a \log x$가 되므로 가로축과 세로축에 대해 다 같이 로그를 취한 그래프를 그리면 직선이된다. a가 1이 아닌 경우에 상대 성장이 일어난다. a가 1보다 크면 x의 증가에 비해 y가 빠르게 증가하는 양 (+)의 상대 성장이 일어난다고 볼 수 있고, 반대로 a가 1보다 작으면 y는 x에 비해 느리게 증가하는 음(−)의상대 성장이 일어난다고 볼 수 있다.

02 추론하기 　　　　　　　정답 ④

아홉 번째 문단에 따르면 클라이버는 기초 대사량은 동물의 (체중)$^{0.75}$, 즉 대사 체중에 비례한다고 결론을 지었으며, 치료제 허용량은 체내 대사와 밀접한 관련이 있기 때문에 치료제허용량은 대사 체중에 비례해 정한다. 코끼리에게 적용하는치료제 허용량을 기준으로 대사 체중에 비례해 생쥐에게 적용할 허용량을 정하면 적정량을 정할 수 있다. 코끼리의 체중이 100, 생쥐의 체중이 1이라고 가정하면 코끼리의 대사 체중은 $100^{0.75}$, 생쥐의 대사 체중은 $1^{0.75}$ 이므로 체중에 비례해 정한양은 대사 체중에 비례하여 정한 양보다 적으므로 체중에 비례해 허용량을 정하면 적정량보다 적은 양을 먹이게 된다. 따라서과다 복용이 될 수 있다는 ④의 진술은 적절하지 않다.

오답분석

① 첫 번째 문단에 따르면 기초 대사량은 개체에 따라 대사량의 $60 \sim 75\%$를 차지한다. 따라서 ①의 진술처럼 기초 대사량은 하루에 소모되는 총 열량 중에 가장 큰 비중을 차지한다고 볼 수 있다.

② 아홉 번째 문단에 따르면 클라이버는 동물의 (체중)$^{0.75}$에 기초 대사량이 비례한다고 결론지었으며(클라이버의 법칙), 이때 (체중)$^{0.75}$을 대사 체중이라 부른다. 또한 세 번

째 문단에 따르면 체표 면적은 (체중)$^{0.67}$에 비례한다. 따라서 ②의 진술처럼 클라이버의 법칙에 따르면 기초 대사량이 동물의 체표 면적에 비례한다고 볼 수 없다.

③ 세 번째 문단에 따르면 19세기의 초기 연구에서는 기초 대사량은 (체중)$^{0.67}$에 비례한다고 보았으며, 체중이 W에서 2W로 2배 증가하면 기초 대사량은 $2^{0.67}$, 즉 약 1.6배 증가한다. 따라서 ③의 진술처럼 19세기의 초기 연구자들은 체중의 증가율보다 기초 대사량의 증가율이 작다고 생각했을 것이다.

⑤ 세 번째 문단에 따르면 19세기의 초기 연구에서는 기초 대사량은 (체중)$^{0.67}$에 비례한다고 보았으며, 아홉 번째 문단에 따르면 클라이버는 동물의 (체중)$^{0.75}$에 기초 대사량이 비례한다고 결론지었다. 따라서 동물 체중의 증가에 따라 늘어나는 에너지 필요량은 19세기 초기 연구에 비해 클라이버의 법칙을 따를 때 더 많음을 알 수 있다.

| 풀이 포인트 |

추리적 사고 능력을 검증하는 문제로, 제시문에 나타난정보들을 토대로 선택지의 추론이 적절한지 판단할 수있어야 한다. 따라서 제시문의 문단에서 선택지 내용의타당성을 검증할 수 있는 내용을 찾아 선택지를 분석한다. 이때 선택지에 나타난 추론의 진위를 판단하기 위해두 개 이상의 문단을 확인해야 하는 경우도 있다.

배경지식

기초 대사량

생물체가 생명을 유지하는 데 필요한 최소한의 에너지의 양을 가리킨다. 주로 체온 유지, 심장 박동, 호흡 운동, 근육의 긴장 등에 쓰는 에너지이다.

03 세부 내용의 이해 　　　　　　　정답 ④

두 번째 문단에서 ㉠(직접법)은 온도가 일정하게 유지되고 공기의 출입량을 알고 있는 호흡실에서 동물이 발산하는 열량을열량계를 이용해 측정하는 방법이라고 했으므로 ㉠을 통해일정한 체온에서 동물이 체외로 발산하는 열량을 구할 수 있다. 또한 두 번째 문단에 따르면 ㉡(간접법)은 체내에서 생성된 열량을 추정하는 방법이며, 첫 번째 문단에 따르면 체내에서 생성한 열량은 일정한 체온에서 체외로 발산되는 열량과같으므로 ㉡을 통해 일정한 체온에서 동물이 체외로 발산하는 열량을 구할 수 있다.

오답분석

① 두 번째 문단에 따르면 ㉠은 온도가 일정하게 유지되고 공기의 출입량을 알고 있는 호흡실에서 동물이 발산하는 열량을 열량계를 이용해 측정하는 방법이다. 따라서 온도가 일정하게 유지되는 환경에서 ①의 진술처럼 환경 온도에 따라 체온을 조정하는 변온 동물 또한 ㉠을 이용해 체외로 발산하는 열량을 측정할 수 있다.

② 두 번째 문단에 따르면 ⓒ은 호흡 측정 장치를 이용해 측정한 동물의 산소 소비량과 이산화탄소 배출량을 기준으로 체내에서 생성된 열량을 추정하는 방법이다. 따라서 ②의 진술과 달리 ⓒ을 이용할 때는 동물이 호흡에 이용한 산소의 양을 알아야 체내에서 생성된 열량을 추정할 수 있다.

③ 첫 번째 문단에 따르면 기초 대사량은 쾌적한 온도에서 편히 쉬는 동물이 공복 상태에서 생성하는 열량을 뜻한다. 따라서 ㉠과 ⓒ은 모두 격한 움직임이 제한된 편하게 쉬는 상태에서 기초 대사량을 구하는 방법이다.

⑤ 첫 번째 문단에 따르면 기초 대사량은 생존에 필수적인 에너지로, 쾌적한 온도에서 편히 쉬는 동물이 공복 상태에서 생성하는 열량으로 정의된다. 따라서 ㉠과 ⓒ은 모두 생존에 필수적인 최소한의 에너지를 공급하면서 기초 대사량을 구한다는 진술은 적절하지 않다.

04 추론하기   정답 ①

여섯 번째 문단에 따르면 L-그래프에서 체중의 증가율(가로축)에 비해 기초 대사량의 증가율(세로축)이 작다면 직선의 기울기는 1보다 작고, 체중의 증가율과 기초 대사량의 증가율이 같다면 직선의 기울기는 1이 된다. 따라서 보기에서 ①의 진술처럼 최적의 직선의 기울기가 1보다 작다면 ⓐ(게딱지 폭)의 증가율(가로축)이 ⓑ(큰 집게발의 길이)의 증가율(세로축)보다 큰 것이다. ⓑ의 증가율이 ⓐ의 증가율에 비례한다고 할 수 있지만 ⓑ가 ⓐ에 비례한다고 볼 수 없다.

[오답분석]

② 일곱 번째 문단에 따르면 편차 제곱 합은 편차의 절댓값을 구하고 이들을 각각 제곱해 모두 합한 것이며, 이때 편차는 두 변수의 순서쌍을 나타낸 점들 사이를 지나는 임의의 직선을 그린 다음 각 점에서 가로축에 수직 방향으로 직선까지의 거리를 뜻한다. 제시문에 주어진 그림에서 보듯이 직선과 점 사이의 거리가 편차인 것이다. 따라서 ②의 진술과 달리 점들이 최적의 직선으로부터 가로축에 수직 방향으로 멀리 떨어질수록 편차가 커지게 되므로 편차 제곱 합 또한 커지게 된다.

③ 다섯 번째 문단에 따르면 가로축과 세로축 두 변수의 증가율이 서로 다를 경우 일반적인 그래프에서 순서쌍으로 나타낸 점들은 직선이 아닌 어떤 곡선의 주변에 분포하는 것과 달리 L-그래프에서는 어떤 직선의 주변에 점들이 분포하는 것으로 나타난다. 또한 보기에 따르면 L-그래프와 같은 방식으로 ⓐ를 가로축에, ⓑ를 세로축에 놓고 분석한다고 하였다. 그런데 다섯 번째 문단에서 L-그래프에서는 점들이 직선 주변에 분포한다고 하였으므로, 점들이 곡선 주변에 분포한다는 ③의 진술은 적절하지 않다.

④ 여섯 번째 문단에 따르면 체중(가로축)의 증가율보다 기초 대사량(세로축)의 증가율이 작으면 직선의 기울기는 1보다 작고, 체중의 증가율과 기초 대사량의 증가율이 같으면 기울기는 1이 된다. 따라서 보기의 ⓐ(가로축)의 증가율보다 ⓑ(세로축)의 증가율이 작으면 점들 사이를 지나는 최적의 직선의 기울기는 1보다 작으므로, 직선의 기울기가 1보다 크다는 ④의 진술은 적절하지 않다.

⑤ 다섯 번째 문단에 따르면 가로축과 세로축 두 변수의 증가율이 서로 다를 경우 그 둘의 증가율이 같을 때와 달리 '일반적인 그래프'에서 순서쌍으로 나타낸 점들은 직선이 아닌 어떤 곡선의 주변에 분포한다. 즉, 가로축과 세로축 두 변수의 증가율이 같을 때는 점들은 직선의 주변에 분포한다. 따라서 점들이 곡선의 주변에 분포한다는 ⑤의 진술은 적절하지 않다.

[05] 지문 분석

- 주제 : 대부분의 위장 질환 원인으로 인정된 헬리코박터 파일로리
- 핵심 키워드 : 캠필로박터, 헬리코박터 파일로리
- 글의 구조
  ▷ 1문단 : '헬리코박터 파일로리'의 배양 및 명명
    - 1982년 워렌과 마셜 연구팀은 사람의 위장에서 서식하는 세균을 배양하기 위해 '캠필로박터' 세균을 배양할 때처럼 특수한 배양법을 채택하고 있었음
    - 특수한 배양법 : 저농도의 산소·이산화탄소, 까다로운 조건으로 영양분 공급
    - 세균의 군집 형성 → 캠필로박터 속에 속한다고 여겨 '캠필로박터 파일로리'라고 명명
    - 캠필로박터 속에 속한다고 여긴 근거 : 관찰된 형태와 낮은 산소 농도에서 자람
    - 미세 구조가 캠필로박터와 차이가 있음, 유전자 분석 → 캠필로박터와 다른 집단임이 판명 → '헬리코박터 파일로리'로 명칭 변경
  ▷ 2문단 : 마셜의 가설이 인정됨
    - 헬리코박터 파일로리에 의해 대부분의 위장 질환이 생긴다는 마셜의 가설은 기존의 학설 때문에 쉽게 받아들여지지 않음
    - 마셜이 스스로 헬리코박터 파일로리로 인한 위궤양에 걸리고 항생제로 치료하는 데 성공한 후에 학계와 미국 국립 보건원은 마셜의 가설을 받아들임

05 세부 내용의 이해 정답 ①

두 번째 문단에 따르면 강한 산성 환경인 인간의 위장 속에서 살 수 있는 헬리코박터 파일로리에 의해 대부분의 위장 질환이 발생한다는 마셜의 가설은 "어떤 세균도 위산을 오래 견뎌내지 못한다. 스트레스나 자극적인 식품을 자주 섭취하는 식습관이 위궤양과 위염을 일으킨다."라는 학설 때문에 쉽게 받아들여지지 않았으나, 마셜 스스로가 헬리코박터 파일로리를 마시고 위궤양에 걸린 다음 항생제로 치료한 후에야 마셜의 가설은 인정되었다. 그러나 ①의 진술처럼 스트레스나 자극적인 식품을 자주 섭취하는 식습관이 위궤양과 위염을 일으킨다는 학설이 부정되는 것은 아니다. 스트레스와 잘못된 식습관은 헬리코박터 파일로리와 함께 위궤양을 일으키는 여러 원인 중 하나이다.

오답분석

② 강한 위산을 견디고 위장 질환을 일으키는 헬리코박터 파일로리라는 세균의 존재는 어떤 세균도 위산을 오래 견뎌내지 못한다는 이전의 학설이 틀렸음을 입증하는 증거이다.

③ 첫 번째 문단에 따르면 워렌과 마셜 연구팀은 캠필로박터 세균을 배양할 때처럼 산소와 이산화탄소를 저농도로 유지하는 특수한 배양법을 적용해 헬리코박터 파일로리의 배양에 성공했다. 따라서 ③의 진술처럼 헬리코박터 파일로리는 캠필로박터처럼 저농도의 산소에서 자라는 특성이 있음을 알 수 있다.

④ 두 번째 문단에 따르면 오늘날 헬리코박터 파일로리는 세계에서 가장 흔한 만성적인 감염의 원인균으로 알려지게 되었고, 위암의 원인균으로도 인정받았다.

⑤ 첫 번째 문단에 따르면 워렌과 마셜 연구팀은 처음에는 헬리코박터 파일로리가 캠필로박터 속에 속한다고 여겨 '캠필로박터 파일로리'라고 명명했으나, 미세 구조가 캠필로박터와 차이가 있고 유전자 분석에 따라 캠필로박터와 다른 집단임이 판명되어 헬리코박터 속이 신설되고 균의 명칭도 헬리코박터 파일로리로 변경되었다. 따라서 ⑤의 진술처럼 헬리코박터 파일로리는 캠필로박터와 다른 별개의 속에 속함을 알 수 있다.

| 풀이 포인트 |

사실적 사고 능력을 검증하는 문제로, 제시문에서 주어진 정보를 올바르게 파악하고 있는지 묻는 유형이다. 따라서 제시문의 주요 내용에 밑줄을 그으며 정리한 후 선택지의 내용과 대조해 선택지의 타당성 여부를 판별할 수 있어야 한다.

배경지식

헬리코박터 파일로리

인간의 위장 안벽에 감염되는 나선형 세균으로, 요소 분해 효소(Urease)를 생성하고 위염과 위 및 샘창자의 모든 소화 궤양병을 일으킨다. 이 세균에 감염되면 위염, 위궤양, 십이지장궤양, 위점막의 형성 이상, 위샘 암종, 위림프종 등이 발병할 수 있다. 항생제와 위산 억제제를 병행해 치료한다.

[06~08] 지문 분석

- **주제** : 단백질의 합성과 신호서열 이론
- **핵심 키워드** : 리보솜, 소포체, 골지체, 신호서열
- **글의 구조**
  - ▷ 1문단 : 세포 안 단백질이 기능에 따라 필요한 장소로 수송되어야 하는 이유
    - 세포 안의 구획이 없으면 구성물(단백질)이 마구 섞여 기능에 이상이 생길 수 있음
    - 각각의 단백질은 저마다의 기능에 따라 세포 내 소기관들, 세포질, 세포 외부나 세포막 중 필요한 장소로 수송되어야 함
  - ▷ 2문단 : 각각의 단백질들의 역할
    - 세포 외부로 분비된 단백질 : 다른 세포에 신호를 전달 역할
    - 세포막에 고정되어 위치하는 단백질 : 외부의 신호를 받아들이는 수용체 역할 또는 물질을 세포 내부로 받아들이는 통로 역할
    - 세포 내 소기관으로 수송되는 단백질 : 세포 내 소기관에서 수행되는 생화학 반응의 촉매 역할
    - 세포질에 존재하는 단백질 : 세포질에서 수행되는 생화학 반응의 촉매 역할
  - ▷ 3문단 : 리보솜에서 합성되는 단백질 / 단백질을 합성하는 리보솜
    - 리보솜이 두 장소(세포질·소포체)에서 단백질을 합성하는 것은 합성이 끝난 단백질을 그 기능에 따라 서로 다른 곳으로 보내야 하기 때문
    - 세포질에서 독립적으로 존재하는 리보솜에서 완성된 단백질은 세포질, 소기관으로 이동해 기능 수행
    - 소포체 위의 리보솜에서 합성이 끝난 단백질은 세포 밖으로 분비 또는 세포막에 위치 또는 소포체·골지체·리소솜(물리적으로 연결)으로 이동
    - 세포막에 고정되어 위치하거나 세포막을 뚫고 분비되는 단백질은 소포체와 골지체를 거쳐 소낭에 싸여 세포막 쪽으로 이동
  - ▷ 4문단 : 소포체 위의 리보솜에서 완성된 단백질
    - 소포체 위의 리보솜에서 완성된 단백질은 골지체로 이동해 추가 변형
    - 추가 변형 : 단백질에 탄수화물이나 지질 분자를 붙임으로써 아미노산만으로는 이루기 힘든 단백질의 독특한 기능 부여
    - 일부 소포체에서 기능하는 효소는 소포체 위의 리보솜에서 단백질 합성을 완료한 후 골지체로 이동해 변형된 후 소포체로 되돌아온 단백질
  - ▷ 5문단 : 단백질이 세포 내 자신의 위치로 수송되는 원리를 설명하는 신호서열 이론
    - 신호서열 : 단백질이 배송되어야 할 세포 내 위치를 나타내는 짧은 아미노산 서열
    - KDEL : 소포체 위의 리보솜에서 합성된 후 골지체를 거쳐 추가 변형 과정을 거친 다음 소포체로 되돌아오는 단백질이 가진 신호서열
    - NLS : 세포질에 독립적으로 존재하는 리보솜에서 합성되어 세포핵으로 들어가는 단백질이 가진 신호서열
    - NES : 세포핵 안에 존재하다가 세포질로 나오는 단백질이 가진 신호서열
    - MTS : 세포질에 독립적으로 존재하는 리보솜에서 만들어진 단백질을 미토콘드리아로 수송하기 위한 신호서열
  - ▷ 6문단 : 신호서열 이론을 증명하는 여러 실험
    - 단백질에 KDEL 신호서열을 인위적으로 붙이는 실험 : 단백질이 원래 있어야 할 곳 대신 소포체에 위치함 → KDEL은 소포체로의 단백질 수송을 결정하는 신호서열
    - 소포체에 부착한 리보솜에서 만들어진 어떤 단백질이 세포 밖으로 분비되는 것은 특정한 신호서열 때문인지 아니면 신호서열이 전혀 없기 때문인지 확인하는 실험 → 세포의 종류에 따라 각기 다름
    - 신호서열이 없는 단백질이 어떻게 특정 장소로 이동하는지 확인하는 실험 → 특정 장소로 수송하기 위한 신호서열을 가지고 있는 단백질과 결합

06 일치·불일치 　　　　　정답 ⑤

세 번째 문단에 따르면 미토콘드리아로 수송되는 단백질은 세포질에서 독립적으로 존재하는 리보솜에서 완성된 것이다. 또한 세포막에 위치하는 단백질은 소포체 위의 리보솜에서 합성된 것이다. 즉, 리보솜의 위치가 다르다. 따라서 리보솜의 위치가 같다는 ⑤의 진술은 제시문의 내용으로 적절하지 않다.

오답분석

① 두 번째 문단에 따르면 세포막에 고정되어 위치하는 단백질은 세포 외부의 신호·물질을 세포 내부로 받아들이는 수용체·통로 역할을 한다. 또한 세 번째 문단에 따르면 소포체 위의 리보솜에서 합성이 끝난 단백질은 세포 밖으로 분비되든지, 세포막에 위치하든지, 또는 세포 내 소기관들인 소포체·골지체·리소솜으로 이동하기도 한다. 따라서 세포막에서 수용체 역할을 하는 단백질은 소포체 위의 리보솜에서 합성된 것이라는 ①의 진술은 제시문의 내용으로 적절하다.

② 세 번째 문단에 따르면 세포질에서 독립적으로 존재하는 리보솜에서 완성된 단백질은 주로 세포질, 세포핵·미토콘드리아와 같은 세포 내 소기관으로 이동하여 기능을 수행한다. 따라서 세포질 안에서 사용되는 단백질은 세포질에 독립적으로 존재하는 리보솜에서 합성되었다는 ②의 진술은 제시문의 내용으로 적절하다.

③ 네 번째 문단에 따르면 소포체 위의 리보솜에서 완성된 단백질은 골지체로 이동해 추가로 변형되며, 다시 소포체로 돌아가 효소 기능을 한다. 또한 이러한 과정을 거쳐 소포체로 되돌아오는 단백질은 다섯 번째 문단에 따르면 KDEL 신호서열을 가지고 있다. 따라서 골지체에서 변형된 후 소포체로 돌아온 단백질은 소포체 위의 리보솜에서 합성된 것이라는 ③의 진술은 제시문의 내용으로 적절하다.

④ 세 번째 문단에 따르면 세포핵으로 수송되는 단백질은 세포질에서 독립적으로 존재하는 리보솜에서 완성된 것이며, 세포 밖으로 분비되는 단백질은 소포체 위의 리보솜에서 합성된 것이다. 따라서 이 두 가지 단백질이 다른 곳에 위치한 리보솜에서 합성된 것이라는 ④의 진술은 제시문의 내용으로 적절하다.

| 풀이 포인트 |

사실적 사고 능력을 검증하는 문제로, 제시문에 나타난 어떤 현상의 원리·과정을 정확히 파악해 차이점을 구분할 수 있는지 묻고 있다. 다만, 제시문에서 주어진 정보의 양이 많기 때문에 각각의 범주에 따른 특징을 잘 구분해야 선택지의 진위를 판별할 수 있다.

배경지식

리보솜

세포질 내에서 단백질과 RNA로 구성되어 있는 작은 알갱이 형태의 복합체로서, 1개의 세포 안에는 100만 ~ 1,000만 개의 리보솜이 존재할 만큼 그 크기가 작다. 리보솜은 mRNA의 정보에 따라 단백질을 합성하는 역할을 하며, 세포질 내에서 독립적으로 분포하거나 또는 소포체의 표면에 부착되어 있기도 한다.

07 추론하기

정답 ⑤

다섯 번째 문단에 따르면 신호서열은 단백질은 자기가 배송되어야 할 세포 내 위치를 나타내는 짧은 아미노산 서열을 뜻하며, NLS는 세포질에 독립적으로 존재하는 리보솜에서 합성되어 세포핵으로 들어가는 단백질이 가지고 있는 신호서열이고, NES는 반대로 세포핵 안에 존재하다가 세포질로 나오는 단백질이 가지고 있는 신호서열이다. 또한 세 번째 문단에 따르면 세포 밖으로 분비되는 단백질은 소포체 위의 리보솜에서 합성된 것이며, 여섯 번째 문단에 따르면 특정 장소로 가기 위한 신호서열을 가지고 있지 않은 단백질은 그러한 신호서열을 가지고 있는 다른 단백질과 결합함으로써 특정 장소로 이동할 수 있다. 그러므로 세포질에 독립적으로 존재하는 리보솜에서 합성된 단백질이 세포 밖으로 이동하려면 소포체 위의 리보솜에서 합성된 단백질과 결합해야 한다. 따라서 NLS와 NES를 모두 가졌으나 세포 외부에서 발견되는 단백질은 '세포질에 독립적으로 존재하는 리보솜에서 합성된 단백질'과 결

합했다는 ⑤의 진술은 타당하지 않으며, '소포체 위의 리보솜에서 합성된 단백질'과 결합한 것으로 볼 수 있다.

오답분석

① 다섯 번째 문단에 따르면 KDEL 신호서열은 소포체 위의 리보솜에서 합성된 후 골지체를 거쳐 추가 변형 과정을 거친 다음 소포체로 되돌아오는 단백질이 가지고 있는 신호서열이고, NLS는 세포질에 독립적으로 존재하는 리보솜에서 합성되어 세포핵으로 들어가는 단백질이 가지고 있는 신호서열이다. 따라서 KDEL은 '소포체 위의 리보솜 → 골지체 → 소포체'라는 이동 경로를, NLS는 '세포질에서 독립적으로 존재하는 리보솜 → 세포핵'이라는 이동 경로를 기록한 신호로 이해할 수 있다. KDEL 신호서열을 가진 단백질이 NLS를 가지려면 NLS를 가진 단백질을 만나 결합해야 하는데, 단백질을 합성하는 리보솜의 장소와 이동 경로가 다르기 때문에 KDEL 신호서열을 가지고 있는 단백질은 NLS가 없을 것이다.

② 네 번째 문단에 따르면 일부 소포체에서 기능하는 효소는 소포체 위의 리보솜에서 단백질 합성을 완료한 후 골지체로 이동하여 변형된 다음 소포체로 되돌아온 단백질이다. 또한 다섯 번째 문단에 따르면 KDEL 신호서열은 소포체 위의 리보솜에서 합성된 후 골지체를 거쳐 추가 변형 과정을 거친 다음 소포체로 되돌아오는 단백질이 가지고 있는 신호서열이다. 따라서 KDEL 신호서열을 가지고 있는 소포체로 최종 수송된 단백질은 골지체에서 변형을 거쳤을 것이라는 ②의 진술은 타당하다.

③ 다섯 번째 문단에 따르면 NLS는 세포질에 독립적으로 존재하는 리보솜에서 합성되어 세포핵으로 들어가는 단백질이 가지고 있는 신호서열이다. 또한 여섯 번째 문단에 따르면 세포 내 특정 장소로 가기 위한 신호서열을 가지고 있지 않은 단백질은 이러한 신호서열을 가지고 있는 다른 단백질과 결합하여 신호서열이 지정하는 특정 장소로 이동할 수 있다. 따라서 NLS가 없는 세포핵 안에 존재하는 단백질은 NLS가 있는 다른 단백질과 결합해 세포핵 안으로 수송되었을 것이라는 ③의 진술은 타당하다.

④ NES는 NLS와 반대로 세포핵 안에 존재하다가 세포질로 나오는 단백질이 가지고 있는 신호서열이다. 즉, NES는 '세포핵 → 세포질'이라는 이동 경로를, NLS는 '세포질 → 세포핵'이라는 이동 경로를 기록한 신호이다. 또한 여섯 번째 문단에 따르면 특정 신호서열을 가지고 있지 않은 단백질은 그 신호서열을 가지고 있는 다른 단백질과 결합함으로써 신호서열이 지정하는 특정 장소로 이동할 수 있다. 그러므로 NLS를 가지고 있어 세포핵으로 이동한 단백질은 NES를 가지고 있는 다른 단백질과 결합하면 세포질로 이동할 수 있다. 따라서 NES가 없는 단백질이 세포핵에서 NES가 있는 단백질과 결합하면 세포핵 밖으로(= 세포질로) 나갈 수 있다는 ④의 진술은 타당하다.

PART 1

DAY 01

DAY 02

DAY 03

DAY 04

DAY 05

DAY 06

DAY 07

DAY 08

DAY 09

DAY 10

08 비판하기 　　　　정답 ③

㉮ 다섯 번째 문단에 따르면 KDEL 신호서열은 소포체 위의 리보솜에서 합성된 후 골지체를 거쳐 추가 변형 과정을 거친 다음 소포체로 되돌아오는 단백질이 가지고 있는 신호서열이다. 즉, KDEL은 '소포체 위의 리보솜 → 골지체 → 소포체'라는 이동 경로를 기록한 신호이다. 또한 여섯 번째 문단에 따르면 ㉠의 실험 결과에 의해 KDEL은 소포체로의 단백질 수송을 결정하는 신호서열이라는 결론에 도달했다. 따라서 KDEL 신호서열을 인위적으로 제거한 단백질은 소포체로 이동하지 않는다는 실험 결과는 KDEL은 소포체로의 단백질 수송을 결정하는 신호서열이라는 결론을 입증할 수 있다.

㉯ 다섯 번째 문단에 따르면 MTS는 세포질에 독립적으로 존재하는 리보솜에서 만들어진 단백질을 미토콘드리아로 수송하기 위한 신호서열이다. 즉, MTS는 '세포질에 독립적으로 존재하는 리보솜 → 미토콘드리아'라는 이동 경로를 기록한 신호이다. 또한 여섯 번째 문단에 따르면 ㉢의 실험 결과에 의해 특정 장소로 수송하기 위한 신호서열을 가지고 있는 단백질과의 결합을 통해 신호서열이 지정하는 특정 장소로 이동할 수 있다는 결론에 도달했다. 따라서 MTS가 없는 단백질이 MTS가 있는 단백질과 결합해 미토콘드리아에서 발견된다는 실험 결과는 특정 신호서열이 없어도 그 신호서열을 가진 다른 단백질과 결합하면 신호서열이 지정하는 장소로 이동할 수 있다는 결론을 입증할 수 있다.

[오답분석]

㉰ 다섯 번째 문단에 따르면 NLS는 '세포질에 독립적으로 존재하는 리보솜'에서 합성되어 세포핵으로 들어가는 단백질이 가지고 있는 신호서열이다. 즉, NLS는 '세포질에 독립적으로 존재하는 리보솜 → 세포핵'이라는 이동 경로를 기록한 신호이다. 또한 여섯 번째 문단에 따르면 '소포체에 부착한 리보솜'에서 만들어진 단백질이 세포 밖으로 분비되는 것은 세포 밖으로 이동하라는 명령을 담은 신호서

열 때문인지 아니면 신호서열이 전혀 없기 때문인지 확인하는 ㉡의 실험 결과에 의해 세포의 종류에 따라 각기 다르다는 결론에 도달했다. 즉, 어떤 세포는 신호서열이 있기 때문에, 또 다른 어떤 세포는 신호서열이 하나도 없기 때문에 소포체에 부착된 리보솜에서 만들어진 어떤 단백질이 세포 밖으로 이동한다는 것이다. 그러므로 NLS는 '세포질에 독립적으로 존재하는 리보솜'에서 합성되어 세포핵으로 이동하는 단백질이 가진 신호서열이라는 점에서 '소포체에 부착한 리보솜'과 관련한 ㉡의 결론을 강화한다고 보기 어렵다. 한편 ㉴의 실험은 단백질에서 NLS 신호서열을 제거해 아무런 신호서열을 갖지 않게 하면 그 단백질은 세포 밖으로 이동한다는 것이므로, 세포에 따라 신호서열이 있기 때문일 수도 있고 신호서열이 전혀 없기 때문일 수도 있다는 ㉡의 결론을 강화한다고 볼 수 없다.

PART 1

DAY 01
DAY 02
DAY 03
DAY 04
DAY 05
DAY 06
DAY 07
DAY 08
DAY 09
DAY 10

[09] 지문 분석

- 주제 : 동물이 계절별로 주로 사용하는 에너지원
- 핵심 키워드 : 젖산, 트리글리세리드, 장내 미생물군
- 글의 구조
  ▷ 1문단 : 동물의 에너지원으로 주로 사용되는 탄수화물과 지방
    - 탄수화물을 에너지원으로 많이 사용 → 혈중 젖산 농도 증가
    - 지방을 에너지원으로 많이 사용 → 혈중 트리글리세리드(TG) 농도 증가
  ▷ 2문단 : 곰의 계절별 주요 에너지원에 대한 두 건의 연구
    - 장내 미생물군의 구성 비율은 미생물군이 에너지원으로 사용하는 물질이 얼마나 있는지에 따라 변함
    - 탄수화물 증가 → 탄수화물을 주로 사용하는 미생물군 증가 → 혈액에 젖산 증가
    - 지방 증가 → 지방을 주로 사용하는 미생물군 증가 → 혈액에 TG 증가
  ▷ 3문단 : 곰을 대상으로 한 첫 번째 연구
    - 여름과 겨울에 곰의 혈중 물질의 농도 분석 → TG는 겨울＞여름, 젖산은 여름＞겨울
    - 곰이 에너지원으로 주로 사용하는 물질의 종류는 여름과 겨울에 다르다는 결론
  ▷ 4문단 : 무균 쥐를 대상으로 한 두 번째 실험
    - 무균 쥐는 고지방 음식을 섭취해도 혈중 TG 농도 50μM(Micromolar) 유지
    - 그룹 1 : 곰의 여름철 배설물 이식 → 고지방 급식 → TG 농도 70μM(이식 전보다 20μM 증가)
    - 그룹 2 : 곰의 겨울철 배설물 이식 → 고지방 급식 → TG 농도 110μM(이식 전보다 60μM 증가)
    - 곰의 배설물에 있는 장내 미생물이 쥐의 혈중 TG 농도를 높인다는 결론(그룹 1과 2 모두 곰의 배설물 이식 전보다 TG 농도 증가)

09 추론하기   정답 ②

두 번째 문단에 따르면 체내 환경에서 지방이 많아지면 지방을 주로 사용하는 미생물군의 비율이 증가하고, 이 미생물군들의 작용으로 트리글리세리드(TG)가 개체의 혈액에 추가로 제공되므로 혈중 평균 TG 농도가 높아진다. 또한 세 번째 문단에 따르면 곰의 혈중 TG 농도는 겨울이 여름보다 높다. 따라서 겨울에는 곰의 체내 환경에서 지방이 많아지는 것이고, ⓒ의 진술처럼 지방을 주된 에너지원으로 사용하는 미생물군의 비율은 여름보다 겨울에 높아지게 된다고 추론할 수 있다.

오답분석

㉠ 첫 번째 문단에 따르면 탄수화물을 에너지원으로 많이 사용하면 혈중 젖산 농도가 증가하고, 지방을 에너지원으로 많이 사용하면 혈중 트리글리세리드(TG) 농도가 증가한다. 또한 세 번째 문단에 따르면 곰의 혈중 평균 TG 농도는 겨울이 여름보다 높고, 혈중 평균 젖산 농도는 여름이 겨울보다 높다. 따라서 곰은 에너지원으로 여름에는 지방을, 겨울보다 여름에는 지탄수화물을 더 많이 사용함을 추론할 수 있다.

ⓒ 첫 번째와 두 번째 문단을 도식적으로 정리하면 '동물이 탄수화물을 에너지원으로 많이 사용 → 체내 탄수화물 증가 → 탄수화물을 주로 사용하는 미생물군 비율 증가 → 미생물군의 작용으로 혈중 젖산 농도 증가'가 이루어진다. 또한 세 번째 문단에 따르면 곰의 혈중 평균 젖산 농도는 여름이 겨울보다 높다. 즉, 여름에 곰의 혈중 평균 젖산 농도가 높은 근본적 원인은 여름에는 곰이 주로 탄수화물을 에너지원으로 사용하기 때문이다. 따라서 ⓒ의 진술처럼 여름에 곰으로부터 채취한 배설물을 무균 쥐에게 이식하면 곰의 배설물에 보존되어 있던 탄수화물을 주로 사용하는 미생물군이 쥐에게 옮겨가게 되고, 이러한 미생물군의 작용으로 젖산이 쥐의 혈액에 추가로 제공되어 혈중 젖산 농도가 증가할 것이라고 추론할 수 있다.

| 풀이 포인트 |

추리적 사고 능력을 검증하는 문제로, 제시문에서 주어진 정보를 근거로 선택지의 추론이 타당한지를 판별할 수 있는지 묻고 있다. 따라서 선택지를 읽은 후에 제시문에서 선택지의 추론의 타당성을 분간할 수 있는 내용을 확인해 대조해야 한다.

배경지식

장내 미생물군

소장에서 특정한 미생물만을 채취하기 어렵기 때문에 장내 미생물 연구는 주로 대장에서 채취한 배설물 속의 미생물을 관찰함으로써 이루어지는 경우가 많다. 장내에는 수천 종의 세균, 바이러스, 곰팡이 등 다양한 미생물이 서식한다. 이러한 장내 미생물의 구성은 유전적인 영향과 식문화의 차이 때문에 민족마다 다르다. 또한 장내 미생물 수는 인체의 세포 수보다 많다.

01	02	03	04	05	06	07	08		
①	④	②	④	③	④	④	②		

---

[01] 지문 분석

- 주제 : 식물 생태계에 부정적 영향을 줄 수 있는 대형 포유류의 감소
- 핵심 키워드 : 식물 생태계, 씨앗 포식, 발아율
- 글의 구조
  ▷ 1문단 : 씨앗 포식의 정도를 알려주는 지표로서의 발아율
    − 대형 포유류의 감소 → 식물과 동물의 상호작용 감소 → 식물 생태계에 부정적 영향
    − 식물 이외의 생물에 의한 씨앗 포식은 식물 생태계 유지에 중요한 상호작용
    − 포식 : 동물이 씨앗을 먹는 행위, 씨앗의 일부를 갉아먹는 행위, 진균류에 의한 감염
    − 씨앗 포식은 발아율을 결정하는 주된 원인 → 발아율은 씨앗 포식의 정도를 알려주는 지표
  ▷ 2문단 : 한 과학자의 실험 결과(1그룹 ~ 6그룹)
    − 1그룹 : 모든 생물 접근 가능
    − 2그룹 : 대형 포유류 접근 불가능
    − 3그룹 : 대형·소형 포유류 접근 불가능
    − 4그룹 : 대형·소형 포유류, 곤충 접근 불가능
    − 5그룹 : 대형·소형 포유류, 진균류 접근 불가능
    − 6그룹 : 모든 생물 접근 불가능
    − 실험 결과 1(포유류에 의한 씨앗 포식량) : 1그룹은 25%, 2그룹은 7%
    − 실험 결과 2(발아율) : 1 ~ 5그룹 차이가 없음, 6그룹은 현저히 낮음

01　세부 내용의 이해　　　정답 ①

첫 번째 문단에 따르면 씨앗 포식은 발아율을 결정하는 주된 원인이므로 발아율은 씨앗 포식의 정도를 알려주는 지표이다. 그리고 두 번째 문단에 따르면 그룹별로 씨앗 포식자 통제 조건과 발아율은 다음의 표와 같다.

그룹	접근 가능 포식자 (접근 불가능 포식자)	발아율
1	대형·소형 포유류, 곤충, 진균류 (없음)	차이 없음
2	소형 포유류, 곤충, 진균류 (대형 포유류)	
3	곤충, 진균류 (대형 포유류, 소형 포유류)	
4	진균류 (대형 포유류, 소형 포유류, 곤충)	
5	곤충 (대형 포유류, 소형 포유류, 진균류)	
6	없음 (대형·소형 포유류, 곤충, 진균류)	현저히 낮음

이때 1그룹 ~ 5그룹에서 발아율의 차이가 없다는 것은 씨앗 포식자의 종류가 변하여도 씨앗 포식의 절대량이 거의 변하지 않는 것으로 해석할 수 있다. 예를 들어 3그룹과 4그룹을 비교하면 그룹 4에서는 곤충을 씨앗 포식자에서 제외했는데 발아율에 차이가 없다고 했으므로 곤충이 씨앗 포식자에 제외된 만큼 진균류가 씨앗을 포식한 정도가 증가해 전체 씨앗 포식량에는 변화가 없는 것이다. 따라서 한 종류의 씨앗 포식자가 사라지면 남은 씨앗 포식자의 씨앗 포식량이 증가하여 전체 씨앗 포식량은 변화하지 않는다는 ①의 진술은 적절하다.

오답분석

② 두 번째 문단에 따르면 1그룹 ~ 5그룹에서는 씨앗 포식자의 종류가 각각 다르며, 발아율은 1 ~ 5그룹 사이에서 차이가 없었다. 즉, 제외된 포식자의 씨앗 포식량 만큼 남아 있는 포식자의 씨앗 포식량이 증가해야 전체 포식량이 일정하게 되는 것이다. ②의 진술처럼 '남은 씨앗 포식자의 씨앗 포식량이 변화하지 않는다'면 포식자의 종류가 줄어들수록 발아율 또한 감소해야 하는데, 이는 발아율에 차이가 없었다는 실험 결과와 배치된다.

③ 두 번째 문단에 따르면 1그룹에서는 대형·소형 포유류가, 2그룹에서는 소형 포유류가 씨앗에 접근할 수 있으며, 3 ~ 5그룹에서는 대형·소형 포유류는 씨앗에 접근할 수 없다. 또한 발아율은 1 ~ 5그룹 사이에서 차이가 없었다. 즉, 씨앗 포식자 종류에서 포유류를 제외해도 전체 포식량에 변화가 없었다. 만일 ③의 진술처럼 '씨앗 포식자 중 포유류가 사라지면 남은 씨앗 포식자의 씨앗 포식량이 변화한다'면 포유류를 씨앗 포식자에서 제외한 3 ~ 5그룹의 발아율에 차이가 없는 결과를 설명할 수 없게 된다.

④ 두 번째 문단에 따르면 1그룹은 2그룹에 비해 접근 가능한 씨앗 포식자가 1종이 더 있다(대형 포유류). 그러나 제시된 본문의 내용만으로는 2그룹보다 씨앗 포식자의 종류

가 늘어난 1 그룹의 경우에 소형 포유류, 곤충, 진균류 등의 기존 포식자의 씨앗 포식량이 변화하는지 알 수 없다. 반례로 1그룹과 2그룹에서 소형 포유류가 차지하는 씨앗 포식량이 7%씩이었다면 소형 포유류의 씨앗 포식량에는 변화가 없는 것이다.

⑤ 두 번째 문단에 따르면 1그룹 ~ 5 그룹은 씨앗 포식자가 1종 이상 있으며, 6그룹은 씨앗 포식자를 모두 제외했다. 이때 씨앗 포식자가 있는 1그룹 ~ 5 그룹에 비해 6그룹의 경우에 발아율은 현저히 낮았다.

| 풀이 포인트 |

사실적 사고 능력을 검증하는 문제로, 제시문에 나타난 대상들을 정확히 비교할 수 있는지를 묻고 있다. 따라서 제시문에 주어진 정보에서 차이점이 무엇인지 이해하고, 상관관계를 파악해 선택지의 타당성 여부를 검증할 수 있어야 한다.

[02~04] 지문 분석

• 주제 : 차량 주위의 영상을 운전자에게 제공하는 장치의 영상 제작 과정의 원리
• 핵심 키워드 : 내부 변수로 인한 상의 왜곡, 외부 변수로 인한 상의 왜곡, 시점 변환
• 글의 구조
  ▷ 1문단 : 운전자에게 차량 주위의 상황을 영상으로 제공하는 장치 소개
    − 주차하거나 좁은 길을 지날 때 운전자를 돕는 장치
    − 차량 전후좌우에 장착된 카메라로 영상 촬영 → 차량 주위 360°의 상황을 위에서 내려다본 것 같은 영상을 운전자에게 제공
  ▷ 2문단 : 촬영 단계에서 발생하는 왜곡의 원인과 왜곡에 대한 보정
    − 영상 제작 1단계 : 차량 주위 바닥에 바둑판 모양의 격자판을 펴 놓고 광각 카메라로 촬영할 때 광각 카메라 렌즈 고유의 곡률로 인해 렌즈에 의한 상의 왜곡 발생 → 내부 변수(상의 왜곡에 영향을 주는 카메라 자체의 특징)를 안다면 왜곡 모델을 설정해 왜곡 보정
    − 영상 제작 2단계 : 카메라의 기울어짐으로 인해 외부 변수 의한 상의 왜곡 발생 → 촬영된 영상과 실세계 격자판을 비교해 카메라의 기울어진 각도를 알아내 왜곡 보정
  ▷ 3문단 : 보정이 완료된 영상에 시점 변환 적용이 필요한 이유
    − 영상 제작 3단계 : 보정 완료 후 영상의 점들에 대응하는 3차원 실세계의 점들을 추정해 이로부터 원근 효과가 제거된 영상을 얻는 시점 변환이 필요함

    − 시점 변환이 필요한 이유 : 시점 변환으로 원근 효과를 제거하면 위에서 내려다보는 시점의 영상에서 거리에 따른 물체의 크기 변화를 없앨 수 있기 때문
  ▷ 4문단 : 각 방향의 영상을 합성해 최종 영상 제작
    − 왜곡이 보정된 영상에서의 몇 개의 점과 그에 대응하는 실세계 격자판의 점들의 위치를 앎 → 영상의 모든 점들과 격자판의 점들 간의 대응 관계를 가상의 좌표계를 이용해 기술 가능
    − 이 대응 관계를 이용해서 영상의 점들을 격자의 모양과 격자 간의 상대적인 크기가 실세계에서와 동일하게 유지되도록 한 평면에 놓으면 위에서 내려다보는 시점의 2차원 영상이 나타남
    − 영상 제작 3단계 : 위와 같은 방법으로 구한 각 방향의 영상을 합성해 차량 주위를 위에서 내려다본 것 같은 최종 영상을 제작

02 일치 · 불일치 [정답] ④

두 번째 문단에 따르면 영상이 중심부는 볼록하고 중심부에서 멀수록 더 휘어지는 현상을 렌즈에 의한 상의 왜곡 현상이라 하며, 이러한 왜곡에 영향을 주는 카메라 자체의 특징을 내부 변수라 한다. 내부 변수를 알 수 있다면 왜곡 모델을 설정하여 왜곡을 보정할 수 있다. 따라서 ④의 진술처럼 영상이 중심부로부터 멀수록 크게 휘는 현상은 왜곡 모델을 설정해 보정할 수 있다.

오답분석

① 첫 번째 문단에 따르면 운전자를 돕는 장치들 중에는 전후좌우에 장착된 카메라로 촬영한 영상을 이용해 차량 주위 360°의 상황을 위에서 내려다본 것 같은 영상을 만들어 운전자에게 제공하는 장치가 있다. 또한 네 번째 문단에 따르면 왜곡이 보정된 영상의 모든 점들과 격자판의 점들 간의 대응 관계를 이용해 영상의 점들을 격자의 모양과 격자 간의 상대적인 크기가 실세계에서와 동일하게 유지되도록 한 평면에 놓으면 위에서 내려다보는 시점의 2차원 영상으로 나타나는데, 이와 같은 방법으로 구한 각 방향의 영상을 합성하면 차량 주위를 위에서 내려다본 것 같은 최종 영상이 만들어진다. 따라서 차량 주위를 위에서 내려다본 것 같은 영상은 ①의 진술과 달리 차량 전후좌우에 장착된 카메라들로 촬영한 각 방향의 영상들을 보정하고 2차원화한 다음 합성해 제작됨을 알 수 있다.

② 두 번째 문단에 따르면 카메라의 기울어짐 등으로 인해 발생하는 왜곡의 원인을 외부 변수라 하며, 외부 변수로 인한 왜곡은 촬영된 영상과 실세계 격자판을 비교하여 카메라의 기울어진 각도 등을 알아내 보정할 수 있다. 또한 ②에서 언급한 '카메라 자체의 특징을 알 수 있으면 해결'할 수 있는 왜곡은 내부 변수로 인한 왜곡, 즉 광각 카메라 렌즈 고유의 곡률로 인한 렌즈에 의한 상의 왜곡이다.

③ 두 번째 문단부터 네 번째 문단의 내용에 나타난 영상 제작 단계를 도식화하면 '영상을 촬영 → 변수들로 인한 왜

곡을 보정 → 보정된 영상에 시점 변환 적용 → 하나의 평면에 2차원화 → 이러한 방법으로 구한 각 방향의 영상을 합성 → 차량 주위를 위에서 내려다본 것 같은 최종 영상 완성'으로 정리할 수 있다. 따라서 영상을 보정한 다음에 합성하는 것이므로 ③에서 합성한 후 보정한다는 진술은 선후 관계가 옳지 않다.

⑤ 세 번째 문단과 네 번째 문단의 내용을 종합하면 ⑤에서 언급한 '위에서 내려다보는 시점의 영상'은 내부·외부 변수로 인한 왜곡을 보정한 영상에 시점 변환을 적용한 후에 영상의 점들과 격자판의 점들 사이의 대응 관계를 가상의 좌표계를 이용해 기술한 2차원 영상이며, 세 번째 문단의 내용처럼 '카메라가 3차원 실세계를 2차원 영상으로 투영'한 시점의 영상이다. 따라서 이러한 영상에 있는 점들은 ⑤의 진술과 달리 2차원 좌표로 표시됨을 알 수 있다.

| 풀이 포인트 |
사실적 사고 능력을 검증하는 문제로, 제시문에 주어진 내용을 바르게 파악하고 있는지 묻고 있다. 따라서 선택지 내용의 옳고 그름을 가려낼 수 있는 근거를 제시문에서 찾아 대조해야 한다. 이를 위해 제시문을 독해할 때 각 문단의 주요 내용에 밑줄을 그어 간략히 요약해 두면 선택지와 관련한 내용이 제시문의 어느 부분에 있는지 신속하게 확인할 수 있다.

배경지식

렌즈에 의한 상의 왜곡

렌즈 표면이나 굴절 상에 이상이 있을 때 렌즈 투영 중심에 의한 상이 초점에서 정확하게 맺히지 않는 것을 렌즈 왜곡이라 한다. 이러한 렌즈에 의한 상의 왜곡 결과로 인해 피사체와 상과의 기하학적 상사 관계가 이루어지지 않으며 정확도에 영향을 끼치게 된다. 일반적으로 상이 왜곡되는 정도는 렌즈의 중심부에서 주변부로 갈수록 커지는데, 다만 왜곡이 완전히 없는 광학 렌즈를 사용한 카메라도 있다.

03 세부 내용의 이해　　　　정답 ②

두 번째 문단에 따르면 ㉠은 내부·외부 변수로 인해 왜곡이 발생한 영상으로서 아직 보정이 이루어지기 전의 촬영된 그대로의 원본 영상이며, ㉡은 왜곡 모델이나 실세계 격자판과의 비교를 통해 내부·외부 변수로 인한 왜곡을 보정한 영상이다. 또한 세 번째 문단에 따르면 왜곡 보정이 끝나면 원근 효과(＝카메라가 3차원 실세계를 2차원 영상으로 투영하면 크기가 동일한 물체라도 카메라로부터 멀리 있을수록 더 작게 나타나는 현상)를 제거하기 위해 시점 변환이 필요하다. 그러므로 ㉠과 ㉡은 시점 변환을 하기 이전 단계의 영상으로서, 원근 효과가 제거되지 않은 영상이다. 따라서 ②의 진술처럼 ㉠과 ㉡에서는 렌즈와 격자판 사이의 거리가 멀어질수록 격자판이 작아 보일 것이다.

오답분석

① 두 번째 문단에 따르면 ㉠에서 광각 카메라는 큰 시야각을 갖고 있어 사각지대가 줄지만 빛이 렌즈의 고유의 곡률로 인해 영상이 중심부는 볼록하고 중심부에서 멀수록 더 휘어지는 렌즈에 의한 상의 왜곡이 발생하며, ㉡은 왜곡 모델을 설정하여 ㉠에서 발생한 왜곡을 보정한 영상이다. 그러나 ①에서 언급한 '광각 카메라를 이용하여 확보한 시야각', 즉 카메라의 렌즈로 볼 수 있는 범위가 작아지는 것과는 무관하다.

③ 두 번째 문단에 따르면 왜곡 모델을 설정하여 ㉠에서 발생한 내부 변수로 인한 상의 왜곡을 보정한 영상이 ㉡이므로 ㉡은 왜곡이 보정된 이후의 영상임을 알 수 있다. 그런데 영상의 중심부는 볼록하고 중심부에서 멀수록 더 휘어지는 왜곡에 영향을 주는 카메라 자체의 특징인 렌즈 고유의 곡률 변화로 생긴 휘어짐은 광각 카메라의 렌즈 그 자체의 문제이지 렌즈와 격자판 사이의 거리에 따른 것이 아니다. 따라서 ㉡에서는 렌즈와 격자판 사이의 거리에 따른 렌즈의 곡률 변화로 생긴 휘어짐이 보정되었을 것이라는 ③의 진술은 적절하지 않다.

④ 두 번째 문단에 따르면 촬영된 영상과 실세계 격자판을 비교해 영상에서 격자판이 회전한 각도나 격자판의 위치 변화를 통해 카메라의 기울어진 각도 등을 알아내어 카메라의 기울어짐 등의 외부 변수로 인한 왜곡을 보정한 영상이 ㉡이다. 또한 네 번째 문단에 따르면 ㉢은 ㉡에서의 몇 개의 점과 그에 대응하는 실세계 격자판의 점들의 위치를 알고 있다는 가정 아래 ㉡에서 점들을 격자의 모양과 격자 간의 상대적인 크기가 실세계에서와 동일하게 유지되도록 한 평면에 놓아 나타낸 2차원 영상이다. 그러므로 ㉢은 ㉡과 실세계 격자판을 비교해 격자판의 위치 변화를 보정한 것이라는 ④의 진술은 적절하다. 그러나 카메라의 기울어짐에 의한 왜곡의 보정은 ㉢의 전 단계인 ㉡에서 이루어진 것이므로 ㉢은 카메라의 기울어짐에 의한 왜곡을 바로 잡은 것이라는 ④의 진술은 적절하지 않다.

⑤ 두 번째 문단에 따르면 ㉡은 내부 변수로 인한 왜곡을 왜곡 모델을 설정해 보정한 영상이다. 또한 ⑤의 진술에서 언급한 '격자판의 윗부분으로 갈수록 격자 크기가 더 작아 보이는 것', 즉 원근 효과는 렌즈 고유의 곡률로 인해 영상이 중심부는 볼록하고 중심부에서 멀수록 더 휘어지는 렌즈에 의한 상의 왜곡 때문이 아니며, 세 번째 문단에 따르면 원근 효과는 카메라가 3차원 실세계를 2차원 영상으로 투영하면 크기가 동일한 물체라도 카메라로부터 멀리 있을수록 더 작게 나타나기 때문에 발생한다. 또한 네 번째 문단에 따르면 ㉢은 ㉡에서의 영상의 점들을 격자의 모양과 격자 간의 상대적인 크기가 실세계에서와 동일하게 유지되도록 한 평면에 놓은 2차원 영상이다. 따라서 ⑤에서 언급한 '렌즈에 의한 상의 왜곡'은 ㉢이 아니라 ㉢보다 전 단계인 ㉡에서 이미 보정된 것이며, '격자판의 윗부분으로 갈수록 격자 크기가 더 작아 보이는 것'은 '렌즈에 의한 상의 왜곡' 때문이 아니라 카메라가 3차원 실세계를 2차원 영상으로 투영하는 과정에서 발생한 것이다.

PART 1

DAY 01
DAY 02
DAY 03
DAY 04
DAY 05
DAY 06
DAY 07
DAY 08
DAY 09
DAY 10

04 추론하기 　　　정답 ④

세 번째와 네 번째 문단을 종합해보면 왜곡 보정이 끝난 영상은 영상의 모든 점들과 격자판의 점들 간의 대응 관계를 가상의 좌표계를 이용해 시점 변환을 하기 전의 영상이므로 원근 효과는 그대로 남아 있으므로 동일한 물체라도 카메라로부터 멀리 있을수록 더 작게 나타난다. 그런데 시점 변환 과정을 거쳐 원근 효과를 제거한 위에서 내려다보는 시점의 영상은 거리에 따른 물체의 크기 변화가 없기 때문에 물체의 상대적인 크기가 실세계에서와 동일하게 나타난다. 그리고 보기에 제시된 그림은 차량 전방 부분만을 보여 준 것이라고 했으므로 앞쪽 카메라로 촬영한 앞부분의 영상이고 차량의 실제 위치는 영상의 뒤쪽이다. 보기의 그림은 차량의 운전자에게 제공된, 즉 왜곡을 보정하고 시점 변환을 통해 원근 효과를 제거한 영상 중에서 차량이 향하고 있는 전진 방향, 즉 앞쪽 카메라로 촬영한 영상을 위에서 내려다보는 시점으로 나타낸 것이고, 전진 방향을 감안하면 A가 B보다 카메라로부터 멀리 있으므로 A는 B보다 크기의 왜곡이 더 컸음을 알 수 있다. 따라서 ④의 진술처럼 B에 대한 A의 상대적 크기가 가상의 좌표계를 이용하여 시점을 변환하기 전보다 더 크게 보정되었다고 추론할 수 있다.

[오답분석]

① 세 번째 문단에 따르면 내부·외부 변수로 인한 왜곡 보정이 완료되면 영상의 점들에 대응하는 3차원 실세계의 점들을 추정해 이로부터 원근 효과를 제거한 영상을 얻는 시점 변환이 필요하다. 이러한 시점 변환이 필요한 이유는 카메라가 3차원 실세계를 2차원 영상으로 투영하면 크기가 같은 물체라도 카메라로부터 멀리 있을수록 더 작게 나타나는데, 운전자에게 제공하는 위에서 내려다보는 시점의 영상에서는 거리에 따른 물체의 크기 변화가 없어야 하기 때문이다. 그런데 원근 효과를 제거한 보기의 영상에서 직사각형으로 나타낸 C는 윗변이 아랫변보다 카메라로부터 더 멀리 있다. 그러므로 원근 효과가 제거되기 전의 영상에서 C는 카메라로부터 멀리 있을수록 더 작게 나타나는 원근 효과에 의해 ①의 진술과 달리 윗변이 아랫변보다 짧은 사다리꼴 모양이라고 추론할 수 있다.

② 세 번째 문단에 따르면 왜곡 보정이 끝난 영상에 시점 변환 적용하면 원근 효과가 제거된 영상을 얻을 수 있다. 이를 뒤집어 말하면 시점 변환 전의 영상은 원근 효과를 제거하지 전의 영상이다. 그리고 보기의 영상은 운전자에게 제공하기 위해 왜곡 보정과 원근 효과 제거를 완료한 영상

이다. 그런데 보기의 D는 C보다 카메라에 더 가까이 있으므로 ②의 진술과 달리 D는 C보다 더 큰 크기로 영상의 더 아래쪽에 위치한다고 추론할 수 있다.

③ 세 번째와 네 번째 문단에 따르면 왜곡 보정이 끝나면 영상의 점들에 대응하는 3차원 실세계의 점들을 추정해 이로부터 원근 효과가 제거된 영상을 얻는 시점 변환이 필요하며, 왜곡이 보정된 영상에서의 몇 개의 점과 그에 대응하는 실세계 격자판의 점들의 위치를 알면 영상의 모든 점들과 격자판의 점들 간의 대응 관계를 가상의 좌표계를 이용해 기술할 수 있다. 그러므로 보기의 A와 B는 왜곡이 보정된 영상에서의 몇몇 점들과 그 점들에 대응하는 실세계 격자판의 점들의 위치를 알아내 영상의 모든 점들과 격자판의 점들 간의 대응 관계를 좌표계를 이용해 기술한 것이다. 즉, 원근 효과를 제거하기 전의 영상에서 p와 q에 대응하는 점들과 실세계 격자판에서 그 점들에 대응했던 점들 사이의 대응 관계를 이용한 것이다. 이때 보기의 바닥에 그려진 네 개의 도형의 크기는 상대적으로 멀리 있는 부분을 확대함으로써 이루어지는 원근 효과 제거 단계를 거치므로 ③의 진술과 달리 유지되지 않는다고 추론할 수 있다.

⑤ 세 번째와 네 번째 문단에 따르면 왜곡 보정이 끝나면 영상의 점들에 대응하는 3차원 실세계의 점들을 추정해 이로부터 원근 효과가 제거된 영상을 얻는 시점 변환이 필요하며, 왜곡이 보정된 영상의 모든 점들과 격자판의 점들 간의 대응 관계를 이용해서 영상의 점들을 격자의 모양과 격자 간의 상대적인 크기가 실세계에서와 동일하게 유지되도록 한 평면에 놓으면 위에서 내려다보는 시점의 2차원 영상이 된다. 이러한 방법으로 구한 각 방향의 영상을 합성하면 차량 주위를 위에서 내려다본 것 같은 영상이 만들어진다. 따라서 'p가 A 위의 한 점이라면 A는 p에 대응하는 실세계의 점이 시점 변환을 통해 선으로 나타난 것'이라는 ⑤의 진술과 달리 원근 효과를 제거하기 전의 영상에서 p를 포함하고 있던 특정한 선이 시점 변환을 거쳐 원근 효과를 제거한 크기로 나타난 것이라고 추론할 수 있다.

[05] 지문 분석

- 주제 : 헨리 고리의 오줌 농축 방식
- 핵심 키워드 : 신장 수질, 헨리 고리, RMT(Relative Medulla Thickness)
- 글의 구조
  - ▷ 1문단 : 헨리 고리의 오줌 농축 방식에 대한 가설 1
    - 오줌을 생산하는 포유류 신장의 능력은 헨리 고리와 관련 있다.
    - 가설 1 : '헨리 고리의 길이가 길수록 더 농축된 오줌을 생산한다'
    - 몸의 크기↑ → 체중↑, 신장의 크기↑ → 헨리 고리의 길이↑
    - 가설 1의 문제 : 큰 포유류보다 더 농축된 오줌을 생산하는 작은 포유류의 존재
  - ▷ 2문단 : 헨리 고리의 오줌 농축 방식에 대한 가설 2
    - 가설 1의 문제를 해결하기 위한 가설 2 : '헨리 고리의 상대적인 길이가 길수록 오줌의 농도가 높다'
    - 헨리 고리의 길이와 수질의 두께는 비례
    - 크기가 다른 포유류로부터 얻은 자료의 비교를 위해 RMT 제시
    - RMT(상대적인 수질의 두께) : 수질의 두께를 몸의 크기로 나눈 값
  - ▷ 3문단 : 헨리 고리의 오줌 농축 방식에 대한 가설 3
    - 추가 연구 결과 : 유형 A의 헨리 고리가 유형 B보다 오줌 농축 능력이 뛰어남
    - 가설 3 : '헨리 고리 중 유형 B가 차지하는 비중이 작을수록 더 농축된 오줌을 만들어낸다'
  - ▷ 4문단 : 다른 환경에 사는 다양한 크기의 동물들에 대한 과학자들의 측정
    - 오줌 농축↑ → 어는점↓
    - 체중, RMT, 헨리 고리 중 유형 B가 차지하는 비중, 오줌의 어는점 등의 측정 결과

05 비판하기 　　　　정답 ③

㉮ 첫 번째 문단에 따르면 포유류 동물은 몸의 크기가 클수록 체중이 무겁고 신장이 더 커서 헨리 고리의 길이가 길며, ㉠의 가설을 정리하면 체중이 무거울수록 헨리 고리의 길이가 길어져 오줌이 더욱 농축된다는 것이다. 또한 네 번째 문단에 따르면 오줌은 농축될수록 어는점이 더 낮아진다. 그러므로 ㉠의 가설에 따르면 네 번째 문단의 측정 결과에서 제시된 것처럼 돼지는 개보다 무거우므로 돼지의 오줌은 개의 오줌보다 농도가 높기 때문에 어는점이 낮아야 한다. 이는 개의 오줌의 어는점(−4.85℃)이 돼지(−2℃)보다 낮은 결과와 배치된다. 한편, 측정 결과에서 개의 오줌의 어는점은 돼지보다 낮기 때문에 개의 오줌의 농도가 돼지보다 높아야 한다. 그런데 개의 몸무게는 돼지보다 가볍다. 이때 ㉠의 가설이 옳다면 개가 돼지보다 무거워야 하는데, 이는 '돼지 120kg, 개 20kg'이라는 측정 결과와 배치된다. 따라서 돼지와 개의 제중과 오줌의 어는점 측정 결과는 ㉠을 약화한다.

㉯ 네 번째 문단에 제시된 측정 결과에서 개와 캥거루쥐를 비교하면 상대적인 수질의 두께(RMT)는 '개(4.3)<캥거루쥐(8.5)', 오줌의 어는점은 '개(−4.85℃)>캥거루쥐(−10.4℃)'이다. 또한 두 번째 문단에서 ㉡의 가설을 정리하면 헨리 고리의 상대적 길이가 길수록 RMT 값이 높고 오줌 농도가 높다는 것이다. 이러한 ㉡의 가설에 따르면 캥거루쥐의 RMT가 개보다 높으므로 캥거루쥐는 개보다 오줌의 농도는 높고 어는점은 낮아야 한다. 이는 측정 결과에 배치되지 않으므로 개와 캥거루쥐의 RMT와 오줌의 어는점 측정 결과는 ㉡을 약화하지 않는다.

오답분석

㉢ 네 번째 문단에 제시된 측정 결과에서 돼지와 캥거루쥐를 비교하면 유형 B의 비중(R)은 '돼지(97%)>캥거루쥐(73%)', 오줌의 어는점은 '돼지(−2℃)>캥거루쥐(−10.4℃)'이다. 또한 세 번째 문단에서 ㉢의 가설을 정리하면 R이 작을수록 오줌 농도가 높기 때문에 오줌의 어는점이 낮다는 것이다. 이는 이는 측정 결과에 배치되지 않으므로 돼지와 캥거루쥐의 R과 오줌의 어는점 측정 결과는 ㉢을 약화하지 않는다.

▌풀이 포인트▐

비판적 사고 능력을 검증하는 문제로, 제시문에 나타난 정보를 분석해 제기된 가설이나 주장의 타당성을 판별할 수 있는지 묻고 있다. 따라서 주어진 정보를 정확히 파악한 후에 그 정보가 제기된 가설을 강화·약화시킬 수 있는지 또는 무관한지 판단해야 한다. 이때 주요 개념 사이의 상관관계를 혼동하지 않도록 도식화해서 이해할 수 있다. 예컨대 '헨리 고리의 상대적 길이↑ → RMT 값↑ → 오줌의 농도↑ → 오줌의 어는점↓'으로 간략하게 정리한다.

배경지식

헨리 고리(Henle's Loop)

신장 수질(髓質) 내의 세뇨관에 존재하는 고라 모양의 조직으로 콩팥 세관고리를 뜻하며, 오줌의 농축과 희석에 관여한다. 헨리 고리는 오줌을 삼투압으로 충분히 여과할 시간을 확보하기 위해 얽히고설킨 모양으로 구불구불하게 접혀 있기 때문에 길이가 매우 길다. 특히 사막처럼 건조한 지역에 서식하는 동물들은 헨리 고리가 매우 발달해 있다고 한다. 한편 국립국어원에서 제시한 '헨리 고리'의 바른 외래어 표기는 '헨레 고리'이다. 이는 '헨레 고리'를 발견한 독일의 병리학자인 헨레(Friedrich G. J. Henle)의 이름에서 따온 것이다.

PART 1

DAY 01
DAY 02
DAY 03
DAY 04
DAY 05
DAY 06
DAY 07
DAY 08
DAY 09
DAY 10

[06~08] 지문 분석

- **주제** : 데이터 세트에서 유용한 패턴을 찾아내는 원리
- **핵심 키워드** : 데이터 세트, 클러스터링, 분할법, 계층법, K−민즈 클러스터링, 전체 최적해
- **글의 구조**
  ▷ 1문단 : 기계학습에 이용되는 데이터 세트
  - 기계학습 : 대규모 데이터 속에 숨어 있는 유용한 패턴을 찾아내기 위한 기술
  - 데이터 세트(기계학습을 위한 입력 자료)를 분석해 유용한 정보 추출
  - 데이터 세트의 행 : 개체에 대한 구체적인 정보를 저장
  - 데이터 세트의 열 : 개체의 특성(범주형, 수치형)을 기록
  ▷ 2문단 : 기계학습 기법의 하나인 클러스터링의 원리
  - 클러스터링 : 데이터의 특성에 따라 유사한 개체들을 (거리 개념에 기초해) 묶는 기법
  - 클러스터링은 분할법과 계층법으로 나뉨(분할법·계층법은 거리 개념에 기초함)
  - 두 개체 사이의 거리 : n차원으로 표현된 공간에서 두 개체를 점으로 표시할 때 두 점 사이의 직선거리
  - 특성들의 단위가 서로 다르면 특성 값을 정규화(0과 1 사이의 값으로 변환)해야 함
  - 범주형 특성에 거리 개념을 적용하려면 이를 수치형 특성으로 변환해야 함
  ▷ 3문단 : 분할법의 원리
  - 분할법 : 전체 데이터 개체를 사전에 정한 개수의 클러스터로 구분(분할) → 클러스터에 속한 개체들의 좌표 평균을 계산해 클러스터 중심점을 구함
  - 고전적인 분할법인 K−민즈 클러스터링의 알고리즘 진행 과정 : 1) 초기화 → 2) 거리 계산 및 배정(클러스터 구성) → 3) 클러스터의 중심점을 다시 구함 → 4) 중심점(= 좌표 평균)의 변화가 없을 때까지 2) ~ 3)을 반복
  - 분할법에서는 개체와 중심점과의 거리를 계산해 클러스터에 개체를 배정 → 인접한(=특성이 유사한) 두 개체가 상이한 클러스터에 배정될 수 있음
  ▷ 4문단 : K−민즈 클러스터링의 결과에 대한 평가 (분할법의 문제점)
  - 품질 지표 : 클러스터링의 수행 결과를 평가하는 지표
  - K−민즈 클러스터링의 품질 지표 : 개체와 해당 클러스터의 중심점 간 거리의 평균
  - 전체 최적해 : 중심점의 개수(K)가 정해졌을 때 개체와 해당 중심점 간 거리의 평균을 최소화하는 것(=품질 지표를 최소화하는 해)

- K−민즈 클러스터링에서 전체 최적해는 확정적으로 보장되지 않음 → 서로 다른 초기화를 시작으로 클러스터링 알고리즘을 반복한 결과 중에 좋은 해를 찾는 방법 사용
- K−민즈 클러스터링 알고리즘의 한계 : K(클러스터의 개수=중심점의 개수)를 미리 정해야 함 → K가 커질수록 각 개체와 해당 중심점 간 거리의 평균은 감소 → 클러스터링의 목적에 부합하는 유용한 결과라고 보기 어려움
- 작은 수의 K로 알고리즘을 시작해 클러스터링 결과를 구한 후 K를 점차 증가시키면서 유의미한 품질 향상이 있는지 확인하는 방법 사용
▷ 5문단 : 계층법의 특징
- 계층법의 장점 : 클러스터 개수를 사전에 정하지 않음 → 모든 개체가 하나로 묶일 때까지 추상화 수준을 높이는 상향식으로 계통도 산출 → 개체들 간에 위계 관계가 있는 경우에 효과적으로 적용
- 계통도의 수평선을 상하로 이동하면 클러스터링의 추상화 수준 변경 가능(수평선을 위로 이동 → 추상화 수준↑)

06   일치·불일치   정답 ④

다섯 번째 문단에 따르면 계층법은 클러스터 개수를 사전에 정하지 않는 기법으로, 모든 개체가 하나로 묶일 때까지 추상화 수준을 높여가는 상향식으로 알고리즘이 진행되어 계통도를 산출한다.

오답분석

① 두 번째 문단에 따르면 데이터의 특성에 따라 유사한 개체들을 묶는 기법인 클러스터링은 분할법과 계층법으로 나뉘며, 세 번째 문단에 따르면 분할법은 전체 데이터 개체를 사전에 정한 개수의 클러스터로 구분하는 기법이다. 또한 다섯 번째 문단에 따르면 계층법은 개체들을 거리가 가까운 것들부터 차근차근 집단으로 묶어서 모든 개체가 하나로 묶일 때까지 추상화 수준을 높여가는 상향식으로 알고리즘을 진행해 계통도를 산출하며, 계통도에서 수평선을 아래위로 이동해 가면서 클러스터링의 추상화 수준을 변경할 수 있다. 즉, 분할법에서는 사전에 정한 개수의 클러스터가 생성되며(클러스터의 개수가 반드시 1개인 것은 아님), 계층법에서는 클러스터링을 통해 최종적으로 하나의 클러스터를 생성하게 되는 것이다. 따라서 클러스터링은 한 개의 클러스터를 생성하는 기법이라는 ①의 진술은 제시문과 일치하지 않는다.

② 세 번째 문단에 따르면 전통적인 분할법인 K-민즈 클러스터링의 첫 과정은 사전에 K개로 정한 클러스터 중심점을 임의의 위치에 배치하여 초기화하는 것이다. 또한 네 번째 문단에 따르면 초기화를 어떻게 하는가에 따라 클러스터링 결과가 달라질 수 있으며, 좋은 결과를 찾는 데 실패할 수도 있다. 따라서 분할법에서는 정확한 계산을 통해 초기 중심점을 찾아낸다는 ②의 진술은 제시문과 일치하지 않는다.

③ 세 번째 문단에 따르면 분할법은 전체 데이터 개체를 사전에 정한 개수의 클러스터로 구분하는 기법이다. 이때 분할법에서는 클러스터의 개수를 사전에 정한다는 것은 추상화 수준이 클러스터링 전에 정해진다는 뜻이며, 클러스터링 과정이 진행되어도 추상화 수준에는 변경이 없음을 알 수 있다. 그러므로 분할법은 하향식도, 상향식도 아니다. 따라서 분할법은 하향식 클러스터링 기법이라는 ③의 진술은 제시문과 일치하지 않는다. 또한 세 번째 문단에 따르면 분할법에서 모든 개체는 생성된 클러스터 가운데 어느 하나에 속한다. 따라서 분할법에서는 하나의 개체가 여러 클러스터에 중복돼 속할 수 있다는 ③의 진술은 제시문과 일치하지 않는다.

⑤ 다섯 번째 문단에 따르면 계층법에서는 개체들을 거리가 가까운 것들부터 차근차근 집단으로 묶어서 모든 개체가 하나로 묶일 때까지 추상화 수준을 높여가는 상향식으로 알고리즘이 진행되어 계통도를 산출하며, 계통도에서 수평선을 아래위로 이동해 가면서 클러스터링의 추상화 수준을 변경할 수 있다. 그러므로 계통도에서 수평선을 아래로 이동시키면 추상화 수준이 낮아질 것이다. 따라서 수평선을 아래로 내릴 경우 추상화 수준이 높아진다는 ⑤의 진술은 제시문과 일치하지 않는다.

| 풀이 포인트 |

사실적 사고 능력을 검증하는 문제로, 선택지의 내용이 제시문에 나타난 정보와 일치하는지 파악할 수 있는가를 묻고 있다. 따라서 선택지의 내용과 관련해 제시문에 주어진 세부 정보를 확인해 일치 또는 불일치 여부를 판별해야 한다.

배경지식

클러스터링(Clustering)
유사성 등의 개념을 바탕으로 데이터를 몇 개의 그룹으로 분류하는 집단화 기법을 통틀어 이르는 말이다. 문헌 검색, 패턴 인식, 경영 과학 등에 폭넓게 응용된다.

07 추론하기

정답 ④

세 번째 문단에 따르면 K-민즈 클러스터링은 개체들을 K개의 클러스터로 구분하는 기법으로, K는 사전에 정해진다. 또한 네 번째 문단에 따르면 K-민즈 클러스터링에서 K가 정해졌을 때 개체와 해당 중심점 간 거리의 평균을 최소화하는 전체 최적해는 확정적으로 보장되지 않으며, 전체 최적해를 얻을 확률을 높이기 위해 서로 다른 초기화를 시작으로 클러스터링 알고리즘을 여러 번 수행하여 나온 결과 중에 좋은 해를 찾는 방법이 흔히 사용된다. 따라서 ④의 진술과 달리 초기화를 다르게 하면서 알고리즘을 여러 번 수행하더라도 전체 최적해를 도출할 수 있다고 보장하지 못한다.

오답분석

① 세 번째 문단에 따르면 K-민즈 클러스터링과 같은 분할법에서는 개체와 중심점과의 거리를 계산해 클러스터에 개체를 배정하기 때문에 두 개체가 인접해 있더라도 가장 가까운 중심점이 서로 다르면 두 개체는 상이한 클러스터에 배정된다. 따라서 특성이 유사한 두 개체가 서로 다른 클러스터에 배치될 수 있다는 ①의 진술은 K-민즈 클러스터링에 대한 추론으로 적절하다.

② 네 번째 문단에 따르면 클러스터링이 잘 수행되었는지 확인하려면 클러스터링 결과를 평가하는 품질 지표가 필요하며, K-민즈 클러스터링의 품질 지표는 개체와 그 개체가 해당하는 클러스터의 중심점 간 거리의 평균이다. 또한 알고리즘의 첫 번째 단계인 초기화를 어떻게 하느냐에 따라 클러스터링 결과가 달라질 수 있으며, 경우에 따라 좋은 결과를 찾는 데 실패할 수도 있다. 따라서 ②의 진술처럼 초기 중심점의 배치 위치에 따라 클러스터링의 품질이 달라질 수 있다.

③ 네 번째 문단에 따르면 K-민즈 클러스터링의 경우 품질 지표는 개체와 그 개체가 해당하는 클러스터의 중심점 간 거리의 평균이며, K가 커질수록 각 개체와 해당 중심점 간 거리의 평균은 감소한다. 이를 통해 K가 작아질수록 개체와 그 개체가 해당하는 중심점 간 거리의 평균(=품질 지표)은 증가하게 된다고 이해할 수 있다. 따라서 클러스터 개수를 감소시키면 클러스터링 결과의 품질 지표 값은 증가한다는 ③의 진술은 K-민즈 클러스터링에 대한 추론으로 적절하다.

⑤ 세 번째 문단에 나타난 K-민즈 클러스터링 알고리즘의 네 번째 과정을 도식화하면 '1) 미리 K개로 정한 클러스터 중심점을 임의의 위치에 배치(초기화) → 2) 각 개체에 대해 K개의 중심점과의 거리 계산 및 가장 가까운 중심점에 해당 개체 배정(클러스터 구성) → 3) 클러스터별로 개체들의 좌표 평균 계산 및 클러스터의 중심점 다시 구하기 → 4) 2)와 3)을 반복해 변화가 없는 상태(=중심점의 변화 없음) 도달 및 알고리즘'이다. 즉, 해가 수렴해 중심점의 이동이 없을 때까지 2)와 3)의 과정을 반복하는 것이다. 따라서 K를 정해 알고리즘을 진행하면 각 클러스터의 중심점은 고정된 점에 도달한다는 ⑤의 진술은 K-민즈 클러스터링에 대한 추론으로 적절하다.

PART 1

DAY 01

DAY 02

DAY 03

DAY 04

DAY 05

DAY 06

DAY 07

DAY 08

DAY 09

DAY 10

| 풀이 포인트 |

추리적 사고 능력을 검증하는 문제로, 제시문에 나타난 원리·과정·개념에 대한 이해를 바탕으로 선택지의 추론이 타당한지를 판단할 수 있는지 묻고 있다. 따라서 선택지와 관련한 제시문의 정보 중에서 선택지의 추론을 뒷받침하거나 선택지가 틀렸음을 판단할 수 있는 근거를 찾아 대조해야 한다. 이때 제시문을 독해할 때 주요 개념의 원리, 특징(장·단점), 한계 등에 밑줄을 그으며 확인해 두면 문제 풀이 속도를 높일 수 있다.

배경지식

최적해(最適解)
일반적으로 조건을 충족하는 해 중에서 목적 함숫값(＝독립 변수의 값에 대응하는 종속 변수의 값)을 최소 또는 최대로 만드는 값을 뜻한다.

08 세부 내용의 이해 정답 ②

보기에 따르면 ○○기업은 전체 시장을 세분화하기 위해 고객 특성의 유사성을 기준으로 고객을 클러스터링할 수 있는 기계학습 기법을 도입하려고 한다. 또한 다섯 번째 문단에 따르면 계층법은 개체들을 거리가 가까운 것들부터 차근차근 집단으로 묶어서 모든 개체가 하나로 묶일 때까지 추상화 수준을 높여가는 상향식으로 알고리즘이 진행되어 계통도를 산출하므로 개체들 간에 위계 관계가 있는 경우에 효과적으로 적용된다. 즉, 계층법에서 계통도가 산출되는 과정은 '특성을 세분화'라는 ②의 진술과 달리 객체 특성을 기준으로 개체들을 상향식으로 묶어 수렴해가는 과정이며, 개체들 간에 위계 관계가 있을 때는 계층법이 효과적임을 알 수 있다. 따라서 고객 특성은 세분화 과정을 통해 계통도로 표현 가능하다는 ②의 진술은 적절하지 않다. 또한 보기에서 언급한 '고객의 거주지, 성별, 나이, 소득 수준 등 인구통계학적인 정보와 라이프 스타일에 관한 정보' 등은 위계 관계가 있지 않으므로 계층법이 효과적인 기법이라고 말하기 어렵다.

오답분석

① 보기에서 제시된 고객 정보 중에서 거주지, 성별, 라이프 스타일 등은 수치형이 아니라 범주형에 속한다. 또한 두 번째 문단에 따르면 범주형 특성에 거리 개념을 적용하려면 이를 수치형 특성으로 변환해야 한다. 따라서 ①의 진술처럼 수치형이 아닌 고객 정보는 특성의 유형 변환이 요구된다.

③ 세 번째 문단에 따르면 분할법은 전체 데이터 개체를 사전에 정한 개수의 클러스터로 구분하는 기법이며, 전통적인 분할법인 K-민즈 클러스터링의 알고리리즘의 첫 번째 과정은 사전에 K개로 정한 클러스터 중심점을 임의의 위치에 배치하여 초기화하는 것이다. 또한 보기에 따르면 ○○기업은 전체 시장을 세분화하기 위해 특성이 유사한 고

객을 묶는 클러스터링 도입을 검토 중이므로 각 클러스터가 곧 특정 시장이 될 것이다. 따라서 보기의 ○○기업이 K-민즈 클러스터링 알고리즘을 실행하려면 ③의 진술처럼 세분화할 시장의 개수, 즉 K를 먼저 정해야 할 것이다.

④ 두 번째 문단에 따르면 분할법과 계층법 등의 클러스터링 기법은 거리 개념에 기초하고 있으며, 거리를 계산할 때 특성들의 단위가 서로 다를 경우에는 특성 값을 정규화(0과 1 사이의 값으로 변환)할 필요가 있다. 따라서 보기에서 나이와 소득 수준의 경우처럼 단위가 다른 특성을 기준으로 시장을 세분화할 때는 ④의 진술처럼 정규화가 필요할 것이다.

⑤ 네 번째 문단에 따르면 극단적으로 모든 개체를 클러스터로 구분할 경우 개체가 곧 중심점이므로 이들 사이의 거리의 평균값은 0으로 최소화된다. 즉, 보기의 ○○기업이 모든 고객을 별도의 세분화된 시장들로 구분해 일대일 마케팅을 하는 것은 모든 개체를 클러스터로 구분(클러스터의 개수＝고객의 개수)한 경우에 해당한다. 1명의 고객(개체)이 클러스터의 중심점이 되어 하나의 클러스터를 이루는 것이다. 따라서 이 경우에는 ⑤의 진술처럼 K-민즈 클러스터링의 품질 지표 값은 0으로 최소화될 것이다.

| 풀이 포인트 |

사실적 사고 능력을 검증하는 문제로, 제시문에 나타난 개념·원리 등의 세부 정보를 정확하게 파악하고 있으며, 이를 보기의 사례에 올바르게 적용할 수 있는지 묻고 있다. 따라서 제시문의 정보 중에서 선택지의 내용과 관련한 개념·원리와 개념을 확인한 다음 각각의 선택지가 적절한지 판별해야 한다.

배경지식

K-민즈 클러스터링
K는 묶을 클러스터(군집)의 개수를, 민즈(Means)는 평균을 의미한다. 즉 각각의 군집의 평균을 활용해 K개의 군집으로 묶는다는 뜻이다. 이때 평균은 각 클러스터의 중심점과 데이터들 사이의 평균 거리를 가리킨다.

01	02	03	04	05	06	07	08	09
②	④	②	④	②	④	④	⑤	③

[01~04] 지문 분석

• **주제** : 3D 합성 영상 구현을 위한 모델링과 렌더링의 특징
• **핵심 키워드** : 모델링, 렌더링, GPU
• **글의 구조**
  ▷ 1문단 : 3D 합성 영상의 생성, 출력을 위해 필요한 모델링과 렌더링
  ▷ 2문단 : 모델링의 정의와 특징
    − 모델링의 정의
    − 모양과 크기를 설정할 때 주로 3개의 정점으로 형성되는 삼각형을 활용
    − 정점들의 개수는 물체가 변형되어도 변하지 않으며, 간격이 변하거나 위치만 이동함(상대적 위치 변화 없음)
    − 물체 표면을 구성하는 각 삼각형 면에는 고유의 색과 질감 등을 나타내는 표면 특성이 하나씩 지정됨
  ▷ 3문단 : 렌더링의 정의와 특징
    − 렌더링의 정의
    − 화솟값을 지정함으로써 물체의 원근감을 구현
    − 모든 화소의 화솟값이 결정되면 하나의 프레임이 생성됨 → 정지 영상 완성
  ▷ 4문단 : 동영상의 작동 원리
    − 모델링과 렌더링을 반복해 생성된 프레임들을 순서대로 표시 → 동영상 구현
    − 정점의 개수가 많을수록, 화소의 수가 많을수록 연산 시간이 길어짐 → CPU의 수행 시간이 길어지고, CPU의 그래픽 처리 능력을 보완하기 위해 GPU 활용
    − GPU는 동일한 연산을 여러 번 수행하는 경우에 고속으로 출력 영상을 생성할 수 있음

---

01 일치 · 불일치   정답 ②

두 번째 문단에 따르면 모델링은 물체의 표면 특성 등과 관련된 고유의 값을 설정하거나 수정하는 단계이며, 물체 표면을 구성하는 각 삼각형 면에는 고유의 색과 질감 등을 나타내는 표면 특성이 하나씩 지정된다. 따라서 물체 고유의 표면 특성은 화솟값이 아니라 모델링으로 설정되는 삼각형의 면에 따라 결정된다.

오답분석
① 첫 번째 문단에 따르면 자연 영상은 실물을 촬영해 얻은 영상을 그대로 화면에 표시한 것이므로 자연 영상은 모델링과 렌더링 없이 생성됨을 알 수 있다.
③ 세 번째 문단에 따르면 물체를 어디에서 바라보는가를 나타내는 관찰 시점을 기준으로 2차원의 화면을 생성하는 것이 렌더링이며, 렌더링 단계에서 화솟값을 지정함으로써 물체의 원근감과 입체감을 구현한다.
④ 네 번째 문단에 따르면 해상도가 높아 출력 화소의 수가 많을수록 연산 양이 많아져 연산 시간이 길어진다.
⑤ 네 번째 문단에 따르면 컴퓨터의 CPU에 과도한 양의 데이터가 집중되면 미처 연산되지 못한 데이터가 차례를 기다리는 병목 현상이 생겨 프레임 완성에 오랜 시간이 걸린다.

| 풀이 포인트 |
사실적 사고 능력을 검증하는 문제로, 제시된 지문의 정보를 정확하게 이해하고 있는지 묻는 문제 중에서도 가장 기본적인 형태이다. 신속·정확하게 정답을 찾으려면 문제의 제시문과 선택지를 먼저 읽은 후에 지문에서 선택지와 관련한 내용을 파악해야 한다.

배경지식

3D 렌더링
3D 컴퓨터 그래픽스에서 만든 모델을 바탕으로 최종적으로 완성된 이미지를 생성하는 작업이다. 색과 질감을 입히고, 촬영 구도를 설정하며 음영 처리 과정을 거쳐 최종의 이미지를 구현한다.

02 일치·불일치 정답 ④

두 번째 문단에 따르면 작은 삼각형의 조합으로 이루어진 그물과 같은 형태로 물체 표면을 표현하는 방식으로 복잡한 굴곡이 있는 표면도 정밀하게 표현할 수 있다.

오답분석

① 직접적으로는 제시되지 않은 내용이다. 관찰 시점들을 순차적으로 저장하는 것은 동영상을 만드는 방식이다. 즉, 모델링이 아니라 3D 합성 영상에 대한 설명이다.
② 세 번째 문단에 따르면 렌더링은 관찰 시점을 기준으로 2차원의 화면을 생성하는 것이다. 따라서 ②는 렌더링을 설명하는 내용이다.
③ 두 번째 문단에 따르면 모델링 단계에서 물체 표면을 구성하는 각 삼각형 면에는 고유의 색과 질감 등을 나타내는 표면 특성이 하나씩 지정된다.
⑤ 세 번째 문단에 따르면 렌더링 단계에서 다른 물체에 가려지거나 조명에 의해 물체 표면에 생기는 명암, 그림자 등을 고려해 화솟값을 정함으로써 물체의 입체감을 구현한다. 따라서 ⑤는 모델링과는 관련이 없다.

| 풀이 포인트 |
사실적 사고 능력을 검증하는 문제로, 특정 개념과 관련한 세부 정보를 정확하게 이해하는지 묻고 있다. 따라서 질문의 대상이 되는 특정 용어, 개념 등을 정리할 수 있도록 제시문에서 그 용어, 개념 등을 설명하는 문단을 집중해 읽으며 필요한 내용을 파악한다.

03 추론하기 정답 ②

네 번째 문단에 따르면 GPU는 한 번의 연산에 쓰이는 데이터들을 순차적으로 각 코어에 전송한 후에 전체 코어에 하나의 연산 명령어를 전달하면 각 코어는 모든 데이터를 동시에 연산해 연산 시간이 짧아진다. 그런데 ②에서처럼 정점 위치를 구하기 위한 각 데이터의 연산을 하나씩 순서대로 처리하면 모든 데이터를 동시에 연산할 수 있는 GPU의 장점을 활용할 수 없기 때문에 다수의 코어가 작동하는 경우의 총 연산 시간과 1개의 코어만 작동하는 경우의 총 연산 시간이 같게 된다.

오답분석

① 네 번째 문단에 따르면 GPU는 한 번의 연산에 쓰이는 데이터들을 순차적으로 각 코어에 전송한다. 따라서 ①에서처럼 연산할 10개의 데이터를 10개의 코어에서 처리한다면 10개의 데이터를 순차적으로 전송하게 되므로 1개의 데이터를 1개의 코어에 전송하는 시간보다 길어진다.
③ 네 번째 문단에 따르면 GPU의 각 코어는 CPU의 코어보다 저속으로 연산한다. 따라서 ③에서처럼 GPU의 1개의 코어만 작동한다면 연산이 필요한 시간은 코어가 1개인 CPU의 경우보다 길다.

④ 네 번째 문단에 따르면 GPU가 한 번의 연산에 쓰이는 데이터들을 순차적으로 각 코어에 전송한 후에 전체 코어에 하나의 연산 명령어를 전달함으로써 각 코어는 모든 데이터를 동시에 연산해 연산 시간이 짧아진다. 따라서 ④에서처럼 10개의 연산을 10개의 코어에서 동시에 진행하려면 10개가 아니라 동일한 1개의 연산 명령어가 필요하다.
⑤ 네 번째 문단에 따르면 GPU의 각 코어는 모든 데이터를 동시에 연산하여 연산 시간이 짧아진다. 따라서 ⑤에서처럼 동일한 개수의 연산을 할 때 동시에 연산을 수행하는 코어의 개수가 많아진다면 총 연산 시간이 짧아진다.

| 풀이 포인트 |
추리적 사고 능력을 검증하는 문제로, 제시문에 나타난 정보들을 종합해 새로운 정보를 도출할 수 있는지 묻고 있다. 따라서 먼저 선택지를 읽은 후에 제시문의 문단에서 선택지 내용의 타당성을 검증할 수 있는 문장을 확인한다.

배경지식

코어(Core)
1비트의 정보를 기억하기 위해 사용하는 기억 소자(素子)를 뜻한다. 주로 자기(磁氣) 코어를 가리킨다.

04 추론하기 정답 ④

세 번째 문단에 따르면 렌더링 단계에서는 화면 안에서 동일 물체라도 멀리 있는 경우는 작게, 가까이 있는 경우는 크게 보이는 원리를 활용하여 화솟값을 지정함으로써 물체의 원근감을 구현한다. 따라서 장면 3에서처럼 '네모'와 풍선이 함께 날아올라 점점 멀어지는 것처럼 보이게 하려면 모델링 단계에서 화솟값만 작게 한다. 또는 장면 3에서 '풍선이 더 이상 커지지 않고 모양을 유지'한다고 했는데, 두 번째 문단에 따르면 물체가 커지거나 작아지는 경우에는 정점 사이의 간격이 넓어지거나 좁아진다. 따라서 장면 3은 풍선의 고유의 값인 크기가 변하지 않는 상태이므로 정점들이 간격을 유지하면서 이동한다. 즉, 정점들은 변함이 없다.

오답분석

① 세 번째 문단에 따르면 화소는 전체 화면을 잘게 나눈 점이며, 렌더링 단계의 화솟값은 정해진 개수의 화소로 화면을 표시하고 화소별로 밝기나 색상 등을 나타내는 것이다. 따라서 장면 1에서 풍선에 가려져 보이지 않는 입 부분의 삼각형들의 표면 특성은 화솟값을 구하는 데 사용되지 않는다. 즉, 보이지 않는 것은 화솟값을 구할 필요가 없는 것이다.
② 두 번째 문단에 따르면 모델링 단계에서 정점들의 개수는 물체가 변형되어도 변하지 않는다. 따라서 장면 2에서처럼 풍선이 커져 변형되어도 정점의 개수는 변하지 않는다.

③ 두 번째 문단에 따르면 모델링 단계에서 물체가 커지거나
작아지는 경우에는 정점 사이의 간격이 넓어지거나 좁아
진다. 따라서 장면 2에서처럼 풍선이 커진다면 정점 사이
의 거리도 멀어진다.

⑤ 세 번째 문단에 따르면 렌더링 단계에서 전체 화면을 잘게
나눈 점이 화소이며, 정해진 개수의 화소로 화면을 표시하
고 화소별로 밝기나 색상 등을 나타내는 화솟값이 부여된
다. 따라서 장면 3에서는 화소의 개수가 변하지 않는다.
또한 제시문에는 화소의 개수를 변하게 만드는 요인에 대
한 언급이 없다.

| 풀이 포인트 |

추리적 사고 능력을 검증하는 문제로, 제시문에 나타난
원리를 종합해 구체적 상황에 적용할 수 있는지 있는지
묻고 있다. 따라서 제시문 중에서 선택지 분석에 필요한
내용을 찾아내 선택지와 대조한다.

[05~06] 지문 분석

• 주제 : 강한 인공지능의 개념과 지극히 낮은 실현 가
능성
• 핵심 키워드 : 인공지능, 일반지능, 인공일반지능
• 글의 구조
  ▷ 1문단 : 인공지능에서의 강함과 약함의 의미 구분
    – '강한 인공지능'은 말의 의미를 이해하는 능력이
      있다.
    – '약한 인공지능'은 말의 의미를 이해하는 능력이
      없다.
  ▷ 2문단 : 전문적인 논의에서 강한 인공지능의 실현
    가능성은 거의 없다.
    – 인공지능은 말의 의미를 파악하지 못하므로 강
      한 인공지능이 실현될 가능성은 거의 없다.
  ▷ 3문단 : 강한 인공지능과 인공일반지능의 개념 구별
    – 일반지능은 하나의 인지 체계가 식별, 기억, 판
      단, 표현 등 온갖 종류의 지적 능력을 발휘하는
      것이다.
    – 인공지능의 목표 중 하나는 일반지능의 성격을
      갖춘 인공지능을 만드는 것이다.
    – '인공일반지능'은 일반지능을 갖춘 것처럼 보이
      는 인공지능을 뜻한다.
    – '인공일반지능'이 강한 인공지능이라고 생각하
      는 것은 옳지 않다.

05 일치·불일치 　　　　　　정답 ②

첫 번째 문단에 따르면 해낼 줄 아는 일이 별로 없더라도 말
(언어)의 의미를 이해하는 능력이 있으면 강한 인공지능이며,
다양한 종류의 과업을 훌륭하게 해낼 수 있어도 말의 의미를
이해하지 못한다면 약한 인공지능이다.

[오답분석]

① 두 번째 문단에 따르면 인공지능으로 작동하는 번역기는
문장을 다른 언어로 번듯하게 번역하더라도 번역기에 탑
재된 인공지능이 문장, 즉 말의 의미를 이해한다고 볼 수
없으므로 약한 인공지능이다.

③ 세 번째 문단에 따르면 식별, 기억, 판단, 표현 등 인간의
다양한 지적 능력, 즉 일반지능을 갖춘 것처럼 보이는 인
공지능을 인공일반지능이라고 부른다.

④ 첫 번째 문단에 따르면 말의 의미를 이해하는 능력이 없으
면 다양한 종류의 과업을 훌륭하게 해낸다고 해도 약한 인
공지능이다. 또한 강한 인공지능은 해낼 수 있는 과업이
별로 없어도 말의 의미를 이해한다면 강한 인공지능이다.
따라서 특정한 과업에서 약한 인공지능이 강한 인공지능
을 능가할 수 있는 것이다.

⑤ 첫 번째 문단에 따르면 '인공지능'이라는 명사를 수식하는
'강한'이라는 표현의 의미는 우리가 일반적으로 '강하다'
는 말을 사용할 때의 '강한'과 다르다.

| 풀이 포인트 |

사실적 사고 능력을 검증하는 문제로, 특정 개념의 특징
등 세부 정보를 정확하게 파악할 수 있는지 묻고 있다.
이런 유형의 문제는 대개 선택지의 진위 여부를 판단할
수 있는 근거 내용이 제시문 전체에 걸쳐 분산되어 있
다. 따라서 먼저 각 문단의 중심 내용을 요약한 이후에
선택지를 읽으면 관련 내용의 위치를 빠르게 찾을 수 있
어 문제 풀이에 효율적이다.

06 비판하기 　　　　　　정답 ④

ⓑ 제시문의 ㉠은 인공지능이 성능이 뛰어나다고 해도 말의
의미를 이해하지 못한다는 뜻이다. 그러나 ⓑ에서처럼 인
공지능이 말의 의미를 이해하지 못한다고 보는 것이 인간
중심적인 편견이라면, 즉 인공지능이 말의 의미를 이해한
다면 ㉠의 주장은 약화된다.

ⓒ ㉡은 일반지능을 실제로 갖춘 것과 갖춘 것처럼 보이는
것은 서로 다르기 때문에 인공지능이 일반지능을 갖춘 것
처럼 보인다고 해서 강한 인공지능이 될 수 없다는 뜻이
다. 그러나 ⓒ에서처럼 말의 의미를 이해하는 것과 이해하
는 것처럼 보이는 것이 전혀 구별될 수 없다면 ㉡의 주장
은 약화된다.

ⓐ ㉠은 인공지능이 성능이 뛰어나다고 해도 말의 의미를 이해하지 못한다는 뜻이다. 그러나 ⓐ에서처럼 인공지능이 인지적·감성적 이해 기능을 갖춘다면, 즉 ㉠의 정반대 사례가 발생한다면 ㉠의 주장은 약화된다.

| 풀이 포인트 |

비판적 사고 능력을 검증하는 문제로, 제시문에 나타난 논지를 강화·약화시킬 수 있는 구체적 사례를 제시해 논리적인 판단을 할 수 있는지 묻고 있다. 따라서 먼저 제시문의 논지에 대해 정확히 이해한 후에 선택지에 나타난 논지가 제시문의 논지를 강화 또는 약화시킬 수 있는지 검토해야 한다.

배경지식

인공지능

인공지능의 공학적 정의는 '문제를 해결하는 기능'이며, 인공지능 기술은 문제를 해결하기 위한 지능의 실제적 구현을 목표로 발전하고 있다. 이러한 인공지능은 크게 강한 인공지능과 약한 인공지능으로 구분된다. 강한 인공지능은 문제의 영역을 특정한 것으로 한정하지 않아도 어떤 문제든 해결할 수 있는 기술 수준을 말한다. 반대로 약한 인공지능은 특정 영역의 문제를 푸는 기술 수준이다. 일반적으로 공학자 등은 아직은 강한 인공지능을 실현하기 어렵다고 본다. 인공지능의 대표적인 사례로 꼽히는 '알파고'는 이길 수 있는 확률만 연산해 바둑을 두기 때문에 약한 인공지능으로 분류된다.

[07~09] 지문 분석

- 주제 : 암세포의 대사 과정과 발암의 원인
- 핵심 키워드 : 암세포, 바르부르크 효과, 해당작용, 산화적 인산화, 이화작용, 동화작용, 유산소 해당작용
- 글의 구조
  ▷ 1문단 : 암세포의 대사 과정에 대한 '바르부르크 효과'
    − 암세포는 '해당작용'을 주된 에너지 획득 기전으로 수행한다.
    − 암세포는 에너지 획득 방법인 '산화적 인산화'는 억제한다.
  ▷ 2문단 : 포도당이 ATP로 전환되는 원리(해당작용과 산화적 인산화)
    − 이화작용과 동화작용의 정의
    − 포도당은 세포 내부에서 해당작용과 산화적 인산화를 통해 작은 분자로 분해된다.

  − 포도당 1개의 에너지는 36개 또는 38개의 ATP로 전환됨. 이 가운데 2개의 ATP는 세포질에서 일어나는 해당작용을 통해, 나머지는 미토콘드리아에서 대부분 산화적 인산화를 통해 만들어진다.
  − 포도당 1개의 에너지는 36개 또는 38개의 ATP로 전환됨. 이 가운데 2개의 ATP는 세포질에서 일어나는 해당작용을 통해, 나머지는 미토콘드리아에서 대부분 산화적 인산화를 통해 만들어진다.
  ▷ 3문단 : 해당작용과 산화적 인산화가 수행되는 장소와 요구 조건
    − 해당작용에는 산소가 필요하지 않지만, 산화적 인산화에는 산소가 필수적이다.
    − 세포 내부의 산소 부족 → 해당작용만 진행 → 해당작용의 최종 산물인 피루브산이 젖산으로 바뀐다(＝젖산 발효).
    − 젖산 발효 과정은 해당작용에 필요한 조효소 NAD^+의 재생산을 위해 필수적이다. ← NAD^+로부터 해당작용의 생성물인 조효소 NADH가 생성되기 때문이다.
    − 해당작용에서 포도당 1개가 피루브산 2개로 분해될 때 NADH가 2개 생성된다.
  ▷ 4문단 : 유산소 해당작용(바르부르크 효과)에 에너지 생산을 대부분 의존하는 암세포
    − 바르부르크 효과는 산소가 있어도 해당작용을 산화적 인산화에 비해 선호하는 암세포 특이적 대사 과정인 '유산소 해당작용'이다.
    − 암세포가 악성 암세포로 변하면 산화적 인산화보다 해당작용에 대한 의존 증가 ← 약물 처리하면 그 반대로 된다.
    − 유산소 해당작용을 수행하는 암세포는 포도당 1개당 ATP 2개만을 생산해 효율이 떨어지는 해당작용에 에너지 생산을 대부분 의존한다.
  ▷ 5문단 : 바르부르크 효과와 발암의 원인
    − 바르부르크 효과의 원인 세 가지
    − 발암의 주원인(최근의 연구) : 발암 유전자의 활성화와 암 억제 유전자의 돌연변이
    − 바르부르크 효과는 암의 원인이라기보다는 돌연변이의 결과이다.

07 일치·불일치   정답 ④

다섯 번째 문단에 따르면 바르부르크 효과의 원인 중에 하나는 암세포의 빠른 성장 때문에 세포의 성장에 필요한 거대 분자를 동화작용을 통해 만들기 위해 해당작용의 중간 생성 물질을 동화작용의 재료로 사용하려고 해당작용에 집중한다고 되어있다.

PART 1

DAY 01
DAY 02
DAY 03
DAY 04
DAY 05
DAY 06
DAY 07
DAY 08
DAY 09
DAY 10

① 세 번째 문단에 따르면 조효소 NADH는 해당작용에 의한 생성물이며, 두 번째 문단에 따르면 대부분의 ATP는 미토콘드리아에서 산화적 인산화를 통해 만들어진다. 또한 세 번째 문단에 따르면 산화적 인산화를 통해 NADH 1개당 3개의 ATP를 만들 수 있다. 따라서 미토콘드리아에서 ATP가 될 때 NADH가 사용됨을 알 수 있다.

② 세 번째 문단에 따르면 NADH는 해당작용으로 생성되며, 산화적 인산화 과정에서 사용된다. 따라서 NADH는 해당 과정 중이 아니라 해당과정이 끝난 이후에 소비됨을 알 수 있다.

③ 세 번째 문단에 따르면 심폐 기능에 비해 과격한 운동을 해 세포 내부에 산소가 부족해지면 해당작용은 산소를 필요로 하지 않기 때문에 해당작용이 진행되어 해당작용의 최종 산물인 피루브산이 젖산으로 바뀌는 젖산 발효가 발생한다. 이때 해당작용에 필요한 조효소 NAD^+가 소모되어 NAD^+가 줄어들지만, 젖산 발효를 하는 세포는 NADH를 에너지가 낮은 상태인 NAD^+로 전환하므로 NAD^+는 다시 늘어난다.

⑤ 다섯 번째 문단에 따르면 바르부르크 효과는 암 억제 유전자의 돌연변이에 의한 결과로 발생하는 것이다.

| 풀이 포인트 |

사실적 사고 능력을 검증하는 문제로, 제시문에 언급된 정보와 내용을 정확하게 이해하고 있는지 묻고 있다. 이런 유형의 문제는 보통 제시문을 꼼꼼히 읽고 선택지와 대조하는 것이 바람직하다. 다만, 선택지의 진위 여부를 판단하기 위해 기초적인 수준의 추리가 필요한 경우도 있기 때문에 선택지의 내용이 제시문의 내용 중에 확연히 드러나 있지 않더라도 간단한 추리를 통해 도출할 수 있는 것인지 확인해야 한다.

배경지식

해당작용과 동화작용

• 해당작용 : '해당(解糖)'은 포도당을 분해한다는 뜻이며, 해당작용은 동물의 여러 조직에서 산소 없이 포도당을 분해해 에너지를 얻는 대사 과정을 뜻한다.

• 동화작용 : 외부에서 섭취한 에너지원을 자체의 고유한 성분으로 변화시키는 과정으로, 생물이 외부로부터 받아들인 저분자 유기물이나 무기물을 이용해 자신에게 필요한 고분자 화합물을 합성하는 작용을 뜻한다.

---

08 추론하기   정답 ⑤

네 번째 문단에 따르면 유산소 해당작용을 하는 암세포는 포도당 1개에서 2개의 ATP를 생산한다. 또 세 번째 문단에 따르면 정상세포의 산소가 있을 때 해당작용을 수행할 경우에는 포도당 1개에서 2개의 NADH가 생산된다.

① 세 번째 문단에 따르면 산화적 인산화를 통해 NADH 1개당 3개의 ATP를 만들 수 있으며, 두 번째 문단에 따르면 미토콘드리아에서 산화적 인산화를 통해 ATP가 만들어진다. 그러므로 미토콘드리아가 기능을 상실하면 NADH로부터 ATP를 만들지 못하게 된다.

② 네 번째 문단에 따르면 암세포는 산소가 있어도 해당작용을 산화적 인산화에 비해 선호하는 유산소 해당작용을 수행하며, 두 번째 문단에 따르면 해당작용만 진행되면 해당작용의 최종 산물인 피루브산이 젖산으로 바뀌는 젖산 발효가 일어난다. 또한 세 번째 문단에 따르면 젖산 발효를 하는 세포는 해당작용의 산물인 NADH를 NAD^+로 전환한다.

③ 두 번째 문단에 따르면 포도당 1개가 가지고 있는 에너지가 전부 ATP로 전환되면 36개 또는 38개의 ATP가 만들어지며, 세포질에서 일어나는 해당작용을 통해 만들어지는 2개의 ATP를 제외한 나머지 34개 또는 36개의 ATP는 미토콘드리아에서 산화적 인산화를 통해 만들어진다.

④ 두 번째 문단에 따르면 포도당 1개가 가지고 있는 에너지가 전부 ATP로 전환될 경우에 해당작용을 통해 세포질에서 만들어지는 ATP의 개수는 2개이다. 또한 세 번째 문단에 따르면 해당작용을 통해 포도당 1개가 2개의 피루브산으로 분해될 때 조효소 NADH 2개가 만들어지고, 산화적 인산화를 통해 NADH 1개당 3개씩 ATP를 만들 수 있다. 따라서 모두 8개의 ATP가 생산된다.

| 풀이 포인트 |

추리적 사고 능력을 검증하는 문제로, 제시문 전체에서 제시된 정보를 종합적으로 파악하고 있는지 묻고 있다. 선택지 하나의 진위 여부를 판단하기 위해 두 개 이상의 문단을 확인해야 하므로 문제의 선택지를 먼저 읽은 다음에 제시문에서 선택지와 관련한 내용에 밑줄을 그어 가며 자세히 대조해야 한다.

배경지식

산화적 인산화

무기 인산을 유기 화합물에 도입하여 유기 인산 에스테르를 만드는 생체 반응을 뜻한다. 세포의 산소 호흡에서 영양소를 산화하면서 생긴 에너지를 써서 ADP에서 ATP를 생성하며, 생체의 에너지 변환에서 매우 중요한 과정이다. 미토콘드리아에서 일어난다.

세 번째 문단에 따르면 산화적 인산화에는 산소가 필수적이지만 해당작용에는 산소가 필요하지 않다. 따라서 ③에서처럼 세포 내부의 산소가 감소할 경우에는 산화적 인산화보다는 해당작용에 대한 의존이 높아진다. 또한 네 번째 문단에 따르면 해당작용은 ATP 생산에 있어 산화적 인산화보다 비효율적이다. 첫 번째 문단의 내용처럼 해당작용으로는 포도당 1개로 ATP를 2개 생산할 뿐이지만, 산화적 인산화는 34개 또는 36개의 ATP를 생산할 수 있는 것이다. 따라서 ③에서처럼 세포 내부의 산소가 감소해도 산소가 감소하기 전과 동일한 양의 ATP를 생산하려면 더 많은 포도당이 필요하게 되므로 방사성 포도당 유도체의 축적이 늘어나게 된다.

오답분석

① 세 번째 문단에 따르면 세포 내부에 산소가 부족하면 산소가 필요하지 않은 해당작용만 진행되어 해당작용의 최종 산물인 피루브산이 젖산으로 바뀌는 젖산 발효가 일어난다. 따라서 ①에서처럼 피루브산이 젖산으로 전환되는 양이 늘어난 경우는 해당작용의 빈도가 증가한 것이다. 따라서 정상 세포의 경우보다 포도당을 더 많이 흡수하게 되므로 방사성 포도당 유도체의 축적은 늘어나게 된다.

② 세 번째 문단에 따르면 해당작용을 통해 포도당이 피루브산으로 분해된다. 따라서 ②에서처럼 포도당이 피루브산으로 전환되는 양이 줄었다는 것은 해당작용의 빈도가 감소했음을 뜻한다. 그러므로 정상 세포의 경우보다 포도당을 더 적게 흡수하게 되어 방사성 포도당 유도체의 축적은 감소하게 된다.

④ 네 번째 문단에 따르면 유산소 해당작용을 수행하는 암세포는 포도당 1개당 ATP 2개만을 생산하는 효율이 떨어지는 해당작용에 에너지 생산을 대부분 의존하므로 정상 세포에 비해 포도당을 더 많이 세포 내부로 수송한다. 따라서 ④에서처럼 ATP 생산을 해당작용에 더 의존하게 될 경우에는 포도당이 더 많이 필요해져 방사성 포도당 유도체의 축적은 증가하게 된다.

⑤ 네 번째 문단에 따르면 산화적 인산화에 대한 의존이 증가하면 해당작용에 대한 의존은 감소하게 된다. 따라서 ⑤에서처럼 ATP 생산을 산화적 인산화에 더 의존하게 될 경우에는 필요한 포도당의 양이 줄어들므로 방사성 포도당 유도체의 축적은 감소하게 된다.

| 풀이 포인트 |

추리적 사고 능력을 검증하는 문제로, 제시문에 나타난 원리를 종합해 제시문에 나와 있지 않은 다른 구체적 사례를 추리할 수 있는지 묻고 있다. 따라서 제시문을 통해 선택지의 타당성 여부를 검증해야 한다.

배경지식

PET(Positron Emission Tomography)
인체의 생화학적 변화를 영상화할 수 있는 핵의학 분야의 영상 기술로서, 양전자를 방출하는 방사성 의약품을 이용해 인체에 대한 생리화학적・기능적 영상을 3차원으로 촬영한다. 주로 암을 진단할 때 활용된다.

01	02	03	04	05	06	07	08	09	
⑤	①	③	①	②	①	⑤	②	③	

[01~04] 지문 분석

- 주제 : 장기 이식과 이상적인 이식편 개발을 위한 연구
- 핵심 키워드 : 장기 이식, 이식편, 동종 이식, 면역적 거부 반응, 주조직적합복합체(MHC), 면역 억제제, 이종 이식, 내인성 레트로바이러스
- 글의 구조
  ▷ 1문단 : 이식편에 대한 면역적 거부 반응의 원인과 면역 억제제의 부작용
    – 이식편에 대한 면역적 거부 반응은 MHC 분자의 차이에 의해 유발된다.
    – 유전적 거리가 멀수록 MHC에 차이가 커져 거부 반응이 강해진다.
    – 면역 억제제는 질병 감염의 위험성을 높인다.
  ▷ 2문단 : 장기 이식을 대체할 수 있는 전자 기기 인공 장기의 한계
    – 인공 장기는 장기의 기능을 일시적으로 대체하는 데 사용된다.
    – 인공 장기는 추가 전력 공급 및 정기적 부품 교체 등이 요구된다.
    – 인공 장기는 인간의 장기를 완전히 대체할 만큼 정교한 단계에 이르지 못했다.
  ▷ 3문단 : 다른 동물의 이식편을 이식하는 이종 이식
    – 이종 이식은 동종 이식보다 거부 반응이 훨씬 심하다.
    – 거부 반응을 일으키는 유전자를 제거한 형질 전환 이식편을 이식하는 실험에 성공했다.
    – 이종 이식편을 개발하기 위한 연구가 진행 중이다.
  ▷ 4문단 : 이종 이식의 문제점인 내인성 레트로바이러스
    – 내인성 레트로바이러스는 그것을 포함하고 있는 세포 안에서는 활동하지 않다가 이종의 세포 속에 주입되면 레트로바이러스로 전환되어 세포를 감염시킨다.
  ▷ 5문단 : 생식 세포가 레트로바이러스에 감염되고도 살아남는 경우
    – 레트로바이러스에 감염되고도 살아남은 세포로부터 유래된 자손의 모든 세포가 갖게 된 것이 내인성 레트로바이러스이다.
    – 내인성 레트로바이러스를 다른 종의 세포 속에 주입하면 레트로바이러스로 변환되어 그 세포를 감염시킨다.
    – 내인성 레트로바이러스를 효과적으로 제거하는 기술이 개발 중이다.
  ▷ 6문단 : 이상적인 이식편을 개발하기 위해 많은 연구를 수행 중이다.

01 추론하기 정답 ⑤

네 번째 문단에 따르면 레트로바이러스는 자신의 유전 정보를 RNA에 담고 있고 역전사 효소를 갖고 있으며, 다른 생명체의 세포에 들어간 후 역전사 과정을 통해 자신의 RNA를 DNA로 바꾸고 그 세포의 DNA에 끼어들어 감염시킨다. 따라서 ⑤에서처럼 숙주 세포의 역전사 효소를 이용하는 것이 아니라 이미 자신이 가지고 있는 전사 효소를 이용하는 것이다.

[오답분석]

① 첫 번째 문단에 따르면 개체마다 MHC에 차이가 있는데 서로 간의 유전적 거리가 멀수록 MHC에 차이가 커져 거부 반응이 강해진다. 또한 세 번째 문단에 따르면 이종 이식은 동종 이식보다 거부 반응이 훨씬 심하게 일어난다. 따라서 ①에서처럼 이종 간이 MHC 분자의 차이가 더 클 것이다.

② 첫 번째 문단에 따르면 면역적 거부 반응은 면역 세포가 표면에 발현하는 주조직적합복합체(MHC) 분자의 차이에 의해 유발된다. 따라서 ②에서처럼 장기 이식의 거부 반응은 면역 세포의 작용으로 인해 일어날 수 있다.

③ 네 번째 문단에 따르면 사람을 포함한 모든 포유류는 내인성 레트로바이러스를 가지고 있으며, 다섯 번째 문단에 따르면 내인성 레트로바이러스를 다른 종의 세포 속에 주입하면 레트로바이러스로 변환되어 그 세포를 감염시키기도 한다. 따라서 ③에서처럼 이종 이식은 바이러스 감염을 일으킬 수 있다.

④ 네 번째 문단에 따르면 사람을 포함한 모든 포유류는 내인성 레트로바이러스를 가지고 있으며, 내인성 레트로바이러스는 생명체의 DNA의 일부분으로, 레트로바이러스로부터 유래된 것으로 여겨지는 부위들이다. 또한 다섯 번째 문단에 따르면 레트로바이러스에 감염되고도 살아남은 정자, 난자 등의 생식 세포로부터 유래된 자손의 모든 세포가 갖게 된 것이 내인성 레트로바이러스이다. 따라서 ④에서처럼 포유류는 과거의 어느 조상이 레트로바이러스에 의해 감염되었음을 알 수 있다.

PART 1
DAY 01
DAY 02
DAY 03
DAY 04
DAY 05
DAY 06
DAY 07
DAY 08
DAY 09
DAY 10

추리적 사고 능력을 검증하는 문제로, 제시문에 나타난 정보들을 종합하거나 제시된 원리들을 적용해 새로운 정보를 이끌어낼 수 있는지 묻고 있다. 그러므로 제시문의 내용을 바탕으로 타당한 추리를 할 수 있어야 한다.

배경지식

주조직적합복합체
(Major Histocompatibility Complex)
MHC는 생체 조직과 혈액의 적합성을 결정하는 항원들을 부호화하는 염색체 6번에 있는 유전자군으로, 이식 면역에서 가장 강한 이식 거부 반응을 일으키는 세포 표면의 동종 항원군 및 그것을 지배하는 유전자군을 가리킨다.

02　일치 · 불일치　　　　　　　　　　정답 ①

두 번째 문단에 따르면 인공 심장과 같은 '전자 기기 인공 장기'는 추가 전력 공급 및 정기적 부품 교체 등이 요구되는 단점이 있고, 아직 인간의 장기를 완전히 대체할 만큼 정교한 단계에 이르지는 못했다. 따라서 이상적인 이식편은 ①에서처럼 교체가 용이해야 하기보다는 교체라는 단점을 개선해 부품 교체가 필요 없어야 이상적인 것이다.

오답분석

② 세 번째 문단에 따르면 거부 반응을 일으키는 유전자를 제거한 형질 전환 미니돼지는 장기의 크기가 사람의 것과 유사하다는 장점이 있다. 따라서 ②에서처럼 이식편은 대체하려는 장기의 크기와 유사해야 이상적인 것이다.

③ 첫 번째 문단에 따르면 개체 사이의 유전적 거리가 멀수록 MHC에 차이가 커져 면역적 거부 반응이 강해진다. 따라서 ③에서처럼 이식편은 수혜자 사이의 유전적 거리를 극복함으로써 장기 이식의 거부 반응을 줄여야 이상적인 것이다.

④ 세 번째 문단에 따르면 면역적 거부 반응을 일으키는 유전자를 제거한 형질 전환 미니돼지는 번식력이 높아 단시간에 많은 개체를 생산할 수 있다는 장점이 있다. 따라서 ④에서처럼 이식편은 단기간에 대량 생산이 가능해야 이상적인 것이다.

⑤ 제시문 전반에 걸쳐 이식편이 체내에서 면역적 거부 반응을 일으키지 않도록 하는 연구가 진행되고 있다고 설명한다. 따라서 ⑤에서처럼 이식편은 면역적 거부 반응을 일으키지 않아야 이상적인 것이다.

사실적 사고 능력을 검증하는 문제로, 제시문에서 설명한 정보를 정확하게 이해하고 있는지 묻고 있다. 따라서 선택지를 먼저 읽고 제시문에서 선택지와 관련한 내용과 대조해야 한다. 이때 선택지의 적절성 여부를 판단하기 위해 기초적인 수준의 추리가 필요하다.

배경지식

형질 전환 동물
외래 유전자를 이입한 동물 개체로서, 생쥐·소·돼지·염소·양 등의 동물에 유전자 도입이 가능하다. 보통 수정란의 전핵으로 분리한 유전자를 미량조작기를 이용해 주입하고, 살아남은 수정란을 대리모 난관에 이식해 형질 전환 동물을 출산하게 한다. 장기 이식 목적의 동물 생산 외에도 가축의 품종 개량 등 유전자 연구에 활용된다.

03　추론하기　　　　　　　　　　정답 ③

세포 기반 인공 이식편은 수혜자 자신의 줄기 세포를 이용해 제작한 이식편이다. 따라서 유전적 거리가 존재하지 않으므로 면역적 거부 반응이 일어나지 않으며, 이종 이식에서 일어나는 내인성 레트로바이러스로 인한 문제 발생 가능성이 없다. 따라서 이종 이식과 달리 세포 기반 인공 이식편을 만들 때는 레트로바이러스의 제거를 고려할 필요가 없다.

오답분석

① 두 번째 문단에 따르면 전자 기기 인공 장기는 추가 전력 공급이 필요하다는 단점이 있다. 그러나 세포 기반 인공 이식편은 전자 기기 인공 장기가 아니므로 전력을 공급할 필요가 없다.

② 첫 번째 문단에 따르면 개체 사이의 MHC의 차이 때문에 면역적 거부 반응이 일어나며 이러한 거부 반응을 막기 위해 면역 억제제를 사용한다. 그런데 세포 기반 인공 이식편은 수혜자 자신의 세포를 이용하므로 개체 사이의 MHC 차이가 존재하지 않기 때문에 면역적 거부 반응을 일으키지 않는다. 따라서 면역 억제제를 사용할 필요가 없다.

④ 세 번째 문단에 따르면 이종 이식으로 인한 면역적 거부 반응을 막기 위해 거부 반응을 일으키는 유전자를 제거하는 실험에 성공했다. 또한 다섯 번째 문단에 따르면 이종 이식의 문제점인 내인성 레트로바이러스를 DNA에서 효과적으로 제거하는 기술이 개발 중이다. 그런데 세포 기반 인공 이식편은 수혜자 자신의 줄기 세포만을 이용하므로 유전자를 조작하거나 제거할 필요가 없다.

⑤ 세 번째 문단에 따르면 사람이 가진 자연항체는 다른 종의 세포에서 발현되는 항원에 반응하기 때문에 이종 이식편에 대해서 초급성 거부 반응이 일어난다. 초급성 거부 반응은 이종 이식에서 발생하는 것이다. 그런데 세포 기반 인공 이식편은 자신의 줄기 세포를 활용하므로 이종 이식으로 인한 초급성 거부 반응이 발생하지 않는다.

추리적 사고 능력을 검증하는 문제로, 제시문에 주어진 여러 가지 정보들을 종합한 내용과 함께 추가로 제시된 새로운 개념을 바탕으로 선택지의 적절성 여부를 판단할 수 있는지 묻고 있다. 따라서 먼저 추가로 제시된 새로운 개념, 제시문에서 주어진 기존의 정보 등을 선택지와 대조해 검증할 수 있어야 한다.

배경지식

줄기 세포

배아 또는 성체에 있는, 여러 종류의 세포로 분화할 수 있는 미분화 세포를 뜻한다. 즉, 상대적으로 발생이 덜된 세포로서, 특정 조직 세포로 분화할 수 있다.

04 일치·불일치　　정답 ①

네 번째 문단에 따르면 '㉠ 내인성 레트로바이러스'는 생명체의 DNA의 일부분이며, 레트로바이러스에 감염되고 살아남은 생식 세포로부터 유래된 자손의 모든 세포가 ㉠을 갖는다. 따라서 ㉠은 ㉠이 속해 있는 생명체의 모든 세포의 DNA에 존재한다. 다섯 번째 문단에 따르면 '㉡ 레트로바이러스'는 다른 생명체의 세포에 들어간 후 자신의 RNA를 DNA로 바꾸고 그 세포의 DNA에 끼어들어 감염시킨 후에는 자신이 속한 생명체를 숙주로 삼아 숙주 세포의 시스템을 이용하여 복제, 증식하며, 숙주 세포를 파괴한다. 따라서 ㉡은 자신이 속한 생명체의 모든 세포의 DNA에 존재하는 것은 아니다.

오답분석

② 네 번째 문단에 따르면 '㉡ 레트로바이러스'는 다른 생명체의 세포에 들어간 후 역전사 과정을 통해 자신의 RNA를 DNA로 바꾼다. 따라서 자신의 유전 정보를 가지고 있는 것이다.

③ 다섯 번째 문단에 따르면 '㉠ 내인성 레트로바이러스'는 바이러스로 활동하지 않는다. 또한 네 번째 문단에 따르면 ㉠은 사람을 포함한 모든 포유류에 존재한다. 따라서 ㉠은 인체에서 자신의 것이 아닌 물질이 체내로 유입될 경우 일어나는 면역 반응을 일으키지 않을 것이다. 또한 네 번째 문단에 따르면 '㉡ 레트로바이러스'는 다른 바이러스와 마찬가지로 자신이 속해 있는 생명체를 숙주로 삼아 숙주 세포의 시스템을 이용하여 복제, 증식하고 일정한 조건이 되면 숙주 세포를 파괴한다. 따라서 인체는 ㉡을 자신의 것이 아닌 물질로 간주해 면역 반응이 일어날 것이다.

④ 네 번째 문단에 따르면 '㉠ 내인성 레트로바이러스'는 생명체의 DNA의 일부분이다. 따라서 자신이 속해 있는 생명체의 유전 정보를 가지고 있다. 또한 네 번째 문단에 따르면 '㉡ 레트로바이러스'는 자신의 유전 정보를 RNA에 담고 있으며, 다른 생명체의 세포에 들어간 후 역전사 과정을 통해 자신의 RNA를 DNA로 바꾸고 그 세포의 DNA

에 끼어들어 감염시킨다. 따라서 ㉡은 자신이 속해 있는 생명체의 유전 정보를 가진 것으로 볼 수 없다.

⑤ 네 번째 문단에 따르면 '㉠ 내인성 레트로바이러스'는 바이러스의 활성을 가지지 않는다. 또한 다섯 번째 문단에 따르면 '㉠ 내인성 레트로바이러스'를 다른 종의 세포 속에 주입하면 '㉡ 레트로바이러스'로 변환되어 그 세포를 감염시키기도 한다. 또한 네 번째 문단에 따르면 ㉡은 자신이 속해 있는 생명체의 세포를 감염시키고 일정한 조건이 되면 숙주 세포를 파괴한다. 따라서 자신이 속해 있는 생명체의 세포를 감염시켜 파괴하는 것은 ㉡뿐이다.

사실적 사고 능력을 검증하는 문제로, 상대되거나 짝을 이루는 특정 개념들과 관련한 세부 정보를 정확하게 이해하는지 묻고 있다. 따라서 질문의 대상이 되는 특정 개념들을 설명하는 정보를 찾아서 이해함으로써 이러한 개념들 사이의 관계를 정확하게 파악해야 한다.

[05~06] 지문 분석

- 주제 : 갑상선호르몬과 갑상선기능저하증의 진단 및 치료법
- 핵심 키워드 : 갑상선, 티록신, 트리요드타이로닌, 뇌하수체
- 글의 구조
  ▷ 1문단 : 갑상선호르몬의 기능과 갑상선호르몬의 양이 일정하게 유지되는 원리
    - 갑상선은 'T4(티록신)', 'T3(트리요드타이로닌)' 등을 합성·분비한다.
    - 뇌하수체는 TSH(갑상선자극호르몬)를 분비함으로써 갑상선을 제어한다.
    - 갑상선호르몬은 음성 되먹임 작용을 통해 TSH의 분비를 조절함으로써 체내 갑상선호르몬의 양이 일정하게 유지된다.
  ▷ 2문단 : 갑상선 질환의 진단
    - 혈중 TSH, T4, T3 등의 수치를 검사해 갑상선 질환의 여부를 진단한다.
    - 갑상선호르몬의 93%는 T4이고 7%는 T3이다.
    - T4의 일부는 T3으로 변환되거나 T3의 작용을 방해하는 rT3로 변환된다.
    - rT3이 많아지면 TSH 수치가 정상이어도 갑상선기능저하 증상이 나타난다.
    - 따라서 TSH 수치의 측정만으로는 갑상선기능저하증을 정확히 진단하기 어렵다.

DAY 01 DAY 02 DAY 03 DAY 04 DAY 05 DAY 06 DAY 07 DAY 08 DAY 09 DAY 10

▷ 3문단 : 갑상선기능저하증의 발생 원인 및 치료 방법
- 갑상선기능저하증은 뇌하수체의 이상과 갑상선 호르몬 생산 저하(← 화학물질·스트레스) 때문에 발생함 → T3의 수치가 낮아지는 것이다.
- 치료 방법 1 : 셀레늄 섭취 증가 → rT3 수치 낮춤 → T3 생산·기능 진작
- 치료 방법 2 : 술, 담배, 패스트푸드를 멀리하기 (← 해로운 화학물질 유입 차단)
- 치료 방법 3 : T4와 같은 작용을 하는 약인 LT4 복용 ← 알맞은 복용법에 주의

배경지식

티록신과 트리요드타이로닌

- 티록신(T4) : 아이오딘을 함유하며 물질대사를 조절한다. 너무 많으면 바제도병을, 너무 적으면 점액 부종을 일으킨다.
- 트리요드타이로닌(T3) : 신체 조직의 생장과 물질대사 및 체온, 심박수, 호흡 운동 등 기초 대사에 관여하며 신체의 산소 및 에너지 소비를 증가시킨다.

05 일치·불일치 　　　　정답 ②

두 번째 문단에 따르면 rT3는 T3의 작용을 방해하며, 세 번째 문단에 따르면 rT3의 수치를 낮추면 T3의 생산을 진작할 수 있다. 또한 두 번째 문단에 따르면 혈중 TSH, T4, T3의 수치 중 어느 하나라도 낮으면 갑상선기능저하증으로 진단하며 갑상선호르몬의 93%는 T4이고 나머지 7%가 T3이다. 따라서 T3는 정상이어도 TSH, T4 중 하나라도 낮으면 갑상선기능저하증으로 진단한다. 그러므로 ②에서처럼 T3의 분비양만으로는 갑상선기능저하증을 진단할 수 없다.

오답분석

① 첫 번째 문단에 따르면 TSH는 갑상선을 자극해 T4와 T3 등의 갑상선호르몬이 합성, 분비되도록 한다. 따라서 TSH의 수치를 측정하면 갑상선호르몬이 분비되는 양의 수준을 추정할 수 있다.

③ 세 번째 문단에 따르면 셀레늄 섭취를 늘리면 (T3의 작용을 방해하는) rT3의 수치를 낮춰 T3의 생산과 기능을 진작할 수 있다. 따라서 셀레늄 섭취로 rT3의 수치를 낮추면 T3의 생산이 늘어나고 기능을 높일 수 있다.

④ 두 번째 문단에 따르면 혈중 TSH, T4, T3의 수치 중 어느 하나라도 낮으면 갑상선기능저하증으로 진단하므로 TSH 분비가 정상이어도 T4, T3 중 하나라도 낮으면 갑상선기능저하증이 발생할 수 있다.

⑤ 세 번째 문단에 따르면 체내에서 만들어지는 T4와 같은 작용을 하도록 투입되는 호르몬 공급제로 LT4가 있다. 따라서 LT4를 복용하면 T4의 부족으로 인한 증상을 완화할 수 있다.

| 풀이 포인트 |

사실적 사고 능력을 검증하는 문제로, 특정 용어와 관련한 원리와 구체적 정보를 이해하는지 묻고 있다. 따라서 선택지의 대상이 되는 특정 용어, 원리 등을 설명하는 제시문의 문단을 집중해서 읽으며 필요한 내용을 신속히 파악한다.

06 추론하기 　　　　정답 ①

두 번째 문단에 따르면 체내에 rT3가 많아지면 T3의 작용이 저하되기 때문에 TSH 수치가 정상이면서도 갑상선기능저하증에 해당하는 증상이 나타날 수 있다. TSH 수치로는 T4, T3 등의 갑상선호르몬 분비량 수준만을 가늠할 수 있는 것이다. 따라서 ㉠에는 TSH 수치만으로는 rT3의 양이나 효과를 판단할 수 없다는 내용이 적절하다.

| 풀이 포인트 |

추리적 사고 능력을 검증하는 문제로, 제시문에 주어진 용어나 개념들 사이의 관계를 이해하고 있는지 묻고 있다. 따라서 용어와 개념들 사이의 작용 관계를 파악한 다음 선택지 중에서 논리의 흐름에 가장 적절한 것을 찾을 수 있어야 한다.

배경지식

갑상선자극호르몬(TSH)의 역할

- 갑상선 여포를 둘러싼 상피세포가 자라게 하여 갑상선 발육을 촉진한다.
- 갑상선 조직과 혈장 사이의 아이오딘 이온 농도 차를 만듦으로써 상피세포로 아이오딘 이온이 잘 들어오도록 한다. 아이오딘은 갑상선호르몬을 만드는 데 사용된다.
- 티록신, 트리요드타이로닌 등 갑상선호르몬이 합성되는 것과 갑상선호르몬이 혈액으로 방출되는 것을 촉진한다.

[07~09] 지문 분석

- **주제** : 오믹스의 개념과 암세포를 분별하는 단백질 분석 기법의 원리
- **핵심 키워드** : 오믹스, 유전체, 전사체, 단백질체, DNA, RNA, 펩타이드
- **글의 구조**
  - ▷ 1문단 : 오믹스(Omics)의 개념
    - 오믹스는 거시적 관점에서 한 개체, 한 개의 세포가 가진 유전자 전체 집합인 '유전체'를 연구하는 것으로 유전체학, 전사체학, 단백질체학 등의 연구를 통칭한다.
  - ▷ 2문단 : 생명체에서 필수적인 일을 직접 수행하는 단백질
    - 분자생물학에 의하면 DNA 정보 일부는 전사 과정을 통해 RNA로 이동하고, 이동된 RNA 일부는 번역 과정을 통해 단백질로 변환된다.
    - 특정 생명 시스템 유전체는 그 시스템이 수행하는 모든 기능에 대한 유전 정보를 총괄하며, 종이 다르면 유전체는 다르다.
    - 전사체는 유전체 정보 중 현재 수행 중일 가능성이 큰 기능에 대한 정보를 담는다.
    - 단백질체는 전사체의 일부 중 실제로 수행 중인 기능 정보를 담는다.
    - 생명체에서 필수적인 일을 직접 수행하는 물질은 단백질체를 이루는 단백질이다.
  - ▷ 3문단 : 분화의 의미와 분화 이후에 조합이 달라지는 단백질
    - 인간에게는 2만 종 이상의 단백질이 있으며, 모든 세포에서 공통으로 발견되는 단백질도 있고, 한 종류의 세포에서만 발견되는 단백질도 있다.
    - 세포가 한 종류에서 다른 종류의 세포로 변화하는 과정을 분화라고 하며, 분화 이후에는 가지고 있는 단백질의 조합도 달라진다.
    - 세포의 분화는 개체 발생 과정에서 주로 관찰되지만, 정상 세포가 암세포로 바뀌는 것도 분화이다.
  - ▷ 4문단 : 암 치료 표적 단백질 후보가 되는 단백질
    - 정상 세포에 비하여 암세포에서 양이 변화되어 있는 단백질을 발견할 수 있다.
    - 암세포에서 정상 세포보다 양이 증가한 단백질은 발암 단백질의 후보가 된다.
    - 암세포에서 정상 세포보다 양이 감소한 단백질은 암 억제 단백질의 후보가 된다.
  - ▷ 5문단 : 특정 단백질이 2만 종 이상의 단백질 중 어느 것인지 알아내는 과정
    - 특정 단백질의 아미노산 서열로써 그 단백질이 어떤 단백질인지 알아낸다.
  - ▷ 6문단 : 단백질의 아미노산 서열을 알기 위한 실험 방법
    - 미지의 단백질에 트립신을 가해 평균 10개 정도의 아미노산으로 이루어진 조각인 펩타이드로 자른 후 분자량을 측정한다(펩타이드의 분자량 분석).
    - 단백질체를 분석한 데이터는 펩타이드의 분자량 값과 펩타이드들 간의 상대적인 양을 숫자로 표현한 값으로 나타난다.
    - 펩타이드의 분자량 분석을 통해 치료용 표적 후보 단백질을 알아낼 수 있다.

07 일치·불일치   정답 ⑤

네 번째 문단에 따르면 암세포의 단백질체와 정상 세포의 단백질체를 서로 비교하면 정상 세포에 비해 암세포에서 양이 변화되어 있는 단백질을 발견할 수 있다. 따라서 암세포와 정상 세포의 단백질체 정보는 수량이 다른 단백질의 존재로 인해 서로 같지 않음을 알 수 있다.

오답분석

① 두 번째 문단에 따르면 DNA가 가지고 있는 유전자 정보의 일부만이 전사 과정을 통해 RNA로 옮겨지고, RNA 중의 일부만이 번역 과정을 통해 단백질로 만들어진다. 따라서 모든 RNA가 아니라 일부 RNA가 단백질로 번역되는 것이다.

② 두 번째 문단에 따르면 전사체 정보는 유전체 정보의 일부분(=유전체 정보들 가운데 현재 수행 중일 가능성이 큰 기능에 대한 정보)이고, 단백질체 정보는 전사체 정보의 일부분(=전사체 정보 가운데 실제로 수행 중인 기능에 대한 정보)이다. 따라서 '간세포의 유전체 정보〉간세포의 전사체 정보〉간세포의 단백질체 정보'로 범위를 도식화할 수 있다. 그러므로 간세포의 단백질체 정보가 간세포의 유전체 정보 중 일부인 것이다.

③ 두 번째 문단에 따르면 인간의 간세포와 생쥐의 간세포의 유전체는 각각 서로 다른 정보를 가지고 있다. 단백질체 정보는 유전체 정보의 일부이므로 단백질체 정보 또한 동일하지 않다.

④ 세 번째 문단에 따르면 세포가 한 종류에서 다른 종류의 세포로 변화하는 과정을 분화라 하며, 세포의 분화는 개체 발생 과정에서 주로 관찰되지만 정상 세포가 암세포로 바뀌는 과정도 분화 과정이다. 따라서 암세포도 피부나 근육 세포처럼 정상 세포에서 분화한 것이다.

| 풀이 포인트 |

사실적 사고 능력을 검증하는 문제로, 제시문에서 설명하고 있는 정보를 정확하게 이해하고 있는지 묻고 있다. 따라서 문제의 선택지와 관련한 내용을 제시문에서 찾아 대조하면 선택지의 진위를 판단할 수 있다.

배경지식

유전체(遺傳體)
낱낱의 생물체 또는 1개의 세포가 지닌 생명 현상을 유지하는 데 필요한 유전자의 총량으로, 사람과 같은 진핵 생물의 경우 반수(n)의 염색체에 있는 유전자의 총량을 뜻한다.

08 추론하기 　　　　　　　　정답 ②

다섯 번째 문단에 따르면 단백질은 20종류의 아미노산이 일렬로 연결된 형태이며, 단백질 하나의 아미노산 개수는 평균 500개 정도이고, 서로 다른 단백질은 아미노산 서열도 서로 다르다. 또한 여섯 번째 문단에 따르면 미지의 단백질에 트립신을 가해 평균 10개 정도의 아미노산으로 이루어진 조각인 펩타이드로 자르는데, 트립신은 특정 아미노산을 인지해 자른다. 따라서 50개 정도의 펩타이드 조각이 생성되며, 이때 생성된 펩타이드들의 아미노산 서열은 동일하지 않다.

오답분석

① 두 번째 문단에 따르면 한 인간이라는 시스템과 그 인간의 간세포라는 또 다른 시스템의 유전체는 동일한 정보를 가지고 있다. 따라서 세포가 분화되어도 유전체는 변하지 않음을 알 수 있다.
③ 세 번째 문단에 따르면 피부 세포, 신경 세포, 근육 세포 등 인체의 세포에서 공통으로 발견되는 단백질도 있고, 한 종류의 세포에서만 발견되는 단백질도 있다. 또한 두 번째 문단에 따르면 단백질체는 실제로 수행 중인 기능에 대한 정보를 담고 있다. 따라서 단백질체 종류가 서로 다르기 때문에 세포들의 분화가 다르고, 이에 따라 기능의 변화가 이루어짐을 알 수 있다.
④ 다섯 번째 문단에 따르면 서로 다른 단백질은 서로 다른 아미노산 서열을 가지기 때문에 특정 단백질의 아미노산 서열을 알면 그 단백질이 어떤 단백질인지 알아낼 수 있다. 또한 여섯 번째 문단에 따르면 미지의 단백질에 트립신을 가해 펩타이드 조각으로 자른 후 분자량을 측정하는데, 트립신은 특정 아미노산을 인지해 자르므로 어떤 아미노산과 아미노산 사이가 잘릴 것인지 예측할 수 있다. 따라서 어떤 단백질의 아미노산 서열을 알면 그 단백질에 트립신을 가해 생성될 펩타이드들의 분자량을 예측할 수 있다.

⑤ 네 번째 문단에 따르면 암세포에서 정상 세포보다 양이 늘어나 있는 단백질은 발암 단백질의 후보가 될 수 있다. 따라서 어떤 단백질에서 유래한 특정 펩타이드의 양이 정상 세포보다 암세포가 더 많다면 펩타이드도 단백질로부터 유래되기 때문에 그 단백질은 암을 일으키는 단백질의 후보가 된다.

| 풀이 포인트 |

추리적 사고 능력을 검증하는 문제로, 제시문에 나타난 개념의 작용 원리들을 정확하게 이해하고 선택지에 적용해 선택지의 옳고 그름을 추리할 수 있는지 묻고 있다. 따라서 제시문 중에서 선택지와 관련한 내용을 확인해 선택지와 대조해야 한다. 다만 정답을 찾아냈다면 다른 선택지의 진위를 판단하는 작업을 과감히 생략함으로써 문제 풀이에 드는 시간을 절약할 수 있다.

배경지식

트립신과 펩타이드
• 트립신 : 이자에서 분비되는 소화 효소로서, 단백질을 아미노산으로 분해한다.
• 펩타이드 : 아미노산이 2개 이상 있어서, 한쪽 아미노산의 아미노기와 다른 쪽 아미노산의 카복시기가 물 분자를 잃으면서 축합해 이루는 아마이드를 뜻한다.

09 비판하기 　　　　　　　　정답 ③

ⓐ 두 번째 문단에 따르면 DNA가 가지고 있는 유전자 정보의 일부만이 RNA로 옮겨지고, RNA 중의 일부만이 단백질로 만들어진다. 또한 ㉠에 따르면 생명체에서 생화학 반응의 촉매 작용과 같은 필수적인 '일'을 직접 수행하는 물질은 단백질체를 이루는 단백질들이므로 DNA나 단백질들이 없다면 촉매 작용이 불가능하게 되는 것이다. 따라서 ⓐ에서처럼 최초의 생명체가 DNA나 단백질은 없고 RNA만 가지고 있었다면 ㉠에서 언급한 '필수적인 일을 하는' 물질이 RNA가 되므로 ㉠의 설득력은 약화된다.
ⓑ 네 번째 문단에 따르면 암세포의 단백질체와 정상 세포의 단백질체를 비교하면 정상 세포에 비해 암세포에서 양이 변화되어 있는 단백질을 발견할 수 있으며, 암세포에서 정상 세포보다 양이 늘어나 있는 단백질은 발암 단백질의 후보가 될 수 있다. 즉, 단백질의 양이 늘어나는 것은 기능에 이상이 생겼다는 뜻이 된다. 그런데 ⓑ처럼 양이 늘어났는데도 오히려 기능이 비활성화된다면 '단백질의 양의 증가 → 기능 이상'이라는 ㉡의 전제에 배치되므로 ⓑ는 ㉡의 설득력을 약화시킨다.

PART 1

DAY 01
DAY 02
DAY 03
DAY 04
DAY 05
DAY 06
DAY 07
DAY 08
DAY 09
DAY 10

ⓒ 네 번째 문단에 따르면 암세포에서 정상 세포보다 양이 줄
어든 단백질은 암 억제 단백질의 후보가 될 수 있다. 또한
ⓒ에서처럼 펩타이드의 분자량을 분석함으로써 치료용
표적 후보 단백질을 알아낼 수 있다는 것은 단백질 펩타이
드 분자량에 차이가 있기 때문에 표적 치료제를 개발할 수
있다는 의미가 된다. 그런데 ⓒ에서처럼 트립신을 첨가한
서로 다른 단백질에서 같은 분자량을 지닌 펩타이드가 생
성된다는 것은 서로 다른 아미노산의 분자량을 가진다는
ⓒ의 전제를 공격하며, 치료용 표적 후보 단백질을 알아내
는 데 곤란을 겪을 수 있다. 따라서 ⓒ의 경우에는 ⓒ의
설득력이 약화된다.

| 풀이 포인트 |

비판적 사고 능력을 검증하는 문제로, 본문에서 제시된
현상이 나타나는 원리의 근거를 강화 또는 약화시킬 수
있는 구체적 상황을 선택지에서 가정하며 논리적인 판
단을 할 수 있는지 묻고 있다. 따라서 먼저 제시문에 나
타난 현상의 원리를 이해한 후에 선택지의 사례가 제시
문의 논지를 강화 또는 약화시킬 수 있는지 검토해야
한다.

배경지식

아미노산(Amino酸)
하나의 분자 안에 염기성 아미노기와 산성의 카복시기
를 가진 유기 화합물을 통틀어 이르는 말이다. 산과 알
칼리와 염을 만드는 양성 물질로, 천연으로는 단백질의
가수 분해로 얻을 수 있다. 단백질을 구성하는 아미노산
은 아미노기와 카복시기가 같은 탄소 원자에 결합한 알
파 아미노산이다. 글리신, 아스파라긴, 글루탐산, 리신
등이 있다.

PART 1

DAY 01
DAY 02
DAY 03
DAY 04
DAY 05
DAY 06
DAY 07
DAY 08
DAY 09
DAY 10

01	02	03	04	05	06	07	08	09	
⑤	④	⑤	②	④	④	①	③	③	

[01~04] 지문 분석

• 주제 : 서양 우주론의 발전과 이에 영향을 받은 중국의 우주론

• 핵심 키워드 : 태양 중심설, 지구 중심설, 코페르니쿠스, 브라헤, 케플러의 행성 운동 법칙, 뉴턴의 만유인력

• 글의 구조

▷ 1문단 : 16세기 서양의 우주론의 변혁과 중국에 대한 영향

　− 16세기 전반 서양 천문학의 개혁은 형이상학을 뒤바꾸는 변혁으로 이어졌다.

　− 서양의 우주론이 전파된 중국에서 중국과 서양의 우주론을 회통하려는 과정에서 자신의 지적 유산에 대한 관심이 높아졌다.

▷ 2문단 : 코페르니쿠스의 우주 모형과 그의 이론에 대한 반대

　− 코페르니쿠스의 우주 모형은 적은 수의 원으로 행성들의 가시적인 운동을 설명할 수 있었고 행성이 태양에서 멀수록 공전 주기가 길어진다는 점에서 단순성을 충족했다.

　− 아리스토텔레스의 형이상학을 고수하는 지식인과 종교 지도자들은 코페르니쿠스의 이론을 받아들이지 않았다.

▷ 3문단 : 코페르니쿠스와 브라헤의 이론을 토대로 수립된 케플러의 행성 운동 법칙

　− 코페르니쿠스의 천문학을 받아들인 케플러는 브라헤의 천체 관측치를 활용해 태양 주위를 공전하는 행성의 운동 법칙들을 수립했다.

　− 케플러가 수립한 법칙들은 아리스토텔레스 형이상학을 온존할 수 없게 만들었다.

▷ 4문단 : 태양 중심설을 역학적으로 증명해 만유인력의 실재를 입증한 뉴턴

　− 17세기 후반 뉴턴은 만유인력 가설로부터 케플러의 행성 운동 법칙들을 연역했다.

　− 뉴턴은 달의 공전 궤도와 사과의 낙하 운동 등에 관한 실측값을 연역함으로써 만유인력의 실재를 입증했다.

▷ 5문단 : 서양 과학을 받아들인 중국은 서양 과학과 자신의 지적 유산을 연결하려 함

　− 중국은 서양 과학이 중국의 지적 유산에 적절히 연결되지 않으면 아무리 효율적이더라도 불온한 요소로 여겼다.

　− 중국은 서양 과학과 중국 전통 사이의 적절한 관계 맺음을 통해 이 문제를 해결하고자 하였다.

▷ 6문단 : 웅명우 등은 성리학적 기론(氣論)에 입각해 서양 과학을 재해석함

　− 웅명우 등은 태양의 크기에 대한 서양 천문학 이론에 의문을 제기하고 기(氣)와 빛을 결부해 제시한 광학 이론을 창안했다.

▷ 7문단 : 왕석천 등은 고대 문헌에 담긴 중국의 우주론을 서양 과학을 통해 재해석함

　− 17세기 후반 왕석천과 매문정은 서양 과학의 영향을 받아 경험적 추론과 수학적 계산을 통해 우주의 원리를 파악하려 했다.

　− 매문정은 증자의 말을 땅이 둥글다는 서양 이론과 연결하는 등 서양 과학의 중국 기원론을 주장했다.

▷ 8문단 : 고대 문헌에 담긴 우주론을 재해석하려는 경향이 19세기까지 이어짐

　− 중국 천문학을 중심으로 서양 천문학을 회통하려는 매문정의 입장은 18세기 초에 중국의 공식 입장으로 채택되었다.

　− 고대 문헌에 담긴 우주론을 재해석하고 확인하려는 경향은 19세기 중엽까지 주를 이루었다.

01 일치 · 불일치 　　정답 ⑤

세 번째 문단에 따르면 케플러는 경험주의자였기에 브라헤의 천체 관측치를 활용하여 태양 주위를 공전하는 행성의 운동 법칙들을 수립할 수 있었고, 이에 따라 서양에서 경험적 추론에 기초한 우주론이 제기되었다고 할 수 있다. 또한 일곱 번째 문단에 따르면 중국의 왕석천과 매문정은 서양 과학의 영향을 받아 경험적 추론과 수학적 계산을 통해 우주의 원리를 파악하고자 하였다. 따라서 서양과 중국 모두 경험적 추론에 기초한 우주론이 제기되었음을 알 수 있다.

오답분석

① 세 번째 문단에 따르면 우주의 단순성을 새롭게 보여 주는 케플러의 행성 운동 법칙들은 아리스토텔레스 형이상학을 더 이상 온존할 수 없게 만들었는데, 이에 따라 아리스토텔레스의 형이상학에 대한 재검토가 이루어졌다고 볼 수 있다. 또한 일곱 번째 문단에 따르면 왕석천·매문정은 웅명우·방이지가 성리학 같은 형이상학에 몰두해 잘못된 우주론을 전개했다고 비판했다. 따라서 서양과 중국 모두 우주론을 정립하는 과정에서 형이상학적 사고에 대한 재검토가 이루어졌음을 알 수 있다.

② 일곱 번째 문단에 따르면 왕석천·매문정은 서양 과학의 우수한 면은 모두 중국 고전에 이미 갖추어져 있던 것이라고 주장했다. 따라서 서양 천문학이 중국에 유입되면서 중국에서 자신의 우주론 전통을 재인식했음을 알 수 있다.

③ 다섯 번째 문단에 따르면 청 왕조가 1644년 중국의 역법을 기반으로 서양 천문학 모델과 계산법을 수용한 시헌력을 공식 채택함에 따라 서양 과학의 위상이 구체화되었다. 따라서 중국에 서양의 천문학적 성과가 자리 잡게 된 데에는 국가의 역할이 작용했음을 알 수 있다.

④ 여덟 번째 문단에 따르면 중국 천문학을 중심으로 서양 천문학을 회통하려는 매문정의 입장은 18세기 초를 기점으로 중국의 공식 입장으로 채택되었으며, 이 입장은 중국의 역대 지식 성과물을 망라한 총서인 『사고전서』에 그대로 반영되었다. 따라서 중국에서 18세기에 자국의 고대 우주론을 긍정하는 입장이 주류가 되었음을 알 수 있다.

| 풀이 포인트 |

사실적 사고 능력을 검증하는 문제로, 제시문에 언급된 세부 정보를 정확하게 파악하고 있는지 묻고 있다. 이런 유형의 문제를 정확히 풀려면 제시문의 내용과 선택지를 대조해야 하므로 제시문의 문단 중에서 선택지와 관련된 문단을 요약해야 한다.

배경지식

시헌력(時憲曆)
태음력의 구법(舊法)에 태양력의 원리를 부합시켜 24절기의 시각과 하루의 시각을 정밀히 계산하여 만든 역법이다. 중국 명나라의 마지막 임금인 숭정제 초기에 독일인 선교사 아담 샬이 만든 것이다.

02 추론하기 정답 ④

세 번째 문단에 따르면 브라헤는 코페르니쿠스 천문학의 장점은 인정하면서도 아리스토텔레스 형이상학과의 상충을 피하고자 우주의 중심에 지구가 고정되어 있고, 달과 태양과 항성들은 지구 주위를 공전하며, 지구 외의 행성들은 태양 주위를 공전하는 모형을 제안했다. 따라서 브라헤의 우주론은 아리스토텔레스의 형이상학에서 자유롭지 못했음을 알 수 있다.

오답분석

① 두 번째 문단에 따르면 아리스토텔레스와 프톨레마이오스는 우주의 중심에 고정되어 움직이지 않는 지구의 주위를 달, 태양, 다른 행성들의 천구들과, 항성들이 붙어 있는 항성 천구가 회전한다는 지구 중심설을 내세웠다. 따라서 아리스토텔레스 등은 항성 천구가 고정되어 있다고 보았다는 ①의 설명은 옳지 않다.

② 두 번째 문단에 따르면 코페르니쿠스는 자신이 제안한 태양 중심설의 우주 모형을 통해 프톨레마이오스보다 훨씬 적은 수의 원으로 행성들의 가시적인 운동을 설명할 수 있었고 행성이 태양에서 멀수록 공전 주기가 길어진다는 점에서 단순성이 충족되었다. 따라서 ②의 내용은 프톨레마이오스가 아니라 코페르니쿠스의 우주론과 관련한 설명이다.

③ 두 번째 문단에 따르면 코페르니쿠스의 태양 중심설은 기존의 지구 중심설보다 천체의 운행을 단순하게 기술한 것이며, 지상계와 천상계를 대립시키는 아리스토텔레스의 이분법적 구도를 무너뜨리는 것이었다. 그래서 아리스토텔레스의 형이상학을 고수하는 당시의 지식인들은 코페르니쿠스의 이론을 받아들이지 않았다. 따라서 코페르니쿠스의 우주론이 아리스토텔레스의 형이상학과 양립이 가능하다는 ③의 설명은 옳지 않다.

⑤ 세 번째 문단에 따르면 브라헤의 천체 관측치를 활용하여 태양 주위를 공전하는 행성의 운동 법칙들을 수립한 케플러는 우주의 수적 질서를 신봉하는 형이상학인 신플라톤주의에 매료되었기 때문에 태양을 우주 중심에 배치하여 단순성을 추구한 코페르니쿠스의 천문학을 받아들였다. 그런데 신플라톤주의는 형이상학적 사고를 토대로 한 것이다. 따라서 케플러는 경험주의적 근거를 신플라톤주의에서 찾았다는 ⑤의 설명은 옳지 않으며, 케플러의 우주론의 경험주의적 근거는 브라헤의 천체 관측치에서 찾을 수 있다.

| 풀이 포인트 |

추리적 사고 능력을 검증하는 문제로, 제시문에 나타난 정보들을 종합해 생략된 정보를 추론할 수 있는지 묻고 있다. 따라서 먼저 선택지를 읽은 후에 제시문의 문단 중에서 선택지의 타당성을 검증할 수 있는 문장을 확인한 다음 선택지와 대조한다.

배경지식

신플라톤주의
3세기 이후 로마 시대에 성립된 그리스 철학의 한 학파이다. 플라톤 철학에 동방의 유대 사상을 절충한 것으로, 신비적 직관과 범신론적 일원론을 주장하였는데, 뒤에 독일의 관념론에 영향을 주었다.

여섯 번째 문단에 따르면 웅명우와 방이지 등은 중국 고대 문헌에 수록된 우주론에 대해서는 부정적 태도를 견지하면서 성리학적 기론(氣論)에 입각하여 실증적인 서양 과학을 재해석한 독창적 이론을 제시했다. 따라서 성리학적 기론을 긍정한 학자들이 고대 문헌의 우주론을 근거로 삼았다는 ⑤의 설명은 옳지 않다.

오답분석

① 여섯 번째 문단에 따르면 웅명우와 방이지 등은 성리학적 기론에 입각해 실증적인 서양 과학을 재해석한 독창적 이론을 제시했다. 또한 일곱 번째 문단에 따르면 왕석천과 매문정은 서양 과학의 영향을 받아 경험적 추론과 수학적 계산을 통해 우주의 원리를 파악하고자 했으며, 매문정은 중국 고대 문헌에 나타난 우주론을 서양 이론과 연결했다. 따라서 자국의 지적 유산에 서양 과학을 접목하려 했음을 알 수 있다.

② 여덟 번째 문단에 따르면 중국 천문학을 중심으로 서양 천문학을 회통하려는 매문정의 입장은 중국의 역대 지식 성과물을 망라한 총서인 『사고전서』에 그대로 반영되었다. 따라서 서양 천문학과 관련된 내용이 『사고전서』에 수록되었음을 알 수 있다.

③ 여섯 번째 문단에 따르면 방이지 등은 성리학적 기론(氣論)에 입각해 실증적인 서양 과학을 재해석한 독창적 이론을 제시했다. 또한 방이지 등이 태양의 크기에 대한 서양 천문학 이론에 의문을 제기하고 기(氣)와 빛을 결부해 제시한 광학 이론은 이러한 독창적 이론의 사례이다. 따라서 방이지는 서양 우주론의 영향을 받았지만 서양의 이론과 구별되는 새 이론의 수립을 시도했음을 알 수 있다.

④ 일곱 번째 문단에 따르면 매문정 등은 서양 과학의 영향을 받아 경험적 추론과 수학적 계산을 통해 우주의 원리를 파악하려 했고, 또한 매문정은 고대 문헌에 언급된, 하늘이 땅의 네 모퉁이를 가릴 수 없을 것이라는 증자의 말을 땅이 둥글다는 서양 이론과 연결했다. 따라서 매문정이 중국 고대 문헌에 나타나는 천문학적 전통과 서양 과학의 수학적 방법론을 모두 활용했음을 알 수 있다.

| 풀이 포인트 |

추리적 사고 능력을 검증하는 문제로, 제시문에 나타난 세부 정보를 정확하게 이해하는지 묻고 있다. 따라서 먼저 선택지를 읽은 후에 제시문 중에서 선택지와 관련한 내용을 찾아 대조함으로써 선택지의 적절성을 판단한다.

　배경지식　

사고전서(四庫全書)
중국 청나라 건륭제의 명령에 따라 1772년(건륭 37년)에 시작해 1782년에 완성한 중국 최대의 총서(叢書)이다.

'고안(考案)하다'는 '연구해 새로운 안을 생각해 내다'는 뜻이므로 코페르니쿠스가 새로운 우주 모형을 만들었다는 ⓑ의 '만들다'와 바꿔 쓰기에 적당하다. 단어를 바꿔 썼을 때 문맥상 의미의 훼손이나 왜곡이 없다면 바꿔 쓰기에 적절한 것이다.

오답분석

① '진작(振作)하다'는 '떨쳐 일어나다, 떨쳐 일으키다'는 뜻이므로 ⓐ의 '(문제를) 일으키다'와 바꿔 쓰기에 적절하지 않다. ⓐ와 바꿔 쓸 수 있는 말로는 '야기할, 발생시킬' 등이 적절하다.

③ '소지(所持)하다'는 '물건을 지니고 있다'는 뜻이므로 ⓒ의 '(형상을) 지니다'와 바꿔 쓰기에 적절하지 않다. ⓒ의 '지니다'는 '본래의 모양을 그대로 간직하다'는 뜻이다.

④ '설정(設定)하다'는 '새로 만들어 정해 두다'는 뜻이므로 ⓓ의 '(불온한 요소로) 여기다'와 바꿔 쓰기에 적절하지 않다. ⓓ의 '여기다'는 '마음속으로 그러하다고 인정하거나 생각하다'는 뜻이다. ⓓ와 바꿔 쓸 수 있는 말로는 '간주했다, 생각했다' 등이 적절하다.

⑤ '시사(示唆)되다'는 '어떤 것이 미리 간접적으로 표현되다'는 뜻이므로 ⓔ의 '(우수한 면을) 갖추다'와 바꿔 쓰기에 적절하지 않다. ⓔ의 '갖추어지다'는 '있어야 할 것을 가지거나 차리다'는 뜻의 '갖추다'의 피동사이다.

| 풀이 포인트 |

어휘력을 검증하는 문제로, 어휘의 문맥적 의미를 정확히 파악할 수 있는지 묻고 있다. 의미가 유사한 단어들을 문맥에 따라 분별하고 대체할 수 있어야 한다. 단어의 의미는 문맥을 통해서 구체적으로 실현되며, 문맥에 따른 어휘의 뜻을 파악하는 능력을 기르기 위해서는 국어사전을 통해 단어의 정확한 의미를 파악하는 습관을 들여야 한다.

　배경지식　

케플러의 행성 운동 법칙
• 제1법칙 : 모든 행성은 태양을 초점으로 하는 타원 궤도를 그리며 돈다.
• 제2법칙 : 태양과 행성을 연결하는 직선이 같은 시간 동안에 그리는 면적은 항상 일정하다.
• 제3법칙 : 행성의 공전 주기의 제곱은 태양과 행성의 평균 거리의 세제곱에 비례한다.

PART 1

DAY 01
DAY 02
DAY 03
DAY 04
DAY 05
DAY 06
DAY 07
DAY 08
DAY 09
DAY 10

[05~06] 지문 분석

- 주제 : 곤충의 탈피와 탈피 과정을 조절하는 호르몬
- 핵심 키워드 : 곤충의 탈피, 탈피호르몬, 유충호르몬
- 글의 구조
  ▷ 1문단 : 곤충의 탈피의 의의와 변태 과정을 조절하는 호르몬의 종류
    - 탈피(=외골격의 주기적 대체)는 곤충의 신체 형태 변화에 필수적이다.
    - 변태 과정을 조절하는 호르몬에는 탈피호르몬과 유충호르몬이 있다.
  ▷ 2문단 : 허물벗기를 촉진하는 탈피호르몬의 분비 과정
    - 전흉선자극호르몬은 전흉선으로 이동해 탈피호르몬이 분비되도록 한다.
    - 성체가 된 이후에 탈피하지 않는 곤충들은 마지막 탈피 후에 탈피호르몬이 없어진다.
  ▷ 3문단 : 유충호르몬의 분비 기관, 역할, 양의 조절
    - 유충의 특성을 유지하는 역할만을 수행하는 유충호르몬은 알라타체에서 분비된다.
    - 유충호르몬의 양에 의해 탈피 이후 유충으로 남을지 성체로 변태할지가 결정된다.
    - 유충호르몬의 양은 알로스테틴(분비 억제)과 알로트로핀(분비 촉진)에 의해 조절된다.
    - 유충호르몬의 방출량이 정해져 있을 때 그 호르몬의 혈중 농도는 유충호르몬 분해 효소와 유충호르몬결합단백질에 의해 조절된다.
    - 유충호르몬결합단백질은 혈중 유충호르몬의 농도가 낮아지는 것을 막으며, 유충호르몬을 작용 조직으로 수송한다.

05 추론하기   정답 ④

ⓑ 세 번째 문단에 따르면 알로트로핀은 유충호르몬의 분비를 촉진하며, 유충호르몬은 유충의 특성이 남아 있게 하는 역할만을 수행한다. 따라서 알로트로핀이 주입되어 유충호르몬의 분비가 촉진되면 곤충은 탈피 이후에 성체로 변태하지 않고 유충으로 남아 있을 수 있다.

ⓒ 세 번째 문단에 따르면 유충호르몬은 탈피 촉진과 무관하며, 두 번째 문단에 따르면 탈피호르몬이 분비되면 허물벗기(탈피)가 촉진된다.

[오답분석]

ⓐ 두 번째 문단에 따르면 탈피 시기가 되면 먹이 섭취 활동과 관련된 자극이 유충의 뇌에 전달되어 뇌에 있던 전흉선자극호르몬의 분비가 촉진되고, 전흉선으로 이동한 전흉선자극호르몬은 탈피호르몬의 분비를 촉진한다. 따라서 ⓐ에서처럼 전흉선을 제거하면 전흉선자극호르몬이 탈피호르몬이 분비되는 전흉선으로 이동할 수 없게 되어 탈피가 일어나지 않을 것이다. 그러나 전흉선을 제거해도 먹이 섭취 활동과 관련된 자극이 유충의 뇌에 전달될 수 있다.

| 풀이 포인트 |

추리적 사고 능력을 검증하는 문제로, 제시문의 세부 정보에 대한 정확한 이해를 토대로 선택지의 타당성을 판단할 수 있는지 묻고 있다. 따라서 먼저 선택지를 읽은 후에 제시문 중에서 선택지를 입증하는 내용 또는 선택지에 배치되는 내용을 찾는다. 다만 제시문의 내용만으로는 타당성을 판단할 수 없는 선택지는 추론할 수 없는 선택지로 본다.

배경지식

탈피(脫皮)
동물이 체표의 가장 바깥층(큐티클)을 벗는 것으로, 절지동물·선형동물 등의 무척추동물과 파충류·양서류 등의 척추동물에서 볼 수 있다. 곤충의 경우에는 몸의 겉이 딱딱하기 때문에 허물을 벗어버리고 몸이 성장하게 된다. 즉, 애벌레일 때 몸이 커짐에 따라 여러 번 탈피하고, 번데기에서 성충으로 변태를 할 때도 탈피한다.

06 비판하기   정답 ④

ⓑ ㉠과 '결과 2'를 종합하면 유충이 성장해 성체로 최종 탈피할 때까지 혈중 탈피호르몬의 농도가 일정하다가 성체로 자란 이후에는 탈피하지 않는 곤충들은 성체로의 마지막 탈피가 끝난 다음에 탈피호르몬이 사라진다. 이처럼 탈피호르몬이 사라진 것은 ⓑ에서처럼 성체가 된 이후에 탈피하지 않는 곤충들의 전흉선(탈피호르몬 분비 기관)이 사라져 탈피호르몬이 전혀 분비되지 않기 때문인 것으로 볼 수 있다.

ⓒ '결과 1'에 따르면 유충이 자라 성체에 가까워질 때까지 유충호르몬의 혈중 농도는 점점 줄어든다. 또한 '결과 2'에 따르면 성체가 될 때까지 탈피호르몬의 혈중 농도는 일정하다. 따라서 성체에 가까워질수록 ⓒ의 내용처럼 탈피호르몬 대비 유충호르몬의 비율이 작아질수록 그 곤충은 성체의 특성이 두드러질 것이다.

[오답분석]

ⓐ 세 번째 문단에 따르면 유충호르몬에스터라제는 유충호르몬을 분해함으로써 혈중 유충호르몬의 농도가 낮추는 역할을 하는 효소이다. 따라서 ⓐ의 내용처럼 혈중 유충호르몬에스터라제의 양이 유충기에 가장 많으며 성체기에서 가장 적다면, 유충호르몬의 농도는 유충기에 가장 적고 성체기에서 가장 많게 된다. 즉, '결과 1'과 정반대가 되므로 ⓐ는 〈실험 결과〉를 분석한 내용으로 적절하지 않다.

PART 1

DAY 01
DAY 02
DAY 03
DAY 04
DAY 05
DAY 06
DAY 07
DAY 08
DAY 09
DAY 10

| 풀이 포인트 |

비판적 사고 능력을 검증하는 문제로, 제시문에 나타난 현상의 발생 원리를 강화 또는 약화시킬 수 있는 구체적 상황을 선택지에서 가정한 후에 논리적인 판단을 할 수 있는지 묻고 있다. 따라서 먼저 제시문에 나타난 현상의 발생 원리를 정확히 이해한 후에 선택지가 제시문의 내용을 강화 또는 약화시킬 수 있는지 검토해야 한다.

[07~09] 지문 분석

- **주제** : 연륜연대학이 법률적 사안의 해결에 활용될 수 있는 가능성에 대한 전망
- **핵심 키워드** : 연륜연대학, 나이테, 연륜화학
- **글의 구조**
  - ▷ 1문단 : 법정에서 과학적 증거로 활용될 수 있는 연륜연대학
    - 과학 기술이 발달하고 일상의 삶에 미치는 영향이 점점 커짐에 따라 법정에서 과학 기술 전문가의 지식을 필요로 하는 사례도 늘고 있다.
    - 최근에는 연륜연대학에 기초한 과학적 증거의 활용도 새롭게 관심을 끌고 있다.
  - ▷ 2문단 : 연륜연대학의 정의
    - 연륜연대학은 나이테를 분석해 나무의 역사를 재구성하는 과학이다.
    - 나이테의 폭, 형태, 화학적 성질은 수목이 노출되어 있는 환경의 영향을 받는다.
  - ▷ 3문단 : 연륜연대학의 사례
    - 나이테의 특이 패턴을 통해 인근 지역에서 생산된 목재의 역사를 소급할 수 있다.
  - ▷ 4문단 : 나이테가 법률적 사안 해결에 도움을 줄 수 있는 이유
    - 수목으로 소유지 경계를 표시하던 과거에는 수목의 나이를 확인하는 것이 분쟁 해결에 중요한 역할을 담당했다.
    - 형사 사건에서도 나이테 분석을 활용한 적이 있다.
  - ▷ 5문단 : 환경 소송 분야에서 활용 잠재성이 큰 나이테 분석 방법
    - 나이테에 담긴 환경 정보를 분석하면 특정 유해 물질이 어느 지역에 언제부터 배출되었는지를 확인할 수 있다.
    - 넓은 의미의 연륜연대학 중에서 목의 화학적 성질에 초점을 맞춘 연구만을 따로 연륜화학이라 부르기도 한다.

  - ▷ 6문단 : 연륜연대학이 법정에서 활용될 수 있는 가능성에 대한 (긍정적) 전망
    - 과학 기술 전문가의 견해가 법정에서 활용되려면 일정한 조건을 충족해야 한다.
    - 연륜연대학이 법정에서 활용되기에는 아직은 무리일 수 있으나, 법원의 요구에 부응하는 과학 기술적 토대를 갖추었다고 평가하는 견해가 늘어나고 있다.

07 추론하기

청답 ①

다섯 번째 문단에 따르면 과학자들은 나이테에 담긴 환경 정보의 종단 연구를 통해 기후 변동의 역사를 고증하고, 미래의 기후 변화를 예측하는 데 주로 관심을 기울여 왔다. 따라서 나이테 분석이 아직 발생하지 않은 변동을 예측하는 데는 사용되지 못할 것이라는 ①의 내용은 적절하지 않다.

오답분석

② 네 번째 문단에 따르면 수목으로 소유지 경계를 표시하던 과거에는 수목의 나이를 확인하는 것이 분쟁 해결에 중요한 역할을 담당했다. 성목으로 심을 당시 이미 나이테가 있었을 것이기 때문에 경계 획정 시기로 소급해도 나이테 개수가 더 많을 것이다.

③ 문단 Ⓐ에 제시된 경우처럼 2005년에 나무를 잘랐다는 확실한 사건에 나이테가 400개라는 지식이 추가되면 비교할 나무가 없어도 그 나무의 나이가 400살이라고 추산할 수 있다.

④ 다섯 번째 문단에 따르면 나이테에 담긴 환경 정보에는 중금속이나 방사성 오염 물질, 기타 유해 화학 물질에 대한 노출 여부가 포함되므로 이를 분석하면 특정 유해 물질이 어느 지역에 언제부터 배출되었는지를 확인할 수 있을 것이다. 따라서 ④의 내용처럼 가로수의 특정 나이테 층에서 납 성분이 발견된다면 그 나이테가 형성될 당시에 납을 함유한 자동차 연료가 사용되었다고 추정할 수 있다.

⑤ 연륜연대학에서는 나무의 외피였던 나이테에 담긴 환경 정보를 연구한다. 그런데 ⑤의 내용처럼 심부로도 수분과 양분이 공급되는 나무의 경우에는 유해 화학 물질이 심부에도 침투되어 그 물질이 언제 배출되었는지 추산하기 곤란해진다. 변수가 추가되어 오차가 발생하는 것이다.

| 풀이 포인트 |

추리적 사고 능력을 검증하는 문제로, 제시문에 나타난 현상의 원리에 대한 이해를 바탕으로 선택지의 타당성을 검증할 수 있는지 묻고 있다. 따라서 제시문 중에서 선택지를 입증하거나 또는 선택지에 배치되는 내용을 찾아 대조함으로써 선택지를 검증한다.

08 추론하기　　　　정답 ③

문단 ⓐ에서 1628년 ~ 1643년(16년 동안)에 넓은 나이테 5개, 좁은 나이테 5개, 넓은 나이테 6개 순으로 연속된 특이 패턴이 나타났다고 했는데, 1628년 ~ 1633년(6년 동안)에는 넓은 나이테, 1634년 ~ 1638년(5년 동안)에는 좁은 나이테, 1639년 ~ 1643년(5년)에는 넓은 나이테가 형성된 것이다. 또한 대들보로 사용된 나무에서 동일한 패턴이 발견된다면 1613년 ~ 1618년에 넓은 나이테 6개, 1619년 ~ 1623년에 좁은 나이테 5개, 1624년 ~ 1628년에 넓은 나이테 5개가 형성된 것이다. 그런데 ⓐ에서 대들보로 사용된 나무는 1650년에 베어졌다고 했으므로 가장자리에서 20번째 나이테는 1630년에 형성된 것이다. 1628년부터 1633년까지 6년 동안은 넓은 나이테가 형성되었으므로 1630년에 형성된 나이테의 폭이 좁을 것이라는 ③의 내용은 옳지 않다.

오답분석
① ⓐ에서 2005년에 베어 낸 수목에 400개의 나이테가 있다고 했으므로 ①의 내용처럼 이 나무는 2005년부터 400년 전인 1605년경부터 자랐을 것이다.
② ⓐ에 따르면 대들보로 사용된 나무는 1950년에 베어졌다. 그러므로 가장자리에서 10번째 나이테는 1640년에 형성된 것이다. 또한 위 ③의 해설에서처럼 1639년부터 1643년까지 5년 동안은 넓은 나이테가 형성되었다. 따라서 1640년에 형성된 나이테의 폭이 넓을 것이라는 ②의 내용은 옳다.
④ ⓐ에 따르면 대들보로 사용된 나무는 1950년에 베어졌다. 그러므로 가장자리에서 15번째 나이테는 1635년에 형성된 것이다. 또한 위 ③의 해설에서처럼 1634년부터 1638년까지 5년 동안은 좁은 나이테가 형성되었다. 따라서 1635년에 형성된 나이테의 폭은 좁을 것이다.
⑤ ⓐ에 따르면 대들보로 사용된 나무는 1318년경부터 자라기 시작해 1650년경에 베어졌다. 또한 대들보 목재를 기둥 목재와 비슷한 방식으로 비교했다고 했으므로 대들보 목재와 기둥 목재의 나이테 패턴 비교 구간은 1318년 ~ 1650년이라고 추론할 수 있다.

09 추론하기　　　　정답 ③

B에 따르면 사안에 대한 관련성이 인정되면 모두 증거로 활용하되, 전문가의 편견 개입 가능성 등 일정한 사유가 있을 경우에만 증거로 활용하지 않는다. 먼저 ③에서처럼 법원이 해당 연구 결과를 유의미하게 활용한 것이 맞다면, 그 연구의 수행자는 피해 당사자의 입장을 적극 대변하는 인물이라고 추정할 수 없다. 편견 개입 가능성이 있다면 법원에서 그의 연구를 증거로 활용하지 않았을 것이기 때문이다. 또한 ③의 내용을 역으로 분석해보면 연구의 수행자가 피해 당사자의 입장을 적극 대변하는 인물이 맞다면 전문가로서의 편견 개입 가능성이 높다고 볼 수 있으므로 법원에서 그의 연구를 증거로 활용하지 않을 것이다.

오답분석
① A의 내용처럼 법원이 관련 분야 전문가들의 일반적 승인을 얻은 것만을 증거로 활용한다고 할 경우에, ①에서처럼 법원이 수목의 병충해 피해 보상을 판단할 때 해당 연구 결과를 유의미하게 활용했다면 법원은 나이테를 통한 비교 연대 측정 방법이 전문가들에게 대체로 인정된다고 본 것이다.
② 다섯 번째 문단에 따르면 넓은 의미의 연륜연대학 중에서 수목의 화학적 성질에 초점을 맞춘 연구만을 따로 연륜화학이라 부르기도 한다. A의 내용처럼 법원이 관련 분야 전문가들의 일반적 승인을 얻은 것만을 증거로 활용한다고 할 경우에, ②에서처럼 법원이 공장의 유해 물질 배출로 인한 피해의 배상을 판단할 때 해당 연구 결과를 유의미하게 활용했다면 법원은 연륜화학의 방법이 전문가들에게 대체로 인정된다고 본 것이다.
④ 여섯 번째 문단에 따르면 과학 기술 전문가의 견해를 법정에서 유의미하게 활용하려고 할 때 법원은 특정 이론의 사이비 과학 여부 등에 신경을 쓸 수밖에 없다. 또한 C에 따르면 사안에 대한 관련성이 인정되고 일정한 신뢰성 요건을 갖춘 것은 모두 증거로 활용한다. 따라서 ④에서처럼 법원이 장기간의 가뭄으로 인한 농가 피해의 보상을 판단할 때 해당 연구 결과를 유의미하게 활용했다면, 법원은 나이테 분석은 사이비 과학이 아니라고 본 것이다.

⑤ 두 번째 문단과 다섯 번째 문단에 따르면 연륜연대학의 나이테 분석 방법을 통해 나이테가 생성되었을 당시의 강수량에 대한 정보를 알 수 있다. 그러므로 연륜연대학은 C에서 언급한 '관련성'과 '신뢰성' 요건 중에 관련성, 즉 강수량과 나이테 사이의 관련성이 인정되므로 선택지 ⑤에서는 C에서 '신뢰성'이 충족되었는지 판단한다. 따라서 ⑤에서처럼 법원이 해당 연구 결과를 유의미하게 활용하지 않았다면 법원은 연륜연대학의 방법이 관련성과 신뢰성 중에 신뢰성을 충족하지 못했다고 판단한 것이다.

배경지식

사이비(似而非) 과학

일반적으로 사이비 과학은 특정한 이론이나 지식 체계가 과학적 방법에 토대를 두고 있는 과학적 진리라고 간주하지만 실제로는 과학적 방법과 정당성을 확보하지 못한 입장을 뜻한다. 즉, 실제와 비슷할 뿐이며 진실은 아니라는 비판적인 의미가 있다. 그래서 영어권에서는 '사이비'라는 뜻의 접두사 'Pseudo-'를 붙여 'Pseudoscience'라고 부르며, 우리말로는 유사과학(類似科學), 의사과학(擬似科學)이라고 부르기도 한다.

PART 1

DAY 01
DAY 02
DAY 03
DAY 04
DAY 05
DAY 06
DAY 07
DAY 08
DAY 09
DAY 10

01	02	03	04	05	06	07	08	09	
②	②	⑤	④	④	④	⑤	②	④	

[01~04] 지문 분석

- **주제** : 디지털 통신 시스템의 전송 과정과 부호화 방식
- **핵심 키워드** : 디지털 통신 시스템, 부호화, 기호 집합의 엔트로피
- **글의 구조**
  - ▷ 1문단 : 데이터, 정보량, 엔트로피 등의 개념
    - 디지털 통신 시스템은 송신기, 채널, 수신기로 구성된다.
    - 부호화의 목적은 전송할 데이터를 빠르고 정확하게 전달하기 위한 것이다
    - 데이터는 기호 집합에 있는 기호들의 조합이다.
    - 정보량은 어떤 기호가 발생했다는 것을 알았을 때 얻는 정보의 크기이다.
    - 기호의 발생 확률과 정보량은 반비례한다.
    - 기호 집합의 평균 정보량을 기호 집합의 엔트로피라고 한다.
    - 모든 기호들이 발생 확률이 같을 때 그 기호 집합의 엔트로피는 최댓값을 갖는다.
  - ▷ 2문단 : 송신기에서의 부호화 – 소스 부호화
    - 송신기에서 소스 부호화, 채널 부호화, 선 부호화를 거쳐 기호를 부호로 변환한다.
    - 소스 부호화는 데이터 압축을 위해 기호를 0과 1의 부호로 변환하는 과정이다.
    - 어떤 기호가 부호로 변환되었을 때 0 또는 1을 비트라고 한다.
    - 엔트로피는 기호 집합에 있는 기호를 부호로 표현하는 데 필요한 평균 비트 수의 최솟값이다.
    - 엔트로피 부호화는 기호 집합을 엔트로피에 최대한 가까운 평균 비트 수를 갖는 부호들로 변환하는 것이다.
  - ▷ 3문단 : 송신기에서의 부호화 – 채널 부호화
    - 채널 부호화는 오류를 검출·정정하기 위해 부호에 잉여 정보를 추가하는 과정이다.
    - '삼중 반복 부호화'는 0과 1을 각각 000과 111로 부호화한다. 수신기에서는 수신한 부호에 0이 과반수이면 0으로, 1이 과반수이면 1로 판단한다.
    - 부호율=(채널 부호화 전의 부호의 비트 수)÷(채널 부호화 후의 부호의 비트 수)

- ▷ 4문단 : 송신기에서의 부호화 – 선 부호화
  - 채널 부호화를 거친 부호들은 전기 신호로 변환한 후에 채널을 통해 전송한다.
  - 선 부호화는 0 또는 1에 해당하는 전기 신호의 전압을 결정하는 과정이다.
  - 차동 부호화는 부호의 비트가 0이면 전압을 유지, 1이면 전압을 변화시킨다.
  - 수신기에서는 전압의 변화가 있으면 1로, 변화가 없으면 0으로 판단한다.

01　일치 · 불일치　　정답 ②

두 번째 문단에 따르면 전송된 부호를 수신기에서 원래의 기호로 복원하려면 부호들의 평균 비트 수가 기호 집합의 엔트로피보다 크거나 같아야 한다. 따라서 수신기에는 부호를 기호로 복원하는 기능이 있음을 알 수 있다.

오답분석

① 세 번째 문단에 따르면 채널 부호화는 오류를 검출하고 정정하기 위하여 부호에 잉여 정보를 추가하는 과정이다. 또한 두 번째 문단에 따르면 소스 부호화는 데이터를 압축하기 위해 기호를 0과 1로 이루어진 부호로 변환하는 과정이다. 따라서 채널 부호화는 오류를 해소하기 위한 것이고, 데이터를 압축하기 위한 과정은 소스 부호화임을 알 수 있다.

③ 세 번째 문단에 따르면 채널 부호화는 부호에 잉여 정보를 추가함으로써 오류를 검출·정정하는 과정이다. 즉, 잉여 정보를 추가하는 것은 데이터의 압축이 아니라 오류의 해결을 위한 것이다.

④ 첫 번째 문단에 따르면 영상은 데이터에 포함되며, 세 번째 문단에 따르면 송신기에서 부호를 전송하면 채널의 잡음으로 인해 오류가 발생한다. 따라서 영상을 전송할 때는 잡음으로 인한 오류가 발생할 수 있다.

⑤ 두 번째 문단에 따르면 소스 부호화는 데이터를 압축하기 위해 기호를 0과 1로 이루어진 부호로 변환하는 과정이다. 또한 세 번째 문단에 따르면 부호에 잉여 정보를 추가해 오류를 검출·정정하는 과정은 채널 부호화이다.

배경지식

부호화(Encoding)
주어진 정보를 어떤 표준적인 형태로 변환하거나 거꾸로 변환하는 과정을 뜻한다.

02 추론하기 정답 ②

첫 번째 문단에 따르면 기호 집합의 엔트로피는 기호 집합의 평균 정보량을 뜻하며, 모든 기호들이 동일한 발생 확률을 가질 때 그 기호 집합의 엔트로피는 최댓값을 갖는다. 그런데 ②에서처럼 기호들의 발생 확률이 1/4과 3/4으로 동일하지 않다면 기호 집합의 평균 정보량, 즉 엔트로피는 최댓값이 될 수 없다.

[오답분석]

① 첫 번째 문단에 따르면 어떤 기호 집합에서 특정 기호의 발생 확률이 높으면 그 기호의 정보량은 적고, 발생 확률이 낮으면 그 기호의 정보량은 많다. 즉, 기호 발생 확률과 정보량은 반비례한다. 따라서 ①에서처럼 기호들의 발생 확률이 1/2로 모두 같다면 정보량도 동일한 것이다.

③ 첫 번째 문단에 따르면 어떤 기호 집합에서 기호 발생 확률과 정보량은 반비례한다. 따라서 ③에서처럼 기호들의 발생 확률이 각각 1/4과 3/4이라면 발생 확률이 더 낮은 기호의 정보량이 더 많은 것이다.

④ 두 번째 문단에 따르면 기호 집합의 엔트로피는 기호 집합에 있는 기호를 부호로 표현하는 데 필요한 평균 비트 수의 최솟값이다. 또한 첫 번째 문단에 따르면 모든 기호들이 동일한 발생 확률을 가질 때 그 기호 집합의 엔트로피는 최댓값을 갖는다. 따라서 ④에서처럼 기호들의 발생 확률이 1/2로 모두 같다면 이 기호 집합에 있는 기호를 부호로 표현할 때 필요한 평균 비트 수의 최솟값(기호 집합의 엔트로피)은 최대가 됨을 알 수 있다.

⑤ 첫 번째 문단에 따르면 기호 집합의 평균 정보량을 기호 집합의 엔트로피라고 하며, 주석에 따르면 평균 정보량은 각 기호의 발생 확률과 정보량을 서로 곱하여 모두 더한 것이다. 또한 첫 번째 문단에 따르면 기호 발생 확률과 정보량은 반비례한다. 따라서 ⑤에서처럼 기호들의 발생 확률이 각각 1/4, 3/4인 경우의 기호 집합의 엔트로피와, 3/4, 1/4인 경우의 기호 집합의 엔트로피는 같음을 알 수 있다.

배경지식

엔트로피(Entropy)

• 열의 이동과 더불어 유효하게 이용할 수 있는 에너지의 감소 정도나 무효(無效) 에너지의 증가 정도를 나타내는 양
• 정보를 내보내는 근원의 불확실도를 나타내는 양
• 정보량의 기대치를 이르는 말

---

03 추론하기 정답 ⑤

세 번째 문단에 따르면 채널 부호화 중 하나인 삼중 반복 부호화는 0과 1을 각각 000과 111로 부호화하는 것이며, 수신기에서는 수신된 0과 1의 부호 중에서 과반수를 차지한 부호로 판단을 하므로 하나의 비트에서 오류가 생겨도 오류는 정정된다. 즉, '000, 001, 010, 100을 모두 0으로 판단해 오류를 정정한다. 그런데 삼중 반복 부호화 과정으로 '0'을 부호화하면 '000'이 되는데, 만일 이 가운데 두 개의 비트에 오류가 발생하면 '110', '101', '011' 중 하나가 될 것이고, 그러면 '1'이 과반수를 차지해 '1'로 판단하므로 오류를 정정하지 않게 될 것이다.

[오답분석]

① 네 번째 문단에 따르면 선 부호화는 0 또는 1에 해당하는 전기 신호의 전압을 결정하는 과정이다. 또한 두 번째 문단에 따르면 선 부호화는 송신기에서 일어난 과정이다. 따라서 ①에서처럼 수신기에서 부호를 전기 신호로 변환한다는 내용은 옳지 않다.

② 두 번째 문단에 따르면 허프만 부호화에서는 발생 확률이 높은 기호에는 비트 수가 적은 부호를, 발생 확률이 낮은 기호에는 비트 수가 많은 부호를 할당한다. 또한 첫 번째 문단에 따르면 어떤 기호 집합에서 특정 기호의 발생 확률이 높으면 그 기호의 정보량은 적고, 발생 확률이 낮으면 그 기호의 정보량은 많다. 따라서 허프만 부호화에서는 정보량이 많은 기호는 기호의 발생 확률이 낮으므로 상대적으로 비트 수가 많은 부호를 할당함을 알 수 있다.

③ 세 번째 문단에 따르면 채널 부호화는 오류를 검출·정정하기 위해 부호에 잉여 정보를 추가해 전송하는 것이다. 따라서 채널 부호화 과정을 거친 부호들은 잉여 정보를 포함한 상태에서 선 부호화함을 알 수 있다.

④ 세 번째 문단에 따르면 부호율은 채널 부호화를 하기 전 부호의 비트 수를, 채널 부호화를 한 후 부호의 비트 수로 나누는 것이다. 채널 부호화 과정을 통해 잉여 정보를 추가한 후의 비트 수는 채널 부호화 과정 전의 비트 수보다 많아지므로 부호율은 1보다 작아짐을 알 수 있다.

---

04 추론하기 정답 ④

네 번째 문단에 따르면 차동 부호화는 기준 신호를 사용해 부호의 비트가 0이면 전압을 유지하고, 1이면 전압을 변화시킨다. 또한 보기에 따르면 '비'의 부호는 10이며, 10이 삼중 부호화를 거치면 1110000이 된다. 따라서 ④에서처럼 기준 신호가 양(+)이라면 111000의 첫 1에서 전압이 바뀌어 음(-)이 되고, 두 번째 1에서 또 바뀌어 양(+)이 되며, 세 번째 1에서도 바뀌어 음(-)이 되며, 네 번째부터는 0이 이어지므로 전압이 음(-)으로 유지된다. 이것을 정리하면 '음, 양, 음, 음, 음, 음'의 전압을 갖는 전기 신호로 변화됨을 알 수 있다.

① 두 번째 문단에 따르면 기호 집합의 엔트로피는 기호 집합에 있는 기호를 부호로 표현하는 데 필요한 평균 비트 수의 최솟값이며, 첫 번째 문단에 따르면 모든 기호들이 동일한 발생 확률을 가질 때 그 기호 집합의 엔트로피는 최댓값을 갖는다. 또한 보기에 따르면 '맑음, 흐림, 비, 눈' 4개의 기호의 발생 확률은 모두 같으며, 각각의 기호의 평균 비트 수는 2개이다. 따라서 ①에서처럼 기호 집합 (맑음, 흐림, 비, 눈)의 엔트로피의 최댓값은 2임을 알 수 있다.

② 두 번째 문단에 따르면 엔트로피 부호화는 기호 집합을 엔트로피에 최대한 가까운 평균 비트 수를 갖는 부호들로 변환하는 것이다. 또한 보기에 따르면 엔트로피 부호화를 통해 '맑음, 흐림, 비, 눈' 등 4개의 기호를 각각 2개의 비트 수로 부호화했다. 따라서 ②에서처럼 '흐림비맑음흐림'은 엔트로피 부호화를 통해 '01100001'로 바뀜을 알 수 있다.

③ 세 번째 문단에 따르면 삼중 반복 부호화는 0과 1을 각각 000과 111로 부호화하고, 수신기에서는 수신한 부호에 0이 과반수인 경우에는 0으로, 1이 과반수인 경우에는 1로 판단한다. 따라서 특정 날씨의 부호를 '110001'과 '101100'으로 각각 수신했다면 이것들을 모두 '10'으로 인식해 날씨가 같다고 판단할 것이다.

⑤ 보기에 따르면 '흐림'의 부호는 01이다. 01을 삼중 부호화하면 000111로 바뀐다. ⑤에서처럼 기준 신호가 양(+)의 전압일 경우에 000111을 차동 부호화하면 '양, 양, 양, 음, 양, 음'의 전기 신호로 수신되므로 '흐림'이라고 판단하지 않을 것이다.

[05~06] 지문 분석

• **주제** : 인류가 왼손보다 오른손을 선호하는 경향의 원인

• **핵심 키워드** : 오른손 선호 경향, 뇌의 좌우반구의 기능 분화

• **글의 구조**

▷ 1문단 : 오른손을 선호하는 경향의 원인에 대한 '가설 1' – 결투
  – 현대 인류가 왼손보다 오른손을 선호하는 경향은 결투에서 비롯됐을 수도 있다.
  – 그러나 이러한 가설은 결투와 무관했던 여성들의 오른손 선호를 설명하지 못한다.

▷ 2문단 : 오른손을 선호하는 경향의 원인에 대한 '가설 2' – 배변 후 뒤처리
  – 배변 후에 맨손으로 뒤처리를 할 때 사용하는 왼손과 음식을 먹거나 인사할 때 사용하는 오른손을 구분함으로써 병균을 옮길 위험을 줄이려 했다.
  – 오른손과 왼손의 역할 분담에 관한 관습을 따르지 않으면 벌을 받았다.

▷ 3문단 : '가설 2'에 대한 문제 제기
  – 위의 '가설 2'는 왜 애초에 오른손이 먹는 일에, 왼손이 배변 처리에 사용되었는지 설명하지 못한다.
  – 세상에는 왜 온통 오른손잡이 사회들뿐인지에 대한 근본적인 설명은 다른 곳에서 찾아야 한다.

▷ 4문단 : 오른손을 선호하는 경향의 원인에 대한 '가설 3' – 뇌의 기능 분화
  – 한쪽 손을 주로 쓰는 경향은 뇌의 좌우반구의 기능 분화와 관련되어 있다.
  – 왼손잡이는 읽기, 쓰기, 개념적·논리적 사고 등에서 오른손잡이보다 약하다.
  – 왼손잡이는 상상력, 패턴 인식, 창의력 등에서 오른손잡이보다 기민하다.

▷ 5문단 : 4문단에서 제시한 '뇌의 기능 분화'를 입증하는 또 다른 근거
  – 오스트랄로피테쿠스의 80%는 오른손잡이였다. 이는 현대인과 거의 일치한다.
  – 포유류 뇌의 좌우반구 기능은 인간과 본질적으로 같으며, 좌우반구의 신체 제어에서 좌우 교차가 일어난다는 점도 인간과 같다.

▷ 6문단 : 좌우반구의 힘겨루기에서 좌반구가 승리함
  – 뇌의 좌반구가 인간의 행동을 지배하는 권력을 갖게 되었기 때문에 오른손 선호에 이르렀을 것이다.
  – 이것이 사실이라면 직관적 사고에 대한 논리적 비판은 거시적 관점에서 그 타당성을 의심해볼 만하다.

---

05 세부 내용의 이해 `정답 ④`

두 번째와 세 번째 문단에 따르면 기술 발달 이전의 사회에서는 대개 왼손을 배변 뒤처리에, 오른손을 먹고 인사하는 일에 사용한 것은 인간 사회에서 널리 나타나는 '오른쪽'에 대한 긍정과 '왼쪽'에 대한 반감을 어느 정도 설명해 줄 수 있겠지만 왜 애초에 오른손이 먹는 일에, 그리고 왼손이 배변 처리에 사용되었는지 설명해주지 못한다. 확률로 말하자면 양손 중에 왼손이 배변 처리를 담당하게 될 확률은 2분의 1이기 때문이다. 따라서 식사와 배변 뒤처리에 쓰이는 손이 다르게 된 것의 원인은 뇌의 좌우반구의 기능과 무관하다.

① 두 번째 문단에 따르면 기술 발달 이전의 사회에서 배변 뒤처리에 대개 왼손을 사용한 이유는 병균을 옮길 위험의 가능성을 낮추기 위함이라고 추정된다. 그러나 제시문에는 명문화된 규범 등의 문헌적 증거를 언급하지 않았다.

② 네 번째 문단에 따르면 개념적·논리적 사고 등은 좌반구가 담당하는 정신 기능이며, 여섯 번째 문단에 따르면 뇌의 좌우반구의 힘겨루기에서 승리한 좌반구가 인간의 행동을 지배하게 되었다. 따라서 직관적 사고보다 논리적 사고가 인간의 행위를 더 강하게 지배한다고 볼 수 있다.

③ 다섯 번째 문단에 따르면 인간은 오른손잡이가 대다수이며, 포유류에 속하는 동물들은 앞발 중에 대개 왼발을 즐겨 쓴다. 따라서 인간을 제외한 대부분의 포유류의 뇌는 좌우 반구의 힘겨루기에서 우반구가 우세하다고 볼 수 있다.

⑤ 두 번째와 세 번째 문단에 따르면 왼손을 천대하고 오른손을 귀하게 여기는 경향의 원인으로 '배변 후 뒤처리'로 인한 병균 전파의 위험 감소를 추정하는 것은 왜 애초에 오른손이 먹는 일에, 그리고 왼손이 배변 처리에 사용되었는지 설명해주지 못한다. 배변 후 뒤처리에 오른손이나 왼손을 사용할 확률은 각각 2분의 1로 같은 것이다. 따라서 세 번째 문단의 마지막 문장처럼 세상에는 왜 온통 오른손잡이 사회뿐인지에 대한 근본적인 설명은 다른 곳에서 찾아야 할 것이다.

| 풀이 포인트 |

사실적 사고 능력을 검증하는 문제로, 독해력·이해력 등을 통해 제시문에 언급된 세부 정보를 정확하게 파악하고 있는지 묻고 있다. 따라서 제시문의 각 문단의 핵심을 정리한 후에 선택지를 읽으면 선택지를 진위 여부를 판단할 수 있는 내용을 제시문에서 빠르게 찾을 수 있다.

배경지식

뇌의 좌우반구

• 뇌의 80% 정도를 차지하는 대뇌는 좌반구와 우반구로 나뉘어 있다. 좌우의 각 반구는 여러 가지 중요한 정신 기능에 있어서 전문화되어 있다.

• 좌반구는 언어, 읽기, 쓰기, 수학 등의 논리적 사고, 분석적 사고를 주관한다.

• 우반구는 음악 등의 예술적 능력, 상상력, 창의력, 고도로 발달된 공간 및 형태 감각 능력 등을 주관한다.

06 비판하기 　　　　정답 ④

네 번째 문단에 따르면 읽기와 쓰기(=언어 능력), 개념적 사고 등은 우반구의 기능이며, 패턴 인식은 전형적인 우반구의 기능이다. 또한 여섯 번째 문단에 따르면 제시문의 핵심은 '뇌의 좌반구가 인간의 행동을 지배하는 권력을 갖게 되었기 때문에 오른손 선호에 이르렀다'는 것이다. 따라서 '언어·개념 등을 담당하는 좌반구가 인류의 행동을 지배한다'는 제시문의 핵심 내용과 다르게 ④의 진술처럼 인류 조상들의 행동의 성패를 좌우한 것이 시각 패턴 인식 능력 때문이라면 제시문의 논지가 약화될 것이다.

(오답분석)

① 다섯 번째 문단에 따르면 비비원숭이의 두개골 화석 연구 결과에 따르면 오스트랄로피테쿠스는 약 80%가 오른손잡이였다. 오스트랄로피테쿠스가 양손 중 어떤 손을 주로 사용했는지에 대한 통계적 사실은 인간이 양손 중 어느 손을 사용하는지에 대한 보충 자료일 뿐이다. 또한 제시문에는 오스트랄로피테쿠스의 지능과 관련한 설명이 없다.

② 제시문의 논지에 따르면 왼쪽에 대한 반감과 왼손잡이의 낮은 비율은 무관하며, 오른쪽에 대한 선호와 오른손잡이의 높은 비율 또한 무관하다. 또한 ②의 논지는 '왼쪽에 대한 반감의 정도와 왼손잡이의 비율은 무관하다'는 것이다. 따라서 ②의 논지는 제시문의 논지와 같으므로 제시문의 논지를 약화하지 않는다.

③ 네 번째 문단에 따르면 뇌의 좌우반구는 기능적으로 분화되어 있으며, 다섯 번째 문단에 따르면 오스트랄로피테쿠스의 경우처럼 현대인의 대다수는 오른손잡이이다. 그러나 제시문에는 좌우반구의 해부학적 구조의 차이와 관련한 내용이 없으며, ③의 진술처럼 뇌의 해부학적 구조에서 유의미한 차이가 없다는 것이 사실로 입증되어도 이는 현대인의 대다수는 오른손잡이라는 제시문의 논지를 약화시킬 수 있는 것은 아니다.

⑤ 제시문의 논지는 왼손(왼쪽)에 대한 반감이 아니라 왜 오른손잡이가 대다수인가 하는 것이므로 ⑤의 진술은 제시문의 논지와 관련이 없다.

| 풀이 포인트 |

비판적 사고 능력을 검증하는 문제로, 본문에서 제시된 논지를 강화 또는 약화시킬 수 있는 구체적인 상황을 선택지에서 제시하며 논리적인 판단을 할 수 있는지 묻고 있다. 따라서 먼저 제시문에 나타난 논지의 근거를 파악한 후에 선택지의 상황이 제시문의 논지를 강화 또는 약화시킬 수 있는지 판단해야 한다.

배경지식

오스트랄로피테쿠스

'아프리카 남쪽의 원숭이'라는 뜻으로, 1924년에 남아프리카 타웅(Taung)에서 발견한 화석 인류를 말한다. 약 300만 년 전에 생존하였던 것으로 추정된다. 뇌 용량은 고릴라보다 약간 큰 정도(약 550cc)이고 유인원의 특징이 있으나, 완전한 직립 보행과 도구(석기)의 제작, 성별에 따른 노동의 분담 등을 근거로 진화론에서는 최초의 인류로 보기도 한다.

PART 1

DAY 01
DAY 02
DAY 03
DAY 04
DAY 05
DAY 06
DAY 07
DAY 08
DAY 09
DAY 10

• 주제 : 전자 현미경과 광학 현미경의 차이점
• 핵심 키워드 : 전자 현미경, 광학 현미경, 에어리 원반, 해상도, 물질파의 파장
• 글의 구조
 ▷ 1문단 : 광학 현미경과 전자 현미경의 비교
  − 전자 현미경과 광학 현미경의 원리는 같으나 관찰의 매체가 다르다.
  − 광학 현미경은 관찰의 매체로 가시광선을 사용하고 유리 렌즈로 빛을 집속한다.
  − 첨단 소재 분야의 연구에서 필요한 전자 현미경은 전자빔을 사용하고 전류가 흐르는 코일에서 발생하는 자기장을 이용하여 전자빔을 집속한다.
 ▷ 2문단 : 광학 현미경의 한계와 전자 현미경의 장점
  − 광학 현미경은 시료의 각 점에서 산란된 빛을 렌즈로 집속해 상(像)을 만든다.
  − 광학 현미경은 에어리 원반이 발생해 해상도가 낮아지므로 미세한 구조를 관찰하는 데 어려움이 있다. 해상도는 한계점에서 시료 위의 두 점 사이의 거리이다.
  − 최소 해상도는 사용하는 파동의 파장, 렌즈의 초점 거리에 비례, 렌즈의 직경에 반비례한다. 파장이 짧을수록 최소 해상도가 작아지며, 또렷한 상을 얻을 수 있다.
  − 광학 현미경은 파장이 가장 짧은 가시광선을 사용하더라도 그 해상도는 파장의 약 절반인 200nm보다 작아질 수가 없다.
  − 전자 현미경에 이용하는 물질파의 파장은 입자의 질량과 속도의 곱인 운동량에 반비례한다.
  − 전자 현미경에서 가속 전압이 클수록 전자의 속도가 크다.
 ▷ 3문단 : 전자 현미경이 초점 거리 및 배율 조정과 전자 현미경의 단점
  − 전자 현미경의 렌즈는 전자의 이동 경로를 휘게 하여 전자를 모아 준다.
  − 전자 현미경의 코일에 흐르는 전류가 증가되면 코일에서 발생하는 자기장의 세기가 커지고 전자가 받는 힘이 커져 전자빔이 더 많이 휘어지면서 초점 거리가 줄어든다.
  − 전자 현미경은 코일에 흐르는 전류를 조절함으로써 배율을 조정할 수 있다.
  − 전자 현미경은 과학 현미경에 비해 초점의 위치가 명확하지 않다.
 ▷ 4문단 : 전자 현미경을 사용할 때의 문제점
  − 전자가 공기와 충돌하면 에너지가 소실되거나 굴절되는 등 제어가 어려우므로 전자 현미경의 내부는 진공 상태여야 한다.
  − 절연체 시료를 관찰할 때 전자빔의 전자가 시료에 축적되어 전자빔을 밀어내는 역할을 하게 되므로 이미지가 왜곡될 수 있다.

 ▷ 5문단 : 광학 현미경과 전자 현미경의 특징
  − 광학 현미경에서는 실제의 상을 눈으로 볼 수 있다.
  − 전자 현미경에서는 시료 표면의 형태를 디지털 영상으로 나타낸다.
  − 전자 현미경에 다양한 검출기 및 주변 기기를 장착하여 전자 현미경의 응용 분야를 확장할 수 있다.

07 일치 · 불일치   정답 ⑤

첫 번째 문단에 따르면 전자 현미경과 광학 현미경의 기본적인 원리는 같으며, 관찰의 매체로 가시광선을, 전자 현미경은 전자빔을 사용한다는 차이가 있다. 즉, 관찰 매체의 차이만 있을 뿐이다. 또한 두 번째 문단에 따르면 광학 현미경은 시료에 가시광선을 비추고 시료의 각 점에서 산란된 빛을 렌즈로 집속해 상(像)을 만든다. 따라서 전자 현미경도 전자빔을 시료에 비추어 시료에서 산란된 파동을 관찰해 상을 얻는다고 볼 수 있다.

오답분석

① 두 번째 문단에 따르면 일반적으로 현미경에서 얻을 수 있는 최소의 해상도는 사용하는 파동의 파장, 렌즈의 초점 거리에 비례하며 렌즈의 직경에 반비례하므로 사용하는 파장이 짧을수록 최소 해상도가 작아지며, 더 또렷한 상을 얻을 수 있다. 또한 광학 현미경은 파장이 가장 짧은 가시광선을 사용하더라도 그 해상도는 파장의 약 절반인 200nm보다 작아질 수가 없다. 따라서 광학 현미경의 해상도는 시료에 비추는 빛의 파장에 의존함을 알 수 있다.

② 네 번째 문단에 따르면 전자 현미경은 고전압으로 가속된 전자빔을 사용하므로 현미경의 내부는 기압이 대기압의 $\frac{1}{10^{10}}$ 이하인 진공 상태여야 한다. 전자는 공기와 충돌하면 에너지가 소실되거나 굴절되는 등 제어하기 어렵기 때문이다. 따라서 전자 현미경에서 진공 장치 내부의 기압이 낮을수록 선명한 상을 얻을 수 있다는 것을 알 수 있다.

③ 세 번째 문단에 따르면 전자 현미경의 전자 렌즈의 중심과 가장자리를 통과하는 전자가 받는 힘을 적절히 조절해 한 점에 모이도록 하는 것이 어렵기 때문에 광학 현미경에 비해 초점의 위치가 명확하지 않다. 따라서 전자 현미경에서 렌즈의 중심과 가장자리를 통과한 전자는 같은 점에 도달하기 어려움을 알 수 있다.

④ 네 번째 문단에 따르면 절연체 시료를 관찰할 때 전자빔의 전자가 시료에 축적되어 전자빔을 밀어내는 역할을 하게 되므로 이미지가 왜곡될 수 있다. 따라서 시료의 표면에 축적되는 전자가 적을수록 상의 왜곡이 줄어듦을 알 수 있다.

08 세부 내용의 이해 · 정답 ②

두 번째 문단에 따르면 현미경의 최소 해상도는 사용하는 파동의 파장, 렌즈의 초점 거리에 비례하며 렌즈의 직경에 반비례하므로 사용하는 파장이 짧을수록 최소 해상도가 작아지며, 더 또렷한 상을 얻을 수 있다. 또한 물질파의 파장은 입자의 질량과 속도의 곱인 운동량에 반비례하는데 전자 현미경에서 가속 전압이 클수록 전자의 속도가 크고 수십 kV의 전압으로 가속된 전자의 물질파 파장은 대략 $0.01nm$ 정도이다. 그러므로 가속 전압이 증가하면 운동량이 커져서 운동량과 반비례하는 파장이 짧아지므로 최소 해상도가 작아지면서 더 또렷한 상을 얻게 된다는 것이다. 즉, 가속 전압이 커지면 상은 더욱 또렷해진다. 또한 크기가 매우 작은 점광원에서 나온 빛은 렌즈를 통과하면서 회절 현상에 의해 광원보다 더 큰 크기를 가지는 원형의 간섭무늬를 형성하는데 이를 '에어리 원반'이라고 부른다. 시료 위의 일정한 거리에 있는 두 점에서 출발한 빛이 렌즈를 통과할 경우 스크린 위에 두 개의 에어리 원반이 만들어지게 되며, 이 두 점의 거리가 너무 가까워져 두 에어리 원반 중심 사이의 거리가 원반의 크기에 비해 너무 작아지면 관찰자는 더 이상 두 점을 구분하지 못하고 하나의 점으로 인식하게 된다. 따라서 에어리 원반은 또렷한 상을 보이지 못하게 하는 물질적 한계라고 볼 수 있다. 그러므로 전자의 가속 전압을 증가시키면 상에서 에어리 원반의 크기를 더 작게 할 수 있는 것이다.

오답분석

㉠ 두 번째 문단에 따르면 물질파의 파장은 입자의 질량과 속도의 곱인 운동량에 반비례한다. 즉, 물질파의 파장이 길수록 입자의 질량과 속도의 곱인 운동량은 작아짐을 알 수 있다. 또한 세 번째 문단에 따르면 전하를 띤 입자가 자기장 영역을 통과할 때 받는 힘은 속도와 자기장에 비례한다. 따라서 전자의 물질파 파장이 길수록 전자가 전자 렌즈를 지날 때 더 작은 힘을 받음을 알 수 있다.

㉢ 세 번째 문단에서 전자 렌즈는 전류가 흐르는 코일에서 발생하는 자기장을 사용해 전자의 이동 경로를 휘게 하여 전자를 모으며, 전하를 띤 입자가 자기장 영역을 통과할 때 속도와 자기장의 세기에 비례하는 힘을 받는데 그 방향은 자기장에 대해 수직이라고 설명했으므로 전류가 증가할수록 전하를 띤 입자의 방향은 자기장에 대해 더욱 수직에 가까워짐(정비례)을 알 수 있다. 또한 세 번째 문단에 따르면 코일에 흐르는 전류를 증가시키면 코일에서 발생하는 자기장의 세기가 커지고 전자가 받는 힘이 커져 전자빔이 더 많이 휘어지면서 초점 거리가 줄어든다. 그런데 두 번째 문단에 따르면 해상도는 렌즈의 초점 거리에 비례한다. 따라서 전자 렌즈의 코일에 흐르는 전류가 감소하면 상의 해상도는 더 크게 된다고 할 수 있다.

09 추론하기 · 정답 ④

두 번째 문단에 따르면 관찰자가 두 점을 구분하지 못하고 하나의 점으로 인식하게 되는 한계점에서 시료 위의 두 점 사이의 거리를 '해상도'라 부른다. 이러한 해상도의 정의에 따르면 보기 ㉯의 해상도는 ㉮보다 작다. 단위 스케일 바(Scale Bar)가 30nm인 ㉮에서 1개로 보이는 흰 점이 스케일 바가 10nm인 ㉯에서는 4개인 것으로 보아 ㉯의 경우가 그 상(像)이 더 또렷하고 정확함을 알 수 있는 것이다. 두 번째 문단에서 현미경의 최소 해상도는 사용하는 파동의 파장, 렌즈의 초점 거리에 비례한다고 설명했으므로 해상도와 초점 거리는 비례함을 알 수 있다. 그리고 보기에서 해상도는 ㉮보다 ㉯가 작다. 또한 세 번째 문단에서 코일에 흐르는 전류를 증가시키면 코일에서 발생하는 자기장의 세기가 커지고 전자가 받는 힘이 커져 전자빔이 더 많이 휘어지면서 초점 거리가 줄어드는 효과를 얻을 수 있다고 설명했으므로 '코일 전류 증가 → 초점 거리 감소 → 해상도 감소'의 관계를 도출할 수 있다. 따라서 렌즈의 코일에 흐르는 전류는 ㉯의 경우가 ㉮보다 큼을 알 수 있다.

PART 1

DAY 01
DAY 02
DAY 03
DAY 04
DAY 05
DAY 06
DAY 07
DAY 08
DAY 09
DAY 10

① 두 번째 문단에서 두 점의 거리가 너무 가까워져 두 에어리 원반 중심 사이의 거리가 원반의 크기에 비해 너무 작아지면 관찰자는 더 이상 두 점을 구분하지 못하고 하나의 점으로 인식하게 되며, 이 한계점에서 시료 위의 두 점 사이의 거리를 '해상도'라 부른다고 설명했으므로 보기에서 제시된 두 점 사이의 거리가 해상도임을 알 수 있다. 그런데 보기의 ㉮, ㉯에서 두 점 사이의 거리는 ㉮의 경우 30nm보다, ㉯는 10nm보다 짧다. 따라서 ㉮의 해상도는 30nm보다 작음을 알 수 있다.

② 네 번째 문단에 따르면 전자 현미경은 고전압으로 가속된 전자빔을 사용하므로 현미경의 내부는 기압이 대기압의 100분의 1 이하인 진공 상태여야 한다. 기압이 커질수록 전자와 공기가 충돌할 가능성도 커짐으로써 에너지가 소실되거나 굴절되는 등 원하는 대로 제어하기 어렵고 결국 이미지가 왜곡될 수 있기 때문이다. 따라서 전자 현미경 내부의 기압은 대기압보다 작아야 관찰이 가능함을 알 수 있다.

③ 두 번째 문단에서 사용하는 파장이 짧을수록 최소 해상도가 작아지며, 해상도는 파장의 약 절반인 200nm보다 작아질 수가 없다고 설명했으므로 '해상도>파장÷2'의 부등식을 도출할 수 있다. 또한 ㉯의 해상도는 10nm보다 작으므로 따라서 ㉯에서 사용된 전자의 물질파 파장은 20nm보다 작을 수밖에 없다.

⑤ 제시문에 언급된 내용만으로는 ㉯에서 사용된 전자의 속력은 ㉮의 경우보다 정확하게 3배 작다고 판단할 수 없다. 정성적인 자료로부터 정량적인 자료를 단정하는 것은 논리의 비약이기 때문이다.

| 풀이 포인트 |

추리적 사고 능력을 검증하는 문제로, 제시문에서 주어진 여러 정보들을 종합해 이를 바탕으로 제시문의 구체적인 사례를 추론할 수 있는지를 묻고 있다. 이런 유형의 문제를 풀기 위해서는 제시문의 정보들을 종합하면서 내용을 구조화해 제시문에서 직접 언급하지 않은 정보를 추리할 수 있어야 한다.

배경지식

전자 렌즈
전자 빔 또는 이온 빔을 집속하기 위한 렌즈 장치이다. 전기장을 이용한 렌즈를 정전 렌즈, 자기장을 이용한 렌즈를 자기 렌즈라고 한다.

PART 1

DAY 01
DAY 02
DAY 03
DAY 04
DAY 05
DAY 06
DAY 07
DAY 08
DAY 09
DAY 10

01	02	03	04	05	06	07	08		
⑤	④	①	③	①	⑤	④	③		

[01~04] 지문 분석

• 주제 : 반추 동물의 탄수화물 분해 과정
• 핵심 키워드 : 반추, 피브로박터 숙시노젠, 스트렙토코쿠스 보비스, pH, 포도당
• 글의 구조
　▷ 1문단 : 동물의 생존에 필수적인 에너지원인 탄수화물
　　– 탄수화물은 사람을 비롯한 동물이 생존하는 데 필수적인 에너지원이다.
　　– 탄수화물은 비섬유소(녹말, 이용 가능)와 섬유소(셀룰로스, 이용 불가)로 나뉜다.
　　– 반추 동물도 섬유소 분해 효소를 합성하지 못하지만, 비섬유소와 섬유소를 모두 에너지원으로 이용한다.
　▷ 2문단 : 반추위에 서식하는 피브로박터 숙시노젠(F)
　　– 반추위에는 F 등의 여러 종류의 미생물이 서식한다.
　　– F가 가진 효소 복합체는 셀룰로스를 포도당으로 분해한다.
　　– 포도당은 F의 에너지원으로 이용되며, 이 과정에서 아세트산과 숙신산이 발생한다.
　　– 아세트산은 생존에 필요한 에너지 생성과 체지방 합성 등에 쓰인다.
　　– 숙신산은 포도당 합성의 재료인 프로피온산을 합성하는 미생물의 에너지원이 된다.
　▷ 3문단 : 반추위에 서식하는 스트렙토코쿠스 보비스(S)
　　– 스트렙토코쿠스 보비스(S)는 비섬유소인 녹말을 포도당으로 분해한다.
　　– 포도당은 S의 에너지원으로 이용된다.
　　– S는 산성도에 따라 중성에서는 아세트산과 에탄올을, 산성에서는 젖산을 배출한다.
　　– 젖산은 반추 동물 자신과, 아세트산·프로피온산을 배출하는 다른 미생물의 에너지원으로 이용된다.

　▷ 4문단 : S의 과도한 생장이 반추 동물에게 악영향을 끼치는 경우
　　– 비섬유소의 과도한 섭취로 인해 S가 과도하게 생장하면 젖산 배출이 많아지고 반추위의 산성도가 높아진다.
　　– 산성의 환경에서는 락토바실러스 루미니스(L)와 같은 젖산 생성 미생물들의 생장이 증가하며 다량의 젖산을 배출한다.
　　– 반추위 내의 산성도가 높아지면 F, S의 생장이 멈추고 L과 같은 젖산 생성 미생물들이 급증해 급성 반추위 산성증이 발병한다.

01 세부 내용의 이해　　　정답 ⑤

두 번째 문단에 따르면 피브로박터 숙시노젠은 자신이 가진 효소 복합체를 이용해 셀룰로스를 노출시킨 후 이를 포도당으로 분해하며, 이 포도당을 대사 과정을 거쳐 에너지원으로 이용하여 생존을 유지하고 개체 수를 늘림으로써 생장한다.

오답분석

① 첫 번째 문단에 따르면 사람은 풀이나 채소의 주성분인 셀룰로스와 같은 섬유소를 포도당으로 분해하는 효소를 합성하지 못하므로 섬유소를 소장에서 이용하지 못한다.
② 첫 번째 문단에 따르면 반추 동물은 사람처럼 섬유소를 분해하는 효소를 합성하지 못한다. 따라서 셀룰로스를 분해하는 효소를 직접 합성하지 못한다. 또한 두 번째 문단에 따르면 반추위에 서식하는 미생물인 피브로박터 숙시노젠이 가진 효소 복합체를 이용해 셀룰로스의 구조를 끊고 셀룰로스를 포도당으로 분해한다.
③ 두 번째 문단에 따르면 반추위에는 산소가 없으며, 반추위 미생물들은 산소가 없는 환경에서 왕성하게 생장한다.
④ 네 번째 문단에 따르면 반추 동물이 짧은 시간에 과도한 양의 비섬유소를 섭취하면 스트렙토코쿠스 보비스의 개체 수가 급격히 늘고 과도한 양의 젖산이 배출되어 반추위의 산성도가 높아진다. 그러면 산성 환경에 강한 젖산 생성 미생물들이 반추위 미생물의 많은 부분을 차지하게 되어 반추위의 pH가 5.0 이하가 되는 급성 반추위 산성증이 발병한다.

02   세부 내용의 이해   정답 ④

세 번째 문단에 따르면 ⓑ는 수소 이온 농도 지수(pH)가 7.0 정도로 중성이고 생장 속도가 느린 경우에는 아세트산, 에탄올 등을 대사산물로 배출하며, 산성도가 높아져 pH가 6.0 이하로 떨어지면 젖산을 대사산물로 배출한다. 그러나 네 번째 문단에 따르면 ⓒ는 젖산 생성 미생물로서 산성도에 따라 젖산의 배출 양에만 영향을 주지만 다양한 종류의 대사산물을 배출하지는 않는다.

오답분석

① 네 번째 문단에 따르면 ⓐ는 자신의 세포 외부의 pH가 5.8 이하로 떨어질 때, ⓑ의 경우에는 pH가 5.5 이하로 떨어질 때 생장을 멈추고 사멸하는 단계로 접어든다. 또한 급성 반추위 산성증이 발병할 조건은 반추위의 pH가 5.0 이하일 때이다. 따라서 급성 반추위 산성증에 걸린 반추 동물의 반추위에서 ⓐ와 ⓑ는 생장하지 못함을 알 수 있다.

② 두 번째 문단에 따르면 ⓐ가 가진 효소 복합체는 포도당을 분해하고, ⓐ는 포도당을 에너지원으로 이용해 생존 유지와 생장을 한다. 또한 이러한 대사 과정에서 아세트산과 숙신산이 대사산물로 발생하며, 아세트산은 에너지 생성과 체지방 합성에 이용된다. 또한 세 번째 문단에 따르면 ⓑ는 수소 이온 농도 지수(pH)가 7.0 정도로 중성이고 생장 속도가 느린 경우에는 아세트산을 대사산물로 배출한다.

③ 네 번째 문단에 따르면 ⓐ는 자신의 세포 내부의 pH를 중성으로 일정하게 유지하려는 특성이 있는데, 자신의 세포 외부의 pH가 낮아지면 자신의 세포 내의 항상성을 유지하기 위해 에너지를 사용하므로 생장이 감소한다. 그러므로 산성 환경에서 ⓐ는 자신의 세포 내의 산성도를 유지하는 데 많은 에너지를 쓸 것이다. 또한 ⓒ는 산성에 견디는 정도가 강해 자신의 세포 외부의 pH가 5.5 정도까지 떨어지더라도 이에 맞춰 자신의 세포 내부의 pH를 낮출 수 있어 자신의 에너지를 세포 내부의 pH를 유지하는 데 거의 사용하지 않고 생장을 지속하는 데 사용한다. 따라서 ⓒ는 에너지를 세포 내부의 pH 유지에 거의 사용하지 않고 생장에 사용할 것이다.

⑤ 네 번째 문단에 따르면 반추 동물이 녹말과 같은 비섬유소를 짧은 시간에 과도하게 섭취하면 ⓑ가 급증해 젖산 배출이 늘어나 반추위의 산성도가 높아진다. 이러한 산성도가 높은 환경에서 ⓐ는 자신의 세포 내의 산성도를 유지하는 데 많은 에너지를 쓰게 되어 생장이 감소한다. 반면에 산성에 견디는 정도가 강한 ⓒ는 자신의 에너지를 세포 내부의 pH를 유지하는 데 거의 사용하지 않고 생장을 지속하는 데 사용한다.

03   추론하기   정답 ①

㉮ 두 번째 문단에 따르면 반추위에 서식하는 미생물인 피브로박터 숙시노젠(F)은 섬유소를 포도당으로 분해한다. 즉, 섬유소는 반추위 미생물에 의해 포도당으로 합성되지는 않는 것이다. 또한 세 번째 문단에 따르면 스트렙토코쿠스 보비스(S)는 비섬유소인 녹말을 포도당으로 분해한다. 따라서 ㉮에는 ③·④·⑤처럼 '반추위 미생물에 의해 합성된 포도당이 되고'라는 내용이 들어갈 수 없다. 또한 두 번째 문단에 따르면 F가 자신이 가진 효소 복합체를 이용해 셀룰로스를 분해해 생성된 포도당은 다시 F의 에너지원이 되며, 세 번째 문단에 따르면 S가 섬유소를 분해해 생성된 포도당은 S의 에너지원이 된다. 따라서 ㉮에는 ①·②처럼 '반추위 미생물의 에너지원이 되고'라는 내용이 적절하다.

㉯ 두 번째 문단에 따르면 F는 대사 과정에서 아세트산과 숙신산을 대사산물로 배출하며, 아세트산은 반추 동물의 세포로 직접 흡수되어 생존에 필요한 에너지를 생성하는 데 주로 이용된다. 또한 세 번째 문단에 따르면 S는 중성 환경에서는 아세트산과 에탄올을, 산성 환경에서는 젖산을 대사산물로 배출한다. 반추위에서 젖산은 반추 동물의 세포로 직접 흡수되어 반추 동물에게 필요한 에너지를 생성하는 데 이용되거나 아세트산이나 프로피온산을 대사산물로 배출하는 다른 미생물의 에너지원으로 이용된다. 따라서 ㉯에는 '반추위 미생물이 대사 과정을 통해 생성한 대사산물'이라는 내용이 적절하다.

PART 1

DAY 01
DAY 02
DAY 03
DAY 04
DAY 05
DAY 06
DAY 07
DAY 08
DAY 09
DAY 10

배경지식

포도당($C_6H_{12}O_6$)

생물계에 널리 분포하는 단당류의 일종으로, 생물 조직 속에서 에너지원으로 소비된다. 또한 흰 결정으로, 단맛이 있고 물에 잘 녹으며 환원성이 있다.

---

04 일치·불일치   정답 ③

두 번째 문단에 따르면 숙신산은 피브로박터 숙시노젠(F)이 섬유소를 포도당으로 분해하는 대사 과정에서 배출되는 대사 산물이며, 세 번째 문단에 따르면 스트렙토코쿠스 보비스(S)는 녹말 등의 비섬유소를 포도당으로 분해하는 대사 과정에서 산성 정도에 따라 아세트산·에탄올(중성이고 생장 속도가 느린 경우) 또는 젖산(산성이거나 녹말의 양이 충분한 경우) 등을 대사산물로 배출한다. 따라서 숙신산의 배출은 반추위의 산성 정도와는 관련이 없으며, 젖산은 중성일 때보다 산성일 때 더 많이 배출된다.

오답분석

① 두 번째 문단에 따르면 숙신산은 프로피온산을 대사산물로 생성하는 미생물의 에너지원으로 이용되며, 프로피온산은 반추 동물이 간(肝)에서 포도당을 합성하는 대사 과정에서 주요 재료로 이용된다. 따라서 숙신산이 많을수록 프로피온산의 양도 증가함으로써 포도당의 양도 늘어날 것이다.

② 세 번째 문단에 따르면 젖산은 반추위에서 반추 동물의 세포로 직접 흡수되어 반추 동물에게 필요한 에너지를 생성하는 데 이용된다.

④ 두 번째 문단에 따르면 피브로박터 숙시노젠(F)이 섬유소를 포도당으로 분해하는 대사 과정에서 숙신산이 대사산물로 배출되며, 세 번째 문단에 따르면 스트렙토코쿠스 보비스(S)가 녹말 등의 섬유소를 포도당으로 분해하는 대사 과정에서 산성 환경일 경우에 젖산이 대사산물로 배출된다. 또한 네 번째 문단에 따르면 락토바실러스 루미니스(L)의 생장이 증가하는 과정에서 젖산이 배출된다.

⑤ 두 번째 문단에 따르면 반추위에서 숙신산은 프로피온산을 대사산물로 생성하는 다른 미생물의 에너지원으로 빠르게 소진되며, 세 번째 문단에 따르면 젖산은 아세트산 또는 프로피온산을 대사산물로 배출하는 다른 미생물의 에너지원으로 이용된다.

배경지식

숙신산과 젖산

• 숙신산 : 카복시기가 2개 들어 있는 이염기산의 일종이다. 무색의 고체로, 호박(琥珀)이나 갈탄을 건류하거나 주정 발효를 하여 얻는다. 신맛이 나고, 물이나 알코올에 조금 녹는다.

• 젖산 : 젖당이나 포도당 등의 발효로 생기는 유기산이다. 무색무취의 신맛이 나는 액체로, 물과 알코올에 잘 녹는다. 염색 공업에서 환원제, 식품 공업에서 감미제 등으로 쓴다.

---

[05] 지문 분석

• 주제 : 토착 병원균들을 다스리는 면역 능력이 비슷한 사람들이 모여 살게 된 이유

• 핵심 키워드 : 면역계, 병원체, 기생체, 숙주, 공진화

• 글의 구조

　▷ 1문단 : 감염된 것으로 보이는 대상에 대한 혐오, 기피의 이유

　　- 병원체가 침입 이후에 병원체를 제거하는 인간의 면역계는 생물학적 비용과 위험을 동반하며, 인류의 진화 과정은 이런 비용을 치러야 할 상황을 예방하거나 줄이는 방향으로 진행되었다.

　　- 감염된 것으로 보이는 사람과 어울리지 않고 거리를 두려는 자연적인 성향을 만들어냈으며, 감염된 대상에 대한 혐오나 기피가 작동해 감염 위험이 줄어들게 된다.

　▷ 2문단 : 다른 문화나 가치관을 가진 대상에 대한 혐오, 기피의 이유

　　- 감염 위험은 병에 걸린 것으로 보이지 않는 대상에도 있다.

　　- 기생체와 숙주 사이의 공진화는 지역에 따라 다른 병원체들과 그것들에 대한 면역력을 지닌 거주민들을 만들어냈다. 지역마다 다른 기생체가 침입에 성공하면 숙주는 해당 기생체에 대한 면역을 갖게 되어 지역마다 기생체의 성쇠와 분포가 달라지고 숙주의 면역계도 다르게 진화한다. 따라서 토착 병원균들을 다스리는 면역 능력을 비슷하게 가진 사람들이 한곳에 모여 살게 되었다.

　　- 외지인과 접촉해 병원균에 무방비로 노출될 수 있는 위험은 피하는 것이 상책이다.

　　- 우리 집단에 속하지 않는 외지인임을 알려주는 단서를 보이는 경우 그런 사람을 배척하거나 꺼리는 기제가 작동한다. 이는 질병으로부터 스스로를 보호하는 장치였다.

05 비판하기 [정답] ①

두 번째 문단에 따르면 지역에 따라 기생체의 성쇠와 분포가 달라지며, 결과적으로 그 지역의 토착 병원균들을 다스리는 면역 능력을 비슷하게 가진 사람들이 한 곳에 모여 살게 되었다. 따라서 ㉠에서처럼 병원균의 지리적 분포가 인간들의 분포에 영향을 끼쳐 결국 문화와 가치체계의 동질성을 기준으로 한 지역 간 경계가 병원균의 지리적 분포와 일치했다는 것은 제시문의 논지를 강화한다.

오답분석

㉡ 두 번째 문단에 따르면 외지인을 배척하고 같은 지역 사람들끼리 결속하는 성향은 전염성 질병으로부터 스스로를 보호하는 효율적인 장치였다. 즉, 질병의 감염 위험이 미미한 지역일수록 배타적인 집단주의 성향이 나타나지 않을 것이라고 볼 수 있다. 그런데 ㉡에서처럼 병원체의 분포 밀도가 낮아 생태적으로 질병의 감염 위험이 미미한 지역에서 배타적인 집단주의 성향이 더 강하게 나타난다면, 그러한 배타주의적 성향의 발생에 질병의 감염을 피하려고 하는 것 외의 다른 요인이 작용한 것이다. 따라서 ㉡은 제시문의 논지를 약화시킨다.

㉢ 첫 번째 문단에 따르면 인류는 병원체를 옮길 만한 사람과 어울리지 않고 거리를 두려는 것은 자연적인 성향이다. 그러나 이러한 자연적인 회피 성향은, 거주민을 대상으로 한 실험에서 전염병의 감염으로 인한 위험을 평가할 때는 뚜렷한 개인차를 보였다는 ㉢의 내용과 대립한다. ㉢은 병원체에 감염된 것으로 보이는 대상에 대해 혐오나 기피의 정서가 작동한다는 첫 번째 문단의 내용을 설명할 수 없게 만든다.

| 풀이 포인트 |

비판적 사고 능력을 검증하는 문제로, 제시문에 나타난 논지를 강화 또는 약화시킬 수 있는 구체적 사례를 제시해 논리적인 추리를 할 수 있는지 묻고 있다. 따라서 제시문에 나타난 논지의 전개 과정과 근거를 정확히 이해한 후에 선택지의 내용이 제시문의 논지를 강화 또는 약화시킬 수 있는지 판단해야 한다.

배경지식

공진화(共進化)
여러 개의 종(種)이 서로 영향을 주면서 진화하여 가는 일을 뜻한다. 즉, 서로 밀접한 관계에 있는 둘 이상의 종이 상대방의 진화에 상호 영향을 주며 진화하는 것이다. 공진화를 일으키는 관계는 상리공생, 숙주와 기생자, 포식자와 먹이생물, 경쟁 등에서 나타난다.

[06~08] 지문 분석

- 주제 : DNA 컴퓨팅
- 핵심 키워드 : DNA, 뉴클레오티드, 염기서열, 해밀턴 경로 문제, 혼성화 반응, 분자생물학
- 글의 구조
  ▷ 1문단 : DNA의 정의
    – 한 가닥의 DNA는 네 종류의 염기를 가진 뉴클레오티드가 선형적으로 이루어진 사슬이다.
    – 두 가닥의 DNA는 상보적 결합인 수소 결합으로 붙어 이중 나선 구조를 이룬다.
  ▷ 2문단 : 정보 표현 수단으로서의 DNA
    – 정보과학의 관점에서는 DNA도 정보를 표현하는 수단이다.
    – DNA의 네 종류의 염기서열로 4진 코드를 만들어 형성한 특정 연속체를 한 가지 정보로 표현할 수 있다.
  ▷ 3문단 : DNA가 정보과학에서 이용된 경우(DNA 컴퓨팅)
    – DNA 분자들 간 화학 반응을 이용하면 연산도 가능하다.
    – DNA 컴퓨팅 분야가 활성화되었고 해밀턴 경로 문제(HPP)에 접근한다.
  ▷ 4문단 : DNA 컴퓨팅의 실제 계산 사례
    – DNA 컴퓨팅의 기본 전략은 주어진 문제를 DNA로 나타내고 이를 이용한 화학 반응을 수행해 답의 가능성이 있는 모든 후보를 생성한 후, 생화학적인 실험 기법을 사용하여 문제 조건을 만족하는 답을 찾아내는 것이다.
    – HPP는 V0에서 V4로 가는 방법을 찾는 것이고, 화살표는 간선을 의미하며 역방향 진행은 불가능하다. 먼저 각 정점을 8개의 한 가닥 DNA 염기서열로 표현하고 간선은 V0 정점의 뒤쪽 절반과 V1 정점의 앞쪽 절반을 연결해 만든 염기서열을 상보적 코드로 표현한다.
  ▷ 5문단 : DNA 컴퓨팅의 실제 계산 사례
    – 이렇게 만들어 놓고 혼성화 반응을 유도한다. 그 결과 다양한 경로들이 나타난다.
    – 이때 1 ~ 4단계를 거쳐 최종 정답을 찾는다.
  ▷ 6문단 : DNA 컴퓨팅의 의의
    – DNA 컴퓨팅은 대규모 병렬 처리 방식을 통해 HPP의 해결 방법을 제시했다.
    – DNA 컴퓨팅은 기존의 소프트웨어 알고리즘이나 하드웨어 기술로는 불가능했던 문제들의 해결에 대한 잠재적인 가능성을 보여 주었다.

06 일치·불일치 정답 ⑤

네 번째 문단에 따르면 화살표로 간선의 방향을 표시한다. 즉, 〈그림 2〉에서 간선은 화살표, 정점은 V0 ~ V4를 가리키는 것이다. 첫 번째 문단에 따르면 염기의 종류는 A(아데닌), G(구아닌), C(시토신), T(티민) 등 4개이다. 또한 〈그림 2〉를 살펴보면 간선을 나타내는 DNA의 염기 개수와 정점을 나타내는 DNA의 염기 개수는 8개로 동일하다.

[오답분석]

① 세 번째 문단에 따르면 1994년 미국의 정보과학자 에이들먼은 『사이언스』에 DNA를 이용한 연산에 대한 논문을 발표했고, 이로써 'DNA 컴퓨팅'이라는 분야가 열리게 되었다. 따라서 DNA 컴퓨팅의 창시자는 미국의 정보과학자 에이들먼임을 알 수 있다.

② 두 번째 문단에 따르면 DNA로 정보를 표현한 후, DNA 분자들 간 화학 반응을 이용하면 연산도 가능하다. 또한 네 번째 문단에 따르면 DNA 컴퓨팅은 주어진 문제를 DNA를 써서 나타낸다. 따라서 DNA 컴퓨팅은 DNA로 정보를 표현하고 이를 이용하여 연산을 하는 것임을 알 수 있다.

③ 네 번째 문단에 따르면 DNA 컴퓨팅의 기본 전략은, 주어진 문제를 DNA를 써서 나타내고 이를 이용한 화학 반응을 수행하여 답의 가능성이 있는 모든 후보를 생성한 후, 생화학적인 실험 기법을 사용하여 문제 조건을 만족하는 답을 찾아내는 것이다. 따라서 DNA 컴퓨팅의 기본적인 해법은 가능한 모든 경우를 생성한 후, 여기서 답이 되는 것만을 찾아내는 것임을 알 수 있다.

④ 여섯 번째 문단에 따르면 DNA 컴퓨팅의 창시자인 에이들먼은 분자생물학 기법을 통해 기존 컴퓨터의 순차적 연산 방식과 달리 대규모 병렬 처리 방식을 제안했으며, 이로써 DNA 컴퓨팅은 기존의 소프트웨어 알고리즘이나 하드웨어 기술로는 불가능했던 문제들의 해결에 대한 잠재적인 가능성을 보여 주었다.

| 풀이 포인트 |

사실적 사고 능력을 검증하는 문제로, 제시문에서 설명한 정보와 선택지의 내용이 서로 일치하는지 파악할 수 있는가를 묻고 있다. 따라서 제시문의 각 문단의 핵심 내용을 요약하고 선택지와 관련한 내용을 대조해야 한다.

배경지식

DNA(Deoxyribonucleic Acid)
DNA는 유전자의 본체로서, 데옥시리보스를 함유하는 핵산으로 바이러스의 일부 및 모든 생물의 세포 속에 있으며, 진핵생물에서는 주로 핵 속에 있다. 아데닌, 구아닌, 사이토신, 티민의 4종의 염기 배열 순서에 유전 정보가 들어 있어 그 정보에 해당하는 단백질을 만든다.

07 세부 내용의 이해 정답 ④

〈그림 2〉에서 V0, V1, V2, V3, V4 등의 5개의 정점 중에서 3개의 정점을 포함하는 경로를 모두 찾아보면 (V0, V1, V2), (V0, V1, V3), (V0, V2, V3), (V1, V2, V3), (V1, V3, V4), (V2, V3, V4) 등으로 모두 6개이다.

[오답분석]

① 다섯 번째 문단에 따르면 에이들먼의 해법 [1단계]는 V0에서 시작하고 V4에서 끝나는지 검사한 후, 그렇지 않은 경로는 제거하는 것이다. 그러나 ①의 (V1, V2, V3, V4)에는 정점 V0이 없으며, 따라서 V0에서 시작하지 않는 경로는 [1단계]에서 걸러짐을 알 수 있다.

② 네 번째 문단에 따르면 V0(〈CCTTGGAA〉)에서 출발하여 V1(〈GGCCAATT〉)에 도달하는 간선의 경우는 V0의 뒤쪽 절반과 V1의 앞쪽 절반을 이어 붙인 염기서열 〈GGAAGGCC〉의 상보적 코드 〈CCTTCCGG〉로 나타낸다. 〈그림 2〉의 V3(〈TTCCAAGG〉)와 V4(〈AATTCCGG〉)에서 각각 뒤쪽 절반과 앞쪽 절반을 이어 붙이면 〈AAGGAATT〉가 되고, 간선은 〈AAGGAATT〉의 상보적 코드이다. 또한 첫 번째 문단에 따르면 A는 T와, G는 C와 상보적으로 결합한다. 따라서 간선은 〈TTCCTTAA〉이다.

③ 다섯 번째 문단에 따르면 DNA 가닥의 상보적 결합에 의한 이중나선이 형성되는 것이 혼성화 반응이며, 이러한 혼성화 반응의 결과로 경로, 즉 정점들의 연속체가 생성된다. 또한 첫 번째 문단에 따르면 이중나선 구조는 두 가닥의 DNA가 염기들 간 수소 결합으로 서로 붙어 있는 상태이다. 따라서 정점을 두 개 이상 포함하고 있는 경로는 두 가닥 DNA로 나타내어짐을 알 수 있다.

⑤ 네 번째 문단의 〈그림 2〉에 따르면 V1 직전에는 반드시 V0이 오며, V1에서 V3으로 갈 경우에는 다시 V2로 갈 수 없다. 따라서 해밀턴 경로는 (V0, V1, V2, V3, V4)뿐임을 알 수 있다.

| 풀이 포인트 |

사실적 사고 능력을 검증하는 문제로, 제시문의 세부 정보를 정확히 파악했는지를 묻고 있다. 따라서 제시문에 주어진 정보를 토대로 선택지 내용의 적절성 여부를 검증할 수 있어야 한다.

배경지식

염기서열
아데닌(A), 구아닌(G), 시토신(C), 티민(T) 등 4종류의 염기가 이루는 서열은 유전 정보를 저장함으로써 신장, 피부색 등의 생물학적 특성을 발현하는 역할을 한다. 또한 염기서열이 1% 이상이 달라지는 등 표현형에서 큰 차이가 있을 경우 변종으로 인정된다.

㉠ 다섯 번째 문단에 따르면 [2단계]에서 경로에 포함된 정점의 개수가 5인지 검사한 후, 그렇지 않은 경로는 제거한다. 또한 〈그림 2〉에서 결합에 오류가 없을 경우에는 경로에는 같은 정점이 두 개 이상 포함될 수 없다. 반응 과정상 오류가 발생하지 않았다면 정점의 개수가 5인 경로는 반드시 모든 정점을 포함하므로 [3단계]에서 경로에 모든 정점이 포함되었는지 검사할 필요가 없다.

㉡ 첫 번째 문단에서 A는 T와, G는 C와 상보적으로 결합한다고 했으므로 A가 C와 결합하는 등 엉뚱한 분자들이 서로 붙도록 DNA 코드를 설계하면 반응 과정상의 오류가 발생함을 알 수 있다. 또한 다섯 번째 문단에 따르면 DNA 합성 기술을 사용해 코드를 종류별로 다량 합성할 때 DNA 가닥의 상보적 결합에 의한 이중나선이 형성되는 것이 혼성화 반응이다. 따라서 A가 T하고만 결합하게 하는 등 엉뚱한 분자들이 서로 붙는 것을 방지하도록 DNA 코드를 설계하면 반응 과정상의 오류를 최소화할 수 있다.

오답분석

㉢ 보기의 ⓐ 반응 과정상 오류는 DNA 컴퓨팅의 한계이므로 DNA 컴퓨팅의 원리를 적용한 소프트웨어는 DNA 컴퓨팅의 한계를 답습하게 되어 반응 과정상 오류를 방지할 수 없게 된다. 이러한 반응 과정상 오류는 분자생물학 기법 때문에 발생하는 것이며, 분자 자체에서 기인하는 것이 아니다. 따라서 DNA 분자 대신 소프트웨어를 사용하더라도 기법이 달라지지 않는다면 오류를 예방할 수 없다.

| 풀이 포인트 |

추리적 사고 능력을 검증하는 문제로, 제시문에 나타난 여러 정보들에 대한 이해를 바탕으로 제시문의 구체적인 사례의 타당성을 판단할 수 있는지 묻고 있다. 이런 유형의 문제를 풀기 위해서는 제시문의 정보들을 종합하면서 내용을 구조화해 제시문에서 직접 언급하지 않은 정보를 추론할 수 있어야 한다.

배경지식

분자생물학
생명 현상을 분자 수준에서 연구하는 학문이다. 단백질의 효소의 생합성을 지배하는 DNA의 구조와 특성을 바탕으로, 중요한 생명 현상을 설명하려고 한다. 주로 DNA의 복제 및 단백질의 생합성을 중심으로 유전의 본질 및 유전의 메커니즘, 생물체의 조절 작용과 진화 현상을 연구한다.

PART 1

DAY 01
DAY 02
DAY 03
DAY 04
DAY 05
DAY 06
DAY 07
DAY 08
DAY 09
DAY 10

01	02	03	04	05	06	07		
②	⑤	②	④	④	①	④		

[01] 지문 분석

- 주제 : 구조물의 변형을 일으켜 안전성을 저해하는 진동의 발생 원인
- 핵심 키워드 : 하중, 응력, 응력한계, 공명 현상
- 글의 구조
  ▷ 1문단 : 구조물이 지탱해야 하는 두 가지 종류의 하중
  - 모든 구조물은 정적 하중과 동적 하중 등 두 가지 종류의 하중을 지탱해야 한다.
  - 정적 하중은 구조물 자체에 작용하는 중력과 함께 구조물에 늘 작용하는 모든 추가적인 힘이다.
  - 동적 하중은 교통, 바람, 지진 등 구조물에 일시적으로 작용하거나 순간순간 변하는 다양한 힘이다.
  ▷ 2문단 : 응력한계를 넘어선 동적 하중으로 인한 진동은 구조물을 약화시킴
  - 일시적으로 가해진 하중(동적 하중)은 진동의 원인이다.
  - 스프링을 살짝 당기면 스프링 내부에서 변형에 저항하는 응력이 작용한다.
  - 동적 하중이 예상하지 못한 정도로 크게 작용하면 구조물에 매우 큰 진동이 발생하여 구조물이 응력의 한계를 벗어나 약해진 상태로 변형된다.
  ▷ 3문단 : 동일한 동적 하중에서도 구조물이 진동 정도를 다르게 하는 공명 현상
  - 구조물의 안전성을 확보하려면 공명 현상을 고려해야 한다.
  - 공명 현상은 진동주기가 같은 진동끼리 에너지를 주고받는 현상이다.
  - 같은 크기의 동적 하중이 작용하는 경우에도 공명 현상 발생 여부에 따라 구조물이 진동하는 정도가 달라진다.
  ▷ 4문단 : 지진, 강풍으로 인한 공명 현상은 진동을 일으켜 구조물을 변형시킬 수 있음
  - 지진으로 인한 지진파는 땅의 흔들림을 유발해 구조물에 동적 하중을 가해 건물에 진동을 일으킨다.

- 구조물의 진동주기와 지진파의 진동주기가 일치하면 공명 현상이 발생해 결국 구조물의 변형이 발생할 수 있다.
- 지진과 강풍은 공명 현상을 일으킬 수 있기 때문에 내진 설계, 내풍 설계를 한다.

01　추론하기 정답 ②

두 번째 문단에 따르면 응력한계는 구조물이 변형에 저항하는 한계를 뜻하며, 세 번째 문단에 따르면 같은 크기의 동적 하중이 작용하는 경우에도 공명 현상 발생 여부에 따라 구조물이 진동하는 정도가 달라진다. 또한 네 번째 문단에 따르면 구조물의 진동주기와 지진파의 진동주기가 일치하면 공명 현상이 발생하여 지진파의 진동에너지가 구조물에 주입되어 구조물에 더 큰 진동을 유발하고 결국 변형을 발생시킬 수 있다. 따라서 ⓒ에서처럼 지진파가 약하더라도 지진파의 진동주기가 구조물의 진동주기가 일치하면 응력한계를 넘어서는 진동이 발생해 구조물이 변형될 수 있다.

오답분석

㉠ 첫 번째 문단에 따르면 정적 하중은 구조물 자체에 작용하는 중력과 함께 구조물에 늘 작용하는 모든 추가적인 힘이며, 동적 하중은 교통, 바람, 지진 등 구조물에 일시적으로 작용하거나 순간순간 변하는 다양한 힘을 뜻한다. 또한 두 번째 문단에 따르면 일시적으로 가해진 하중(=동적 하중)은 진동의 원인이 된다. 그러나 정적 하중이 진동을 유발하는지와 관련한 내용이 제시문에는 없다. 따라서 추론이 불가능하다.

㉡ 세 번째 문단에 따르면 공명은 진동주기가 같은 진동끼리 에너지를 주고받는 현상이며, 두 번째 문단에 따르면 일시적으로 가해진 하중(=동적 하중)은 진동의 원인이 된다. 또한 네 번째 문단에서 지진으로 인한 지진파가 공명 현상을 일으키는 과정을 설명하고 있다. 그러나 ⓒ에서처럼 구조물에 동적 하중이 가해지고 있을 때 지진파가 공명 현상을 일으키는지와 관련한 내용이 제시문에는 없다. 따라서 추론이 불가능하다.

| 풀이 포인트 |

추리적 사고 능력을 검증하는 문제로, 제시문에서 설명하는 세부 정보에 대한 이해를 토대로 선택지의 타당성을 추론할 수 있는지 묻고 있다. 따라서 제시문의 내용 가운데 선택지를 뒷받침하거나 선택지가 틀렸음을 판단하는 근거를 찾는다.

배경지식

응력(應力, Stress)

물체가 외부 힘의 작용에 저항해 원형을 지키려는 힘으로, 외부로부터 재료에 압축·인장·굽힘·비틀림 등의 하중이 가해졌을 때 그 크기에 대응해 재료 내에 생기는 저항력을 뜻한다.

[02~04] 지문 분석

• 주제 : 알짜 돌림힘의 작용에 따른 물체의 회전 속도 및 회전 운동 에너지의 변화
• 핵심 키워드 : 지레, 힘점, 받침점, 작용점, 돌림힘, 라디안
• 글의 구조
  ▷ 1문단 : 지레의 원리에는 숨어 있는 돌림힘의 개념
    – 지레는 받침과 지렛대를 이용하여 물체를 쉽게 움직일 수 있는 도구이다.
    – 받침점에서 힘점까지의 거리가 받침점에서 작용점까지의 거리에 비해 멀수록 힘점에 작은 힘을 주어 작용점에서 물체에 큰 힘을 가할 수 있다.
  ▷ 2문단 : 돌림힘의 정의와 그 힘의 계산법
    – 물체의 회전 상태에 변화를 일으키는 힘의 효과를 돌림힘이라고 한다.
    – 돌림힘의 크기는 회전축에서 X까지의 거리와 가해 준 힘의 크기의 곱으로 표현되고 그 단위는 N·m(뉴턴미터)이다.
  ▷ 3문단 : 알짜 돌림힘의 개념과 그 힘의 계산법
    – 동일한 물체에 작용하는 두 돌림힘의 합을 알짜 돌림힘이라 한다.
    – 두 돌림힘의 방향이 같으면 알짜 돌림힘의 크기는 두 돌림힘의 크기의 합이 되고 그 방향은 두 돌림힘의 방향과 같다.
    – 두 돌림힘의 방향이 서로 반대이면 알짜 돌림힘의 크기는 두 돌림힘의 크기의 차가 되고 그 방향은 더 큰 돌림힘의 방향과 같다.
  ▷ 4문단 : 알짜 돌림힘이 한 일의 계산법과 그 단위
    – 회전 속도의 변화는 물체에 알짜 돌림힘이 일을 해 주었을 때에만 일어난다.

    – 알짜 돌림힘이 한 일은 알짜 돌림힘의 크기와 회전 각도의 곱이다.
  ▷ 5문단 : 알짜 돌림힘이 한 일의 사례
  ▷ 6문단 : 알짜 돌림힘이 한 일과 회전 운동 에너지 및 회전 운동 속도
    – 알짜 돌림힘이 물체를 돌리려는 방향과 물체의 회전 방향이 일치하면 알짜 돌림힘이 양(+)의 일을 하고 그 방향이 서로 반대이면 음(−)의 일을 한다.
    – 어떤 물체에 알짜 돌림힘이 양의 일을 하면 그만큼 물체의 회전 운동 에너지는 증가하고 음의 일을 하면 그만큼 회전 운동 에너지는 감소한다.
    – 형태가 일정한 물체에 알짜 돌림힘이 양의 일을 하면 회전 속도가 증가하고, 음의 일을 하면 회전 속도가 감소한다.

---

02 일치·불일치 　　　　　**정답** ⑤

여섯 번째 문단에 따르면 형태가 일정한 물체의 회전 운동 에너지는 회전 속도의 제곱에 정비례한다. 따라서 회전 속도가 2배가 되면 회전 운동 에너지는 2의 제곱인 4배가 된다.

오답분석

① 두 번째 문단에 따르면 돌림힘은 물체의 회전 상태에 변화를 일으키는 힘의 효과를 뜻하며, 물체에 회전 운동을 일으키거나 물체의 회전 속도를 변화시키려면 물체에 힘을 가해야 한다. 따라서 물체에 힘을 가하지 않으면 회전 상황에 변화를 일으키지 않으므로 결국 돌림힘이 작용하지 않는 상태인 것임을 알 수 있다.

② 네 번째 문단에 따르면 회전 속도의 변화는 물체에 알짜 돌림힘이 일을 해 주었을 때에만 일어난다. 또한 세 번째 문단에 따르면 두 돌림힘의 방향이 같으면 알짜 돌림힘의 크기는 두 돌림힘의 크기의 합이 되고 그 방향은 두 돌림힘의 방향과 같으며, 두 돌림힘의 방향이 서로 반대이면 알짜 돌림힘의 크기는 두 돌림힘의 크기의 차가 되고 그 방향은 더 큰 돌림힘의 방향과 같다. 또한 힘점에 힘을 주지만 물체가 지레의 회전을 방해하는 힘을 작용점에 주어 지레가 움직이지 않는 상황처럼, 두 돌림힘의 크기가 같고 방향이 반대이면 알짜 돌림힘은 0이 된다(돌림힘의 평형). 따라서 물체에 가해진 알짜 돌림힘이 0이 아니면 물체의 회전 상태가 변화함을 알 수 있다.

③ 여섯 번째 문단에 따르면 알짜 돌림힘이 물체를 돌리려는 방향과 물체의 회전 방향이 일치하면 알짜 돌림힘이 양(+)의 일을 하고 그 방향이 서로 반대이면 음(−)의 일을 한다. 또한 형태가 일정한 물체에 알짜 돌림힘이 음의 일을 하면 회전 속도가 감소한다. 따라서 회전 속도가 감소하고 있는, 형태가 일정한 물체에는 돌림힘이 작용함을 알 수 있다.

④ 세 번째 문단에 따르면 지레의 힘점에 힘을 주지만 물체가 지레의 회전을 방해하는 힘을 작용점에 주어 지레가 움직이지 않는 상황처럼, 두 돌림힘의 크기가 같고 방향이 반대이면 알짜 돌림힘은 0이 되고 이때를 돌림힘의 평형이라고 한다. 따라서 힘점에 힘을 받는 지렛대가 움직이지 않으면 돌림힘의 평형이 이루어져 있음을 알 수 있다.

┃풀이 포인트┃
사실적 사고 능력을 검증하는 문제로, 제시문에 나타난 특정 개념이나 원리와 관련한 핵심 정보를 이해하고 있는지 묻고 있다. 따라서 선택지의 내용과 관련한 특정 개념과 원리 등을 제시문에서 확인해 일치 여부를 파악한다.

배경지식
돌림힘
주어진 회전축을 중심으로 회전시키는 능력으로, 회전축에서 힘의 작용점까지의 거리와 회전축과 작용점을 잇는 직선에 수직인 힘의 성분과의 곱을 뜻한다.

03 세부 내용의 이해 정답 ②

두 번째 문단에서 돌림힘의 크기는 회전축에서 X까지의 거리와 가해 준 힘의 크기의 곱으로 표현된다고 했으므로 ㉮에 나타난 갑의 돌림힘은 $1\text{m}\times300\text{N}=300\text{N}\cdot\text{m}$, 을의 돌림힘은 $2\text{m}\times200\text{N}=400\text{N}\cdot\text{m}$이다. 또한 세 번째 문단에서 두 돌림힘의 방향이 서로 반대이면 알짜 돌림힘의 크기는 두 돌림힘의 크기의 차가 되고 그 방향은 더 큰 돌림힘의 방향과 같다고 했으므로 알짜 돌림힘은 을이 여닫이문을 미는 방향으로 $100\text{N}\cdot\text{m}$이 된다. 그리고 네 번째 문단에서 알짜 돌림힘이 한 일은 알짜 돌림힘의 크기와 회전 각도의 곱이라고 했으므로 ㉮에 나타난 알짜 돌림힘이 한 일은 $100\text{N}\cdot\text{m}\times0.5\pi=50\pi\text{J}$이다. ㉮에서 알짜 돌림힘이 한 일은 을이 미는 방향으로 여닫이문을 90° 회전한 것이므로 알짜 돌림힘은 양(+)의 일을 한 것이다. 여섯 번째 문단에 따르면 어떤 물체에 알짜 돌림힘이 양의 일을 하면 그만큼 물체의 회전 운동 에너지는 증가한다. 따라서 ㉮에서 여닫이문이 90° 회전하는 동안 회전 운동 에너지는 점점 증가함을 알 수 있다.

오답분석
① ㉮의 여닫이문에 작용하는 알짜 돌림힘의 크기는 을의 돌림힘 $400\text{N}\cdot\text{m}$과 답의 돌림힘 $300\text{N}\cdot\text{m}$의 차이인 $100\text{N}\cdot\text{m}$이며, 이 힘에는 변화가 없다.
③ 세 번째 문단에 따르면 돌림힘의 평형은 두 돌림힘의 크기가 같고 방향이 반대이면 알짜 돌림힘은 0이 되는 상태이다. 즉, 양 방향의 돌림힘의 크기가 같아서 움직이지 못하므로 운동이 없는 상태이다. 그러나 ㉮에서 미닫이문은 을이 미는 방향으로 $100\text{N}\cdot\text{m}$의 알짜 돌림힘이 가해져 회전하므로 돌림힘의 평형이 유지되지 않고 있다.

④ ㉮에서 갑과 을이 서로 반대 방향으로 밀고 있는 미닫이문의 알짜 돌림힘은 을이 미닫이문을 미는 방향으로 작용한다. 즉, 갑($300\text{N}\cdot\text{m}$)보다 을($400\text{N}\cdot\text{m}$)의 힘이 크기 때문에 알짜 돌림힘의 방향은 을이 미닫이문을 미는 방향과 동일하다. 따라서 알짜 돌림힘과 갑의 돌림힘은 방향은 다른 것이다.
⑤ ㉮에서 갑의 돌림힘은 $300\text{N}\cdot\text{m}$이고, 을의 돌림힘은 $400\text{N}\cdot\text{m}$이다. 따라서 갑의 돌림힘의 크기는 을의 돌림힘의 크기보다 작다

┃풀이 포인트┃
사실적 사고 능력을 검증하는 문제로, 제시문에 나타난 특정 원리, 핵심 개념 등과 관련한 구체적 정보를 이해하고 있으며, 이를 선택지의 사례에 적절하게 적용할 수 있는지 묻고 있다. 따라서 선택지의 내용과 관련한 특정 원리와 개념을 제시문에서 확인해 선택지와 제시문의 일치 여부를 판단한다.

배경지식
라디안(Radian)
원둘레 위에서 반지름의 길이와 같은 길이를 갖는 호에 대응하는 중심각의 크기를 뜻하며, 1라디안은 약 57도 17분 44.8초이다.

04 추론하기 정답 ④

보기에서 $\overline{\text{OA}}$는 $\overline{\text{OB}}$의 절반이며, 보기에 따르면 A, B에는 각각 $\overline{\text{OA}}$, $\overline{\text{OB}}$와 직각 방향으로 표면과 평행하게 같은 크기의 힘이 작용하여 원판을 각각 시계 방향과 시계 반대 방향으로 밀어 준다. 그리고 두 번째 문단에 따르면 물체에 작용하는 돌림힘의 크기는 회전축에서 X까지의 거리와 가해 준 힘의 크기의 곱으로 표현된다. 따라서 보기의 두 돌림힘은 서로 다른 방향으로 작용하며, 그 힘의 차이는 2배이다. 또한 보기의 원판은 시계 반대 방향으로 회전하므로 선택지 ④에서처럼 A에 가해 주는 힘만을 제거한 상태에서는 시계 반대 방향으로 미는 알짜 돌림힘만 작용하게 된다. 이러한 경우에 ④에서처럼 원판이 2바퀴 회전한다면 네 번째 문단의 설명처럼 알짜 돌림힘이 한 일은 알짜 돌림힘의 크기와 회전 각도의 곱이므로 원판이 2바퀴 회전하는 동안 알짜 돌림힘이 한 일은 1바퀴 회전하는 동안 알짜 돌림힘이 한 일의 2배가 된다.

오답분석
① 보기의 A, B에 작용하는 돌림힘의 방향은 서로 다르며, 반시계 방향으로 미는 돌림힘이 시계 방향으로 미는 돌림힘의 2배이다. 그러므로 두 힘을 계속 가해 주는 상태에서는 반시계 방향으로 미는 알짜 돌림힘이 양(+)의 일을 한다. 또한 여섯 번째 문단에 따르면 어떤 물체에 알짜 돌림힘이 양의 일을 하면 그만큼 물체의 회전 운동 에너지는

PART 1
DAY 01
DAY 02
DAY 03
DAY 04
DAY 05
DAY 06
DAY 07
DAY 08
DAY 09
DAY 10

증가하므로 형태가 일정한 물체에 알짜 돌림힘이 양의 일을 하면 회전 속도가 증가한다. 따라서 보기에서처럼 두 힘을 계속 가해 주는 상태에서는 원판의 회전 속도가 증가한다.

② 네 번째 문단에 따르면 물체에 알짜 돌림힘이 일을 해 주었을 때에만 회전 속도의 변화가 일어난다. 또한 보기에서 A, B에 가해 주는 힘을 모두 제거하면 알짜 돌림힘은 0이 되어 어떤 돌림힘도 없으므로 원판은 일정한 회전 속도를 유지한다.

③ 보기에서 A에 가해 주는 힘만을 제거하면 B에 가해지는 반시계 방향의 알짜 돌림힘만 일을 하며, 이러한 경우에 알짜 돌림힘은 물체를 돌리려고 하는 방향과 물체의 회전 방향이 동일하게 되기 때문에 양(+)의 일을 하면서 원판의 회전 속도를 증가시킨다.

⑤ 보기에서 B에 가해 주는 힘만을 제거하면 A에 가해지는 시계 방향의 알짜 돌림힘만 일을 하며, 이러한 경우에 알짜 돌림힘은 음(−)의 일을 하게 되어 원판의 회전 속도 에너지는 감소한다. 또한 네 번째 문단에서 알짜 돌림힘이 한 일은 알짜 돌림힘의 크기와 회전 각도의 곱으로 나타낸다고 했으므로, 알짜 돌림힘이 계속 작용하면 시계 방향으로 작용하는 돌림힘에 의해 돌림힘의 평형 상태가 되는 순간에 이르러 시계 반대 방향으로 회전하던 원판의 회전 운동 에너지가 0이 되었다가 원판이 시계 방향으로 회전하게 된다. 그러므로 ⑤에서처럼 B에 가해 주는 힘만을 제거하면, 원판의 회전 운동 에너지는 점차 줄어들어 0이 되었다가 다시 커지게 된다.

| 풀이 포인트 |

추리적 사고 능력을 검증하는 문제로, 제시문에 나타난 특정 원리를 선택지의 새로운 구체적 사례에 적용할 수 있는지 묻고 있다. 따라서 선택지의 내용과 관련한 특정 원리와 관련한 정보를 제시문에서 확인해 선택지의 적절성 여부를 판단한다.

[05~07] 지문 분석

• 주제 : 태아의 성별에 따른 생식 기관이 발달하는 과정
• 핵심 키워드 : 성염색체, 단일성선, 볼프관, 뮐러관, 테스토스테론, 에스트로젠
• 글의 구조
  ▷ 1문단 : 사람의 성을 결정하는 성염색체
    − 사람의 성염색체에는 X와 Y 염색체가 있다.
    − 난자는 X 염색체만을 갖지만, 정자는 X나 Y 염색체 중 하나를 갖는다.
    − 난자에 정자의 X가 수정되면 여성, Y 염색체가 수정되면 남성이 된다.

  ▷ 2문단 : 성 결정의 기본 모델과 성 분화를 위한 추가적인 과정
    − 두 개의 성을 갖는 동물은 하나의 성이 성 결정의 기본 모델이 된다.
    − 포유류의 암컷이 기본 모델이므로 수컷은 Y에 의해 여성으로부터 파생된다.
    − 남성(수컷)의 형성에는 Y 염색체에 의해 조절되는 추가적인 과정이 필요하다.
  ▷ 3문단 : 남성 호르몬의 신호에 따라 공통 조직이 남성이나 여성 생식 기관으로 발달함
    − 수정 6주 후 고환이나 난소가 될 단일성선, 남성 생식 기관이 될 볼프관, 여성 생식 기관이 될 뮐러관이 형성된다.
    − 성을 구분하는 외형적 기관들은 남성과 여성 태아의 특정 공통 조직에서 발달하는데, 남성 호르몬 신호의 여부에 따라 남성 또는 여성 생식 기관으로 발달한다.
  ▷ 4문단 : 고환에서 생산하는 호르몬에 의해 남성 발달이 조절되는 과정
    − 임신 7주쯤에 Y 염색체의 성 결정 유전자가 단일성선에 남성의 고환 생성을 명령하는 신호를 보내면서 남성 발달 과정이 시작된다.
    − 이후 새로 형성된 고환에서 생산되는 호르몬에 의해 남성 발달 과정이 조절된다.
  ▷ 5문단 : 항뮐러관형성인자와 테스토스테론 등의 호르몬을 분비하는 고환
    − 고환 형성 이후 고환은 항뮐러관형성인자를 분비해 뮐러관을 없앤다.
    − 고환은 볼프관에 테스토스테론을 보내 부고환・정관・정낭을 형성하게 한다.
    − 고환으로부터 호르몬 신호가 볼프관에 전달되지 않으면 볼프관은 임신 후 14주 이내에 사라진다.
    − 테스토스테론은 남성 생식 기관의 형성에 관여한다.
  ▷ 6문단 : 여성 생식 기관인 난소의 형성
    − 단일성선을 난소로 만드는 변화는 임신 3 ~ 4개월쯤에 시작한다.
    − 이 시기에 볼프관은 호르몬 신호 없이도 퇴화되어 사라진다.
    − 에스트로젠은 난소의 적절한 발달과 정상적인 기능 수행에 필수적인 요소이다.

05 일치·불일치 정답 ④

세 번째 문단에 따르면 볼프관은 부고환·정관·정낭 등의
남성 생식 기관으로 발달하며, 네 번째 문단에 따르면 임신
7주쯤에 Y 염색체에 있는 성 결정 유전자가 단일성선에 남성
의 고환 생성을 명령하는 신호를 보내면서 남성 발달 과정의
첫 단계가 시작된다. 그러므로 Y 염색체에 성 결정 유전자가
있어야 남성으로의 발달이 시작됨을 알 수 있다. 이때 ④에서
처럼 염색체에 성 결정 유전자가 없다면 태아는 여성이 될 것
이고, 남성의 생식 기관을 형성하는 볼프관은 호르몬 신호 없
이도 여성 태아에서 퇴화되어 사라진다.

오답분석

① 첫 번째 문단에 따르면 난자의 X 염색체와 정자의 Y 염색
체가 수정되면 남성이 되고, 정자의 X 염색체가 수정되면
여성이 된다. Y염색체가 있으면 남성(수컷)이 되는 것이
다. 포유류인 인간은 남성 XY, 여성 XX로 인간이라면 남
성이든 여성이든 X 염색체를 갖고 있다. 또한 인간 이외의
포유류의 성별을 결정하는 성염색체가 무엇인지는 제시문
에 언급되어 있지 않다.

② 세 번째 문단에 따르면 정자와 난자의 수정 초기에는 성
결정 과정이 일어나지 않지만, 6주 후에는 고환 또는 난소
가 될 단일성선 한 쌍이 생겨난다. 따라서 고환이든 난소
든 한 쌍의 단일성선에서 비롯되는 것임을 알 수 있다.

③ 다섯 번째 문단에 따르면 고환이 형성되고 나면 고환은 먼
저 항뮐러관형성인자를 분비하여 뮐러관을 없애라는 신호
를 보내는데, 이렇게 뮐러관을 없애는 이유는 세 번째 문
단에 따르면 뮐러관은 여성 생식 기관인 난관과 자궁으로
발달할 조직이기 때문이다. 따라서 항뮐러관형성인자의
분비는 테스토스테론이 아니라 고환의 작용에 의해 촉진
되는 것이다.

⑤ 다섯 번째 문단에 따르면 고환이 형성되고 나면 고환은 먼
저 항뮐러관형성인자를 분비하여 뮐러관을 없애라는 신호
를 보내는데, 이 신호에 반응하여 뮐러관이 제거될 수 있
는 때는 발생 중 매우 짧은 시기에 국한되기 때문에 이 신
호의 전달 시점은 매우 정교하게 조절된다. 따라서 고환이
형성된 이후에 뮐러관이 퇴화하게 되는 것이다.

▍풀이 포인트 ▍

사실적 사고 능력을 검증하는 문제로, 제시문에 언급된
세부 정보를 정확하게 파악하고 있는지 묻고 있다. 따라
서 제시문의 세부 정보와 선택지의 내용을 대조해 일치
또는 불일치 여부를 판단한다.

배경지식

성염색체
성(性)을 결정하는 데 관여하는 염색체이다. 성 결정의
유형에 따라 X, Y, Z, W 염색체로 구별한다.

06 추론하기 정답 ①

보기에 따르면 '남성 호르몬 불감성 증후군'을 가진 '사람'은
XY 염색체를 가지고 있어 항뮐러관형성인자를 만들 수 있다
고 했다. 또한 다섯 번째 문단에 따르면 항뮐러관형성인자를
만드는 기관은 고환이다. 따라서 보기의 '사람'은 몸의 내부에
고환을 가지고 있음을 알 수 있다.

오답분석

② 보기에 따르면 '남성 호르몬 불감성 증후군'을 가진 '사람'
은 남성 호르몬에 반응하지 못한다. 또한 다섯 번째 문단
에 따르면 대표적인 남성 호르몬인 테스토스테론은 볼프
관이 부고환·정관·정낭으로 발달하는 데 관여한다. 따
라서 보기의 '사람'은 테스토스테론에 반응하지 못하므로
정관, 정낭을 가지고 있지 않음을 알 수 있다.

③ 보기에서 '남성 호르몬 불감성 증후군'을 가진 '사람'은 항
뮐러관형성인자를 만들 수 있다고 했으므로 고환을 가지
고 있음을 알 수 있다. 또한 세 번째 문단에 따르면 단일성
선이 성 결정 염색체의 영향을 받아 고환 또는 난소로 발
달한다. 따라서 보기의 '사람'은 고환이 생성되었고 난소
는 없는 것이므로 난소에서 진행되는 배란도 불가능하다.

④ 보기에 따르면 '남성 호르몬 불감성 증후군'을 가진 '사람'
은 XY 염색체를 가지고 있어 항뮐러관형성인자와 테스토
스테론을 만들 수 있으므로 Y 염색체의 성 결정 유전자가
발현되어 고환이 생성되었음을 알 수 있다.

⑤ 보기에 따르면 '남성 호르몬 불감성 증후군'을 가진 '사람'
은 항뮐러관형성인자를 만들 수 있다고 했으며, 다섯 번째
문단에 따르면 고환은 항뮐러관형성인자를 분비해 뮐러관
을 없애라는 신호를 보낸다. 따라서 보기의 '사람'은 여성
생식 기관인 난관과 자궁으로 발달할 뮐러관이 없으므로
당연히 여성 내부 생식기관을 가지고 있지 않음을 알 수
있다.

▍풀이 포인트 ▍

추리적 사고 능력을 검증하는 문제로, 제시문에서 나타
난 세부 정보를 토대로 선택지의 적절성 여부를 판단할
수 있는지 묻고 있다. 따라서 제시문의 내용 가운데 선택
지와 관련한 내용을 찾아 선택지의 타당성을 판단해야
한다.

배경지식

볼프관과 뮐러관
• 볼프관(Wolff管) : 척추동물의 중신(中腎)의 배출관
이다. 성체가 되면 어류·양서류에서는 오줌관이 되
고, 파충류·조류·포유류의 수컷에서는 정관이 되
며, 암컷에서는 퇴화한 뒤 후신(後腎)에서 새로운 배
출관이 생긴다.
• 뮐러관(Müller管) : 척추동물의 초기 발생 과정에서
볼프관의 옆에 생기는 한 쌍의 관이다. 수컷에서는 퇴
화하지만, 암컷에서는 발달하여 자궁관이 된다.

PART 1
DAY 01
DAY 02
DAY 03
DAY 04
DAY 05
DAY 06
DAY 07
DAY 08
DAY 09
DAY 10

먼저 두 번째 문단과 ㉠의 내용을 분석하면 인간을 포함한 포유류의 경우 암컷이 기본 모델이므로 포유류에 속하는 생쥐의 경우에 기본 모델이 아닌 성은 수컷이다. 또한 ④에서처럼 생쥐의 수컷 성 결정 유전자를 암컷 수정란에 인위적으로 삽입해 수컷 생쥐로 발달하게 했다면 성 결정 유전자의 발현으로 기본 모델이 아닌 성이 등장했다는 뜻이 된다. 따라서 ④는 ㉠의 내용을 강화하는 사례로 볼 수 있다.

오답분석

① 제시문에서는 물고기(어류)의 성의 기본 모델이 무엇인지 알려주지 않았기 때문에 ①은 ㉠을 강화하는 사례가 될 수 없다. 또한 ④에서 암컷 물고기가 수컷 물고기로 전환되는 요인은 ㉠에서처럼 성염색체 유전자의 지령이 아니라 기존 수컷 개체수의 감소이다.

② 제시문에서는 붉은귀거북(파충류)의 성의 기본 모델이 무엇인지 알려주지 않았기 때문에 ②는 ㉠을 강화하는 사례가 될 수 없다. 붉은귀거북의 성이 유전자의 작용에 의해 발현된다고 해도 붉은귀거북의 성의 기본 모델이 무엇인지 알 수 없기 때문에 기본 모델에서 파생된 것인지 판단할 수 없다. 또한 ②에서 붉은귀거북의 성을 결정하는 요인은 ㉠에서처럼 성염색체 유전자의 지령이 아니라 온도이다.

③ 제시문에서는 개구리(양서류)의 성의 기본 모델이 무엇인지 알려주지 않았기 때문에 ③은 ㉠을 강화하는 사례가 될 수 없다. 또한 ③에서 개구리의 성을 결정하는 요인은 ㉠에서처럼 성염색체 유전자의 지령이 아니라 아트라진에 대한 노출 여부이다.

⑤ 두 번째 문단에 따르면 조류의 경우 대개 수컷이 기본 모델이다. 그런데 ㉠의 이론을 강화하려면 기본 모델과 다른 성, 즉 암컷이 나타나야 하지만, 암컷이 수컷처럼 노래한다고 해서 수컷으로 성이 전환된 것은 아니다. 따라서 ⑤는 ㉠을 강화하는 사례가 될 수 없다.

│ 풀이 포인트 │

비판적 사고 능력을 검증하는 문제로, 제시문에서 나타난 현상이 발생하는 원리를 이해하고, 이를 선택지의 구체적 사례에서도 확인할 수 있는지 논리적으로 판단할 수 있어야 한다. 따라서 선택지의 사례가 제시문에서 설명하는 원리에 부합하는지 또는 그렇지 않은지 검토한다.

배경지식

테스토스테론과 에스트로젠

• 테스토스테론(Testosterone) : 정소에서 분비되는 대표적인 남성 호르몬이다. 근육과 생식 기관의 발육을 촉진하고 2차 성징이 나타나게 한다.

• 에스트로젠(Estrogen) : 여성 호르몬으로, 난소의 소포에서 생성되며, 여성의 이차 성징을 발현해 여성을 발정하게 하는 작용을 한다. 올바른 외래어 표기는 '에스트로겐'이다.

01	02	03	04	05	06	07			
②	③	③	②	②	③	③			

[01~03] 지문 분석

- 주제 : 애벌랜치 광다이오드의 작동 과정
- 핵심 키워드 : 광통신, 광자, 애벌랜치 광다이오드, 애벌랜치 영역, 양공, 양자 효율, 전기장, 충돌 이온화, 애벌랜치 증배
- 글의 구조
  ▷ 1문단 : 애벌랜치 광다이오드의 역할과 용도
  - 광통신은 케이블의 길이가 증가함에 따라 빛의 세기가 감소하기 때문에 원거리 통신의 광신호는 약해질 수 있다.
  - 광통신에서는 약한 광신호를 측정이 가능한 크기의 전기 신호로 변환해 주는 반도체 소자인 애벌랜치 광다이오드가 사용된다.
  ▷ 2문단 : 애벌랜치 광다이오드의 구성 요소와 흡수층의 구실 및 양자 효율의 개념
  - 애벌랜치 광다이오드는 크게 흡수층, 애벌랜치 영역, 전극으로 구성된다.
  - 흡수층에 광자가 입사되면 전자(−)와 양공(+) 쌍이 생성된다.
  - 양자 효율은 입사되는 광자 수 대비 생성되는 전자−양공 쌍의 개수를 뜻한다.
  - 소자의 특성과 입사광의 파장에 따라 결정되는 양자 효율은 애벌랜치 광다이오드의 성능에 영향을 미친다.
  ▷ 3문단 : 애벌랜치에서 광신호의 세기가 전류의 크기로 변환되는 과정
  - 전자는 양의 전극으로, 양공은 음의 전극으로 이동하는 과정에서 애벌랜치 영역을 지난다.
  - 애벌랜치 영역의 자기장에 의해 충분히 가속된 전자는 애벌랜치 영역의 반도체 물질을 구성하는 원자들과 충돌해 새로운 전자−양공 쌍을 만든다(=충돌 이온화).
  - 새로 생성된 전자와 기존의 전자가 전극에 도달할 때까지 충돌 이온화가 반복된다.
  - 이로 인한 전자 수의 급증을 '애벌랜치 증배'라고 부르며, 애벌랜치 영역으로 유입된 전자당 전극으로 방출되는 전자의 수를 증배 계수라고 한다.
  - 증배 계수는 애벌랜치 영역의 전기장의 크기가 클수록, 작동 온도가 낮을수록 커진다.
  - 이러한 일련의 과정을 거쳐 광신호의 세기는 전류의 크기로 변환된다.
  ▷ 4문단 : 빛의 파장 대역이 다른 애벌랜치 광다이오드의 다양한 종류
  - 애벌랜치 광다이오드는 흡수층과 애벌랜치 영역을 구성하는 반도체 물질에 따라 검출이 가능한 빛의 파장 대역이 다르다.

01 일치 · 불일치 정답 ②

두 번째 문단에 따르면 흡수층에 충분한 에너지를 가진 광자가 입사되면 전자와 양공 쌍이 생성될 수 있다. 따라서 애벌랜치 광다이오드의 흡수층에서 전자−양공 쌍이 발생하려면 에너지를 가진 광자가 입사되어야 함을 알 수 있다.

[오답분석]
① 첫 번째 문단에 따르면 애벌랜치 광다이오드는 약한 광신호를 측정이 가능한 크기의 전기 신호로 변환해 주는 반도체 소자이다. 즉, 전기 신호를 광신호로 변환하는 것이 아니라 광신호를 전기 신호로 변환하는 것이다.
③ 첫 번째 문단에 따르면 애벌랜치 광다이오드는 입사된 광자 수가 적어 약해진 광신호를 전기 신호로 변환하는 역할을 한다. 즉, 애벌랜치 광다이오드는 광자의 수를 늘리는 장치가 아니라 광신호를 전기 신호로 바꾸는 장치이다. 또한 세 번째 문단에 따르면 애벌랜치 광다이오드가 작동하려면 전극에 걸린 역방향 전압에 의해 형성되는 강한 전기장이 필요하다.
④ 네 번째 문단에 따르면 흡수층과 애벌랜치 영역을 구성하는 반도체 물질로 저마늄을 사용한 애벌랜치 광다이오드는 800 ~ 1,600nm 파장 대역의 빛을 검출할 수 있다. 따라서 100nm 파장의 빛을 검출할 때 사용할 수 없음을 알 수 있다.
⑤ 세 번째 문단에 따르면 흡수층에서 생성된 양공은 음의 전극으로 이동한다. 애벌랜치 영역을 통과하여 양의 전극으로 이동하는 것은 양공이 아니라 전자이다.

어오는 전자의 수가 많을수록 충돌 이온화가 많이 발생함, 즉 전자의 수와 충돌 이온화의 발생 횟수는 정비례함을 알 수 있다.

양공(陽孔)

절연체나 반도체의 원자 간을 결합하고 있는 전자가 밖에서 에너지를 받아 보다 높은 상태로 이동하면서 그 뒤에 남은 결합이 빠져나간 구멍을 뜻한다. 마치 양의 전하를 가진 자유 입자와 같이 동작한다.

사실적 사고 능력을 검증하는 문제로, 제시문에 나타난 정보와 선택지가 담고 있는 정보가 일치하는지 파악할 수 있는가를 묻고 있다. 따라서 제시문의 정보와 선택지의 내용을 대조해 일치 또는 불일치 여부를 판단한다.

광자(光子, Light Quantum)

빛은 입자성과 파동성 등 두 가지의 성질이 있다. 빛을 입자의 성질로 볼 때 광자(광양자)라고 부르며, 파동의 성질로 본다면 전자기파이다. 광자 1개의 에너지는 플랑크상수(h)에 빛의 진동수(v)를 곱한 값(hv)으로 표현하며, 운동량은 hv/c(c=진공에서의 광속)이다.

02 세부 내용의 이해 〔정답〕③

두 번째 문단에 따르면 양자 효율은 입사되는 광자 수 대비 생성되는 전자−양공 쌍의 개수를 뜻하며, 양자 효율은 소자의 특성과 입사광의 파장에 따라 결정된다.

〔오답분석〕

① 세 번째 문단에 따르면 애벌랜치 영역에는 소자의 전극에 걸린 역방향 전압으로 인해 강한 전기장이 존재하는데, 이 전기장은 역방향 전압이 클수록 커진다. 또한 애벌랜치 영역에서 전자는 강한 전기장 때문에 급격히 가속되어 큰 속도를 갖게 된다. 따라서 애벌랜치 영역을 지나는 전자는 역방향 전압의 작용으로 인해 존재하는 전기장에 의해 속도가 빨라짐을 알 수 있다.

② 세 번째 문단에 따르면 충돌 이온화는 애벌랜치 영역을 지나며 강한 전기장에 의해 충분히 가속되어 빠른 속도를 얻게 된 전자가 애벌랜치 영역의 반도체 물질을 구성하는 원자들과 충돌해 속도가 줄어들며 새로운 전자−양공 쌍을 만드는 현상이다. 따라서 강한 전기장은 충돌 이온화의 발생에 필수적임을 알 수 있다.

④ 세 번째 문단에 따르면 새롭게 생성된 전자와 기존의 전자가 전극에 도달할 때까지 애벌랜치 영역에서 다시 가속되어 충돌 이온화를 반복적으로 일으킨 결과 전자의 수가 크게 늘어나는 애벌랜치 증배가 일어난다. 또한 전류의 크기는 단위 시간당 흐르는 전자의 수에 비례한다. 따라서 애벌랜치 영역에서 충돌 이온화가 많이 일어날수록 전극에서 측정되는 전류가 증가함을 알 수 있다.

⑤ 세 번째 문단에 따르면 충분한 속도를 얻게 된 전자가 애벌랜치 영역의 반도체 물질을 구성하는 원자들과 충돌하면서 새로운 전자−양공 쌍을 만드는 충돌 이온화 현상이 일어나고, 새롭게 생성된 전자와 기존의 전자가 애벌랜치 영역에서 다시 가속되어 충돌 이온화를 반복적으로 일으킨다. 따라서 흡수층에서 애벌랜치 영역으로 들

03 추론하기 〔정답〕③

세 번째 문단에 따르면 증배 계수는 애벌랜치 영역으로 유입된 전자당 전극으로 방출되는 전자의 수를 뜻하며, 증배 계수는 애벌랜치 영역의 전기장의 크기가 클수록, 작동 온도가 낮을수록 커진다. 따라서 보기의 예비 실험에서 0℃였던 작동 온도를 본 실험에서 20℃로 바꾸면 증배 계수가 감소하므로 단위 시간당 전극으로 방출되는 전자의 수가 늘어나는 것이 아니라 줄어들 것이다.

〔오답분석〕

① 두 번째 문단에 따르면 애벌랜치 영역에 존재하는 전기장은 역방향 전압이 클수록 커지며, 세 번째 문단에 따르면 애벌랜치 영역의 전기장의 크기가 클수록 증배 계수는 커진다. 따라서 보기의 예비 실험에서 110V였던 역방향 전압을 본 실험에서 100V로 바꾸면 예비 실험에서 40이었던 증배 계수는 본 실험에서 40보다 감소할 것이다.

② 세 번째 문단에 따르면 애벌랜친 영역에는 소자의 전극에 걸린 역방향 전압으로 인해 강한 전기장이 존재하며, 이 전기장은 역방향 전압이 클수록 커진다. 또한 증배 계수는 애벌랜치 영역으로 유입된 전자당 전극으로 방출되는 전자의 수를 뜻하며, 증배 계수는 애벌랜치 영역의 전기장의 크기가 클수록 커진다. 따라서 보기의 예비 실험에서 110V였던 역방향 전압을 본 실험에서 120V로 바꾸면 예비 실험보다 본 실험에서 증배 계수가 증가해 전극으로 방출되는 전자의 수도 늘어나게 됨으로써 광신호의 세기도 커지게 되어 예비 실험에서보다 본 실험에서 더 약한 빛을 검출하는 데 유리할 것이다.

④ 첫 번째 문단에 따르면 광통신 케이블의 길이가 증가함에 따라 빛의 세기가 감소해 단위 시간당 수신기에 도달하는 광자의 수가 감소해 광신호가 약해지며, 세 번째 문단에 따르면 전류의 크기는 단위 시간당 흐르는 전자의 수에 비례한다. 따라서 보기의 예비 실험에서 1m였던 케이블의 길이를 본 실험에서 100m로 바꾸다면 보기의 예비 실험에서 100nA였던 전류는 본 실험에서 감소할 것이다.

⑤ 보기의 예비 실험에서 제시된 제품 설명서에 따르면 750 ~ 1,000nm 파장 대역에서는 파장이 커짐에 따라 양자 효율이 작아진다. 따라서 보기의 예비 실험에서 800nm 파장의 빛을 본 실험에서 900nm 파장의 빛으로 바꾸면 양자 효율이 감소해 예비 실험에서 100nA였던 전류는 본 실험에서 작아질 것이다.

배경지식

전기장(電氣場)

전기를 띤 물체 주위의 공간을 표현하는 전기적 속성을 뜻하며, 다른 대전 물체에 전기적 힘을 미친다. 전기장은 전하로 인한 전기력이 미치는 공간이다. 전기장의 방향은 고전위인 양극에서 저전위인 음극으로 향하며, 전기장의 세기는 전기장 내의 한 점에 단위 양전하(+1쿨롱)를 놓았을 경우에 그 전하가 받는 전기력의 크기로 정한다.

[04~06] 지문 분석

• 주제 : 세페이드 변광성을 통해 우주의 크기를 측정하는 방법
• 핵심 키워드 : 고유 밝기, 겉보기 밝기, 은하, 성운, 쌍성, 세페이드 변광성
• 글의 구조
 ▷ 1문단 : 별들의 거리 측정으로 인한 은하의 발견 및 성운에 대한 관심
  – 천문학자들은 우주의 크기를 알아내기 위해 별들의 거리를 측정하려고 했다.
  – 허셜은 별의 고유 밝기가 같다고 가정하고 지구에서 보는 겉보기 밝기가 거리의 제곱에 비례해 어두워진다는 사실을 이용해 별들의 거리를 측정했다.
  – 그 결과 별들의 분포가 지금의 은하수 특징과 일치하는 것을 확인했고 별들의 집합을 은하라 부르게 되었다.
  – 은하 너머가 빈 공간인지 아니면 또 다른 천체가 존재하는 공간인지 의문을 갖게 되었으며, '성운'에 대한 관심도 커졌다.
 ▷ 2문단 : 성운에 대한 두 가지 가설의 논쟁
  – 성운이 우리 은하 내에 존재하는 먼지와 기체들이고 별과 그 주위의 행성이 생성되는 초기 모습이라는 가설을 주장한 학자들은 성운이 은하의 납작한 면 안에서는 거의 관찰되지 않는다는 사실을 근거로 들었다(가설 2).

  – 성운이 우리 은하처럼 수많은 별들이 모인 또 다른 은하라는 가설을 주장한 학자들은 은하의 모양과 성운의 모양이 타원형이라는 공통점을 근거로 들고, 은하 안에서 성운이 발견되지 않는 것은 별과 먼지, 기체들에 의해 약한 성운의 빛이 가려졌기 때문이라고 주장했다(가설 2).
 ▷ 3문단 : 두 가지 가설 중 어느 것이 맞는지 알아내는 방법
  – 지구와 성운 사이의 거리를 측정하면 두 가설 중 어느 것이 맞는지는 알 수 있다.
  – 이 거리를 측정하는 방법은 변광성(밝기가 변하는 별)의 연구로부터 나왔다.
  – 밝기가 다른 두 별이 서로의 주위를 도는 쌍성의 밝기는 지구에서 볼 때 시간에 따라 대칭적으로 변화한다.
  – 세페이드 변광성은 쌍성의 위치로 인해 주기적으로 비대칭적인 밝기 변화가 생기는 변광성이다.
  – 세페이드 변광성의 비대칭적 밝기 변화는 별이 팽창과 수축을 반복할 때 방출되는 에너지가 주기적으로 변화하며 발생한다.
 ▷ 4문단 : 변광성을 통한 성운과의 거리 측정 및 독립된 은하로서의 성운
  – 마젤란 성운의 세페이드 변광성들은 최대 밝기가 밝을수록 밝기의 변화 주기가 더 길고, 둘 사이에 수학적 관계가 있음이 알려졌다.
  – 하나의 세페이드 변광성의 거리를 알 때 다른 세페이드 변광성의 거리는 그 밝기 변화 주기로부터 고유 밝기를 밝혀내어 이를 겉보기 밝기와 비교해 알 수 있다.
  – 어떤 성운에 속한 변광성을 찾아 거리를 알아냄으로써 성운의 거리도 측정하게 되었고, 성운이 독립된 은하임이 분명해졌다.

04 세부 내용의 이해 　　　정답 ②

네 번째 지문에 따르면 안드로메다 성운에 속한 세페이드 변광성을 찾아내어 그 거리를 계산한 결과 지구와 안드로메다 성운 사이의 거리가 우리 은하 지름의 10배에 이르며, 이로부터 성운이 우리 은하 바깥에 존재하는 독립된 은하임이 분명해졌다. 따라서 안드로메다 성운은 행성이 생성되는 초기 모습이 아니라 우리 은하처럼 독립된 은하임을 알 수 있다.

오답분석

① 두 번째 문단에서 성운이 우리 은하처럼 독립된 은하라고 주장한 학자들에 따르면 성운이 우주 전체에 고루 퍼져 있음에도 우리 은하의 납작한 면 안에서 거의 관찰되지 않는 이유는 납작한 면 안의 수많은 별과 먼지, 기체들에 의해 약한 성운의 빛이 가려졌기 때문이라고 설명했다. 따라서 성운이 우주 전체에 고루 퍼져 있음을 알 수 있다.

PART 1

DAY 01
DAY 02
DAY 03
DAY 04
DAY 05
DAY 06
DAY 07
DAY 08
DAY 09
DAY 10

③ 첫 번째 문단에 따르면 우주 공간에서 별들은 전체적으로 납작한 원반 모양이지만 가운데가 위아래로 볼록한 형태를 이루며 모여 있다. 원반의 내부에 위치한 지구에서 사방을 바라보면 원반의 납작한 면과 나란한 방향으로는 별이 많이 관찰되고 납작한 면과 수직인 방향으로는 별이 적게 관찰될 것인데, 이는 밤하늘에 보이는 은하수의 특징과 일치한다. 즉, 은하수는 은하의 납작한 면이라고 볼 수 있다. 또한 세 번째 문단에서 성운이 독립된 은하라는 가설을 주장한 학자들에 따르면 성운이 우주 전체에 고루 퍼져 있음에도 우리 은하의 납작한 면 안에서 거의 관찰되지 않는 이유는 납작한 면 안의 수많은 별과 먼지, 기체들에 의해 약한 성운의 빛이 가려졌기 때문이라고 설명했다. 즉, 우리 은하의 납작한 면 안은 은하수의 안이라고 볼 수 있기 때문에 밤하늘을 관찰할 때 은하수 안보다 은하수 밖에서 성운이 더 많이 관찰됨을 알 수 있다.

④ 첫 번째 문단에 따르면 별들은 전체적으로 납작한 원반 모양이지만 가운데가 위아래로 볼록한 형태를 이루며 모여 있으며, 원반의 내부에 위치한 지구에서 사방을 바라본다면 원반의 납작한 면과 나란한 방향으로는 별이 많이 관찰되고 납작한 면과 수직인 방향으로는 별이 적게 관찰될 것인데, 이는 밤하늘에 보이는 은하수의 특징과 일치한다. 따라서 우리 은하가 원반 모양이며 지구가 우리 은하의 원반 내부에 있기 때문에 지구에서 밤하늘을 볼 때 은하가 관찰되는 것이다.

⑤ 두 번째 문단에 따르면 성운이 우리 은하처럼 독립된 하나의 은하라는 가설을 주장한 학자들은 원반 모양의 우리 은하를 멀리서 비스듬한 방향으로 보면 타원형이 되는데, 많은 성운들도 타원 모양을 띠고 있으므로 우리 은하처럼 독립적인 은하일 것이라고 생각했다. 따라서 많은 성운들이 타원 모양을 보이는 것은 성운이 독립된 은하라는 주장을 뒷받침한다.

배경지식

겉보기 밝기
맨눈으로 본 천체의 밝기를 뜻한다. 맨눈으로 볼 수 있는 별 가운데 가장 희미한 빛을 내는 별을 6등급, 가장 밝은 빛을 내는 별을 1등급으로 하여 밝기가 2,512배 더할 때마다 1등급씩 줄여 나타낸다.

05   추론하기   정답 ②

네 번째 문단에 따르면 하나의 세페이드 변광성의 거리를 알 때 다른 세페이드 변광성의 거리는 그 밝기 변화 주기로부터 고유 밝기를 밝혀내어 이를 겉보기 밝기와 비교함으로써 알 수 있으며, 이렇게 알아낸 세페이드 변광성의 거리를 바탕으로 성운의 거리도 알 수 있게 된다. 즉, 지구와 별과의 거리를 측정할 때는 겉보기 밝기와 실제 밝기를 비교함을 알 수 있다. 이때 고유 밝기와 겉보기 밝기를 비교하려면 첫 번째 문단에

서 제시된 내용처럼 지구에서 관측되는 겉보기 밝기가 거리의 제곱에 비례해 어두워진다는 사실을 이용해야 한다.

오답분석

ⓐ 성운이 원반 형태의 모양을 이룬다는 것은 성운이 하나의 독립된 은하라는 사실을 뒷받침한다. 그러나 성운의 모양이 원반 형태인 것은 우리 은하 밖의 어떤 성운과 지구 사이의 거리를 측정하는 데 이용되지 않는다. 네 번째 문단에 따르면 하나의 세페이드 변광성의 거리를 알 때 다른 세페이드 변광성의 거리는 그 밝기 변화 주기로부터 고유 밝기를 밝혀내어 이를 겉보기 밝기와 비교함으로써 어떤 성운과 지구 사이의 거리를 알 수 있다. 즉, 어떤 성운과 지구 사이의 거리를 측정하는 데 이용되는 요소는 세페이드 변광성의 밝기 변화 주기, 고유 밝기, 겉보기 밝기 등이다.

ⓒ 네 번째 문단에 따르면 우리 은하 밖의 어떤 성운과 지구 사이의 거리를 측정할 때 세페이드 변광성이 이용되며, 세 번째 문단에 따르면 세페이드 변광성은 시간에 따라 밝기가 비대칭적으로 변화하는 변광성이며, 쌍성은 밝기가 대칭적으로 변화하는 변광성이다.

배경지식

쌍성(雙星, Binary Star)
서로 끌어당기는 힘의 작용으로 공동의 무게중심 주위를 일정한 주기로 공전하는 두 개의 항성을 뜻한다. 밝고 무거운 별을 주성(主星), 어둡고 가벼운 별을 동반성(同伴星)이라 부른다. 쌍성을 관찰함으로써 별의 광도, 질량, 반경, 온도 등을 측정할 수 있다.

06   추론하기   정답 ③

세 번째 문단에 따르면 주기적으로 밝기가 변하는 변광성 중에는 쌍성이 있는데, 쌍성은 밝기는 시간에 따라 대칭적으로 변화하며, 세페이드 변광성의 밝기는 시간에 따라 비대칭적으로 변화한다. 그러므로 보기의 Ⓐ는 ⓐ를 대칭축으로 할 때 좌우가 대칭적이므로 쌍성을 관측한 결과이고, Ⓑ는 비대칭하므로 세페이드 변광성을 관측한 결과라고 볼 수 있다. 세 번째 문단에 따르면 쌍성은 지구에서 볼 때 두 별이 서로를 가리지 않는 시기, 밝은 별이 어두운 별 뒤로 가는 시기, 어두운 별이 밝은 별 뒤로 가는 시기마다 각각 관측되는 밝기에 차이가 생긴다. 즉, 두 별이 서로를 가리지 않는 시기에 가장 밝고, 밝은 별이 어두운 별 뒤로 가는 시기에 가장 어두우며, 어두운 별이 밝은 별 뒤로 가는 시기는 앞의 두 시기의 사이의 밝기를 나타낼 것이다. 보기의 ⓐ는 그래프에서 밝기가 100%에 거의 근접해 가장 밝은 시기보다는 어둡고, 밝기가 대략 30% 정도로 가장 어두운 시기보다는 밝기 때문에 ⓐ는 어두운 별이 밝은 별 뒤로 가는 시기, 즉 밝은 별이 어두운 별을 가리고 있는 시기로 볼 수 있다.

오답분석

① Ⓐ는 밝기가 시간에 따라 대칭적으로 변화하는 쌍성을 관측한 결과이며, 밝기가 시간에 따라 비대칭적으로 변화하는 세페이드 변광성을 관측한 결과는 Ⓑ이다.

② Ⓑ는 세페이드 변광성을 관측한 결과이며, 세페이드 변광성은 크기와 밝기가 비슷한 두 별로 이루어져 있다는 ②의 진술을 뒷받침하는 내용이 제시문에는 없다. 세 번째 문단에 따르면 두 개의 별로 이루어진 것은 쌍성이다.

④ 보기의 그래프 Ⓐ는 쌍성, Ⓑ는 세페이드 변광성의 관측 결과이다. 또한 쌍성의 밝기 변화 주기를 통해 지구와의 거리를 구할 수 있는 방법은 제시문에서 언급되지 않았다. 제시문에 언급된 거리 측정 방법은 세페이드 변광성을 이용한 것이다.

⑤ 첫 번째 문단에 따르면 허셜은 별의 고유 밝기가 같다고 가정한 뒤, 지구에서 관측되는 겉보기 밝기가 거리의 제곱에 비례해 어두워진다는 사실을 이용해 별들의 거리를 측정했다. 즉, Ⓑ(세페이드 변광성)의 밝기 주기를 알지 못해도 지구에서 관측하면 겉보기 밝기를 측정할 수 있는 것이다. 또한 네 번째 문단에 따르면 하나의 세페이드 변광성의 거리를 알 때 다른 세페이드 변광성의 거리는 그 밝기 변화 주기로부터 고유 밝기를 밝혀내어 이를 겉보기 밝기와 비교함으로써 알 수 있다. 따라서 밝기 변화 주기는 겉보기 밝기가 아니라 고유 밝기로부터 알아낼 수 있는 것이다.

배경지식

세페이드(Cepheid) 변광성

세페우스자리 델타를 대표하는 맥동변광성이다. 주기는 1일 미만 ~ 50일 정도이며, 변광 주기가 길수록 밝기 때문에 주기-광도 관계로 표시할 수 있다. 변광 주기를 통해 절대광도를 측정할 수 있기 때문에 세페이드 변광성이 있는 은하, 성단까지의 거리를 측정할 수 있다. 또한 세페이드 변광성의 주기-광도 관계를 통해 은하의 구조를 연구할 수 있다.

---

[07] 지문 분석

- **주제** : 물질을 구성하는 입자들의 배열 방식
- **핵심 키워드** : 인접입방격자, 단순입방격자, 6각형격자
- **글의 구조**
  ▷ 1문단 : 물질을 구성하는 작은 입자들의 배열 상태
    - 물질을 구성하는 작은 입자들의 배열 상태는 '부피를 최소화시키려면 입자들을 어떻게 배열해야 하는가'와 관련이 있다.
    - 이때 효율성을 높이려면 입자들 사이의 빈틈을 최소한으로 줄여서 입자의 부피를 최소화시켜야 한다.
  ▷ 2문단 : 인접입방격자 방식
    - 인접입방격자 방식은 제1층 상에서 하나의 공이 여섯 개의 공과 접하게 배치한 후, 움푹 들어간 곳마다 공을 얹어 제1층과 평행한 면 상에 제2층을 쌓는 것이다.
    - 인접입방격자 방식의 효율성은 74%이다.
  ▷ 3문단 : 단순입방격자 방식과 6각형격자 방식
    - 단순입방격자 방식은 제1층 상에서 하나의 공이 네 개의 공과 접하도록 배치한 후, 제2층의 배열 상태를 제1층과 동일한 상태로 공의 중심이 같은 수직선 상에 놓이도록 배치한다. 효율성은 53%이다.
    - 6각형격자 방식은 각각의 층을 인접입방격자 방식에 따라 배열한 뒤에 층을 쌓을 때는 단순입방격자 방식으로 쌓는 것으로, 효율성은 60%이다.
  ▷ 4문단 : 가장 효율적인 인접입방격자 방식
    - 케플러는 인접입방격자 방식이 가장 효율이 높은 방식이라고 주장했다.

---

07 추론하기
정답 ③

㉠ 세 번째 문단에 따르면 단순입방격자 방식은 수평면(제1층)에서 1개의 공이 4개의 공과 접하도록 배치한 후, 제2층의 배열 상태를 제1층과 동일한 상태로 공의 중심이 같은 수직선상에 놓이도록 배치하며, 이 방식의 효율성은 53%이다. 즉, 제1층과 제2층 모두 같은 단순입방격자 방식을 적용한다. 또한 6각형격자 방식은 각각의 층을 인접입방격자 방식에 따라 배열한 뒤에 층을 쌓을 때는 단순입방격자 방식으로 쌓는 것이다. 이 방식의 효율성은 60%이다. 즉, 제1층은 인접입방격자 방식을, 제2층은 단순입방격자 방식을 적용한다. 이를 도식으로 단순히 표현하면 '단순입방격자 방식=제1층 단순입방격자+제2층 단순입방격자=53%'와 '6각형격자 방식=제1층 인접입방격자+제2층 단순입방격자=60%'이다. 그런데 ㉠에서 제1층만을 따진다고 하였으므로 인접입방격자 방식이 단순입방격자 방식보다 효율성이 높음을 알 수 있다.

ⓛ 세 번째 문단에 따르면 단순입방격자 방식은 수평면(제1
층) 상에서 1개의 공이 4개의 공과 접하도록 배치되며(옆
의 그림 참조), 제2층의 배열 상태를 제1층과 동일한 상태
로 공의 중심이 같은 수직선 상에 놓이게 배치한다. 따라
서 여러 층을 쌓으면 중심이 같은 수직선 상에 놓이는 위
층과 아래층의 공과 맞닿게 되므로 1개의 공에 접하는 공
은 최대 6개(＝같은 층의 공 4개＋위층의 공 1개＋아래층
의 공 1개)가 된다.

오답분석

ⓒ 위의 ⓐ에 대한 해설에 따르면 제1층에서 인접입방격자
방식이 단순입방격자 방식보다 효율성이 높다. 따라서 어
느 층을 비교해도 단순입방격자 방식이 6각형격자 방식보
다 효율성이 크다는 ⓒ의 내용은 바르지 않다.

| 풀이 포인트 |

추리적 사고 능력을 검증하는 문제로, 제시문에서 설명
한 원리를 토대로 선택지의 내용을 추론할 수 있는지 묻
고 있다. 특히, 이 문제처럼 입체구조의 배치 원리를 설
명하는 내용을 이해하려 할 때 그 구조가 머릿속으로 떠
오르지 않는다면 시험지의 여백에 간단하게 그려보는
것도 좋은 방법이다.

배경지식

케플러의 추측

독일의 수학자, 천문학자인 요하네스 케플러는 물체의
부피를 최소화하기 위해서 그 물체를 구성하는 입자들
을 어떻게 배열해야 하는지 연구했다. 모든 입자가 구형
이라고 할 때 물체의 부피를 최소화하려면 이러한 구형
입자 사이의 빈틈을 최소화해야 한다. 케플러의 연구에
따르면 여러 방식 중에 인접입방격자 방식의 효율성이
74%로 가장 높았는데, 이는 주어진 공간의 74%에 구형
을 채울 수 있다는 의미이다. 따라서 제한된 공간에 동
그란 모양의 사과, 공 등을 보관할 때 인접입방격자 방
식은 가장 효율적일 수 있다.

01	02	03	04	05	06	07			
③	③	①	③	④	④	②			

[01] 지문 분석

- 주제 : 자율신경계가 표적기관의 기능을 조절하는 원리
- 핵심 키워드 : 뉴런, 자율신경계, 교감신경, 부교감신경, 아세틸콜린, 노르아드레날린
- 글의 구조
  ▷ 1문단 : 자율신경계를 구성하는 교감신경과 부교감신경의 역할
    – 신경계는 자극을 전달해 반응을 유발하며, 단위는 뉴런이다.
    – 자율신경계는 교감신경과 부교감신경으로 구성된다.
    – 교감신경과 부교감신경은 다양한 표적기관의 기능을 조절한다.
  ▷ 2문단 : 아세틸콜린과 노르아드레날린을 통해 표적기관에 신호가 전달되는 과정
    – 활성화된 교감신경과 부교감신경의 절전뉴런 끝에서 분비된 아세틸콜린은 절후뉴런을 활성화시킨다.
    – 교감신경의 절후뉴런 끝에서는 노르아드레날린이, 부교감신경의 절후뉴런 끝에서는 아세틸콜린이 분비되어 표적기관의 기능을 조절한다.
  ▷ 3문단 : 자율신경계가 표적기관인 홍채를 조절해 동공의 크기를 변화시키는 과정
    – 동공의 크기 조절은 자율신경계가 표적기관의 기능을 조절하는 사례이다.
    – 홍채의 돌림근과 부챗살근의 수축에 의해 동공 크기가 변화한다.
    – 밝은 곳에서는 부교감신경이 활성화되고, 부교감신경의 절후뉴런 끝에 있는 홍채의 돌림근이 수축한다. 돌림근이 수축하면 동공의 크기가 줄어든다.
    – 어두운 곳에서는 교감신경이 활성화되고, 교감신경의 절후뉴런 끝에 있는 홍채의 부챗살근이 수축한다. 부챗살근이 수축하면 동공의 크기가 커진다.

01   추론하기   정답 ③

ㄱ 세 번째 문단에 따르면 밝은 곳에서 어두운 곳으로 이동하면 교감신경이 활성화되며, 두 번째 문단에 따르면 교감신경이 활성화되면 교감신경의 절전뉴런 끝에서 신호물질인 아세틸콜린이 분비된다.

ㄴ 두 번째 문단에 따르면 부교감신경이 활성화되면 부교감신경의 절전뉴런 끝에서 아세틸콜린이 분비되어 부교감신경의 절후뉴런을 활성화시키고 이때 절후뉴런 끝에서 분비된 아세틸콜린은 표적기관의 기능을 조절한다. 또한 세 번째 문단에 따르면 어두운 곳에서 밝은 곳으로 이동하면 부교감신경이 활성화되고, 부교감신경이 활성화되면 부교감신경의 절후뉴런 끝에 있는 표적기관인 홍채의 돌림근이 수축하고, 돌림근이 수축하면 두꺼워지면서 동공의 크기가 줄어든다. 각각의 단계에서 일어나는 현상의 선후 과정을 정리할 필요가 있다.

오답분석

ㄷ 두 번째와 세 번째 문단에 따르면 홍채의 돌림근은 부교감신경의 절후뉴런 끝에 있고, 홍채의 부챗살근은 교감신경의 절후뉴런 끝에 있다. 또한 부교감신경의 절후뉴런 끝에서 분비되는 아세틸콜린은 돌림근을 수축시키고, 교감신경의 절후뉴런 끝에서 분비되는 노르아드레날린은 부챗살근을 수축시킨다.

배경지식

교감신경과 부교감신경

- 교감신경 : 척추의 가슴 부분과 위쪽 허리 부분에서 일어나 내장에 분포하는 신경이다. 심장을 강하고 빠르게 수축하게 하고 혈관 수축, 동공 확대 등의 작용을 한다. 부교감신경과 대항 작용을 한다.
- 부교감신경 : 교감신경과 함께 자율신경계를 이루는 신경이다. 교감신경이 촉진되면 억제하는 일을 하고, 신체가 흥분되면 심장의 구실을 억제하며 소화 기관의 작용을 촉진한다.

[02~04] 지문 분석

- **주제** : 단백질의 분해 과정과 단백질의 합성에 필요한 필수아미노산
- **핵심 키워드** : 단백질, 아미노산, 프로테아솜, 유비퀴틴, 필수아미노산, 제한아미노산
- **글의 구조**
  - ▷ 1문단 : 단백질의 합성과 분해
    - 단백질 합성은 아미노산을 연결하여 긴 사슬을 만드는 과정으로, 아미노산들은 DNA 염기 서열에 담긴 정보에 따라 정해진 순서대로 결합된다.
    - 단백질 분해는 아미노산 간의 결합을 끊어 개별 아미노산으로 분리하는 과정으로, 손상된 단백질의 축적을 막고, 에너지 및 포도당을 보충할 수 있다.
  - ▷ 2문단 : 프로테아솜이라는 효소 복합체에 의한 단백질 분해
    - 프로테아솜은 유비퀴틴이라는 물질이 일정량 이상 결합되어 있는 단백질을 아미노산으로 분해한다.
    - 아미노산의 약 75%는 다른 단백질의 합성에 이용되며, 나머지는 분해된다.
    - 아미노기가 아미노산으로부터 분리되어 암모니아로 바뀐 다음, 요소로 합성되어 체외로 배출된다.
    - 아미노산이 분해될 때 아미노기가 떨어지고 남은 부분은 에너지나 포도당을 생성하는 데 이용되고, 그렇지 않으면 지방산으로 합성되거나 체외로 배출된다.
  - ▷ 3문단 : 단백질 합성에 반드시 필요한 필수아미노산
    - 단백질이 분해됨에도 불구하고 체내 단백질의 총량이 줄어들지 않는 것은 단백질 합성이 끊임없이 일어나기 때문이다.
    - 단백질 합성에 필요한 아미노산 중 체내에서 합성이 불가능해 반드시 음식물의 섭취를 통해 얻을 수 있는 것을 필수아미노산이라 한다.
  - ▷ 4문단 : 필수아미노산의 이용 효율
    - 필수아미노산이 균형을 이룰수록 필수아미노산의 이용 효율은 높아진다.
    - 동물성 단백질은 필수아미노산을 균형 있게 함유하고 있어 이용 효율이 높다.
    - 식물성 단백질은 제한아미노산을 가지며 필수아미노산의 이용 효율이 낮다.
  - ▷ 5문단 : 제한아미노산의 개념
    - 단백질을 합성할 경우에 특정 필수아미노산이 부족해 합성할 수 있는 단백질의 양이 제한될 수 있는데, 이때 부족한 필수아미노산을 제한아미노산이라고 한다(→ 제한아미노산이 있다는 것은 단백질로 합성되지 못하는 필수아미노산이 있다는 의미이므로 필수아미노산의 이용 효율이 낮아짐).

02 일치 · 불일치   정답 ③

두 번째 문단에 따르면 아미노산이 분해될 때는 아미노기가 아미노산으로부터 분리되어 암모니아로 바뀐 다음, 요소로 합성되어 체외로 배출된다. 따라서 요소로 합성되는 것은 아미노산에서 아미노기를 제외한 부분이 아니라 아미노기임을 알 수 있다.

오답분석

① 첫 번째 문단에 따르면 체내 단백질 분해를 통해 오래되거나 손상된 단백질이 축적되는 것을 막고, 인체에 부족한 에너지와 포도당을 보충할 수 있다.

② 두 번째 문단에 따르면 프로테아솜은 유비퀴틴이라는 물질이 일정량 이상 결합되어 있는 단백질을 아미노산으로 분해한다.

④ 첫 번째 문단에 따르면 단백질 합성에서 아미노산들은 DNA 염기 서열에 담긴 정보에 따라 정해진 순서대로 결합된다.

⑤ 세 번째 문단에 따르면 성장기 어린이는 체내에서 필수아미노산을 합성할 수는 있으나 그 양이 너무 적어서 음식물로 보충해야 하는 아미노산도 필수아미노산에 포함된다. 따라서 체내에서 소량이 합성되는 아미노산도 필수아미노산이 될 수 있음을 알 수 있다.

배경지식

단백질

아미노산이 펩타이드 결합을 하여 생긴 여러 개의 아미노산으로 이루어진 고분자 화합물이다. 세포를 구성하고 생체 내 물질대사의 촉매 작용을 하여 생명 현상을 유지하는 물질로서, 인체에 필요한 3대 영양소 가운데 하나이다.

03 세부 내용의 이해   정답 ①

다섯 번째 문단에 따르면 제한아미노산은 단백질 합성에 필요한 각각의 필수아미노산의 양에 비해 공급된 어떤 식품에 포함된 해당 필수아미노산의 양의 비율이 가장 낮은 필수아미노산이다. 즉, 모든 제한아미노산은 필수아미노산에 포함되는 것이다. 따라서 필수아미노산을 제외한 다른 아미노산은 제한아미노산이 될 수 없다.

오답분석

② 세 번째 문단에 따르면 체내 단백질 분해를 통해 생성된 필수아미노산은 다시 단백질 합성에 이용되기도 한다. 따라서 필수아미노산은 단백질 분해로 얻을 수 있고 단백질 합성에 이용될 수 있음을 알 수 있다.

③ 세 번째 문단에 따르면 단백질 합성에 필요한 아미노산은 세포 내에서 합성되거나, 음식으로 섭취한 단백질로부터 얻거나, 체내 단백질을 분해하는 과정에서 생성되는 등 3가지 방법을 통해 얻을 수 있다. 또한 필수아미노산은 체

내에서 합성할 수 없거나 합성되더라도 너무 소량이어서 부족한 아미노산을 뜻한다. 따라서 필수아미노산은 음식물에서 섭취한 단백질과 체내 단백질 분해를 통해 공급됨을 알 수 있다.

④ 다섯 번째 문단에 따르면 제한아미노산은 그 아미노산의 양이 부족해 단백질을 합성할 때 제한을 받게 하는 아미노산을 뜻한다. 또한 네 번째 문단에 따르면 식물성 단백질은 제한아미노산을 가지며 필수아미노산의 이용 효율이 상대적으로 낮으며, 동물성 단백질은 필수아미노산을 균형 있게 함유하고 있어 필수아미노산의 이용 효율이 높다. 따라서 동물성 단백질을 함유한 식품은 제한아미노산이 없고 필수아미노산을 균형 있게 함유하기 때문에 필수아미노산 이용 효율이 높음을 알 수 있다.

⑤ 첫 번째 문단에 따르면 아미노산을 연결함으로써 단백질을 합성할 수 있고, 단백질의 아미노산 사슬을 끊음으로써 단백질을 분해할 수 있다. 즉, 아미노산을 연결해 단백질을 만드는 것인데, 아미노산의 공급이 줄어들면 당연히 단백질 총량은 감소할 것이다. 또한 두 번째 문단에 따르면 단백질 분해 과정에서 아미노산이 분해될 때 아미노산에서 아미노기가 떨어지고 남은 부분은 에너지와 포도당 생성에 이용되거나 지방산으로 합성되거나 체외로 배출된다. 그리고 세 번째 문단에 따르면 단백질 합성에 필요한 아미노산 중 체내에서 합성할 수 없는 것(＝필수아미노산)도 있으며, 부족한 양이 외부로부터 공급되지 않으면 전체의 체내 단백질 합성량이 줄어들게 된다.

배경지식

프로테아솜과 유비퀴틴
- 프로테아솜(Proteasome) : 진핵 세포에 널리 존재하는 거대 단백질 분해 효소인 프로테아제를 말한다. 또한 프로테아제는 단백질 분해 효소를 통틀어 이르는 말로서, 단백질이나 폴리펩타이드 속의 펩타이드 결합을 가수 분해하는 작용을 한다.
- 유비퀴틴(Ubiquitin) : 명명된 76개의 아미노산으로부터 이루어진, 다양한 세포에 존재하는 단백질을 뜻하며, 대부분의 생물에서 1차 구조가 같다.

04 추론하기 　정답 ③

다섯 번째 문단에 따르면 그 양이 부족해 합성할 수 있는 단백질의 양에 제한을 받게 하는 아미노산이 제한아미노산이다. 보기에서 Q를 1몰 합성할 때 필수아미노산 A : B : C＝2몰 : 3몰 : 1몰의 비율로 필요하다. ㉮에서 'A : B : C'는 '4몰 : 6몰 : 2몰'로 이는 '2몰 : 3몰 : 1몰'과 비율이 같으므로 Q를 2몰 합성할 수 있다. 따라서 A, B, C가 모두 사용된 것이며 제한아미노산은 없다. ㉯에서 'A : B : C'는 '6몰 : 3몰 : 3몰'으로 이는 '2몰 : 1몰 : 1몰'과 비율이 같으므로 Q를 2몰 합성하는 데 A와 C는 충분하다. 그러나 B는 필요한 6몰 중에 3몰밖에 없어서 3몰이 부족하다. 따라서 Q를 1몰밖에

합성할 수 없으며, 부족한 B가 제한아미노산이 되고, A는 4몰, C는 2몰이 남게 된다. ㉰에서 'A : B : C'는 '4몰 : 3몰 : 3몰'인데, Q를 2몰 합성하는 데는 4몰의 A와 2몰의 C가 필요하므로 A와 C는 부족하지 않다. 그러나 6몰이 필요한 B는 3몰밖에 없으므로 3몰이 부족하다. 따라서 Q를 1몰밖에 합성할 수 없으며, 부족한 B는 제한아미노산이 되고, A와 C는 각각 2몰씩 남게 된다. 따라서 ㉯와 ㉰의 경우 합성된 단백질 Q의 양은 1몰로 같다.

[오답분석]

① 보기의 ㉮에서는 필수아미노산 A, B, C가 모두 사용되어 단백질 Q를 2몰 합성하므로 합성되는 단백질의 양을 제한하게 만드는 제한아미노산이 없다.

② 보기의 ㉮에서는 필수아미노산 A, B, C가 모두 사용되어 단백질 Q를 2몰 만드는 데 'A 4몰＋B 6몰＋C 2몰＝12몰'의 필수아미노산이 사용되었다. ㉰에서는 'A 2몰＋B 3몰＋C 1몰＝6몰'의 필수아미노산이 사용되어 단백질 Q를 1몰 합성했다. 따라서 단백질 합성에 이용된 필수아미노산의 총량은 ㉮의 경우가 ㉰보다 많다.

④ 위의 ③의 해설에서 살펴본 것처럼 ㉯와 ㉰의 경우에는 B가 부족해 단백질 Q를 1몰밖에 합성하지 못하고 A와 C가 남았다. 따라서 부족한 B가 제한아미노산이 된다.

⑤ 위의 ③의 해설에서 살펴본 것처럼 ㉯의 경우에는 'A 4몰＋C 2몰＝6몰'이, ㉰의 경우에는 'A 2몰＋C 2몰＝4몰'이 남았다. 따라서 단백질 합성에 이용되지 않고 남은 필수아미노산의 총량은 ㉯의 경우가 ㉰보다 많다.

배경지식

필수아미노산과 제한아미노산
- 필수아미노산 : 동물이 생명을 유지하는 데에 필요한 아미노산 가운데 자체에서 합성할 수 없거나, 합성하기 어렵기 때문에 음식물로 섭취하여야 하는 아미노산을 뜻한다. 어른의 경우 아이소류신, 류신, 리신, 페닐알라닌, 메티오닌, 트레오닌, 트립토판, 발린의 8종지이고, 어린이의 경우 아르지닌, 히스티딘을 더한 10종이 알려져 있다.
- 제한아미노산 : 해당 식품에 들어 있는 필수아미노산과 기준 단백질의 해당 필수아미노산과의 양적 비율 중에 그 비율이 제일 낮은 아미노산을 뜻하며, 단백질의 이용률을 규정한다.

PART 1

DAY 01
DAY 02
DAY 03
DAY 04
DAY 05
DAY 06
DAY 07
DAY 08
DAY 09
DAY 10

- 주제 : Wnt 신호전달을 통한 세포의 분화 및 복제 과정
- 핵심 키워드 : 융모, 상피세포, 소낭, 성체장줄기세포, 판네스세포, Wnt, β-카테닌
- 글의 구조
  ▷ 1문단 : 융모의 구조와 세포의 분화 및 복제 과정
    - 창자 내부의 표면적을 넓혀 영양분의 흡수를 돕는 융모는 한 층으로 연결된 상피세포로 이루어져 있다.
    - 융모의 말단에서 상피세포가 떨어져 나간 공간은 융모의 양쪽 아래에서 소낭의 성체장줄기세포에 의해 새롭게 만들어져 밀고 올라오는 세포로 채워진다.
    - 성체장줄기세포는 판네스세포와 같은 주변 세포로부터 자극을 받아 지속적으로 자신을 복제하거나 새로운 상피세포로 분화한다.
  ▷ 2문단 : Wnt 신호전달
    - Wnt 신호전달은 배아 발생 과정, 성체 세포의 항상성 유지에 중요한 역할을 한다.
    - 세포에서 분비되는 단백질인 Wnt를 분비하는 세포와 반응하는 세포가 다르다.
    - Wnt 분비 세포 주변에 있는 Wnt 수용체를 가진 세포는 Wnt 신호전달을 통해 자신의 분열과 분화를 조절한다.
    - Wnt 신호전달이 비정상적으로 활성화되면 암이 유발되고, 불활성화되면 뼈의 형성을 저해해 골다공증이 나타난다.
  ▷ 3문단 : Wnt 분비를 통한 세포의 분화 및 복제 과정
    - Wnt 자극받지 않음 → GSK3β 활성화 → 인산화된 β-카테닌 분해 → 세포 내 β-카테닌 농도 감소(→ 4문단에 따르면 성체장줄기세포가 상피세포로 분화됨)
    - Wnt 분비 세포의 주변에 있는 세포가 Wnt를 인식해 결합 → GSK3β 억제 → β-카테닌 인산화 블가능 → β-카테닌 분해되지 않음 → 세포 내 β-카테닌 농도 높음(→ 4문단에 따르면 성체장줄기세포가 복제됨)
    - 세포 내에 축적된 β-카테닌이 핵 안으로 이동해 유전자의 발현을 촉진 → 과도한 세포 증식 → 암 유발
  ▷ 4문단 : 소낭에서의 Wnt 신호 전달
    - 소낭에서도 Wnt 신호전달이 일어나며, 판네스세포는 Wnt를 분비하고, 성체장줄기세포는 Wnt 수용체를 가진다.
    - 성체장줄기세포가 판네스세포에 가까워짐 → 성체장줄기세포가 Wnt를 인식 → 세포 내 β-카테닌 농도 증가 → 자신과 똑같은 세포를 지속적으로 복제하는 유전자 발현 → 성체장줄기세포 복제

    - 성체장줄기세포가 판네스세포에 멀어짐 → Wnt 자극 감소 → 세포 내 β-카테닌 농도 감소 → 자신과 똑같은 세포를 지속적으로 복제하는 유전자 발현 불가능 → 성체장줄기세포가 상피세포로 분화됨

05 일치·불일치　　정답 ④

첫 번째 문단에 따르면 융모를 이루는 세포는 상피세포이며, 이 상피세포들이 융모의 말단에서 떨어져 나간 공간은 융모의 양쪽 아래에서 새롭게 만들어져 밀고 올라오는 세포로 채워진다. 이러한 새로운 세포를 만드는 역할은 소낭의 성체장줄기세포가 담당한다. 또한 네 번째 문단에 따르면 이 성체장줄기세포가 Wnt 자극을 덜 받는 환경에서는 성체장줄기세포가 분열하면서 생긴 세포는 상피세포로 분화한다. 따라서 융모를 이루는 상피세포는 소낭의 성체장줄기세포가 분화해 만들어진다고 볼 수 있다.

오답분석

① 첫 번째 문단에 따르면 양분을 흡수하는 창자의 벽은 작은 크기의 수많은 융모로 구성되어 있고, 융모는 창자 내부의 표면적을 넓혀 영양분의 효율적인 흡수를 돕는다. 따라서 융모의 개수가 많을수록 창자 내부의 표면적은 증가함, 즉 비례함을 알 수 있다.

② 첫 번째 문단에 따르면 상피세포를 만드는 역할을 하는 것은 소낭에 있는 성체장줄기세포이며, 네 번째 문단에 따르면 성체장줄기세포가 판네스세포로부터 멀어지면 상피세포로 분화해 융모를 이루게 된다. 따라서 성체장줄기세포는 소낭에 계속 존재하는 것으로 이해할 수 있다. 아울러 제시문 중에서 성체장줄기세포가 있는 위치가 바뀐다는 내용은 없다.

③ 네 번째 문단에 따르면 판네스세포는 Wnt를 분비하고 그 주변에 있는 성체장줄기세포는 Wnt 수용체를 가진다. 즉, Wnt를 분비하는 것은 성체장줄기세포가 아니라 판네스세포이다. 다만, 성체장줄기세포가 상피세포로 분화한다는 내용은 옳다.

⑤ 첫 번째 문단에 따르면 융모는 한 층의 상피세포로 이루어지며, 이러한 상피세포를 만드는 역할을 하는 것은 소낭에 있는 성체장줄기세포이다. 성체장줄기세포가 스스로를 복제하거나 새로운 상피세포로 분화하며, 이렇게 분화된 상피세포가 융모의 양쪽 아래에서부터 밀고 올라옴으로써 기존의 상피세포들이 떨어져 나가며 생긴 공간을 채운다. 따라서 ⑤의 진술처럼 융모에서 생성된 세포가 소낭 쪽으로 이동하는 것이 아니라, 소낭에서 생성된 세포가 융모 쪽으로 이동하는 것이다.

06 세부 내용의 이해   정답 ④

제시문의 ㉠은 성체장줄기세포가 상피세포로 분화하는 과정이다. 네 번째 문단에 따르면 성체장줄기세포가 상피세포로 분화하는 과정에서 가장 중요한 요소는 β-카테닌의 농도이다. 성체장줄기세포가 Wnt 자극을 덜 받아 β-카테닌 농도가 낮아지면 성체장줄기세포가 스스로를 복제하는 데 관여하는 유전자는 더 이상 발현하지 않게 되어 성체장줄기세포가 분열하면서 생긴 세포는 상피세포로 분화한다. 또한 β-카테닌의 농도가 높게 유지될 경우에는 성체장줄기세포가 자신과 똑같은 세포를 지속적으로 복제한다. 그리고 세 번째 문단에 따르면 GSK3β의 활성이 억제되면 β-카테닌의 인산화가 일어나지 않으며, 인산화되지 않은 β-카테닌은 자신을 분해하는 단백질과 결합할 수 없으므로 β-카테닌이 분해되지 않아 세포 내의 β-카테닌의 농도가 높게 유지된다. 따라서 ④의 경우에는 상피세포가 분화되는 것이 아니라, 성체장줄기세포가 자기 복제를 하게 된다.

오답분석

① 네 번째 문단에 따르면 판네스세포는 Wnt를 분비하고 그 주변에 있는 성체장줄기세포는 Wnt 수용체를 가진다. 즉, 판네스세포가 분비한 Wnt를 성체장줄기세포가 수용하는 것이다. 세 번째 문단에 따르면 Wnt 분비 세포(=판네스세포)의 주변 세포(=성체장줄기세포)가 Wnt의 자극을 받지 않을 때 GSK3β가 β-카테닌에 인산기를 붙여 주는 인산화 과정이 그 주변 세포 내에서 수행된다. 또한 네 번째 문단에 따르면 β-카테닌 농도가 낮으면 성체장줄기세포의 자가 복제에 관여하는 유전자가 발현되지 않아 성체장줄기세포가 분열하면서 생긴 세포는 상피세포로 분화한다. 이상의 과정을 간략화하면 'Wnt 분비 중단 → Wnt 자극 없음 → GSK3β 활성화 → β-카테닌 분해 → 세포 내 β-카테닌 농도 감소 → 성체장줄기세포가 상피세포로 분화'가 이루어진다. 따라서 판네스세포에서 Wnt 분비가 멈추면 최종적으로 성체장줄기세포가 새로운 상피세포로 분화할 것이다.

② 네 번째 문단에 따르면 성체장줄기세포가 분열하면서 생긴 세포가 나중에 생긴 세포에 밀려 판네스세포에서 멀어지면, 상대적으로 Wnt 자극을 덜 받아서 β-카테닌 농도가 낮아지고, 판네스세포 자가 복제에 관여하는 유전자 발현이 일어나지 않아 성체장줄기세포가 분열하면서 생긴 세포는 상피세포로 분화한다. 판네스세포와 성체장줄기세포의 물리적 거리가 멀 경우에는 성체장줄기세포가 상피세포로 분화할 것이다.

③ 세 번째 문단에 따르면 GSK3β는 β-카테닌에 인산기를 붙여 줌으로써 β-카테닌을 인산화하며, 인산화된 β-카테닌은 분해되어 세포 내의 β-카테닌의 농도를 낮게 유지하는 기능을 한다. 또한 네 번째 문단에 따르면 β-카테닌 농도가 낮은 환경에서 성체장줄기세포는 자기 복제를 멈추고 상피세포로 분화한다. 따라서 ③의 진술처럼 성체장줄기세포에서 β-카테닌의 인산화가 활발할 경우에는 ㉠에서처럼 성체장줄기세포가 새로운 상피세포로 분화하는 과정이 유도될 것이다.

⑤ 세 번째 문단에 따르면 성체장줄기세포가 Wnt의 자극을 받지 않을 때, 즉 ⑤의 경우처럼 성체장줄기세포가 Wnt와 결합하지 못할 때에는 GSK3β가 β-카테닌에 인산기를 붙여 주는 인산화 과정이 일어나고, 인산화된 β-카테닌은 분해되어 세포 내의 β-카테닌의 농도를 낮게 유지한다. 또한 네 번째 문단에 따르면 β-카테닌 농도가 낮은 환경에서 성체장줄기세포는 상피세포로 분화한다. 따라서 ⑤의 진술처럼 성체장줄기세포가 Wnt와 결합하지 못할 때에는 ㉠에서처럼 성체장줄기세포가 새로운 상피세포로 분화하는 과정이 유도될 것이다.

두 번째 문단에 따르면 Wnt 신호전달에 관여하는 유전자에 돌연변이가 생겨 Wnt 신호전달이 지나치게 불활성화될 경우에는 뼈의 형성을 저해하여 골다공증을 유발하며, 네 번째 문단에 따르면 성체장줄기세포가 Wnt 자극을 받지 못하면(= Wnt 신호전달이 불활성화되면) β-카테닌 농도가 낮아져 성체장줄기세포가 자기 복제를 멈추고 상피세포로 분화된다. 즉, 골다공증은 β-카테닌의 농도가 낮기 때문에 발생하는 것이다. 따라서 β-카테닌의 양을 인위적으로 늘려 Wnt 신호전달을 촉진하면 뼈의 형성을 촉진해 골다공증을 치료할 수 있다. 이때 세 번째 문단에서 설명하고 있는 β-카테닌의 농도를 높이는 방법을 간략화하면 '성체장줄기세포 표면의 Wnt 수용체에 Wnt가 결합 → (β-카테닌의 인산화를 촉진하는) GSK3β 활성 억제 → β-카테닌 인산화 일어나지 않음 → 인산화되지 않은 β-카테닌은 자신을 분해하는 단백질과 결합할 수 없음 → β-카테닌이 분해되지 않음 → β-카테닌 농도 높게 유지됨'으로 표현할 수 있다.

오답분석

① 첫 번째 문단에 따르면 첫 번째 문단에 따르면 융모는 창자 내부의 표면적을 넓혀 영양분의 효율적인 흡수를 돕는다. 즉, 영양분의 흡수와 창자 내부의 표면적은 비례함을 알 수 있다. 또한 융모는 상피세포로 이루어지는데, 융모의 말단에서 상피세포들이 지속적으로 떨어져 나가 생긴 공간은 융모의 양쪽 아래에서 성체장줄기세포에 의해 새롭게 생성되어 밀고 올라오는 세포로 채워진다. 따라서 ①의 진술처럼 성체장줄기세포의 수가 감소하면 기존의 상피세포가 떨어져 나가 생긴 빈 공간을 채울 새로운 상피세포의 생성이 더뎌져 융모의 수가 감소함으로써 창자 내부의 표면적이 감소하므로 영양분 흡수도 감소할 것이다. 반대로 성체장줄기세포의 수가 증가하면 결과적으로 창자에서 양분의 흡수도 증가할 것이다.

③ 세 번째 문단에 따르면 Wnt 분비 세포의 주변 세포가 Wnt의 자극을 받지 않으면 APC 단백질이 들어 있는 단백질 복합체 안에서 GSK3β가 β-카테닌에 인산기를 붙여 주는 인산화 과정이 그 주변 세포 내에서 수행되고, 이렇게 인산화된 β-카테닌은 분해되어 세포 내의 β-카테닌의 농도를 낮게 유지한다. 따라서 APC 단백질은 GSK3β를 활성화하며, GSK3β가 활성화되면 β-카테닌을 인산화하고, 이렇게 인산화된 β-카테닌 단백질이 분해될 것이다.

④ 세 번째 문단에 따르면 유전자 발현이 촉진되면 암이 발생할 수도 있는데, 대장암 환자들은 APC 단백질을 만드는 유전자에 돌연변이가 생긴 경우가 많다. β-카테닌을 인산화하는 복합체가 형성되지 않아 β-카테닌이 많아짐에 따라 세포 증식이 과도하게 일어나기 때문이다. 또한 Wnt 분비 세포의 주변에 있는 세포 표면의 Wnt 수용체에 Wnt가 결합하게 되면 GSK3β의 활성이 억제되어 β-카테닌의 인산화가 더 이상 일어나지 않는다. 인산화되지 않은 β-카테닌은 자신을 분해하는 단백질과 결합할 수 없으므로 β-카테닌이 분해되지 않아 세포 내의 β-카테닌의 농

도가 높게 유지된다. 따라서 ④의 진술처럼 APC에 돌연변이가 일어난 대장암 세포에 Wnt를 처리하면 Wnt 수용체와 Wnt의 결합을 유도함으로써 'GSK3β 활성 억제 → β-카테닌 인산화 불가능 → β-카테닌 분해되지 않음 → β-카테닌 농도 증가 → 대장암 악화'가 일어난다.

⑤ 세 번째 문단에 따르면 GSK3β의 활성이 억제되어 β-카테닌의 인산화가 더 이상 일어나지 않으며, 인산화되지 않은 β-카테닌은 자신을 분해하는 단백질과 결합할 수 없으므로 β-카테닌이 분해되지 않아 세포 내의 β-카테닌의 농도가 높게 유지된다. 즉, GSK3β에 의한 β-카테닌의 인산화가 일어나지 않으면 β-카테닌의 농도가 높아진다. 또한 네 번째 문단에 따르면 세포 내 β-카테닌의 농도가 높아지면 이 β-카테닌에 의존하는 유전자가 발현됨으로써 성체장줄기세포가 자신과 똑같은 세포를 지속적으로 복제하도록 한다. 따라서 ⑤의 진술처럼 β-카테닌 단백질에 GSK3β에 의한 인산화가 일어나지 않을 경우에는 결과적으로 성체장줄기세포의 수가 증가할 것이다.

배경지식

카테닌(Catenin)

동물의 조직 형성과 유지에 관여하며, 세포 골격체의 상호 작용에 중요한 작용을 한다. 또한 암세포의 전이를 억제하고 유전자의 전사 활동에 관여한다.

정답 및 해설

01	02	03	04	05	06	07	08		
⑤	②	①	③	⑤	①	③	①		

[01~03] 지문 분석

- 주제 : 커피박에 대한 관심 촉구
- 핵심 키워드 : 커피박, 바이오에너지, 분리배출
- 글의 구조
  ▷ 1문단 : 커피박에 대한 우리 사회의 낮은 관심
    − 커피로 인한 사회적 문제를 논할 때 커피박(커피를 만든 후 남는 커피 찌꺼기)은 관심을 받지 못하고 있다.
    − 커피박에 대한 우리 사회의 관심은 낮은 편이다 (문제 제기).
  ▷ 2문단 : 커피박으로 인한 사회적 문제 1(환경오염)
    − 커피박을 잘못 처리하고 있는 사람이 많다.
    − 커피박을 배수구나 흙에 버리면 강물, 토양과 식물 등에 악영향을 줄 수 있다.
  ▷ 3문단 : 커피박으로 인한 문제 2(재활용에 대한 인식 부족)
    − 커피박이 다양한 분야에서 재활용될 수 있다는 사실을 모르는 사람이 많다.
    − 커피박은 탈취제, 방향제, 합성 목재를 대신하는 재료, 비료, 바이오에너지의 원료 등으로 활용될 수 있다.
  ▷ 4문단 : 커피박으로 인한 문제 3(수거 시설의 미비)
    − 커피박 수거 시설이 매우 부족하다.
    − 수거 시설이 있어야 커피박 분리배출할 수 있고, 분리배출에 대한 시민들의 관심이 높아진다.

---

01 일치 · 불일치　　　정답 ⑤

첫 번째 문단에서 커피로 인한 사회적 문제를 논할 때 커피박은 상대적으로 관심을 받지 못하고 있다며 커피박에 대한 관심을 높일 것을 촉구하고 있다. 그러나 제시문에는 커피로 인해 발생하는 사회적 문제 해마다 증가하고 있는 실태가 제시되어 있지 않다.

오답분석

① 첫 번째 문단에 따르면 커피박은 커피를 만든 후 남는 커피 찌꺼기를 가리킨다.
② 두 번째 문단에 따르면 커피박을 싱크대 배수구에 버리거나 흙에 버리는 등 잘못 처리하고 있는 사람이 많다.

---

③ 세 번째 문단에 따르면 커피박은 탈취제, 방향제, 합성 목재를 대신하는 재료, 비료, 바이오에너지의 원료 등으로 활용될 수 있다.
④ 첫 번째 문단에 따르면 우리나라의 연간 1인당 커피 소비량은 세계 평균의 2배 이상이다.

| 풀이 포인트 |

사실적 사고 능력을 검증하는 문제로, 제시문의 정보와 선택지 내용의 일치 여부를 파악할 수 있는가를 묻고 있다. 따라서 제시문과 선택지의 내용을 비교해 일치·불일치 여부를 판별한다.

배경지식

커피박

커피콩에서 커피액을 추출하고 남은 부산물을 가리킨다. 커피 1잔을 만들고 나면 커피콩의 99% 이상이 커피박으로 배출된다. 이때 쓰레기로 배출되는 커피박을 처리할 때 탄소가 배출되며, 배수구나 땅에 버려지면 강이나 토양을 오염시킬 수 있다. 커피박은 탈취제, 방향제, 벌레 퇴치제, 건축 재료(벽돌), 도로 포장재, 비료, 바이오에너지의 원료, 교육용 완구 재료 등으로 재활용될 수 있다.

---

02 비판하기　　　정답 ②

두 번째 ~ 네 번째 문단에서 제기하고 있는 문제점은 커피박을 잘못 처리하는 사람이 많음, 커피박이 다양한 분야에서 재활용될 수 있다는 사실을 모르는 사람이 많음, 커피박 수거 시설이 매우 부족함 등이다. 교지 편집부 학생의 조언에 따르면 문단별로 문제 삼고 있는 점을 해결할 수 있는 방안을 언급하라고 했으므로 Ⓐ에는 올바른 커피박 처리 방법, 커피박 재활용 분야에 대한 홍보, 커피박 수거 시설 확충 등의 방안을 제시해야 한다. 또한 조언에 따라 우리 사회가 지녀야 할 태도를 커피에 대한 사랑과 관련지으며 글을 마무리해야 한다. ②의 앞 문장은 문제점에 대한 해결 방안을 제시하고, 뒷 문장은 커피에 대한 사랑과 관련지으며 우리 사회가 지녀야 할 태도를 제시하고 있으므로 조언에 따라 작성한 내용으로 적절하다.

① 두 번째 문단에서 제기한, 커피박을 잘못 처리하는 사람이 많다는 문제점을 해결할 수 있는 방안이 언급되어 있지 않다.

③ 해결 방안과 커피에 대한 사랑과 관련해 우리 사회가 지녀야 할 태도 등의 교지 편집부 학생이 조언한 내용이 언급되어 있지 않다.

④ 문제들에 대한 해결 방안을 제시하고 있으나, 커피에 대한 사랑과 관련해 우리 사회가 지녀야 할 태도는 언급되어 있지 않다.

⑤ 수거 시설 설치의 효과와 커피에 대한 사랑과 관련해 우리 사회가 지녀야 할 태도를 언급하고 있으나, 제시문에 나타난 문제점들에 대한 해결 방안은 언급되어 있지 않다.

| 풀이 포인트 |

비판적 사고 능력을 검증하는 문제로, 문제에서 제기하는 조건·관점·방향성 등에 따라 제시문의 내용을 작성할 수 있는지 묻고 있다. 따라서 선택지를 분석해 문제에서 제기하는 조건을 충족하는지 또는 충족하지 못하는지 평가해야 한다.

03 비판하기 [정답 ①]

보기의 (가)에 따르면 커피박 1톤을 소각하면 338kg의 탄소가 배출된다. 이러한 정보는 ①의 진술과 달리 커피박이 우리 사회에서 관심을 받지 못하고 있는 배경을 보여주는 자료라고 볼 수 없다. 또한 커피박 소각 시의 탄소 배출량 수치는 커피박을 분리배출하지 않고 배수구나 흙에 버리는 등 잘못 처리하면 환경오염을 일으킬 수 있다는 제시문의 두 번째 문단을 구체화하는 자료로 활용될 수 있다.

② 보기의 (가)에 따르면 커피박에 남아 있는 카페인은 (식물에게 필요한) 토양 속 물질과 결합함으로써 (식물이 해당 물질을 이용할 수 없어) 식물의 생장 저하를 일으킬 수 있다. 또한 커피박에 남아 있는 많은 수분은 커피박을 부패하게 만들어 토양 오염을 일으킬 수 있다. 즉, 커피박이 환경에 악영향을 끼칠 수 있는 이유를 알려준다. 이러한 내용은 흙에 버린 커피박은 토양과 식물에 악영향을 줄 수 있다는 두 번째 문단을 구체화하는 자료로 활용될 수 있다.

③ 보기의 (나)에 따르면 커피박으로 바이오압축연료를 만들 수 있으며, 커피박으로 바이오디젤과 바이오에탄올을 생산하는 기술도 개발 중에 있다. 이러한 내용은 커피박은 다양한 분야에서 재활용될 수 있으며, 최근에는 바이오에너지의 원료로 활용될 수 있다는 점도 부각된다는 세 번째 문단을 구체화하는 자료로 활용될 수 있다.

④ 보기의 (다)에 따르면 스위스는 우체국 등 2,600여 곳의 수거 거점을 통해 커피박을 효과적으로 수거하고 있다. 이러한 내용은 네 번째 문단에서 언급한, 커피박 수거 시설이 매우 부족한 우리나라의 상황을 외국의 사례와 비교함으로써 부각하는 자료로 활용될 수 있다.

⑤ 보기의 (다)에 따르면 커피박 수거를 시도 중인 ○○구의 관계자는 커피박 수거 시설은 커피박 분리배출에 대한 관심을 높이고 커피박 수거나 운반 등과 관련한 일자리를 창출할 수 있을 것이라고 전망하고 있다. 또한 제시문 네 번째 문단에 따르면 커피박 수거 시설을 곳곳에 마련하면 커피박 분리배출에 대한 시민들의 관심이 높아지는 효과가 있다. 따라서 (다)에서 언급한 커피박 수거 시설 확충으로 인한 일자리 창출 가능성을 네 번째 문단에 추가하면 네 번째 문단에서 이미 언급한 커피박 분리배출에 대한 사회적 관심을 높이는 것뿐만 아니라 일자리를 늘리는 효과 또한 기대할 수 있음을 뒷받침할 수 있다.

| 풀이 포인트 |

비판적 사고 능력을 검증하는 문제로, 보기에서 새로 주어진 자료에 나타난 정보를 활용해 제시문의 내용을 보완하려 할 때 보기의 자료의 활용 방안의 적절성을 평가할 수 있는지 묻고 있다. 따라서 먼저 제시문의 소주제를 문단별로 정리한 후 보기의 정보 중에서 제시문과 연결될 수 있는 내용을 확인함으로써 선택지의 타당성 여부를 판별할 수 있어야 한다.

배경지식

바이오에너지

식물, 동물, 미생물의 유기물 등을 연료로 하여 얻는 에너지로서, 직접 연소, 메테인 발효, 알코올 발효 등을 통해 에너지를 얻는다.

PART 2

DAY 01

DAY 02

DAY 03

DAY 04

DAY 05

DAY 06

DAY 07

DAY 08

DAY 09

DAY 10

[04] 지문 분석

- **주제** : 기본소득의 정의에 담긴 원칙
- **핵심 키워드** : 기본소득, 보편성, 무조건성, 개별성, 정기성, 현금 지급
- **글의 구조**
  ▷ 1문단 : 기본소득의 정의와 원칙
    - 기본소득 : 자산 심사나 노동에 대한 요구 없이 모두에게 지급되는 개별적이고 무조건적이며 정기적으로 지급되는 현금
    - 기본소득의 정의에는 기본소득의 지급과 관련한 5가지 원칙이 반영되어 있다.
  ▷ 2문단 : 본래 3가지 원칙
    - 보편성 : 소득이나 자산 수준에 관계없이 국민 모두에게 기본소득을 지급해야 한다.
    - 무조건성 : 기본소득 수급의 대가로 노동이나 구직활동 등을 요구하지 않아야 한다.
    - 개별성 : 가구 단위가 아닌 개인 단위로 기본소득을 지급해야 한다.
  ▷ 3문단 : 2016년 추가된 2가지 원칙
    - 정기성 : 정기적인 시간 간격을 두고 지속적으로 기본소득을 지급해야 한다.
    - 현금 지급 : 이용권이나 현물이 아니라 현금으로 기본소득을 지급해야 한다.

04 세부 내용의 이해   정답 ③

두 번째 문단에 따르면 개별성 원칙은 기본소득의 이념에서 자유는 개인의 자유를 의미하기 때문에 가구 단위가 아닌 개인 단위로 기본소득을 지급해야 한다는 것이다. 따라서 ③의 진술처럼 미성년자에게 기본소득으로 성인의 80%를 지급하더라도 개별성 원칙에 위배되지 않는다.

오답분석

① 두 번째 문단에 따르면 보편성 원칙은 소득이나 자산 수준에 관계없이 국민 모두에게 기본소득을 지급해야 한다는 것이다. 따라서 경제적 취약 계층에만 기본소득을 지급하는 경우에는 ①의 진술과 달리 보편성 원칙을 위배하게 된다.

② 두 번째 문단에 따르면 무조건성 원칙은 기본소득 수급의 대가로 노동이나 구직활동 등을 요구하지 않아야 한다는 것이다. 따라서 기본소득을 주식에 투자해 탕진한 실업자에게 기본소득을 지급하더라도 ②의 진술과 달리 무조건성 원칙에 위배되지 않는다.

④ 세 번째 문단에 따르면 정기성 원칙은 정기적인 시간 간격을 두고 지속적으로 기본소득을 지급해야 한다는 것이다. 이는 정기적·지속적으로 기본소득을 지급해야 한다는 뜻이며, 특정한 지급 주기를 따라야 한다는 뜻은 아니다. 따라서 매달 지급하는 방식이 아니라 1년에 한 번씩 기본소득을 지급하더라도 ④의 진술과 달리 정기성 원칙에 위배되지 않는다.

⑤ 세 번째 문단에 따르면 현금 지급 원칙은 이용권이나 현물이 아니라 현금으로 기본소득을 지급해야 한다는 것이다. 따라서 예금 계좌에 현금을 입금하는 방식으로 기본소득을 지급하더라도 ⑤의 진술과 달리 현금 지급 원칙에 위배되지 않는다.

| 풀이 포인트 |

사실적 사고 능력을 검증하는 문제로, 제시문에 나타난 주요 개념의 원칙·원리를 정확하게 파악하고 있는지 묻고 있다. 따라서 선택지와 관련한 내용을 제시문 중에서 찾아 대조함으로써 선택지의 진위 여부를 판단해야 한다.

배경지식

기본소득

재산·소득의 많고 적음이나 근로 여부에 상관없이 모든 사회 구성원에게 무조건적·정기적으로 지급하는 소득이다. 기본 생활을 보장하는 수준으로 개별적이고 균등하게 지급한다. 기본소득 찬성론자들은 소득 불평등 해소에 기여하고, 누구나 복지 혜택을 누릴 수 있으며, 소득의 증가로 내수 활성화를 기대할 수 있다고 본다. 그러나 반대론자들은 현실적으로 재원 마련이 어렵고, 조세 부담을 가중시킬 수 있으며, 포퓰리즘적인 제도라고 비판한다.

[05] 지문 분석

- **주제** : 외부효과의 내부화 방안
- **핵심 키워드** : 외부효과, 내부화, 환경부담금, 배출권 거래제
- **글의 구조**
  ▷ 1문단 : 외부효과의 개념
    - 외부효과 : 누군가의 행동이 제삼자에게 의도하지 않은 혜택·손해를 끼침에도 불구하고 이에 대한 정당한 대가를 주고받지 않는 상태 → 생산자가 부담하는 비용의 합과 이것을 포함해 사회 전체가 부담하는 비용 간에 괴리가 발생하는 상태
    - 외부효과로 인한 왜곡 : 오염 유발 제품이 사회적인 최적 생산량보다 많이 생산
  ▷ 2문단 : 외부효과로 인한 왜곡의 해소 방안
    - 내부화 : 시장 외부에서 부담해야 하는 사회적 비용을 개별 생산자가 부담하도록 함
    - 내부화 수단 : 환경부담금, 배출권 거래제
    - 생산자의 비용 증가 → 이윤 감소 → 제품 생산량 감소

PART 2

DAY 01

DAY 02

DAY 03

DAY 04

DAY 05

DAY 06

DAY 07

DAY 08

DAY 09

DAY 10

▷ 3문단 : 내부화 방안을 둘러싼 이견
- 외부효과 내부화 방안이 세금과 같은 재정적 조치인지에 대한 이견 존재
- 재정적 조치라는 의견 : 환경부담금은 세금의 성격을 가짐(스웨덴) ← 환경부담금은 화석연료 사용량에 비례해 정부가 부과하는 세금이기 때문
- 시장 기반 조치라는 의견 : 온실가스 배출권 구입 비용은 세금이 아님(유럽사법재판소) ← 구입 비용은 시장에서 결정되기 때문

05 세부 내용의 이해
정답 ⑤

세 번째 문단에 따르면 스웨덴 정부는 화석연료 사용에 비례해 환경부담금을 부과한다. 또한 EU가 도입한 온실가스 배출권 거래 제도에서 배출권 거래 비용은 시장에서 결정된다. 그러므로 스웨덴의 환경부담금 금액은 시장이 아니라 스웨덴 정부에서 결정하고, EU의 온실가스 배출권 거래 금액은 시장에서 결정됨을 알 수 있다.

오답분석

① 첫 번째 문단에 따르면 오염 유발 제품의 생산자가 정화 비용이라는 정당한 대가를 지불하지 않는 외부효과로 인해 해당 제품이 최적 생산량보다 많이 생산되는 왜곡이 발생한다. 또한 이러한 왜곡을 해소할 수 있는 내부화 방안으로 두 번째 문단에서 제시된 것이 환경부담금이나 배출권 거래제 등이며, 생산자의 비용을 높여 생산자가 제품 판매로 벌어들일 수 있는 이윤을 감소시키면 환경 유발 제품 생산량을 줄일 수 있다. 그런데 ①에서 언급된 '제품의 생산 수량 상한 설정'은 환경부담금이나 배출권 거래제와 관련이 없으므로 제시된 내용만으로는 ①의 진술처럼 정부가 오염 유발 제품의 생산 수량 상한을 정하면 외부효과가 없게 될지 알 수 없다.

② 첫 번째 문단에 따르면 외부효과로 인해 오염을 유발하는 제품이 사회적인 최적 생산량에 비해 더 많이 생산되는 왜곡이 발생한다. 이러한 내용을 뒤집어 타인에게 혜택을 주어 외부효과를 발생시키는 제품은 과소 생산된다고 추론해 초과 생산된다는 ②의 진술이 틀렸다고 볼 수도 있다. 다만 ②의 진술이 실제로는 사실에 부합한다고 하더라도 제시된 글의 내용만으로는 ②의 진술의 진위 여부를 알 수 있는 근거가 없다.

③ 두 번째 문단에 따르면 외부효과의 내부화 수단으로는 환경부담금과 배출권 거래제가 있다. 또한 세 번째 문단을 보면 환경부담금은 화석연료 사용량에 비례해 정부가 세금을 부과하는 재정적 조치이며, 온실가스 배출권 거래제는 배출권 거래 비용이 시장에서 결정되는 시장 기반 조치이다. 즉, ③의 진술에서 외부효과의 내부화를 시장에 맡긴다는 것은 내부화 방안으로 환경부담금이 아니라 온실가스 배출권 거래제를 채택한다는 것이다. 그런데 이 두 가지 방안이 얼마나 오염 물질을 감소시킬 수 있는지 비교할 수 있는 근거가 제시문에는 없으므로 ③의 진술의 진위 여부 또한 알 수 없다.

④ 세 번째 문단에 따르면 항공사들은 온실가스 배출권을 구매해야 한다(거래 비용을 반드시 부담해야 함). 또한 첫 번째 문단에 따르면 외부효과로 인해 오염을 유발하는 제품이 최적 생산량에 비해 더 많이 생산되는 왜곡이 발생하며, 두 번째 문단에서 외부효과로 인한 왜곡을 해소하는 내부화 수단의 하나로 배출권 거래제를 소개하고, 배출권 거래제 같은 내부화 수단을 통해 생산자의 비용을 높이면 결국 오염 유발 제품의 생산량이 감소하게 된다. 따라서 ④의 진술처럼 항공사의 배출권 가격이 높아질 경우에는 항공사(생산자)가 부담하는 비용이 커져 온실가스를 덜 배출하게 됨으로써 항공사로 인해 발생하는 외부효과는 ④의 진술과 달리 감소할 것이다.

| 풀이 포인트 |

사실적 사고 능력을 검증하는 문제로, 제시문에서 주어진 정보를 정확히 파악해 선택지의 내용이 적절한지 판단할 수 있는지 묻고 있다. 이때 선택지의 타당성 여부를 판별하는 근거는 오로지 제시문에서만 찾아야 하므로 제시문에서 판단 근거를 찾을 수 없는 선택지의 타당성은 검증할 수 없다. 따라서 제시문에 나타난 정보만을 근거로 정답을 찾는다.

배경지식

외부효과

어떤 개인이나 기업이 재화나 용역을 생산·소비·분배하는 과정에서, 대가를 주고받지 않은 채로 그 과정에 참여하지 않은 다른 개인이나 기업의 경제 활동이나 생활에 이익을 주거나 손해를 끼치는 것을 뜻한다. 이때 이익을 주는 긍정적 효과를 외부 경제, 손해를 끼치는 부정적 효과를 외부 불경제라고 한다.

- **주제** : 효율적 제도의 선택을 분석할 수 있는 제도가능곡선 모델
- **핵심 키워드** : 효율성 시각, 제도가능곡선 모델, 무질서 비용, 독재 비용, 사적 질서, 민사소송, 정부 규제, 국유화, 시민적 자본
- **글의 구조**
  ▷ **1문단** : 제도의 선택을 설명하는 두 가지 관점과 제도가능곡선 모델
    - 효율성 시각 : "사회 구성원들은 합리적이므로 사회 전체적으로 가장 이익이 되는 제도를 채택한다"
    - 효율적 제도의 선택이 일반적이지 않다는 시각 : "이데올로기·경로의존성·정치적 과정 등은 효율적 제도의 선택을 방해한다"
    - 효율성 시각의 장점 : 어떤 제도의 채택·지속에는 이유가 있다는 직관적 호소력 가짐
    - 효율성 시각의 난점 : 어떤 제도가 한 사회에 가장 이익이 되는 이유를 제시하는 설명에 그칠 뿐이며, 체계적인 모델을 제시하지 못함
    - 효율성 시각의 난점을 극복하려는 제도가능곡선 모델은 해결하려는 문제에 따라 동일한 사회에서 다른 제도가 채택되는 이유 또는 동일한 문제를 해결하기 위해 사회에 따라 다른 제도가 선택되는 이유를 효율성 시각에서 설명함
  ▷ **2문단** : 제도가능곡선 모델에서는 보는 효율적 제도
    - 바람직한 제도에 대한 전통적인 생각 : '시장과 정부 중 어느 것을 선택해야 하는가'를 중심으로 이루어짐
    - 제도가능곡선 모델은 자유방임(시장)에 따른 무질서 비용과 국가(정부) 개입에 따른 독재 비용을 통제하는 데에는 상충관계가 있다는 점에 주목해 총비용(=무질서 비용+독재 비용)을 최소화하는 제도를 효율적 제도라고 봄
  ▷ **3문단** : 제도가능곡선의 한 점과 효율적 제도 선택의 의미
    - 특정 문제의 해결을 위한 제도들을 국가 개입 정도 순으로 배열한 곡선의 한 점은 특정 제도를 국가 개입의 증가 없이 도달 가능한 최소한의 무질서 비용으로 나타낸 것
    - 제도가능곡선은 한 사회의 제도적 가능성(=국가 개입을 점진적으로 증가시키는 제도의 변화를 통해 얼마나 많은 시장의 무질서를 감소시킬 수 있는가)을 나타냄
    - 효율적 제도 : 총비용의 일정한 수준을 나타내는 기울기 −1의 직선과 제도가능곡선의 접점에 해당하는 제도
    - 제도가능곡선 모델은 제도가능곡선이 원점 방향으로 볼록하다고 가정함

  ▷ **4문단** : 공적인 통제의 정도에 따라 나열한 대표적인 제도들
    - 공적인 통제 정도에 따른 나열 : 사적 질서<민사소송<정부 규제<국유화
    - 사적 질서 : 각자의 이익을 추구하는 경제주체들의 동기(=시장의 규율)에 맡김
    - 민사소송 : 피해자가 가해자에게 소(訴)를 제기해 법원에서 문제 해결
    - 정부 규제 : 경제주체들이 금지·의무 사항, 처벌을 명기한 규제법을 규제당국이 집행
    - 국유화 : 민간 경제주체의 특정 행위를 금지하고 국가가 그 행위를 담당
  ▷ **5문단** : 제도가능곡선이 동일한 문제에 대한 제도가 사회마다 다른 것을 설명할 수 있는 이유
    - 사회적 총비용의 수준은 곡선의 모양보다는 곡선의 위치에 더 큰 영향을 받음
    - 시민적 자본(=갈등을 해결하고 협력을 달성하는 능력)은 곡선의 위치를 결정함
    - 불평등의 강화, 갈등 해결 능력의 약화(=시민적 자본의 감소) → 곡선과 원점이 멀어짐(그래프에서 우상향으로 이동) → 사회적 총비용의 증가
    - 시민적 자본이 제약 조건이라면 어떤 제도가 효율적인지는 곡선의 모양이 결정함 → 동일한 문제에 어떤 제도를 선택할지는 곡선의 모양으로 결정됨
    - 국가·산업마다 문제의 해결을 위한 제도가능곡선의 모양이 다름 → 국가·산업마다 문제의 해결을 위한 제도가 다를 수 있음
    - 국가 개입 효과가 큰 정부를 가진 국가(A)는 그렇지 않은 국가(B)보다 무질서 비용이 더 많이 감소함 → A가 B보다 곡선의 모양이 더 가파르고 곡선상의 더 오른쪽에서 접점 형성
  ▷ **6문단** : 제도가능곡선 모델이 자생적인 제도 변화를 이해하는 수단이 될 수 있는 이유
    - (현실에서는) 효율적 제도가 선택되지 않는 경우도 많음(선택되는 경우도 있음)
    - 자생적인 제도 변화(=제도의 변화가 자생적이라는 것)를 이해하려면 제도가능곡선 모델을 통해 효율성 시각에서 제도의 선택에 대해 체계적인 설명을 제시해야 함

06 일치·불일치   정답 ①

두 번째 문단에 따르면 바람직한 제도에 대한 전통적인 생각은 시장과 정부 중 어느 하나를 선택해야 할 것인가 하는 이분법적인 파악을 중심으로 이루어졌다. 그러나 제도가능곡선 모델은 자유방임에 따른 무질서 비용(=제도의 선택을 시장에 맡겼을 때의 사회적 비용)과 국가 개입에 따른 독재 비용(제도의 선택을 정부에 맡겼을 때의 사회적 비용) 사이에는

상충관계가 존재한다는 주목해 총비용(무질서 비용＋독재 비용)을 최소화하는 제도가 효율적인 것이라고 이해한다. 즉, 제도의 선택을 이해하려 할 때 '전통적인 생각'이 이분법적으로 시장과 정부 중 하나만을 선택하는 것과 달리 '제도가능곡선 모델'은 '전통적인 생각'에서 탈피해 시장과 정부 모두를 배제하지 않는다.

오답분석

② 첫 번째 문단에 따르면 제도가능곡선 모델은 해결하려는 문제에 따라 동일한 사회에서 다른 제도가 채택되는 이유 또는 동일한 문제를 해결하기 위해 사회에 따라 다른 제도가 선택되는 이유를 효율성 시각에서도 설명할 수 있게 한다. 따라서 제도가능곡선 모델에서는 문제의 특성과 사회의 특성 중 사회의 특성만이 어떤 제도가 효율적인지 결정하는 요소라는 ②의 진술과 달리 이 두 가지 특성 모두 결정 요소임을 알 수 있다.

③ 여섯 번째 문단에 따르면 제도가능곡선 모델의 제안자들은 효율적 제도가 선택되지 않는 경우도 많다는 것을 인정한다. 즉, 효율적 제도가 선택되는 경우와 그렇지 않은 경우 모두 있음을 인정한다. 따라서 항상 선택된다는 ③의 제시문의 내용과 일치하지 않는다.

④ 첫 번째 문단에 따르면 제도의 선택을 설명하는 데 있어 체계적인 모델을 제시하지 못한 효율성 시각의 난점을 극복하려는 제도가능곡선 모델은 해결하려는 문제에 따라 동일한 사회에서 다른 제도가 채택되는 이유 또는 동일한 문제를 해결하기 위해 사회에 따라 다른 제도가 선택되는 이유를 효율성 시각에서도 설명할 수 있다. 또한 여섯 번째 문단에 따르면 제도가능곡선 모델은 효율성 시각에서 제도의 선택에 대해 체계적인 설명을 제시한다. 따라서 ④의 진술에서 '제도가능곡선 모델은 특정한 제도가 선택되는 이유를 설명한다'는 것은 옳지만, '제도가 채택되는 일반적인 체계에 대한 설명을 제시하지 않는다'는 것은 제시문의 내용과 일치하지 않는다.

⑤ 첫 번째 문단에 따르면 '효율적인 제도 선택'은 사회 전체적으로 가장 이익이 되는 제도를 채택하는 것을 뜻하며, 효율성 시각의 난점을 극복하려는 제도가능곡선 모델은 제도가 선택되는 이유를 효율성 시각에서도 설명할 수 있다. 즉, 제도가능곡선 모델이 효율성 시각의 한계를 극복하려 한다고 했으므로 제도가능곡선 모델은 효율성 시각보다 범주가 더 넓다고 볼 수 있다. 따라서 ⑤의 진술에서 '제도가능곡선 모델은 효율성 시각에 속한다'고 단정한 것은 제시문의 내용과 일치하지 않는다. 또한 첫 번째 문단에 따르면 효율성 시각은 특정한 제도가 한 사회에 가장 이익이 되는 이유를 설명한다. 즉, 효율성 시각과 제도가능곡선 모델은 사회 전체적으로 가장 이익이 되는 제도가 선택된다고 설명한다는 것이다. 따라서 ⑤의 진술에서 '선택된다고 설명하지 않는다'는 것 또한 제시문의 내용과 일치하지 않는다. 아울러 두 번째 문단에 따르면 전통적인 생각(＝효율성 시각)은 '시장(무질서 비용)과 정부(독재 비용) 중 어느 하나를 선택해야 한다'는 이분법적 사고에 기초하는 반면 제도가능곡선 모델은 시장과 정부 모두 각각을 선택하는 것에 따른 상충관계를 인정함으로써 이분

법적 사고를 탈피했으며, 총비용(＝무질서 비용＋독재 비용)을 최소화하는 것으로 효율성의 개념을 재정립했다. 이로써 여섯 번째 문단에서처럼 '제도가능곡선 모델은 효율성의 개념을 재정립했다'고 말할 수 있다. 따라서 ⑤의 진술에서는 '제도가능곡선 모델은 효율성 시각과 달리 사회 전체적으로 가장 이익이 되는 제도가 선택된다고 설명하지 않기 때문에 효율성 개념을 재정립한다'는 ⑤의 진술은 제시문의 내용과 일치하지 않는다.

| 풀이 포인트 |

사실적 사고 능력을 검증하는 문제로, 제시문에서 주어진 정보와 선택지가 담고 있는 내용의 일치 여부를 간파할 수 있는지 묻는 유형이다. 이때 제시문을 독해하면서 '(전통적인) 효율성 시각, 제도가능곡선 모델'처럼 주요 개념의 선후 관계 및 차이, 장단점 등의 특징을 비교해 정리해 두어야 한다. 이를 통해 제시문의 주요 정보와 선택지의 진술을 대조해 일치 여부를 판별할 수 있다.

07 추론하기 정답 ③

세 번째 문단에 따르면 ㉠(제도가능곡선)은 가로축에 독재 비용(＝정부의 개입으로 인한 사회적 비용)과 세로축에 무질서 비용(＝시장의 자유방임에 따른 무질서로 인한 사회적 비용)을 나타내는 평면에서 특정 문제의 해결을 위한 제도들을 국가 개입 정도 순으로 배열한 곡선으로, 국가 개입을 점진적으로 증가시키는 제도의 변화를 통해 얼마나 많은 무질서를 감소시킬 수 있는지를 나타낸다. 이때 총비용(＝무질서 비용＋독재 비용)의 수준을 나타내는 기울기 −1의 직선과 제도가능곡선의 접점에 해당하는 제도가 효율적인 제도이다. 또한 다섯 번째 문단에 따르면 총비용의 수준은 곡선의 위치에 의한 영향을 크게 영향을 받으며, 구성원들 사이에 갈등을 해결하고 협력을 달성할 수 있는 한 사회의 능력(＝시민적 자본)이 약화되거나 불평등이 강화될수록 이 곡선은 원점에서 멀어진다. ⑤의 내용처럼 '정부에 대한 언론의 감시·비판 기능의 작동으로 개인의 자유 침해 가능성이 낮은 사회'는 독재 비용이 낮은 것이며, 자유방임에 따른 무질서 비용 증가로 자유 침해 가능성이 낮지 않은 사회보다 정부의 개입으로 인한 독재 비용 증가로 인한 무질서 비용의 감소 폭이 더 클 수 있다. 요컨대 개인의 자유에 대한 침해 가능성이 낮다는 것은 개인의 무질서로 인한 비용, 즉 자유방임으로 인한 사회적 비용이 독재 비용보다 높은 경우라고 볼 수 있다. 이러한 경우에는 개인의 자유 침해 가능성이 낮은 사회가 그렇지 않은 사회보다 제도가능곡선의 위치가 원점에서 멀어지므로, 즉 원점으로부터 오른쪽으로 이동하므로 '곡선상의 더 왼쪽에 위치한 제도가 효율적'이라는 ③의 추론은 타당하지 않다.

PART 2

DAY 01
DAY 02
DAY 03
DAY 04
DAY 05
DAY 06
DAY 07
DAY 08
DAY 09
DAY 10

① 두 번째 문단에 따르면 제도가능곡선 모델은 총비용(＝무질서 비용＋독재 비용)을 최소화하는 제도를 효율적 제도라고 본다. 즉, 효율적 제도의 총비용은 민사소송 또는 정부 규제의 경우를 초과하지 않거나 같은 것이다. 그런데 민사소송 또는 정부 규제의 총비용이 효율적 제도와 같다면 민사소송과 정부 규제를 혼합한 제도를 굳이 도입할 필요가 없다. 따라서 ①의 진술처럼 민사소송과 정부 규제를 혼합한 제도가 효율적 제도인 경우에는 민사 소송, 정부 규제 등은 효율적 제도보다 총비용이 큰 것이다.

② 다섯 번째 문단에 따르면 총비용의 수준은 제도가능곡선의 모양보다 위치에 의해 더 크게 영향을 받으며, 제도가능곡선의 위치를 결정하는 시민적 자본은 구성원들 사이에 갈등을 해결하고 협력을 달성할 수 있는 한 사회의 능력을 뜻한다. 또한 불평등이 강화되거나 시민적 자본이 약화되면 제도가능곡선이 원점에서 멀어지는 방향으로 이동한다고 하였다. 그러므로 ②에서 언급한 '시민적 자본이 풍부한 사회'는 그렇지 않은 사회보다 제도가능곡선이 원점과 가깝게(그래프에서 왼쪽으로) 이동하게 된다. 또한 세 번째 문단에 따르면 제도가능곡선의 그래프에서 총비용의 일정 수준을 나타내는 기울기 −1의 직선과 제도가능곡선의 접점에 해당하는 제도가 효율적 제도이다. 이를 그래프에 적용해 보면 ②에서 언급한 '시민적 자본이 풍부한 사회에서 비효율적인 제도(＝기울기 −1의 직선과 곡선이 접하지 않는 점)'에서의 총비용이, '시민적 자본의 수준이 낮은 사회에서 효율적인 제도(＝기울기 −1의 직선과 곡선의 접점)'에서의 총비용보다 작은 경우가 존재할 수 있다.

④ 다섯 번째 문단에 따르면 총비용의 수준은 제도가능곡선의 모양보다 위치에 의해 더 큰 영향을 받으며, 그 위치를 결정하는 것은 갈등을 해결하고 협력을 달성할 수 있는 한 사회의 능력이고, 갈등 해결 능력이 약화되면 제도가능곡선의 위치는 원점에서 멀어진다. 또한 이러한 능력이 일종의 제약 조건인 경우에는 어떤 제도가 효율적일 것인지는 제도가능곡선의 모양에 의해 결정된다고 하였다. 국가 개입이 동일한 정도로 증가했을 때 정부 개입의 효과가 큰 국가(A)는 그렇지 않은 국가(B)보다 무질서 비용이 더 많이 감소하므로 A가 B보다 제도가능곡선의 모양이 더 가파르고 곡선상의 더 오른쪽에서 접점이 형성된다. 따라서 ④에서 제시한 경우처럼 민간에 맡겼을 때 무질서 비용이 너무 커진다면 정부 개입에 따른 효과가 상대적으로 큰 A국가처럼 곡선의 모양이 더 가파르게 되어 접점의 위치도 곡선의 오른쪽에서 형성되기 쉬워진다.

⑤ 두 번째 문단에 따르면 힘세고 교활한 이웃이 개인의 안전과 재산권을 침해할 가능성을 줄이려면 국가 개입에 의한 개인의 자유 침해 가능성이 증가하는 것이 일반적이라는 상충관계에 주목해 제도가능곡선 모델은 무질서로 인한 사회적 비용(무질서 비용)과 독재로 인한 사회적 비용(독재 비용)을 합한 총비용을 최소화하는 제도를 효율적 제도라고 본다. 또한 다섯 번째 문단에 따르면 동일한 문제를 해결하기 위한 제도가능곡선이라 하더라도 그 모양은 산업마다 다르기 때문에 같은 문제를 해결하기 위한 제도가 산업에 따라 다를 수 있고, 국가 개입이 동일한 정도로 증가했을 때 정부 개입의 효과가 큰 국가(A)는 그렇지 않은 국가(B)보다 무질서 비용이 더 많이 감소하므로 A가 B보다 제도가능곡선의 모양이 더 가파르고 곡선상의 더 오른쪽에서 접점이 형성된다. 즉, 이를 역으로 보면 B는 A보다 제도가능곡선의 모양이 더 완만하므로 곡선상의 더 왼쪽에서 접점이 형성된다는 뜻이다. 따라서 ⑤에 제시한 '경제주체들이 스스로 바람직한 행위를 선택할 가능성이 큰 산업'의 경우에는 무질서 비용이 낮으며 제도가능곡선의 모양이 상대적으로 완만하므로 접점이 곡선의 왼쪽에서 형성되기 쉽다.

｜풀이 포인트｜

추리적 사고 능력을 검증하는 문제로, 제시문에 주어진 주요 개념에 대한 이해, 원리·인과, 선후 관계 등을 정확히 파악해 선지의 추론의 타당성을 검증할 수 있는지 묻고 있다. 따라서 제시문에서 나타난 원리에 대한 설명 중에서 선택지 분석에 필요한 근거를 찾아 선택지의 타당성 여부를 판정할 수 있어야 한다.

08 추론하기 　　　　　　　 정답 ①

다섯 번째 문단에 따르면 불평등이 강화되면 제도가능곡선은 원점에서 멀어지는 방향으로 이동한다. 또한 보기의 사례에서 철도회사와 대기업들이 값비싼 변호사를 고용하거나 판사를 매수하는 일이 다반사로 일어났으므로 불평등이 강화되었음을 알 수 있으며, 소송 당사자들 사이에 불평등이 심하지 않았던 때에는 민사소송이 담당했던 문제들에 대한 사회적 통제를 규제당국들이 담당하게 되었다. 문제 해결을 민사소송에 맡겼을 때 치르는 사회적 총비용이 지나치게 컸기 때문에 정부가 개입해 사회적 총비용을 낮춰 효율성을 높이는 형태로 변화한 것이다. 따라서 보기의 사례에서 제도가능곡선은 원점에 더 멀어졌을 것이므로 ①의 진술에서 제도가능곡선이 원점에 더 가까워졌다는 반응은 옳지 않다.

② 보기에 따르면 철도회사와 대기업들이 발달하기 전인 소송 당사자들 사이의 불평등이 심하지 않았던 때에는 민사소송이 독과점, 철도 요금 책정, 작업장 안전, 식품 및 의약품의 안전성 등과 같은 많은 문제들에 대한 사회적 통제를 담당했으나, 소송 당사자들 사이에 불평등이 심화되자 사회적 통제를 담당하는 주체가 연방정부와 주정부의 규제당국으로 바뀌면서 규제국가가 탄생했다. 따라서 철도회사와 대기업이 발달하기 전에는 민사소송이 많은 문제 해결에 효율적이었을 것이라는 ②의 반응은 타당하다.

③ 보기에 따르면 19세기 후반 새롭게 발달한 철도회사와 대기업들이 값비싼 변호사를 고용하거나 판사를 매수하는 일이 다반사로 일어나는 등 불평등이 심화된 것에 대한 대응으로, 이전에는 많은 문제 해결을 위한 사회적 통제의 담당 주체가 민사소송에서 연방정부·주정부의 규제당국으로 변화함으로써 규제국가가 탄생했다. 또한 두 번째와 세 번째 문단에 따르면 제도가능곡선 모델은 무질서로 인한 사회적 비용(무질서 비용)과 독재로 인한 사회적 비용(독재 비용)을 합한 총비용을 최소화하는 제도를 효율적 제도라고 보며, 제도가능곡선은 국가 개입을 점진적으로 증가시키는 제도의 변화를 통해 얼마나 많은 무질서를 감소시킬 수 있는지를 나타낸다. 그리고 다섯 번째 문단에 따르면 불평등이 강화되거나 시민적 자본이 약화되면 제도가능곡선은 원점에서 멀어진다. 지나치게 높았던 사회적 총비용을 낮추기 위해 정부 개입의 정도를 강화한 보기의 사례에서는 불평등을 완화해 제도가능곡선이 원점에 더 가까워지고, 무질서로 인한 비용도 감소되어 그 이전보다 사회적 총비용 또한 감소했을 것이다. 따라서 규제국가의 탄생으로 인해 사회적 총비용이 19세기 후반보다 줄었을 것이라는 ③의 반응은 타당하다.

④ 두 번째 문단에 따르면 힘세고 교활한 이웃이 개인의 안전·재산권을 침해할 가능성을 줄이려면 국가 개입에 의한 개인의 자유 침해 가능성이 증가하는 일반적이라는 상충관계에 주목한 제도가능곡선 모델은 사회적 총비용(= 무질서 비용＋독재 비용)을 최소화하는 제도를 효율적 제도라고 본다. 또한 다섯 번째 문단에 따르면 불평등이 강화되거나 갈등 해결 능력이 약화되면 제도가능곡선은 원점에서 멀어진다. 그러므로 보기의 사례에서는 불평등을 강화하는 철도회사와 대기업들의 행위로 인해 무질서 비용이 증가하고 제도가능곡선의 모양과 위치가 변화했을 것이고, 이러한 변화에 대응해 정부의 개입 정도가 강화된 규제국가가 등장하여 그 이전보다 효율적인 제도 선택을 할 수 있게 된 상황을 설명하고 있다. 따라서 규제국가는 제도가능곡선의 모양·위치가 변화한 것에 대응해 효율적 제도를 선택한 결과라는 ④의 반응은 타당하다.

⑤ 다섯 번째 문단에 따르면 국가 개입이 동일한 정도로 증가했을 때, 개입의 효과가 큰 정부를 가진 국가(A)는 그렇지 않은 국가(B)에 비해 무질서 비용이 더 많이 감소하므로 전자가 후자에 비해 곡선의 모양이 더 가파르고 곡선상의 더 오른쪽에서 접점이 형성된다. 또한 보기의 사례에서는 철도회사와 대기업들의 불평등 조장 행위로 인해 소송이 일어나면 이 기업들이 값비싼 변호사를 고용하거나 판사를 매수하는 일이 다반사였는데, 이로써 무질서로 인한 사회적 비용(무질서 비용)이 증가하는 것에 대응해 국가 개입의 정도를 높임으로써 무질서 비용이 상대적으로 더 많이 감소하게 될 것으로 기대할 수 있다. 그러므로 보기의 사례에서 19세기 후반 불평등이 심하던 시기의 미국은 다섯 번째 문단의 내용처럼 제도가능곡선의 모양이 더 가파르고 곡선상의 더 오른쪽에서 접점이 형성되었을 것이다. 따라서 불평등과 부패가 심화된 당시에는 제도가능곡선의 모양이 더욱 가팔라졌을 것이라는 ⑤의 반응은 타당하다.

DAY 01
DAY 02
DAY 03
DAY 04
DAY 05
DAY 06
DAY 07
DAY 08
DAY 09
DAY 10

01	02	03	04	05	06	07			
②	①	①	③	④	①	⑤			

[01~02] 지문 분석

• 주제 : 외부성으로 인한 비효율성의 개념과 그 해결책
 의 한계

• 핵심 키워드 : 외부성

• 글의 구조

▷ 1문단 : 외부성의 개념
 − 외부성은 어떤 경제 주체의 행위가 자신과 거래
  하지 않는 제3자에게 의도하지 않게 이익이나
  손해를 주는 것이다.

▷ 2문단 : 비효율성을 초래할 수 있는 외부성
 − 개별 경제 주체가 제3자의 이익·손해를 고려해
  행동하지 않으므로, 외부성은 사회 전체로 보면
  이익이 극대화되지 않는 비효율성을 초래할 수
  있다.

▷ 3문단 : 전통적인 경제학이 제시한 비효율성 해
 결책
 − 전통적인 경제학은 외부성의 비효율성의 해결책
  이 보조금이나 벌금과 같은 정부의 개입이라고
  생각한다.

▷ 4문단 : 전통적인 경제학이 간과한 점(한계)
 − 전통적인 경제학은 모든 시장 거래와 정부 개입
  에 비용이 든다는 점을 간과한다.
 − 외부성은 이익·손해에 관한 협상이 어려워 거
  래가 일어나지 못하는 경우이므로 협상을 쉽게
  하는 법·규제도 해결책이 될 수 있다.
 − 정부 개입은 비효율성을 줄이기도 하지만 비용
  으로 인해 비효율성을 늘리기도 한다.

---

01 세부 내용의 이해 〔정답〕 ②

두 번째 문단에 따르면 개별 경제 주체가 제3자의 이익이나
손해까지 고려해 행동하지는 않을 것이기 때문에 외부성은 사
회 전체로 보면 이익이 극대화되지 않는 비효율성을 초래할
수 있다. 즉, 외부성이 제3자에게 이익을 주든 손해를 끼치든
비효율성을 초래할 수 있는 것이다. 따라서 ②의 진술에서 외
부성은 사회 전체적으로 비효율성을 초래할 수 있다.

〔오답분석〕

① 두 번째 문단에 따르면 개별 경제 주체는 제3자의 이익이
 나 손해까지 고려해 행동하지는 않을 것이다. 따라서 ①의
 진술처럼 개별 경제 주체는 자신의 이익을 고려해 행동할
 것이다.

③ 세 번째 문단에 따르면 전통적인 경제학은 외부성으로 인
 한 비효율성에 대한 해결책으로 보조금이나 벌금과 같은
 정부의 개입을 제시한다. 그러나 네 번째 문단에 따르면
 전통적인 경제학은 모든 시장 거래와 정부 개입에 시간과
 노력, 즉 비용이 든다는 점을 간과하고 있다. 따라서 전통
 적인 경제학은 보조금 지급, 벌금 부과에 수반되는 비용을
 고려하지 않음을 알 수 있다.

④ 두 번째 문단에 따르면 외부성은 사회 전체로 보면 이익이
 극대화되지 않는 비효율성을 초래할 수 있다. 따라서 ④의
 진술처럼 이익을 더 늘릴 여지가 있다면(=이익의 극대화
 에 이르지 못했다면) 효율성이 충족된 것이 아님을 알 수
 있다.

⑤ 네 번째 문단에 따르면 외부성은 이익이나 손해에 관한 협
 상이 너무 어려워 거래가 일어나지 못하는 경우이다. 따라
 서 ⑤의 진술처럼 손익에 관한 거래가 이루어진다면 외부
 성에 해당하지 않음을 알 수 있다.

배경지식

외부성

어떤 개인이나 기업이 재화나 용역을 생산·소비·분
배하는 과정에서 대가를 주고받지 않은 채로 그 과정에
참여하지 않은 다른 개인이나 기업의 경제 활동이나 생
활에 이익을 주거나 손해를 끼치는 것을 뜻한다. 이때
이익을 주는 긍정적 효과를 외부 경제, 손해를 끼치는
부정적 효과를 외부 불경제라고 부른다. 또한 자유로운
시장경제 체제에서는 이로운 외부성을 발생시켜도 보
상받지 못하기 때문에 사회 전체의 최적 생산 수준보다
적게 생산된다. 그러나 해로운 외부성의 경우 발생에
대한 대가를 지불하지 않기 때문에 최적 생산 수준보다
많이 생산된다. 이처럼 외부성의 발생으로 시장 기구가
자원의 효율적 배분에 실패하는 현상을 시장 실패라고
부른다.

02 추론하기 　정답 ①

㉠은 외부성으로 인해 다른 경제 주체에게 손해를 끼친 사례로서, 제품 생산량이 증가할수록 주민들에게 끼치는 피해는 더 커진다. 이윤을 극대화할 수 있는 양보다 적게 제품을 생산하면 공장이 얻는 이윤은 감소하겠지만, 주민들이 입는 피해는 줄어들 것이다. 이때 공장의 이윤 감소보다 주민들이 입는 피해 감소가 더 크다면 사회 전체적으로는 공장의 제품 생산량을 감소시키는 것이 사회 전체의 효율성을 극대화할 수 있다. 따라서 ㉮에는 '줄이면', ㉯에는 '크다면', ㉰에는 '줄이는' 등이 들어가야 한다.

---

[03] 지문 분석

- 주제 : 현재가치의 계산을 위한 미래가치의 할인·할증과 시간선호
- 핵심 키워드 : 현재가치, 미래가치, 할인, 할증, 시간선호, 필요조건·충분조건
- 글의 구조
  ▷ 1문단 : 미래에 받기로 한 돈을 앞당겨 현재에 받을 때 수용 가능한 경우
    - 미래에 받기로 한 돈을 앞당겨 현재에 받는다면 얼마 이상이어야 수용할까?
    - 미래 100만 원의 가치＜현재 100만 원의 가치 → 현재 받는 금액이 100만 원 미만이어도 수용 가능(현재가치는 미래가치를 할인해 계산)
    - 미래 100만 원의 가치＞현재 100만 원의 가치 → 현재 받는 금액이 100만 원 초과해야 수용 가능(현재가치는 미래가치를 할증해 계산)
  ▷ 2문단 : 현재가치를 계산하기 위한 미래가치의 할인·할증
    - 미래가치의 할인 혹은 할증의 개념은 시간선호와 밀접하게 관련됨
    - 현재선호 성향 → 현재가치를 계산할 때 미래가치를 할인
    - 미래선호 성향 → 현재가치를 계산할 때 미래가치를 할증
  ▷ 3문단 : 시간에 대한 선호와 무관하게 가치를 할인 또는 할증하는 경우
    - 시간에 대한 선호 여부와 상관없이 가치를 할인하거나 할증할 수 있음
    - 미래선호 성향이더라도 당장에 큰돈이 필요하면 미래가치의 ㉠을 선택해야 함 → 현재선호는 할인의 ㉡이 아님

  ▷ 4문단 : '1년 뒤의 100만 원＝현재의 90만 원'의 가정의 분석
    - '1년 뒤의 100만 원＝현재의 90만 원'이라는 가정 → 할인을 한 것이 분명하나, 현재선호 때문이라고 확언하지 못함 ← 화폐가치의 변동(물가와 반대 방향으로 움직임)이 의사결정에 영향을 끼칠 수 있기 때문
    - 물가가 ㉢할 것으로 예상함에도 미래보다 낮은 현재 금액을 미래와 동일하게 평가 ← 현재선호 때문일 가능성이 큼
    - 물가가 ㉣할 것으로 확신해 미래보다 낮은 현재 금액을 미래와 동일하게 평가 ← 현재선호 때문일 가능성은 상대적으로 감소

---

03 추론하기 　정답 ①

㉠ 두 번째 문단에 따르면 미래선호 성향의 사람은 현재가치를 계산할 때 미래가치를 할증한다. 그러나 세 번째 문단에 따르면 시간 자체에 대한 선호 여부와 무관하게 가치를 할인 또는 할증할 수 있는데, 예상치 못한 사고 때문에 당장에 큰돈이 필요하다면 이는 미래가치보다 현재가치가 커진 경우로, 이러한 경우에는 미래선호 성향과 무관하게 미래가치를 '할인'할 수밖에 없게 된다. 따라서 ㉠에 들어갈 말로 적절한 것은 '할인'임을 알 수 있다.

㉡ 두 번째 문단에서 미래선호 성향의 경우 현재가치를 계산할 때 미래가치를 할증한다고 하였다. 그러나 위 ㉠의 해설에서 설명한 것처럼, 세 번째 문단에서는 시간에 대한 선호 여부와 상관없이 가치를 할인 또는 할증할 수도 있는 예시로 미래선호 성향이더라도 당장에 돈이 필요해 미래가치의 할인을 선택할 수밖에 없는 경우를 제시했다. 그러므로 현재선호가 미래가치 할인의 필요조건이라고 단정할 수 없는 것이다. 참고로 어떤 명제가 성립하는 데 있어 '필요조건'은 필요한 조건을, '충분조건'은 충분한 조건을 뜻한다. 예를 들어 'P이면 Q이다.'라는 명제가 성립할 때 '필요조건'은 P에 대하여 Q를 이르는 말이고, P는 Q가 성립하는 데에 충분조건이 된다. 따라서 ㉡에 들어갈 말로 적절한 것은 '필요조건'임을 알 수 있다.

㉢ 네 번째 문단에 따르면 1년 뒤의 100만 원과 현재의 90만 원을 동일하게 평가한다면 이는 할인을 선택한 것이지만, 이러한 선택이 현재선호 때문이라고 확언할 수 없는 것은 물가와 반대 방향으로 움직이는 화폐가치가 선택에 영향을 끼칠 수 있기 때문이다. 물가가 큰 폭으로 '내릴' 것으로 예상한다면, 1년 뒤의 100만 원이 현재의 90만 원보다 가치가 더 큰 것이다(화폐가치는 물가와 반대 방향으로 움직이기 때문). 그러나 이처럼 물가 폭락을 예상함에도 불구하고 1년 뒤의 100만 원과 현재의 90만 원을 동일하게 평가한다면 이는 현재가치를 할증한 것으로 해석할 수 있다. 또 다른 풀이를 해보자. 현재선호 때문에 1년 뒤보다 낮은 수준의 현재 금액(＝90만 원)을 1년 뒤와 동일하게 평가할 수 있다. ㉢을 포함한 문장 바로 앞의 설명처럼 화폐가치는 물가와 반대 방향으로 움직이기 때문에 물가가

큰 폭으로 '내릴'수록 미래 금액의 가치는 더 상승한다. 그
러나 그럼에도 불구하고 현재선호가 충분히 크다면 1년
뒤보다 낮은 수준의 현재 금액을 1년 뒤와 동일하게 평가
할 수 있다. 따라서 ⓒ에 들어갈 말로 적절한 것은 '내릴'
임을 알 수 있다.

ⓔ ⓔ을 포함한 문장을 분석해보면, 물가가 크게 ⓔ할 것으
로 확신해 1년 뒤보다 낮은 수준의 현재 금액을 1년 뒤와
동일하게 평가하는 것이 현재선호 때문일 가능성은, 물가
가 폭락할 것으로 예상하면서도 위와 동일하게 평가하는
상황보다 상대적으로 낮다. 또한 네 번째 문단에서 화폐가
치의 변동 방향은 물가와 반대 방향이라고 했으므로 물가
가 상승하면 미래의 화폐가치는 하락함을 알 수 있다. 물
가가 크게 상승한다면 1년 뒤보다 낮은 수준의 현재 금액
(=90만 원)이 1년 뒤와 동일하게 평가될 가능은 낮아지
며, 오히려 더 낮게 평가될 수 있다. 그렇다면 현재선호가
아니라 미래선호가 될 수 있으므로 현재선호 때문일 가능
성은 상대적으로 낮아지는 것이다. 따라서 ⓔ에 들어갈 말
로 적절한 것은 '오를'임을 알 수 있다.

| 풀이 포인트 |

추리적 사고 능력을 검증하는 문제로, 제시문에 주어진
개념에 대한 세부 정보를 근거로 빈칸에 들어갈 수 있는
내용을 추론할 수 있는지 묻는 유형이다. 이 문제에서는
'현재선호/미래선호, 할인/할증, 필요조건/충분조건'처
럼 혼동하기 쉬운 개념들의 차이점을 잘 구분해 이해해
야 한다. 따라서 제시문에서 빈칸을 포함한 문장의 선후
내용과 문맥을 분석해 빈칸의 내용을 도출한다. 이때 선
택지에서 제시된 내용을 대입해 가장 적절한 내용을 추
리하는 것도 해답을 찾는 방법이 될 수 있다.

배경지식

현재가치와 미래가치 및 시간선호

• 현재가치는 장래의 가치를 현재의 것으로 계산한 값으
로, 미래에 발생할 편익·비용을 할인한, 현재의 시간
적 가치를 말한다. 즉, 편익과 중에 가운데 현재 연도
에 발생하지 않고 미래에 발생하는 것들에 대해 할인
하는 절차를 거친 현재 시점의 가치이다.

• 미래가치는 현재 시점의 특정 금액이 미래의 일정 시
점에 가지게 될 가치를 뜻한다. 즉, 현재 시점의 금액
과 동일한 가치를 갖는 미래 시점의 금액으로, 화폐의
시간 가치를 고려한 개념이다.

• 시간선호는 소비자가 소득을 지출과 저축에 어떻게 배
분하는가에 대한 심리적 태도를 뜻한다. 또한 시간선
호 이론은 소비자가 소득을 현재의 소비에 지출하는
것과 장래의 소비를 대비하여 유보해 두는 것에 대해
가지는 심리적 태도에 따라 지출과 저축이 결정된다는
이론이다. 현재 소득을 어떻게 현재 소비에 분배할 것
인가, 장래의 소비에 대한 지배력을 어떻게 보유할 것
인가에 따라 지출과 저축 방법이 결정된다.

---

[04] 지문 분석

• 주제 : C 단체의 주장을 통해 본 기상조작 음모론의
허와 실

• 핵심 키워드 : 기상조작 음모론, 지구온난화

• 글의 구조

▷ 1문단 : C 단체의 주장을 소개
 - 음모론에 따르면 강대국들은 군사적 목적으로
날씨를 조작하는 환경전을 펼친다.
 - C 단체의 주장 : "강대국 정부가 행하는 군사적
목적의 기상조작이 지구온난화를 일으킨다."

▷ 2문단 : C 단체의 주장의 근거
 - 근거 1 : 기상조작 기술의 군사적·상업적인 이
용·수출을 금지하는 국제 통상 조항의 존재 →
"기상조작 기술을 실제로 군사적·상업적으로
이용하고 있다"
 - 근거 2 : 이미 실용화된 기상조작 기술 → "기상
조작 기술이 군사적 전용될 수 있다"
 - 근거 3 : 강대국 정부들은 지구온난화의 책임으
로 기업들이 납부하는 세금을 환영함 → "정부가
실제로 기상조작 행위를 하고 있다"

▷ 3문단 : 기상조작 음모론이 터무니없는 이유
 - 지구온난화 현상으로 인한 국가적 비용은 환경
전으로 얻을 수 있는 이익을 압도하므로 정부가
그런 비용을 치르면서까지 기상조작을 수행할
이유가 없다.

---

04 추론하기 정답 ③

ⓐ 첫 번째 문단에 따르면 힘센 국가·조직이 지구의 기상을
마음대로 조작하고 있다는 ㉠은 음모론자들의 주장이다.
또한 산업 현장에서 배출되는 온실 기체는 지구온난화의
원인이 아니라는 ㉡은 음모론자들 중 일부인 C 단체의 주
장이다. 그러나 ㉠처럼 강대국이 기상을 조작하는 것을 사
실로 받아들인다고 하더라도 ㉡처럼 온실 기체는 지구온난
화를 일으키지 않는다고 단정할 수 없다. ㉡은 음모론자들
중의 일부인 C 단체의 주장일 뿐이며, ㉠을 토대로 ㉡에
동의하는 것은 적절하지 않다. 따라서 ⓐ의 진술처럼 ㉠에
동의한다고 하더라도 ㉡에 동의해야 하는 것은 아니다.

ⓒ 두 번째 문단에 따르면 C 단체는 기상조작 기술의 군사적
·상업적인 이용·수출을 금지하는 국제 통상 조항의 존
재는 기상조작 기술을 실제로 군사적·상업적으로 이용
하고 있다는 증거라고 주장한다. 금지하는 행위가 실제로
일어나고 있기 때문에 금지하는 규정이 존재한다는 것이
다. 따라서 ⓒ의 진술처럼 '무언가가 실제로 행해지고 있
을 때만 그것을 금지하는 규정이 존재한다'는 전제가 가능
하다면 기상조작 기술의 군사적·상업적인 이용·수출이
실제로 일어난다고 볼 수 있고, 이는 ㉢과 일맥상통한다.

PART 2

DAY 01
DAY 02
DAY 03
DAY 04
DAY 05
DAY 06
DAY 07
DAY 08
DAY 09
DAY 10

오답분석

ⓑ 두 번째 문단에 따르면 ⓓ은 기상조작 기술의 군사적·상업적인 이용·수출을 금지하는 국제 통상 조항의 존재는 기상조작 기술을 실제로 군사적·상업적으로 이용하고 있다는 증거가 된다는 C 단체의 주장이다. ⓗ은 기상조작 기술은 이미 실용화되었기 때문에 군사적으로 전용되기 쉽다는 C 단체의 주장이다. ⓐ은 강대국 정부들은 지구온난화의 책임으로 기업들이 납부하는 세금을 환영한다는 것은 정부가 실제로 기상조작 행위를 하고 있다는 증거가 된다는 C 단체의 주장이다. ⓓ·ⓗ·ⓐ을 종합하면 '기상조작 기술은 군사적·상업적으로 이용되고 있고, 군사적으로 전용될 수 있으며, 강대국 정부들은 기업들이 지구온난화 책임으로 납부하는 세금을 환영한다'로 이해할 수 있다. 그러나 이러한 이해가 사실과 부합한다고 해서 ⓒ(=강대국 정부의 군사적 목적의 기상조작 때문에 지구온난화가 발생함)를 도출하는 것은 논리의 비약이다. ⓓ·ⓗ·ⓐ에 모두 동의한다고 해도 ⓒ에 반대할 수 있는 것은 강대국 정부의 기상조작 활동이 지구온난화 현상의 원인이 아닐 수도 있기 때문이다.

| 풀이 포인트 |

추리적 사고 능력을 검증하는 문제로, 제시문에 나타난 주장과 그것에 대한 근거를 토대로 보기와 같은 분석이 가능한지 논증할 수 있는가를 묻는 유형이다. 이처럼 논증을 검토하는 문제는 밑줄로 제시된 부분을 포함한 앞뒤의 문장만을 읽고서도 논리적 분석이 가능할 수 있으며, 제시문을 세세하게 독해하는 것보다는 제시문 전체에 대한 이해를 토대로 바로 선택지의 옳고 그름을 판단하면 시간을 절약할 수 있다. 따라서 제시문에서 보기의 논증과 관련된 내용을 찾아 보기의 ⓐ ~ ⓒ의 타당성을 분석해야 한다.

배경지식

기상조작

지구온난화로 인한 극심한 가뭄 등의 기상 이변에 효과적으로 대응할 수 있는 기상조작 기술은 미국·중국·러시아·일본 등 세계 각국에서 개발 중이다. 그 종류로는 인공적으로 비·눈이 오게 하는 기술, 안개를 흩어지게 하거나 생성하는 기술, 태풍을 약화시키는 기술, 우박·천둥을 제어하는 기술, 인위적으로 지진·쓰나미를 만드는 기술 등이 개발 중에 있다. 다만, 군사적인 측면에서 날씨를 무기화하기 위해 기상조작 기술을 개발하는 경우가 많은 것을 우려하는 목소리 또한 높아짐에 따라 국제연합은 1977년에 기상을 변조해 무기화하지 못하도록 의결했다. 또한 기상조작으로 초래될 수 있는 기후교란을 예측하기 어렵고, 기후교란으로 인한 부작용을 통제할 수 없다는 위험도 있다.

[05~07] 지문 분석

• 주제 : 회사체제에서의 소유와 지배의 분리 및 '회사는 누구를 위해 운영되어야 하는가'라는 질문에 대한 벌리의 생각
• 핵심 키워드 : 소유와 지배의 분리, 회사체제, 준공공회사, 재산권, 신인의무
• 글의 구조
  ▷ 1문단 : '소유와 지배의 분리'라는 개념에 대한 이해
    – 오늘날 교과서적 견해에서 '소유와 지배의 분리(=전문 경영인 체제의 확립)'는 주주와 경영자 사이의 갈등을 내포 → 경영자들이 자신들의 이익을 앞세우게 됨
    – 벌리는 '회사체제'라는 현대 사회의 재산권적 특징을 포착하고자 '소유와 지배의 분리'라는 개념을 고안함
    – 벌리가 규정한 '소유' : 사업체에 대한 이익을 갖는 기능
    – 벌리가 규정한 '지배' : 사업체에 대한 권력을 갖는 기능
    – 벌리가 규정한 '경영' : 사업체에 대한 행위를 하는 기능
    – 소유, 지배, 경영은 특정 기능을 지칭하는 개념일 뿐, 담당 주체를 가리키지 않음
  ▷ 2문단 : 소유와 지배의 분리에 대한 벌리의 견해
    – 산업혁명 전 '소유, 지배, 경영' 통합 : 소유자가 소유·지배, 고용 경영자가 경영 수행(≒소유자가 소유, 지배, 경영 모두 담당)
    – 소유와 지배가 분리된 20세기 회사체제 : 소유=주식 소유=비활동적 재산의 점유 / 지배=사업체를 어떻게 사용할지를 결정=활동적 재산의 점유
    – 주식 소유 분산되면 다양한 주체가 지배를 수행
    – 사기업에서 '주주(소유주)는 위험 부담, 지배자는 회사 지배'이라는 기능의 분리 → 회사는 사유재산으로서의 의미 상실
    – 준공공회사 : 소유와 지배가 분리된 현대 회사
  ▷ 3문단 : '회사는 누구를 위해 운영되어야 하는가'에 대해 벌리가 검토한 첫 번째 답
    – 전통적인 법학의 논리 : 회사는 오로지 주주의 이익을 위해서만 운영돼야 함 ← 재산권은 불가침의 권리이므로
    – 법학의 논리에 벌리의 반박 : 지배를 수행하는 소유자(=회사체제 등장 이전의 회사)의 이익을 보호한다고 해서 지배를 포기한 소유자(=회사체제 등장 이후의 회사)가 이익의 유일한 청구권자가 돼야 한다는 결론을 도출할 수 없음 → 회사는 오로지 주주의 이익을 위해서만 운영될 수 없음

▷ 4문단 : 벌리가 검토한 두 번째 답
　－ 전통적인 경제학의 논리 : 재산권의 보호는 사회적으로 바람직한 목적을 위한 수단임 → 재산권을 보호하면 부를 얻으려는 노력의 유발됨 → 회사가 유용하게 사용되도록 하려면 지배자의 이익을 위해 회사가 운영돼야 함
　－ 경제학의 논리에 벌리의 반박 : 위험을 부담하지 않는 지배자를 위해 회사가 운영되는 것은 최악의 결과를 초래함
▷ 5문단 : 벌리가 검토한 세 번째 답과 벌리의 결론
　－ 법학과 경제학 등의 전통적인 논리들이 전제하고 있는 19세기의 자유방임 질서는 회사체제에 더 이상 타당하지 않음
　－ 전통적인 논리에 벌리의 반박 : 경제학의 견해는 최악, 법학의 견해는 차악의 대안임
　－ 벌리의 결론 : 회사체제에서 회사는 공동체의 이익을 위해 운영돼야 함
▷ 6문단 : 회사가 공동체의 이익을 위해 운영되기 위한 방법에 대한 벌리의 견해
　－ 벌리의 결론을 뒷받침할 법적 근거가 없거나 합리적인 계획들을 공동체가 받아들일 준비가 안된 상황에서는 회사법 영역에서 주주만이 경영자의 신인의무의 대상임 → 벌리가 법학의 견해를 지지했다고 오해됨
　－ 주주 이외에 주인을 인정하지 않아야 한다고 벌리가 주장한 이유 : 주주 이외의 이해 관계자가 신인의무의 대상이 되면 회사 지배자들의 사회적 권력을 키워주게 됨(← 사회적 권력을 키워주면 회사가 공동체를 위해 운영되지 않음)
　－ 회사가 공동체의 이익을 위해 운영되기 위한 출발점 : 회사법에서 주주에 대한 신인의무를 경영자뿐 아니라 지배자에게도 부과 → 지배에 의한 회사의 약탈로부터 비활동적 재산권(＝주식) 보호 ← 지배자·경영자는 소유자(＝주주)를 위해 회사 운영하는 것이 공동체의 이익을 확보하는 첫걸음
　－ 회사법 외부 영역에서 공동체에 대한 회사의 의무를 이행하게 하는 현실적 시스템 → 사회의 이익에 비활동적 재산권이 자리를 양보하도록 만들 수 있음 → 사회의 이익(공동체의 이익)＞비활동적 재산권(주식)

05　추론하기　　　　　　　　　　정답 ④

여섯 번째 문단에 따르면 신인의무는 회사를 자신에게 믿고 맡긴 사람의 이익을 자신의 이익보다 우선해야 하는 경영자의 의무이며, 벌리는 이러한 신인의무의 대상을 주주가 아닌 다른 이해 관계자들로 확장해서는 안 된다(＝주주만이 경영자의 신인의무 대상이다)고 주장했다. 또한 세 번째 문단을 분석해보면, 벌리는 소유와 지배가 분리된 회사에서 회사를 지배하지 않는 소유자는 회사로부터 나오는 이익의 유일한 청구권자가 될 수 없다고 생각했다. 즉, 주주는 회사를 지배하지 않기 때문에 회사 이윤에 대한 유일한 청구권자가 될 수 없다는 것이다.

오답분석

① 첫 번째 문단에 따르면 오늘날 교과서적 견해에서 '소유와 지배의 분리'라는 개념은 주식 소유의 분산으로 인해 주주의 영향력이 약해져 경영자들이 회사 이윤에 대한 유일한 청구권자인 주주의 이익보다 자신들의 이익을 앞세우는 문제의 심각성을 강조한다. 즉, 오늘날 교과서적 견해에서 '소유와 지배의 분리'는 경영자들이 회사 이윤에 대한 유일한 청구권자인 주주의 이익보다 자신들의 이익을 우선하는 문제를 의미하며, 회사는 주주를 위해 운영되어야 한다고 보는 것이다. 또한 세 번째 문단에 따르면 재산권을 불가침의 권리로 여기는 전통적인 법학의 논리에 입각한다면 회사는 오로지 주주(＝회사 이윤에 대한 유일한 청구권자)의 이익을 위해서만 운영되어야 한다. 따라서 오늘날 교과서적 견해는 전통적인 법학 논리의 견해를 받아들이고 있다는 ①의 진술은 적절하다.

② '소유와 지배가 분리된 회사는 누구를 위해 운영되어야 하는가'라는 질문에 대해 다섯 번째 문단에 따르면 벌리는 회사체제에서 회사는 공동체의 이익을 위해 운영되어야 한다고 결론을 지었다. 또한 여섯 번째 문단에 따르면 벌리가 회사법에서 주주 이외에 주인을 인정하지 않아야 한다고 주장한 이유는 주인이 여럿이면 경영자들이 누구도 섬기지 않게 되고 회사가 경제적 내전에 빠지게 될 것이며 경제력이 집중된 회사 지배자들의 사회적 권력을 키워주는 결과를 낳을 것이라고 보았기 때문이다. 따라서 벌리는 회사의 사회적 책임(＝공동체의 이익)을 인정했으나, ④의 진술처럼 회사법에서 회사의 사회적 책임을 강조할 경우 회사 지배자들의 권력을 키워주는 결과를 낳는다고 보았음을 알 수 있다.

③ 세 번째 문단에서 전통적인 경제학은 재산권의 보호를 목적이 아니라 사회적으로 바람직한 목적을 위한 수단으로 보기 때문에 전통적인 경제학의 논리에 따르면 회사는 지배자를 위해 운영되어야 한다는 견해가 도출될 수밖에 없다고 하였다. 따라서 전통적인 경제학의 논리에 따르면 사회적으로 가장 좋은 결과를 낳을 수 있도록 재산권이 인정되는 것이 바람직하다는 ③의 진술은 적절하다.

⑤ 첫 번째 문단에서 오늘날 교과서적 견해에서 창업자 가족이나 대주주의 영향력이 약해져 경영자들이 회사 이윤에 대한 유일한 청구권자인 주주의 이익보다 자신들의 이익을 앞세우는 문제, 즉 '소유와 지배의 분리'로 인한 주주와 경영자 사이의 이해 상충 문제가 발생했다고 하였다. 또한 두 번째 문단에서 벌리에 따르면 주식 소유가 다수에게 분산된 회사에서 지배는 대주주 등 이사를 선출할 힘을 가진 다양한 주체에 의해 수행될 수 있다고 하였으므로 벌리는 대주주가 지배의 기능을 담당하는 주체가 될 수 있다고 생각했음을 알 수 있다. 그리고 네 번째 문단에 따르면 벌리는 위험을 부담하지 않는 지배자를 위해 회사가 운영되는 것은 최악의 결과를 낳는다고 생각했다. 즉, 벌리는 대주주의 영향력이 강해지는 것은 소유와 지배의 분리에 따른

위험 부담 기능과 회사 지배 기능의 분리를 해결하는 데 도움이 된다고 여기지 않았을 것이다. 따라서 벌리와 달리 오늘날 교과서적 견해에 따르면 대주주의 영향력이 강해지는 것이 소유와 지배의 분리에 따른 문제를 해결하는 데 도움이 될 수 있다는 ⑤의 진술은 적절하다.

| 풀이 포인트 |

추리적 사고 능력을 검증하는 문제로, 제시문에 나타난 견해·관점·입장을 정확하게 파악해 선택지의 타당성을 판별할 수 있는지 묻는 유형이다. 이 문제에서는 교과서적 견해, 법학과 경제학의 전통적인 논리 등과 이를 반박하는 벌리의 견해의 핵심을 분석하고 서로 어떤 관계에 있는지 파악해야 한다. 따라서 선택지 분석에 필요한 근거를 제시문에서 확인해 선택지가 적절한지 판별해야 한다.

06 세부 내용의 이해 [정답 ①]

첫 번째 문단에 따르면 '지배'는 사업체에 대한 권력을 갖는 기능을 뜻한다. 또한 네 번째 문단에 따르면 벌리는 위험을 부담하지 않는 지배자를 위해 회사가 운영되는 것은 최악의 결과를 낳는다고 보았다. 또한 두 번째 문단에 따르면 사기업에서 통합되어 있던 위험 부담 기능과 회사 지배 기능이 분리되어 주주와 지배자에게 각각 배치됨으로써 회사는 전통적인 사유재산으로서의 의미를 잃게 되었고, 이런 의미에서 벌리는 소유와 지배가 분리된 현대 회사를 준공공회사라고 불렀다. 즉, 벌리는 준공공회사에서 지배는 지배자가 담당하게 되었다고 생각했을 것이다. 그리고 여섯 번째 문단에 따르면 벌리는 회사법 영역에서 신인의무의 대상을 주주가 아닌 다른 이해 관계자들로 확장할 경우, 즉 주주만을 신인의무의 대상으로 한정하지 않을 경우에는 지배자들의 사회적 권력을 키워주는 결과를 낳을 것이라고 보았다. 따라서 벌리는 '지배'가 공동체의 이익을 위해 수행되는 기능이라고 생각했다는 ①의 진술은 적절하지 않다.

[오답분석]

② 두 번째 문단에서 벌리에 따르면 산업혁명 이전에는 '소유, 지배, 경영' 기능이 통합된 경우가 일반적이었는데 19세기에 많은 사업체들에서 소유자가 소유와 지배를 수행하고 고용된 경영자들이 경영을 수행하는 방식으로 분리가 일어났다고 하였다. 즉, 소유자가 소유·지배하고, 경영자를 고용해 경영을 하게 했으므로 결국 소유자가 소유·지배·경영 모두 소유자가 담당했음을 알 수 있다. 또한 두 번째 문단에서 벌리에 따르면 소유와 지배가 분리된 20세기 회사체제에서는 많은 사업체들에서 지배 기능이 소유 기능에서 분리되었으며, 사기업에서는 통합되어 있던 위험 부담 기능과 회사 지배 기능이 분리되어 주주와 지배자에게 각각 배치됨으로써 회사라는 생산 도구는 전통적인 사유재산으로서의 의미를 잃게 되었다고 하였다.

그러므로 벌리는 전통적인 의미의 사유재산에서는 소유와 지배가 통합되어 있었고, 소유와 지배는 모두 소유자가 담당하는 기능이었다고 생각했을 것이다. 따라서 벌리는 '지배'가 전통적인 의미의 사유재산에서는 소유자가 수행하는 기능이라고 생각했다는 ②의 진술은 적절하다.

③ 두 번째 문단에 따르면 사기업과 달리 회사체제에서는 위험 부담 기능은 주주에게, 회사 지배 기능은 지배자에게 배치되었고, 이로써 회사는 사유재산으로서의 의미를 잃게 되었기 때문에 벌리는 소유와 지배가 분리된 현대 회사를 준공공회사라고 불렀다. 즉, 회사체제의 회사에서 위험 부담 기능은 소유자에게 넘어갔기 때문에 지배자는 위험을 부담하지 않는다. 또한 다섯 번째 문단에 따르면 벌리는 사회가 회사체제 사회로 변화된 상황에서는 회사가 '지배자를 위해 운영되어야 한다'는 견해는 최악의 대안이라고 여겼다. 이를 통해 벌리는 소유와 지배가 분리된 회사체제의 회사에서 지배자는 위험을 부담하지 않는다고 보았기 때문에 회사가 지배자를 위해 운영되어서는 안 된다고 주장했음을 알 수 있다. 따라서 벌리는 회사체제의 회사에서 지배 기능의 담당자는 위험을 부담하지 않는다고 생각했다는 ③의 진술은 적절하다.

④ 두 번째 문단에 따르면 벌리는 지배는 물적 자산과 사람들로 조직된 살아 움직이는 사업체를 어떻게 사용할지를 결정하는 것, 즉 활동적 재산의 점유가 되었다고 보았다. 따라서 벌리는 회사체제의 회사에서는 활동적 재산을 점유한 자가 지배를 수행한다고 생각했다는 ④의 진술은 적절하다.

⑤ 두 번째 문단에 따르면 벌리는 주식 소유가 다수에게 분산된 회사에서 지배는 창업자나 그 후손, 대주주, 경영자, 혹은 모회사나 지주회사의 지배자 등 이사를 선출할 힘을 가진 다양한 주체에 의해 수행될 수 있다고 보았다. 즉, 벌리는 경영자에 의해 지배가 수행될 수도 있다고 본 것이다. 또한 첫 번째 단락에 따르면 벌리는 지배는 사업체에 대한 권력을 갖는 기능이고, 경영은 사업체에 대한 행위를 하는 기능이라고 구분했으므로 지배와 경영을 동일시하지 않았음을 알 수 있다. 따라서 벌리는 지배가 '경영'의 담당자에 의해 수행될 수도 있다고 인정하지만 '경영'과 동일시하지 않는다고 생각했다는 ⑤의 진술은 적절하다.

| 풀이 포인트 |

사실적 사고 능력을 검증하는 문제로, 정확한 독해를 통해 제시문에 드러난 정보를 잘 파악해 선택지가 적절한지 판별할 수 있는지 묻고 있다. 특히 이 문제는 주요 개념인 '지배' 자체에 대한 이해가 아니라 '지배'에 대한 '벌리의 생각'을 잘 이해하고 있는지 묻고 있으므로 제시문을 독해하면서 '소유, 지배' 등의 주요 개념에 대한 벌리의 견해를 요약해 두어야 한다. 따라서 선택지의 내용과 관련한 벌리의 생각을 제시문에서 확인해 일치 여부를 대조함으로써 선택지의 타당성을 검증한다.

여섯 번째 문단에 따르면 벌리는 회사법 영역에서 주주에 대한 신인의무를 경영자뿐 아니라 지배자에게도 부과해 지배에 의한 회사의 약탈로부터 비활동적 재산권을 보호하는 것이 회사가 공동체의 이익을 위해 운영되도록 하기 위한 출발점이라고 보았다. 또한 두 번째 문단에 따르면 벌리는 소유와 지배가 분리된 현대 회사를 준공공회사라고 불렀다. 이러한 벌리의 견해에 입각한다면 보기에 나타난 1차와 2차 뉴딜은 회사가 공동체의 이익을 위해 운영되도록 하기 위한 회사법 내외부 영역의 노력이라는 점에서, 즉 1차 · 2차 뉴딜 모두 공동체의 이익을 위한다는 점에서 일관성이 있다. 따라서 벌리는 보기의 1차 · 2차 뉴딜이 준공공회사로의 변화를 추구한다고 본다는 ⑤의 진술은 적절하지 않다.

오답분석

① 보기에 따르면 1차 뉴딜은 경영자 · 지배자에게 주주에 대한 신인의무를 부과해 주주의 재산권을 엄격하게 보호하는 원칙을 확립했다. 또한 여섯 번째 문단에 따르면 벌리는 회사법 영역에서 주주에 대한 신인의무를 경영자뿐 아니라 지배자에게도 부과해 지배에 의한 회사의 약탈로부터 비활동적 재산권을 보호하는 것이 회사가 공동체의 이익을 위해 운영되도록 하기 위한 출발점이라고 보았다. 이러한 벌리의 견해에 입각한다면 지배에 의한 약탈을 막기 위해 신인의무의 대상을 주주로 한정한 것은 경영자든 지배자든 주주를 우선으로 회사를 운영하기 때문이다. 따라서 벌리는 보기의 1차 뉴딜이 지배에 의해 회사가 약탈되는 것을 막기 위한 회사법 영역의 개혁이라고 본다는 ①의 진술은 적절하다.

② 보기에 따르면 1차 뉴딜은 경영자들과 지배자들에게 주주에 대한 신인의무를 부과함으로써 주주의 재산권을 엄격하게 보호하는 원칙을 확립했다. 또한 여섯 번째 문단에 따르면 벌리는 공동체의 이익을 회사가 위해 운영되는 것을 뒷받침할 법적 근거가 마련되지 않거나, 이를 실현할 합리적인 계획들을 공동체가 받아들일 준비가 안 된 상황에서는, 회사법 영역에서 경영자의 신인의무의 대상을 주주가 아닌 다른 이해 관계자들로 확장해서는 안 된다고 주장했으며, 이 때문에 그는 회사가 주주를 위해 운영되어야 한다는 견해를 지지했던 것으로 흔히 오해된다. 이러한 벌리의 견해에 입각한다면 주주에 대한 신인의무를 경영자들과 지배자들에게 부과한 1차 뉴딜은 회사법 영역에서 주주의 이익을 위한 적절한 개혁 조치이며, 이러한 조치는 회사는 공동체의 이익을 위해 운영되어야 한다는 최종 목표를 위한 출발점이 될 수 있다. 따라서 벌리는 보기의 1차 뉴딜이 주주의 이익을 위해 회사가 운영되도록 하는 원칙을 확립했다고 본다는 ②의 진술은 적절하다.

③ 보기에 따르면 2차 뉴딜은 노사관계와 사회보장 등의 분야로 개혁을 확장해 노동조합을 통한 노동자들의 제반 권리 합법화, 실업수당의 보장 수준과 기간 강화, 사회보장제도 확립 등을 이루었다. 즉, 2차 뉴딜은 통해 공동체의 이익을 확보했다고 볼 수 있다. 또한 여섯 번째 문단에 따르면 벌리는 회사법 바깥의 영역에서 공동체에 대한 회사의 의무를 이행하도록 하는 현실적인 시스템을 마련하고 정착시킴으로써 사회의 이익에 비활동적 재산권이 자리를 양보하도록 만들 수 있다고 보았다. 이러한 벌리의 견해에 입각한다면 2차 뉴딜은 회사법 바깥의 영역에서 공동체의 이익을 확보하기 위한 조치이다. 따라서 벌리는 보기의 2차 뉴딜을 주주의 재산권이 사회의 이익에 자리를 양보하도록 만드는 개혁이라고 본다는 ③의 진술은 적절하다.

④ 보기에 따르면 2차 뉴딜은 노동조합을 통한 노동자들의 제반 권리를 합법화했고 실업수당의 보장 수준과 기간을 강화했으며 사회보장제도를 확립하는 등 노사관계와 사회보장 등의 분야로 개혁을 확장했다. 또한 여섯 번째 문단에 따르면 벌리는 소득세법이나 회사법 바깥의 영역에서 공동체에 대한 회사의 의무를 이행하도록 하는 현실적인 시스템을 마련하고 정착시킴으로써 사회의 이익에 비활동적 재산권이 자리를 양보하도록 만들 수 있다고 보았다. 따라서 벌러의 견해에 입각한다면, 2차 뉴딜은 회사법 바깥 영역에서 이루어진, 공동체의 이익을 위한 조치이다. 따라서 벌리는 보기의 2차 뉴딜을 회사가 공동체의 이익을 위해 운영되도록 하기 위한 회사법 바깥 영역의 개혁이라고 본다는 ④의 진술은 적절하다.

| 풀이 포인트 |

추리적 사고 능력을 검증하는 문제로, 보기의 내용을 제시문의 주요 개념과 연결함으로써 제시문의 입장에서 보기를 분석할 수 있는지 묻는 유형이다. 이 문제는 '소유와 지배의 분리'라는 개념, '소유와 지배가 분리된 회사는 공동체의 이익을 위해 운영되어야 한다'는 벌리의 주장의 근거, 이러한 주장을 실현하기 위한 노력에 대한 벌리의 생각 등을 정확하게 파악해야 보기의 사례에 대해 어떠한 반응이 타당한지 추론할 수 있다. 따라서 제시문에 나타난 견해 · 주장을 보기에서 제시된 사례에 적용해 선택지와 같은 반응을 할 수 있는지 따져보아야 한다.

배경지식

미국의 뉴딜(New Deal) 정책
1933년에 미국의 대통령 루스벨트가 경제 공황에 대처하기 위해 시행한 경제 부흥 정책이다. 종래의 무제한적인 경제적 자유주의를 수정하여 정부가 경제 활동에 적극적으로 개입해서 경기를 조정해야 한다는 기본 방침 아래, 은행에 대한 정부 통제의 확대, 관리 통화제 도입, 농업 생산 제한제 도입 등을 시행하였다.

01	02	03	04	05	06	07	08	
⑤	③	①	④	①	③	②	②	

[01~04] 지문 분석

- 주제 : 예약의 법적 성질과 급부의 미이행에 따른 손해 배상 책임
- 핵심 키워드 : 채권, 급부, 채무, 계약, 예약, 본계약, 예약의 완결권
- 글의 구조
  ▷ 1문단 : 채권, 급부, 채무의 정의 및 채무의 소멸
    - 채권은 어떤 사람이 다른 사람에게 특정 행위를 요구할 수 있는 권리이다.
    - 특정 행위를 급부라 하고, 특정 행위를 해 주어야 할 의무를 채무라 한다.
    - 채무자가 채권자에게 급부를 이행하면 채권에 대응하는 채무는 소멸한다.
  ▷ 2문단 : 계약의 개념과 효력 및 예약의 개념과 목적
    - 민법상의 권리는 대개 계약의 효력으로 발생한다.
    - 권리 발생에 관한 당사자의 합의인 계약이 성립하면 권리 발생의 효력이 인정된다.
    - 계약의 일종인 법적인 예약은 재화나 서비스 제공을 급부 내용으로 하는 다른 계약인 본계약을 성립시킬 수 있는 권리 발생을 목적으로 한다.
  ▷ 3문단 : 예약의 2가지 유형(채권을 발생시키는 예약, 예약 완결권을 발생시키는 예약)
    - 예약은 예약상 권리자가 가지는 권리의 법적 성질에 따라 두 가지 유형으로 나뉜다.
    - 채권을 발생시키는 예약의 채권의 급부 내용은 '예약상 권리자의 본계약 성립 요구에 대해 상대방이 승낙하는 것'이다.
    - 예약 완결권을 발생시키는 예약은 예약상 권리자가 본계약을 성립시키겠다는 의사를 표시하는 것만으로 본계약이 성립한다.
  ▷ 4문단 : 예약의 불이행으로 인한 채무 불이행 책임의 손해 배상 채무로의 전환
    - 예약에서 예약상의 급부나 본계약상의 급부가 이행되지 않는 문제가 생길 수 있다.
    - 급부가 이행되지 않아 채권자에게 손해가 발생한 경우 채무자는 자신의 고의나 과실에서 비롯된 것이 아님을 증명하지 못하는 한 채무 불이행 책임을 진다.

  - 이로 인해 채무의 내용이 바뀌는데 채권자의 손해를 돈으로 물어야 하는 손해 배상 채무로 바뀐다.
  ▷ 5문단 : 예약 권리 실현을 방해한 자에게 책임을 물을 수 있는 권리와 배상 의무의 소멸 조건
    - 예약상 권리자는 고의·과실로 자신의 권리 실현을 방해한 자에게 책임을 물을 수 있다.
    - 다만 예약상 권리자에게 예약 상대방이나 방해자 중 누구라도 손해 배상을 하면 다른 한쪽의 배상 의무도 소멸한다.

01 세부 내용의 이해   정답 ⑤

다섯 번째 문단에 따르면 누구든 고의나 과실에 의해 타인에게 피해를 끼치는 행위를 하고 그 행위의 위법성이 인정되면 불법행위 책임이 성립해 가해자는 피해자에게 손해를 돈으로 배상할 채무를 진다. 따라서 ⑤의 진술처럼 불법행위 책임은 계약의 당사자 사이에 국한되지 않는다.

오답분석

① 두 번째 문단에 따르면 계약은 권리 발생 등에 관한 당사자의 합의로서, 계약이 성립하면 합의 내용대로 권리 발생(=채권) 등의 효력이 인정되는 것이 원칙이다. 따라서 ①의 진술처럼 추가 합의가 없어도 계약이 성립하면 계약상의 채권은 발생한다.

② 첫 번째 문단에 따르면 채권은 다른 사람에게 특정 행위를 요구할 수 있는 권리이며, 이러한 특정 행위를 급부라 한다. 또한 급부는 재화나 서비스 제공인 경우가 많지만 그 외의 내용일 수도 있다. 따라서 ②의 진술처럼 재화·서비스 제공을 대상으로 하는 권리 외에도 다른 형태의 권리도 있음을 알 수 있다.

③ 두 번째 문단에 따르면 예약은 본계약을 성립시킬 수 있는 권리 발생을 목적으로 하며, 세 번째 문단에 따르면 예약은 채권을 발생시키는 예약과 예약 완결권을 발생시키는 예약 등 두 가지 유형으로 나눌 수 있다. 또한 채권을 발생시키는 예약에서 채권의 급부 내용은 예약상 권리자의 본계약 성립 요구에 대해 상대방이 승낙하는 것이므로 예약상 권리자의 본계약 성립 요구를 하지 않으면 본계약상의 권리가 발생하지 않는다. 그리고 예약 완결권을 발생시키는 예약은 예약상 권리자가 본계약을 성립시키겠다는 의사를 표시하는 것만으로 본계약이 성립하므로 예약상 권리자가 이러한 의사 표시를 하지 않으면 본계약은 성립하지 않는다. 따라서 예약의 유형 두 가지 모두 ③의 진술처럼 예약상 권리자가 본계약상 권리의 발생 여부를 결정할 수 있는 것이다.

④ 첫 번째 문단에 따르면 채무자가 채권을 가진 이에게 급부를 이행하면 채권에 대응하는 채무는 소멸한다. 이때 '채권을 가진 이'는 곧 채권자이므로 ④의 진술처럼 급부가 이행되면 채무가 소멸됨을 알 수 있다.

02 세부 내용의 이해   정답 ③

두 번째 문단에 따르면 미래에 필요할 수 있는 재화·서비스에 대한 계약을 성립시킬 수 있는 권리를 확보하기 위해 예약이 활용된다. 또한 예약은 본계약을 성립시킬 수 있는 권리 발생을 목적으로 하는데 ㉠은 본계약이 존재하지 않기 때문에 예약에 해당하지 않는 계약이다. 이는 돈을 지불하고 승차권을 받으면 계약 내용이 성립되기 때문이다. 즉, ㉠만으로도 이미 계약이 성립된 것이고, 승차권을 통해 미래에 기차에 타는 것은 성립된 계약의 효력을 발생시키는 것이다. ㉠을 두고 '승차권을 예약했다'고 말할 때의 '예약'은 흔히 일상적으로 미리 약속했다는 뜻으로 말하는 '예약'이며, '본계약을 성립시킬 수 있는 권리 발생을 목적으로 하는 것'이라는 법적인 의미의 '예약'은 아니다. 따라서 ③의 진술처럼 승차권을 미리 구입하는 것만으로 계약이 성립되며, 계약의 효력을 추후에 발생시킬 수 있도록 채권(=기차에 탈 수 있는 권리)의 행사 시점을 미래로 정하는 것이다.

오답분석
① 첫 번째 문단에서 다른 사람에게 특정 행위를 요구할 수 있는 권리를 채권이라 하며 이때의 특정 행위를 급부라 한다고 했으므로 ㉠의 진술처럼 승차권을 미리 구입하는 경우에는 기차에 탑승할 수 있는 권리가 '채권'이고, 기차 회사가 승객에게 기차 탑승 서비스를 제공하는 것이 '급부'이다. 따라서 ①의 진술에서 '기차 탑승'은 기차 탑승을 요구할 수 있는 권리인 '채권'에 해당하며, '급부'는 기차 탑승 서비스의 제공이고, '돈을 지불하는 행위'는 급부(=승차 서비스 제공)의 대가로서 채권(=승차할 권리)을 발생시키기 위한 것이다.
② ㉠의 진술처럼 승차권을 미리 구입하는 경우는 기차 탑승 서비스 제공이 '급부'가 된다. 따라서 승차권을 구입하고도 ②의 진술처럼 기차에 탑승하지 않는 것은 승차권을 구입함으로써 발생한 채권, 즉 기차 탑승 서비스 제공이라는 급부를 기차 회사에 요구할 수 있는 권리를 포기하는 것이다. 또한 ②의 경우에 '의무'는 채권에 대응하는 급부를 제공해야 하는 의무로서, 승객이 아니라 승차 서비스 제공업자가 수행해야 하는 것이다.

④ 두 번째 문단에서 계약이 성립하면 합의 내용대로 권리 발생 등의 효력이 인정되는 것이 원칙이며, ㉠은 (예약에 해당하지 않는) 계약이라고 했으므로 ㉠만으로도 기차 탑승 서비스를 제공받을 권리를 발생시키기에 충분하다. 따라서 ④의 진술에서 '계약 없이'라는 내용은 적절하지 않다.
⑤ 두 번째 문단에서 법적으로 예약은 계약의 일종으로 재화·서비스 제공을 급부 내용으로 하는 다른 계약인 본계약(=⑤에서 말하는 '미래에 필요한 기차 탑승 서비스 이용이라는 계약')을 성립시킬 수 있는 권리 발생을 목적으로 하며, ㉠은 법적인 관점에서 예약에 해당하지 않는 계약이라고 했으므로, '예약=본계약을 성립시킬 수 있는 권리'라고 이해할 수 있다. 따라서 ⑤의 진술처럼 ㉠의 미리 돈을 지불하는 것이 탑승 서비스 이용 계약을 성립시키는 권리를 확보하는 예약 행위라고 설명하는 것은 적절하지 않다. '미리 돈을 지불하는 것'은 위의 ①의 해설에서 풀이한 것처럼, 급부(=승차 서비스 제공)의 대가이며 채권(=승차할 권리)을 발생시키기 위한 것이다.

03 추론하기   정답 ①

ⓐ·ⓒ Ⓐ에 따르면 채권을 발생시키는 예약에서 채권의 급부 내용은 예약상 권리자의 본계약 성립 요구에 대해 상대방이 승낙하는 것이며, 회사의 급식 업체 공모에 따라 여러 업체가 신청(=본계약 성립 요구)한 경우 그중 한 업체가 선정되었다고 회사에서 통지(=상대방의 승낙)하면 예약이 성립한다고 했다. 따라서 문제에서 제시한 표에서 채권을 발생시키는 예약의 예약상 급부는 본계약 성립에 대한 권리자(=급식 업체)의 요구에 대해 상대방(=회사)이 급식 계약을 승낙(=ⓐ)하는 것이다. 또한 예약상 급부에 의해 본계약이 체결되면 본계약상의 권리자가 급식 서비스를 제공하고 이에 대한 급부로 급식 대금의 지급(=ⓒ)을 요구할 수 있다.
ⓑ Ⓐ에 따르면 예약 완결권을 발생시키는 예약은 예약상 권리자가 본계약을 성립시키겠다는 의사를 표시하는 것만으로 본계약이 성립한다. 따라서 문제에서 제시한 표에서 예약 완결권을 발생시키는 예약의 예약상 급부는 존재하지 않는다. 또한 Ⓐ에서 식당을 예약한 사람이 식당에 도착하여 예약 완결권을 행사하면 곧바로 본계약이 성립한다고

했으므로 문제에서 제시한 표에서 예약 완결권을 발생시키는 예약의 본계약상 급부는 급식 서비스를 제공(＝ⓑ)하는 것이다.

04 추론하기 정답 ④

네 번째 문단에서 급부가 이행되지 않아 채권자에게 손해가 발생한 경우 채무자는 자신의 고의나 과실에서 비롯된 것이 아님을 증명하지 못하면 '채무 불이행 책임'을 지고, 이로 인해 채권자의 손해를 돈으로 물어야 하는 '손해 배상 채무'를 진다고 했으므로 보기의 경우에서 갑의 손해가 발생한 원인이 을의 고의나 과실 때문이 아님을 을이 증명하지 못하면 을은 '채무 불이행 책임'으로 인한 '손해 배상 채무'를 진다. 또한 다섯 번째 문단에 따르면 누구든 고의나 과실에 의해 타인에게 피해를 끼치는 행위를 하고 그 행위의 위법성이 인정되면 '불법행위 책임'이 성립해 가해자는 피해자에게 금전적으로 '손해 배상 채무'를 진다고 했으므로 보기의 경우에서 고의로 끼어들어 위법성이 있는 행위를 함으로써 갑에게 손해를 끼친 병은 '불법행위 책임'이 성립하여 '손해 배상 채무'를 진다. 을과 병 모두 '손해 배상 채무'를 지는 것은 옳지만 갑과 급부(＝약속한 시간에 머리 손질을 하는 것)를 이행하는 계약을 맺은 당사자는 병이 아니라 을이므로 ④의 진술에서 병이 채무 불이행 책임을 진다는 것은 옳지 않다.

오답분석
① 보기의 경우에 을은 채무자로서 권리자인 갑에게 약속한 '행사 당일 오전 10시에 머리 손질 서비스하기'를 이행하지 못한 '채무 불이행 책임'이 있다. 또한 병은 고의로 끼어들어 위법성이 있는 행위를 함으로써 갑에게 손해를 입혔으므로 '불법행위 책임'이 성립해 갑에게 '손해 배상 채무'를 져야 한다.
② 네 번째 문단에 따르면 일반적으로 급부가 이행되지 않아 채권자에게 손해가 발생한 경우 채무자는 자신의 고의나 과실에서 비롯된 것이 아님을 증명하지 못하는 한 '채무 불이행 책임'을 지므로 채권자의 손해를 돈으로 물어야 하는 '손해 배상 채무'를 진다. 따라서 보기의 경우에 채권자 갑이 입은 손해에 대해 채무자인 을이 고의가 있다면 을은 갑에 대해 '손해 배상 채무'를 진다. 아울러 병 또한 위법성으로 인해 '불법행위 책임'이 성립하므로 갑에게 '손해 배상 채무'를 진다. 다만, 다섯 번째 문단에서 예약 상대방(＝을)이나 방해자(＝병) 중 누구라도 손해 배상을 하면

다른 한쪽의 배상 의무도 사라진다고 했으므로 ②의 진술처럼 을이 갑에게 손해 배상을 하면 갑에 대한 병의 '손해 배상 채무'는 소멸한다.
③ 네 번째 문단에 따르면 보기의 경우 을은 자신에게 고의나 과실이 없음을 증명하지 못하면 '채무 불이행 책임'이 인정되어 갑에게 '손해 배상 채무'를 지며, 다섯 번째 문단에 따르면 보기의 경우 병은 고의로 끼어들어 위법성이 있는 행위를 했으므로 '불법행위 책임'이 인정되어 '손해 배상 채무'를 진다. 또한 다섯 번째 문단에서 예약 상대방(＝을)이나 방해자(＝병) 중 누구라도 손해 배상을 하면 다른 한쪽의 배상 의무가 사라지는 것은 급부 내용이 동일하기 때문이라고 했다. 따라서 ③의 진술처럼 을과 병은 갑에게 '손해 배상 채무'를 지며, '손해 배상 채무'에 따른 급부의 내용은 같다.
⑤ 네 번째 문단에 따르면 보기의 을이 자신에게 고의나 과실이 없음을 증명한다면 '채무 불이행 책임'을 지지 않기 때문에 '손해 배상 채무' 또한 지지 않는다. 그러나 다섯 번째 문단에 따르면 방해자인 병의 행위는 위법성이 인정되어 '불법행위 책임'으로 인한 '손해 배상 채무'를 진다. 따라서 ⑤의 진술처럼 을은 '손해 배상 채무'를 지지 않지만, 병은 '손해 배상 채무'를 져야 한다.

[05] 지문 분석

- 주제 : 단순투표제의 문제점을 해소할 수 있는 집중투표제의 미미한 활용
- 핵심 키워드 : 주식회사, 주주총회, 단순투표제, 집중투표제, 옵트아웃, 옵트인
- 글의 구조
  ▷ 1문단 : 주주총회에서의 이사 선임과 1주 1의결권 원칙
    - 주식회사의 이사는 주주총회에서 선임된다.
    - 주주총회에서 주주는 본인이 보유하고 있는 주식 비율에 따라 의결권을 갖는다.
  ▷ 2문단 : 단순투표제의 개념과 문제점
    - 단순투표제는 이사를 선임할 때 각 이사 후보자별 의결이 별도로 이루어진다.
    - 단순투표제에서는 발행주식 총수의 50%를 초과하는 지분을 가진 주주가 이사 선임권을 독점하며, 50% 미만을 보유한 주주는 자신이 원하는 사람을 한 명도 이사로 선임하지 못한다.
  ▷ 3문단 : 단순투표제의 문제점을 해소하는 집중투표제
    - 집중투표제는 복수의 이사를 한 건의 의결로 선임하는 방법으로 의결권이 후보별로 제한되지 않는다.
    - 집중투표제에서는 보유한 주식 수에 선임할 이사 수를 곱한 수의 의결권을 가지며, 지배주주가 아니더라도 자신의 의결권을 원하는 이사 후보에게 집중해 투표할 수 있으므로 자신이 원하는 후보를 이사로 선임할 가능성을 높일 수 있다.
  ▷ 4문단 : 집중투표제 시행을 가능하게 하는 옵트아웃 방식 및 활용이 미미한 집중투표제
    - 주주가 집중투표를 청구하기 위해서는 주식회사의 정관에 집중투표를 배제하는 규정이 없어야 한다.
    - 옵트아웃 방식은 정관에서 명문으로 규정하지 않은 제도도 시행할 수 있는 방식이다.
    - 옵트인 방식은 정관에서 명문으로 규정해야 제도를 시행할 수 있는 방식이다.
    - 우리나라 전체 상장회사의 90% 이상은 집중투표를 배제하는 정관이 있어 집중투표제의 활용이 미미하다.

05 세부 내용의 이해　　　정답 ①

두 번째 문단에서 단순투표제에서는 3인의 이사를 투표로 선임할 때 각 후보자마다 의결이 별도로 이루어진다고 했으므로 선임하려는 이사의 수가 3인이라면 의결할 선임 안건 또한 3건이 되며, 이는 각 1건의 안건 의결을 통해 각 1인의 후보를 선임함을 알 수 있다. 즉, 안건 1개에서 선임하려는 이사의 수는 투표 대상인 1인이므로 1주당 가지는 의결권 수는 1개로, 그 의결로 선임할 이사의 수와 같은 것이다. 또한 세 번째

문단에 따르면 집중투표제에서는 1건의 안건 의결을 통해 복수의 이사를 선임하는데, 보유 주식 수에 선임할 이사의 수가 곱해져서 의결권이 결정된다고 했으므로 1주당 의결권은 선임할 이사의 수와 같다. 즉, 25주의 주식을 보유한 주주는 선임하려는 이사 수가 5인일 경우에 1주당 의결권 1개×이사 후보 5인×보유한 주식 25주＝의결권 125개를 갖는다. 따라서 ①의 진술처럼 주식 1주당 의결권의 수는 그 의결로 선임할 이사의 수와 같음을 알 수 있다.

오답분석

② 세 번째 문단에 따르면 집중투표제에서는 1건의 의결로 선임하려는 이사의 수가 많을수록 1주당 의결권의 수도 증가한다. 그러면 발행주식 총수의 50% 넘게 가진 대주주가 있다고 가정할 경우에 선임하려는 이사가 1인이라면 이 대주주는 자신의 의결권을 모두 집중 투표해 원하는 이사를 선임할 수 있다. 그러나 선임하려는 이사의 수가 많아져 후보의 수도 증가한다면 자신의 보유한 의결권만으로는 원하는 모두 후보를 당선시킬 수 있는 가능성이 낮아진다. 따라서 ②의 진술처럼 1건의 의결로 선임될 이사의 수가 많아진다면 대주주는 자신의 투표 의사를 관철할 가능성이 낮아지기 때문에 선임하려는 이사의 수가 많지 않기를 원할 것이다.

③ 위의 ②의 해설과 마찬가지로 선임하려는 이사의 수가 1인일 경우에 보유 주식이 발행주식 총수의 50%를 초과하는 대주주와 그렇지 못한 소액주주가 원하는 이사가 다르다면 ③의 진술처럼 집중투표제를 채택하더라도 소액주주가 원하는 후보는 이사로 선임되기 어렵다.

④ 네 번째 문단에 따르면 주주가 집중투표를 청구하려면 주식회사의 정관에 집중투표를 배제하는 규정이 없어야 하며, 이를 옵트아웃 방식(＝명문화된 관련 규정이 없으면 제도 시행 가능)이라 한다. 따라서 ④의 진술처럼 집중투표제에 관한 규정이 정관에 없다면 주주는 집중투표제 채택을 청구할 수 있다.

⑤ 두 번째 문단에 따르면 단순투표제에서는 2인의 이사를 선임하는 주주총회에서 3인의 이사 후보가 있을 경우 각 후보를 이사로 선임하는 3건의 안건을 올려 각각 의결하며, 총 3번의 의결 후 찬성 수를 가장 많이 얻은 2인을 이사로 선임한다. 즉, 선임 의결 기준이 ⑤의 진술처럼 '과반수'가 아니라 '찬성 수 순위'인 것이다.

배경지식

주식회사와 주주총회

- 주식회사 : 주식의 발행을 통하여 여러 사람으로부터 자본을 조달받는 회사이다. 주주가 유한책임 사원이 되어 설립되는 회사로, 자본과 경영이 분리되는 회사의 대표적인 형태이다.
- 주주총회 : 주식회사 및 주식 합자 회사의 주주들이 모여 회사에 대한 의사를 결정하는 최고 기관이다. 각 주주는 1개의 주식에 대해 1개의 의결권을 갖는다.

[06~08] 지문 분석

• 주제 : 빈곤 퇴치와 경제성장에 대한 경제학자들의 여러 가지 견해

• 핵심 키워드 : 빈곤 퇴치, 빈곤의 덫, 외국의 원조, 자유로운 시장, 정치제도, 경제제도

• 글의 구조

▷ 1문단 : 빈곤 퇴치에 대한 삭스의 견해(외국의 원조가 중요함)

– 빈곤의 원인으로 지리적 요인을 강조한 삭스는 가난한 나라의 사람들이 빈곤의 덫에서 빠져나오려면 외국의 원조에 기초한 초기 지원과 투자가 필요하다고 주장한다.

▷ 2문단 : 제도의 역할을 주장한 이스털리(개인들의 수요가 중요함)

– 정부의 지원과 외국의 원조가 성장에 도움이 되지 않는다고 본 이스털리는 빈곤의 덫은 없으며, 성장하려면 자유로운 시장이 잘 작동해야 한다고 주장한다.

– 이스털리는 정부가 부패할 경우에 원조는 부패를 악화시킨다고 주장한다.

– 삭스는 빈곤의 덫에서 빠져나오도록 해야 생활 수준이 높아져 시민사회가 강화되고 법치주의가 확립될 수 있다고 주장한다.

▷ 3문단 : 제도의 역할을 주장한 애쓰모글루(나쁜 제도가 원인)

– 빈곤의 원인이 나쁜 제도라고 생각한 애쓰모글루는 자유로운 시장에 맡겨 두어도 나쁜 제도가 저절로 사라지지 않는다고 주장한다.

– 그는 제도의 채택 여부는 정치권력을 가진 세력의 이득에 따라 결정된다고 주장한다.

– 그는 사회 전체의 이익에 부합하는 경제제도가 채택될 수 있도록 정치제도가 먼저 변화해야 한다고 주장한다.

▷ 4문단 : 제도의 중요성을 강조했으나 극단적인 견해를 주장한 로머와 콜리어

– 제도의 중요성을 강조한 로머와 콜리어는 외국의 역할에 대해 극단적인 주장을 한다.

– 로머는 외부에서 변화를 수입해 나쁜 제도의 악순환을 끊기 위해 불모지를 외국인들에게 내주고 좋은 제도를 갖춘 도시로 개발하게 하는 프로젝트를 제안한다.

– 콜리어는 좋은 제도를 가진 외국이 군사 개입을 해서라도 나쁜 경제제도와 정치제도의 악순환을 해소해야 한다고 주장한다.

▷ 5문단 : 구체적인 현실에 대한 올바른 이해에 기초한 정책을 강조한 베너지와 뒤플로

– 모든 문제에는 고유의 해답이 있다고 주장한 배너지와 뒤플로는 구체적인 현실에 대한 올바른 이해에 기초한 정책을 강조한다.

– 이들은 나쁜 제도가 존재하지만 제도와 정책의 개선 여지는 많다고 본다.

– 이들은 현재 소득과 미래 소득 사이의 관계를 나타내는 곡선의 모양으로 빈곤의 덫에 대한 견해들을 설명한다.

– 이들은 덫이 없다는 견해는 뒤집어진 L자 모양이라고 생각함에 비해, 덫이 있다는 견해는 S자 모양이라고 생각한다.

– 현실 세계가 뒤집어진 L자 모양의 곡선에 해당한다면 가난한 사람도 시간이 갈수록 점점 부유해지므로 도움이 필요하다고 보기 어렵다.

– S자 곡선의 경우, 소득 수준이 낮은 사람은 시간이 갈수록 소득 수준이 낮은 균형으로 수렴하므로 지원이 필요하다.

– 이들은 빈곤의 덫에 갇힌 경우도 있고 아닌 경우도 있으며, 덫에 갇히는 이유도 다양하며, 빈곤에 대한 경제학 지식의 빈곤 때문에 빈곤을 퇴치하지 못한다고 생각한다.

06 일치 · 불일치   정답 ③

두 번째 ~ 네 번째 문단에 따르면 빈곤 퇴치를 위해 제도의 역할을 강조한 학자로는 이스털리, 애쓰모글루, 로머, 콜리어 등이 있다. 이들 가운데 애쓰모글루는 가난한 나라에서 경제성장에 적합한 좋은 경제제도가 채택되지 않는 이유가 정치제도 때문이라고 보았으며, 사회 전체의 이익에 부합하는 경제제도가 채택될 수 있도록 정치제도가 먼저 변화해야 한다고 주장했다. 즉, 경제성장을 위해 정치제도의 변화가 중요하다고 본 것이다. 그러나 제시문에는 '이스털리는 경제성장을 위해서는 자유로운 시장이 작동해야 한다고 보았고, 로머는 외국인들의 개발 프로젝트를 제안했고, 콜리어는 외국의 군사 개입이 필요하다고 보았다'고 언급되었을 뿐이며, 애쓰모글루 외의 다른 학자들이 정치제도의 변화를 경제성장의 전제조건으로 여겼는지의 여부를 판단할 수 있는 내용이 없다.

오답분석

① 첫 번째 문단에 따르면 빈곤의 원인으로 지리적 요인의 역할을 강조한 삭스는 가난한 나라의 빈곤을 퇴치하기 위해서는 외국의 원조에 기초한 초기 지원과 투자가 필요하다고 주장한다.

② 두 번째 문단에 따르면 제도의 역할을 강조한 이스털리는 빈곤을 해결하기 위해 경제가 성장하려면 자유로운 시장이 잘 작동해야 한다고 본다.

④ 빈곤 퇴치를 위한 제도의 역할을 강조한 이스털리 · 애쓰모글루 · 로머 · 콜리어 등의 학자들 가운데 이스털리는 외국의 원조가 경제성장에 도움이 되지 않는다(두 번째 문단)고 보며, 애쓰모글루 또한 외국의 원조에 회의적이다(세 번째 문단). 그러나 로머 · 콜리어 등은 외국의 역할을 중시해 외국인들의 불모지 개발(로머), 외국의 군사 개입(콜리어) 등을 주장한다.

⑤ 첫 번째 문단에 따르면 삭스는 빈곤의 원인으로 지리적 요인의 역할을 강조하고, '빈곤의 덫'에서 빠져나오려면 외국의 원조에 기초한 초기 지원과 투자가 필요하다고 주장한다. 또한 다섯 번째 문단에 따르면 배너지와 뒤플로는 현실 세계에서 현재 소득과 미래 소득 사이의 관계를 나타내는 곡선이 완만하다가 가파르게 오른 다음 다시 완만해지는 'S자 모양'일 경우 빈곤의 덫이 있는 것이며, 이러한 빈곤의 덫이 있는 경우에는 소득 수준이 낮은 사람은 시간이 갈수록 소득 수준이 낮은 균형으로 수렴하므로 지원이 필요하다고 본다. 따라서 삭스 외에 배너지와 뒤플로 또한 빈곤의 덫에서 빠져나오려면 초기 지원이 필요하다고 생각한 것이다.

배경지식

빈곤의 덫
사회적으로 보호받는 빈곤 가족이 늘어난 임금으로 인해 구호 혜택을 더 이상 받지 못하여 가족과 개인의 경제생활이 어려워지는 상황을 비유한다. 예컨대, 소득에 따른 사회보장제도를 시행하는 나라의 국민이며 배우자 없이 홀로 자녀를 키우는 직장 여성은 자녀 양육비 때문에 빈곤층으로 전락하거나 빈곤층에서 벗어나기 어려울 수 있다. 소득이 있을 경우에 사회보장의 혜택이 줄어들기 때문이다. 이처럼 빈곤의 굴레를 벗어나기 어렵게 만드는 사회적인 메커니즘을 빈곤의 덫이라고 부른다.

---

07 추론하기   정답 ②

두 번째 문단에 따르면 빈곤의 덫은 없다고 보는 이스털리가 빈곤을 해결하려면 자유로운 시장이 잘 작동해야 한다고 주장한 이유는, 가난한 사람들이 필요를 느끼지 않는 상태에서 교육이나 의료에 정부가 지원한다고 해서 결과가 달라지지 않으며 개인들이 스스로 필요한 것을 선택하도록 해야 한다고 생각하기 때문이다. 또한 다섯 번째 문단에 따르면 배너지와 뒤플로는 빈곤의 덫의 존재 여부를 단정하지 말고, 특정 처방 이외에는 특성들이 동일한 복수의 표본집단을 구성함으로써 처방의 효과에 대한 엄격한 비교 분석을 수행하고, 지역과 처방을 달리하여 분석을 반복함으로써 이들이 어떻게 살아가는지, 도움이 필요한지, 처방에 대한 이들의 수요는 어떠한지 등을 파악해야 빈곤 퇴치에 도움이 되는 지식을 얻을 수 있다고 본다. 따라서 ②의 진술처럼 이스털리와 같이 배너지와 뒤플로 또한 가난한 사람들의 수요를 중시하고 있는 것이다.

오답분석

① 세 번째 문단에 따르면 빈곤의 원인이 나쁜 제도라고 생각한 애쓰모글루는 사회 전체의 이익에 부합하는 경제제도가 채택될 수 있도록 정치제도가 먼저 변화해야 한다고 주장한다. 즉, 제도의 개선을 중시하고 있는 것이다. 그리고 다섯 번째 문단에 따르면 배너지와 뒤플로는 모든 문제에는 고유의 해답이 있다고 보고 구체적인 현실에 대한 올바른 이해에 기초한 정책을 강조하며, 나쁜 제도가 존재하는

상황에서도 제도와 정책을 개선할 여지는 많다고 보았다. 즉, 배너지와 뒤플로는 제도와 정책을 개선해야 한다고 본 것인데, 다만 제시문의 내용만으로는 이들이 제도와 정책 중 어느 것을 더 중시했는지 단언할 수 없다. 따라서 배너지와 뒤플로가 제도와 정책 중 정책을 더 중시했는지는 불분명하며, 에쓰모글루는 정책보다 제도를 중시한다고 볼 수 있으므로 ①의 진술은 적절하지 않다.

③ 네 번째 문단에서 제도의 중요성을 강조한 나머지 외국의 역할과 관련해 극단적인 견해를 내놓은 콜리어는 외국이 군사 개입을 해서라도 나쁜 경제제도와 정치제도의 악순환을 해소해야 한다고 주장한다고 했으므로 콜리어는 ③의 진술처럼 거대한 문제의 해결을 우선한다고 볼 수 있다. 그러나 다섯 번째 문단에서 배너지와 뒤플로는 나쁜 제도가 존재하는 상황에서도 제도와 정책을 개선할 여지는 많다고 본다고 했으므로 그들이 ③의 진술처럼 거대한 문제의 해결을 우선한다고 보기 어렵다.

④ 다섯 번째 문단에 따르면 배너지와 뒤플로는 모든 문제에는 저마다 고유의 해답이 있다는 관점에서 나쁜 제도가 존재하는 상황에서도 제도와 정책을 개선할 여지는 많다고 주장하며, 구체적인 현실에 대한 올바른 이해에 기초한 정책을 강조한다. 그러나 제시문의 내용만으로는 배너지와 뒤플로가 정부가 부패한 상황에서도 정책이 성과를 거둘 수 있다고 보았는지 단언할 수 없다. 그리고 두 번째 문단에 따르면 정부가 부패할 경우에 원조는 빈곤을 해소하지 못하고 오히려 부패를 더욱 악화시킨다고 생각해 외국의 원조를 회의적으로 여긴 스털리와 달리 삭스는 가난한 나라 사람들의 소득을 지원해 빈곤의 덫에서 빠져나오도록 해야 생활수준이 높아져 시민사회가 강화되고 법치주의가 확립될 수 있다고 주장한다. 요컨대 삭스는 외국의 원조에 대해 회의적인 이스털리와 달리 외국의 원조를 긍정적으로 보는 것이다. 따라서 배너지와 뒤플로가 ④의 진술처럼 정부가 부패해도 정책이 성과를 낼 수 있다고 보는 점에서 삭스에 반대한다고 보기 어렵다.

⑤ 네 번째 문단에 따르면 제도의 중요성을 강조한 로머는 불모지를 외국인들에게 내주고 좋은 제도를 갖춘 새로운 도시로 개발하도록 하는 프로젝트를 제안하는 등 외국의 역할과 관련해 극단적인 견해를 주장했다. 즉, 로머는 ⑤의 진술처럼 빈곤 문제를 해결하는 일반적인 해답(=외국의 원조로 제도를 개선하는 방법)이 있다고 생각할 것이다. 또한 다섯 번째 문단에 따르면 배너지와 뒤플로는 모든 문제에는 저마다 고유의 해답이 있다는 관점에서 빈곤 문제에 접근해야 한다고 주장한다. 그리고 빈곤의 덫의 존재 여부에 따라 현재 소득과 미래 소득 사이의 관계를 나타내는 곡선의 모양이 뒤집힌 L자인 경우(=빈곤의 덫이 없음)와 S자(=빈곤의 덫이 있음)인 경우로 구분하고, 현실 세계가 뒤집어진 L자 모양의 곡선을 나타낼 때는 원조가 필요 없으며, S자 모양의 곡선을 나타낼 때는 원조가 필요하다고 보았다. 이처럼 배너지와 뒤플로는 문제마다 고유한 해답이 있다고 보았기 때문에 빈곤 문제에 대한 해결안도 각각의 경우마다 다른 해답이 있다고 생각할 것이다. 따라서 배너지와 뒤플로가 ⑤의 진술처럼 빈곤 문제를 해결하는 일반적인 해답이 있다고 본 것은 아니다.

서는 ④의 진술처럼 점 P를 기준으로 왼쪽 영역이 없는 세계를 상정하기 때문에 점 P를 원점으로 볼 것이다.

⑤ 두 번째 문단에 따르면 이스털리는 정부가 부패할 경우에 외국의 원조는 가난한 사람들의 처지를 개선하지는 못하고 부패를 더욱 악화시키는 결과만 초래한다고 보기 때문에 외국의 원조가 경제성장에 도움이 되지 않는다고 주장한다. 따라서 스털리의 입장에서는 ⑤의 진술처럼 외국이 지원을 하는 경우에도 균형 상태의 소득에는 변화가 없다고 생각할 것이다.

배경지식

배너지와 뒤플로

인도 출신의 경제학자 아비지트 배너지(Abhijit Banerjee)와 프랑스 출신의 경제학자 에스테르 뒤플로(Esther Duflo)는 현장 실험과 실증 분석을 통해 세계 빈곤의 완화를 위해 개발경제학 측면에서 방법론을 제시한 공로를 인정받아 마이클 크레이머와 함께 2019년 노벨 경제학상을 공동 수상했다.

배경지식

자유시장

시장에 대한 국가의 간섭이 배제되어 경제 활동의 자유가 최대한으로 보장되는 시장을 뜻한다. 자유시장에서 재화의 가격은 수요와 공급이 일치하는 지점에서 결정된다.

08 세부 내용의 이해 　　　정답 ②

첫 번째 문단에 따르면 삭스는 가난한 나라의 사람들은 건강과 노동성과가 나쁘고 소득 수준이 너무 낮아 교육, 비료 구입 등 소득을 높일 수 있는 일에 투자할 여력이 없어서 결과적으로 소득을 늘릴 수 없기 때문에 자력으로는 '빈곤의 덫'에서 빠져나오기 어렵다고 보았다. 그러므로 외국의 초기 원조와 투자로 가난한 사람들이 빈곤의 덫에서 벗어나도록 해주어야 한다고 주장한다. 그런데 보기의 그래프에서 ②의 진술처럼 외국의 지원으로 소득이 b3에서 b1으로 이동해도 b1은 현재 소득과 미래 소득이 같은 상태를 나타내는 45°선보다 낮다. 즉, 이동 후의 미래 소득이 현재 소득보다 낮으며, 미래에 더 가난해지기 때문에 빈곤의 덫에서 빠져나오지 못함을 뜻한다. 따라서 외국의 지원을 강조하는 삭스의 입장에서는 미래 소득이 현재 소득보다 많아질 수 있도록 점 P보다 높은 지점으로 이동할 수 있는 원조를 해야 한다고 주장할 것이다.

오답분석

① 다섯 번째 문단에 따르면 배너지와 뒤플로는 현실 세계에서 현재 소득과 미래 소득 사이의 관계를 나타내는 곡선이 완만하다가 가파르게 오른 다음 다시 완만해지는 S자 모양이 나타난다면 소득 수준이 낮은 영역에 속하는 사람은 시간이 갈수록 소득 수준이 낮은 균형으로 수렴하므로 지원이 필요하다고 보았다. 또한 보기에서 S자 곡선에서는 복수의 균형(＝한 번 도달하면 거기서 벗어나지 않을 상태)이 존재한다고 했고, 현재 소득과 미래 소득이 같은 상태를 나타내는 45°선보다 낮은 점 O는 낮은 균형을 이룬 지점인 것을 알 수 있다.

③ 첫 번째 문단에 따르면 삭스는 외국의 원조에 기초한 초기 지원과 투자로 가난한 사람들이 빈곤의 덫에서 벗어나도록 해주어야만 생산성 향상이나 저축과 투자의 증대가 가능해져 소득이 늘 수 있다고 본다. 따라서 이러한 삭스의 입장에서는 ③의 진술처럼 외국의 지원이 없을 경우에는 빈곤의 덫에서 빠져나오지 못한 b3에서는 생산성의 향상을 이룰 수 없다고 생각할 것이다.

④ 두 번째 문단에 따르면 이스털리는 빈곤의 덫 같은 것은 없다고 주장한다. 또한 다섯 번째 문단에 따르면 배너지와 뒤플로는 빈곤의 덫이 없다는 견해는 현재 소득과 미래 소득 사이의 관계를 나타내는 곡선의 모양이 가파르게 올라가다가 완만해지는 뒤집어진 L자 모양에 해당한다고 보았다. 그리고 보기에서 뒤집어진 L자는 점 P에서 시작해 점 Q에 이르는 곡선에 해당한다. 따라서 이스털리의 입장에

01	02	03	04	05	06	07	08		
③	④	⑤	⑤	②	①	⑤	④		

[01~04] 지문 분석

• 주제 : BIS 비율 규제를 통해 살펴보는 바젤 협약의 규범성

• 핵심 키워드 : BIS 비율, 자기자본, 위험가중자산, 바젤위원회, 바젤협약

• 글의 구조

▷ 1문단 : 법적 구속력이 없는 BIS 비율 규제에 규범적 성격을 부여하는 신뢰의 구속력
　– 국제법의 조약은 명시적인 규범이며, 국제 관습법은 보편적인 규범이다.
　– 경제 관련 국제기구의 결정은 권고적 효력만 있고 법적 구속력은 없지만, 바젤위원회에서 결정하는 BIS 비율 규제는 비회원의 국가에서도 엄격히 준수된다.
　– BIS 비율 규제가 현실적으로 규범적 성격을 나타내는 것은 신뢰가 형성하는 구속력 때문이다.

▷ 2문단 : BIS 비율의 목적과 '바젤 Ⅰ' 협약의 완성
　– BIS 비율은 궁극적으로 예금자와 금융 시스템을 보호하기 위한 것으로, 바젤위원화는 BIS 비율이 적어도 규제 비율인 8%는 되어야 한다는 기준을 제시했다.
　– BIS 비율을 구할 때 금융 자산의 가격 변동에 따른 시장 위험도 반영해야 한다는 요구가 커지자 바젤위원회는 위험가중자산을 신용 위험에 따른 부분과 시장 위험에 따른 부분의 합으로 정의했다.
　– 시장 위험의 측정 방식은 감독 기관의 승인 아래 은행의 선택에 따라 사용할 수 있게 하여 '바젤 Ⅰ' 협약이 1996년에 완성되었다.

▷ 3문단 : '바젤 Ⅰ' 협약을 수정한 '바젤 Ⅱ' 협약의 도입
　– '바젤 Ⅰ' 협약의 한계가 드러나자 2004년에 '바젤 Ⅱ' 협약이 도입되었다.
　– '바젤 Ⅱ 협약'에서 BIS 비율의 위험가중자산은 신용 위험에 대한 위험 가중치에 자산의 유형과 신용도를 모두 고려하도록 수정되었다.
　– 은행은 표준 모형이나 내부 모형 가운데 하나를 신용 위험의 측정 방식으로 이용할 수 있게 되었다.
　– 표준 모형 : 국채는 0% ~ 150%로, 회사채는 20% ~ 150%로 위험 가중치를 구분해 신용도가 높을수록 낮게 부과한다.

　– 내부 모형 : 은행이 선택한 위험 측정 방식을 감독 기관의 승인 아래 그 은행이 사용할 수 있도록 하는 것으로, 자기자본의 경직된 기준을 보완하고자 했다.

▷ 4문단 : 이전 협약과 '바젤 Ⅲ' 협약의 차이점
　– '바젤 Ⅲ' 협약에서는 자기자본에서 단기후순위 채무가 제외되었다.
　– '바젤 Ⅲ' 협약에서는 위험가중자산에 대한 기본 자본의 비율이 최소 6%가 되게 보완해 자기자본의 손실 복원력을 강화했다.
　– 이로써 '바젤 Ⅲ' 협약은 이전 협약을 개정하는 효과가 있다.

▷ 5문단 : 신뢰가 형성하는 구속력 때문에 비회원 국가에서도 준수되는 BIS 비율 규제
　– 우리나라가 바젤위원회에 가입하기 전부터 BIS 비율을 시행한 것은 바젤 기준을 따름으로써 은행이 믿을 만하다는 징표를 국제 금융 시장에 보여 주어야 했기 때문이다.
　– 재무 건전성을 의심받는 은행은 국제 금융 시장에 자리를 잡지 못하거나, 아예 발을 들이지 못할 수도 있다.

▷ 6문단 : 법적 구속력이 없지만 100개 이상의 국가에서 자발적으로 준수되는 바젤 협약
　– 바젤위원회는 초국가적 감독 권한이 없으며 그의 결정도 법적 구속력이 없지만 바젤 기준은 100개가 넘는 국가가 채택해 따르고 있다.
　– 이처럼 형식적으로 구속을 받지 않는 국가에서까지 바젤 협약이 자발적으로 시행되는 것과 같은 현실을 말랑말랑한 법(Soft Law)의 모습이라 설명하기도 한다.

01　세부 내용의 이해　　　　정답　③

첫 번째 문단에 따르면 조약과 관습법 등의 국제법이 일반적으로 위반에 대한 제재를 통해 효력을 확보하는 데 주안점을 두는 것과 대조적으로 경제 관련 국제기구인 국제결제은행 산하의 바젤위원회가 결정한 BIS 비율 규제는 신뢰가 구속력을 형성한다. 또한 여섯 번째 문단에 따르면 법적 구속력이 없지만 100개가 넘는 국가가 채택하여 따르는 바젤 기준이 '말랑말랑한 법(Soft Law)'이라면, 조약이나 국제 관습법은 말랑말랑한 법에 대비해 '딱딱한 법(Hard Law)'이라고 불린다. 따라서 ③의 진술처럼 제재보다는 신뢰로써 법적 구속력을 확보하는 데 주안점을 두는 것은 '딱딱한 법'이 아니라 '말랑말랑한 법'이며, '딱딱한 법'은 제재로써 법적 구속력을 확보함을 알 수 있다.

오답분석

① 첫 번째 문단에 따르면 조약은 국가나 국제기구들이 그들 사이에 지켜야 할 구체적인 권리와 의무를 명시적으로 합의해 창출하는 규범이다. 따라서 ①의 진술처럼 조약은 그 조약을 체결한 나라에 권리와 의무를 부과한다.

② 네 번째 문단에 따르면 '바젤 Ⅲ' 협약은 그것 이전의 협약을 개선한 것이며, 이처럼 새롭게 발표되는 바젤 협약은 이전 협약에 들어 있는 관련 기준을 개정하는 효과가 있다. 따라서 ②의 진술처럼 새롭게 발표되는 바젤 협약을 통해 이전 협약에서 제시된 기준을 변경할 수 있다.

④ 첫 번째 문단에 따르면 국제결제은행 산하의 바젤위원회와 같은 경제 관련 국제기구의 결정 사항 자체는 권고적 효력만 있을 뿐 법적 구속력은 없는 것이 일반적이다. 또한 다섯 번째 문단에 따르면 은행은 바젤 기준을 따름으로써 자신이 믿을 만하다는 징표를 국제 금융 시장에 보여 주어야 하며, 바젤 협약을 준수하지 않아 재무 건전성을 의심받는 은행은 국제 금융 시장에 자리를 잡지 못하거나, 심하면 아예 발을 들이지 못할 수도 있다. 따라서 ④의 진술처럼 국제기구의 결정을 준수하지 않을 때 겪게 될 신뢰도 하락, 국제 금융 시장으로의 진입 불가 또는 국제 금융 시장에서의 퇴출 등의 불이익은 국제기구의 결정을 따르게 하는 역할을 함을 알 수 있다.

⑤ 여섯 번째 문단에 따르면 초국가적 감독 권한이 없고 그의 결정도 법적 구속력이 없는 바젤위원회에서 결정하는 바젤 기준을 100개가 넘는 국가가 채택해 따르는 것은 국제기구의 결정에 형식적으로 구속을 받지 않는 국가에서까지 자발적으로 받아들여 시행하기 때문이다. 또한 다섯 번째 문단에 따르면 우리나라가 바젤위원회에 가입하기 전부터 BIS 비율을 도입해 시행하고 현행 법제에도 BIS 비율이 반영되어 있는 것은 바젤 기준을 따름으로써 은행이 믿을 만하다는 징표를 국제 금융 시장에 보여 주어야 했기 때문이다. 그리고 이러한 징표를 보여 주어야 하는 것은 재무 건전성을 의심받는 은행은 국제 금융 시장에 자리를 잡지 못하거나, 심하면 아예 발을 들이지 못할 수도 있기 때문이다. 따라서 ⑤의 진술처럼 세계 각국에서 바젤 기준을 자국 내의 법에 반영해 법제화하는 이유는 자국의 은행이 재무 건전성을 인정받아 국제 금융 시장에서 활동하게 하기 위해서임을 알 수 있다.

배경지식

Soft Law와 Hard Law

• Soft Law : 조약과 국제 관습법이라는 종래의 국제법 원론에서는 취할 수도 버릴 수도 없었던 법과 비법(非法)과의 경계 영역에 존재하는 모든 법적 규범을 뜻한다. 흔히 '연성법(軟性法)'이라 번역하는데, 이는 관습법의 형성에 불가결한 법적 확신이 국제 사회의 각 국가간에 생기고 있는 유력한 증거로서 '응고 과정에 있는 법'이라고 볼 수 있다.

• Hard Law : 흔히 '경성법(硬性法)'이라 번역하는데, Soft Law와 상대되는 개념으로, 규제 법률에 의거해 강제적 제재 수단이 있는 법적 규범이다.

02 세부 내용의 이해 정답 ④

두 번째 문단에 따르면 시장 위험의 측정 방식은 감독 기관의 승인하에 은행의 선택에 따라 사용할 수 있게 하는 바젤 Ⅰ 협약에 도입, 1996년에 완성되었다. 또한 세 번째 문단에 따르면 바젤 Ⅰ 협약의 한계를 보완한 바젤 Ⅱ 협약에서는 신용 위험의 측정 방식은 표준 모형이나 내부 모형 가운데 하나를 은행이 이용할 수 있게 했으며, 이러한 두 가지 측정 방식 가운데 내부 모형은 은행이 선택한 위험 측정 방식을 감독 기관의 승인하에 그 은행이 사용할 수 있도록 하는 것이다. 즉, 감독 기관의 승인하에 시장 위험의 측정 방식을 은행이 선택해 사용할 수 있게 한 것은 바젤 Ⅰ에서 도입되어 바젤 Ⅱ에서도 유지되고 있는 것이다. 따라서 ④의 진술처럼 바젤 Ⅱ 협약에 따르면 감독 기관의 승인을 받은 은행은 시장 위험과 신용 위험을 측정하는 방식을 선택할 수 있음을 알 수 있다.

오답분석

① 두 번째 문단에 따르면 바젤 Ⅰ 협약에서 위험가중자산은 보유 자산에 각 자산의 신용 위험에 대한 위험 가중치를 곱한 값들의 합으로 구하고, 이때 위험 가중치는 자산 유형별 신용 위험을 반영하며, 회사채는 100%가 획일적으로 부여되었다. 따라서 ①의 진술처럼 바젤 Ⅰ 협약을 따를 경우에 회사채의 신용도가 낮아진다고 해도 위험 가중치는 변하지 않으므로 위험 가중치를 계산 요소로 삼는 위험가중자산도 변하지 않을 것이고, 결국 BIS 비율도 변하지 않을 것이다.

② 세 번째 문단에 따르면 바젤 Ⅱ 협약에서 감독 기관은 필요할 때 위험가중자산에 대한 자기자본의 최저 비율이 규제 비율을 초과하도록 자국 은행에 요구할 수 있게 함으로써 자기자본의 경직된 기준을 보완하고자 했다. 따라서 ②의 진술처럼 바젤 Ⅱ 협약을 따를 경우에 각국의 은행들이 지켜야 하는 위험가중자산 대비 자기자본의 최저 비율은 동일하지 않음을 알 수 있다.

③ 세 번째 문단에 따르면 바젤 Ⅱ 협약의 표준 모형에서는 OECD 국가의 국채는 0%에서 150%까지, 회사채는 20%에서 150%까지 위험 가중치를 구분해 신용도가 높을수록 낮게 부과한다. 즉, 국채의 위험 가중치는 최소 0%, 회사채의 위험 가중치는 최소 20%이므로 경우에 따라서는 국채가 회사채보다 위험 가중치가 낮을 수 있다. 따라서 ③의 진술처럼 국채를 매각해 조달한 자금을 회사채에 투자할 때 국채의 위험 가중치는 낮고 회사채의 위험 가중치는 높은 경우에는 위험가중자산이 더 증가하므로 BIS 비율은 낮아질 수 있다.

⑤ 네 번째 문단에 따르면 바젤 Ⅲ 협약은 위험가중자산에 대한 기본자본의 비율이 최소 6%가 되게 보완해 자기자본의 손실 복원력을 강화했다. 두 번째 문단에 따르면 바젤위원회에서는 BIS 비율이 적어도 규제 비율인 8%는 되어야 한다는 기준을 제시했으며, 제시된 공식에 BIS 비율은 위험가중자산에 대한 자기자본의 비율(백분율)을 뜻하고, 이때 '자기자본=기본자본+보완자본+단기후순위 채무'로 계산된다. 따라서 ⑤의 진술처럼 위험가중자산 대비 보완자본이 2%가 되지 않더라도 기본자본이 많아지면 BIS 비율 규제를 준수할 수 있다. 예를 들어 보완자본이 2%보다 적은 1%이고 기본자본이 7%일 경우에는 합이 8%가 되므로 최소 8% 이상이라는 BIS 비율을 충족할 뿐만 아니라 위험가중자산에 대한 기본자본의 비율이 최소 6%가 되어야 한다는 바젤 Ⅲ 협약도 준수한다.

배경지식

위험가중자산과 신용 위험 및 시장 위험
• 위험가중자산 : 빌려준 돈을 위험 정도에 따라 가중치를 주어 평가한 자산을 뜻한다. BIS 기준 자기자본 비율 규제 방식에서는 은행의 자산을 신용도에 따라 분류하고 위험이 높을수록 높은 위험 가중치를 적용하여 산출하고 있다.
• 신용 위험 : 금융 거래의 상대편이 계약에 명시한 채무를 이행하지 않아 손실이 발생할 위험을 뜻한다.
• 시장 위험 : 시장 상태가 변화하여 증권 등의 위험자산의 시장 가격 또는 투자 수익률이 변동하는 위험을 뜻한다.

---

03 추론하기　　　　　　　　**정답**　⑤

네 번째 문단에 따르면 바젤 Ⅲ 협약은 위험가중자산에 대한 기본자본의 비율이 최소 6%가 되게 보완함으로써 자기자본의 손실 복원력을 강화했다. 또한 보기에서 갑 은행의 기본자본은 50억 원이고, 위험가중자산은 국채 300억 원, 회사채 300억 원, 시장 위험에 따른 위험가중자산 400억 원 등을 합산해 1,000억 원이므로 위험가중자산에 대한 기본자본의 비율은 $\dfrac{50억\ 원}{1,000억\ 원} \times 100\% = 5\%$이다. 그러므로 갑 은행은 바젤 Ⅲ 협약을 준수하지 못한다. 따라서 ⑤의 진술처럼 보완자본을 10억 원을 증액하더라도 위험가중자산의 변동이 없다면 갑 은행의 위험가중자산에 대한 기본자본의 비율이 변동하지 않으므로 여전히 바젤 Ⅲ 협약에서 제시한 기준을 충족하지 못한다. 보완자본은 위험가중자산에 대한 기본자본의 비율에 영향을 끼치지 못하기 때문이다.

오답분석

① 보기에서 갑 은행은 바젤 Ⅱ 협약의 표준 모형에 따라 BIS 비율을 산출했다고 했으므로 갑 은행의 자기자본은 기본자본, 보완자본, 단기후순위 채무 등을 합산해 50억 원+20억 원+40억 원=110억 원이 된다. 또한 위험가중자산은 국채, 회사채, 시장 위험에 따른 위험가중자산 등을 합산해 300억 원+300억 원+400억 원=1,000억 원이 된다. 그러므로 갑 은행의 BIS 비율은 110억 원÷1,000억 원=11%이다. 따라서 바젤위원회가 제시한 규제 기준인 8%를 상회한다.

② 보기에 따르면 갑 은행이 보유한 회사채에 반영된 위험 가중치는 50%이다. 그런데 ②의 진술처럼 회사채의 위험 가중치가 20%라면 회사채의 위험가중자산은 감소하므로 위험 가중치를 반영해 산출한 위험가중자산 또한 감소한다. 이때 위험가중자산의 감소는 두 번째 문단에서 제시한 BIS 비율 계산식의 분모의 감소를 의미하므로 ②의 진술처럼 BIS 비율은 공시된 비율보다 높아진다.

③ 보기에서 위험 가중치를 반영하여 산출한 갑 은행의 위험가중자산의 요소 가운데 국채와 회사채는 300억 원으로 같으므로 ③의 진술처럼 국채의 실제 규모가 회사채의 그것보다 컸다면 위험 가중치는 국채가 회사채보다 낮은 것이다. 두 번째 문단의 진술처럼 위험가중자산은 보유 자산에 각 자산의 신용 위험에 대한 위험 가중치를 곱하여 계산하기 때문이다. 보기에서 회사채에 반영된 위험 가중치는 50%라고 했으므로 회사채의 실제 규모는 300억 원÷50%=600억 원이고, 이때 국채에 반영된 위험 가중치가 회사채의 50%보다 낮은 30%라고 가정하면 국채의 실제 규모는 300억 원÷30%=1,000억 원이 된다.

④ 보기에 따르면 갑 은행은 바젤 Ⅱ 협약의 표준 모형에 따라 BIS 비율을 산출하여 공시하였으며, 회사채에 반영된 위험 가중치 50%를 곱한 금액이 300억 원이므로 회사채의 실제 규모는 600억 원이다. 그런데 두 번째 문단에 따르면 바젤 Ⅰ 협약에서 회사채는 위험 가중치가 100%가 획일적으로 부여되므로 바젤 Ⅰ 협약에 따라 회사채의 위험가중자산을 계산하면 600억 원×100%=600억 원이다.

배경지식

자기자본과 기본자본 및 보완자본
• 자기자본 : 기업의 소유자가 출자한 자본과 기업 내부에 축적된 적립금, 준비금 등의 유보 자본을 합한 자본이다.
• 기본자본 : 국제결제은행 기준에서 자기자본의 핵심이 되는 자본으로, 주주가 조성하고, 상환이 불가능하고 만기가 불확정적이며, 확정 이자의 지급이 배제되어야 한다.
• 보완자본 : 자기자본은 아니지만 국제결제은행으로부터 자기자본으로 인정될 수 있는 조건을 갖추고 있는 자본이다. 이에는 후순위 채무, 대손충당금, 재평가적립금 등이 있다.

여섯 번째 문단의 ㉠이 속해 있는 문장 "이는 국제기구의 결정에 형식적으로 구속을 받지 않는 국가에서까지 자발적으로 받아들여 시행하고 있다는 것인데, 이런 현실을 ㉠ 말랑말랑한 법(Soft Law)의 모습이라 설명하기도 한다"를 분석하면 '이런 현실'='말랑말랑한 법(Soft Law)의 모습'이며, 이때 '이런 현실'과 '말랑말랑한 법'이 가리키는 내용은 바로 그 앞의 내용인 '국제기구의 결정에 형식적으로 구속을 받지 않는 국가에서까지 자발적으로 받아들여 시행하고 있는 현실'인 것이다. ⑤의 진술에서 '바젤위원회 회원이 없는 국가'는 여섯 번째 문단의 '국제기구의 결정에 형식적으로 구속을 받지 않는 국가'의 사례이며, ⑤의 진술에서 '바젤 기준을 제도화하여 국내에서 효력이 발생하도록 한다'는 것은 여섯 번째 문단의 '자발적으로 받아들여 시행하고 있는 현실'의 사례이다. 따라서 ⑤의 진술처럼 바젤위원회의 회원국이 아님에도 불구하고 바젤 기준을 제도화해 준수하는 경우는 ㉠의 '말랑말랑한 법의 모습'에 해당하는 사례이다.

오답분석

① 위의 ⑤의 해설에서 설명했듯이, ㉠은 국제기구의 결정에 형식적으로 구속을 받지 않는 국가에서까지 자발적으로 받아들여 시행하고 있는 현실을 뜻한다. 그러나 ①의 진술처럼 국제기구인 바젤위원회가 바젤 기준의 개정을 결정하는 것은 '결정의 자발적 수용과 시행'과는 관련이 없다.

② ㉠은 국제기구의 결정에 형식적으로 구속을 받지 않는 국가에서까지 자발적으로 받아들여 시행하는 현실을 뜻하므로 ②의 진술처럼 바젤위원회가 가입 회원이 없는 국가, 즉 비회원국에 바젤 기준을 준수할 것을 요청하는 것이 아니다. 또한 바젤위원회가 바젤 기준의 준수를 요청할 수 있는 대상은 회원들로 한정된다.

③ ㉠을 환언하면 국제기구의 결정을 준수할 의무가 없는 국가가 자발적으로 그 결정을 수용하고 준수하는 현실이다. 그런데 ③은 기준을 준수할 의무가 있는 회원국이 준수하지 않는 경우이므로 ③은 ㉠의 내용과 반대되는 사례이다.

④ 여섯 번째 문단에 따르면 바젤위원회에서 제정한 은행 감독 기준의 헌장에서는 회원들에게 바젤 기준을 자국에 도입할 의무를 부과한다. 그러므로 바젤 기준이 법적 구속력으로 인한 강제성이 없더라도 바젤위원회의 회원국은 은행 감독 기준의 헌장에 의해 형식적으로 구속을 받는 나라이다. 또한 ㉠은 국제기구의 결정에 형식적으로 구속을 받지 않는 국가가 그 결정을 자발적으로 수용해 시행하는 것이다. 따라서 ④의 진술처럼 회원국이 준수 의무를 이행하는 경우는 ㉠에 해당하는 사례로 적절하지 않다.

[05] 지문 분석

- 주제 : 국제노동기구의 노동기준에 관한 협약들과 한국의 비준 현황
- 핵심 키워드 : 국제노동기구, 노동기준에 관한 협약, 핵심협약, 거버넌스협약, 일반협약
- 글의 구조
  ▷ 1문단 : 국제노동기구(ILO)의 노동기준에 관한 협약들의 구분
  　－ ILO의 노동기준에 관한 협약들은 핵심협약, 거버넌스협약, 일반협약으로 나뉜다.
  ▷ 2문단 : 핵심협약의 원칙들과 감시·감독 체계 및 관련 의무 사항
  　－ 핵심협약은 결사·자유원칙, 강제노동 금지원칙, 아동노동 금지원칙, 차별 금지원칙과 관련된 협약들을 말한다.
  　－ ILO는 각국이 비준한 핵심협약 이행 현황에 대한 감시·감독 체계를 갖추고 있다.
  　－ 핵심협약을 비준하지 않은 회원국은 미비준 이유와 비준 전망에 관한 연례 보고서 제출 의무가 있다.
  ▷ 3문단 : 거버넌스협약의 개념과 거버넌스협약 비준 확대에 대한 ILO의 외교적 노력
  　－ 거버넌스협약은 노동정책 결정과 노동기준 집행 등 거버넌스와 관련된 협약이다.
  　－ 거버넌스협약은 근로감독 협약, 고용정책 협약, 노사정 협의 협약 등이 있다.
  　－ 거버넌스협약은 보고 의무가 없으며, ILO는 회원국들과 외교적 협의를 통해 거버넌스협약 비준 확대에 노력하고 있다.
  ▷ 4문단 : 일반협약의 개념과 ILO 내 다른 협약에 대해 우선 적용되지 않는다는 특징
  　－ 일반협약은 핵심협약과 거버넌스협약을 제외한 ILO의 노동기준에 관한 모든 협약을 말한다.
  　－ 일반협약은 핵심협약과 거버넌스협약의 세부 주제별 기준들을 구체적으로 규정한다.
  　－ 일반협약은 ILO 내 다른 협약에 대해 우선 적용되지 않는다.
  ▷ 5문단 : 우리나라의 ILO 노동기준에 관한 협약 비준 현황
  　－ 우리나라는 1991년 ILO 가입 이후 ILO 노동기준에 관한 협약들을 비준하고 있다.
  　－ 우리나라는 거버넌스협약에서 근로감독 협약을 제외하고는 모두 비준했고, 비준한 핵심협약과 관련된 일반협약을 대부분 비준했다.

05 세부 내용의 이해   정답 ②

두 번째 문단에 따르면 ILO의 노동기준에 관한 협약들 중에 핵심협약은 결사·자유원칙, 강제노동 금지원칙, 아동노동 금지원칙, 차별 금지원칙 등 4개의 원칙과 관련된 협약들을 말하며, 핵심협약을 비준하지 않은 ILO의 회원국은 미비준 이유와 비준 전망에 관한 연례 보고서를 제출할 의무가 있다. 또한 다섯 번째 문단에 따르면 우리나라는 앞서 말한 4개의 원칙 가운데 아동노동 금지원칙과 차별 금지원칙 관련 협약을 비준했고, 2021년 2월 기준으로 결사·자유원칙 관련 협약에 대한 비준 절차가 진행 중이다. 즉, 결사·자유원칙과 강제노동 금지원칙은 아직 비준하지 않았음을 알 수 있다.

[오답분석]

① 세 번째 문단에 따르면 거버넌스협약은 노동정책 결정과 노동기준 집행 등 거버넌스와 관련된 협약으로 근로감독 협약, 고용정책 협약, 노사정 협의 협약 등이 있다. 또한 다섯 번째 문단에 따르면 우리나라는 거버넌스협약 가운데 근로감독 협약을 제외하고는 모두 비준했고, 비준된 핵심협약과 관련된 일반협약은 대부분 비준되었다. 따라서 ①의 진술에서 우리나라가 거버넌스협약 가운데 고용정책 협약을 비준한 것은 맞지만, 거버넌스협약 중의 고용정책 협약과 관련한 일반협약의 비준 여부는 제시문의 내용만으로는 판단할 수 없다.

③ 다섯 번째 문단에 따르면 우리나라는 2021년 2월 현재 결사·자유원칙 관련 협약에 대한 비준 절차를 진행하고 있으며, 두 번째 문단에 따르면 결사·자유원칙은 핵심협약을 구성하는 '노동에 있어서 기본적 원칙들과 권리에 관한 선언'에서 열거한 4가지 원칙 가운데 하나이다. 또한 세 번째 문단에 따르면 거버넌스협약에는 2008년의 '공정한 세계화를 위한 사회적 정의에 관한 선언'에서 열거한 근로감독 협약, 고용정책 협약, 노사정 협의 협약 등이 있다. 따라서 ③의 진술처럼 우리나라에서 2021년 2월에 비준 절차가 진행 중인 결사·자유원칙은 '공정한 세계화를 위한 사회적 정의에 관한 선언'이 아니라 '노동에 있어서 기본적 원칙들과 권리에 관한 선언'에서 열거한 원칙이다.

④ 세 번째 문단에 따르면 거버넌스협약은 2008년의 '공정한 세계화를 위한 사회적 정의에 관한 선언'에서 열거한 근로감독 협약, 고용정책 협약, 노사정 협의 협약 등이 있으며, 네 번째 문단에 따르면 일반협약은 ILO 내 다른 협약에 대해 우선 적용되지 않는다. 그러나 일반협약이 핵심협약, 거버넌스협약보다 우선 적용되지 않음을 알 수 있을 뿐이며, 핵심협약 또는 거버넌스협약이 다른 협약보다 우선하는지 또는 우선하지 않는지를 판단할 수 있는 내용이 없다. 따라서 거버넌스협약에 속하는 근로감독 협약이 ④의 진술처럼 다른 협약보다 우선 적용되지 않는지는 알 수 없다.

⑤ 두 번째 문단에 따르면 ILO는 핵심협약을 비준하지 않고 있는 회원국에게는 미비준 이유와 비준 전망에 관한 연례 보고서 제출 의무를 부과하고 있다. 또한 세 번째 문단에 따르면 거버넌스협약에는 근로감독 협약, 고용정책 협약, 노사정 협의 협약 등이 있으며, ILO는 미비준한 거버넌스

협약에 대해 회원국에 별도의 보고 의무를 부과하지 않는다. 따라서 ⑤의 진술처럼 ILO가 비준 이유와 비준 전망에 대한 연례 보고서를 제출하도록 요구하는 것은 핵심협약이며, 거버넌스협약에 포함되는 노사정 협의 협약은 별도의 보고 의무가 부과되지 않는다.

배경지식

국제노동기구(ILO, International Labour Organization)
국제노동기구는 구(舊) 국제연맹 기구의 하나로서, 각 나라의 노동 조건과 노동자의 지위를 개선할 목적으로 1919년 베르사유 평화 조약에 따라 설립하였다. 국제연맹의 해체와 더불어 1946년 12월 국제연합의 전문 기구로 편입되었으며, 1969년 노벨 평화상을 받았다. 2019년 3월 현재 총 187개국이 회원국으로 가입해 있다. 또한 설립 이후 총 189개 협약, 205개 권고를 채택(2019년 3월 현재)하는 등 국제 노동기준 설정을 주관하고 있다.

[06~08] 지문 분석

• 주제 : 토지가치세의 개념과 한계 및 토지가치세가 새롭게 주목받는 이유

• 핵심 키워드 : 조세, 토지가치세, 불로소득, 사용권, 처분권, 수익권, 탄력도, 조세 저항, 외부 효과, 혼잡 비용

• 글의 구조
  ▷ 1문단 : '좋은 세금'의 기준으로 거론되는 공정성과 효율성
    – 공정성 : 경제주체의 경제적 능력 혹은 편익에 따라 세금을 부담
    – 효율성 : 조세 외의 초과 부담을 최소화하는 세금
  ▷ 2문단 : '좋은 세금'으로 평가받았던 헨리 조지의 토지가치세
    – 헨리 조지가 제안한 토지가치세는 공정성과 효율성에 잘 부합하는 세금이다.
    – 토지가치세는 토지 소유자의 임대소득 중에 불로소득을 환수하는 것이다.
    – 토지 소유권 중의 하나인 수익권 중 토지 개량의 수익을 제외한 나머지는 정부가 환수하여 사회 전체를 위해 사용하자는 것이 토지가치세의 기본 취지이다.
    – 헨리 조지가 토지가치세만으로도 충분한 세수를 올릴 수 있다고 기대했다는 점에서 토지가치세를 토지단일세라고도 부른다.

- 헨리 조지는 토지단일세가 다른 세금들을 대체해 초과 부담을 제거함으로써 경제 활성화에 크게 기여할 것으로 보았다.
▷ 3문단 : 토지가치세의 공정성과 효율성
  - 토지가치세는 불로소득에 대한 과세라는 점에서 공정성에 부합한다.
  - 토지가치세는 납세 부담이 임차인에게 전가되지 않고 토지 소유자가 부담하므로 공정하다.
  - 토지가치세는 토지 공급을 줄이지 않아 초과 부담을 최소화하므로 효율적이다.
▷ 4문단 : 토지가치세가 현실화되지 못한 이유
  - 가공되지 않은 자연 그대로의 토지는 현실적으로 찾기 어렵다.
  - 토지 가치 상승분과 건물 가치 상승분의 구분이 쉽지 않다.
  - 조세 저항 : 재산권 침해라는 비판이 거세지면 토지가치세를 도입하더라도 세율을 낮게 유지할 수밖에 없어, 충분한 세수가 확보되지 않을 수 있다.
  - 전체 부에서 토지가 차지하는 비중이 크게 감소해 소득 불평등 해소 능력에도 의문이 제기된다.
▷ 5문단 : '외부 효과'와 관련해 새롭게 주목받는 토지가치세
  - 토지가치세는 불로소득에 대한 과세를 통해 외부 효과로 인한 피해를 보상하는 방안이 될 수 있다.

④ 두 번째 문단에 따르면 헨리 조지가 제안했던 토지가치세는 공정성과 효율성에 잘 부합하는 세금으로 평가되고 있다. 또한 세 번째 문단에 따르면 토지가치세는 불로소득에 대한 과세라는 점에서 공정성에 부합하고, 초과 부담을 최소화한다는 점에서 효율적이다. 그런데 이러한 토지가치세의 효율성과 공정성이라는 특징은 각각 나뉘어 병렬로 서술되어 있고, ④의 진술처럼 효율성이 제고됨으로써 공정성이 높아진다는 내용은 제시문에서 확인할 수 없다.

⑤ 두 번째 문단에 따르면 헨리 조지가 제안했던 토지단일세는 토지를 제외한 나머지 경제 영역에서는 자유 시장을 옹호했던 그의 신념에 잘 부합하는 발상이었으며, 토지가치세만으로도 세수를 충분히 올릴 수 있기 때문에 토지가치세 외의 다른 세금들은 모두 없앨 수 있다고 주장했다. 따라서 ⑤의 진술처럼 모든 경제 영역이 아니라 토지의 영역에서만 시장 원리를 규제하자고 주장한 것이다.

배경지식

사용권, 처분권 및 수익권

- 사용권 : 법률이나 계약에 의해 다른 사람이 소유하고 있는 물건이나 권리 등을 사용할 수 있는 권리를 뜻한다.
- 처분권 : 특정한 물건의 소유권을 이전하거나, 그 물건에 담보권을 설정하는 등의 행위를 할 수 있는 권리를 뜻한다.
- 수익권 : 국민이 자신의 이익을 위하여 일정한 행위나 급부 및 기타 공공시설의 이용을 국가에 대해 요구할 수 있는 권리를 뜻한다.

06 세부 내용의 이해   정답 ①

두 번째 문단에 따르면 헨리 조지는 토지 소유자의 임대소득 중에 자신의 노력이나 기여와는 무관한 불로소득이 많다면, 토지가치세를 통해 이를 환수하는 것이 바람직하다고 주장했으며, 토지 소유권을 구성하는 요소 가운데 하나인 수익권 중 토지 개량의 수익을 제외한 나머지는 정부가 환수해 사회 전체를 위해 사용하자는 것이 헨리 조지가 제안한 토지가치세의 기본 취지이다. 따라서 헨리 조지는 ①의 진술처럼 개량되지 않은 토지로부터 얻는 임대소득을 불로소득으로 보았을 것이다.

[오답분석]

② 두 번째 문단에 따르면 헨리 조지는 토지가치세가 시행되면 다른 세금들을 없애도 될 정도로 충분한 세수를 올려줄 것이라고 기대했으며, 토지가치세가 토지단일세라고도 지칭된 것은 이 때문이다. 참고로 '단일세'의 사전적 의미는 한 가지 조세만을 인정하는 것이다.

③ 두 번째 문단에 따르면 토지에 대한 소유권은 사용권·처분권·수익권 등으로 구성된다. 또한 헨리 조지는 사용권과 처분권은 개인의 자유로운 의사에 맡기고 수익권 중 토지 개량의 수익을 제외한 나머지, 즉 불로소득은 정부가 환수해 사회 전체를 위해 사용하자고 주장했다. 따라서 ③의 진술에서 헨리 조지는 사용권과 처분권은 보장하고 수익권만을 제한하자고 주장했다.

07 추론하기   정답 ⑤

세 번째 문단에서 토지가치세는 토지 공급을 줄이지 않아 초과 부담을 발생시키지 않는다고 했으므로 ⑤의 진술처럼 토지와 건물을 구분해 토지에만 토지가치세를 부과해도 토지의 공급은 감소하지 않을 것이라고 볼 수 있다. 또한 네 번째 문단에서 재산권 침해라는 비판이 거세지면 토지가치세를 도입하더라도 세율을 낮게 유지할 수밖에 없어 충분한 세수를 확보하지 못하는 조세 저항도 문제가 된다고 했으므로 ⑤의 진술처럼 토지와 건물을 구분해 토지에만 토지가치세를 부과하면 토지의 가격 상승 문제가 해소된다고 하더라도 조세 저항이 줄어들 것이라고 보기 어렵다.

[오답분석]

① 다섯 번째 문단에서는 오늘날 토지가치세가 새롭게 주목받고 있는 것은 외부 효과와 관련이 깊다고 진술하고, 이와 관련한 사례로 대기업들이 자리를 잡은 지역의 부동산 소유자들은 막대한 이익을 사유화하는 반면, 임대료 상승이나 혼잡비용 같은 손실은 지역민 전체에게 전가되는 현상을 제시했다. 또한 이러한 상황에서 높은 세율의 토지가치세를 실행하면 불로소득에 대한 과세를 통해 외부 효과로 인한 피해를 보상하는 방안이 될 수 있다고 진술했다.

PART 2
DAY 01
DAY 02
DAY 03
DAY 04
DAY 05
DAY 06
DAY 07
DAY 08
DAY 09
DAY 10

따라서 ①의 진술처럼 높은 세율의 토지가치세가 도입되면 외부 효과로 인한 이익의 사유화를 완화할 수 있다고 추론할 수 있다.

② 세 번째 문단에 따르면 자동차에 과세하면 부과된 세액만큼의 초과 부담이 발생해 자동차 거래가 감소한다. 즉, 일반적으로 어떤 재화에 세금을 부과하면 그 재화의 가격이 인상되어 수요가 감소하므로 거래량이 줄어들 것이다. 그러나 ②의 진술처럼 자동차세의 인상이 소비자들이 자동차를 구입하려는 의사 결정에 영향을 주지 않는다면 세금 인상에도 불구하고 자동차에 대한 수요는 줄지 않을 것이므로 인상된 세액만큼 세수가 증대될 것이다.

③ 누진세는 소득세·법인세·상속세처럼 과세 대상의 수량이나 값이 증가함에 따라 점점 높은 세율을 적용하는 세금을 뜻하며, 근로소득세는 누진세의 일종이므로 고임금 근로자일수록 더 많은 근로소득세를 내야 한다. 그런데 ③의 진술처럼 토지가치세가 단일세가 되어 근로소득세를 포함한 다른 세금의 징수가 폐지된다면 더 많은 근로소득세를 내야 했던 고임금 근로자일수록 얻는 혜택이 상대적으로 클 것이다.

④ 두 번째 문단에 따르면 헨리 조지는 수익권 중 토지 개량의 수익을 제외한 나머지, 즉 불로소득에 대해 토지가치세를 부과하고, 토지가치세를 징수해 마련한 재원을 사회 전체를 위해 사용하자고 주장했으며, 토지가치세만으로도 세수 확보가 충분하기 때문에 토지가치세 외의 다른 세금은 모두 폐지할 수 있다고 보았다. 따라서 ④의 진술처럼 헨리 조지를 계승한 학자는 토지가치세를 단일세(=한 가지 조세만을 인정하는 것)로 시행해 수익권 행사로 얻은 불로소득에만 세금을 부과할 것과, 토지가치세를 제외한 다른 세금(예 부가가치세)의 징수를 폐지하자고 주장할 것이다.

배경지식

외부 효과

어떤 개인이나 기업이 재화나 용역을 생산·소비·분배하는 과정에서, 대가를 주고받지 않은 채로 그 과정에 참여하지 않은 다른 개인이나 기업의 경제 활동이나 생활에 이익을 주거나 손해를 끼치는 것을 뜻한다. 이때 이익을 주는 긍정적 효과를 외부 경제, 손해를 끼치는 부정적 효과를 외부 불경제라고 한다.

08 추론하기   정답 ④

세 번째 문단에 따르면 수요자와 공급자 중 탄력도가 낮은 쪽에서 많은 납세 부담을 지게 되며, 토지는 비탄력적이므로 납세 부담은 임차인이 아니라 토지 소유자가 고스란히 떠안게 된다(=토지 소유자의 탄력도가 낮음). 또한 보기에서 X국의 사치세 부과 대상은 원래 요트 구매자인데, 이들은 요트 구매를 줄이고 사치세가 부과되지 않는 것으로 지출의 대상을 바꿈으로써 납세 부담을 회피했고(=요트 구매자들의 탄력도가 낮음), 그 결과 시설 변경이 어려웠던 요트 생산업자들에게 납세 부담이 전가되었다(=요트 생산업자들의 탄력도가 높음). 그리고 보기에서 Y국의 담배세 인상에도 불구하고 담배 소비가 거의 감소하지 않았으므로 담배 소비자들의 납세 부담은 전가되지 않았다는 것과 담배 소비자들의 탄력도가 낮다는 것을 알 수 있다. 따라서 ④의 진술에서 X국의 사치세와 Y국의 담배세는 탄력도가 높은 쪽이 아니라 낮은 쪽(=요트 생산업자, 담배 소비자)에서 납세 부담을 지는 것이다.

오답분석

① 세 번째 문단에 따르면 토지는 세금이 부과되지 않는 곳으로 옮길 수 없다는 점에서 비탄력적이며 따라서 납세 부담은 임차인(=소비자)에게 전가되지 않고 토지 소유자(=공급자)가 고스란히 떠안게 된다는 점에서 토지가치세는 공정한 세금이 된다. 즉, 토지가치세는 공급자에게 부과되는 세금임을 알 수 있다. 또한 보기에서 X국의 사치세는 부유층인 요트 구매자에게, Y국의 담배세는 담배 구매자에게 부과되는 것이므로 두 가지 세금 모두 부과 대상은 소비자임을 알 수 있다. 따라서 ①의 진술처럼 토지가치세의 부과 대상이 공급자인 것과 달리 X국의 사치세와 Y국의 담배세는 소비자에게 부과된다.

② 첫 번째 문단에 따르면 '초과 부담'은 경제주체들의 의사 결정을 왜곡해 조세 외에 추가로 부담해야 하는 각종 손실 또는 비용을 뜻하며, 세 번째 문단에 따르면 통상 어떤 재화나 생산요소에 대한 과세는 거래량 감소 및 가격 상승과 함께 초과 부담을 유발하고, 토지가치세는 토지 공급을 줄이지 않아 초과 부담을 발생시키지 않는다. 또한 보기에서 X국의 요트 구매자인 부유층은 요트에 부과되는 사치세의 부담을 회피하기 위해 요트의 구매를 줄였고(=거래량 감소), 시설 변경이 어려웠던 요트 생산업자들은 근로자들을 대량 해고했으며, X국은 근로소득세를 인상해서 부족한 세수를 보충했다. 즉, X국의 사치세는 거래량 감소, 근로자들의 실직과 근로소득세 부담 증가 등의 초과 부담을 초래했다. 그리고 Y국의 담배세 인상에도 불구하고 담배 거래량은 거의 변화가 없다고 했으므로 Y국의 담배세는 초과 부담을 거의 일으키지 않았음을 알 수 있다. 따라서 ②의 진술처럼 X국의 '사치세'가 초과 부담을 일으킨 것과 달리 Y국의 담배세와 토지가치세는 초과 부담을 거의 발생시키지 않은 것이다.

③ 위의 설명에서 살펴본 것처럼 보기에서 X국의 사치세는 과세 대상자(=부유층인 요트 구매자)가 아닌 근로자들의 납세 부담(=근로소득세 인상)을 증가시켰다. X국의 사치세는 탄력성이 높아 근로자의 근로소득세 부담의 추가를 초래한 것이다. 이와 달리 Y국의 담배세와 토지가치세는 각각의 과세 대상자인 담배 소비자와 토지 소유자에게 납세 부담이 집중된다. Y국의 담배세의 경우 탄력성이 낮으며 세금 인상에 따른 거래량 변화가 거의 없어 납세 부담의 추가를 일으키지 않은 것이다. 따라서 ③의 진술처럼 X국의 사치세가 과세 대상자 이외의 근로자에게 납세 부담을 추가시킨 것과 달리 Y국의 '담배세'와 토지가치세는 과세 대상자 이외의 타인에게 납세 부담을 추가시키지 않으며 과세 대상자에게 납세 부담이 집중된다.

⑤ 보기에 따르면 X국의 사치세 부과는 '부유층의 납세 부담 확대'를, Y국의 담배세 인상은 '담배 소비 감소로 인한 국민 건강 증진'을 정책 목표로 삼았으나 결과적으로 그 목표를 이루지 못했다. 또한 세 번째 문단에 따르면 토지가치세 도입에 따른 여타 세금의 축소가 초과 부담을 줄여 경제를 활성화한다는 G7 대상 연구에 따르면, 이러한 세제 개편으로 인한 초과 부담의 감소 정도가 GDP의 14 ~ 50%에 이른다. 그리고 다섯 번째 문단에 따르면 토지가치세는 새롭게 주목받고 있는 것은 외부 효과와 관련이 깊은데, 높은 세율의 토지가치세 시행은 불로소득에 대한 과세를 통해 외부 효과로 인한 피해를 보상하는 방안이 될 수 있다. 따라서 ⑤의 진술처럼 X국의 사치세 부과와 Y국의 담배세 인상이 목표를 달성하지 못한 것과 달리 토지가치세는 그것의 도입으로 인한 경제 활성화 효과를 예상하는 연구가 이루어지고 있음을 알 수 있다.

배경지식

탄력도
경제 변동의 탄력성을 나타내는 값으로, 수요의 탄력도, 공급의 탄력도, 가격의 탄력도, 고용의 탄력도 등이 있다.

DAY 01
DAY 02
DAY 03
DAY 04
DAY 05
DAY 06
DAY 07
DAY 08
DAY 09
DAY 10

01	02	03	04	05	06	07	08	09	
①	⑤	①	④	③	⑤	⑤	③	②	

[01~05] 지문 분석

• 주제 : 환율과 오버슈팅 사례로 살펴본 정부의 정책 수단
• 핵심 키워드 : 정책 수단의 특성, 환율, 오버슈팅, 물가의 경직성, 구매력 평가설, 균형 환율, 실질 통화량, 시장 금리, 환율 변동 보험, 지급 보증
• 글의 구조
　▷ 1문단 : 정책 수단의 네 가지 특성의 개념
　　− 정부는 정책 수단의 강제성, 직접성, 자동성, 가시성을 고려한다.
　　− 강제성 : 정부가 개인이나 집단의 행위를 제한하는 정도
　　− 직접성 : 정부가 공공 활동의 수행과 재원 조달에 직접 관여하는 정도
　　− 자동성 : 별도의 행정 기구를 설립하지 않고 기존의 조직을 활용하는 정도
　　− 가시성 : 예산 수립 과정에서 정책 수행을 위한 재원이 명시적으로 드러나는 정도
　▷ 2문단 : 오버슈팅 현상이 일어날 때의 정책 사례
　　− 환율이 예상과 다른 방향으로 움직이거나, 변동 폭이 예상보다 클 때 경제 주체들은 과도한 위험에 노출될 수 있다.
　　− 경제 변수가 단기에 지나치게 상승 또는 하락하는 오버슈팅은 현상은 물가 경직성 또는 금융 시장 변동에 따른 불안 심리 등에 의해 촉발된다.
　▷ 3문단 : 물가 경직성에 따른 장기에서의 환율의 오버슈팅
　　− 경제에 충격이 발생할 때 물가나 환율은 충격을 흡수하는 조정 과정을 거친다.
　　− 물가는 단기에는 경직적이고 장기에는 신축적으로 조정되지만, 환율은 단기에도 신축적인 조정이 가능한데, 물가와 환율의 조정 속도 차이가 오버슈팅을 초래한다.
　　− 구매력 평가설에 의하면 장기의 환율은 자국 물가 수준을 외국 물가 수준으로 나눈 비율로 나타나며, 이를 균형 환율로 본다.
　▷ 4문단 : 물가 경직성에 따른 단기에서의 환율의 오버슈팅
　　− 단기에는 물가의 경직성 때문에 구매력 평가설에 기초한 환율과는 다른 움직임이 나타나면서 오버슈팅이 발생할 수 있다.
　　− 국내 통화량이 증가해 유지될 경우 : 물가 경직적 → 실질 통화량 증가 → 시장 금리 하락 → 기대 수익률 하락 → 외국인 투자금 해외 유출, 신규 해외 투자 자금 유입 위축 → 자국 통화의 가치 하락, 환율 상승
　　− 환율의 오버슈팅 : 물가가 신축적인 경우에 예상되는 환율 상승에, 금리 하락에 따른 자금의 해외 유출이 유발하는 추가적인 환율 상승이 더해지는 현상
　　− 시간이 지나면 단기에 과도하게 상승했던 환율은 장기에는 구매력 평가설에 기초한 환율로 수렴된다(＝균형 환율 수준을 회복).
　▷ 5문단 : 실물 경제와 금융 시장의 안정을 도모하는 미세 조정 정책 수단
　　− 환율의 과도한 급등락, 균형 환율 수준으로부터 장기간 이탈 등의 문제에 대처하기 위해 정부는 다양한 정책 수단을 동원한다.
　　− 물가 경직성을 완화하기 위한 정책 수단 중 강제성이 낮은 정책 : 외환 관련 정보의 신속·정확한 공개, 불필요한 가격 규제의 축소
　　− 직접성이 높은 정책 : 가격이 급등한 수입 필수 품목에 대한 세금을 조절, 수출입 기업에 환율 변동 보험을 제공, 외화 차입 시 지급 보증 제공
　　− 정부는 기초 경제 여건을 반영한 환율의 추세는 용인하되, 사전적·사후적인 미세 조정 정책 수단을 활용해 실물 경제와 금융 시장의 안정을 도모하는 정책을 수행한다.

01　세부 내용의 이해　　정답 ①

세 번째 문단에 따르면 국내 통화량이 증가해 유지될 경우 장기에서는 자국 물가도 높아져 장기의 환율은 상승하며, 이때 통화량을 물가로 나눈 실질 통화량은 변하지 않는다. 따라서 ①의 진술처럼 장기의 환율은 변함이 없는 것이 아니라 상승하게 됨을 알 수 있다.

② 두 번째 문단에 따르면 오버슈팅은 환율이나 주가 등 경제 변수가 단기에 지나치게 상승 또는 하락하는 현상이며, 이러한 오버슈팅은 물가 경직성 또는 금융 시장 변동에 따른 불안 심리 등에 의해 촉발된다. 또한 네 번째 문단(㉐)에 따르면 국내 통화량이 증가해 유지될 경우에 물가가 경직적이어서 실질 통화량은 증가하고 이에 따라 시장 금리는 하락하며, 오버슈팅의 정도 및 지속성은 물가 경직성이 클수록 더 크게 나타난다. 이후 시간이 경과하면 물가가 상승해 실질 통화량이 원래 수준으로 돌아오고 시장 금리는 반등해 다시 오르게 된다. 따라서 ②의 진술처럼 물가가 신축적인 경우가 경직적인 경우보다 국내 통화량 증가에 따른 국내 시장 금리 하락 폭이 작을 것이라고 추론할 수 있다.

③ 세 번째 문단에 따르면 단기에는 경직적이지만 장기에는 신축적으로 조정되는 물가와 달리 환율은 단기에서도 신축적인 조정이 가능하고, 이러한 물가와 환율의 조정 속도 차이가 오버슈팅을 초래한다. 또한 두 번째 문단에 따르면 물가의 경직성은 시장에서 가격이 조정되기 어려운 정도를 의미한다. 따라서 ③의 진술처럼 물가의 경직성 때문에 물가의 조정 속도가 환율의 조정 속도보다 느리기 때문에 오버슈팅이 발생함을 알 수 있다.

④ 네 번째 문단에 따르면 국내 통화량이 증가해 유지될 경우 시장 금리 하락이 '투자의 기대 수익률 하락 → 단기성 외국인 투자 자금의 해외 유출 및 신규 해외 투자 자금 유입의 위축'으로 이어지는 과정에서 자국 통화의 가치 하락과 환율의 상승이 일어난다. 또한 '물가가 신축적인 경우에 예상되는 환율 상승'에 '금리 하락에 따른 자금의 해외 유출이 유발하는 추가적인 환율 상승'이 더해지는 환율의 오버슈팅이 발생한다. 따라서 ④의 진술처럼 외국인 투자 자금이 국내 시장 금리에 민감하게 반응할수록 오버슈팅 정도는 커질 것이라고 추론할 수 있다.

⑤ 네 번째 문단에 따르면 오버슈팅의 정도 및 지속성은 물가 경직성이 클수록 더 크게 나타난다. 또한 시간이 경과함에 따라 물가가 상승해 실질 통화량이 원래 수준으로 돌아오고 해외로 유출되었던 자금이 시장 금리의 반등으로 국내로 복귀하면서 단기에 과도하게 상승했던 환율은 장기에는 구매력 평가설에 기초한 환율로 수렴된다고 설명했다. 그런데 두 번째 문단에서 물가의 경직성은 오버슈팅을 일으키는 원인의 하나라고 했으므로 이러한 경직성이 크면 물가가 조정되는 데 걸리는 시간이 길어질 것이므로 실질 통화량이 원래 수준을 회복하는 데 걸리는 시간도 길어질 것이다. 따라서 ⑤의 진술처럼 물가 경직성이 클수록 구매력 평가설에 기초한 환율로 수렴되는 시간 또한 길어질 것이라고 추론할 수 있다.

배경지식

오버슈팅과 구매력 평가설

• 오버슈팅(Overshooting) : 경제에 어떤 충격이 가해졌을 때 물가나 환율 등이 일시적으로 폭등하거나 폭락하였다가 시간이 지나면서 장기 균형 수준으로 되돌아가는 현상을 뜻한다.
• 구매력 평가설 : 자국 통화와 외국 통화의 교환 비율은 각각의 국내에서 양 통화가 갖는 구매력의 비율에 따라 정해진다는 학설이다. 1916년에 스웨덴의 경제학자 카셀이 주창했다.

02 추론하기 　　정답 ⑤

첫 번째 문단에 따르면 정책 수단의 특성 중에 하나인 자동성은 정책을 수행하기 위해 별도의 행정 기구를 설립하지 않고 기존의 조직을 활용하는 정도를 말한다. 따라서 ⑤의 진술에서 기존의 담당 부서에서 제공하던 복지 카드의 혜택을 늘리는 경우는 전담 부서를 신설해 상수원 보호 구역을 감독하는 경우보다 자동성이 높다고 볼 수 있다.

① 첫 번째 문단에 따르면 정책 수단의 특성 중에 하나인 강제성은 정부가 개인이나 집단의 행위를 제한하는 정도로서, 유해 식품 판매 규제는 강제성이 높다. 따라서 ①의 진술에서 다자녀 가정에 출산 장려금을 지급하는 경우는 정부가 그 가정의 행위를 제한하는 것이 아니므로 정책 수단의 강제성이 낮다고 볼 수 있다. 또한 정부가 불법 주차 차량에 과태료를 부과하는 것은 그 차량 소유자의 불법 주차 행위를 제한하는 정도가 높으므로 정책 수단의 강제성이 높다고 볼 수 있다.

② 첫 번째 문단에 따르면 정책 수단의 특성 중에 하나인 가시성은 예산 수립 과정에서 정책을 수행하기 위한 재원이 명시적으로 드러나는 정도를 뜻한다. 따라서 ②의 진술에서 전기 제품 안전 규제를 강화하는 경우는 그것을 수행하는 데 지출되는 예산이 명시적으로 드러나지 않으므로 정책 수단의 가시성이 낮다고 볼 수 있다. 또한 학교 급식 재원 마련을 위해 정부가 예산을 편성하는 경우는 그것을 수행하는 데 지출되는 예산이 명시적으로 드러나므로 정책 수단의 가시성이 높다고 볼 수 있다.

③ 첫 번째 문단에 따르면 정책 수단의 강제성은 정부가 개인이나 집단의 행위를 제한하는 정도를 뜻한다. 따라서 ③의 진술에서 문화재를 발견해 신고하면 포상금을 주는 경우는 특정 행위를 제한하지 않으므로 정책 수단의 강제성이 낮다고 볼 수 있다. 또한 자연 보존 지역에서 개발 행위를 금지하는 개발이라는 특정 행위를 제한하므로 정책 수단의 강제성이 높다고 볼 수 있다.

④ 첫 번째 문단에 따르면 정책 수단의 특성 중에 하나인 직접성은 정부가 공공 활동의 수행과 재원 조달에 직접 관여하는 정도를 뜻한다. 따라서 ④의 진술에서 쓰레기 처리를 민간 업체에 맡기는 경우는 정부가 직접 수행하지 않으므로 정책 수단의 직접성이 낮다고 볼 수 있다. 또한 정부 기관에서 주민등록 관련 행정 업무를 수행하는 경우는 정부가 직접 수행하므로 정책 수단의 직접성이 높다고 볼 수 있다.

> **배경지식**
>
> **균형 환율**
> 국제 수지가 1년 또는 2년 이상의 일정한 기간 동안 균형을 유지할 수 있게 하는 외국환 시세를 가리킨다.

03 추론하기 정답 ①

두 번째 문단에 따르면 금융 시장 변동에 따른 불안 심리는 오버슈팅을 촉발한다. 또한 네 번째 문단에 따르면 환율의 오버슈팅은 물가가 신축적인 경우에 예상되는 환율 상승, 금리 하락에 따른 자금의 해외 유출이 유발하는 추가적인 환율 상승을 뜻하며, 국내 통화량이 증가하여 유지될 경우에는 물가가 경직적이어서 실질 통화량은 증가하고 이에 따라 시장 금리는 하락한다. 또한 보기의 A국에서는 금융 시장에 대한 불안 심리의 여파로 'A국의 금융 자산 가격 하락에 대한 우려 확산 → B국의 채권에 대한 수요 증가 → A국에 투자되었던 단기성 외국인 자금이 B국으로 유출'로 인한 A국의 환율이 급등하는 환율의 오버슈팅이 발생했다. 이에 따라 해외 자금이 유입된 B국은 통화량 증가로 인한 시장 금리의 하락이 예상되므로 B국에 유입되는 투자 자금이 감소하지만, A국은 상대적으로 투자 수요가 증가하면서 A국의 환율 급등은 다소 진정될 것이다. 따라서 ①의 진술에서 A국의 오버슈팅의 정도는 커지는 것이 아니라 유지 또는 완화될 수 있다.

[오답분석]

② 두 번째 문단에 따르면 금융 시장 변동에 따른 불안 심리는 오버슈팅을 촉발한다. 또한 보기에 따르면 A국은 금융 시장 불안의 여파로 주식, 채권 등 금융 자산의 가격 하락에 대한 우려가 확산되면서 안전 자산으로 인식되는 B국의 채권에 대한 수요가 증가함에 따라 A국에 투자되었던 단기성 외국인 자금이 B국으로 유출되면서 A국은 환율이 급등이라는 환율의 오버슈팅이 발생했다. 따라서 ②의 진술처럼 A국에서 발생한 환율의 오버슈팅은 금융 시장 변동에 따른 불안 심리가 원인이 된 것이다. 이때의 '변동'은 네 번째 문단에서 설명한 것처럼 국내 통화량이 증가하여 유지될 경우 물가가 경직적이어서 실질 통화량은 증가하고 이에 따라 시장 금리는 하락하는 것을 뜻한다.

③ 보기에 따르면 A국은 금융 시장 불안의 여파의 결과로 자국의 환율이 급등하는 오버슈팅이 발생했으며, 이러한 환율 상승은 수출을 증대시키는 효과가 있다. 수출이 증대되면 외환 유입이 증가되어 환율이 낮아짐으로써 시장 원리에 따라 자율적으로 균형 환율 수준을 회복하게 될 것이다. 따라서 ③의 진술처럼 A국에 환율의 오버슈팅이 발생해도 장기적으로는 시장 스스로의 조정을 통해 균형 환율을 회복할 것이라고 추론할 수 있다.

④ 보기에 따르면 환율의 상승은 수입을 감소시키고 수출은 증대시키는 효과가 있기 때문에 자국의 환율이 상승한 A국의 외환 보유고는 증대될 것이므로 정부는 시장 개입을 가능한 한 자제하고 시장 원리에 따라 환율이 자율적으로 조정되도록 해야 한다. 따라서 ④의 진술처럼 환율이 상승하더라도 A국의 정책 당국은 외환 시장 개입에 신중해야 한다.

⑤ 보기에 따르면 환율의 상승은 수입품의 가격을 상승시켜 수입을 감소시키는 효과가 있다. 일반적으로 가격이 오르면 수요는 감소하기 때문이다. 따라서 이처럼 환율의 상승으로 인해 수입이 감소하면 수입품에 대한 소비도 감소해 ⑤의 진술처럼 내수가 위축될 수 있다.

> **배경지식**
>
> **실질 통화량과 시장 금리**
> • 실질 통화량 : 경제 화폐의 구매력에 대해 조정된 통화량을 뜻한다. 명목 통화량을 물가 수준으로 나눈 값이다.
> • 시장 금리 : 자금 시장에서 자금을 거래할 때 시장 참여자들의 자금 상황에 따라 수시로 변동되는 금리를 가리킨다.

04 세부 내용의 이해 정답 ④

ⓐ ㈏에 따르면 국내 통화량이 증가해 유지될 경우 물가가 경직적이어서 실질 통화량이 증가함에 따라 시장 금리는 하락하지만, 시간이 경과함에 따라 물가가 상승해 실질 통화량이 원래 수준으로 돌아오면 시장 금리는 반등, 즉 상승하게 된다. 따라서 t 시점에서 일시적으로 하락했으나 시간이 경과함에 따라 상승해 원래의 수준을 회복한 그래프 ⓐ는 '하락 → 상승 → 원래 수준으로 복귀'를 보이는 시장 금리에 대응된다.

ⓑ ㈏에 따르면 국내 통화량이 증가해 유지될 경우 자국 통화의 가치는 하락하고 환율은 상승한다. 또한 통화량의 증가로 인한 효과는 물가가 신축적인 경우에 예상되는 환율 상승에, 금리 하락에 따른 자금의 해외 유출이 유발하는 추가적인 환율 상승이 더해진 것으로 나타나지만, 시간이 경과함에 따라 단기에 과도하게 상승했던 환율은 장기에는 구매력 평가설에 기초한 환율로 수렴된다. 이때 '구매력 평가설에 기초한 환율'은 세 번째 문단에 따르면 장기적으

로 자국 물가 수준을 외국 물가 수준으로 나눈 비율인 균형 환율을 가리킨다. 그런데 세 번째 문단에서 국내 통화량이 증가해 유지될 경우 장기적으로 자국 물가도 높아져 장기의 환율은 상승한다고 했으므로 균형 환율은 국내 통화량이 증가하기 전보다 높은 수준에서 형성될 것이다. 따라서 t 시점에서 일시적으로 상승했으나 시간이 경과함에 하락해 원래의 수준보다 높은 수준으로 수렴된 그래프 ⓑ는 '상승 → 하락 → 원래 수준보다 높은 수준으로 수렴'을 보이는 환율에 대응된다.

ⓒ ㉴에 따르면 국내 통화량이 증가해 유지될 경우 물가가 경직적이어서 실질 통화량은 증가한다. 그러나 장기적으로 물가가 상승해 통화량을 물가로 나눈 실질 통화량은 원래 수준으로 돌아온다. 따라서 t 시점에서 일시적으로 상승했으나 시간이 경과함에 하락해 원래의 수준으로 돌아간 그래프 ⓒ는 '상승 → 하락 → 원래 수준으로 복귀'를 보이는 실질 통화량에 대응된다.

배경지식

시장 금리

자금 시장에서 자금을 거래할 때 시장 참여자들의 자금 상황에 따라 수시로 변동되는 금리를 뜻한다.

---

05 추론하기　　　　　　　정답 ③

다섯 번째 문단에 따르면 미세 조정 정책 수단은 정부가 기초 경제 여건을 반영한 환율의 추세를 용인하는 것으로, 환율의 단기 급등락에 따른 위험으로부터 실물 경제와 금융 시장의 안정을 도모한다. 또한 미세 조정 정책 수단 중에서 강제성(= 정부가 개인이나 집단의 행위를 제한하는 정도)이 낮은 것으로는 외환의 수급 불균형 해소를 위해 관련 정보를 신속·정확하게 공개하는 방법, 불필요한 가격 규제를 축소하는 방법 등이 있다. 그러나 ③의 진술처럼 금융 시장이 불안정할 때 정부가 해외 자금 유출과 유입을 제한하는 강제성이 높은 정책 수단에 대한 언급이 제시문에는 없으며, 또한 미세 조정 정책 수단은 ③의 진술처럼 환율의 추세를 바꾸려는 것이 아니라 용인하는 것이다.

오답분석

① 다섯 번째 문단에 따르면 미세 조정 정책 수단 중에서 직접성(= 정부가 공공 활동의 수행과 재원 조달에 직접 관여하는 정도)이 높은 것으로는 환율 급등락으로 인한 피해에 대비해 정부가 수출입 기업에 환율 변동 보험을 제공하는 방법이 있다. 따라서 ①의 진술처럼 수출 주력 중소기업에 환율 변동 보험을 제공하는 것은 미세 조정 정책 수단에 포함된다.

② 다섯 번째 문단에 따르면 미세 조정 정책 수단 중에서 직접성이 높은 것으로는 정부가 환율 변동으로 가격이 급등한 수입 필수 품목에 대한 세금을 조절해 내수가 급격히 위축되는 것을 방지하는 방법이 있다. 따라서 ②의 진술처

럼 원유처럼 수입 의존도가 높은 상품의 세율을 환율 변동에 맞춰 조정하는 것은 미세 조정 정책 수단에 포함된다.

④ 다섯 번째 문단에 따르면 미세 조정 정책 수단 중에서 직접성이 높은 것으로는 수출입 기업이 외화를 차입할 때 정부가 지급 보증을 하는 방법이 있다. 따라서 ④의 대금 지급을 위해 외화를 빌리는 수입 업체에 지급 보증을 제공하는 것은 미세 조정 정책 수단에 포함된다.

⑤ 다섯 번째 문단에 미세 조정 정책 수단 중에서 강제성이 낮은 것으로는 외환의 수급 불균형 해소를 위해 정부가 관련 정보를 신속·정확하게 공개하는 방법이 있다. 따라서 ⑤의 진술처럼 정부가 수출입 기업에 환율 변동에 영향을 주는 요인들에 대한 정보를 제공하는 것은 미세 조정 정책 수단에 포함된다.

배경지식

환율 변동 보험과 지급 보증

• 환율 변동 보험 : 중장기 수출 거래에서 생길 수 있는 외환 차손을 담보하는 보험이다. 일반적으로 결제 시기가 1년 이상인 수출 거래를 대상으로 한다.

• 지급 보증 : 지급 제시 기간 안에 수표가 제시될 경우, 수표의 지급인이 수표에 기재된 내용대로 지급할 것을 약속하는 행위를 뜻하는 법률 용어이다.

---

[06] 지문 분석

• 주제 : 산업화된 국가에서 비정규직 강화와 높은 청년 실업률의 원인

• 핵심 키워드 : 정규직, 임금노동자, 핵심부, 반주변부, 주변부, 선임자 특권

• 글의 구조

▷ 1문단 : 산업화가 진전되면 세상의 모든 사람은 정규직 임금노동자가 된다고 예측한 A

　– A는 근대화란 곧 산업화이고, 산업화는 농촌을 벗어난 농민들이 도시의 임금노동자가 되어가는 과정이라고 생각했다.

　– 자신과 가족의 생활을 유지할 만큼 급여를 받는 피고용자를 정규직이라 불러왔다.

　– A는 산업화가 진전되면 세상의 모든 사람은 정규직 임금노동자가 된다고 예측했다.

▷ 2문단 : A의 예측에 이의를 제기한 B의 주장

　– B에 따르면 산업화가 진전됨에 따라 노동자들은 핵심부, 반주변부, 주변부로 나뉜다.

　– 핵심부 : 혼자 벌어 가정을 유지할 만큼의 급여를 확보하는 정규직 노동자들이며, 이들의 일자리는 앞으로는 늘어나지 않을 것으로 예측되었다.

– 반주변부 : 정규직보다 낮은 급여를 받는 비정
규직을 포함하는 일반 노동자
– 주변부 : 실업자를 포함해서 반주변부보다 열악
한 상황에 놓인 노동자
– 반주변부와 주변부 노동자들이 계속해서 남아돌
것이라는 B의 예측은 적중했다.
▷ 3문단 : 산업화된 선진국에서 B의 예측이 적중한
원인
– 산업화가 진전된 선진국에서는 고용의 파이가
더 이상 확대되지 않거나 축소되었다.
– 선임자 특권 → 이미 고용된 나이 많은 노동자를
해고 어려움 → 신규 채용 회피
– 고용의 비정규직화는 지속적으로 강화되었으며
청년 실업률도 높아졌다.

06 추론하기 　　정답 ⑤

첫 번째 문단에 따르면 A는 자신과 가족의 생활을 유지할 만
큼 급여를 받는 피고용자를 정규직이라고 불렀다. 또한 두 번
째 문단에 따르면 B는 핵심부에 속하는 노동자들은 혼자 벌어
가정을 유지할 만큼의 급여를 확보하는 정규직 노동자들이라
고 보았다.

오답분석

① 첫 번째 문단에 따르면 A는 산업화는 농촌을 벗어난 농민
들이 도시의 임금노동자가 되어가는 과정이며, 임금노동
자 중에서 자신과 가족의 생활을 유지할 만큼 급여를 받는
정규직 임금노동자가 나타나고, 산업화가 지속적으로 진
전되면 세상의 모든 사람은 정규직 임금노동자가 된다고
예측했다. 요컨대 A는 산업화가 진전됨에 따라 농민들은
자신의 급여로 자신과 가정의 생계를 유지할 수 있는 정규
직 임금노동자가 될 것이라고 본 것이다. 따라서 ①의 진
술에서 A는 산업화가 진전됨에 따라 정규직 노동자의 실
질 급여 수준이 하락이 아니라 상승을 나타낼 것이라고 볼
것이다.
② 두 번째 문단에 따르면 B는 산업화가 진전됨에 따라 노동
자들이 크게 핵심부, 반주변부, 주변부로 나뉜다고 주장
했다. 그러나 B는 산업화된 국가의 노동자들을 핵심부·
반주변부·주변부 등의 세 가지 형태로 구분했을 뿐이며,
②의 진술처럼 "새로운 형태"의 주변부 노동자들이 생성
될 것이라고 보았는지 여부를 판단할 수 있는 내용은 제시
문에서 찾을 수 없다.
③ 세 번째 문단에 따르면 선임자 특권은 노조의 발달로 이미
고용된 나이 많은 노동자를 해고하는 일이 어려운 것을 뜻
하며, 선임자 특권의 결과로 정규직 채용이 축소되는 경향
이 나타났고, 그 결과 고용의 비정규직화가 강화되고 청년
실업률이 높아졌다. 그러나 제시문에는 관련한 내용이 제
시되어 있지 않아 선임자 특권에 대한 A와 B의 견해를 분
명하게 알 수 없다.

④ 첫 번째 문단에서 A는 산업화가 지속적으로 진전되면 세
상의 모든 사람은 정규직 임금노동자가 된다고 예측했다
고 했으므로 ④의 진술에서 노동자들의 급여가 다양한 수
준이 아니라 비교적 단일한 수준에서 결정된다고 보았을
것이다. 또한 두 번째 문단에 따르면 B는 임금노동자들을
핵심부·반주변부·주변부의 세 가지로 구분했으므로 급
여도 세 가지 수준(≒비교적 다양한 수준)에서 결정된다
고 보았을 것이다.

배경지식

정규직과 임금노동자
• 정규직 : 시간을 정하지 않고 정년까지의 고용이 보장
되며 전일제로 일하는 직위나 직무를 뜻한다.
• 임금노동자 : 직업의 종류를 불문하고 자신의 노동력
을 자본가에게 제공함으로써 얻은 임금을 가지고 생계
를 유지하는 사람을 뜻한다.

[07~09] 지문 분석
• 주제 : 이상 현상을 분석하고 토론하며 발전한 경제
이론
• 핵심 키워드 : 전통적 경제학, 행동경제학, 유동성, 심
적 회계
• 글의 구조
▷ 1문단 : 행동경제학에 의해 주도되는 이상 현상에
대한 연구
– 경제 주체의 행동이 경제 이론의 예측과 다르게
나타나는 것을 이상 현상이라 한다.
– 이상 현상에 대한 연구는 전통적 경제학의 가정
을 문제 삼는 행동경제학에 의해 주도되었다.
▷ 2문단 : 저축과 소비의 이상 현상에 대한 전통적
경제학의 해명(유동성 제약)
– 전통적 경제학과 행동경제학의 차이가 잘 드러
나는 것은 저축과 소비 관련 분야이다.
– 전통적 경제학은 사람들이 최적의 소비 계획을
세우고 불굴의 의지로 실행한다고 가정한다. 또
한 돈은 전용이 가능하다고 가정하며, 전용 가능
성이 후생을 높여 준다고 믿는다.
– 전통적 경제학은 연령에 따른 소비 패턴은 연령
에 따른 소득 패턴과 독립적으로 유지될 것이라
고 예측했으나 사람들의 연령에 따른 실제 소비
패턴은 연령에 따른 소득 패턴과 상당히 유사하
게 나타났다.
– 전통적 경제학에서는 이러한 이상 현상을 '유동
성 제약' 개념을 통해 해명했는데, 소비 수준이
이론의 예측에 비해 낮기 때문이라고 설명했다.

▷3문단 : 저축과 소비의 이상 현상에 대한 전통적 행동경제학의 해명(심적 회계)
 – 행동경제학에서는 청년 시절과 노년 시절의 소비가 예측보다 적은 것은 자발적 선택의 결과물이라며, 이를 '심적 회계'에 의해 설명한다.
 – 심적 회계의 작동으로 자산의 전용 가능성은 현저히 떨어지며, 특정 연도에 행하는 소비는 일생 동안의 소득 총액뿐 아니라 그 소득을 낳는 자산들이 마음속 어느 계정에 있는가에 따라서도 달라진다.
▷4문단 : 심적 회계의 의의
 – 사람들은 자신과 가족의 장기적 안전을 지키기 위해 행동을 제약하기 위한 속박 장치를 마음속에 만들어 내는데, 이러한 자기 통제 기제가 바로 심적 회계이다.
 – 심적 회계의 측면에서 본다면, 전통적 경제학의 유동성 제약은 장기적으로 자신에게 불리한 지출 행위를 사전에 차단하기 위한 자발적 선택의 결과이다.
 – 심적 회계가 저축을 스스로 강제하는 기제라면, 퇴직 연금이나 국민 연금 제도는 이런 기제가 사회적 차원에서 구현된 것이다.

07 일치·불일치 〔정답〕 ⑤

세 번째 문단에 따르면 사람들은 현금, 보통 예금, 저축 예금, 주택 등 각종 자산을 마음속 별개의 계정에 배치하고 그 사용에도 상이한 원리를 적용한다. 또한 자산의 피라미드 중 맨 아래층에는 지출이 가장 용이한 형태인 현금이 있는데, 이는 대부분 지출에 사용된다고 했으므로 아래쪽에 배치될수록 지출에 잘 사용된다고 볼 수 있다. 따라서 ⑤의 진술에서 자산 피라미드의 하층부에 있는 자산일수록 인출을 해 사용하려는 계정에 배치된다고 볼 수 있다.

〔오답분석〕

① 첫 번째 문단에 따르면 현실에서 관찰되는 사람들의 행동이 경제 이론에서의 예측과 다르게 나타나는 이상 현상을 분석하고 토론하는 과정을 통해 경제 이론은 발전했다. 따라서 ①의 진술처럼 이상 현상을 분석하는 것은 경제학을 발전시키는 자양분이 된다. 여기서 '자양분'은 성장·발전에 도움을 주는 정보·지식·사상 등을 비유하는 말이다.
② 네 번째 문단에 따르면 심적 회계가 당장의 유혹을 억누르고 현재의 지출을 미래로 미루는 저축을 스스로 강제하는 기제라면, 퇴직 연금이나 국민 연금 제도는 이런 기제가 사회적 차원에서 구현된 것이다. 따라서 ②의 진술처럼 퇴직 연금 제도는 개인 차원의 심적 회계가 사회적 차원으로 확대된 것이다.
③ 네 번째 문단에 따르면 저축은 당장의 유혹을 억누르고 현재의 지출을 미래로 미루는 행위이다. 따라서 ③의 진술처럼 저축은 당장의 소비를 위한 지출을 유보함으로써 미래의 지출에 대비하는 행위이다.

④ 네 번째 문단에 따르면 사람들은 미래보다 현재를 더 선호하고 유혹에 빠지기 쉽다. 또한 자신과 가족의 장기적 안전, 즉 미래의 안전을 지키기 위해 현재의 소비·지출 행동을 제약하기 위한 속박 장치를 마음속에 만들어 내는데, 이러한 자기 통제 기제가 심적 회계라고 했다. 따라서 ④의 진술처럼 심적 회계는 미래보다 현재를 중요하게 여기는 본능을 억제하려는 자기 통제 기제이다.

배경지식

현금(現金)
정부나 중앙은행에서 발행하는 지폐나 주화를 유가 증권과 구별하여 이르는 말, 또는 화폐나 즉시 화폐로 교환할 수 있는 수표와 어음을 통틀어 이르는 말이다.

08 세부 내용의 이해 〔정답〕 ③

두 번째 문단에 따르면 전통적 경제학에서는 예측과 달리 연령에 따른 소비 패턴이 연령에 따른 소득 패턴과 상당히 유사하게 나타난 이상 현상을 유동성 제약 개념을 통해 해명했는데, 금융 시장이 불완전해 미래 소득이나 보유 자산 등을 담보로 현재 소비에 충분한 유동성을 조달하는 데 제약이 있으므로 소비 수준이 이론의 예측에 비해 낮다고 설명했다. 또한 세 번째 문단에 따르면 행동경제학에서 설명하는 심적 회계의 측면에서 본다면 유동성 제약은 장기적으로 자신에게 불리한 지출 행위를 사전에 차단하기 위한 자발적 선택의 결과이며, 심적 회계는 당장의 유혹을 억누르고 현재의 지출을 미래로 미루는 저축을 스스로 강제하는 기제이다. 따라서 ③의 진술처럼 유동성 제약의 원인으로 전통적 경제학에서는 유동성 제약을 제시했으며, 행동경제학에서는 개인 차원의 심리적 요인을 제시한 것이다.

〔오답분석〕

① 네 번째 문단에 따르면 행동경제학에서는 사람들이 미래보다 현재를 더 선호하고 유혹에 빠지기 쉽다고 보았다. 그러나 두 번째 문단에서 전통적 경제학에서는 사람들이 자신에게 무엇이 최선인지를 잘 알면서 전 생애 차원에서 최적의 소비 계획을 세우고 불굴의 의지로 실행한다고 가정한다고 했으므로 전통적 경제학에서는 사람들이 유혹해 취약하다고 여기지 않을 것이다. 따라서 ①의 진술에서 사람들은 유혹에 취약하다는 의견에 ⓒ은 동조할 것이지만, ⊙은 그렇지 않을 것이다.
② 두 번째 문단에 따르면 전통적 경제학에서는 사람들의 연령에 따른 실제 소비 패턴이 연령에 따른 소득 패턴과 상당히 유사하게 나타난 것의 원인을 금융 시장의 불완전성에 따른 유동성 제약에서 찾았다. 즉, 전통적 경제학에서는 연령에 따른 소비와 소득의 패턴이 유사한 현상의 원인을 외부적 제약 요인(＝금융 시장의 완전성으로 인한 유동성 제약)에서 찾은 것이다. 또한 세 번째 문단에 따르면 행동경제학에서는 청년 시절과 노년 시절의 소비가 예측

보다 적은 것은 외부 환경의 제약에 따른 어쩔 수 없는 행동이 아니라 자발적 선택의 결과물이라며, 이를 '심적 회계'에 의해 설명한다. 즉, 행동 경제학에서는 청년 시절과 노년 시절의 소비가 예측보다 적은 현상의 원인을 내부적 제약 요인(=심적 회계라는 자발적 선택의 결과물)에서 찾은 것이다. 따라서 ②의 진술에서 연령대별 소비의 특성을 ㉠에서는 외부적 제약 요인으로 이해하고, ㉡에서는 자발적 선택에서 찾을 것이다.

④ 두 번째 문단에 따르면 전통적 경제학에서는 소비 수준이 이론의 예측에 비해 낮은 현상이 나타난 것은 금융 시장이 완전치 않아 미래 소득이나 보유 자산 등을 담보로 현재 소비에 충분한 유동성을 조달하는 데 제약이 존재하기 때문이라고 보았다. 요컨대 유동성 제약 때문에 소비 수준이 예측보다 낮다고 본 것이다. 따라서 ④의 진술에서 ㉠에서는 유동성 제약이 심화되면 소비가 부자유로우며 원활하지 않을 것이라고 추론할 수 있다.

⑤ 세 번째 문단에 따르면 행동경제학에서 급전이 필요할 때 저축 예금 대신 금리가 높은 신용카드 현금 대출 서비스를 받는 행동이 비합리적이라고 보는 것은, 금융적으로 바람직한 방법은 예금을 인출해 지출을 하는 것임에도 불구하고 금리가 높은 신용카드 현금 대출 서비스를 통해 돈을 빌리기 때문이다. 즉, 행동경제학에서는 급전이 필요할 때 저축 예금을 인출하는 선택은 바람직하다고 보는 것이다. 또한 두 번째 문단에 따르면 전통적 경제학에서는 돈은 전용이 가능하다고 가정하며, 이러한 전용 가능성이 자유롭고 유연한 선택을 촉진함으로써 후생을 높인다고 믿는다. 그리고 소득은 나이가 들면서 점증하다가 퇴직 후 급감하는 패턴을 보이며, 실제 연령에 따른 실제 소비 패턴은 연령에 따른 소득 패턴과 유사하다고 했다. 그러므로 소비 패턴은 소득의 변동이라는 상황에 따라 유동적이며, 전통적 경제학에서는 이러한 소비 패턴의 유동성은 전용 가능성으로 인한 후생 수준을 높일 수 있다고 생각할 것이다. 따라서 ㉠과 ㉡에서는 ⑤의 진술에서 말하는 내용을 긍정적으로 판단할 것이다.

배경지식

행동경제학

인간의 행동을 관찰하고 그것이 어떠한 결과를 발생시키는지 경제학적으로 분석하는 학문이다. 인간의 행동을 심리학적·사회학·생리학적 입장에서 관찰한 결과를 규명한다. 행동경제학은 '합리적 인간'을 의심하는 데서 출발하며, 경제주체로서의 인간은 제한적으로 합리적이며 때로는 감정적으로 선택하는 경향이 있다고 본다.

09 추론하기 정답 ②

보기에서 A국가는 정부의 세법 개정과 이러한 세법 개정에 대응해 은행들이 2차 대출 상품을 출시한 변화는 (소득이 급감해 대출 상환 능력이 낮은) 노인 가구의 대출, 주택 가격 상승에 따른 미실현이익을 향유하며 지출을 늘리는 가구 증가, 경제의 불안정성 심화 등을 초래해 결국 금융 위기 사태를 초래함으로써 가계 소득 감소와 소비 위축 등으로 경기 침체가 나타났다. ②에서 말하는 '위기'는 보기에서 언급한 '금융 위기 사태'를 가리킨다. 또한 보기의 내용에서 소비자 측면에서 '금융 위기 사태'를 일으킨 원인은 주택 가격 상승에 따른 미실현이익을 향유하며 지출을 늘렸다는 점이다. 즉, 소비자가 소득을 초과하는 지출을 한 것이 하나의 원인이 되어 '금융 위기 사태'로 인한 경제 침체가 발생한 것이다. 따라서 경제 침체를 초래한 과도한 지출을 억제하는 정책을 펼쳐야 한다. 그런데 ②의 진술처럼 유동성 제약을 완화하면 연령에 따른 소비 패턴과 소득 패턴이 독립적이 되어 보기의 대출 상환 능력이 낮은 노인 가구의 소비도 줄지 않을 것이므로 경기 침체가 이어지거나 더욱 악화될 것이다. 따라서 ②에서 진술하는 경우에는 유동성 제약을 강화하는 정책이 적절하다고 추론할 수 있다.

오답분석

① 세 번째 문단에 따르면 행동경제학에서 말하는 마음속 계정 중에서 가장 신성한 계정에는 퇴직 연금이나 주택과 같이 노후 대비용 자산들이 놓여 있는데, 이러한 노후 대비용 자산들은 최악의 사태가 발생하지 않는 한 마지막까지 인출이 유보된다. 또한 보기에 따르면 A국가의 세법 개정이 은행들의 다양한 대출 상품 출시를 초래했고, 그 결과 주택 가격 거품의 증대로 인해 주택을 최후의 보루로 삼던 사회적 규범이 결국 붕괴했으며 노인 가구들도 2차 주택 담보 대출을 받는 상황이 초래되었다. '마음속 가장 신성한 계정'에 배치되었던, 즉 보기에서 말하는 최후의 보루였던 주택 자산이 A국가에서는 더 이상 최후의 보루가 아니게 된 것이다.

③ 보기에서 언급한 '주택을 최후의 보루로 삼던 사회적 규범의 붕괴, 노인 가구들도 2차 주택 담보 대출을 받는 상황 초래, 주택 가격 상승에 따른 미실현이익을 향유하며 지출을 늘리는 가구 증가, 경제의 불안정성 증가, 금융 위기 사태 발생' 등은 ③에서 말하는 '자산의 전용 가능성 제고가 경제의 불안정성 심화'로 이어진 사례로 볼 수 있다. 또한 보기의 A국가에서는 공제 대상을 주택 담보 대출로 제한함으로써 주택 소유의 확대를 유도했으나, 은행들의 대출 상품을 국민들이 자발적으로 선택한 결과 경제의 불안정성 증가와 금융 위기 사태가 초래됐다. 즉, A국가에서 자발적 선택 가능성이 확대되기 전에는 심적 회계가 주택 자산을 최후의 보루로 삼아 주택을 담보로 한 소비·지출을 억제했다고 볼 수 있다. 따라서 ③의 진술처럼 자발적 선택 가능성의 확대로 인해 경기 침체가 초래된 것이라고 평가할 수 있다.

④ 보기의 A국가에서 주택 가격 거품이 부풀어 오름에 따라 주택을 최후의 보루로 삼던 사회적 규범이 결국 붕괴한 것을 다르게 표현하면 주택 자산을 노후 대비를 위한 저축의 수단이 아니라 소비·지출을 하기 위한 자금을 확보하는 대출의 수단으로 여기게 되었다는 것이다. 이처럼 대출 확대로 인해 주택 자산에 대한 심적 회계가 변화함에 따라 주택 가격 상승에 따른 미실현이익을 향유하며 지출을 늘리는 가구가 늘어나면서 경제의 불안정성 증대, 금융 위기 사태 및 가계의 소득 감소, 소비 위축 등의 경기 침체가 나타났다. 따라서 ④의 진술처럼 사회적 규범의 변화가 주택 자산을 소비 확대의 수단으로 여기게 만들었다.

⑤ 보기의 A국가에서는 소득이 급감해 대출 상환 능력이 낮은 노인 가구들도 2차 주택 담보 대출을 받아 미실현이익을 향유하며 지출을 늘리게 되었다. 두 번째 문단에 따르면 전통적 경제학에서는 사람들이 일생 동안 소비 수준을 비교적 고르게 유지할 것이며 소득의 경우 나이가 들면서 점점 증가하다가 퇴직 후 급속히 감소하는 패턴을 보인다는 점에 착안해, 연령에 따른 소비 패턴은 연령에 따른 소득 패턴과 독립적으로 유지될 것이라고 예측했다. 따라서 소득이 급감한 노인 가구의 소비·지출이 증가한(또는 감소하지 않은) 보기의 상황에 대해 전통적 경제학에서는 소비 패턴은 연령에 따른 소득 패턴과 독립적으로 유지될 것이라는 예측이 실현되었다고 여길 것이다.

배경지식

유동성(Liquidity)
유동성은 자산을 가치의 손실 없이 현금으로 전환할 수 있는 정도(환금성)를 뜻한다. 흔히 기업의 자산을 필요한 시기에 손실 없이 화폐로 바꿀 수 있는 정도를 나타낸다. 화폐는 현금화가 불필요해서 유동성이 매우 높기 때문에 '유동성'은 화폐 그 자체를 가리킨다. 또한 유동성은 크게 경제주체의 유동성과 자산의 유동성으로 구분되는데, 경제주체의 유동성은 각 경제주체가 채무를 충당할 수 있는 능력을 뜻한다. 자산의 유동성은 화폐 이외의 자산을 화폐로 전환한 후 다른 재화나 서비스로 전환하는 정도를 말하며, 전환 대상 자산의 양과 질, 시장의 형성, 거래 방법, 재금융(Refinance)의 가능성 등에 따라 유동성의 정도가 달라진다.

PART 2

DAY 01
DAY 02
DAY 03
DAY 04
DAY 05
DAY 06
DAY 07
DAY 08
DAY 09
DAY 10

01	02	03	04	05	06	07	08	09	
④	⑤	①	④	③	④	③	④	②	

[01~04] 지문 분석

- **주제** : 공정한 보험의 경제학적 원리와 보험의 목적 실현을 위한 법적 의무
- **핵심 키워드** : 보험, 보험료, 보험금, 보험료율, 고지 의무, 보험 사고, 해지권
- **글의 구조**
  ▷ 1문단 : 보험의 개념
    – 보험은 같은 위험을 보유한 다수인이 위험 공동체를 형성해 보험료를 납부하고 보험 사고가 발생하면 보험금을 지급받는 제도이다.
    – 보험은 조건의 실현 여부에 따라 받을 수 있는 재화나 서비스가 달라지는 조건부 상품이다.
  ▷ 2문단 : 보험료와 사고 발생 확률의 관계
    – 보험료와 보험금은 그 위험 공동체의 사고 발생 확률을 근거로 산정된다.
    – 공정한 보험에서는 보험료와 보험금에 대한 기댓값이 일치해야 하며, 구성원 전체의 보험료 총액과 보험금 총액이 일치해야 한다.
    – 보험금에 대한 기댓값=사고 발생 확률×사고 발생 시 수령할 보험금
    – 보험료율(=보험료의 비율)=보험료÷보험금
    – 보험료율>사고 발생 확률 : 구성원 전체의 보험료 총액>보험금 총액
    – 공정한 보험에서는 보험료율과 사고 발생 확률이 같아야 한다.
  ▷ 3문단 : 보험금과 사고 발생 확률의 관계
    – 보험 가입자들이 자신의 위험의 정도에 대해 진실한 정보를 알려 주지 않으면 보험사는 공정한 보험료를 책정하기 어렵다.
    – 어떤 위험 공동체에 사고 발생 확률이 더 높은 사람들이 동일한 보험료를 납부하고 진입하면, 사고 발생 빈도가 높아져 보험금의 총액이 증가한다.
    – 보험사는 보험료를 인상할 수밖에 없고, 자신의 위험 정도에 상응하는 보험료보다 더 높은 보험료를 납부하는 사람이 생기게 된다.
    – 정보의 비대칭성을 해결하기 위해 보험사는 보험 가입자의 감춰진 특성을 파악할 수 있는 수단이 필요하다.
  ▷ 4문단 : 공정한 보험료를 위한 고지 의무
    – 고지 의무는 보험사가 보험 가입자의 감춰진 특성을 파악할 수 있는 법적 수단이다.
    – 보험 가입자는 계약을 체결하기 전에 '중요한 사항'을 알려야 하고, 이를 사실과 다르게 진술해서는 안 된다.
    – 고지 의무는 위험 정도에 상응하는 보험료보다 더 높은 보험료를 납부해야 하거나, 이를 이유로 아예 보험에 가입할 동기를 상실하게 되는 것을 방지한다.
  ▷ 5문단 : 보험사의 계약 해지권
    – 보험 가입자가 고지 의무를 위반한 경우 상법은 보험사에 일방적인 계약 해지권을 부여한다.
    – 보험 가입자가 고지 의무를 위반했을 때에는 보험사가 해지권만 행사할 수 있다.
    – 계약 당시에 보험사가 고지 의무 위반 사실을 알았거나 중대한 과실로 인해 알지 못한 경우에는 보험사의 해지권은 배제되고, 해지권 행사 기간에도 제한이 있다.
    – '중요한 사항' 중 고지 의무 위반에 해당되는 사항이 보험 사고와 인과 관계가 없을 때에는 보험금을 지급해야 하지만, 이때에도 해지권을 행사할 수 있다.
  ▷ 6문단 : 보험 본연의 목적 달성을 위한 고지 의무
    – 고지 의무는 보험에 가입하려는 사람의 특성을 검증함으로써 다른 가입자에게 보험료가 부당하게 전가되는 것을 막음으로써 보험 본연의 목적이 달성되게 한다.

01 세부 내용의 이해 정답 ④

네 번째 문단에 따르면 보험 계약은 보험 가입자의 청약과 보험사의 승낙으로 성립되며, 보험 가입자는 반드시 계약을 체결하기 전에 '중요한 사항'을 알려야 하는 고지 의무가 있다. 이때 '중요한 사항'은 보험사가 보험 가입자의 청약에 대한 승낙을 결정하거나 차등적인 보험료를 책정하는 근거가 된다. 따라서 ④ 진술처럼 보험에 가입하고자 하는 사람이 알린 '중요한 사항'을 근거로 보험사는 그의 가입을 거절할 수 있는 것이다.

오답분석

① 네 번째 문단에 따르면 보험 계약은 보험 가입자의 청약과 보험사의 승낙으로 성립된다. 또한 다섯 번째 문단에 따르면 보험사는 고지 의무 위반을 이유로 계약을 해지할 수 있고, 해지권 행사는 보험사의 일방적인 의사 표시로 가능

하다. 따라서 ①의 진술에서 보험 계약의 성립 시에 그 계약의 청약을 하는 주체는 보험 가입자이고, 승낙을 하는 주체는 보험사이며, 보험사 일방적으로 보험 계약을 해지할 수 있는 것이다.

② 두 번째 문단에 따르면 공정한 보험은 위험 공동체의 구성원 각자가 납부하는 보험료와 그가 지급받을 보험금에 대한 기댓값이 일치해야 하며 구성원 전체의 보험료 총액과 보험금 총액이 일치해야 하는데, 이때 보험금에 대한 기댓값은 사고가 발생할 확률에 사고 발생 시 수령할 보험금을 곱한 값이다. 따라서 ②의 진술에서 보험료 총액보다 보험금 총액이 더 많다면 사고 발생 확률을 낮게 잡아 보험료를 적게 책정한 것이므로 공정하지 않다.

③ 첫 번째 문단에 따르면 보험은 보험 사고가 발생하면 보험금을 지급받는 제도이며, 보험은 조건의 실현 여부에 따라 받을 수 있는 재화나 서비스가 달라지는 조건부 상품이다. 따라서 ③의 진술에서 '보험 사고 발생 여부와 관계없이'가 아니라 보험 사고가 발생해야 보험금을 지급받으며, 이때 지급받는 보험금은 동일하지 않다.

⑤ 다섯 번째 문단에 따르면 보험사의 계약 해지권이 제한되는 경우도 있는데, 이는 보험 가입자의 잘못보다 보험사의 잘못에 더 책임을 둔 것이라 할 수 있다. 또한 보험 가입자의 '중요한 사항' 고지 의무 위반에 따라 보험사에 보험 계약 해지권을 상법에서 부여하는 이유는 여섯 번째 문단에 따르면 사고의 위험에 따른 경제적 손실에 대비하고자 하는 보험 본연의 목적을 달성하기 위한 것이다. 따라서 ⑤의 진술에서 보험사에 계약 해지권을 부여하는 이유는 보험 가입자보다 보험사의 잘못을 더 중시하기 때문이 아니라 보험 본연의 목적을 이루기 위한 것이다.

배경지식

보험료와 보험금
• 보험료 : 보험에 가입한 사람이 보험자(보험사)에게 내는 일정한 돈으로, 일정 기간 보험료를 내지 않으면 보험 계약은 효력을 상실한다.
• 보험금 : 보험 사고가 발생했을 때 보험 계약에 따라 보험사에서 피보험자(손해보험)나 보험금 수취인(생명보험)에게 실제로 지급하는 돈을 뜻한다.

02 추론하기 정답 ⑤

㉮에 따르면 '보험료율=보험료÷보험금'을 뜻하며, 공정한 보험에서는 보험료율과 사고 발생 확률이 같아야 한다. 또한 보기에 따르면 위험 공동체 A와 B의 사고 발생 확률은 각각 0.1과 0.2로 B의 경우가 2배 높고, A와 B에 모두 공정한 보험이 항상 적용된다. A의 사고 발생 확률(=0.1)=보험료율=보험료÷보험금=$\frac{1}{10}$, B의 사고 발생 확률(=0.2)=보험료율=보험료÷보험금=$\frac{1}{5}$ 이 되므로, A와 B의 보험료가 같다면 A의

보험금은 10이고 B의 보험금은 5이다. 그런데 ㉮에 따르면 '보험금의 기댓값=사고 발생 확률×보험금'이다. 기댓값을 계산하면 A는 0.1×10=1, B는 0.2×5=1이므로 A와 B는 같다. 요컨대 B의 사고 발생 확률은 A의 2배이지만 보험금은 A가 B보다 2배 많으므로 ⑤의 진술처럼 A와 B의 기댓값은 동일하게 되는 것이다.

오답분석

① ㉮에 따르면 공정한 보험에서는 보험료와 보험금에 대한 기댓값이 일치해야 하며, 이때 보험금에 대한 기댓값은 사고가 발생할 확률에 사고 발생 시 수령할 보험금을 곱해 산출한다. 위험 공동체 A의 보험료를 2배로 높이면 보험금도 2배가 되어야 공정한 보험이 된다. 따라서 A의 보험료를 2배로 높이면 보험금에 대한 기댓값은 ①의 진술처럼 변하지 않는 것이 아니라 2배가 되어야 한다.

② 위험 공동체 B의 보험금을 2배로 높이면 보험료도 2배로 높여야 공정한 보험이 된다. 따라서 보험금을 2배로 높이면 보험료는 ②의 진술처럼 변하지 않는 것이 아니라 2배가 되어야 한다.

③ ㉮에 따르면 공정한 보험에서는 보험료율과 사고 발생 확률이 같아야 한다. 또한 보기에서 위험 공동체 B의 사고 발생 확률(=0.2)은 A의 경우(=0.1)보다 2배 높다. 따라서 B에 적용되는 보험료율은 ③의 진술처럼 A와 같은 것이 아니라 A보다 2배가 되어야 한다.

④ ㉮에 따르면 '공정한 보험의 보험료율=사고 발생 확률'이고, '보험료율=보험료÷보험금'이다. 따라서 보기에서 위험 공동체 A와 B의 보험금이 같다면 ④의 진술처럼 A의 보험료가 B의 2배가 아니라 B의 보험료가 A의 2배가 되어야 공정한 보험이 된다.

배경지식

보험료율
보험료의 비율로, 보통 피보험자의 보수 월액에 대한 비율로 나타낸다. 보험사가 보험 상품을 출시할 때는 보험개발원에서 보험료율을 검증하며, 금융감독원에서 상품 인가 여부를 심사한다.

03 일치·불일치 정답 ①

다섯 번째 문단에 따르면 보험사는 보험 가입자의 고지 의무 위반을 이유로 일방적으로 보험 계약의 해지권을 행사할 수 있고, 이미 지급된 보험금의 반환을 청구할 수 있다. 다만, 일반적으로 법에서 의무를 위반하게 되면 위반한 자에게 그 의무의 이행을 강제하거나 손해 배상을 청구할 수 있는 것과 달리, 보험 가입자가 고지 의무를 위반했을 때에는 보험사가 해지권만 행사할 수 있다. 따라서 ①의 진술에서 고지 의무는 가입자가 보험사에 손해 배상을 해야 하는 근거가 아니라, 보험사가 보험 계약을 해지하고 보험 가입자에게 보험금 반환을 청구할 수 있는 근거가 된다.

PART 2

DAY 01
DAY 02
DAY 03
DAY 04
DAY 05
DAY 06
DAY 07
DAY 08
DAY 09
DAY 10

② 네 번째 문단에 따르면 보험 가입자가 보험사에 거짓 없이 고지할 의무가 있는 '중요한 사항'은 보험사가 보험 가입자의 청약에 대한 승낙을 결정하거나 차등적인 보험료를 책정하는 근거가 된다. 따라서 고지 의무는 ②의 진술처럼 보험사가 차등적인 보험료를 책정하는 데 도움이 됨을 알 수 있다.

③ 세 번째 문단에 따르면 보험 가입자들이 자신이 가진 위험의 정도에 대해 진실한 정보를 알려 주지 않으면 보험사는 보험 가입자 개개인이 가진 위험의 정도를 정확히 파악해 거기에 상응하는 보험료를 책정하기 어려우며, 이를 해결하기 위해 보험사는 보험 가입자의 감춰진 특성을 파악할 수 있는 수단이 필요하다. 따라서 고지 의무는 ③의 진술처럼 보험사가 보험 가입자의 감춰진 특성을 파악하는 수단이 됨을 알 수 있다.

④ 세 번째 문단에 따르면 자신의 위험 정도에 상응하는 보험료보다 더 높은 보험료를 납부하는 문제는 정보의 비대칭성에서 비롯되며, 이러한 정보의 비대칭성은 보험 가입자의 위험 정도에 대한 정보는 보험 가입자가 보험사보다 더 많이 갖고 있기 때문에 발생한다. 또한 네 번째 문단에 따르면 고지 의무는 자신의 위험 정도에 상응하는 보험료보다 더 높은 보험료를 납부해야 하는 문제를 방지한다. 따라서 ④의 진술처럼 고지 의무는 정보의 비대칭성으로 인한 문제를 줄일 수 있는 법적 장치가 됨을 알 수 있다.

⑤ 네 번째 문단에 따르면 고지 의무는 자신의 위험 정도에 상응하는 보험료보다 더 높은 보험료를 납부해야 하는 이유로 아예 보험에 가입할 동기를 상실하게 되는 것을 방지하는 법적 제도이다. 따라서 고지 의무는 ⑤의 진술처럼 자신의 위험 정도에 비해 보험료가 높기 때문에 보험 가입을 포기하는 것을 방지할 수 있음을 알 수 있다.

배경지식

고지 의무와 해지권
- 고지 의무 : 보험 계약자나 피보험자가 보험 계약을 체결할 때에 중요한 사실을 알리거나, 중요한 사실에 관하여 거짓말을 하지 않을 의무를 뜻한다. 이 의무가 위반되는 경우에는 계약을 해지할 수 있다.
- 해지권 : 계약 당사자의 한쪽이 계약을 해지할 수 있는 권리로서, 약정 해지권과 법정 해지권이 있다.

04 추론하기 정답 ④

다섯 번째 문단에 따르면 보험 가입자가 '중요한 사항'을 보험사에 알리지 않는 등 고지 의무를 위반하면 보험사는 일방적으로 보험 계약을 해지하고 지급한 보험금의 반환을 보험 가입자에게 청구할 수 있다. 그러나 고지해야 할 '중요한 사항' 중 고지 의무 위반에 해당되는 사항이 보험 사고와 인과 관계가 없을 때에는 보험사는 보험금을 지급할 책임이 있고, 보험 계약의 해지권을 행사할 수 있다. 따라서 보기에서 보험 가입자 B가 보험사 A에 알리지 않은 '중요한 사항'이 보험 사고와 인과 관계가 없다면 A는 B에게 보험금을 지급해야 하므로 이미 보험금을 지급했다면 ④의 진술처럼 보험금의 반환을 청구할 수 없음을 알 수 있다.

① 다섯 번째 문단에 따르면 보험 가입자가 고의나 중대한 과실로 '중요한 사항'을 보험사에 알리지 않는 등 고지 의무를 위반하면 상법의 규정에 따라 보험사는 보험 계약을 일방적으로 해지할 수 있고, 해지를 하면 보험사가 보험 가입자에게 보험금을 지급할 책임이 사라지며 이미 지급한 보험금의 반환을 청구할 수 있다. 그러나 계약 당시에 보험사가 중대한 과실로 인해 고지 의무 위반 사실을 알지 못한 경우에는 보험 가입자가 고지 의무를 위반했어도 보험사의 해지권은 배제된다. 따라서 보기에서 보험사 A에게 중대한 과실이 있었다면 보험 계약을 해지할 수 없고, 해지에 따른 보험금의 반환도 청구할 수 없다. 따라서 ①에서 진술하는 경우에는 계약 해지가 불가능하고, 보험금도 돌려받을 수 없다.

② 다섯 번째 문단에 따르면 보험 가입자의 고지 의무 위반을 이유로 보험사는 계약을 일방적으로 해지할 수 있고, 해지에 따른 보험금 반환의 청구를 할 수 있다. 그러므로 보기에서 보험사 A에게 중대한 과실이 없다면 보험 가입자 B의 고지 의무 위반을 이유로 A는 보험 계약을 해지하고 보험금 반환도 청구할 수 있다. 따라서 ②에서 진술하는 경우 A는 보험 계약을 해지할 수 있다.

③ 다섯 번째 문단에 따르면 계약 당시에 보험 가입자가 고지 의무를 위반했어도 보험사가 중대한 과실로 인해 보험 가입자의 고지 의무 위반 사실을 알지 못한 경우에는 보험사의 계약 해지권은 배제되고, 계약을 해지할 수 없으므로 보험금 반환 청구권도 성립하지 않는다. 그러므로 보기에서 보험사 A에게 중대한 과실이 있다면 보험 가입자 B가 고지 의무를 위반했더라도 이미 지급한 보험금의 반환을 청구할 수 없다. 따라서 ③에서 진술하는 경우 A는 보험금을 돌려받을 수 없다.

⑤ 다섯 번째 문단에 따르면 보험 계약 체결 전에 보험 가입자가 고의나 중대한 과실로 '중요한 사항'을 보험사에 알리지 않거나 사실과 다르게 알리면 고지 의무를 위반하게 된다. 그러므로 보기에서 보험 계약을 체결하기 전에 보험 가입자 B가 보험사 A에 대한 고지 의무를 지키지 않았다면 당연히 고지 의무 위반이 된다. 따라서 ⑤에서 진술하는 경우에는 계약 체결 이후에 알린 것이므로 고지 의무를 위반한 것이 된다.

배경지식

보험 사고
보험자에게 손해 전보(塡補) 의무 또는 보험금의 지급 의무가 발생하게 되는 우발적인 사고를 뜻한다.

[05] 지문 분석

- **주제** : WTO의 의사 결정 방식인 총의의 한계와 그 해결 방안
- **핵심 키워드** : WTO 설립협정, 총의, 부속서 4 복수국 간 무역협정 방식, 임계질량 복수국간 무역협정 방식, 최혜국대우원칙
- **글의 구조**
  ▷ 1문단 : WTO의 총의 제도의 정의
    - WTO 설립협정은 어느 회원국도 공식적으로 반대하지 않으면 검토를 위해 제출된 사항은 총의에 의해 결정되었다고 규정한다.
    - 의사결정 회의에 불참하더라도 그 불참은 반대가 아닌 찬성으로 간주된다.
  ▷ 2문단 : 총의 제도의 한계와 해결 방안 모색
    - 회원국 수 확대와 이해관계의 첨예화로 총의가 이루어지기 쉽지 않음으로 인해 결과적으로 무역자유화 촉진 및 확산이 저해되고 있다.
    - 이러한 문제의 해결 방안으로 '부속서 4 복수국간 무역협정 방식'과 '임계질량 복수국간 무역협정 방식'이 모색되었다.
  ▷ 3문단 : '부속서 4 복수국간 무역협정 방식'의 정의와 효과
    - '부속서 4 복수국간 무역협정 방식'은 WTO 체제 밖에서 복수국간 무역협정을 체결하고 이를 WTO 설립협정 부속서 4에 포함해 WTO 체제로 편입하는 방식이다.
    - '부속서 4 복수국간 무역협정 방식'은 협정상 혜택을 비당사국에 허용하지 않음으로써 해당 무역협정의 혜택을 누리려는 회원국들의 협정 참여를 촉진해 자유무역을 확산하게 한다.
  ▷ 4문단 : '임계질량 복수국간 무역협정 방식'의 정의와 효과
    - '임계질량 복수국간 무역협정 방식'은 WTO 체제 밖에서 일부 회원국 간 무역협정을 채택하되 해당 협정의 혜택을 보편적으로 적용해 무역자유화를 촉진하는 방식이다.
    - 협정의 혜택은 최혜국대우원칙에 따라 협정 당사국뿐 아니라 모든 WTO 회원국에 적용되지만, 협정의 의무는 협정 당사국에만 부여된다.
    - 해당 협정이 발효되려면 협정 당사국들의 협정 적용대상 품목의 무역량이 해당 품목의 전 세계 무역량의 90% 이상을 차지해야 한다.

05 추론하기 　정답 ③

세 번째 문단에 따르면 부속서 4로의 포함 여부가 논의 중인 전자상거래협정은 협정 당사국에게만 전자상거래시장을 개방하고 기술이전을 허용하며, 전자상거래협정이 부속서 4에 포함되려면 모든 WTO 회원국 대표로 구성되는 각료회의의 승인이 있어야 한다. 따라서 ③의 진술에서 WTO 회원국은 전자상거래협정에 가입하지 않더라도 전자상거래협정의 법적 지위에 영향을 끼칠 수 있다고 볼 수 있다.

오답분석

① 네 번째 문단에 따르면 '임계질량 복수국간 무역협정 방식'은 WTO 체제 밖에서 일부 회원국 간 무역협정을 채택하되 해당 협정의 혜택을 보편적으로 적용해 무역자유화를 촉진하는 방식으로, 채택된 협정의 혜택은 최혜국대우원칙에 따라 협정 당사국뿐 아니라 모든 WTO 회원국에 적용되지만 협정의 의무는 협정 당사국에만 부여된다. 따라서 ①의 진술처럼 협정의 혜택을 받는 국가의 수는 협정의 의무를 부담하는 국가의 수와 같거나 많을 것이다.

② 첫 번째 문단에 따르면 WTO 설립협정에서 명문화된 총의 제도는 회원국이 의사결정 회의에 불참하더라도 그 불참을 반대가 아니라 찬성으로 간주한다. 따라서 ②의 진술처럼 WTO 회원국은 의사결정 회의에 불참하더라도 찬성의 뜻을 유지할 수 있다.

④ 첫 번째 문단에 따르면 의사결정 회의에 참석한 회원국 중 어느 회원국도 공식적으로 반대하지 않는 한 검토를 위해 제출된 사항은 총의에 의해 결정되었다고 규정한다. 즉, 총의 제도는 만장일치 제도라서 1곳의 회원국이라도 반대하면 결정이 불가능하기 때문에 두 번째 문단에서 언급하는 문제들이 나타나게 된 것이다. 이러한 문제들의 해결을 위해 도입이 모색된 것이 세 번째 문단에서 설명하는 '부속서 4 복수국간 무역협정 방식'과 '임계질량 복수국간 무역협정 방식'이다. 세 번째 문단에 따르면 '부속서 4 복수국간 무역협정 방식'은 회원국 전체가 아니라 각료회의의 승인만으로도 결정할 수 있다. 요컨대, 만장일치제로 인한 총의 제도의 한계를 개선하려고 모색된 것이 '부속서 4 복수국간 무역협정 방식'이다. 따라서 총의 제도를 계속 유지한다면 ④의 진술처럼 '부속서 4 복수국간 무역협정 방식'의 도입 목적을 달성하기 어려워질 것이다.

⑤ 네 번째 문단에 따르면 1997년 발효된 정보기술협정은 '임계질량 복수국간 무역협정 방식'의 대표적인 사례이며, '임계질량 복수국간 무역협정 방식'에서 채택된 협정이 발효되려면 협정 당사국들의 협정 적용대상 품목의 무역량이 해당 품목의 전 세계 무역량의 90% 이상을 차지해야 한다. 따라서 ⑤의 진술처럼 정보기술협정 당사국들의 1997년 당시 ICT 제품 무역량의 총합은 전 세계 무역량의 90% 이상이었을 것이라고 추론할 수 있다.

배경지식

최혜국대우
통상 조약이나 항해 조약을 체결한 나라가 상대국에 대하여 가장 유리한 혜택을 받는 나라와 동등한 대우를 하는 일을 뜻한다.

• 주제 : 코즈의 거래 비용 개념을 발전시킨 윌리엄슨의 기업 이론
• 핵심 키워드 : 신고전파 경제학, 거래 비용, 기회주의, 제한적 합리성, 관계특수적 투자
• 글의 구조
▷ 1문단 : 개인과 기업을 동일시한 신고전학파 경제학에 대한 문제 제기
  - 신고전파 기업 이론은 기업이 주어진 생산 비용과 기술, 수요 조건에서 이윤을 극대화하는 생산량을 선택한다고 가정해 기업의 행동과 그 결과를 분석한다.
  - 신고전파의 분석이 한 사람의 행동과 기업의 행동을 동일한 것으로 다루는 것에 대한 문제 제기로 다양한 기업 이론이 제시되었다.
▷ 2문단 : 기업의 존재 이유를 거래 비용에서 찾은 코즈
  - 코즈는 시장 시스템과 기업 시스템은 본질적으로 다르므로 모든 활동이 시장에 의해 조정되지 않고 기업이라는 위계 조직이 필요한 이유를 설명해야 한다고 생각했다.
  - 코즈는 생산 비용만 고려해 자체 생산보다 외부 구매가 합리적이라는 신고전파 기업 이론의 논리가 생산에 필요한 모든 활동에 적용된다면 기업의 존재 이유를 찾기 어렵다고 보았다.
  - 코즈는 기업의 존재 이유는 생산 비용이 아닌 거래 비용에서 찾아야 한다고 보았다.
▷ 3문단 : 코즈의 거래 비용 개념과 이론적 한계
  - 코즈는 거래 비용을 시장 거래에 수반되는 어려움으로 정의했다.
  - 코즈는 거래 상대방 탐색, 가격 흥정, 교환 조건 협상, 계약 이행의 확인·강제하는 모든 과정에서 겪게 되는 어려움을 거래 비용으로 들었다.
  - 코즈에 따르면 거래 비용이 너무 커서 분업에 따른 이득을 능가하는 경우에는 외부에서 구매하지 않고 기업 내부에서 자체 조달한다.
  - 코즈의 설명은 거래 비용의 발생 원리를 명확하게 제시하지 않았고, 주류적인 경제학 방법론도 '권위'와 같은 개념을 수용할 준비가 되어 있지 않았다.
▷ 4문단 : 윌리엄슨의 새로운 개념들
  - 윌리엄슨은 '합리성'이라는 가정을 '기회주의'와 '제한적 합리성'이라는 가정으로 대체했다.
  - 코즈가 시장 거래라고 뭉뚱그려 생각한 것을 윌리엄슨은 현물거래와 계약으로 나누어 설명하면서 계약의 불완전성이란 개념을 제시했다.
  - 제한적 합리성으로 인해 사람들은 미래에 발생할 수 있는 모든 상황을 예측할 수 없기 때문에 통상적으로 계약에는 빈구석이 있을 수밖에 없다.

▷ 5문단 : 계약의 불완전성 문제로 기업의 행동을 설명한 윌리엄스
  - 상대방이 계약을 이행하지 않을 경우에는 관계특수적 투자의 가치는 떨어진다.
  - 관계특수성이 클수록 안전장치가 마련되지 않을 경우 관계특수적 투자가 이루어지기 어렵다.
  - 윌리엄슨은 계약의 불완전성 때문에 통상적인 수준의 단순한 계약을 통해서는 '관계특수적 투자에 따른 속박 문제'를 예방할 수 없다고 보았다.
  - 윌리엄슨은 복잡한 계약을 통해 강구한 안전장치도 해결할 수 없다면 아예 자체 조달을 선택할 것이라고 보았다.
▷ 6문단 : 윌리엄슨의 기업 이론의 의의
  - 신고전파 경제학은 안전장치가 불필요한 거래만 존재한다고 상정했고, 코즈는 다양한 안전장치를 고려하지 않고 기업의 자체 생산만 대안으로 존재하는 상황을 상정했다.
  - 윌리엄슨의 기업 이론 덕분에 거래 비용 경제학이 경제학 방법론의 주류적 위치를 넘볼 수 있게 되었다.

06 추론하기   정답 ④

두 번째 문단에서 생산 비용 개념만 고려하는 신고전파 기업 이론에 따르면 분업에 따른 전문화나 규모의 경제를 생각할 때 자체 생산보다 외부 구매가 더 합리적인 선택이라고 했다. 이처럼 기업은 자체 생산을 할 필요 없이 모든 생산물을 외부(시장)에서 구매하면 된다는 신고전파 기업 이론의 논리가 생산에 필요한 모든 활동에 적용된다면 기업의 존재 이유를 찾기 어렵다. 이러한 신고전파 기업 이론의 문제를 해결하기 위해 코즈는 기업의 존재 이유를 생산 비용이 아니라 거래 비용에서 찾아야 한다고 보았다. 또한 세 번째 문단에 따르면 거래 비용이 너무 커서 분업에 따른 이득을 능가하는 경우에는 외부에서 구매하지 않고 기업 내부에서 자체 조달한다. 즉, 코즈는 기업의 어떤 활동(자체 조달=생산 등)은 기업 내부에서 일어나고 또 다른 활동(구매 등)은 외부에서 일어난다고 전제한다. 모든 물건을 외부에서 구매하는 것이 합리적이라고 보는 신고전파 기업 이론의 입장에서는 코즈의 견해를 설명하지 못하는 것이다. 따라서 코즈는 기업의 존재 이유를 찾을 수 없다는 신고전파 기업 이론의 문제를 해결하기 위해 내부 거래와 외부 거래 이유를 규명함으로써 기업의 존재 이유를 설명하고 있다.

오답분석

① 제시문에는 기업의 의사 결정을 담당하는 주체와 관련한 내용이 없다.
② 제시문에서 '생산량의 선택'은 주요 쟁점이 아니다.

③ 제시문에는 기업의 이윤 극대화를 둘러싼 논쟁과 관련한 내용이 없으며, 신고전학파 영제 이론, 코즈, 윌리엄슨 등은 기업의 이윤 극대화를 가정한다. 오히려 신고전학파, 코즈, 윌리엄슨 모두 기업은 이윤을 극대화하려 한다는 점을 가정한다.

⑤ 첫 번째 문단에 따르면 신고전파 경제학의 분석은 한 사람의 농부의 행동과, 생산을 위해 다양한 역할을 담당하는 사람들이 참여하는 기업의 행동을 동일한 것으로 다룬다. 또한 ⑤의 문장을 환언하면 '개인의 생산량과 기업의 생산량은 차이가 있는가?'로 바꿀 수 있다. 그런데 두 번째 문단에 따르면 코즈는 가격에 기초하여 분업과 교환이 이루어지는 시장 시스템과 권위에 기초하여 계획과 명령이 이루어지는 기업 시스템은 본질적으로 다르다고 보았다. 즉, 제시문에서 '개인과 기업 모두 시장 시스템에 의해 행동하는가?' 하는 논점을 추출할 수 있다. 따라서 ⑤의 내용은 제시문의 논점과 관련이 없다.

PART 2

DAY 01

DAY 02

DAY 03

DAY 04

DAY 05

DAY 06

DAY 07

DAY 08

DAY 09

DAY 10

배경지식

신고전파 경제학(Neoclassical Economics)
애덤 스미스의 '보이지 않는 손'으로 대표되는 고전파 경제학을 계승한 학파로, 정부의 적극 개입을 주장한 케인스 경제학에 대응해 형성되었다. '합리적 인간'이라는 전제에서 출발했으며, 시장이 자율적으로 가격을 조절하는 기능에 의해 생산과 소비가 적절히 조화되고 경제도 안정적으로 성장한다고 보았다. 따라서 시장에 대한 정부의 인위적 개입을 부정하는 '작은 정부론'을 주장한다.

07 세부 내용의 이해
정답 ③

세 번째 문단에 따르면 코즈의 설명은 거래 비용의 발생 원리를 명확하게 제시하지 않았다는 한계가 있다. 네 번째 문단에 따르면 이러한 한계를 해소하기 위해 윌리엄슨은 코즈가 제시한 시장 거래를 현물거래와 계약으로 세분화해 설명하면서 계약의 불완전성이란 개념을 제시했다. 또한 다섯 번째 문단에 따르면 윌리엄슨은 계약의 불완전성으로 인해 통상적인 수준의 단순한 계약을 통해서는 사전에 '관계특수적 투자에 따른 속박 문제'를 방지하기 어렵다고 보았다. 윌리엄슨은 계약 상대방과의 관계 특수성에 따른 신뢰 문제(상대방이 계약을 이행하지 않을 수도 있다는 불안감)는 거래 비용을 발생시키는 원인이라고 본 것이다. 이러한 문제를 예방할 수 있는 대안으로 윌리엄슨은 '단순한 계약과는 다른 복잡한 계약'이라는 안전장치를 제시했다. 따라서 ③의 진술처럼 발달된 계약 제도를 통해 거래 비용을 줄일 수 있다고 볼 수 있다.

오답분석

① 세 번째 문단에 따르면 코즈는 거래 상대방 탐색, 가격 흥정, 교환 조건 협상, 계약 이행의 확인·강제하는 모든 과정에서 겪게 되는 어려움을 거래 비용으로 들었다. 그러므로 단일한 거래의 경우보다 복수의 거래가 거래 비용이 많

을 것이다. 따라서 ①의 진술에서 거래 비용과 거래량은 반비례가 아니라 비례 관계를 이룸을 알 수 있다.

② 네 번째 문단에서 윌리엄슨은 코즈가 시장 거래라고 뭉뚱그려 생각한 것을 윌리엄슨은 현물거래와 계약으로 구분해 설명했다고 했으므로 현물거래도 시장 거래의 하나임을 알 수 있다. 그러므로 현물거래를 할 때도 세 번째 문단에서 언급한 거래 상대방 탐색, 가격 흥정, 교환 조건 협상, 계약 이행의 확인·강제하는 모든 과정에서 겪게 되는 어려움이라는 거래 비용이 발생한다. 따라서 ②의 진술에서 현물거래의 경우에는 거래 비용이 발생함을 알 수 있다.

④ 세 번째 문단에 따르면 코즈는 거래 비용을 시장 거래에 수반되는 어려움으로 정의했으며, 거래 상대방 탐색, 가격 흥정, 교환 조건 협상, 계약 이행의 확인·강제하는 모든 과정에서 겪게 되는 어려움을 거래 비용으로 들었다. 또한 두 번째 문단에 따르면 기업 시스템은 권위에 기초해 계획과 명령이 이루어지며, 세 번째 문단에 따르면 시장의 가격이 아니라 기업이라는 위계 조직의 권위에 의해 (거래 비용의) 조정이 이루어진다. 따라서 ④의 진술에서 거래 비용은 기업 내부에서 권위의 행사에 수반되는 비용이 아니라, 기업 외부의 시장에서 탐색, 흥정, 협상, 강제하는 과정 중에 수반되는 비용임을 알 수 있다.

⑤ 두 번째 문단에 따르면 시장 시스템은 가격에 기초해 분업과 교환이 이루어지며, 세 번째 문단에 따르면 시장의 가격이 아니라 기업의 권위에 의해 (거래 비용의) 조정이 이루어진다. 그러나 ⑤의 진술처럼 재화의 시장 가치가 확실할수록 거래 비용이 커지는지 또는 감소하는지 판단할 수 있는 근거는 제시문에 없다. 다만 시장에서 거래되는 재화의 가치가 확실하다면 공급자(생산자)와 수요자(소비자) 사이에서 다툼이 발생할 가능성이 감소할 수 있기 때문에 시장 거래에 수반되는 어려움, 곧 거래 비용이 감소할 수도 있을 것이다.

배경지식

거래 비용
거래 당사자들 사이에서 거래가 성립되는 과정 중에 발생하는 모든 비용을 통틀어 이른다. 거래 전의 정보 수집, 협상에 수반되는 비용, 계약 준수에 대한 감시 비용, 재계약 비용 등이 포함된다. 다만 재화의 거래에서 발생하는 거래 비용은 시장의 정상적 기능을 저해하는 요인으로 작용한다. 또한 시장이 발전할수록 경제 활동에서 거래 비용이 차지하는 비율이 커지는데, 거래 비용을 줄이는 것은 기업 경영의 중요한 목표가 된다. 아울러 판매자(공급자)가 구매자(소비자)보다 재화에 대한 고급 정보를 가지고 있다는 정보의 비대칭성이 존재하며, 정부의 규제를 통해 구매자(소비자)가 상품 거래 정보의 수집에 수반되는 거래 비용을 줄일 수 있기 때문에 거래 비용은 정부 규제의 필요성을 정당화하는 근거가 되기도 한다.

08 비판하기 　　정답 ④

다섯 번째 문단에 따르면 관계특수성이 클수록 계약 후에 상대방이 변화된 상황을 기회주의적으로 활용할 가능성에 대한 우려가 커져 안전장치가 마련되지 않을 경우 관계특수적 투자가 이루어지기 어렵다는 문제를 윌리엄슨은 '관계특수적 투자에 따른 속박 문제'라고 불렀다. 또한 윌리엄슨은 계약의 불완전성으로 인해 통상적인 수준의 단순한 계약을 통해서는 사전에 '관계특수적 투자에 따른 속박 문제'를 방지하기 어렵다고 보았다. 따라서 ④의 진술에서 관계특수성이나 계약의 불완전성이 클수록 거래 비용(＝시장 거래에 수반되는 어려움)이 적어지는 것이 아니라 커진다고 볼 수 있다.

오답분석

① 두 번째 문단에 따르면 기업 시스템은 권위에 기초해 계획과 명령이 이루어지며, 세 번째 문단에 따르면 코즈는 기업이라는 위계 조직의 권위에 의해 (거래 비용의) 조정이 이루어진다고 보았다. 그러나 세 번째 문단에서 주류적인 경제학 방법론은 '권위'와 같은 개념을 수용할 준비가 되어 있지 않았다고 했을 뿐이며, ①의 진술에서 언급한 권위의 원천과 관련한 자세한 설명은 제시문에 없다. 따라서 ①의 진술처럼 윌리엄슨의 기업 이론은 권위의 원천에 대한 설명을 제시하지 못했다고 볼 수 있다.

② 네 번째 문단에 따르면 윌리엄슨이 '합리성'이라는 가정을 '기회주의'와 '제한적 합리성'이라는 가정으로 대체한 것은 경제 주체들은 교활하게 자기 이익을 최대화하고자 하지만, 정보의 양이나 정보 처리 능력 등의 이유로 항상 자기 이익을 최대화할 수 있는 것은 아니라고 보았기 때문이다. 따라서 ②의 진술처럼 윌리엄슨의 기업 이론은 경제 주체의 합리성을 대체하는 새로운 가정으로 '기회주의'와 '제한적 합리성'을 제시했음을 알 수 있다.

③ 네 번째 문단에 따르면 윌리엄슨은 '합리성'이라는 가정을 '기회주의'와 '제한적 합리성'이라는 가정으로 대체했으며, 코즈가 제시한 '시장 거래'를 현물거래와 계약으로 나누어 설명하면서 계약의 불완전성이란 개념을 제시했다. 또한 다섯 번째 문단에 따르면 관계특수성이 클수록 계약 후에 상대방이 변화된 상황을 기회주의적으로 활용할 가능성에 대한 우려가 커져 안전장치가 마련되지 않으면 관계특수적 투자가 이루어지기 어렵다는 문제를 윌리엄슨은 '관계특수적 투자에 따른 속박 문제'라고 불렀다. 그는 계약의 불완전성으로 인해 단순한 계약을 통해서는 '관계특수적 투자에 따른 속박 문제'를 예방하기 어렵다고 보았기 때문에 이 문제가 심각한 결과를 초래하는 경우에는 기업은 복잡한 계약을 통해 안전장치를 강구할 것이고, 안전장치로도 해결할 수 없다면 아예 자체 조달을 선택할 것이라고 보았다. 따라서 ③의 진술처럼 윌리엄슨의 기업 이론은 현물거래와 자체 생산 이외에도 기회주의적인 활용 가능성, 제한적 합리성, 관계특수성 등을 통해 다양한 계약들(단순한 계약과 복잡한 계약)이 존재하는 현실을 이해할 수 있게 한다.

⑤ 네 번째 문단에 따르면 코즈가 시장 거래라고 뭉뚱그려 생각한 것을 윌리엄슨은 현물거래와 계약으로 나누어 설명하면서 계약의 불완전성이란 개념을 제시했는데, 제한적 합리성으로 인해 계약에는 빈구석이 있을 수밖에 없다. 또한 다섯 번째 문단에 따르면 안전장치가 마련되지 않을 경우에는 관계특수성이 클수록 관계특수적 투자가 이루어지기 어렵다. 따라서 ⑤의 진술처럼 윌리엄슨의 기업 이론은 시장 거래를 현물거래와 계약으로 구분해 새로운 관점에서 거래 비용의 속성을 이해할 수 있게 한다.

> ### 배경지식
>
> **제한적 합리성**
> 제한된 정보만을 활용하게 됨으로써 인간이 갖는 합리성의 한계를 뜻한다. 완전한 정보의 습득은 불가능하므로 현실 세계에서 체결되는 계약은 본질적으로 불완전한 계약이다.

09 추론하기 　　정답 ②

다섯 번째 문단에 따르면 관계특수성이 클수록 상대방의 기회주의적인 활용 가능성에 대한 우려가 커져 안전장치가 마련되지 않으면 관계특수적 투자(＝상대방이 계약을 이행할 것이라고 신뢰하고 행했던 준비)가 이루어지기 어렵다. 윌리엄슨은 이를 '관계특수적 투자에 따른 속박 문제'라고 부르고, 계약의 불완전성 때문에 단순한 계약을 통해서는 이 문제를 예방하기 어렵다고 보았다. 또한 보기 ⓑ의 1년 미만의 초단기 계약, 1년 이상의 계약, 6년 이상의 장기 계약, 21년 이상의 계약 등은 모두 다섯 번째 문단에서 제시한 계약을 통한 안전장치이다. 그러나 다섯 번째 문단에서는 '관계특수적 투자에 따른 속박 문제', 즉 위험성 때문에 '복잡한 계약'이라는 안전장치를 강구한다고만 설명했을 뿐이며, 보기와 제시문의 내용만으로는 계약 기간이 짧은 것과 긴 것 중에 어느 것이 더 위험한지 단정할 수 없다. 또한 다섯 번째 문단에 따르면 '관계특수적 투자에 따른 속박 문제'가 초래할 수 있는 심각한 결과를 예방하기 위해 강구한 복잡한 계약이라는 안전장치로도 문제를 해결할 수 없다면 기업은 아예 자체 조달(생산)을 선택할 것이라고 윌리엄슨은 보았다. 따라서 ②의 진술에서 말하는 관계특수적 투자에 따른 속박이 심각한 문제를 초래할 가능성이 가장 높은 경우에는 기업은 1년 미만의 초단기 계약을 맺기보다는 자체 생산으로 조달하는 방안을 선택할 것이다.

오답분석

① 세 번째 문단에 따르면 코즈는 거래 비용이 너무 커서 분업에 따른 이득을 능가하는 경우에는 외부에서 구매하지 않고 기업 내부에서 자체 조달한다고 보았다. 또한 다섯 번째 문단에 따르면 윌리엄슨은 복잡한 계약이라는 안전장치로도 '관계특수적 투자에 따른 속박 문제'를 해결할 수 없다면 기업은 아예 자체 조달을 선택할 것이라고 보았다. 코즈와 윌리엄슨 모두 거래 비용을 감당하기 어려울

경우에 기업은 자체 조달을 선택할 것이라고 본 것이다. 그리고 보기의 ⓐ는 전력 회사가 석탄의 15%를 자체 조달한 결과이다. 따라서 ①의 진술처럼 ⓐ는 복잡한 장기 계약으로도 문제에 대처할 수 없기 때문에 거래 비용을 줄이기 위해 전력 회사가 자체 조달을 선택한 결과라고 추론할 수 있다.

③ 다섯 번째 문단에 나타난 윌리엄슨의 견해에 따르면 상대방이 계약을 이행하지 않는다면 상대방이 계약을 이행할 것이라고 신뢰하고 행했던 준비, 즉 관계특수적 투자의 가치는 떨어질 것이다. 그 가치가 많이 떨어질수록, 즉 관계특수성이 클수록 계약 후에 상대방이 변화된 상황을 기회주의적으로 활용할 가능성에 대한 우려가 커져 안전장치가 마련되지 않을 경우 관계특수적 투자가 이루어지기 어렵다. 또한 계약의 불완전성 때문에 단순한 계약으로는 '관계특수적 투자에 따른 속박 문제'를 예방하기 어려우므로 이 문제가 심각한 결과를 초래하는 경우에는 기업은 복잡한 계약을 통해 안전장치를 강구할 것이다. 그리고 보기의 ⓒ는 복잡한 장기 계약을 통해 조달한 결과이며, 이는 복잡한 계약을 통해 강구한 안전장치로 볼 수 있다. 평균 35년, 최대 50년 동안 계약의 이행을 강제하고 상대방이 계약을 이행할 것이라는 신뢰를 유지하기 위한 장치인 것이다. 따라서 ③의 진술처럼 ⓒ는 특정 탄광이 계약 기간 동안 석탄 공급이라는 계약을 충실히 이행할 것이라 신뢰하고 행했던 준비, 즉 관계특수적 투자의 가치가 떨어질 것을 우려해 장기간의 복잡한 계약으로써 계속적인 거래를 보장받기 위한 결과라고 추론할 수 있다.

④ 네 번째 문단에 따르면 제한적 합리성으로 인해 장차 발생 가능한 모든 상황을 예측할 수 없고, 예측한 상황에 대해 모든 대비책을 계산할 수도 없으며, 언어는 원래 모호할 수밖에 없으므로 계약의 이행 정도를 제3자에게 입증할 수 있는 방식으로 사전에 계약을 맺기 어려워 통상적으로 계약에는 빈구석이 있다. 요컨대 제한적 합리성으로 인한 계약의 불완전성 때문에 제3자가 계약의 이행 정도를 판단하기 어렵다는 것이다. 또한 다섯 번째 문단에 따르면 관계특수적 투자의 가치(＝상대방이 계약을 이행할 것이라고 신뢰하고 행했던 준비)가 많이 떨어질수록 계약 후에 상대방이 변화된 상황을 기회주의적으로 활용할 가능성에 대한 우려가 커져 안전장치가 마련되지 않을 경우 관계특수적 투자가 이루어지기 어려우며, 심각한 결과를 초래하는 경우에는 기업은 단순한 계약과는 다른 복잡한 계약을 통해 안전장치를 강구할 것이다. 상대방의 기회주의적 행동을 예방하기 위한 강구책으로 기업은 복잡한 계약을 선택한다는 것이다. 그러므로 제3자가 계약에서 복잡한 조항은 중요한 내용이라고 여길 것이고, 계약 당사자 중에 어느 일방이 기회주의적인 행동을 했는지 의심할 때는 계약 내용을 근거로 판단할 것이다. 따라서 ④의 진술처럼 ⓓ는 석탄의 품질과 가격과 관련한 기회주의적 행동을 제3자가 판단하기 어렵다는 우려 때문에 계약 조건을 복잡하게 함으로써 기회주의적 행동이 의심될 때 제3자도 판단할 수 있게 한 결과라고 추론할 수 있다.

⑤ 네 번째 문단에서 제한적 합리성으로 때문에 장차 발생 가능한 모든 상황을 예측할 수 없고, 언어는 원래 모호할 수밖에 없으므로 계약의 이행 정도를 제3자에게 입증할 수 있는 방식으로 사전에 계약을 맺기 어려워 통상적으로 계약에는 빈구석이 있다고 했다. 또한 다섯 번째 문단에서 언급한 복잡한 계약이라는 안전장치를 강구하는 이유는 계약의 이행 정도를 제3자에게 입증할 수 있게 하기 위한 것이다. 즉, 계약 내용을 복잡하고 자세하게 설정함으로써 계약 불이행, 기회주의적 행동 등으로 인한 분쟁이 발생했을 경우에 제3자가 적절한 판단을 할 수 있는 근거와 기준을 마련하기 위한 것이다. 따라서 ⑤의 진술처럼 ⓓ에서 최소 공급 물량을 단순하게 명시한 것은 계약을 불이행했을 경우에 제3자가 불이행 여부를 판단하기 어렵지 않기 때문에 계약 조건을 단순하게 설정한 결과라고 추론할 수 있다.

배경지식

윌리엄슨의 거래 비용 이론

미국의 경제학자 올리버 E. 윌리엄슨은 각종 경제 현상을 거래 비용의 관점에서 설명하였다. 윌리엄슨은 시장에서 거래 당사자로서의 인간은 불완전하고 거래가 일어나는 상황은 복잡하기 때문에 다양한 거래 비용이 발생하며, 이러한 거래 비용이 시장의 비효율성을 조장하므로 시장을 대체하는 거래 구조로서 기업이라는 위계 조직이 발생한다고 보았다. 또한 불안정한 시장의 실패를 감소시키려면 거래 비용을 조직으로 흡수해야 하고, 각종 거래가 기업 외부의 시장보다는 기업 내부에서 이루어질 때 더 효율적이기 때문에 기업이 발생한다고 보았다. 따라서 대기업은 효율적이며 다른 조직보다 소유주, 근로자, 공급자, 소비자 등에게 유리하다고 주장했다. 또한 대기업이 독과점을 이루어 폐해를 끼치는 경우에는 그러한 행위만 규제할 뿐이고, 기업의 규모를 제한하지 말아야 한다고 주장했다. 그는 2009년에 노벨 경제학상을 공동 수상했다.

PART 2

DAY 01
DAY 02
DAY 03
DAY 04
DAY 05
DAY 06
DAY 07
DAY 08
DAY 09
DAY 10

01	02	03	04	05	06	07	08		
③	③	②	①	⑤	⑤	⑤	②		

[01~03] 지문 분석

- 주제 : 폴라니의 '암묵지' 개념을 활용한 노나카의 '지식 경영론'
- 핵심 키워드 : 지식 경영, 암묵지, 명시지, 지식 변환, 공동화, 표출화, 연결화, 내면화
- 글의 구조
  ▷ 1문단 : 지식 경영의 개념
  － 지식 경영은 기업 경쟁력의 원천이 조직적인 학습과 혁신 능력(＝기업의 지적 역량)에 있다고 보아 지식의 활용과 창조를 강조하는 경영 전략이다.
  ▷ 2문단 : 지식 경영에 활용되는 폴라니의 암묵지의 개념과 역할
  － 폴라니는 명확하게 표현되지 않고 주체에게 체화된 암묵지 개념을 통해 모든 지식이 지적 활동의 주체인 인간과 분리될 수 없다고 강조했다.
  － 그에 따르면 모든 지식에는 암묵적 요소들과 이들을 하나로 통합하는 '인간적 행위'가 전제되어 있으며, 모든 지식은 암묵지에 기초하고 있다.
  ▷ 3문단 : 노나카의 암묵지와 명시지의 실용적 구분
  － 노나카는 지식에 대한 폴라니의 탐구를 실용적으로 응용했다.
  － 그는 '암묵지'를 객관적으로 표현하기 어려운 주관적 지식으로, '명시지'를 객관적이고 논리적으로 형식화된 지식으로 파악했다.
  － 노나카는 명시지(＝객관적이고 논리적으로 형식화된 지식)이 암묵지에 비해 상대적으로 공유 가능성이 높다고 보았다.
  ▷ 4문단 : 노나카의 지식 변환의 네 가지 유형과 그 과정을 원활하게 하는 방안
  － 노나카는 개인, 집단, 조직 수준에서 이루어지는 지식 변환 과정을 네 가지로 유형화했다.
  － 공동화 : 대면 접촉을 통한 모방이나 개인의 숙련 노력에 의해 암묵지가 전달되어 타자의 암묵지로 변환되는 것
  － 표출화 : 암묵적 요소 중 일부가 형식화되어 객관화됨으로써 암묵지에서 명시지로 변환되는 것
  － 연결화 : 명시지들을 결합하여 새로운 명시지를 형성하는 것

  － 내면화 : 명시지가 숙련 노력에 의해 암묵지로 전환되는 것
  － 그는 지식 변환 과정이 원활하게 일어나 기업의 지적 역량이 강화되도록 기업의 조직 구조도 혁신되어야 한다고 주장했다.
  ▷ 5문단 : 지식 경영의 실현과 성패를 좌우하는 조건
  － 지식 경영이 실현되려면 지식 공유 과정에 대한 구성원들의 참여가 전제되어야 한다.
  － 지식 경영의 성패는 지식의 성격에 대한 정확한 이해에 기초해 구성원들이 지식 공유와 확산 과정에 자발적으로 참여하도록 하는 방안을 마련하는 것에 달려 있다.

01　세부 내용의 이해　정답 ③

세 번째 문단에 따르면 노나카는 명시지를 문서나 데이터베이스 등에 담긴 지식과 같이 객관적이고 논리적으로 형식화된 지식으로 파악하고, 명시지가 암묵지에 비해 상대적으로 지식의 공유 가능성이 높다고 보았다. 따라서 ③의 진술에서 노나카는 암묵지가 아니라 명시지가 지식의 공유 가능성이 상대적으로 높다고 보았을 것이다.

오답분석

① 두 번째 문단에 따르면 폴라니는 일상적 지각뿐만 아니라 고도의 과학적 지식도 지적 활동의 주체가 몸담고 있는 구체적인 현실로부터 유리된 것이 아니라고 보았으며, 모든 지식이 암묵지에 기초하고 있다고 강조했다. 따라서 ①의 진술처럼 폴라니는 과학 지식도 암묵지를 기초로 하여 형성된다고 보았을 것이다.

② 두 번째 문단에 따르면 폴라니는 명확하게 표현되지 않고 주체에게 체화된 암묵지 개념을 통해 모든 지식이 지적 활동의 주체인 인간과 분리될 수 없다는 것을 강조했다. 따라서 ②의 진술처럼 폴라니는 지적 활동의 주체, 즉 인간과 분리되어 독립된 객체로서 존재하는 지식은 없다고 보았을 것이다.

④ 네 번째 문단에 따르면 노나카는 지식 변환 과정이 원활하게 일어나 기업의 지적 역량이 강화되도록 기업의 조직 구조도 혁신되어야 한다고 주장했다. 따라서 ④의 진술처럼 노나카는 지식이 원활하게 변환되도록, 즉 지식 변환 과정이 활발하게 일어나도록 기업의 조직 구조를 혁신해야 한다고 보았을 것이다.

⑤ 두 번째 문단에 따르면 폴라니는 모든 지식에는 암묵적 요소들과 이들을 하나로 통합하는 인간적 행위가 전제되어 있다고 보았으며, 모든 지식이 암묵지에 기초하고 있다고 강조했다. 또한 네 번째 문단에 따르면 노나카는 암묵지와

명시지의 분류에 기초해 개인, 집단, 조직 수준에서 이루어지는 지식 변환 과정을 공동화, 표출화, 연결화, 내면화 등의 네 가지로 유형화했다. 따라서 ⑤의 진술처럼 폴라니는 암묵지의 중요성을 강조했으며, 노나카는 지식 변환 과정에 주목했다고 볼 수 있다.

> **배경지식**
>
> **지식 경영**
> 조직 구성원 개개인의 지식이나 기술, 비법을 체계적으로 발굴해 조직 내에서 보편적인 지식으로 공유함으로써 조직 전체의 문제 해결 능력을 비약적으로 키우는 경영 방식을 뜻한다.

02 추론하기　　　　　　　　　정답 ③

네 번째 문단에 따르면 내면화는 명시지가 숙련 노력에 의해 암묵지로 전환되는 것으로, 이를 도식화하면 '명시지 → 숙련 노력 → 암묵지'로 표현할 수 있다. 따라서 ③의 진술처럼 명시지인 터치스크린 매뉴얼을 보고 제품을 실제로 반복 사용한다는 숙련 노력을 통해 암묵지인 감각적 지식을 획득한 것은 내면화의 사례로 볼 수 있다.

오답분석
① 네 번째 문단에 따르면 연결화는 명시지들을 결합해 새로운 명시지를 형성하는 것을 뜻한다. 또한 공동화는 암묵지가 전달되어 타자의 암묵지로 변환되는 것으로, 대면 접촉을 통한 모방과 개인의 숙련 노력에 의해 이루어지는 것을 뜻한다. 따라서 ①의 경우는 대면 접촉을 통한 모방과 개인의 숙련 노력을 통해 소비자들의 느낌이라는 암묵지가 직원의 암묵지로 변환된 것이므로 연결화가 아니라 공동화의 사례로 볼 수 있다.
② 네 번째 문단에 따르면 표출화는 암묵적 요소 중 일부가 형식화되어 객관화됨으로써 암묵지에서 명시지로의 변환되는 것을 뜻한다. 또한 연결화는 명시지들을 결합해 새로운 명시지를 형성하는 것을 뜻한다. 따라서 ②의 경우는 특허 기술들이라는 명시지들을 결합해 신기술이라는 새로운 명시지를 개발한 것이므로 표출화가 아니라 연결화의 사례로 볼 수 있다.
④ 네 번째 문단에서 연결화는 명시지들을 결합해 새로운 명시지를 형성하는 것이며, 내면화는 명시지가 숙련 노력에 의해 암묵지로 전환되는 것이라고 했다. 따라서 ④의 경우는 교재라는 명시지가 반복적인 시뮬레이션 학습이라는 숙련 노력을 통해 조종술에 능숙하게 된 것이라는 암묵지로 전환된 것이므로 연결화가 아니라 내면화의 사례로 볼 수 있다.
⑤ 네 번째 문단에서 공동화는 대면 접촉을 통한 모방과 개인의 숙련 노력에 의해 암묵지가 전달되어 타자의 암묵지로 변환되는 것이며, 표출화는 암묵적 요소 중 일부가 형식화되어 객관화됨으로써 암묵지에서 명시지로 변환되는 것이

라고 했다. 따라서 ⑤의 경우는 성공적인 제품 디자인들에 동물 형상이 반영되었음을 감지했다는 암묵적 요소가 형식화를 통해 새로운 청소기 디자인이라는 객관화된 명시지로 변환된 것이므로 공동화가 아니라 표출화의 사례로 볼 수 있다.

> **배경지식**
>
> **마이클 폴라니가 제시한 암묵지와 명시지**
> • 암묵지(暗黙知) : 학습과 경험을 통해 개인이 체화하고 있지만, 언어 등으로 표현하기 어려워 겉으로 드러나지 않는 지식을 뜻한다.
> • 명시지(明示知) : 문서, 설명서처럼 밖으로 분명하게 드러나 여러 사람과 공유할 수 있는 지식을 뜻한다. 형식지라고도 부른다.

03 비판하기　　　　　　　　　정답 ②

보기의 사례에서 F사는 명시지(=보고서와 제안서 등의 가시적인 지식)의 산출에 대해서는 보상하지만, 암묵지(=경험적 지식이나 창의적 아이디어 같은 무형의 지식)의 산출에 대해서는 보상하지 않기 때문에 경영상의 여러 문제를 겪고 있으므로 암묵지의 산출에 대한 보상을 강화해야 할 것이다. 따라서 F사는 이미 보상을 통해 명시지의 산출을 독려하고 있고, ②의 경우는 논리적이고 형식화된 지식이라는 명시지의 산출과 축적을 강화하는 것이므로 F사의 문제들을 해결할 수 있는 방안으로 적절하지 않다.

오답분석
① 창의적 아이디어는 문서 형태로 표현되기 어려우므로 암묵지의 일종으로 볼 수 있고, 보기의 F사는 경험적 지식이나 창의적 아이디어 같은 무형의 지식, 즉 암묵지의 산출에 대한 보상을 하지 않고 있다. 따라서 ①의 진술처럼 F사는 다양한 의견 제안 방식을 마련해 창의적 아이디어와 같은 암묵지의 산출을 독려하는 방안이 적절할 것이다.
③ 네 번째 문단에 따르면 노나카는 지식 변환 과정이 원활하게 일어나 기업의 지적 역량이 강화되도록 기업의 조직 구조도 혁신되어야 한다고 주장했다. 또한 보기의 F사에서 경험 많은 직원들, 즉 숙련된 직원들이 퇴직할 때마다 해당 부서의 업무 공백이 발생한 원인은 숙련된 직원들의 노하우를 공유할 수 있는 제도가 없었기 때문이다. 따라서 ③의 진술처럼 면대면 훈련 프로그램을 도입해 숙련된 직원들의 노하우라는 암묵지를 공유하게 함으로써 지식 변환 과정을 통해 기업의 지적 역량을 강화할 수 있는 방안으로 적절할 것이다.
④ 보기의 F사는 보고서와 제안서 등의 가시적인 지식(=명시지)의 산출에 대해서만 보상할 뿐이며, 경험적 지식이나 창의적 아이디어 같은 무형의 지식(=암묵지)에 대한 평가 및 보상 제도는 갖추지 않았기 때문에 가시적인 지식을 산출하지 못하는 직원들의 회사에 대한 애착과 헌신은

감소했다. 따라서 F사가 ④의 진술처럼 체화된 무형의 지식, 즉 암묵지를 평가해 보상할 수 있는 제도를 개선하는 것은 자사에 대한 직원들의 애착과 헌신을 높일 수 있는 방안으로 적절할 것이다.

⑤ 보기의 F사는 암묵지는 등한시하고 명시지만 평가해 보상했기 때문에 유용성이 낮은 제안서, 애사심과 헌신 감소, 숙련 직원 퇴직 시 업무 공백 등의 문제가 발생했다. 따라서 ⑤의 진술처럼 업무 경험과 기능이라는 암묵지를 존중하고 유·무형의 노력과 능력, 즉 암묵지와 명시지 모두를 골고루 평가해 보상할 수 있는 조직 문화와 동기 부여 시스템을 발전시키는 것은 F사가 겪고 있는 문제들을 해결할 수 있는 방안으로 적절할 것이다.

배경지식

노나카 이쿠지로가 제시한 지식 변환
노나카 이쿠지로는 마이클 폴라니가 제시한 암시지와 명시지를 기업 경영에 적용해 지식은 암묵지와 명시지의 사회적 상호 작용, 즉 경험을 공유해 암묵지를 체득하는 공동화, 구체화된 암묵지를 명시지로 전환하는 표출화, 표출된 명시지를 체계화하는 연결화, 표출화와 연결화로 공유된 정신 모델이나 기술적 노하우가 개인의 암묵지로 전환하는 내면화 등의 4가지 과정을 순환하면서 창조된다고 설명했다.

[04] 지문 분석
- 주제 : 2000년 대 초에 연준의 저금리 정책이 초래한 부작용
- 핵심 키워드 : 연방준비제도, 저금리 정책, 주택 담보 대출, 자본 비용
- 글의 구조
  ▷ 1문단 : 분배를 고려하지 않은 연준의 저금리 정책
    - 분배에 미치는 영향을 고려하지 않는 정책은 거품과 불평등만 부풀릴 것이다.
    - 2000년대 초에 연준이 시행한 저금리 정책이 이를 잘 보여준다.
  ▷ 2문단 : 금리 변동이 아닌 다른 수단이 더 효과적인 상황
    - 특정한 상황에서는 금리 변동이 경기와 고용에 영향을 줄 수 있지만, 다른 수단이 훨씬 더 효과적인 상황도 많다.
    - 부동산 거품 대응책으로는 금리 인상보다 주택 담보 대출 규제가 더 합리적이다.

  ▷ 3문단 : 금리를 인하해도 주택 시장의 거품만 초래하는 설비 가동률이 낮은 상황
    - 설비 가동률이 낮은 상황이라면 저금리(금리 인하) 정책은 생산적인 투자 증가 대신에 주택 시장의 거품만 초래한다.
  ▷ 4문단 : 다양한 경로로 소비를 위축시킨 금리 인하
    - 금리 인하 : 국공채에 투자했던 퇴직자들의 소득을 감소시켰다.
    - 불평등 심화 : 노년층에서 정부로, 정부에서 금융업으로 부의 대규모 이동
    - 2000년대 초 연준의 금리 인하 이후 주가 상승에 따라 발생한 이득은 대체로 부유층에 집중되었으므로 대대적인 소비 증가로 이어지지 않았다.
  ▷ 5문단 : 노동을 자본으로 대체하는 투자를 증대시킨 연준의 저금리 정책
    - 고용 증대를 기대한 연준의 저금리 정책은 노동을 자본으로 대체하는 투자를 증대시켰다.
    - 저금리로 자본 비용이 낮아지자 노동을 절약하는 방향의 혁신이 강화되었다.
    - 경기가 회복되더라도 실업률이 떨어지지 않는 구조가 만들어진 것이다.

04 일치 · 불일치　　　**정답 ①**

네 번째 문단에 따르면 금리 인하는 국공채에 투자했던 퇴직자들의 소득을 감소시켰으며, 노년층에서 정부로, 정부에서 금융업으로 부의 대규모 이동이 이루어져 불평등이 심화되었다. 따라서 ①의 진술에서 퇴직자의 소득이 줄어들었다는 것은 옳지만, 부가 이동한 방향은 '금융업 → 정부'가 아니라 '정부 → 금융업'이 옳다.

오답분석

② 다섯 번째 문단에 따르면 연준은 2000년대 초 고용 증대를 기대하고 저금리 정책을 시행했지만, 노동을 자본으로 대체하는 투자가 증대되었다. 노동자들이 해고된 자리는 자동화 기계가 차지했고, 경기가 회복되어도 실업률이 떨어지지 않는 구조가 만들어졌다. 따라서 ②의 진술처럼 연준의 금리 인하 정책은 고용 증대를 더 어렵게 만드는 결과를 초래했다.

③ 세 번째 문단에서 '대부분의 부문에서 설비 가동률이 낮은 상황에서는 대출 금리가 낮아져도 생산적인 투자가 별로 증대하지 않는데, 2000년대 초가 바로 그런 상황이었기 때문에 당시의 저금리 정책은 생산적인 투자 증가 대신에 주택 시장의 거품만 초래'했으며, 이런 상황은 첫 번째 문단에서 언급한 '기술 산업의 거품 붕괴로 인한 경기 침체'와 연결된다. 따라서 ③의 진술처럼 기술 산업 거품의 붕괴로 인해 경기 침체기에 빠진 2000년대 초의 설비 가동률은 대부분의 부문에서 낮은 상태였음을 알 수 있다.

④ 세 번째 문단에 따르면 2000년대 초 연준의 저금리 정책은 주택 시장의 거품을 초래했다. 이때 '거품'은 어떤 현상이 일시적으로 생겨 껍데기만 있고 실질적인 내용이 없는 상태를 뜻하며, 투기 심리 등으로 어떤 재화의 가격이 인해 실재적인 가치보다 지나치게 높게 형성된 경우를 비유한다. 또한 네 번째 문단에 따르면 2000년대 초 연준의 금리 인하 이후 주가가 상승했다. 따라서 ④의 진술처럼 연준의 금리 인하 정책 이후 주택과 주식의 가격은 상승했음을 알 수 있다.

⑤ 두 번째 문단에 따르면 부동산 거품 대응책으로 금리 인상보다 주택 담보 대출 규제가 더 합리적인 것은 주택 담보 대출 규제가 생산적 투자를 위축시키지 않으면서 부동산 거품을 가라앉힐 수 있기 때문이다. 따라서 ⑤의 진술처럼 금리 인상은 부동산 거품을 진정시키는 정책 중에 가장 효과적인 것은 아님을 알 수 있다.

배경지식

연방준비제도, 저금리 정책 및 자본 비용
• 연방준비제도 : 1913년에 제정된 연방 준비법에 따라 설립된 미국의 중앙은행 제도이다. 미국 전역의 12개 연방 준비구에 연방 준비은행을 하나씩 두고 은행권 발행의 독점권, 가맹 은행의 예금 지불 준비의 집중 보관 등의 역할을 담당하게 한다.
• 저금리 정책 : 정부 또는 중앙은행이 인위적으로 금리 수준을 낮은 상태로 유지하는 정책으로, 경기 자극책 및 경제 성장 촉진책으로 실시된다.
• 자본 비용 : 자본의 사용에 지급하는 비용을 뜻한다. 자금을 제공한 자에게 지급하는 이용료 외에 자금 조달에 필요한 모든 비용을 포함한다.

[05~08] 지문 분석
• 주제 : 금융위기의 원인에 대한 네 가지 시각
• 핵심 키워드 : 금융위기, 지불능력, 지급준비금, 부분준비제도, 자기자본비율
• 글의 구조
  ▷ 1문단 : 금융위기의 원인에 대한 의견이 모아지지 않는 이유
    – 금융위기의 원인에 대한 의견이 분분한 것은 금융위기가 여러 차원의 현상이 복잡하게 얽혀 발생하며, 사람들의 행동이나 금융 시스템의 작동 방식을 이해하는 시각이 다양하기 때문이다.
    – 금융위기에 관한 네 가지 시각은 어떤 시각에 기초해서 금융위기를 이해하는가에 따라 금융위기의 원인과 대책에 대한 의견이 달라진다.

  ▷ 2문단 : '자기 실현적 예상'이라 불리는 현상을 강조하는 시각
    – 은행의 지불능력이 취약하다고 많은 예금주들이 예상하게 되면 실제로 은행의 지불능력이 취약해진다.
    – 부분준비제도에서는 은행의 지불능력이 불변해도 예금주들의 예상이 바뀌면 예금 인출이 쇄도할 수 있다.
    – 은행들은 현금 보유량을 증대를 위해 자산을 매각하려고 하면 자산 가격이 하락하게 되므로 은행들의 지불능력이 낮아진다.
  ▷ 3문단 : 은행의 과도한 위험 추구를 강조하는 시각
    – 주식회사의 비대칭적인 이익 구조 때문에 주주들이 고위험 고수익 사업을 선호한 결과 주주들이 감수해야 하는 위험은 채권자에게 전가된다.
    – 자기자본비율이 낮을수록 주주들이 고수익에 따른 위험을 채권자에게 전가하려는 동기가 강해지며, 은행은 대부분 부채비율이 매우 높은 주식회사이다.
  ▷ 4문단 : 은행가의 은행 약탈을 강조하는 시각
    – 은행가들에 의한 은행 약탈의 결과로 은행이 부실해진다는 인식이 강해지고 있다.
    – 은행 약탈은 은행가가 사적인 이익을 위해 은행에 손실을 끼치는 행위를 하는 것이다.
  ▷ 5문단 : 이상 과열을 강조하는 시각
    – 이상 과열을 강조하는 시각은 경제 주체의 행동이 항상 합리적인 것은 아니라는 관찰에 기초한다.
    – 경제 주체의 비합리적 예상은 '자산 가격 상승 → 부채 증가→ 자산 가격의 더 큰 상승 → 거품 증대 → 부채의 과도한 증가 → 금융 시스템 취약화'로 이어지고, 거품이 터지면 금융 시스템의 붕괴와 금융위기의 발생을 초래할 수 있다.

05 세부 내용의 이해 　정답 ⑤

두 번째 문단에 따르면 ⑦은 은행의 지불능력이 취약하다고 많은 예금주들이 예상하게 되면 실제로 은행의 지불능력이 취약해지는 현상을 주목하는 시각으로, 예금주들이 은행의 지불능력이 취약하다고 예상해 예금 인출 쇄도 사태가 벌어지면 결과적으로 예금주들의 예상대로 은행의 지불능력이 낮아지므로 금융위기를 초래할 수 있다고 본다. 또한 ⓔ은 경제 주체의 행동이 항상 합리적으로 이루어지는 것은 아니라는 관찰에 기초한 시각으로, 자산 가격이 일정 기간 상승하면 앞으로도 계속 상승할 것이라는 경제 주체의 비합리적인 예상과 달리 거품이 터져 금융위기가 발생할 조건이 강화된다고 본다. 따라서 ⑤의 진술에서 ⑦이 경제 주체들의 예상대로 금융위기가 실현되었다고 본 것은 옳지만, ⓔ은 경제 주체들이 비합리적으로 경제 전망을 낙관한 결과로 예상하지 못한 금융위기가 실현되었다고 본 것이다.

PART 2

DAY 01
DAY 02
DAY 03
DAY 04
DAY 05
DAY 06
DAY 07
DAY 08
DAY 09
DAY 10

① 두 번째 문단에 따르면 부분준비제도는 현대 은행 시스템의 본질적 측면이며, 이 제도에서는 은행의 지불능력이 불변해도 예금주들이 은행의 지불능력이 취약하다고 예상하면 예금 인출이 쇄도하는 사태가 일어나 결과적으로 은행들의 지불능력이 실제로 낮아진다. ㉠은 이러한 은행 시스템의 제도적 취약성 때문에 은행위기가 일어나면 결국 금융위기로 번질 수 있다고 본 것이다. 따라서 ①의 진술처럼 ㉠은 은행 시스템의 제도적 취약성으로 인한 예금주들의 인출 쇄도 행동 때문에 금융위기가 초래될 수 있다고 볼 것이다.

② 세 번째 문단에 따르면 비대칭적인 이익 구조로 인해 수익에 민감하고 위험에 둔감한 주주들이 고위험 고수익 사업을 선호한 결과로 더 높은 수익을 얻기 위해 주주들이 감수해야 하는 위험(=손실 가능성)이 채권자에게 전가된다. 또한 자기자본비율이 낮을수록 이러한 동기는 더욱 강해지며, 은행은 대부분 부채비율이 매우 높은 주식회사이다. 즉, 주식회사의 일종인 은행의 경영자들은 주주의 이익을 채권자(=예금주)의 이익보다 중시하기 때문에 주주들이 선호하는 고위험 고수익 사업을 추진하게 되고, 이때 감수해야 하는 높은 위험을 예금주에게 떠넘기게 된다는 것이 ㉡에 입각한 의견이다. 따라서 ②의 진술처럼 ㉡은 은행의 경영자들이 주주들의 이익을 예금주의 이익보다 우선해 주주들이 원하는 고위험 고수익 사업을 추진한 결과로 은행위기가 일어나면 결국 금융위기가 초래될 수 있다고 본 것이다.

③ 네 번째 문단에 따르면 ㉢은 지배 주주나 고위 경영자의 지위에 있는 은행가가 장기적으로 은행에 손실을 입힐 것을 알면서도 자신의 성과급을 높이기 위해 단기적인 성과만을 추구하는 행위는 은행가가 은행에 대한 지배력을 사적인 이익을 위해 사용한다는 의미에서 '은행 약탈'이라고 본 것이다. 또한 이러한 은행 약탈의 결과로 재무 상태가 악화된 은행은 부실해진다고 인식한다. 따라서 ③의 진술처럼 ㉢은 은행의 일부 구성원들이 지배 주주와 은행가가 사적인 이익을 추구해 은행이 부실해지면 결국 금융위기가 초래될 수 있다고 본 것이다.

④ 다섯 번째 문단에 따르면 ㉣은 경제 주체의 행동이 항상 합리적으로 이루어지는 것은 아니라는 관찰에 기초하고 있다. 즉, 관찰을 통해 경제 주체의 행동이 항상 합리적이지는 않다는 주장을 펴는 것이다. 또한 경제 주체가 항상 합리적인 행동하는 것은 아니기 때문에 발생한 경제적 거품이 금융 시스템을 취약하게 만들며, 거품이 터지면 금융 시스템 붕괴와 금융위기를 초래할 수 있다고 본다. 그리고 ④의 진술에서 언급한 귀납적 접근은 개별 사례에 관한 관찰을 한데 모아 그 공통된 성질을 찾아내어 일반 명제로 확립하는 추론 방법이다. 따라서 ④의 진술처럼 ㉣은 경제 주체의 행동에 대한 귀납적 접근을 토대로 금융위기를 이해한다고 볼 수 있다.

금융위기

2008년 미국에서 발생한 경제 위기를 가리킨다. 미국의 국내 총생산이 4분기 연속으로 하락해 경기가 침체되었고, 미국의 대형 대부업체들이 연이어 파산했으며, 이러한 현상이 일본·영국·프랑스 등에도 영향을 끼쳐 세계적인 경제 위기로 번졌다.

06 세부 내용의 이해 　　　　　정답 ⑤

세 번째 문단에서 회사의 자산 가치가 부채액보다 더 커질수록 주주에게 돌아올 이익도 커진다고 했으므로 주주들의 입장에서는 자산 가치와 부채액의 차이가 클수록 더 높은 이익을 얻을 수 있다. 또한 세 번째 문단에 따르면 주주들이 고위험 고수익 사업을 선호하게 된 것은 비대칭적인 이익 구조로 인해 수익에는 민감하지만 위험에는 둔감하기 때문이다. 여기서 '비대칭적인 이익 구조'는 이익은 무제한적으로 커지지만 손실은 제한적이라는 의미에서 '비대칭'이라 표현한 것이다. 따라서 ⑤의 진술에서 주주들이 고위험 고수익 사업을 선호하는 것은 고위험 고수익 사업이 회사의 자산 가치와 부채액 사이의 차이가 줄어들 가능성이 아니라 증가할 가능성을 높이기 때문이다.

① 세 번째 문단에 따르면 주식회사의 자산 가치가 부채액보다 더 커질수록 주주에게 돌아올 이익도 커지지만, 파산할 경우에 주주의 손실은 그 회사의 주식에 투자한 금액으로 제한된다. 따라서 ①의 진술처럼 회사가 파산했을 경우에 회사의 자산 가치가 부채액보다 작더라도 주주의 책임은 투자 금액만큼으로만 제한됨을 알 수 있다.

② 세 번째 문단에 따르면 주식회사에서 주주들은 회사의 모든 부채를 상환하고 남은 자산의 가치에 대한 청구권을 가지며, 회사의 자산 가치가 부채액보다 더 커질수록 주주에게 돌아올 이익도 커진다. 따라서 ②의 진술처럼 자산 가치에서 부채액을 차감한 값이 0보다 큰 경우에는 그 차감하고 남은 금액은 주주가 갖는다.

③ 세 번째 문단에 따르면 주식회사가 파산할 경우에 주주의 손실은 그 회사의 주식에 투자한 금액으로 제한된다. 즉, 주주의 손실은 그가 투자한 금액으로 한정된다. 따라서 ③의 진술처럼 주식회사가 파산해 자산을 팔아 부채를 갚으려 할 경우에 얼마나 많이 못 갚는지는 주주들의 이해(利害)와 무관하다고 볼 수 있다.

④ 세 번째 문단에 따르면 주주들은 고위험 고수익 사업을 선호하며, 주식회사는 이러한 주주들의 선호에 따라 고수익 사업을 벌인다. 그런데 주주가 얻는 이익은 회사의 수익에 비례해 제한 없이 커지지만, 회사가 파산했을 때 주주가 감수하는 손실은 투자한 금액으로 한정된다. 그러므로 회사가 파산했을 때 주주는 손실로 인한 책임을 지지 않으며, 파산으로 인한 손실은 온전히 회사가 감당하게 된다.

따라서 ④의 진술처럼 고수익 때문에 큰 수익을 기대할 수 있지만, 고위험 때문에 실패해 발생한 손실은 온전히 회사가 책임져야 함을 알 수 있다.

07 비판하기

정답 ⑤

다섯 번째 문단에 따르면 ⓔ은 경제 주체의 비합리적 예상으로 인해 경기가 이상 과열되어 거품이 커지면 경제 주체의 예상과 달리 부채가 과도하게 증가해 결과적으로 금융위기가 초래되었다고 본다. 또한 보기에서 경제 주체들은 부동산 가격이 상승하자 이러한 상승세가 지속적일 것이라는 비합리적인 예상을 했으며, 정부 또한 투자 상황을 낙관해 규제를 완화했다. 그 결과로 저축대부조합들이 대량 파산했다. 이는 제시문 다섯 번째 문단에서 ⓔ에 입각해 제시된 금융 시스템 붕괴와 금융위기의 원인이 된다. 따라서 ⑤의 진술처럼 ⓔ은 보기에서 빚을 얻어 자산을 구입한 투자자들, 장기 주택담보 대출을 전문화한 저축대부조합들, 투자 상황을 낙관해 저축대부조합에 대한 규제를 완화한 정부 등 경제 주체 모두를 비판할 것이다.

오답분석

① 두 번째 문단에 따르면 ⓐ은 은행의 지불능력에 대한 예금주들의 불신이 실제로 은행의 지불능력을 떨어뜨리며, 결국에는 금융위기를 일으킬 수 있다고 보았다. 또한 네 번째 문단에 따르면 ⓒ은 지배 주주나 고위 경영자인 은행가가 장기적으로 은행에 손실을 입힐 위험이 있는 것을 알면서도 자신의 성과급을 위해 단기적인 성과만을 추구하는 행위는 은행에 대한 자신의 지배력을 사적인 이익을 위해 사용한다는 의미에서 '은행 약탈'이며, 이러한 은행가의 은행 약탈에 의한 손실 때문에 초래된 은행위기가 결국에는 금융위기를 일으킬 수 있다고 보았다. 그리고 보기에서 정부의 규제 완화로 저축대부조합이 고위험채권에 투자하기 수월해졌고, 저축대부조합의 대주주와 경영자들에 대한 보상이 대폭 확대되었다. 즉, 보기의 대주주와 경영자들은 성과급이라는 사적인 이익을 높이기 위해 은행에 대한 지배력을 행사해 고위험채권에 투자하고, 이러한 투자로 얻은 단기간의 수익에 따라 성과급 형태의 보상을 받은 것이다. 따라서 ①의 진술은 ⓐ이 아니라 ⓒ의 입장에서 비판할 수 있는 내용이다.

② 세 번째 문단에 따르면 ⓑ은 비대칭적인 이익 구조 아래에서 은행이 주주들의 선호에 부응해 고위험 고수익 사업을 펼치며 이윤의 극대화를 도모한 결과로 위험은 채권자에게 전가되며, 결국에는 금융위기를 일으킬 수 있다고 보았다. 또한 ⓔ은 경제 주체의 비합리적인 예상과 행동이 결국에는 금융 시스템 붕괴와 금융위기를 초래할 수 있다고 본다. 그리고 보기에서 경제 주체들이 부동산 가격의 상승을 보고 앞으로도 자산 가격의 상승이 지속될 것을 예상해 빚을 얻어 자산을 구입한 것은 저축대부조합들이 대량 파산한 원인의 하나이다. 즉, 현재까지 상승했으니 미래에도 상승할 것이라는 비합리적인 기대(예상), 빚을 얻어 투자하는(=위험성이 높은) 비합리적인 행동 등이 저축대부조합의 대량 파산을 초래한 것이다. 따라서 ②의 진술은 ⓑ이 아니라 ⓔ의 입장에서 비판할 수 있는 내용이다.

③ 네 번째 문단에 나타난 ⓒ의 의견을 요약하면 '지배 주주나 고위 경영자인 은행가가 사적인 이익을 얻으려고 은행에 대한 자신의 지배력을 악용해(=은행 약탈) 은행의 재무 상태를 악화시킬 위험이 큰 행위를 함으로써 발생한 손실 때문에 초래된 은행위기가 결국에는 금융위기로 번진다'는 것이다. 또한 보기에 따르면 예금주들이 주인이 되는 상호회사 형태였던 저축대부조합들 중 다수가 1980년대에 주식회사 형태로 전환했고, 고위험채권에 대한 저축대부조합의 투자는 대주주와 경영자들에 대한 보상의 대폭적 확대를 가능하게 했으나 결과적으로는 저축대부조합의 대량 파산을 초래했다. 그러므로 ⓒ의 입장에서는 보기에 나타난 대주주와 경영자들이 자신들의 사적인 이익을 높이기 위해 은행에 손실을 끼쳤다고 비판할 것이다. 따라서 ③의 진술에서 ⓒ은 '고위험채권 투자를 감행한 결정'은 사적인 이익(=보상)만을 추구하기 위해 지배력을 악용한 은행 약탈이며, 이러한 은행 약탈이 파산을 초래함으로써 결국에는 예금주에게 손실을 끼쳤다고 비판할 것이다.

④ 보기에 따르면 정부는 고위험채권에 대한 투자 규제를 완화했으며, 예금주들이 주인이 되는 상호회사 형태였던 저축대부조합들 중 다수가 1980년대에 주식회사 형태로 전환했고, 1980년대 후반에 저축대부조합들이 대량 파산했다. 그런데 ④의 진술에서 '고위험채권에 투자하는 공격적인 경영' 의사를 결정한 핵심 주체는 ⓒ에 따르면 은행 약탈을 자행한 지배 주주나 고위 경영자인 은행가이고, ⓑ에 따르면 고위험 고수익 사업을 선호한 주주들일 것이다. 지배 주주나 고위 경영자인 은행가와 주주들은 모두 자신의 사적인 이익을 위해 고위험의 공격적인 경영을 선택한다는 공통점이 있기 때문이다. 따라서 ④의 진술에서 ⓒ이 비판하는 대상은 예금주가 아니라 지배 주주나 고위 경영자인 은행가이다.

08 추론하기 　　　정답 ②

두 번째 문단에 따르면 예금주들의 예금 인출 요구에 대응하기 위해 은행이 예금의 일부만을 지급준비금으로 보유하는 부분준비제도는 현대 은행 시스템의 본질적 측면이다. 이 제도에서는 은행의 지불능력이 불변해도 예금주들의 예상이 바뀌면 예금 인출 쇄도 사태가 일어날 수 있다. 이러한 인출 사태가 발생할 수 있는 것은 은행의 지불능력이 취약해져서 은행이 예금을 지급하지 못할 것이라고 많은 예금주가 예상한다면 다른 예금주들이 예금을 인출해 은행의 지급준비금이 모두 동나기 전에 자신의 예금을 인출하는 것이 합리적이기 때문이다. 그런데 ②의 진술처럼 고액 예금을 예금 보험 제도의 보장 대상에서 제외한다면 많은 고액 예금주들이 자신의 돈을 서둘러 인출할 것이고, 결과적으로 은행위기를 초래할 수 있다. 따라서 ②의 진술에서 예금 보험 제도의 보장 대상에서 고액 예금을 제외하는 정책은 ㉠에 따른 대책이 아니라 ㉠ 때문에 발생할 수 있는 문제이다.

[오답분석]
① 두 번째 문단에 따르면 ㉠은 예금이 만기가 없고 선착순으로 지급하는 채무이기 때문에 은행이 지불능력이 취약해져서 예금을 지급하지 못할 것이라고 예상되면 남보다 먼저 예금을 인출하는 것이 합리적이라고 본다. 그런데 ①에서 언급한 예금 보험 제도는 은행이 파산하더라도 예금을 돌려받을 수 있게 하는 것이므로 자신의 예금을 돌려받지 못할 것이라는 예상과 그러한 예상으로 인한 예금 인출 사태를 줄일 수 있다. 따라서 ①의 진술처럼 예금 보험 제도는 ㉠에 따른 대책으로 적절하다.
③ 세 번째 문단을 분석하면 ㉡은 자기자본비율이 낮은 은행일수록 고위험 고수익 사업에 대한 선호와 위험을 전가하려는 동기가 강하다고 본다. 따라서 ③에서 언급한 일정 수준 이상의 자기자본비율 유지를 강제하는 건전성 규제는 ㉡에 따른 대책으로 적절하다.

④ 네 번째 문단을 분석하면 ㉢은 지배 주주나 고위 경영자인 은행가가 은행에 대한 자신의 지배력을 사적인 이익(＝남보다 유리한 조건의 대출, 높은 성과급)을 위해 행사함으로써, 즉 은행 약탈을 자행함으로써 은행의 재무 상태를 악화시키고 은행에 손실을 초래한다고 본다. 그런데 ④에서 언급한 공시 의무는 금융 거래에 관한 정보를 투명하게 공개하는 것이므로 은행 약탈이 발생할 가능성을 감소시킬 것이다. 따라서 ④의 진술처럼 금융 거래에 대한 공시 의무를 강조하는 정책은 ㉢에 따른 대책으로 적절하다.
⑤ 다섯 번째 문단을 분석하면 ㉣은 '사람들이 자산 가격이 일정 기간 상승하면 앞으로도 계속 상승할 것이라는 비합리적인 예상을 하는 경향이 있는데, 이런 경우에 자산 가격 상승은 부채의 증가를 낳고 이는 다시 자산 가격의 더 큰 상승을 낳는 상승작용으로 인해 거품이 커지며, 거품이 커지면 금융 시스템이 취약해져 결국 금융 시스템 붕괴와 금융위기를 초래할 수 있다'고 본다. 그런데 ⑤에서 언급한 주책 가격 상승 시에 담보 가치 대비 대출 한도 비율을 줄이는 정책은 대출받는 금액을 제한함으로써 부채의 증가를 억제하기 때문에 결과적으로 부채 상환 불능으로 인한 은행 위기 발생 가능성을 줄일 수 있을 것으로 기대된다. 요컨대 주택에 대한 비합리적인 예상 때문에 상환 능력을 초과하는 금액을 대출받는 사례를 억제함으로써 서민들의 재정 건전성을 보호할 수 있다. 따라서 ⑤의 담보 가치 대비 대출 한도 비율 축소 정책은 ㉣에 따른 대책으로 적절하다.

01	02	03	04	05	06	07			
④	②	③	③	③	⑤	③			

PART 2

DAY 01
DAY 02
DAY 03
DAY 04
DAY 05
DAY 06
DAY 07
DAY 08
DAY 09
DAY 10

[01~03] 지문 분석

- **주제** : 공공 서비스에서 민간 위탁 제도의 도입
- **핵심 키워드** : 공공 서비스, 배제성, 경합성, 민간 위탁, 경쟁 입찰 방식, 면허 발급 방식, 보조금 지급 방식
- **글의 구조**
  ▷ 1문단 : 공공 서비스의 특성인 배제성과 경합성의 개념
  - 공공 서비스 : 정부가 공공의 이익을 위해 정책을 기획·수행해 유형·무형의 생산물
  - 공공 서비스 배제성 : 대가를 지불해야 사용이 가능함
  - 공공 서비스 경합성 : 한 사람이 서비스를 사용하면 다른 사람은 사용할 수 없음
  ▷ 2문단 : 공공 서비스의 다양화와 양적 확대에 따른 문제점을 해결하기 위한 민간 위탁 제도의 도입
  - 공공 서비스에 대한 사회적 요구가 증가 → 공공 서비스의 다양화와 양적 확대 → 관련 조직의 증가, 행정 업무의 전문성 및 효율성 감소 → 민간 위탁 제도의 도입
  - 민간 위탁 : 공익성 유지를 위해 서비스의 대상·범위에 대한 결정권과 서비스 관리의 책임을 정부가 갖되, 서비스 생산은 민간 업체에게 맡기는 것
  ▷ 3문단 : 민간 위탁 운용의 세 가지 방식
  - 경쟁 입찰 방식 : 일정한 기준을 충족한 민간 업체 간 경쟁 입찰을 거쳐 서비스 생산자를 선정, 계약함 → 서비스 생산 비용과 정부의 재정 부담 감소
  - 면허 발급 방식 : 서비스 제공을 위한 기술·시설 기준을 충족한 민간 업체에게 정부가 면허를 발급함 → 최소한의 수준 유지, 수요와 공급의 탄력적인 조절
  - 보조금 지급 방식 : 안정적인 공공 서비스 제공이 필요한 기관에 보조금을 주어 재정적으로 지원함
  ▷ 4문단 : 민간 위탁 제도의 한계
  - 수익이 나지 않을 경우에는 민간 위탁 업체의 공공 서비스가 기대 수준에 못 미침
  - 평가와 개선이 지속적으로 이루어지지 않으면 공익을 저해할 수 있음

- 서비스의 성격과 정부의 관리 능력 등을 면밀히 검토하여 신중하게 결정해야 함

01 일치·불일치 정답 ④

네 번째 문단에 따르면 민간 위탁 업체는 수익성을 중심으로 공공 서비스를 제공하기 때문에 수익이 나지 않을 경우에는 민간 위탁 업체가 제공하는 공공 서비스가 기대 수준에 미치지 못할 수 있다. 그러나 ④의 진술처럼 공공 서비스의 수익을 산정하는 방식과 관련한 설명이 제시문에는 없다.

오답분석

① 첫 번째 문단에 따르면 정부는 공공의 이익을 위해 정책을 기획, 수행하여 유형 또는 무형의 생산물인 공공 서비스를 공급한다. 따라서 공공 서비스의 제공 목적은 '공공의 이익'임을 알 수 있다.

② 첫 번째 문단에 따르면 정부는 공공의 이익을 위해 정책을 기획, 수행하여 유형 또는 무형의 생산물인 공공 서비스를 공급한다. 또한 두 번째 문단에 따르면 정부로부터 위탁받은 민간 업체도 공공 서비스를 생산한다. 따라서 공공 서비스 공급의 주체는 '정부와 민간 위탁 업체'임을 알 수 있다.

③ 두 번째 문단에 따르면 복지와 같은 개인 단위 공공 서비스에 대한 사회적 요구가 증가함에 따라 관련 공공 서비스의 다양화와 양적 확대가 이루어지고 있다. 따라서 공공 서비스 범위의 확대 배경은 '개인 단위 공공 서비스에 대한 사회적 요구의 증가'임을 알 수 있다.

⑤ 두 번째 문단에 따르면 공공 서비스의 다양화와 양적 확대로 인해 정부의 관련 조직이 늘어나고 행정 업무의 전문성 및 효율성이 떨어지는 문제점이 나타났으며, 이러한 문제점들을 해결하기 위해 민간 위탁 제도를 도입하게 되었다. 또한 세 번째 문단에 따르면 민간 위탁 방식으로는 경쟁 입찰 방식, 면허 발급 방식, 보조금 지급 방식 등이 있다.

배경지식

공공 서비스
국가나 공공 단체에서 공공의 복지를 위해 제공하는 서비스. 교육, 교통, 의료, 경찰 등을 뜻한다. 공공서비스는 공중의 일상생활에 필수적이므로 국가·지방자치단체의 규제·소유·경영이 필요하며, 독점적인 성격이 있다.

네 번째 문단에 따르면 민간 위탁 업체는 수익성을 중심으로 공공 서비스를 제공하기 때문에 수익이 나지 않을 경우에는 민간 위탁 업체가 제공하는 공공 서비스가 기대 수준에 미치지 못할 수 있다. 즉, 민간 위탁 업체의 입장에서는 굳이 손해를 감수하면서 공공 서비스를 제공할 이유가 없기 때문에 공공 서비스의 수준이 떨어지게 되는 것이다. 또한 네 번째 문단에서 민간 위탁 제도에 의한 공공 서비스 제공의 성과는 정확한 측정이 어려운 경우가 많아서 지속적인 평가·개선이 없으면 민간 위탁 제도가 공익을 저해할 수 있다고 했다. 요컨대, 낮은 수익성으로 인한 손실과 정확한 측정이 어려운 것이 원인이 되어 공공 서비스의 공익성이 불안정해질 수 있는 것이다. 따라서 민간 위탁 제도를 도입하기 전에 ⑤과 같은 조치가 필요하다.

오답분석

① 두 번째 문단에 따르면 공공 서비스에 민간 위탁 제도를 도입하기 전에는, 즉 공공 서비스를 정부가 전담하던 과거에는 공공 서비스가 경합성과 배제성이 모두 약한 사회 기반 시설 공급을 중심으로 제공되었으며, 이런 경우 서비스 제공에 드는 비용은 주로 세금을 비롯한 공적 재원으로 충당했다. 따라서 '민간 업체에 위탁하는 공공 서비스는 사회 기반 시설의 공급에 집중된다'는 ①의 진술은 적절하지 않으며, '민간 업체에 위탁하는 공공 서비스가 사회 기반 시설의 공급에 집중되면 공공 서비스의 수익이 제한된다'는 내용도 제시문에는 없다.

③ 세 번째 문단에 따르면 민간 위탁 운영 방식 중에 가장 일반적인 것은 경쟁 입찰 방식이다. 따라서 '민간 위탁은 대부분 면허 발급 방식에 의해 이루어진다'는 ③의 진술은 옳지 않다. 또한 '면허 발급 방식은 정부의 관리 비용과 공공 서비스의 생산 비용을 증가시킨다'는 ③의 진술의 진위를 판단할 수 있는 내용이 제시문에는 없다.

④ 세 번째 문단에 따르면 보조금 지급 방식은 안정적인 공공 서비스 제공이 필요한 기관에 정부가 보조금을 주어 재정적으로 지원하는 것이다. 그러나 '보조금 지급 방식이 공공 서비스 수요자의 비용 부담을 증가시키는가'와 '경쟁 입찰 방식과 면허 발급 방식은 정부의 보조금 지급이 필수적인가'를 판단할 수 있는 내용이 제시문에는 없다. 따라서 '민간 위탁에 의해 공공 서비스가 제공될 때는 정부의 보조금 지급이 필수적'이라는 ④의 진술은 적절하지 않다.

⑤ 세 번째 문단에서 민간 위탁 운영 방식으로 경쟁 입찰 방식, 면허 발급 방식, 보조금 지급 방식을 제시했다. 그러므로 '정부의 민간 위탁 방식은 단일화되었다'는 ⑤의 진술은 적절하지 않다. 또한 세 번째 문단에 따르면 면허 발급 방식은 공급을 민간의 자율에 맡겨 공공 서비스의 수요와 공급이 탄력적으로 조절되는 효과를 얻을 수 있다. 따라서 '공공 서비스의 생산과 수요를 탄력적으로 조절할 수 없다'는 ⑤의 진술 또한 적절하지 않다.

배경지식

배제성과 공공성
- 배제성 : 대가를 지불하고 재화나 서비스를 소비할 때 다른 사람이 그 재화나 서비스를 소비하는 것을 제한하는 속성이다. 소비자가 적절한 가격을 내지 않으면 재화나 서비스를 사용할 수 없는 성질을 뜻한다.
- 경합성 : 소비자가 늘어나면 기존 소비자의 소비량은 줄어드는 속성이다. 소비자들끼리 경합하는 특징이나 상태를 의미한다.

'경감(輕減)'은 부담이나 고통을 덜어서 가볍게 한다는 뜻이다. 즉, '경감'은 부담·고통처럼 부정적인 것과 호응하는 것이다. 그런데 ③에서 언급한 '손익'은 손해와 이익을 아울러 뜻하는 말이며, 이때 '손해'와 달리 '이익'은 '경감'과 호응하지 않는다(이익이 경감되다 ×). 따라서 ③의 문장은 '손익이 계속 감소할(줄어들) 뿐이다'로 다듬는 것이 바람직하다.

오답분석

① '열람(閱覽)'은 책이나 문서 등을 죽 훑어보거나 조사하면서 본다는 뜻이다. 따라서 제시문의 '도서 열람'과 ①의 '서류의 열람'은 적절한 표현이다.

② '충당(充當)'은 '모자라는 것을 채워 메운다는 뜻이다. 따라서 제시문의 '비용을 공적 재원으로 충당'과 ②의 '자금 충당'은 적절한 표현이다.

④ '개선(改善)'은 잘못된 것이나 부족한 것, 나쁜 것 등을 고쳐 더 좋게 만든다는 뜻이다. 따라서 제시문의 '성과의 개선'과 ④의 '무역 수지 개선'은 적절한 표현이다.

⑤ '저해(沮害)'는 막아서 못하도록 해친다는 뜻이다. 따라서 제시문의 '공익을 저해'와 ⑤의 '회 발전을 저해'는 적절한 표현이다.

배경지식

민간 위탁
정부 대신 민간기관에 위탁해 공공 서비스를 생산·공급하는 것을 뜻한다. 서비스의 공급 결정과 대가 지불(재정 부담)은 정부가 주관하고, 서비스의 생산만을 민간 부문이 담당한다. 이는 수많은 공공 서비스의 생산에 따른 정부 조직의 거대화를 막고, 고도의 기술력을 갖춘 외부 민간 업체에 공공 서비스 생산을 위탁해 조직의 효율성을 높이는 아웃소싱 전략의 일종이다.

[04] 지문 분석

- 주제 : 신탁 원리의 영향으로 인한 연금 제도의 한계
- 핵심 키워드 : 연금, 신탁, 위탁자, 수익자, 수탁자
- 글의 구조
  - ▷ 1문단 : 연금 제도의 금융 논리인 신탁 제도의 등장
    - 연금 제도의 금융 논리와 관련해 결정적으로 중요한 원리는 신탁 원리다.
    - 12세기 영국 귀족들이 자신의 재산을 제3자에게 맡기기 시작하면서 신탁 제도가 형성되기 시작했고, 위탁자·수익자·수탁자로 구성되는 관계가 등장했다.
    - 신탁 원리하에서 수익자는 재산에 대한 운용 권리를 모두 수탁자인 제3자에게 맡기도록 되어 있었기 때문에 수익자의 지위는 불안정했다.
  - ▷ 2문단 : 연금 가입자가 영향력을 행사하기 어려운 원인
    - 연금 제도가 신탁 원리에 기초해 있는 이상, 연금 가입자는 연기금 재산의 운용에 대해 영향력을 행사하기 어려운 것은 신탁 원리에 기반을 둔 연금 제도에서는 수익자인 연금 가입자의 적극적인 권리 행사가 허용되지 않기 때문이다.
    - 연금 운용을 수탁자에게 맡기면서 '수탁자 책임'이라는, 논란이 분분하고 불분명한 책임이 부과된다.
  - ▷ 3문단 : 신탁 원리의 영향력과 결과
    - 신탁 원리의 영향 때문에 연금 가입자의 자율적·적극적인 권리 행사는 제한된다.
    - 연금 가입자는 유동성을 누릴 수 없었으며, 수탁자의 재량에 종속되었다.

04   세부 내용의 이해   정답 ③

첫 번째 문단에 따르면 신탁 원리 아래 수익자는 재산에 대한 운용 권리를 모두 수탁자인 제3자에게 맡기도록 되어 있었기 때문에 수익자의 지위는 불안정했다. 따라서 '연금 수익자의 지위가 불안정해서(원인) 연기금 재산에 대한 적극적인 권리 행사가 제한된다(결과)'는 ③의 진술은 인과 관계가 뒤바뀌었음을 알 수 있다.

오답분석

① 두 번째 문단에 따르면 신탁의 본질상 공·사 연금을 막론하고 신탁 원리에 기반을 둔 연금 제도에서는 수익자인 연금 가입자의 적극적인 권리 행사가 허용되지 않는다. 또한 세 번째 문단에 따르면 신탁 원리의 영향 때문에 연금 가입자의 권리 행사가 제한되어 온 결과로 연금 가입자는 자본 시장의 최고 원리인 유동성을 마음껏 누릴 수 없었다. 따라서 ①의 진술처럼 사적 연금 가입자는 자본 시장의 유동성을 누릴 수 없었음을 알 수 있다.

② 첫 번째 문단에 따르면 12세기 영국 귀족들이 자신의 재산을 미성년 유족이 아닌, 친구나 지인 등 제3자에게 맡기기 시작하면서 신탁 제도가 형성되기 시작했으며, 이때 '제3자'는 미성년 유족을 대신해 그 재산을 관리·운용하는 자(=수탁자)이다. 따라서 ②의 진술처럼 혈연 관계에 있지 않은 제3자도 수탁자로 지정될 수 있었음을 알 수 있다.

④ 첫 번째 문단에 따르면 12세기 영국에서는 미성년 유족에게 토지에 대한 권리를 합법적으로 이전할 수 없었음에도 불구하고 귀족들이 유언을 통해 자식(=미성년 유족)에게 토지 재산을 물려주고 싶어 했기 때문에 신탁 제도가 등장했다. 따라서 ④의 진술처럼 신탁 제도는 미성년 유족에게 토지 재산권을 합법적으로 이전하기 위해 생겨났음을 알 수 있다.

⑤ 첫 번째 문단에 따르면 신탁 원리하에서 수익자는 재산에 대한 운용 권리를 모두 수탁자에게 맡기도록 되어 있다. 또한 두 번째 문단에 따르면 신탁 원리에 기반을 둔 연금 제도에서는 수익자인 연금 가입자의 적극적인 권리 행사가 허용되지 않으며, 신탁 원리는 수익자의 연금 운용 권리를 현저히 약화시키는 것을 기본으로 하는 대신 연금 운용을 수탁자에게 맡긴다. 그리고 세 번째 문단에 따르면 연금 가입자의 권리를 철저히 제한한 결과로 연금 가입자는 연기금 운용자인 수탁자의 재량에 종속되었다. 신탁 원리에 기반을 둔 연금 제도는 연금 가입자(=수익자)의 권리 행사를 제한하는 대신 연금 운용자(=수탁자)에게 재량권을 부여한다. 따라서 ⑤의 진술처럼 연금 제도가 신탁 원리에 기반을 두기 때문에 수탁자가 재산 운용에 대한 재량권을 갖게 되었음을 알 수 있다.

배경지식

연금과 신탁

- 연금(年金) : 근로자나 국민이 소정의 기여금이나 보험료를 일정 기간 동안 납부하고 그 자신에게 노령·퇴직·질병·사망 등의 보험사고가 발생했을 때 지급받는 급여를 뜻한다.
- 신탁(信託) : 일정한 목적에 따라 재산의 관리와 처분을 남에게 맡기는 것으로, 위탁자가 특정한 재산권을 수탁자에게 이전하고 수탁자로 하여금 수익자의 이익이나 특정의 목적을 위해 그 재산권을 관리·처분하게 하는 법률 관계를 뜻한다.

PART 2
DAY 01
DAY 02
DAY 03
DAY 04
DAY 05
DAY 06
DAY 07
DAY 08
DAY 09
DAY 10

[05~07] 지문 분석

- 주제 : 성장과 분배의 변화 양상에 관한 이론적 준거를 제공하는 '교육과 기술의 경주 이론'
- 핵심 키워드 : 성장과 분배 문제, 소득 불평등, 기술 진보, 숙련 프리미엄, 숙련 노동자
- 글의 구조
  ▷ 1문단 : 1980년대 미국 경제의 변화의 해명과 관련해 주목된 기술 진보
    – 1980년 이후 소득 불평등 심화와 경제 성장률 하락이라는 미국 경제의 변화와 관련해 많은 경제학자들은 기술 진보에 주목했다.
    – 기술 진보를 통해 성장과 분배가 동시에 가능하지만, 소득 분배 악화와 사회적 안정성 저해를 일으킬 수 있다.
  ▷ 2문단 : '교육과 기술의 경주 이론'이 기술보다 교육이 더 중요하다고 본 이유
    – '교육과 기술의 경주 이론'을 제시한 골딘과 카츠에 따르면, 기술보다 교육이 더 중요하며, 불평등의 추이를 볼 때는 더욱 그렇다.
    – 이들에 따르면 신기술 도입으로 생산성 상승과 경제 성장을 이루려면, 노동자들이 새로운 기계를 능숙히 다루는 능력을 갖추게 하는 수년간의 정규 교육이 필요하다.
    – 학교를 졸업한 노동자는 그렇지 않은 노동자보다 생산성이 더 높기 때문에 상대적으로 더 높은 임금, 곧 숙련 프리미엄을 얻는다.
  ▷ 3문단 : 소득 불평등과 경제 성장의 역사적 추이를 해명한 '교육과 기술의 경주 이론'
    – 골딘과 카츠는 기술을 숙련 노동자에 대한 수요로, 교육을 숙련 노동자의 공급으로 규정하고, 숙련 노동자에 대한 수요(기술)의 증가 속도와 숙련 노동자 공급(교육)의 증가 속도를 '경주'에 빗대어 비교함으로써, 소득 불평등과 경제 성장의 역사적 추이를 해명한다.
    – 이들은 숙련 프리미엄의 축소(1915년 ~ 1980년)는 숙련 노동자들의 공급이 더 빠르게 늘어난 결과, 곧 교육이 기술을 앞선 결과이며, 숙련 프리미엄의 확대(1980년 이후 교육에 따른 임금 격차의 확대)는 대졸 노동자의 공급 증가율 하락 때문이라고 본다.
    – 미국의 경제 성장과 소득 불평등은 교육과 기술의 '경주'에 의해 설명되었다.
  ▷ 4문단 : 숙련 노동력 공급(교육) 확대를 가능하게 한 교육 대중화 운동
    – 숙련 노동력이 생산 현장의 수요에 부응해 빠른 속도로 늘어난 원동력과 관련해 골딘과 카츠는 중·고등학교 교육 대중화 운동에 주목한다.
    – 이들의 논의는 대중 교육 시스템의 확립에 힘입어 미국이 성장과 분배를 이루었던 과정을 잘 보여 준다.

  ▷ 5문단 : 교육과 기술의 경주 이론의 의의와 한계
    – 교육과 기술의 경주 이론은 동태적 상호 작용 속에서 성장과 분배의 양상이 어떻게 달라질 수 있는가에 관한 중요한 이론적 준거를 제공하지만, 한계도 적지 않아 성장과 분배에 대한 다양한 논쟁을 촉발한다.

05 일치·불일치
정답 ③

세 번째 문단에 따르면 기술은 숙련 노동자들에 대한 상대적 수요를 늘리는 방향으로 변화했고, 숙련 노동자에 대한 수요의 증가율 곧 증가 속도는 20세기 내내 대체로 일정하게 유지된 반면, 숙련 노동자의 공급 측면은 부침을 보였다. 또한 20세기 초반에는 기본적인 계산 능력과 기계 설명서와 도면을 읽어내는 능력이 요구되었고, 20세기 후반에는 추상적인 분석 능력과 과학 등 여러 분야에 대한 학위가 요구되었다고 했다. 즉, 20세기 내내 각각의 시기별로 요구되는 숙련 노동자의 능력은 변화했으나 숙련 노동자에 대한 수요는 꾸준히 늘어난 것이므로 항상 숙련 노동자가 선호되었다고 볼 수 있다. 따라서 ③의 진술에서 20세기 초에도 미숙련 노동자가 아니라 숙련 노동자가 선호된 것이다.

[오답분석]

① 네 번째 문단에 따르면 양질의 숙련 노동력이 생산 현장의 수요에 부응해 빠른 속도로 늘어나도록 한 힘(원동력)과 관련해 골딘과 카츠는 1910년대를 기점으로 본격화되었던 중·고등학교 교육 대중화 운동에 주목했으며, 미국은 공립 중등 교육기관 신설, 교사 채용, 무상 교육 제공 등의 대중 교육 시스템의 확립에 힘입어 부자 나라로 성장하고, 수많은 빈곤층 젊은이들이 경제 성장의 열매를 향유할 수 있었다. 또한 첫 번째 문단에 따르면 미국은 1930년대 이후 1970년대 말까지 경제 성장의 황금기를 이루었다. 따라서 ①의 진술처럼 미국은 20세기 초에 강화된 공교육이 경제 성장의 원동력이 되었음을 알 수 있다.

② 두 번째 문단에 따르면 학교가 제공하는 숙련의 내용은 신기술의 종류에 따라 다르며, 20세기 초반에는 기본적인 계산을 할 줄 알고 기계 설명서와 도면을 읽어내는 능력이 요구되었고, 이를 위한 교육은 주로 중·고등학교에서 제공되었다. 따라서 ②의 진술처럼 20세기 초에 숙련 노동자에게 요구된 능력은 기본적인 계산 능력과 설명서·도면 독해 능력이었음을 알 수 있다.

④ 두 번째 문단에 따르면 기계가 한층 복잡해지고 IT 기술의 응용이 중요해진 20세기 후반부터는 추상적으로 판단하고 분석할 수 있는 능력의 함양과 함께, 과학·공학·수학 등의 분야에 대한 학위 취득이 요구되었다. 따라서 ④의 진술처럼 20세기 말에는 숙련 노동자의 공급이 대학 이상의 고등교육에 의해 주도되었음을 알 수 있다.

⑤ 첫 번째 문단에 따르면 1980년 이후에 미국은 소득 불평등이 급속히 심화되었고, 경제 성장률도 하락했다. 따라서 ⑤의 진술처럼 20세기 말의 미국은 소득 분배 악화와 경제 성장 둔화를 겪었음을 알 수 있다.

성장과 분배

성장과 분배, 양자 가운데 무엇을 더 중시해야 하는지 판정하는 문제는 해묵은 난제이다. 성장을 우선해야 한다고 주장하는 이들은 경제의 효율성에 주목하며, 분배를 중시하는 정책을 확대하면 근로 의욕이 감소해 생산이 감소할 것이라는 이유로 '분배 우선'을 비판한다. 또한 경제 성장 초기에는 소득의 불평등이 증가하지만 경제가 더욱 발전함에 따라 소득 분배가 개선된다고 주장한다. 성장론자의 주장에 반대하는 분배론자들은 사회적 형평성에 주목하며, 분배가 제대로 이루어지지 않으면 국민들의 자발적·적극적 참여를 기대할 수 없고 사회 불안이 팽배해질 것이라고 주장한다. 다만 '성장이 먼저냐, 분배가 먼저냐?'는 경제학의 해묵은 화두이자 쉽사리 결론을 도출할 수 없는 숙제이므로 양자 사이에서 적절한 균형점을 찾아 유지하는 것이 적절하다.

06 세부 내용의 이해 　　　정답 ⑤

세 번째 문단에 따르면 골딘과 카츠는 기술을 숙련 노동자에 대한 수요로, 교육을 숙련 노동자의 공급으로 규정했으며, 1915년부터 1980년까지 진행되었던 숙련 프리미엄(＝상대적으로 더 높은 임금)의 축소는 숙련 노동자들의 공급이 더 빠르게 늘어난 결과, 곧 교육이 기술을 앞선 결과임을 밝혔다. 또한 첫 번째 문단에 따르면 1930년대 이후 1970년대 말까지 미국의 소득 불평등이 완화되었다. 그러므로 교육(＝숙련 노동자의 공급)이 기술(＝숙련 노동자에 대한 수요)을 앞서면 임금 격차가 감소함으로써 소득 불평등의 정도 또한 감소할 것이다. 따라서 ⑤의 진술에서 교육의 속도가 기술의 속도를 앞설 경우에는 소득 불평등은 심화가 아니라 완화됨을 알 수 있다.

[오답분석]

① 두 번째 문단에 따르면 학교를 졸업한 노동자는 그렇지 않은 노동자에 비해 생산성이 더 높으며 그로 인해 상대적으로 더 높은 임금, 곧 숙련 프리미엄을 얻게 된다. 따라서 ①의 진술처럼 숙련 프리미엄은 더 높은 생산성에 대한 보상의 성격이 있음을 알 수 있다.

② 세 번째 문단에 따르면 기술은 숙련 노동자들에 대한 상대적 수요를 늘리는 방향으로 변화했는데, 1980년부터는 숙련 노동자의 공급 증가 속도가 크게 둔화됨으로써 대졸 노동자의 공급 증가율이 숙련 노동자에 대한 수요 증가율을 하회하게 되었다. 또한 첫 번째 문단에 따르면 미국은 1980년 이후에 소득 불평등의 급속히 심화와 경제 성장률

의 하락을 겪었다. 따라서 ②의 진술처럼 경제 성장에 대해 기술 진보가 끼치는 긍정적 효과를 높이려면 신기술에 적합한 능력을 갖춘 숙련 노동자가 공급되어야 함을 알 수 있다.

③ 두 번째 문단에 따르면 골딘과 카츠는 신기술 도입이 생산성 상승과 경제 성장으로 이어지려면 노동자들에게 새로운 기계를 익숙하게 다룰 능력이 있어야 한다고 강조했으며, 이러한 능력을 갖춘 노동자는 그렇지 않은 노동자에 비해 생산성이 더 높기 때문에 상대적으로 더 높은 임금, 곧 숙련 프리미엄을 얻게 된다. 즉, 새로운 기계를 익숙하게 다룰 수 있는 능력이 곧 '숙련'이고, '숙련'되어 생산성이 더 높은 노동자에게 더 많은 임금을 주는 것이 임금이 '숙련 프리미엄'인 것이다. 따라서 ③의 진술처럼 '숙련'은 새로운 장비를 능숙하게 다룰 수 있어 생산성 또한 높일 수 있는 능력이라고 말할 수 있다.

④ 세 번째 문단에 따르면 1915년 ~ 1980년에 진행되었던 숙련 프리미엄(＝숙련 노동자에게 지급하는 상대적으로 더 높은 임금)의 축소는 숙련 노동자들의 공급이 더 빠르게 늘어난 결과, 곧 교육이 기술을 앞선 결과이며, 1980년 이후에 나타난 숙련 프리미엄의 확대, 곧 교육에 따른 임금 격차의 확대는 대졸 노동자의 공급 증가율 하락에 의한 것이다. 즉, 노동자의 능력을 상품으로 본다면 숙련 프리미엄의 축소의 경우에는 공급이 수요보다 많아 상품의 가격이 인하되었고, 숙련 프리미엄의 확대의 경우에는 공급이 수요보다 적어 상품의 가격이 인상된 것이다. 그리고 임금 격차가 커지면 당연히 소득 불평등의 정도는 심화될 것이고, 반대로 임금 격차가 줄어들면 소득 불평등의 정도는 완화될 것이다. 따라서 ④의 진술처럼 숙련 프리미엄의 증가는 소득 불평등 정도의 변화를 살펴보는 지표가 될 수 있다.

소득 불평등

개인, 세대, 계층 사이에 고소득부터 저소득까지 소득의 분포가 산재해 있어 균등화하지 못한 정도를 말하며 경제적 불평등을 함의하므로 소득 불평등의 심화는 심각한 사회적 문제를 일으킨다. 이때 소득의 불균형 정도를 가늠하는 대표적인 지표로 지니계수가 활용된다. 지니계수는 0과 1 사이의 수치로 산출되며, 1에 가까울수록 소득의 분배가 불평등한 것으로 보며, 0.3을 넘으면 개발도상국 수준으로 평가하고, 0.4 이상이면 불평등 정도가 심한 것으로 간주한다.

PART 2

DAY 01
DAY 02
DAY 03
DAY 04
DAY 05
DAY 06
DAY 07
DAY 08
DAY 09
DAY 10

⊙은 '교육과 기술의 경주 이론'의 한계이다. 세 번째 문단에서 설명한 '교육과 기술의 경주 이론'에 따르면 '기술=숙련 노동자에 대한 수요', '교육=숙련 노동자의 공급'이다. 또한 세 번째 문단에서 '숙련 프리미엄의 축소=숙련 노동자들의 공급이 더 빠르게 늘어난 결과=교육이 기술을 앞선 결과'임을 밝혔다. 그러므로 ③의 진술에서 '대학 졸업자의 증가'는 숙련 노동자의 공급 증가로 해석되어 곧 '교육의 증가'로 볼 수 있으며, '대학 노동자 증가 → 숙련 노동자 공급(=교육) 숙련 노동자에 대한 수요(=기술) → 숙련 프리미엄의 축소 → 임금 격차 완화'라는 과정을 예상할 수 있다. 따라서 ③의 진술은 ⊙의 한계가 아니라 ⊙을 뒷받침하는 근거가 될 수 있다.

오답분석

① 두 번째 문단에 따르면 골딘과 카츠는 '교육과 기술의 경주 이론'에서 숙련(=새로운 기계를 익숙하게 다룰 수 있는 능력)을 가능하게 하는 것이 바로 정규 교육기관(=학교)에서 보낸 수년간의 교육 시간들이라고 전제한다. 따라서 ①의 진술처럼 숙련이 직장 내에서 이루어지는 경우는 '교육과 기술의 경주 이론'의 한계를 드러내는 사례가 될 수 있다.

② 두 번째 문단에 따르면 '교육과 기술의 경주 이론'은 신기술 도입이 생산성 상승과 경제 성장으로 이어지려면 노동자들에게 새로운 기계를 익숙하게 다룰 능력(=숙련)이 있어야 하며, 학교에서 교육받아 이러한 능력을 갖춘 숙련 노동자는 생산성이 더 높기 때문에 상대적으로 더 높은 임금(=숙련 프리미엄)을 얻게 된다고 설명한다. 즉, '교육과 기술의 경주 이론'은 '교육 → 생산성 향상 → 더 높은 임금'이라는 관계를 전제하는 것이다. 따라서 ②의 진술처럼 임금을 결정하는 요인이 생산성 외에도 더 있는 경우는 '교육과 기술의 경주 이론'의 한계를 드러내는 사례가 될 수 있다.

④ 두 번째 문단에 나타난 '교육과 기술의 경주 이론' 내용에 근거하면 '직종과 연령대가 유사하다면 산업별·시기별 요구되는 숙련 노동자로서의 능력도 유사할 것'이며, 아울러 '학력이 대졸로 같다면 숙련 프리미엄도 거의 같은 수준일 것'이라고 추론할 수 있다. 요컨대 '교육과 기술의 경주 이론'에 따르면 직종, 연령대가 유사하고 학력이 같다면 노동자로서 요구되는 능력과 임금도 유사할 것이다. 따라서 ④의 진술처럼 임금 격차가 큰 경우는 '교육과 기술의 경주 이론'의 한계를 드러내는 사례가 될 수 있다.

⑤ 세 번째 문단에 나타난 '교육과 기술의 경주 이론'에 따르면 '기술=숙련 노동자에 대한 수요'이고, 기술은 숙련 노동자들에 대한 상대적 수요를 늘리는 방향으로 변화했다. 즉, '신기술의 도입=숙련 노동자에 대한 수요의 증가'라고 추론할 수 있다. 따라서 ⑤의 진술처럼 신기술로 인해 자동화가 진전되어 숙련 노동자에 대한 수요가 감소한 경우는 '교육과 기술의 경주 이론'의 한계를 드러내는 사례가 될 수 있다.

배경지식

기술 진보와 숙련 노동자
- 기술 진보 : 제한적인 일정량의 생산요소를 가지고 보다 더 많은 생산을 가능하게 하는 기술의 발전을 뜻한다.
- 숙련 노동자 : 일정한 훈련과 교육을 받아 고도의 복잡한 작업을 할 수 있는 능력을 갖춘 노동자로서, 통상적으로 사회적인 평균보다 더 높은 교육·훈련 비용, 더 긴 인력 양성 기간 등을 요하는 노동(=숙련 노동)을 하는 노동자를 뜻한다.

01	02	03	04	05	06	07			
⑤	①	②	⑤	⑤	②	②			

[01~03] 지문 분석

- 주제 : 간접 광고의 특성과 간접 광고 관련 제도의 변천
- 핵심 키워드 : 직접 광고, 간접 광고, 주류적 배치, 주변적 배치, 맥락 효과, 협찬 제도
- 글의 구조
  ▷ 1문단 : 간접 광고의 개념과 상대적 장점
    - 직접 광고 : 방송 프로그램의 앞과 뒤에 붙어 방송되는 광고
    - 간접 광고(PPL) : 프로그램 내에 상품을 배치해 광고 효과를 거두려 하는 광고
    - 간접 광고는 직접 광고에 비해 시청자가 리모컨을 이용해 광고를 회피하기가 상대적으로 어려워 시청자에게 노출될 확률이 더 높다.
  ▷ 2문단 : 간접 광고의 상품 배치 종류와 맥락 효과의 개념
    - 간접 광고에서는 광고 효과를 거두기 위해 주류적 배치와 주변적 배치를 활용한다.
    - 주류적 배치 : 출연자가 상품을 사용·착용하거나 대사를 통해 상품을 언급하는 것
    - 주변적 배치 : 화면 속의 배경을 통해 상품을 노출하는 것
    - 주목도 : 주류적 배치＞주변적 배치
    - 맥락 효과 : 상품의 배치가 프로그램의 맥락에 잘 부합해 광고 효과가 커지는 것
  ▷ 3문단 : 협찬 제도의 개념과 제한 사항
    - 1990년대 중반부터 운영 중인 협찬 제도는 제한된 형태의 간접 광고만 허용하는 제도로, 프로그램의 내용이 전개될 때 상품명·상호의 노출과 출연자의 언급으로 인한 광고 효과는 법으로 금지된다.
  ▷ 4문단 : 간접 광고의 도입 취지와 비판
    - 2010년부터 시행 중인 간접 광고의 도입 취지는 프로그램 내에서의 광고 행위에 대한 법적 규제를 완화해 방송 광고 산업을 활성화하자는 것이다.
    - 간접 광고 제도 비판론자들은 간접 광고로 인해 광고 노출 시간이 길어지고 프로그램의 맥락과 동떨어진 억지스러운 상품 배치가 빈번해 프로그램의 질이 떨어진다고 주장한다.

  ▷ 5문단 : 간접 광고에 대한 주체적 해석이 요구되는 이유
    - 간접 광고는 은연중에 시청자의 인식 속에 파고들기 때문에 간접 광고에 대한 시청자들의 주체적 해석이 요구된다.
    - 사람들이 외부의 정보를 주체적으로 해석하는 나름의 프레임을 갖추고 있는 것은 간접 광고를 분석하고 비판적으로 수용하는 미디어 교육이 필요한 이유이다.

01 세부 내용의 이해 정답 ⑤

첫 번째 문단에 따르면 요즘 시청자들은 자신도 모르는 사이에 간접 광고에 수시로 노출되어 광고와 더불어 살아가는 환경에 놓였으며, 두 번째 문단에 따르면 간접 광고를 통해 배치되는 상품이 자연스럽게 활용되어 프로그램의 맥락에 잘 부합하면 해당 상품에 대한 광고 효과가 커진다. 또한 다섯째 문단에 따르면 간접 광고는 시청자의 인식 속에 은연 중 파고든다. 따라서 ⑤의 진술처럼 시청자가 간접 광고를 알아차리지 못하는 동안에도 광고 효과는 발생할 수 있음을 알 수 있다.

오답분석

① 두 번째 문단에 따르면 시청자들은 주변적 배치보다 주류적 배치에 더 주목하게 된다. 따라서 ①의 진술에서 간접 광고에서 주변적 배치는 주류적 배치보다 시청자의 주목을 덜 받음을 알 수 있다.
② 첫 번째 문단에 따르면 간접 광고는 직접 광고에 비해 시청자가 리모컨을 이용해 광고를 회피하기가 상대적으로 어려워 시청자에게 노출될 확률이 더 높다. 따라서 ②의 진술에서 간접 광고는 직접 광고에 비해 시청자가 즉각적으로 광고를 회피하기가 어려움을 알 수 있다.
③ 다섯 번째 문단에 따르면 미디어 이론가들은 사람들은 외부의 정보를 주체적으로 해석할 수 있는 자기 나름의 프레임을 갖고 있어서 미디어의 콘텐츠를 수동적으로만 받아들이지 않는다고 본다. 따라서 ③의 진술에서 간접 광고가 삽입된 프로그램을 시청할 때에도 수용자 개인의 프레임이 작동함을 알 수 있다.
④ 첫 번째 문단에 따르면 직접 광고는 방송 프로그램의 앞과 뒤에 붙어 방송되는 광고이고, 간접 광고는 프로그램 내에 상품을 배치해 광고 효과를 거두려 하는 광고이다. 그러므로 그 광고가 방송 프로그램 밖에 있으면 직접 광고이고, 안에 삽입되어 있으면 간접 광고인 것이다. 따라서 ④의 진술에서 직접 광고와 간접 광고를 광고 효과의 정도에 따라 구분한 것은 적절하지 않다.

PART 2

DAY 01
DAY 02
DAY 03
DAY 04
DAY 05
DAY 06
DAY 07
DAY 08
DAY 09
DAY 10

배경지식

방송법에 따른 간접 광고의 정의

간접 광고는 방송프로그램 안에서 상품, 상표, 회사나 서비스의 명칭이나 로고 등을 노출시키는 형태의 광고를 말한다(동법 제73조 제2항 제7호).

배경지식

방송법의 규정에 따른 협찬 고지

• 협찬 고지의 정의 : 타인으로부터 방송 프로그램의 제작에 직접적·간접적으로 필요한 경비·물품·용역·인력 또는 장소 등을 제공받고 그 타인의 명칭 또는 상호 등을 고지하는 것을 말한다(방송법 제2조 제22호).

• 협찬 고지의 범위 : 방송사업자는 대통령령으로 정하는 범위 안에서 협찬 고지를 할 수 있다. 협찬 고지의 세부 기준 및 방법 등에 관하여 필요한 사항은 방송통신위원회규칙으로 정한다(방송법 제74조 제1항 ~ 제2항).

02 추론하기 정답 ①

세 번째 문단에 따르면 협찬 제도는 프로그램 제작자가 프로그램이 종료될 때 협찬 업체를 알리는 협찬 고지를 허용하지만, 프로그램의 내용이 전개될 때 상품·상호의 노출과 출연자가 상품·상호를 언급하는 것을 법으로 금지하는 제도이다. 따라서 ①의 진술에서 ㉠이 시행되면서 프로그램 내용이 전개될 때 상표가 노출될 수 있다는 내용은 적절하지 않다.

오답분석

② 세 번째 문단에 따르면 협찬 제도는 프로그램 제작자가 협찬 업체로부터 경비, 물품, 인력, 장소 등을 제공받아 활용하고 프로그램이 종료될 때 협찬 업체를 알리는 협찬 고지를 허용했다. 따라서 ②의 진술처럼 협찬 업체는 협찬 고지를 통해서 광고 효과를 거둘 수 있는 것이다.

③ 네 번째 문단에 따르면 간접 광고 제도가 도입되어 프로그램 내에서 상품명이나 상호를 보여 주는 것이 허용되었으나, 간접 광고 제도를 비판하는 사람들은 프로그램의 맥락과 동떨어진 억지스러운 상품 배치가 빈번해 프로그램의 질이 떨어지고 있다고 주장한다. 따라서 ③의 진술처럼 간접 광고 제도 도입 이후에는 프로그램 내용이 전개될 때 작위적으로 상품을 노출시키는 장면이 증가했다고 볼 수 있다.

④ 네 번째 문단에 따르면 방송법에서 간접 광고 제도가 도입되어 프로그램 내에서 상품명·상호의 노출이 허용되었으나, 대중에 대한 방송의 영향력이 크기 때문에 객관성·공정성이 요구되는 보도·시사·토론 등의 프로그램에서는 간접 광고가 금지되었다. 그러므로 방송법은 간접 광고가 객관성·공정성을 훼손할 수 있다고 보았음을 추론할 수 있다. 따라서 ④의 진술처럼 간접 광고가 도입될 때 보도·토론 프로그램에서 간접 광고를 금지한 것은 방송의 공적 특성(객관성·공정성)을 유지하기 위한 조치였음을 알 수 있다.

⑤ 두 번째 문단에 따르면 맥락 효과는 간접 광고를 통해 배치되는 상품이 자연스럽게 활용되어 프로그램의 맥락에 잘 부합할 때 해당 상품에 대한 광고 효과가 커지는 것을 뜻한다. 또한 세 번째 문단과 네 번째 문단에 따르면 ㉠과 ㉡은 모두 넓은 범주에서 간접 광고에 해당된다. 따라서 프로그램의 맥락에 잘 부합하기만 한다면 ⑤의 진술처럼 ㉠과 ㉡에 따른 광고는 간접 광고에 기대할 수 있는 맥락 효과를 거둘 수 있을 것이다.

03 추론하기 정답 ②

두 번째 문단에 따르면 주류적 배치는 출연자가 상품을 사용·착용하거나 대사를 통해 상품을 언급하는 것, 주변적 배치는 화면 속의 배경을 통해 상품을 노출하는 것이다. 따라서 ②의 진술에서 보기의 여자의 의상을 제공한 업체는 간접 광고의 주변적 배치가 아니라 주류적 배치를 활용하고 있다고 볼 수 있다.

오답분석

① 두 번째 문단에 따르면 주류적 배치는 출연자가 상품을 사용·착용하거나 대사를 통해 상품을 언급하는 것이다. 그러므로 보기에서 남자가 사용하고 있는 휴대 전화는 상표가 선명하게 보이는 것은 주류적 배치를 활용하는 사례이다. 따라서 ①의 보기의 휴대 전화를 제공한 업체는 간접 광고의 주류적 배치를 활용하고 있다고 볼 수 있다.

③ 세 번째 문단에 따르면 협찬 제도는 상품명·상호의 노출, 출연자가 상품명·상호를 언급하는 것은 법에 따라 금지하지만, 프로그램이 종료될 때 협찬 업체를 알리는 협찬 고지는 가능하다. 반면에 네 번째 문단에 따르면 간접 광고는 객관성과 공정성이 요구되는 보도, 시사, 토론 등의 프로그램이 아닌 경우에는 프로그램 내에서 상품명이나 상호를 보여 주는 것이 허용된다. 그러므로 보기에서 프로그램이 종료될 때 협찬 고지된 커피 전문점의 이름과 의상 제공 업체의 이름은 협찬 제도의 사례이고, 상표가 선명하게 보인 휴대 전화는 간접 광고의 사례이다. 따라서 ③의 진술처럼 보기의 프로그램은 협찬 제도에 따른 광고와 간접 광고 제도에 따른 광고가 모두 활용되었다고 볼 수 있다.

④ 네 번째 문단에 따르면 방송법에서 간접 광고 제도의 도입함으로써 프로그램 내에서 상품명이나 상호를 보여 주는 것이 허용되지만, 시청권의 보호를 위해 상품명이나 상호를 언급하거나 구매와 이용을 권유하는 것은 금지되었다. 따라서 ④의 진술처럼 남자가 승용차의 상품명을 언급하며 소음이 없는 좋은 차라고 칭찬한 것은 현행 방송법의 금지 규정을 위반했다고 볼 수 있다.

⑤ 두 번째 문단에 따르면 주변적 배치는 화면 속의 배경을 통해 상품을 노출하는 것이며, 맥락 효과는 간접 광고를 통해 배치되는 상품이 자연스럽게 활용되어 프로그램의 맥락에 잘 부합할 때 해당 상품에 대한 광고 효과가 커지는 것을 뜻한다. 또한 보기의 프로그램에 커피 전문점이 등장한 것은 커피 전문점 측이 방송사 측과 사전에 맞은 협찬 계약에 따라 장소를 제공했기 때문이고, 그 대가로 커피 전문점의 이름은 이 프로그램이 종료될 때 협찬 고지되었다. 따라서 ⑤의 진술처럼 커피 전문점의 위치를 묻는 전화가 쇄도한 것은 그 커피 전문점의 세련되고 낭만적인 분위기가 프로그램의 맥락에 잘 부합해 발생한 맥락 효과 때문으로 볼 수 있다.

배경지식

방송법 시행령 제59조의3에 따른 간접 광고(PPL) 준수 규정

• 간접 광고는 교양 또는 오락에 관한 방송 프로그램에만 허용된다. 다만, 교양 또는 오락에 관한 방송 프로그램 중 다음 각 호의 어느 하나에 해당하는 방송 프로그램은 허용되지 아니한다.
  1. 어린이를 주 시청 대상으로 하는 방송 프로그램
  2. 보도·시사·논평·토론 등 객관성과 공정성이 요구되는 방송 프로그램
• 다른 법령 또는 심의 규정에 따라 방송 광고가 금지되거나 방송 광고의 허용 시간을 제한받는 상품 등은 간접 광고를 할 수 없다.
• 간접광고의 시간(상품, 상표, 회사나 서비스의 명칭이나 로고 등이 노출되는 시간을 말한다. 다만, 제작상 불가피한 노출로서 자연스럽게 상품, 상표, 회사나 서비스의 명칭이나 로고 등이 노출되는 시간은 제외한다)은 해당 방송 프로그램 시간의 100분의 7 이하로 한다.
• 간접 광고의 방법은 다음 각 호의 기준에 따른다.
  1. 간접 광고의 크기(간접광고로 노출되는 상표, 로고 등 상품을 알 수 있는 표시의 크기를 말한다)는 화면의 4분의 1을 초과하지 아니할 것. 다만, 이동 멀티미디어 방송의 경우에는 화면의 3분의 1을 초과할 수 없다.
  2. 방송 프로그램에 간접 광고가 포함되는 경우 해당 방송 프로그램 시작 전에 간접 광고가 포함되어 있음을 자막으로 표기하여 시청자가 명확하게 알 수 있도록 할 것
  3. 간접 광고가 해당 방송 프로그램의 내용이나 구성에 영향을 미치지 아니할 것
  4. 해당 방송 프로그램에서 간접 광고를 하는 상품 등을 언급하거나 구매·이용을 권유하지 아니할 것
  5. 간접 광고로 인하여 시청자의 시청 흐름이 방해되지 아니하도록 할 것

PART 2

DAY 01
DAY 02
DAY 03
DAY 04
DAY 05
DAY 06
DAY 07
DAY 08
DAY 09
DAY 10

[04] 지문 분석

• 주제 : 반독점법을 통해 살펴본 1890년 ~ 1930년대 독점 규제에 대한 견해의 변화
• 핵심 키워드 : 독점, 셔먼법(반독점법), 트러스트, 소생산자, 탈집중화, 시민 자치권
• 글의 구조
  ▷ 1문단 : 셔먼법의 제정 배경
    – 셔먼법(1890)의 목적 : 소비자의 이익 보호 및 소생산자들의 탈집중화된 경제 보호
    – 셔먼은 공화주의 전통에 입각해 트러스트가 사적 권력을 강화해 민주주의를 위협한다고 비판했다.
  ▷ 2문단 : 반독점법으로써 경제 권력의 집중을 막아야 한다고 주장한 브랜다이스
    – 브랜다이스는 독점 규제를 통해 독립적 소생산자의 경제를 보호하고자 했다.
    – 그는 거대한 경제 권력의 영향으로부터 독립적 소생산자들을 보호함으로써 자치를 지켜내는 것에 반독점법의 취지가 있다고 보았다.
    – 그는 반독점법이 경제와 권력의 집중을 막는 데 초점을 맞추어야 한다고 주장했다.
  ▷ 3문단 : 소비자 복지에 근거한 반독점 정책
    – 아놀드는 소생산자의 자치와 탈집중화된 경제의 보호가 대량 생산 시대에 맞지 않는다고 보았으며, 시민 자치권을 근거로 하는 반독점 주장을 거부했다.
    – 그는 독점 규제를 통해 생산과 분배의 효율성을 증가시키고 그 혜택을 소비자에게 돌려주는 것이 핵심이며, 반독점법의 목적은 소비자 가격을 낮춰 소비자 복지를 증진시키는 데 있다고 보았다.
    – 이러한 아놀드의 견해는 소비자 복지에 대한 당시 사람들의 관심사를 반영했기 때문에 널리 받아들여졌다.

---

04 일치·불일치　　　　　**정답**　⑤

두 번째 문단에 따르면 브랜다이스는 독점 규제를 통해 소비자의 이익이 아니라 독립적 소생산자의 경제를 보호함으로써 자치를 지켜내고자 했다. 따라서 ⑤의 진술에서 브랜다이스가 보호하려 했던 것으로 '독립적 소생산자'는 옳지만, '소비자의 이익'은 아니라고 볼 수 있다.

오답분석

① 첫 번째 문단에 따르면 트러스트가 사적 권력을 강화해 민주주의에 위협이 된다는 셔먼의 비판은 시민 자치를 중시하는 공화주의 전통을 그 사상적 배경으로 삼는다. 또한 두 번째 문단에 따르면 거대한 경제 권력의 영향으로부터 독립적 소생산자들을 보호함으로써 자치를 지켜내자는 브랜다이스의 견해에는 공화주의 전통이 반영되어 있었다. 따라서 ①의 진술처럼 셔먼과 브랜다이스의 견해는 공화주의 전통에서 비롯되었다고 볼 수 있다.

② 두 번째 문단에 따르면 브랜다이스는 반독점법이 소생산자의 이익 자체를 도모하는 것보다는 경제와 권력의 집중을 막는 데 초점을 맞추어야 한다고 주장했다. 그러나 세 번째 문단에 따르면 탈집중화된 경제의 보호가 대량 생산 시대에 맞지 않는 감상적인 생각이라고 치부한 아놀드는 독점 규제의 목적이 권력 집중에 대한 싸움이 아니라 경제적 효율성의 향상에 맞춰져야 한다고 주장했다. 따라서 ②의 진술처럼 독점 규제의 목적에 대한 브랜다이스의 견해에 아놀드는 비판적이었음을 알 수 있다

③ 첫 번째 문단에 따르면 셔먼은 반독점법 제정이 소비자의 이익 보호와 함께 소생산자들의 탈집중화된 경제 보호라는 목적이 있다고 강조했다. 또한 세 번째 문단에 따르면 아놀드는 반독점법의 목적이 소비자 가격을 낮춰 소비자 복지를 증진시키는 데 있다고 보았다. 따라서 ③의 진술처럼 셔먼과 아놀드는 소비자 보호를 위해 반독점법을 지지함을 알 수 있다.

④ 첫 번째 문단에 따르면 트러스트가 사적 권력을 강화해 민주주의에 위협이 된다는 셔먼의 비판의 사상적 배경이 된 것은 시민 자치를 중시하는 공화주의 전통이었다. 또한 두 번째 문단에 따르면 브랜다이스는 거대한 트러스트에 집중된 부와 권력이 시민 자치를 위협하기 때문에 반독점법이 경제와 권력의 집중을 막는 데 초점을 맞추어야 한다고 주장했다. 그러므로 셔먼과 브랜다이스(1890년부터 1930년대 후반이 되기 전까지)는 시민 자치를 위해 반독점법을 지지했음을 알 수 있다. 반면에 1938년 법무부 반독점국의 책임자로 임명된 아놀드는 시민 자치권을 근거로 하는 반독점 주장을 거부했고, 경제적 효율성의 향상과 소비자 복지 증진을 주장했다. 따라서 ④의 진술처럼 반독점을 주장하는 주된 근거는 시민 자치권에서 1930년대에 비자 복지로 옮겨 갔음을 알 수 있다.

배경지식

독점과 셔먼법
• 독점 : 어떤 기업이 시장의 거의 유일한 공급자이며 그 기업이 공급하는 재화에 밀접한 대체재가 존재하지 않는 경우로, 완전경쟁의 정반대인 시장 형태를 뜻한다. 독점기업은 소비자의 지불 용의에 따라 동일한 재화에 다른 가격을 정해 이윤을 극대화할 수 있다. 어떤 재화를 공급하는 기업이 하나뿐인 경우(순수독점·완전독점) 또는 하나의 기업이 50% 이상의 시장점유율을 차지한 경우를 독점이라 하며, 과점은 경쟁자가 있지만 3곳 이하의 기업이 75% 이상의 시장점유율을 차지한 경우를 뜻한다.
• 셔먼법 : 정식 명칭은 "불법한 제한 및 독점으로부터 거래를 보호하기 위한 법률"이며, 1890년에 제정됐다. 주(州) 사이나 외국과의 거래에서 독점하거나 거래를 제한하는 모든 기업의 결합 및 공모를 금지하고 이에 대한 제재를 규정했다(전체 8개 조항). 그러나 규정이 애매해 실효를 거두지 못했고, 1914년 제정된 클레이턴법으로 대체되었다.

[05~07] 지문 분석
• 주제 : 경제학에서 논하는 차선의 문제
• 핵심 키워드 : 파레토 최적, 자원배분, 관세동맹, 무역창출, 무역전환, 직접세, 간접세
• 글의 구조
  ▷ 1문단 : 차선의 문제를 도출하게 된 배경
    – 파레토 최적 이루려면 모든 최적 조건들이 동시에 충족되어야 한다.
    – 립시와 랭커스터에 따르면 하나 이상의 효율성 조건이 파괴됐다면 충족된 효율성 조건의 수가 많아진다고 해서 경제 전체의 효율성이 향상된다는 보장이 없다.
    – 최적 조건의 일부가 항상 충족되지 못하는 상황에서 가장 바람직한 자원배분을 위한 새로운 조건을 찾아야 한다는 과제를 경제학에서는 '차선의 문제'라고 부른다.
  ▷ 2문단 : 차선의 문제에 대한 중요한 사례를 제공하는 관세동맹 쟁점
    – 관세동맹 논의는 차선의 문제에 대한 중요한 사례를 제공한다.
    – 관세동맹이 세계 경제의 효율성을 떨어뜨릴 수 있다고 지적한 바이너는 관세동맹의 효과를 무역창출(효율 증대)과 무역전환(효율 감소)으로 구분한다.
    – 무역창출보다 무역전환의 효과가 크다면 일부 국가들 사이의 관세동맹은 세계 경제의 효율성을 떨어뜨린다.
  ▷ 3문단 : 차선의 문제에 대한 중요한 사례를 제공하는 직접세와 간접세 쟁점
    – 차선의 문제는 직접세와 간접세의 상대적 장점에 대한 논쟁에서도 등장한다.
    – 핸더슨은 어떤 상품에 간접세가 부과되면 이러한 상품과 그렇지 않은 상품들 사이의 상대적 가격에 왜곡이 발생하므로, 상대적 가격에 영향을 미치지 않는 직접세가 자원배분의 더 바람직한 조건이라고 보았다.
    – 직접세가 자원배분의 더 바람직한 조건이라는 핸더슨의 견해는 직접세가 노동 시간과 여가에 영향을 미치지 않는다는 가정 아래서만 성립한다고 비판한 리틀은 직접세와 간접세 중에서 어느 것이 더 효율적인지는 판단할 수 없다고 보았다.
    – 리틀은 차등적 세율이 직접세만 부과하는 경우나 한 상품에만 간접세를 부과하는 경우보다 효율성을 더 높일 수 있다고 언급했지만 정확한 방법을 제시하지는 못했다.
    – 콜레트와 헤이그는 직접세를 동일한 액수의 간접세로 대체하면서도 개인들의 노동 시간과 소득을 늘릴 수 있는 조건으로 여가와 보완재에 높은 세율을, 경쟁재에 낮은 세율을 부과하는 방법을 제시했다.

05 세부 내용의 이해 정답 ⑤

첫 번째 문단에 따르면 파레토 최적 상태를 달성하기 위해 n개의 조건이 충족되어야 할 때, n−1개(＝조건 1개 미충족) 조건이 충족되는 상황이 n−2개의 조건이 충족되는 상황보다 낫다고 생각하는 것은 일반적인 통념이다. 또한 립시와 랭커스터는 이러한 통념이 항상 맞는 것은 아님을 보였다고 설명했다. 따라서 ⑤의 진술에서 경제개혁을 추진할 때 비합리적인 측면들을 제거한다고 해도 그것에 비례해 경제의 효율성이 제고된다고 단정할 수 없다.

오답분석

① 첫 번째 문단에 따르면 가장 효율적인 자원배분 상태, 즉 '파레토 최적' 상태를 달성하려면 모든 최적 조건들이 동시에 충족되어야 한다. 또한 1개 이상의 효율성 조건이 파괴된 상태에서는 충족되는 효율성 조건의 수가 많아진다고 해서 경제 전체의 효율성이 더 향상된다는 보장이 없다고 설명했다. 따라서 ①의 진술처럼 파레토 최적 조건들 중에서 나머지 조건들이 충족되었지만 하나라도 미충족된 조건이 있다면 차선의 효율성을 보장할 수 없는 것이다.

② 첫 번째 문단에 따르면 하나의 왜곡을 시정하는 과정에서 새로운 왜곡이 초래되는 것이 일반적 현실이기 때문에, 모든 최적 조건들을 충족시키려고 노력하는 것보다는 오히려 최적 조건의 일부가 항상 충족되지 못함을 전제로 하여 그러한 상황에서 가장 바람직한 자원배분을 위한 새로운 조건을 찾아야 한다. 이때 첫 번째 문단에서 언급한 '가장 바람직한 자원배분을 위한 새로운 조건'은 ②에서 말하는 '조건들의 재구성'으로 볼 수 있다. 예컨대, 세 번째 문단에서 언급한 '세금을 부과하면서도 시장의 왜곡을 줄일 수 있는 방법'이 차선의 문제인 것이다. 따라서 ②의 진술처럼 파레토 조건 중 일부가 미충족된 상황에서 차선의 상황을 찾으려면 이미 충족된 나머지 조건들의 재구성을 고려해야 한다고 볼 수 있다.

③ 첫 번째 문단에 따르면 하나의 왜곡을 시정하는 과정에서 새로운 왜곡이 초래된다는 일반적 현실 때문에 모든 최적 조건들을 충족에 노력하는 것보다는 조건의 일부는 항상 미충족됨을 전제로 하여 이러한 상황에서 가장 바람직한 자원배분을 위한 새로운 조건을 찾아야 한다. 따라서 ③의 진술처럼 전체의 경제상황을 개선하는 과정에서 최적 조건을 이루었던 부문의 효율성이 저하될 수도 있는 것이다.

④ 첫 번째 문단에 따르면 현실적으로는 하나의 왜곡을 시정하는 과정에서 새로운 왜곡이 초래되는 것이 일반적이므로, 최적 조건의 일부가 항상 미충족됨을 전제로 하여 그런 상황에서 가장 바람직한 자원배분을 위한 새로운 조건을 찾아야 하며, 이러한 과제를 차선의 문제라 부른다. 따라서 ④의 진술처럼 여러 경제부문들이 서로 긴밀히 연결되어 있기 때문에 차선의 문제가 제기됨을 알 수 있다.

배경지식

파레토 최적

자원배분이 가장 효율적으로 이루어지고 있어서 더 이상의 개선 여지가 없는 상황을 뜻한다. 생산 측면에서는 어느 한 재화를 증산하려면 반드시 다른 재화를 감산해야 하는 상태에 있어야 한다. 교환 측면에서는 어느 소비자의 효용을 확대하려면 반드시 다른 소비자의 효용을 축소할 수밖에 없는 상태에 있어야 한다. 이 두 가지 조건이 동시에 성립하고 있는 상황을 파레토 효율이라 한다.

06 추론하기 정답 ②

두 번째 문단에 따르면 바이너는 관세동맹이 세계 경제의 효율성을 떨어뜨릴 수 있다고 지적하면서 관세동맹의 효과를 무역창출(＝동맹국 사이에 새롭게 교역이 창출되는 것)과 무역전환(＝비동맹국들과의 교역이 동맹국과의 교역으로 전환되는 것)으로 구분했으며, 무역전환은 공급원을 생산비용이 낮은 국가에서 생산비용이 높은 국가로 바꾸는 것이므로 효율이 감소한다고 보았다. 그러므로 ②의 A국은 관세동맹 이전에 최저비용 생산국인 C국에서 X재를 수입하다가 관세동맹 이후에 B국에서 X재를 수입하게 되었으므로 제시문에서 언급한 무역전환이 일어난 것을 알 수 있다. 따라서 ②의 진술처럼 최저 비용으로 수입하던 것을 동맹국과의 교역으로 바꾸어 효율성이 감소할 수 있는 무역전환의 경우는 관세동맹이 세계 경제 효율성을 떨어뜨릴 수 있다고 주장한 바이너의 견해를 입증하는 사례로 볼 수 있다.

오답분석

① A와 B국은 X재를 생산하지 않고, A와 B국은 X재를 C국으로부터의 수입에 의존하는 등의 상황은 관세동맹 체결 전이나 후에 동일하다. 그러므로 ①의 진술에서 관세동맹을 맺기 전후의 상황에 변화가 없어 무역창출과 무역전환 모두 발생하지 않을 것이므로 효율성의 증대 또는 감소라는 변화 여부를 판단할 수 없다.

③ 두 번째 문단에 따르면 바이너가 관세동맹이 세계 경제의 효율성을 떨어뜨릴 수 있다고 주장한 것은, 무역창출(효율성 증대)보다 무역전환(효율성 감소)의 효과가 더 크다면 일부 국가들 사이의 관세동맹은 세계 경제의 효율성을 떨어뜨리게 된다고 보기 때문이다. 또한 ③에서 A, B국은 C국에 비해 X재의 생산비가 높으며, 관세동맹 체결 이후 A국은 X재 생산을 중단하고 B국에서 X재를 수입하게 되었다. 즉, X재의 생산에는 관세동맹 체결 이전과 이후 모두 효율성의 변화가 감지되지 않는다. 따라서 ③의 경우는 바이너가 제시한 무역전환(효율성 감소)의 사례에 해당되지 않는다.

④ 관세동맹 체결 이전과 이후 모두 A국은 B국에서 최저비용으로 생산한 X를 수입하고 있다. 위의 ③의 경우와 마찬가지로 X재 생산에는 관세동맹 체결 이전과 이후 모두 효율성의 변화가 감지되지 않는 것이다. 따라서 ④의 경우도

바이너가 제시한 무역전환(효율성 감소)의 사례에 해당되지 않는다.

⑤ 두 번째 문단에 따르면 무역창출은 동맹국 사이에 새롭게 교역이 창출되는 것으로, 상품의 공급원을 생산비용이 높은 국가에서 생산비용이 낮은 국가로 바꾸는 것이기 때문에 효율이 증대된다. 그런데 바이너는 관세동맹이 세계 경제의 효율성을 떨어뜨릴 수 있다고 지적했으므로 무역창출의 사례는 관세동맹이 세계 경제의 효율성을 떨어뜨린다는 바이너의 견해를 지지하지 못한다. 또한 두 번째 문단을 분석하면 관세 동맹으로 인한 경제 효율성의 감소를 입증하는 것은 '무역창출'이 아니라 '무역전환'임을 알 수 있다. 그리고 ⑤의 경우는 생산비용이 높은 국가에서 낮은 국가로 바꾼 것이므로 무역창출을 입증하는 사례이다. 따라서 ⓐ의 견해를 지지하는 사례로 보기 어렵다.

배경지식

관세동맹
국가 사이의 관세 제도를 통일하여 동맹국 상호 간에는 관세를 폐지 또는 인하하고 제3국에 대하여는 공통된 관세를 설정하는 동맹을 뜻한다.

---

07 비판하기   **정답** ②

세 번째 문단에 따르면 리틀은 직접세와 간접세 중에 어느 것이 파레토 최적 달성에 효율적인지 판단할 수 없으며, 여러 상품에 차등적 세율을 부과할 경우가 직접세만 부과하는 경우나 한 상품에만 간접세를 부과하는 경우보다 효율성을 더 높일 수 있다고 보았다. 또한 첫 번째 문단에 따르면 립시와 랭커스터는 하나 이상의 효율성 조건이 이미 파괴되어 있는 상태에서는 충족되는 효율성 조건의 수가 많아진다고 해서 경제 전체의 효율성이 더 향상된다는 보장이 없다고 보았다. 그리고 보기의 ㉮는 아무런 세금도 부과되지 않는 파레토 최적 상태로, 효율성 조건 3가지가 모두 충족되었다(파괴된 조건 없음). ㉯는 한 상품에만 간접세가 부과되어, ㉰는 직접세가 부과되어 시장의 교란이 야기된 상황(시장의 왜곡)이며, ㉯와 ㉰ 모두 효율성 조건 3가지 중 1개가 충족되었다(파괴된 조건 2개, n-2). 그런데 리틀은 직접세와 간접세 중에 어느 것이 더 효율적인지 판단할 수 없다고 주장하지만, 파레토 최적과 직접세를 비교하지는 않는다. 따라서 ②의 진술에서 리틀은 ㉮와 ㉯의 효율성 차이를 보이는 것이 아니라 ㉯와 ㉰의 효율성 차이를 판단할 수 없다고 보는 것이다.

오답분석

① 세 번째 문단에 따르면 핸더슨은 한 가지 상품에 간접세가 부과되었을 경우 그 상품과 다른 상품들 사이의 상대적 가격에 왜곡이 발생하므로, 이 상대적 가격에 영향을 미치지 않는 직접세가 파레토 최적 달성에 더 효율적일 것이라고 주장했다. 그러나 이러한 주장에 대해 리틀은 직접세가 노동 시간과 여가에 영향을 미치지 않는다는 가정 아래서만

성립하는 것이라고 비판했다. 즉, 핸더슨은 직접세가 여가에 미치는 효과를 고려하지 않은 것이다. 그리고 보기의 ㉯는 한 상품에만 간접세 부과되어, ㉰는 직접세가 부과되어 시장의 교란이 야기된 상황(시장의 왜곡)이며, ㉯와 ㉰ 모두 파괴된 조건은 2개로 같다. 따라서 ①의 진술처럼 핸더슨은 직접세가 여가에 미치는 효과를 고려하지 않았으며, ㉰(직접세 부과)가 ㉯(한 상품에만 간접세 부과)보다 효율적이라도 보는 것이다.

③ 세 번째 문단에 따르면 직접세가 파레토 최적 상태 달성에 더 효율적이라는 핸더슨의 주장을 리틀이 비판한 이유는 직접세와 간접세 중에 어느 것이 파레토 최적 달성에 효율적인지 판단할 수 없다고 보았기 때문이며, 리틀은 직접세나 간접세보다 여러 상품에 차등적 세율을 부과하는 것이 파레토 최적 달성에 더 효율적이라고 보았다. 그리고 보기의 ㉯는 한 상품에만 간접세 부과된 상황이고, ㉰는 직접세가 부과된 상황이다. 따라서 ③의 진술처럼 리틀은 ㉯(간접세 부과)와 ㉰(직접세 부과) 중에서 어느 것이 더 효율적인지 판단할 수 없다는 점을 들어 핸더슨의 견해를 비판한 것이다.

④ 세 번째 문단에 따르면 콜레트와 헤이그는 직접세를 동일한 액수의 간접세로 대체하면서도 개인들의 노동 시간과 소득을 늘릴 수 있는 조건으로, 여가와 보완관계가 높은 상품(레저 용품 등)에 높은 세율을 부과하고 경쟁관계에 있는 상품에 낮은 세율을 부과하는 방안을 제시했다. 또한 첫 번째 문단에 따르면 립시와 랭커스터는 1개 이상의 효율성 조건이 파괴된 상태에서는 충족되는 효율성 조건의 수가 많아진다고 해도 경제 전체의 효율성이 더 향상된다고 보장할 수 없다고 보았다. 그리고 보기의 ㉰는 직접세가 부과되어 시장의 교란이 야기된 상황(파괴된 조건 2개)이며, ㉱는 차등 세율의 간접세가 부과된 상황(모든 조건 파괴)이다. 그러므로 ㉱는 ㉰보다 최적 조건이 성립한 경우가 적지만 여가와 보완 관계 있는 상품에 높은 세율을 부과하고 경쟁 상품에 낮은 세율 부과할 것을 주장하는 콜레트와 헤이그는 ④의 진술처럼 ㉰(직접세 부과)보다 ㉱(차등 세율의 간접세 부과)가 더 효율적일 수 있다는 것을 보임으로써 립시와 랭커스터의 주장을 뒷받침할 수 있다.

⑤ 세 번째 문단에 따르면 콜레트와 헤이그는 여가와 보완 관계 있는(레저 용품 등) 상품에 높은 세율을 부과하고 경쟁 상품에 낮은 세율 부과하는 차등 세율이 효율적이라고 주장했다. 그리고 보기의 ㉰는 직접세가 부과된 상황(1개 조건 충족)이고, ㉱는 차등 세율의 간접세가 부과된 상황(충족된 조건 없음)이다. 따라서 콜레트와 헤이그는 ⑤의 진술처럼 ㉰(직접세 부과)보다 ㉱(차등 세율의 간접세 부과)가 더 효율적일 수 있다는 것을 보임으로써 이를 간접세가 직접세보다 효율적인 사례로 제시할 수 있다.

01	02	03	04	05	06	07	08
③	①	⑤	①	⑤	②	①	①

[01~04] 지문 분석

- 주제 : 공적 연금 제도의 실시 목적과 운영 방식의 쟁점
- 핵심 키워드 : 공공 부조, 공적 연금, 도덕적 해이, 소득 재분배
- 글의 구조
  ▷ 1문단 : 공적 연금 제도의 실시 이유에 대한 의문 제기
    - 연금 제도의 목적 : 나이가 많아 경제 활동을 못하게 되었을 때 일정 소득을 보장하여 경제적 안정을 도모
    - 사적 연금, 공공 부조 등이 있음에도 불구하고 국가가 공적 연금 제도를 실시하는 까닭은 무엇일까?
  ▷ 2문단 : 공적 연금 제도 실시 이유 – 사적 연금과 공공 부조의 부작용
    - 공적 연금 제도를 실시하는 까닭은 사적 연금과 공공 부조의 부작용 때문이다.
    - 사적 연금은 역선택 현상으로 인해 납입되는 보험료 총액에 비해 지급해야 할 연금 총액이 커지기 때문에 보험료를 계속 인상해야 하는 부작용이 있다.
    - 공공 부조는 도덕적 해이를 야기할 수 있기 때문에 강제 가입, 국가의 책임으로 운용, 가입자 은퇴 후 연금 지급 등의 방식을 취한다.
  ▷ 3문단 : 소득 재분배 측면에서 공적 연금 제도를 바라보는 두 가지 입장의 차이
    - 공적 연금 제도를 운영하는 과정에는 ㉠ <u>사회적 연대를 중시하는 입장</u>과 ㉡ <u>경제적 성과를 중시하는 입장</u>이 대립한다.
    - ㉠은 공적 연금 제도를 소득 재분배의 수단으로 이용해야 한다고 주장한다.
    - ㉡은 사회 구성원 일부에게 희생을 강요하는 소득 재분배는 물가 상승을 반영해 연금의 실질 가치를 보장할 수 있을 때만 허용되어야 한다고 비판한다.
  ▷ 4문단 : 투자 방향 측면에서 공적 연금 제도를 바라보는 입장의 차이
    - ㉠과 ㉡은 연금 기금의 투자 방향에 관해서도 대립한다.

- ㉡의 입장에서 연금 기금을 신탁 기금으로 보고 수익률을 극대화하려는 태도가 지배적이었지만, 최근 ㉠의 입장에서 연금 기금을 사회 발전을 위한 투자 자금으로 보고 사회 경제적 분야에 투자해야 한다는 주장이 힘을 얻고 있다.
- ㉠은 연금 기금을 신탁 기금으로 규정한 관련 법규의 개정해 보험료를 낼 소득자 집단을 확충하는 일에 투자 자금을 활용하자는 주장이기도 하다.

01　일치 · 불일치　　정답 ③

첫 번째 문단에 따르면 보험 회사의 사적 연금, 국가가 세금으로 운영하는 공공 부조와 함께 공적 연금 제도를 실시한다. 따라서 ③의 진술에서 공적 연금 제도와 공공 부조를 병행해 시행해야 함을 알 수 있다.

오답분석

① 첫 번째 문단에 따르면 나이가 많아 경제 활동을 못하게 되었을 때 일정 소득을 보장하여 경제적 안정을 도모한다는 연금 제도의 목적을 달성하기 위해 사적 연금, 공공 부조, 공적 연금 제도가 실시된다. 따라서 ①의 진술처럼 연금 제도의 목적을 달성하는 수단은 다양함을 알 수 있다.

② 첫 번째 문단에 따르면 보험 회사의 사적 연금 제도와 함께 국가가 공적 연금 제도를 실시한다. 따라서 ②의 진술처럼 공적 연금 제도가 시행된다고 하여 사적 연금이 금지되는 것은 아님을 알 수 있다.

④ 첫 번째 문단에 따르면 공공 부조는 세금으로 운영되며, 두 번째 문단에 따르면 공공 부조는 도덕적 해이를 야기할 수 있다. 여기서 도덕적 해이는 젊은 시절에는 소득을 모두 써 버리고 노년에는 공공 부조에 의존하려는 경향을 뜻한다. 따라서 ④의 진술처럼 공공 부조로 인한 도덕적 해이는 납세 부담을 가중시킬 수 있다.

⑤ 세 번째 문단에 따르면 사회적 연대를 중시하는 입장은 공적 연금 제도를 계층 간, 세대 간 소득 재분배의 수단으로 이용해야 한다고 주장한다. 따라서 ⑤의 진술처럼 공적 연금 제도는 소득 재분배의 수단이 될 수 있음을 알 수 있다.

배경지식

공공 부조
국가나 지방 공공 단체가 생활 능력이 없는 사람에게 최저한도의 생활수준을 보장하기 위하여 보호 또는 원조를 행하는 것을 뜻한다. 현대 선진 국가에서는 사회 보험 제도와 함께 사회 보장의 일환으로 이 사업을 활발히 진행하고 있다.

네 번째 문단에 따르면 연금 기금을 국민 전체가 사회 발전을 위해 조성한 투자 자금으로 보고, 이를 일자리 창출에 연계된 사회 경제적 분야에 투자해야 한다는 ㉠(사회적 연대를 중시하는 입장)의 주장이 힘을 얻고 있다.

오답분석

② 네 번째 문단에 따르면 ㉡(경제적 성과를 중시하는 입장)에서 연금 기금을 가입자들이 노후의 소득 보장을 위해 맡긴 신탁 기금으로 보고, 안정된 금융 시장을 통해 대기업에 투자함으로써 수익률을 극대화하려는 태도가 지배적이었다. 그러나 ㉠(사회적 연대를 중시하는 입장)은 연금 기금을 사회 발전을 위한 투자 자금이므로 일자리 창출에 연계된 사회 경제적 분야에 투자해야 한고 주장한다. 따라서 ②의 진술에서 연금 기금을 수익률이 높은 대기업에 투자하려는 입장은 ㉠이 아니라 ㉡이다.

③ 네 번째 문단에 따르면 ㉠(사회적 연대를 중시하는 입장)은 자리 창출에 연계된 사회 경제적 분야에 투자해야 한다는 주장하며, 이는 연금 기금을 일종의 신탁 기금으로 규정해 온 관련 법률을 개정해 보험료를 낼 소득자 집단을 확충하는 일에 기금을 직접 활용하자는 주장이기도 하다. 따라서 ③의 진술에서 ㉠은 관련 법률 개정으로 연금 기금의 법적 성격을 바꾸는 일에 찬성할 것이다.

④ 세 번째 문단에 따르면 ㉡(경제적 성과를 중시하는 입장)은 사회 구성원 일부에게 희생을 강요하는 소득 재분배는 물가 상승을 반영하여 연금의 실질 가치를 보장할 수 있을 때만 허용되어야 한다고 비판하며, 사회 내의 소득 격차가 커질수록, 자녀 세대의 보험료 부담이 커질수록, 이러한 비판은 더욱 강해질 수밖에 없다. 따라서 ④의 진술에서 ㉡은 공적 연금 제도를 통한 소득 재분배를 반대할 것이다.

⑤ 네 번째 문단에 따르면 ㉠(사회적 연대를 중시하는 입장)은 관련 법률을 개정해 보험료를 낼 소득자 집단을 확충하는 일에 연금 기금을 직접 활용하자는 주장이기도 하다. 따라서 ⑤의 진술에서 보험료를 낼 소득자 집단을 확충하는 일에 연금 기금을 활용하자고 주장하는 주체는 ㉡이 아니라 ㉠이다.

배경지식

소득 재분배
정책적으로 소득 분포를 수정하는 것을 뜻한다. 조세나 사회 보장 제도 등을 통해 소득의 불평등과 그로 인한 생활의 격차를 줄이기 위해 행한다. 소득 재분배를 위한 정책으로는 고소득자에게 높은 세금을 적용하는 누진 세율 등이 있다.

두 번째 문단에 따르면 사적 연금은 안정된 노후 생활을 기대하기 어려운 사람들이 주로 가입하고 그렇지 않은 사람들은 피하므로 납입되는 보험료 총액에 비해 지급해야 할 연금 총액이 자꾸 커져 계속 보험료를 인상하지 않으면 연금 유지가 불가능하다는, 역선택 현상에 따른 부작용이 있다. 또한 소득이 있는 국민들을 공적 연금에 강제 가입시키는 이유는 사적 연금에서와 같은 역선택 현상에 따른 부작용에 대응하기 위해서이다. 그리고 보기의 ㉮와 ㉯는 가입자가 공적 연금 보험료를 체납하는 상황이다. ㉮는 고용 불안정으로 인해 불가피하게 보험료를 체납하는 상황이고, ㉯는 고소득자가 보험료 납부를 회피하는 상황이다. 따라서 ⑤의 진술처럼 소득이 있는 국민에 대한 강제 가입을 완화하면 보기의 ㉯와 같이 고소득자들이 보험료 납부를 회피하는 경우가 증가함으로써 재원 부족으로 인해 연금 유지에 장해를 겪을 수 있다.

오답분석

① 네 번째 문단에 따르면 최근에는 연금 기금을 국민 전체가 사회 발전을 위해 조성한 투자 자금으로 보고, 이를 일자리 창출에 연계된 사회 경제적 분야에 투자해야 한다는 사회적 연대를 중시하는 이들의 주장이 힘을 얻고 있다. 그리고 보기의 ㉮는 고용 불안정으로 인해 공적 연금 보험료 체납 사례가 늘어난 상황이다. 따라서 ①의 진술처럼 공적 연금 기금을 일자리 창출에 연계된 사회 경제적 분야에 투자한다면 고용 불안정 때문에 보험료를 체납하는 사례가 감소할 수 있다.

② 두 번째 문단에 따르면 공적 연금 제도는 보험료를 강제 징수한다. 또한 보기의 ㉯는 고소득자가 보험료를 체납한 상황이다. 따라서 법을 강력하게 집행해 ②의 진술처럼 강제 징수 업무를 철저히 수행한다면 고소득자의 체납 사례가 감소할 수 있다.

③ 두 번째 문단에 따르면 사적 연금에서는 안정된 노후 생활을 기대하기 어려운 사람들이 주로 가입하고 그렇지 않은 사람들은 가입을 피하는 역선택 현상으로 인해 보험료 총액에 비해 지급해야 할 연금 총액이 자꾸 커져 계속 보험료를 인상하지 않으면 연금 유지가 불가능하다는 부작용이 있다. 또한 보기의 ㉯는 고소득자가 보험료 납부를 기피한 사례이다. 따라서 ③의 진술처럼 공적 연금 제도에서 고의 체납으로 인한 역선택과 유사한 현상이 발생할 수 있음을 알 수 있다.

④ 보기의 ㉮와 ㉯ 같은 경우가 증가하면 지급해야 할 연금 총액에 비해 납입 받는 보험료 총액이 적어지므로 체납액 증가로 인한 연금 재원의 고갈을 초래할 수 있다. 따라서 ④의 진술처럼 공적 연금 기금이 고갈되는 경우에는 재원을 안정적으로 확보하여 연금을 유지할 수 있도록 체납액 감소, 보험료 인상, 보험료를 낼 소득자 집단 확충 등을 이룰 수 있는 방안을 마련해야 한다.

PART 2

DAY 01

DAY 02

DAY 03

DAY 04

DAY 05

DAY 06

DAY 07

DAY 08

DAY 09

DAY 10

배경지식

공적 연금

정부가 운영하는 연금을 뜻한다. 공적 연금은 국가마다 종류가 다른데, 우리나라에는 국민연금, 공무원 연금, 군인 연금, 사립학교 교직원 연금 등이 있다. 해당자는 의무적으로 가입해야 하는 일종의 사회 보험이다.

04 문맥적 의미 [정답] ①

'도모(圖謀)'는 어떤 일을 이루기 위해 대책과 방법을 세운다는 뜻이다. ⓐ의 뜻풀이에 해당하는 단어는 '도래(到來)'이다.

[오답분석]

② 야기(惹起) : 일이나 사건 등을 끌어 일으킴≒발생(發生)

③ 경향(傾向) : 현상이나 사상, 행동 등이 어떤 방향으로 기울어짐≒성향(性向), 동향(動向), 추세(趨勢)

④ 조성(造成) : 무엇을 만들어서 이룸, 분위기나 정세 등을 만듦

⑤ 확충(擴充) : 늘리고 넓혀 충실하게 함≒확장(擴張), 확대(擴大)

배경지식

역선택(逆選擇)과 도덕적 해이(解弛)

• 역선택 : 자기에게 유리하게 하려고 상대편에게 불리한 것을 고르는 일을 뜻한다. 공급자와 수요자가 갖고 있는 정보가 각각 다르기 때문에 발생하는 경제 현상이다. 예를 들어 보험 계약을 할 때 주로 보험금을 탈 가능성이 큰 사람이 자신에게 유리한 보험을 선택함으로써 보험 회사의 편에서는 불리한 조건을 선택하게 되는 경우가 해당한다.

• 도덕적 해이 : 법과 제도적 허점을 이용하여 자기 책임을 소홀히 하거나 집단적인 이기주의를 나타내는 상태나 행위를 뜻한다.

[05] 지문 분석

• 주제 : 과거와 다른 과시를 위한 현대 상류층의 소비 패턴

• 핵심 키워드 : 베블런의 과시소비이론

• 글의 구조

▷ 1문단 : 사치품 소비를 통해 사회적 지위를 과시한 과거의 상류층

 – 베블런에 의하면 상류층은 사치품을 사회적 지위 및 위계질서를 나타내는 기호로 간주해 피지배계층의 사치품 소비를 금지했다.

 – 베블런은 사치품의 가격이 상승해도 수요가 증가하는 것은 사치품의 소비를 통해 사회적 지위를 과시하려는 상류층의 소비행태 때문이라고 보았다.

▷ 2문단 : 사치품 소비의 대중화

 – 모든 사람들이 명품을 살 수 있는 돈을 가진 새로운 현대 대중사회에서 상류층이 서민들과 구별될 수 있는 방법은 오히려 아래로 내려가는 것이다.

 – 현대의 상류층에게는 차이가 중요한 것이지 사물이 중요한 것이 아니기 때문이다.

▷ 3문단 : 현대 상류층이 소박함을 과시하는 것의 효과

 – 현대의 상류층이 서민들처럼 소박한 생활을 하는 것을 과시하는 것은 사치품을 소비하는 서민들과 구별된다는 것과, 돈 많은 사람이 소박하고 겸손하기까지 하여 서민들에게 친근감을 준다는 두 가지 효과가 있다.

▷ 4문단 : 현대 상류층의 소비하지 않기의 의미

 – 현대의 상류층이 서민들처럼 소박한 생활을 하는 것은 극단적인 위세일 뿐이다. 겸손한 태도와 검소함으로 자신을 한층 더 드러내는 것이다. 소비하기를 거부하는 것이 소비 중에서도 최고의 소비가 된다.

 – 현대사회에서 소비하지 않기는 고도의 교묘한 소비로서, 상류층의 표시가 되었다.

05 추론하기 [정답] ⑤

두 번째 문단에 따르면 서민들도 사치품·명품을 쓸 수 있는 새로운 현대 대중사회에서 현대의 상류층에게는 차이가 중요한 것이지 사물 그 자체가 중요한 것이 아니기 때문에 상류층이 서민들과 구별될 수 있는 방법은 오히려 아래로 내려가는 것이다. 그러므로 세 번째 문단의 언급처럼 현대의 상류층은 고급, 화려함, 낭비를 과시하기보다 서민들처럼 소박한 생활을 한다는 것을 과시하는 것이다. 또한 네 번째 문단에 따르면 소비하기를 거부하는 것이 최고의 소비가 되며, 소비하지 않기는 상류층의 표시가 되었다. 따라서 ⑤의 진술처럼 현대의 상류층은 사치품 소비뿐만 아니라 소비하지 않기를 통해서도 자신의 사회적 지위를 과시한다고 볼 수 있다.

[오답분석]

① 세 번째 문단에 따르면 현대의 상류층은 서민들처럼 소박한 생활을 한다는 것을 과시하는데, 이러한 과시는 사치품을 소비하는 서민들과 구별됨, 서민들에게 친근감을 줌 등 두 가지의 효과가 있다. 또한 네 번째 문단에 따르면 차별화해야 할 아래 계층이 없거나 경쟁 상대인 다른 상류층 사이에 있을 때 현대의 상류층은 경쟁적으로 고가품을 소비하며 자신을 마음껏 과시한다. 따라서 ①의 진술에서 현대의 상류층은 소박한 생활을 '지향'하는 것이 아니라 '과시'하는 것이며, 친근감을 주는 것은 하나의 효과일 뿐이다.

② 네 번째 문단에 따르면 상류층을 따라 사치품을 소비하는 현대의 서민층은 순진하다고 하지 않을 수 없다. 그러나 ②의 진술처럼 현대의 서민들이 상류층을 따라 검손한 소비행태를 보이는지 여부를 판단할 수 있는 내용이 제시문에는 없다. 또한 서민층의 소비행태는 제시문의 논지와 관련성이 없다.

③ 두 번째 문단에 따르면 새로운 사회에서 상류층이 서민들과 구별될 수 있는 방법은 오히려 아래로 내려가는 것이다. 그러나 네 번째 문단에 따르면 차별화해야 할 아래 계층이 없거나 경쟁 상대인 다른 상류층 사이에 있을 때 그들은 마음 놓고 경쟁적으로 고가품을 소비하며 자신을 마음껏 과시한다. 따라서 ③의 진술에서 현대의 상류층은 그들이 접하는 계층에 따라 자신의 사회적 지위를 과시하는 소비행태가 다름을 알 수 있다.

④ 첫 번째 문단에 따르면 과거 상류층의 사치품 소비는 사회적 지위와 위계질서를 나타내는 기호였다. 그러나 두 번째 문단에 따르면 서민들이 명품을 살 수 있는 돈을 갖고 있는 대중사회에서 명품의 사용은 더 이상 상류층을 표시하는 기호가 될 수 없다. 그래서 현대의 상류층이 서민들처럼 소박한 생활을 하거나 소비하기를 거부하는 것(소비하지 않기)은 고도의 교묘한 소비이며, 상류층의 표시가 되었다. 따라서 ④의 진술에서 현대에 들어와 명품 소비는 위계질서를 드러내는 소비행태가 될 수 없으며, 새롭게 나타난 과시적 소비행태는 '소비하지 않기'이다.

배경지식

베블런(Veblen) 효과

• 베블런 효과는 일부 특정 계층의 과시욕으로 인해 가격이 오르는데도 수요는 오히려 증가하는 현상을 뜻한다. 미국의 사회학자 베블런이 저서 『유한계급론』(1899년)에서 "상류층의 두드러진 소비는 사회적 지위를 과시하기 위해 자각 없이 행해진다"고 비판한 것에서 유래했다. 이처럼 가격이 상승하면 수요량이 감소하는 수요의 법칙에 반하는 재화를 베블런재(財)라 부른다. 사치재 또는 명품 등이 이에 해당하는데, 이러한 재화는 가격이 비쌀수록 소비가 증가하는 경향이 있다. 소비편승 효과라 부르기도 한다.

• 베블런에 따르면 자신의 부를 과시하기 위해 고가의 재화를 구매하는 사람은 실제로 지불하는 시장가격뿐만 아니라 다른 사람들이 '얼마를 지불했을 것'이라 기대하는 가격(=과시가격)도 고려한다. 과시가격이 상승하면 해당 제품의 수요도 증가한다. 또한 과시가격으로 인해 증가된 수요량이 시장가격 인상으로 인해 감소된 수요량과 비교해 같거나 많다면 전체적으로 수요가 증가한다.

[06~08] 지문 분석

• 주제 : 경업금지약정의 효력의 제한을 둘러싼 찬반 논란
• 핵심 키워드 : 경업금지약정, 영업비밀, 직업선택의 자유, 근로권, 반대급부, 쌍무관계
• 글의 구조
  ▷ 1문단 : 경업금지약정의 정의
    – 경업금지약정은 계약의 일방 당사자가 상대방과 경쟁관계에 있는 영업을 하지 못하게 하는 내용의 약정을 말한다.
    – 근로관계에서의 경업금지약정은 근로자가 퇴사 후 경쟁관계 업체의 취업, 경쟁업체 설립·운영 등의 경쟁행위를 금지하는 약정하는 것이다.
  ▷ 2문단 : 경업금지약정의 효력에 대한 지속적인 논란의 발생
    – 산업화 초기에는 근대적인 경제적 자유의 확립을 위해 경업금지약정은 일반적으로 무효였으나, 산업화가 본격적으로 진행되고 공정한 경쟁 등이 중요한 과제로 대두되면서 경업금지의 필요성이 인정되었다.
    – 당사자가 따로 약정을 하지 않아도 경업금지 의무가 있는 것으로 보게 되었다.
  ▷ 3문단 : 근로관계에서 경업금지약정의 효력 제한에 대한 찬반 의견
    – 근로관계에 있어서 경업금지약정의 효력이 인정된 것은 기업의 영업비밀의 보호를 위해서이다.
    – 근로관계에 있어서 경업금지약정이 직업선택의 자유 및 근로권 제한, 자유경쟁 저해 등을 일으킬 수 있고, 이 약정의 효력을 제한하면 지식의 생산과 혁신 촉진, 산업 발전과 소비자 이익에 기여 등을 기대할 수 있기 때문에 이 약정의 효력을 제한하자는 주장도 활발히 제기되고 있다.
    – 경업금지약정의 유효성을 판단할 때는 경업금지의 합리적인 이유가 있어야 하며, 경업금지의 기간과 범위 등도 필요한 한도 내에 있어야 유효하다.
  ▷ 4문단 : 판례에서 경업금지약정의 유효성 여부를 판단하는 조건들
    – 우리나라의 판례도 직업선택의 자유와 근로권, 자유경쟁을 한쪽에, 영업비밀 등 정당한 기업이익을 다른 한쪽에 놓고 경업금지약정의 유효성 여부를 종합적으로 판단한다.
  ▷ 5문단 : 근로자에 대한 보상조치 포함 여부를 둘러싼 논란에 대한 찬성 의견
    – 근로자에 대한 보상조치가 경업금지약정에 반드시 포함되어야 그 약정이 유효한가에 대해서는 논란이 있다.
    – 첫 번째 견해(찬성 측)는 근로자의 권리와 기업의 재산권이 조화를 이루려면 경업하지 않는 것에 대한 반대급부로서의 보상조치가 필수적이라고 본다.

▷ 6문단 : 근로자에 대한 보상조치 포함 여부를 둘러싼 논란에 대한 반대 의견
- 첫 번째 견해(반대 측)는 대가가 없더라도 기간과 장소가 비합리적으로 과도하지 않다면 근로자가 경업금지의 제한을 감수할 수도 있다고 본다.
- 반대 측은 경업금지약정의 내용이 객관적으로 균형을 갖추지 못했다는 이유만으로는 무효로 볼 수 없다고 본다.
- 반대 측은 근로자는 사용자에 비해 교섭력에 차이가 있고, 퇴직 이후에 효력이 발생할 경업금지약정에 관해 계약 당시에는 합리적인 판단이 쉽지 않다고 본다.

06 일치·불일치   정답 ②

두 번째 문단에 따르면 산업화가 본격적으로 진행된 이후 영업양도나 가맹계약에서 경업금지의 필요성이 인정되었는데, 영업의 가치를 이전하는 거래인 영업양도에서 양도인의 경업을 허용하는 것은 계약의 목적에 반할 수 있기 때문에, 심지어 당사자가 따로 약정을 하지 않아도 경업금지 의무가 있는 것으로 보게 되었다. 따라서 약정이 없어도 경업금지 의무를 인정하기 때문에 ②의 진술에서 경업을 합법적으로 제한하기 위해서 반드시 경업금지약정이 있어야 하는 것은 아니다.

오답분석

① 두 번째 문단에 따르면 영업양도나 가맹계약에서 경업금지의 필요성이 인정되었으며, 영업의 가치를 이전하는 거래인 영업양도에서 양도인의 경업을 허용하는 것은 계약의 목적에 반할 수 있기 때문에 경업금지약정을 인정한다. 또한 가맹계약은 브랜드 내 경쟁을 제한함으로써 브랜드 간 경쟁을 촉진하고 가맹점주의 이익을 보호하기 위해 경업금지약정을 인정한다. 그러므로 영업양도와 가맹계약은 계약의 내용이 다르고 기대되는 효력에 대한 해석도 달라지는 것이다. 따라서 ①의 진술처럼 경업금지약정의 효력에 대한 해석은 계약 내용에 따라 달라질 수 있는 것이다.
③ 세 번째 문단에 따르면 근로관계에서 경업금지약정정의 효력을 제한하면 노동의 자유로운 이동을 통해 지식의 생산과 혁신을 촉진할 수 있다는 주장이 활발히 제기되고 있다. 따라서 ③의 진술처럼 경업금지약정은 지식 재산의 창출에 방해가 된다는 주장이 있음을 알 수 있다.
④ 세 번째 문단에 따르면 대부분의 국가에서 경업금지약정의 유효성을 판단할 때에는 경업금지의 합리적인 이유가 있어야 한다는 조건을 충족해야 한다. 또한 네 번째 문단에 따르면 우리나라의 판례는 경업금지약정의 유효성 여부를 판단할 때 보호할 가치가 있는 사용자의 이익을 포함한 여러 가지 조건들을 종합적으로 고려한다. 따라서 ④의 진술처럼 기업의 정당한 이익을 보호할 필요성이라는 합리적인 이유가 있다면 경업금지약정의 효력이 인정됨을 알 수 있다.

⑤ 두 번째 문단에 따르면 산업화 초기에는 봉건적인 경쟁제한을 철폐하고 영업의 자유 등 근대적인 경제적 자유를 확립하기 위해 경업금지약정을 일반적으로 무효로 보았다. 따라서 ⑤의 진술처럼 산업화 초기에는 경제적 자유를 우선시했기 때문에 경업금지약정의 효력이 인정되지 않았음을 알 수 있다.

배경지식

경업금지

법률에서 특정한 사람이 다른 사람의 영업과 관련해 부정한 방법으로 경쟁하는 것을 금지하는 것을 뜻한다. 영업 사원은 영업에 관련된 기밀을 잘 알고 있으므로, 자기 또는 다른 사람의 재산으로 영업주의 영업 부류에 속하는 거래를 하지 못하는 일 등이다.

07 추론하기   정답 ①

네 번째 문단에 따르면 ⓐ는 '직업선택의 자유와 근로권, 자유경쟁'과 '영업비밀 등 정당한 기업이익'을 저울질해 경업금지약정의 유효성 여부를 판단하는 것이다. 즉, 질문에서 제시된 '경업금지약정의 효력에 부정적인 영향을 주는 경우'는 '경업금지약정이 균형성을 상실한 경우'이다. ①의 진술에서 회사의 일방적인 구조조정 때문에 근로자가 부득이하게 퇴직했다는 것은 여섯 번째 문단에서 언급한 '당사자 간의 교섭력 차이나 기타 자기 결정 능력'이라는 제약 요건을 위반한 것으로 해석되며, 기업이익을 보호하기 위해 근로자가 퇴직하게 한 조치는 정당하다고 볼 수 없다. 따라서 ①의 경우는 경업금지약정의 효력에 부정적인 영향을 끼쳐 경업금지약정이 무효라고 볼 수 있게 하는 사례로 적절하다.

오답분석

② 첫 번째 문단에 따르면 경업금지약정은 계약의 일방 당사자가 상대방과 경쟁관계에 있는 영업을 하지 못하게 하는 내용의 약정으로, 계약 상대방(기업)의 이익을 보호함을 목적으로 한다. 또한 세 번째 문단에 따르면 대부분의 국가에서 경업금지약정의 유효성을 판단할 때 경업금지의 기간과 범위 등도 필요한 한도 내에 있어야 유효하다. 그런데 ②의 진술처럼 경업금지의 기간이 경쟁 회사의 기술 개발에 소요되는 시간보다 짧다면, A사를 퇴사한 이후 금지 기간이 지나 경쟁업체 B사에 취업한 직원이 기술 개발을 완료할 경우에는 A사가 손해를 볼 수 있다. 따라서 ②의 경우는 경업금지약정의 효력에 부정적인 영향을 주지 않으며, 정당한 기업이익을 보호하기 위해 경업금지약정이 유효한 사례로 적절하다.

PART 2

DAY 01
DAY 02
DAY 03
DAY 04
DAY 05
DAY 06
DAY 07
DAY 08
DAY 09
DAY 10

③ 많은 비용과 노력을 투입해 교육한 근로자가 경쟁업체로 이직한다면 자사가 손해를 입을 수 있다. 따라서 ③의 경우는 경업금지약정의 효력에 부정적인 영향을 주지 않으며, 정당한 기업이익을 보호하기 위해 경업금지약정이 유효한 사례로 적절하다.

④ 이전에 근무했던 회사에서 수행한 업무와 이후에 경쟁업체에 취업해 수행하는 업무가 같다면, 이전의 회사에서 알게 된 영업비밀과 노하우를 활용해 경쟁업체의 이윤 창출에 이바지함으로써 결과적으로 경쟁관계에 있는 이전 업체에 손해를 입힐 가능성이 있다. 따라서 ④의 경우는 경업금지약정의 효력에 부정적인 영향을 주지 않으며, 정당한 기업이익을 보호하기 위해 경업금지약정이 유효한 사례로 적절하다.

⑤ 퇴직 근로자의 전직을 계기로 그 근로자가 근무했던 회사와 유사한 수준의 기술적 성과를 단기간에 달성했다면, 이전의 회사에서 알게 된 영업비밀을 활용해 그러한 성과를 이루었고, 이로 인해 이전의 회사에 손해를 끼칠 수 가능성이 있다. 따라서 ⑤의 경우는 경업금지약정의 효력에 부정적인 영향을 주지 않으며, 정당한 기업이익을 보호하기 위해 경업금지약정이 유효한 사례로 적절하다.

배경지식

영업비밀
기업이 경쟁자나 소비자에 비하여 우월한 입장에서 경제적인 이득을 창출할 수 있으며, 일반적으로 알려지지 않은 요소나 방법을 뜻한다. 기업만이 보유한 공식, 관행, 프로세스, 디자인, 도구, 패턴, 정보의 집적 등을 이른다.

08   세부 내용의 이해   정답 ①

다섯 번째 문단에 따르면 ㉠은 근로자의 권리와 기업의 재산권이 조화를 이루려면 대가 제공 같은 보상 조치가 반드시 필요하다고 본다. 그러나 여섯 번째 문단에 따르면 ㉡은 대가가 주어지지 않는다 하더라도 근로자가 경업금지의 제한을 감수할 수도 있다고 본다. 즉, ㉠은 근로자에 대한 보상조치가 경업금지약정에 반드시 포함되어야 한다고 보는 반면, ㉡은 반드시 포함되어야 하는 것은 아니라고 본다. 그러므로 근로자와 회사가 계약 자유의 원칙에 따라 체결했으나 근로자에 대한 보상조치가 없는 경업금지약정의 효력을 ㉠은 부정할 것이고, ㉡은 긍정할 것이다. 따라서 ①에서 ㉠이 경업금지약정을 존중할 것이라는 진술은 적절하지 않다.

오답분석

② 다섯 번째 문단에 따르면 ㉠은 근로자에 대한 보상조치가 경업금지약정에 반드시 포함되어야 그 약정이 유효하다고 보는 견해이다. 따라서 ②의 진술처럼 ㉠은 퇴사한 근로자의 재취업을 제한하려는 회사는 그런 제한에 상응하는 대가를 근로자에게 제공해야 한다고 볼 것이다.

③ 여섯 번째 문단에 따르면 ㉡은 당사자 간의 교섭력 차이나 기타 자기 결정 능력의 제약이라는 요건도 함께 고려해야 비로소 경업금지약정을 무효로 볼 수 있다고 주장한다. 이를 역으로 표현하면 자기 결정 능력이 제한되지 않은 경우에는 경업금지약정이 효력을 인정한다는 뜻이 된다. 따라서 ③의 진술처럼 ㉡은 근로자의 자기 결정 능력이 제한되지 않았을 경우에 경업금지약정의 유효성이 인정된다고 볼 것이다.

④ 여섯 번째 문단에 따르면 ㉡은 퇴직 이후에 효력이 발생할 경업금지약정에 관하여 계약 당시에는 신중하고도 합리적으로 판단하기가 쉽지 않다는 점들이 고려되어야 한다고 본다. 따라서 계약 체결 당시 합리적인 판단이 어려울 수도 있다는 이유로 ④의 진술처럼 경업금지약정이 체결된 시점에 따라 그 약정의 효력 발생 여부가 달라진다고 볼 것이다.

⑤ 여섯 번째 문단에 따르면 ㉡은 당사자 간의 교섭력 차이나 기타 자기 결정 능력의 제약이라는 요건도 함께 고려해야 비로소 경업금지약정을 무효로 볼 수 있고, 경제적 약자의 지위에 있는 근로자는 사용자에 비해 교섭력에 차이가 있다고 본다. 따라서 ⑤의 진술처럼 근로자가 체결을 거부하였는데도 회사 측의 강요로 경업금지약정이 체결되었다면 ㉡은 이러한 약정의 효력을 부정할 것이다.

배경지식

반대급부와 쌍무계약
- 반대급부 : 어떤 일에 대응하여 얻게 되는 이익으로서, 법률적으로는 쌍무계약에서 한쪽의 급부에 대한 다른 쪽의 급부를 뜻한다. 매매 계약에서 물품의 양도에 따른 대금의 지급 등을 이른다.
- 쌍무계약 : 계약 당사자가 서로 의무를 부담하는 계약으로, 매매, 임대차, 고용 등의 계약이다.

지식에 대한 투자가 가장 이윤이 많이 남는 법이다.

– 벤자민 프랭클린 –

2023 최신판 PSAT · LEET 대비 고난도 지문 독해 20일 완성(과학 · 경영 · 경제 편)

개정2판1쇄 발행	2023년 05월 30일 (인쇄 2023년 03월 29일)
초 판 발 행	2021년 08월 30일 (인쇄 2021년 07월 08일)
발 행 인	박영일
책 임 편 집	이해욱
편 저	SD공무원시험연구소
편 집 진 행	오세혁 · 이근희
표지디자인	조혜령
편집디자인	배선화 · 장성복
발 행 처	(주)시대고시기획
출 판 등 록	제10-1521호
주 소	서울시 마포구 큰우물로 75 [도화동 538 성지 B/D] 9F
전 화	1600-3600
팩 스	02-701-8823
홈 페 이 지	www.sdedu.co.kr

I S B N	979-11-383-5003-7 (13320)
정 가	20,000원